Robert Mantran

•

Osmanlı İmparatorluğu Tarihi II

ADAM YAYINLARI
©
Adam Yayıncılık ve Matbaacılık A.Ş.

Birinci Basım: Haziran 1995

Adam Yayınları'nda Birinci Basım : Şubat 1999
Adam Yayınları'nda İkinci Basım : Nisan 1999
Adam Yayınları'nda Üçüncü Basım : Kasım 1999
Adam Yayınları'nda Dördüncü Basım : Nisan 2000
Adam Yayınları'nda Beşinci Basım : Şubat 2001

Kapak Tasarımı : Zeynep Ardağ
Kapak Resmi : 1908 Devrimi'nden bir sahne

01.34.Y.0016.705
ISBN-975-418-564-6

YAZIŞMA ADRESİ : ADAM YAYINLARI, KÜÇÜKPARMAKKAPI SOK. NO. 17. 80060 BEYOĞLU - İSTANBUL
TEL.: (0-212) 293 41 05 (3 HAT) 292 09 47 (3 HAT) e-mail : adam@ada.net.tr FAKS: (0 - 212) 293 41 08

Robert Mantran

•

Osmanlı
İmparatorluğu
Tarihi
II

XIX. yüzyılın başlarından yıkılışa

Çeviren:
Server Tanilli

Yayıncının açıklaması

Kitabın 4.-5. sayfalarında yer alan ve Osmanlı İmparatorluğu'nu bir bütün olarak gösteren bu 1 no.lu haritada, imparatorluğun eyaletlerinden biri olarak, "Kürdistan" kelimesi de yer alıyordu. Ancak, söz konusu haritayı bugün olduğu gibi basmak, ülkemizdeki kanunların –kimi zaman– keyfî yorumu ve uygulanması göz önünde tutulursa, bizi umulmadık sonuçlarla yüz yüze getirebilirdi. Haritada tahrifat yapmayı da yayıncılık onurumuza yediremediğimizden, okuyucularımıza açıklamakla yetiniyor, kendilerinin anlayışına sığınarak haritayı basmıyoruz.

BÖLÜM XI

"ŞARK MESELESİ"NİN BAŞLANGIÇLARI
(1774-1839)
Robert Mantran

"Şark Meselesi" deyince, 1774 (Küçük Kaynarca antlaşması) ile 1923 (Lozan antlaşması) arasında geçen olayların bütünü anlaşılır. Bu olayların temel nitelikleri şudur: Osmanlı İmparatorluğu'nun gitgide bölünüp parçalanışı ve Balkanlar Avrupa'sı ile –ta İran Körfezi ve Hint Okyanusu'na değin– Doğu Akdeniz ve Güney Akdeniz'in kıyı ülkeleri üzerinde denetimlerini ya da nüfuzlarını kurmak amacıyla büyük devletler arasındaki rekabet! Ruslar, Ortodokslarla Slavların korunmasını bahane edip, egemenliklerini Balkanlar'a yaymayı ve serbest denizlere çıkmayı hedef edinirler. İngilizler, Hint yolunu koruma altına almanın, böylece Akdeniz'i Hint Okyanusu'ndan ayıran kıstağı denetlemenin aranışı içindedirler; bu bölgedeki Arap ülkelerine gösterdikleri ilginin kaynağı budur. Fransızlar, Ortadoğu'daki Hıristiyanlar arasında sahip oldukları ticari ve kültürel durumlarını savunmak isterler; ve, duruma göre, Ruslarla ya da İngilizlerle zıtlaşma içindedirler. Rus nüfuzunun Balkanlar'da genişlemesinden korkan Avusturyalılar, özellikle Bosna-Hersek'te, bir set kurmaya çabalarlar onlara karşı. Daha sonraki yıllarda, Almanlar da, *Drang nach Osten* (Doğu'ya yayılış) siyasetinin etkisiyle Osmanlı İmparatorluğu'na ilgi gösterirler.

Osmanlılar, XIX. yüzyıl boyunca sürdürdükleri savaşların hemen hemen hepsini yitireceklerdir ve imparator-

7

luk, topraklarının aşağı yukarı bütününden parça parça yoksun kalacaktır sonuçta; öte yandan, kaynaklarının büyük bir bölümünün Batılı ortaklıkların denetimine geçmesi, devletin küçülüp ufalmasına ve bağımlı hale gelmesine yardımcı olacaktır.

Bununla beraber, Osmanlı yöneticileri, idari, sosyal, siyasal ve kültürel alanlarda reformlara girişmeye çabaladılar. Ne var ki, büyük devletlerin oyunu, bu çabaların sonuçlarını ortadan kaldırmasa da, sınırladı onları. Küçük Kaynarca antlaşmasının yapılışının ertesinden başlayarak, Sultan I. Abdülhamit (1774-1789), arkasından da halefi III. Selim (1789-1807), Osmanlı Devleti'ni yenileştirmeye ve, her şeyden önce de, imparatorluğun sınırlarını koruyabilecek yetenekte bir orduyu kurmaya çalıştılar. Bu yenileşme, Osmanlı dünyasının Batılı teknik ve düşüncelere açılışını da içermektedir; ve, Osmanlı, özellikle de Türk ve Mısırlı aydınlar, daha I. Abdülhamit yaşarken, bu yeniliklerin İslam düşüncesine de sokulabileceklerini düşündüler. Ne var ki, sayısı çok da değildir bu aydınların ve kendilerine fazla kulak veren de olmadı. Öyle de olsa, onların eylemlerinin baştan aşağıya sonuçsuz kaldığı da kesin değildir.

I. ABDÜLHAMİT (1774-1789)

Güç koşullarda Osmanlı tahtına çıkan I. Abdülhamit, reformların zorunlu olduğunun çabucak farkına vardı. Bu bakımdan, imparatorluğun durumu hakkındaki gerçekçi bir görüşle canlı yeni bir siyasetin gerçek öncüsü olarak görünüyor o: Bu siyaseti, yetenekli sadrazamlara dayanarak ve onların görüşlerini paylaşarak, bizzat yürüttü. Kimisi bu sadrazamların, bir bakıma uzun bir süre kaldılar görevlerinde: Çelebizâde Mehmet Paşa (Ocak 1777-Eylül 1778), Seyyit Mehmet Paşa (Ağustos 1779-Şubat 1781), Halil Hamit Paşa (Aralık 1782-Mart 1785) ve Koca Yusuf Paşa (Ocak 1786-Haziran 1789) böyledir.

İçerdeki durum

I. Abdülhamit, merkezî yönetimi elinde tutsa, saltanatı boyunca başkentte asayiş hüküm sürse de, Avrupa'da olduğu kadar Asya ya da Afrika'daki eyaletlerde, zar zor tanınmıştır otoritesi; yönetimin dışarda karşılaştığı güçlüklerden yararlanan kimi eşraf, yerel bakımdan pek güçlü bir hale gelmişlerdir oralarda.

Anadolu'nun, Suriye'nin kimi yörelerinde durum budur: Suriye'de, Şeyh Zâhir'den sonra Cazzâr Ahmad Paşa, Suriye'nin güneyine, yerel ayaklanmaları ezdikten sonra da Lübnan'a ve Filistin'e dayatır kendini; Irak'ta, Ömer Paşa (1774-1751) ile Süleyman Paşa (1780-1802), Bedevîleri itaat altına alırlar, ancak İstanbul hükümetiyle de belli bir mesafe koyarlar aralarına –özellikle ikincisi, Irak'ın güneyini istila etmiş olan İranlılar üzerinde kazandığı zaferden sonra böyle yapar–; Mısır'da, Memlûklerden al-Kabîr Ali Bey (1768-1773), arkasından Murâd Bey ile İbrahim Bey (1779'dan, 1798'de Bonaparte'ın seferine değin) ülkeyi denetler ve otoritesini yeniden sağlamlaştırmada uğradığı başarısızlıktan sonra, hükümetin onayını alırlar. Batı'daki eyaletler ("Berberî naiplikler"), pek geniş bir özerklikten yararlanmayı sürdürür ve İstanbul'la bağlarını koparmaktan da çekinirler. Avrupa eyaletlerinde, kaynaşma daha az değildir: Trakya'da, Sırbistan'da, (Yanya'nın ünlü valisi Tepedenli Ali Paşa ile) Epeiros'ta, Arnavutluk'ta ve Karadağ'da, daha o zamandan milliyetçi olmasa da az çok özerklikçi hareketler böyledir.

Bu durumda, sultan, nadir istisnalar dışında, merkezî yönetimin otoritesini zorla kurmayı aramaz; çünkü, dış tehdit, imparatorluğun tepesindedir hep. Bu hareketlerin başını çekenlerle uyuşup anlaşmaya çabalar; resmî unvanlar verir ya da sorumluluklar tanır onlara. Öyle de olsa, sonuçları küçük çaptadır ve bu tür girişimlerin boşluğu ve geçiciliği, özellikle mali ve iktisadî alanda bağımsızlık anlayışlarını daha da fazla belli etmeye götürür diklenenleri: Aslında, devlet hazinesinin yolunu tutması gereken temel harç ve gelirleri kendi ellerinde tutarlar ve, ticari alışverişler konusunda, yabancı tacirlerle doğrudan anlaşmalara giderler.

Hükümet otoritesinden kalan nedir peki?

Askerî reformlar, mülki reformlar

Küçük Kaynarca antlaşmasının arkasından, imparatorluğunun savunmasını modern araçlarla sağlama kaygısı ile dopdolu olan I. Abdülhamit (Ruslar karşısında karada ve denizdeki yenilgiler ciddi bir ders verirken, bir bilinçlenmeye de götürdü), baştan aşağıya yeni bir topçuluk ve donanma yaratmaya verdi gayretini. Topçuluk, Baron de Tott'a bırakıldı: Fransa'nın hizmetine geçmiş olan bu Macar beyzadesi, 1755'te, Vergennes'le beraber gelmişti İstanbul'a ve Vergennes, Osmanlı İmparatorluğu'nda ve Kırım'da çeşitli haber alma görevlerini ona emanet etmişti. 1768-1774 Rus-Türk savaşında gözlemci olan baron, sonuçlar çıkardı bu savaşlardan ve III. Mustafa ile I. Abdülhamit'i büyüleyen reformlar önerdi onlara. Böylece, 1774 yılından başlayarak, İskoçyalı Campbell ve Fransız Aubert'in de yardımıyla, hızlı atış yapan, az mevcutlu ama iyi talim görmüş, tam kadrolu ve bir bölümü Fransa'dan sağlanan toplarla donanmış yeni bir topçu sınıfı *(sürat topçuları)* örgütler; Hasköy'de yeni bir top dökümhanesi kurar ve Bonneval Paşa'nın kurduğu eski mühendisler okuluna *(hendesehane)* yaşam verir tekrar. Tott, 1776'da imparatorluğu terk etse de, eseri, –İslamı kabul etmiş olan– Campbell ile Aubert'in yöneticiliğinde sürer.

Donanmanın yenileştirilmesi, Çeşme savaşından sağ çıkan ve 1774'te kaptanıderya olarak atanan Cezayirli Gazi Hasan Paşa'ya bırakılır. Osmanlı gemilerinin büyük bir bölümünün savaşta yitirilmiş olmasından yararlanan paşa imparatorluğun çeşitli tersanelerine modern gemiler ısmarlar ve, bunun için de, iki Fransız mühendisinin, Le Roi ile Durest'in yöneticiliğinde yabancı teknisyenler çağırır. Denizci sağlamak ve yetiştirmek için çabalara girişilir. Bir imparatorluk donanma mühendisleri okulu da kurulur, ne var ki, çok subay yetiştirmek mümkün olmayacaktır; ve yeni gemilerin nitelikleri geliştirilse de, hizmetlilerinki için aynı şey söz konusu değildir. Bununla beraber, atılım başlamıştır ve Halil Hamit Paşa'nın sadrazamlığı boyunca, yenileşme yeniçeri ile sipahi sınıflarını bile içine alır; derin değişikliklere gidilmese de, yeni bir baş eğme ve disiplin anlayışı yaratılır en azından: Yeniçeriler, sürekli bir askerî talime razı olurlar, tımar sahipleri de toprakları üstünde yaşama yükümlülüğünü kabul ederler. Kısacası, I. Abdülhamit'in hükümdarlığında, modern türde, kimi yönleriyle Batılı bir ordunun örgütlenişine tanık olunur.

III. Selim, tamamlayacaktır bu eseri.

Halil Hamit Paşa, ordunun geleneksel sınıflarına çekidüzen vermenin yanı sıra, iktisadî konulara da çevirir dikkat ve çabalarını: Yerel sanayileri yüreklendirir, Avrupa mamullerinin alabildiğine rakip kesildiği dokuma sanayisine canlılığını kazandırmak ister, zanaatçılığı destekler, kitap basım ve yayımcılığına yeni bir atılım getirir. Devlete bu çekidüzen getirme, tutucuların, ulemanın ve kızağa çekilmiş kimi askerî şeflerin muhalefetine yol açar. Kararlı reformcuların sayısı fazla değildir; ve, çoğu kez Fransız olan Avrupalı teknisyenlere yapılmış çağrıyla, devletin dinsel ve sosyal temellerini oymakla suçlanırlar ayrıca. Bu reformlara karşı çıkışı, Osmanlı Devleti'nin yetersizliklerini üstünden atıp yeniden güçlü ve örgütlü olmasının kaygısını pek duymayan Ruslar ve Avusturyalılar da el altından desteklerler; Aydınlıklar Avrupa'sının yandaşlarından İngilizler, Hollandalılar ve Fransızlar ise, art niyetli de olsa, tersine yüreklendirirler reformcuları.

Halil Hamit Paşa'nın hasımları arasında, gariptir Cezayirli Gazi Hasan Paşa da vardır, o da reformcudur, ancak hırslıdır ve sadrazam olmayı koymuştur aklına; bir kampanya başlatır Halil Hamit Paşa'ya karşı ve sultanın kulak kabartmasıyla sonuçlanır bu, yeğeni Selim'in yararına tahtından indirileceğine inandırılır padişah. Halil Hamit Paşa, 31 Mart 1785'te görevinden alınır ve aradan bir ay geçmeden de idam edilir. Hasımlarının zaferi, 1787'de, yabancı teknisyenlerin kapı dışarı edilmesiyle tamamlanır.

Rusya'nın baskısı

İmparatoriçe II. Katerina niyetlerini açıkça ortaya koydukça, güçlü bir Osmanlı ordusunun zorunluluğu kendini o ölçüde duyurur: İmparatoriçe, 1777 Ocak'ında Kırım hanlığına müdahale edip, Devlet Giray Han'ı saf dışı ederek Şahin Giray'ı tahta çıkartır. İki yıl boyunca, Ruslarla Osmanlılar, araya başka hanları koyarak Kırım üzerindeki metbuluğu tartışıp dururlar; sonunda, 1779 Ocak'ında, Rus orduları Kırım'a girerler ve böylece imparatorluğa katılmış olur hanlık. Gazi Hasan Paşa'nın yönlendirdiği savaşçı hizbin çabalarına karşın Halil Hamit Paşa'nın desteklediği sultan da, Kırım'ın Rusya'ya katılmış olmasını kabul ederek, Aynalıkavak antlaşmasını imzalar (Ocak 1784).

II. Katerina için, çok daha geniş bir hedefe doğru sadece bir aşamadır bu katma ve fazla olarak Gürcistan'ın işgali de bunu somutlaştırmıştır: Başında bir Rus hükümdarın bulunduğu ve bütün Balkan ülkelerini içine alan Ortodoks bir devlet kurmadır bu hedef; Avusturyalılara ödün olarak düşünülen Balkanlar'ın batı bölümü bunun dışındadır; Venedik Mora'yı, Girit'i ve Kıbrıs'ı alırken, Fransa da, Suriye'de ve Mısır'da yararlara sahip olacaktır. Böylece, Osmanlı İmparatorluğu'nun Avrupa'daki bölümünün, aslında Rus İmparatorluğu yararına olmak üzere, parçalanması –ve dağıtılması– tasarısıdır söz konusu olan. Rus ilerleyişinden kaygıya düşen İngiltere'yle Prusya karşı çıkarlar bu tasarıya; ve Ruslar, Osmanlı Karadeniz'ine doğrudan birer tehdit olarak Sivastopol ve Kerson'a deniz üsleri yerleştirdikleri ölçüde, İngiltere'yle Prusya da, bu baskıya karşı direnişe kışkırtırlar Osmanlı hükümetini.

Yeni sadrazam Koca Yusuf Paşa'yla, İstanbul'da savaş yandaşları üstün gelir: Rusya'ya bir ültimatom verilerek Gürcistan'ı ve Kırım'ı boşaltması emredilir (14 Ağustos 1787); Rusya da, bir ay sonra bir savaş ilanı ile yanıtlar bunu (15 Eylül), Avusturya da, 1788 Şubat'ında çatışmaya katılacaktır. Avusturyalılarla Rusların dikkatini batıya doğru çeken Polonya'daki, özellikle de Fransa'daki olaylar nede-

12

niyle, Osmanlılar için zarar vermeden son bulur uyuşmazlık: Avusturya'yla Svişov'da (Sistova) imzalanan barış (4 Ağustos 1791), her iki imparatorluk arasındaki statükoyu sürdürür; 1878'e değin uzanacaktır bu. Rusya'yla yapılan Yaş barışı (9 Ocak 1792), Kırım'la Gürcistan'ın Ruslarca alınmış olmasını tanır ve Dinyester, yeni sınır olur her iki imparatorluk arasında. Yirmi yıldan fazla bir süre boyunca, Osmanlı Devleti, kuzey komşusuyla –görece– barış içinde yaşayacaktır: Fransız Devrimi, sonra da I. Napoléon, Avrupalı devletler için çok daha büyük bir tehlikeyi temsil etmektedir o sıralar.

Bu arada, yeni bir sultan, III. Selim çıkmıştır Osmanlı tahtına; I. Abdülhamit'in başlattığı reform eserini tekrar ele alıp güçlendirecektir Selim.

III. SELİM (1789-1807)

1761'de doğan III. Selim, I. Mahmut'la I. Abdülhamit'ten daha fazla, Osmanlı Devleti'ni yenileştirme iradesini gösterdi; bu da, XIX. yüzyılın reformcu sultan ve sadrazamlarının gerçek öncüsü yapıp çıkmıştır onu. Saltanatının acılı bitişi, kendisine halef olacakların, özellikle II. Mahmut'un yeniden ele alıp geliştirecekleri siyasal düşüncelerinden dolayı tahtından indirilip öldürüldüğü düşüncesini daha da çok işledi kafalara: Kişiliğini o oranda yüceltti bu. Ayrıca, hükümdarlığı, XVIII. yüzyılın sonlarıyla XIX. yüzyılın başlarındaki kimi olaylarla çakıştığından, denebilir ki, Osmanlı tarihinin yeni bir aşaması başlar onunla. Aslında, III. Selim, belli birtakım yeniliklerin kaynağında yer alsa da, bir XVIII. yüzyıl insanıdır yine de; ve, o devre damgasını vurmuş olan "aydın" hükümdarlardan biri olarak bakılabilir kendisine.

III. Selim, Osmanlı ordusuna getirilecek yeniliklerin meraklısı değildir yalnız; yeryüzündeki öteki rejimler, özellikle de İstanbul'daki Fransız teknisyenlerin saygınlığı nedeniyle, Fransa'daki rejim hakkında bilgi edinme arzusundadır; hatta kral XVI. Louis ile yazışmıştır da ve Avru-

13

pa'nın büyük başkentlerine sürekli elçi gönderen ilk Osmanlı sultanı oldu o. Saltanatının daha başlarında Rusya'ya karşı savaşın güçlükleriyle karşılaştığı için, reformlara girişmeyi geciktirir; ne var ki, bundan, sorumlu makamlara yandaşlarını yerleştirmek için yararlanır ki, zorunlu askerî ve idari reformlardan başka, iktisadî ve sosyal nitelikte önlemleri tasarlamaya değin gidecektir içlerinden kimisi. Her zaman olduğu gibi, muhalefetle karşılaşacaktır bu olay: 1807'de, kısa bir süre için de olsa, zaferle sonuçlanacaktır söz konusu muhalefet!

Reformlar: Nizam-ı Cedid (1789-1802)

Durum gereği, ilk yenilik önlemlerinin konusu, ordudur. Yeniçeri ordusu, altüst edilmiş değildir gerçek anlamıyla; bununla beraber, askere alınışta daha titiz davranılır, yeni bir hiyerarşi konulmuştur, her ay ödenen maaşlar rütbelere ve yeteneklere göredir, talim zorunlu ve düzenlidir. Birliklerde, askerî görevlerle idari görevler ayrılmıştır birbirinden. Bunun gibi, sipahiler de, devamsızlığa karşı alınan önlemlerle daha sert bir denetime tabidirler ve tımarların verilişinde adam kayırma yoktur artık.

Aslında yerinde olan bu reformların ahım şahım bir başarısı olmaz; çünkü, yeniçerilerin ve sipahilerin alışkanlık ve geleneklerindeki ağırlık, frenler her türlü yeniliği. Öyle olduğu içindir ki, III. Selim, 1794'te, *nizam-ı cedid* (yeni örgütleniş) diye adlandırılan yeni bir piyade sınıfı kurar; Fransız, İngiliz ve Alman subaylarının Avrupa usulüne göre talim ettiği, kendine özgü mali olanaklarla donanmış ve esas olarak Anadolu'dan toplanan bir sınıftır bu; 1797'de, 9.200 asker ve yirmi yedi subay vardır saflarında; 1802'de, bu yeni askerlerin ocağa alınışı ve yetiştirilmesi ile ilgili yeni bir sistem sokulur Anadolu'ya; 1806'da birliklerde 22.685 asker ve 1.590 subay bulunmaktadır. Anadolu'da sorumlu eşraf ve görevliler de, bu girişime –gönül rızasıyla mı?– destek olurlar; Balkanlar'da ise, yerel eşrafın karşı çıkması nedeniyle, başarısızlığa uğrar girişim. III. Selim, 1795'te, özellikle topçuluk için uzman subayları yetiştirecek olan İstihkâm Okulu'nu kurar.

Askerî reformlar, daha önce Gazi Hasan Paşa'nın yenileştirdiği donanmayı da içine alır. Yerine geçen Kaptanıderya Küçük Hüseyin Paşa, onun eserini sürdürerek, askere almada ve denizcilerin yetiştirilmesinde sağladığı düzeltmelerle, modern bir donanma haline getirir Osmanlı donanmasını: Denizcilik Okulu'nun yenileştirilmesi, tersanelerin yeniden örgütlendirilmesi, Deniz Sağlığı Okulu'nun kurulması ve, yeniçeriler için olduğu gibi, askerî işlerle idari işlerin birbirinden ayrılmasıdır bu düzeltmeler. Askerî reformların maliyetini sağlamak için, III. Selim, Osmanlılarda alabildiğine geleneksel bir sürece uyup, paranın değerini düşürür, zengin tacirlerin mallarına el koyar, vergileri artırır.

Mülki reformlar çok daha az köklüdür: Maliye örgütünün yeniden düzenlenişine, temel ürünlerde büyük kentlerin iaşesine, kaçan köylülerin köylerine yeniden dönme yükümlülüğüne, halkın değişik kesimlerince "yasal" giysileri giyme konusundaki geleneklere uymaya ilişkin reformlardır bunlar.

Bununla beraber, sultanın gerçekten yenildiği bir alan vardır: Diplomasi alanı! Daha önce, kimi sultanlar, gözlemciler yollamışlardı Batı'ya, ne var ki geçici ya da istisnai idi bu; ya da ordu ve donanma olmak üzere, belli etkinlik alanları için yabancı teknisyenler getirtmişlerdi. Batı'ya açılışın bu başlangıcı, imparatorluğun gecikmişliğinin farkına varılmış olmasının işareti olduğu gibi, Batılı ülkeleri daha iyi tanımadaki zorunluluktu da. İstanbul'da ve imparatorluğun kimi öteki kentlerinde, İzmir'de, İskenderiye'de, Selanik'te, yerel halkın temsilî öğeleri (yüksek görevliler, eşraf, tacirler) ile, elçiler, konsoloslar ve yabancı tacirler arasında temaslar gelişir sürekli. III. Selim, Batı'ya, özellikle de kültürüne ayrı bir değer verdiği Fransa'ya doğru açılışın yandaşıdır; Fransız Devrimi ile ortaya çıkan yeni düşünceler yayılır ve İstanbul'a değin ulaşır; nitekim İstanbul'da Fransız Elçiliğinde kurulan bir basımevi, gazeteler ve dergiler basıp yayar, ne var ki Osmanlılar içeriklerini pek anlayamaz bunların ya da hiç anlamazlar. Çeşitli kişilikler, özellikle *reisülküttap* (yani dışişleri ile yükümlü görevli) Reşit Mehmet Efendi, bölüşürler bu açılış arzusunu; nitekim, Mehmet

Efendi, çeşitli başkentlere sürekli elçiler atar, Paris yoktur aralarında, nedeni de XVI. Louis'nin idamıdır ve III. Selim mahkûm etmiştir bu davranışı. 1793 Ekim'inde Yusuf Ağa Efendi Londra'ya atanmıştır; yerine geçecek olan İsmail Ferruh'un gelişine, 1797'ye değin kalır orada. 1795'te Seyyid Ali Efendi Prusya'ya ve İbrahim Efendi de Avusturya'ya atanmıştır; sonra, 1796 Eylül'ünde Seyyid Ali Paris'e atanır ve 1797 Temmuz'unda on sekiz kişilik bir maiyetle gelir oraya; daha sonraları, Hariciye Nazırı olmuş olan Talleyrand'la birçok kez karşılaşmak fırsatını elde edecektir. Ne var ki, Bonaparte'ın 1798'deki Mısır seferi, ilişkilerde bir kopukluğa yol açar ve üç yıldan biraz fazla sürecektir bu.

Şunu da belirtmeli: 1798 ve 1800'de görevlerinden ayrılan Londra, Berlin ve Viyana elçilerinin yerine yenileri gönderilmedi. 1811'de ayrılan Paris elçisi için de böyledir. 1821 yılına değin, Batı başkentlerinde, sadece işgüderler (maslahatgüzar) görülecektir; daha önce olduğu gibi Fenerliler değil, Müslüman Türklerdir çoğu kez bunlar. Osmanlılardaki bu geri çekiliş, önemli bir yer tutan iç siyasetteki sorunlarla açıklanabileceği gibi, söz konusu deneyimin pek doyurucu olmamasıyla da açıklanabilir. Gerçekten, seçilen elçiler, yeni görevleri için hiçbir yeteneklilik göstermediler: Yüksek görevliler çevresinden gelen, devletin sadece iç yaşamı ile ilgili makamlarda bulunmuş olan, yabancı dilleri bilmeyen ve yola çıkmadan önce özel hiçbir eğitimden geçmeyen bu insanlar, Osmanlı hükümetinin siyasal tavrını dışarıda tanıtıp açıklamakta yetersiz oldukları gibi, Batı'da geçen olayları hakkıyla anlamakta da yetersizdiler. Edinilen tek yarar bu elçilerden şudur: Dışarıya gönderilen diplomatik kişiler arasından kimi genç kâtipler, yabancı dilleri öğrenecek ve çevrelerindeki dünyayı gözlemleyecek, Avrupalıların siyasal, idari sistemlerini anlamaya gayret edeceklerdir. Onların gözlemleri ile vardıkları sonuçlar, kısa bir süre sonra, Osmanlı Devleti'ni Batı örneği üzerine yenileştirip çağdaşlaşmaya yarayacak reformların yola girmesine olanak sağlayacaktır; aralarından kimisi, pek büyük bir rol oynayacaktır bu vesileyle.

İçerdeki güçlükler, dış baskılar

Sultanın giriştiği reformlar, Rusya'yla Avusturya'ya karşı savaş, parasal ve insansal olanaklar gerektirir, Osmanlı yönetimi de, Anadolu eşrafının yanı sıra, Arap eyaletleri ile Balkan eyaletleri eşrafından ister bunları; ne var ki, kötü karşılanır bu istek ve ayaklanmalara bile yol açar: Kuzey Yunanistan ile Arnavutluk'ta Yanyalı Ali Paşa ile Bulgaristan'da Pazvantoğlu Osman'ın ayaklanmaları böyledir; Pazvantoğlu, Sırbistan'a ve Eflak'a yayar otoritesini ve reformlara hasım eşrafla yeniçerileri de kendisine çeker. Bir an yenilen (1798) ayaklanmacılara, III. Selim, o sıralarda Fransa'yla patlak veren savaş nedeniyle, elverişli barış koşulları sürer önlerine. Yunanlılar da, Osmanlı egemenliğinde kimliklerini korurlar; ayrıca, İstanbul'un büyük Rum ailelerinin (Fenerliler) oynadıkları siyasal ve iktisadî rol, bu Yunanlıların, bağımsızlıklarını elde edebilecek bir gücü temsil ettikleri düşüncesini iyice yerleştirir kafalarına. Fransız Devrimi'nin yaydığı düşünceler, Yunan aydınlarını coşturur; ilk yurtsever derneğin, Eterya'nın kurucusu şair Konstantinos Rigas özellikle böyledir. Bonaparte'ın yardımını boş yere uman Rigas, bir olasılıkla Osmanlılara tabi öteki halklara değin genişletilmiş bir Yunan Cumhuriyeti kurma hedefine yönelik eylemlere girişir Viyana'dan. Avusturyalılar karşı çıkınca, tutuklanır ve arkasından da Türklere teslim edilir, onlar da idam ederler (24 Haziran 1798). O andan başlayarak ortaya çıkar ki, sultanın istediği reformlar üzerinde herkes birlik değildir ve hasım tepkilere bile yol açmaktadır; yeni askerî birlikler konusunda özellikle böyledir ve kimileri, dışardaki düşmanlardan çok içerdeki muhaliflere karşı savaşmak üzere kurulduklarını düşünürler bunların.

Fransa'yla ilişkiler, özellikle 1794'ten sonra ve Fransızların Adriyatik'teki Dalmaçya kıyılarını işgal etmelerine karşın yolunda giderken, Rusya'yla ilişkiler de, hele II. Katerina'nın 1796'da ölmesi ve yerine geçen –Fransız nüfuzunu engelleme aranışı içindeki– I. Pavel'in Osmanlılara yaklaşma girişimleri sonucu düzelir. Çok geçmez, Bonaparte'ın Mısır seferi (1798-1801), yolundaki Türk-Fransız ilişkilerini bozar; ve III. Selim'i, İngilizler ve Ruslarla bağlaşıklığa, Fransa'ya karşı da savaş ilan etmeye (1798 Eylül'ü) götürür. Bu savaşın sonuçları, Ortadoğu'daki Fransız ticareti için felaketlerle doludur: Fransız konsolos ve tacirleri tutuklanır, Fransız mallarına el konur, İyonya adaları yeniden fethedilir Türklerce. Fransız ordusu ile Türk ordusu Filistin'de karşılaşırlar, ne var ki Bonaparte Akkâ kuşatmasını kaldırmak zorunda kalır (Mart-Mayıs 1799). Bir başka Türk ordusu Abukır'da yenilir; ancak, Bonaparte'ın yerine geçen General Kléber 1800 Haziran'ında öldürülür ve halefi General Menou 1 Eylül 1801'de Mısır'dan çekilir. 1802 Haziran'ında barış imzalanır: Fransa, terk etmek zorunda kaldığı her şeyi yeniden elde eder ve Karadeniz'de dolaşma hakkını bile kazanır. Fransa'yla dostluk siyaseti, –1804-1805'te, III. Selim'in, Napoléon'un imparator unvanını reddettiği ve ilişkileri kestiği kısa bir dönem bir yana bırakılırsa– sürecektir; Rusya'yla İngiltere'nin bu dostça ilişkilere engel olma girişimlerine karşın böyle olacaktır.

Fransızların Mısır'dan çekilişlerinden sonra, İngilizler askerî bakımdan işgal etmek istediler ülkeyi; ne var ki, vali Mehmet Ali (Muhammad Ali), onların çekip gitmelerini başardı ve otoritesini yeniden kurdu. Böylece, Osmanlı yönetimi, Fransızların başarısızlığının yankılarından yararlanarak ve Rusya'nın, Büyük Britanya'nın, arkasından da Fransa'nın onunla sürdürmeyi alabildiğine istedikleri iyi ilişkilere de dayanarak, eyaletler üzerinde iktidarını yeniden kurma olanağını elde etmişe benzer. Saltanatının işte bu anında, III. Selim, mutlu bir hükümdar olarak görünür: İçerde olduğu kadar dışarda da, başarıyla taçlanmıştır siyaseti.

Taşradaki başkaldırılar

Aslında, dış sorunlar ve imparatorluğu savunma siyaseti kendisini bunaltıp, bütün özenini askerî reformlara vermeye götürmüştür III. Selim'i; öyle olduğu için de, içerde pek hareket edemez ve devlet otoritesini bütünüyle kurma-

18

yı başaramaz. Savaşın ortaya çıkardığı güçlüklerden yararlanan valiler, eşraf, hatta çete başları, eyaletlerinde kendi otoritelerini kurmayı hedeflerler; devletin vesayetinden az çok kurtulmuşlardır ve korktukları da, yeni ordunun kendilerine karşı kullanılmasıdır, içlerinden kimisi, Rusların desteğini aramakta duraksamaz.

Çeşitli gerekçeleri vardır bu ayaklanmaların ve tam anlamıyla siyasal, kişisel, milliyetçi ya da dinsel bir nitelik alırlar. Böylece, dinsel nitelikte bir başkaldırı, Arabistan'da, Vahhabîlerin kabilesinde ortaya çıkar: Kabile, İslama ilk arılığını verme amacını güden Muhammed İbn Abd al-Vahhâb'ın (1703-1792) öğretisini izler; İslamın yüzyıllar boyunca gelişmesi Peygamber'in öğretisine zıt bir yönde olmuştur ona göre ve bozulmuştur. Hareketi, Necid emiri İbn Sa'ûd alabildiğine benimser ve Osmanlılara karşı silahlı bir ayaklanış başlatarak, Mekke ile Medine'yi ele geçirir; böylece, yeniden Arap bir otorite altına geçmiştir Kutsal Kentler (1803-1804). Bu ayaklanmayı bastırmak amacıyla, Mısır valisi Muhammed Ali'nin birliklerince yürütülen yedi yıllık bir savaş gerekir (1811-1818).

Biraz daha kuzeyde, Şam valisi olarak atanmış Cazzâr Ahmad Paşa, Suriye ile Filistin'i kendi otoritesi altında bir araya getiren bir devlet kurmaya kalkar: 1804 yılında ölümü, İstanbul'un yasal iktidarı yararına olmak üzere, son verir bu girişime. Kuzey Anadolu'da Rusların desteklediği Canikli Tayyar Paşa da, İstanbul'dan bağımsız bir hale gelmek ister.

Ancak, Avrupa eyaletlerindedir ki, ayaklanmalar en tehlikeli durumdadır: Bulgaristan'da, yağmacı çeteler, *kırcali*'ler, karışıklık ve terör tohumları ekerken, en ufak bir siyasal niyetleri görülmez; oysa, başka yörelerde öyle değildir, ötede beride Avusturyalılarla Rusların yüreklendirdikleri –doğmakta olan– bir milliyetçiliğe dayanan, bağımsızlıkçı olmasa da özerklikçi görüşler, kimi zaman pek büyük boyutlara bürünür oralarda. Doğu Bulgaristan'la Batı Trakya'da, Tirsanikli İsmail Paşa ve yardımcısı Alemdar Mustafa, yerel halklara doğrudan egemenliklerini dayatırlar; Batı Bulgaristan'da ve Doğu Sırbistan'da Pazvantoğlu Osman'ın da yaptığı budur; özellikle Yanya paşası Tepedenli Ali'nin ayaklanışı Arnavutluk'ta ve Epeiros'ta gelişir ve bütün bölgede bağımsız bir hükümdar gibi davranır. Daha da özellik taşıyanı, 1803'te, yeniçerilerin aşırılıklarına ve şiddetine bağlı olarak, Sırbistan'da patlak veren harekettir: Ulusal nitelikte gerçek bir başkaldırıdır söz konusu olan; Sırp halkının büyük bir bölümünü içine alır ve başlarından biri, Kara Yorgi denen Georgi Petroviç yönlendirir hareketi. Avusturyalılarla Rusların desteklediği bu ayaklanma, 1812'ye değin sürecektir; bu tarih, Bükreş antlaşmasıyla Sırpların belli bir özerklik elde ettikleri tarihtir: Geçen yüzyılın sonlarında, Yunanistan için Rigas'ın yürüttüğü boşuna bir girişimin, bu kez belli bir başarıyla tekrarıdır olan.

Bu başkaldırı hareketlerinden kimisi, yerel bir ayaklanma çerçevesini aşmış, bir ulusal bağımsızlık hareketine varmıştır daha şimdiden. Kuşkusuz, kafaların çoğunda, düşünceler bulanıktır kimi zaman ve insanlar, Osmanlı yöneticilerini, egemenlik sistemlerini yeniden ele alıp düşünmeye zorlama aracı olarak bakarlar hareketlerine. Ne var ki, yeni bağımsızlık ve özgürlük düşünceleri daha büyük bir yankılanış içindedir kimisinde de. Şu nokta dikkate değer: Bu durumlarda, söz konusu düşüncelerin esinleticisi de olsa, Fransa'nın desteğini görmez bu hareketler; çünkü, 1805'ten sonra, Fransızlarla Osmanlılar arasında bir dostluk siyaseti vardır ve Avusturyalılarla Ruslar, her ikisinin de ortak düşmanlarıdırlar. Gerçekten, birini ya da ötekini yönlendiren, dış siyasetin gerekleridir; ve eğer Ruslarla Avusturyalılar ayaklananları destekliyorlarsa, başkaldırıyı yerinde buldukları için değil, olan bitenin Osmanlı Devleti'ne vereceği zarardan yararlanma kaygısıyladır: "Milliyetler ilkesi", henüz ileri sürülmemiş de olsa, bu ilkenin kimi bölgelerde daha şimdiden kendisini gösterdiği düşünülebilir, belli belirsizdir gerçi, ama elde tutulur durumdadır.

Bu güç koşullar içinde Sultan III. Selim, iyi manevra yapamamışa benzer. Avrupa'daki eyaletleri yola getirmek ve korumak gerektiğini düşünerek, 1805'te, mevcudunu Rumeli'nden toplayacağı yeni ordudan bir bölümü yerleştirmeyi aklına koyar. Bu karar, Balkanlar'da, özellikle de Bulgaristan'daki özerklik yandaşlarıyla eşrafı heyecanlandırır; kendilerine karşı kullanılmasından korkarlar bu ordunun. Tirsanikli İsmail Paşa, İstanbul'daki tutucu muhaliflerle temasa geçer ve sultana karşı bir eylem hazırlar; ne var ki, geri çekilir III. Selim ve tasarısından vazgeçer. Tam o sırada İsmail Paşa öldüğünden, yerini Alemdar Mustafa alır. Sultan tanır onu ve aynı zamanda tutucu öğeleri yatıştırmak amacıyla, *nizam-ı cedid*'in çeşitli birliklerinin komutasını, aralarından kimi kişilere bırakır. Muhalefet edenler karşısında sultanın gerçekten yüz geri etmesidir bu ve, reform girişimleri, ortadan kaldırılma tehlikesi içindedir alabildiğine artık.

III. Selim'in düşüşü

Selim, böyle hareket eder; çünkü, imparatorluk sınırlarının değişik noktalarında yeni tehditler belirginleşir. İngilizler ve Ruslar, İstanbul'da ve Balkanlar'da Fransız nüfuzunun başa geçmesini kötü gözle görürler. Boğazlarda Ruslara bir geçiş hakkı tanımak zorunda bırakırlar sultanı (Eylül 1806); ne var ki, Napoléon'un sonbaharda kazandığı zaferler, sultanı, tanıdığı bu haktan caymaya götürür. Ruslar, hemen tepkide bulunurlar ve Boğdan'ı istila ederler; bu Rus ilerleyişinden, kendilerini de tehdit edilmiş hisseden Alemdar Mustafa ile Pazvantoğlu'nun muhalefetine karşın, Ruslar, arkasından Eflak'ı ve Besarabya'yı da işgal ederler (1806-1807).

Rus baskısı, İngilizlerin baskısıyla da güçlendirilir: İngiliz donanması, İstanbul önünde bir gösteride bulunduktan sonra, Osmanlılara karşı başkaldırmış olan Memlûkleri desteklemek amacıyla, Mısır'a varır (Mart 1807). Osmanlılar, Mehmet Ali'ye yenilince, İngilizler ısrar etmezler hareketlerinde ve geri çekilirler (Eylül 1807).

İngiliz tehdidinden kurtulan III. Selim, Rusları ve Sırpları göğüslemeye hazırlanır; İstanbul'daki elçisinin, Horace Sebastiani'nin büyük bir nüfuza sahip olduğu Fransa'nın desteğine güvenir, bir de Balkanlar'a doğru Rus sarkışından kaygılanan Bulgaristan'ın eski ayaklanmacılarının, özellikle de Alemdar Mustafa'nın yardımına.

İmparatorluğun –hemen bir çare arayıp bulduğu– savunma sorunlarının içine alabildiğine gömülen III. Selim, kendi reform siyasetine gerekli öğeleri yerli yerine koymayı başaramadı: İyi yetişmiş ve yeterli sayıda insanlarla, sağlam bir mali dayanaktı bunlar. Kendisinden önceki birçokları gibi, geçici çarelere (ek vergiler, mallara el koymalar) başvurdu ve bunlar da fiyatların yükselişine yol açtı. Böylece, halkın büyük bir bölümünü, askerî reformlarla mali önlemlerin kendilerine dokunduğu insanları hoşnutsuz kılıp kırdı; Müslüman ve Osmanlı geleneklerini tehlikeye sokacağı için, devletin modernleşme ve özellikle Batılılaşma yoluna girmesini istemeyenler de vardı bunlar arasında. Horace Sebastiani'nin oynadığı role, haremden bir kadının rolünü de ekler kimi yazarlar ve bunun, Fransız kökenli olduğunu ileri sürüp Joséphine de Beauharnais'nin kuzini Aimée Dubuc de Rivery ile de özdeşleştirirler: Ne var ki, Aimée Dubuc'ün sultanın haremine girdiği ve orada Nakşıdil adıyla I. Abdülhamit'in gözdesi olduğunu gösteren hiçbir kanıt yok elimizde. Aslında, Nakşıdil adını taşıyan bir *haseki* oldu: Sultan II. Mahmut'un annesiydi; kimilerinin III. Selim'in akıl hocası ve onun aşırı Fransız siyasetinin esinleticisi olarak gösterdikleri Fransız kadınla bunun arasında özdeşlik kurulabileceğe benzemiyor.

II. Selim, 1807 Mayıs'ında, ansızın ortaya çıkan bir ayaklanmayı göğüslemek zorunda kalır; yeni ordunun subaylarına karşı başkaldıran yeniçeri saflarında doğmuştur hareket. Sultan, sert davranmakta duraksar ve ayaklananlarla görüşüp tartışmayı arar; onlar da reddedip, her zümreden muhaliflerle birleşip sarayın üstüne yürürler. Sultanın verdiği ödünler yetersiz görülür: Reformlara son verilmesidir istenen, arkasından da sultanı tahtından indirmek gelir; bu doğrultuda bir fetva da çıkarılmıştır. III. Selim, kendini savunmaktan vazgeçer ve çekilip, amcazadesi IV. Mustafa'ya bırakır yerini (29 Mayıs 1807).

Başlangıçta zararsız olan ancak sonra alabildiğine büyük boyutlar kazanan bu ayaklanmanın dile getirdiği nelerdir? Şunlar: Sultanın iktidarının dayanıksızlığı; reformların, Osmanlı Devleti'nin (askerî ve hukuksal-dinsel) temel öğelerinden belli sayıda insanı az buçuk etkilediği; özellikle İstanbul'da olmak üzere, tutucuların ağırlığı ve sultanın karakterindeki zayıflık, ya da en azından barışçı anlayışı onun.

TEPKİ-KARŞI TEPKİ

Pek az kişilik gösteren IV. Mustafa, tutucu ve gerici çevrelerin istekleri karşısında eğilir: *Nizam-ı cedid*'den başlamak üzere, III. Selim zamanında getirilmiş bütün yenilikler ortadan kaldırılır; eski kurum ve kanunlar yeniden moda olur. Önceki rejimin, çeşitli ölçülerde kurbanı olmuş ya da böyle olduğu düşünülen kim ki var, mallarını ele geçirirler ya da giderilir zararları. III. Selim'in yandaşlarına –ve özellikle de *nizam-ı cedid* subaylarına– karşı, imparatorluk çapında bir av düzenlenir. Sultanın devrilmesinin kaynağında bulunan İstanbul yeniçerileri, her şeyin mubah olduğunu sanırlar kendilerine; başkentte dehşet estirir yağmaya giderler, öyle ki yeni yöneticiler, vaatlerde bulunarak ve yararlar sağlayarak, kentten uzaklaştırmak zorunda kalırlar onları.

Bu yeni yöneticiler, özellikle sadrazam İbrahim Hilmi Paşa ile şeyhülislam Ataullah Efendi'dir, iki hizbin temsilcisidirler ikisi de, aralarında bağlaşıklık kurduktan sonra, izlenecek siyasette anlaşamazlar; Alemdar Mustafa Paşa'ya sırt çevirirler, o da bu karışıklık ortamında, hemen hemen ayrılır çevreden ve Rusçuk'ta yerleşir.

İçerdeki bu güçlüklere, imparatorluğun dışındaki olayların doğurduğu kaygılar da gelip eklenir. Gerçekten, 8 Temmuz 1807'de, I. Napeléon ve Çar Alexandre, Tilsit'te, bir barış antlaşması yapmışlardır: Fransız imparatoru, Batı Avrupa'ya ilişkin kimi noktalardan başka, Ruslarla Türkler arasında aracı olarak müdahalede bulunmayı üstlenir; başarısızlık halinde, iki imparator Osmanlıların Balkan Avrupa'sı üzerindeki egemenliklerine son vermek için anlaşacaklardır. Aslında, I. Napoléon, Osmanlılara karşı hiçbir şeye girişmeyecektir. Buna karşılık, Ruslar, baskılarını sürdürürler, Sırplar ve Boğdanlıları mücadelelerinde desteklerler.

Ancak 1812 yılında imzalanacaktır barış (Bükreş antlaşması).

İstanbul'da, yöneticilerin yetersizliği ve olumlu hiçbir eylemde bulunmamaları, aralarındaki rekabet, duru-

23

mun kötüye gitmesinden korkan reformcularla eşrafın yeniden bir araya gelip toplaşmalarına yol açar. O andaki güçlü adam olarak görünen Alemdar Mustafa ile temasa geçerler; amaçları da, III. Selim'i yeniden tahta oturtmak için, askerleriyle harekete geçirmektir onu. Ne var ki, Selim, hasımlarının elinde olduğundan, canına kıyılmasını önlemek için, sakınarak hareket etmeleri gerekmektedir. Reformcularla Sultan IV. Mustafa ve yeni sadrazam Çelebi Mustafa Paşa arasında gizli görüşmeler olur; sadrazam, öncekinden çok daha fazla olarak, şeyhülislama ve yeniçerilerin başı Kabakçı Mustafa'ya hasımdır. Alemdar Mustafa, birlikleriyle İstanbul'a girer (18 Temmuz 1808), reforma karşı olan kimi görevlileri görevlerinden alır, yeniçerilere baş eğdirir, Kabakçı Mustafa da idam edilir.

Alemdar pek önem kazandığından, sultan ve sadrazam, Tuna sınırını savunmaya göndererek İstanbul'dan uzaklaştırmak isterler onu. Alemdar ise, buna karşılık IV. Mustafa'nın tahttan indirilmesini ve III. Selim'in yeniden tahta geçmesini ister. Ne var ki, boğdurulmuştur Selim; öyle de olsa, Şehzade Mahmut kaçmayı başarmış ve Alemdar'ın yanına sığınmıştır, o da sultan ilan eder şehzadeyi (28 Temmuz 1808): I. Abdülhamit'in oğullarından biri olan şehzade, II. Mahmut adıyla hüküm sürecektir (1808-1839). Osmanlı İmparatorluğu'ndaki değişikliklerin gerçek öncüsü olacaktır II. Mahmut; *Tanzimat* (reformlar) adı verilen dönem başlamaktadır o sırada çünkü.

II. Selim'in ölümüyle, Osmanlı tarihinin bir dönemi sona erer: İmparatorluğu ve ülkesel egemenliğini küçültmek amacıyla, büyük devletlerin baskısının gün ışığına çıktığı; öte yandan, ilk reform girişimlerinin kendisini gösterip, ancak geleneklerin, alışkanlıklarının ve ayrıcalıklarını yitirme korkusunun alabildiğine damgasını vurduğu insanlar ve anlayışların uyarlanamazlıklarıyla karşılaşıp engellendiği bir dönemdir bu. Bununla beraber, III. Selim'in saltanatı, bir geçiş dönemidir yine de. Sonuçları, olumlu görünmüyor olsalar da, çağdaşlaşma ya da açılış girişimleri olmuştur; imparatorluğun dünyadan soyutlanmışlığına son verilmiştir

24

belli bir ölçüde; kimi genç Osmanlılar, Avrupalı devletlerin yapılarını ve rejimlerini yakından gözlemlemişler ve gelecek için kimi düşünceler getirmişlerdir oralardan. Ne var ki, kireçleşmiş, bozulup kokuşmuş ya da yetersiz bir idarenin işleyişini düzelten hiçbir şey ya da hemen hemen hiçbir şey yoktur ortada şimdilik. Bir çağdaşlaşmanın gerçekleştiği tek alan, ordu ile donanma alanıdır; bu çağdaşlaşma oralarda da olaysız değildir ve ilk akla geleni de bu olaylardan, 1807 ayaklanmasıdır.

Merkezî idarede görev alanlar, özellikle *ilmiye* sınıfından, yani ulemaca medreselerde yetiştirilen insanlar arasından sağlanır. Oysa, bir yandan, devletin gelecekteki görevlileri, sadece devşirmeden gelen gençler arasından seçilmiyor artık, gitgide daha fazla olarak, sistemin içine yerleşip oturmuş Müslüman aileler arasından alınmaktadır ve kayırmacılıkla yarar edinme alabildiğine rol oynamaktadır. Öte yandan, medreselerde ya da Saray okullarında yapılan eğitim, iki yüzyıldan beri gelişmiş değildir; Batılı devletlerden gelen siyasal ve askerî baskı, ulemanın etkisini güçlendirmektedir tersine; ulema; Hıristiyan devletlerin sınırlarını aşmalarına karşı Müslüman geleneklerin savunucuları olarak görünmek istemektedir. Bu ulema, hükümet edenler, çoğu kez bağrından çıkmış kimi yöneticiler, meslekte yükselişlerini kolaylaştırdıkları devlet görevlileri, medrese öğrencileri ve halk kitleleri üzerinde belli bir iktidara sahiptir. Ulemanın, yalnız fikrî ve dinsel yetkiler değil, psikolojik araçlar ve özellikle, dinsel kuruluşlara bağlı vakıflar sayesinde mali olanaklar vardır elinde.

Valilerin yetkisine bırakılmış eyalet idaresi, duruma göre, bu valilere bağımlıdır olduğu gibi, ya da güçlü yerel eşrafa ya da gerektiğinde her ikisine birden. Yerel idari hiyerarşinin belli başlı makamlarına özellikle de büyük kentlerdekiler, merkezî yönetimce atanmış insanlar gelir; hukuksal-dinsel görevler, kadılarla naiplerin görevlerini belirleme, şeyhülislamın yetkisindedir. Bunların hepsi, ya da hemen hemen hepsi, görevde ne kadar bir süre kalacaklarını bilmedikleri için, makamlarından ne kadar çok yararlanabilirlerse o kadar yararlanmanın arkasındadırlar. Her eyalete özgü yasalar, özellikle vergiler konusunda az çok sertlikle uygulanırlar; çeşitli gelirlerden bir bölümü devlet hazinesine giderken, bir bölümü de sorumlu görevlinin olur. Açıktır ki, yığınla ve göz tırmalayıcı yolsuzluklar vardır bu alanda; özellikle köylüler bunların acısını çekerler, fazla olarak toprak sahiplerine de sıkı sıkıya bağımlı bir haldedirler: Köylülerin, daha da Türk ve Müslüman olan özellikle Anadolu'da, bu arada Kürdistan'da da görüldüğü gibi, kimi fırsatlarda ayaklanmaları anlaşılır bir şeydir böylelikle.

Bu eyaletlerde, düzeni de valiler sağlarlar; ancak, oldukça sık görülecek biçimde, yeniçeriler, özellikle de uzak garnizonlarda bulunanlar, bu otoriteyi ciddiye almazlar pek ve, yerel eşrafla anlaşmalı ya da onların zıddına, keyiflerine göre davranırlar halka karşı. Bu durumlarda, devlet otoritesi en aza iner çoğu kez, birer görüntü olup çıkar.

Balkanlar'da, Osmanlı iktidarına karşı başkaldırılar, yüzyılın sonlarında, Rusların ve Avusturyalıların kışkırtmalarıyla gelişmeye başlar. Arap ülkelerinde Magrip'in özerkliği, kimi zaman Mısır'ın, Suriye'nin, Irak'ın özerklikleri, olup bitmiş bir şeydir; yığınla eyalet, siyasal alanda olduğu gibi iktisadî alanda da tek başına bir yaşama sahip olma eğilimindedir: Yabancı tacirlerle ticaret ilişkileri gitgide yerel planda gerçekleşir, merkezî hükümete başvurulmaz; merkezî yönetim ise, başkentin iaşesini ve devlet etkinlikleri için gerekli genel ticareti güven altına alacak araçları bulmakla görevlidir.

Öte yandan, XVIII. yüzyılın ortalarından başlayarak, Ermeni para babalarının gitgide artan rolünü de belirtmek yerinde olur: XVII. yüzyılda tacir olan bu insanlar, sarraf, sonra da banker olup çıkarlar. XVIII. yüzyılın başlarına değin nüfuzlarını sürdüren Yahudi para babalarının yerini alan Ermeniler, başkentte olduğu kadar eyaletlerde de, imparatorluğun yönetici çevrelerine gelip sokulurlar; içinde sultanlar da olmak üzere, makamlarından emin kişilere çoğu kez külliyetli paralar verirler borç olarak ve, para basımı gibi önemli iltizamlar elde ederler. Bütün bunlar, Osmanlı hükümeti açısından, özellikle çetin dönemlerde tepkisiz yürümez hep: Mallara el koymalar, tutuklamalar, sürgünler, hatta idamlar, iktidarın başvurduğu araçlardır böyle anlarda. Öyle de olsa, mesleğin tehlikeleri, III. Selim'le II. Mahmut'un idari reformları, Ermeni para babalarını, alabildiğine kazançlı bir uğraştan vazgeçirmeye götürmez görünür; ayrıca, İstanbul'da ve büyük limanlarda, Avrupalı devletlerin temsilci ve tacirleriyle ilişki içine sokar onları bu meslek. Daha sonraki yıllarda, 1839 Hattı Hümayûnu ve daha fazla olarak 1856 fermanı, Osmanlı Devleti'nin bağrında, onların iktisadî, siyasal –hatta, Müslüman olmayan bir cemaate bağlı olarak, sosyal– rollerini onaylayacaktır.

II. Mahmut'un tahta çıkışının arifesinde, Osmanlı İmparatorluğu, geniş topraklara egemen, korkulur bir devlet olarak kalmaktadır. Ne var ki, geçmişin bir gücüne ait bir görünüştür ortadaki, yeni siyasal ve iktisadî koşullara uyduramamıştır kendini: XVI. ya da XVII. yüzyıldaki gibi yaşar hâlâ ve görkemli, ama eskiyip köhnemiş bir geçmişin ağırlığını sürükler arkasından. Bütün cephelerde savunma halindedir şimdi; III. Selim'in çabaları, modern bir devlete doğru kesin adımı attırmak için yeterli olmamıştır ona.

II. MAHMUT VE İKTİDARDAKİ KARARSIZLIKLAR (1809-1821)

Osmanlı İmparatorluğu'nda, reformların gerçek başlatıcısı sıfatını, Sultan II. Mahmut'a tanımalı hiç kuşkusuz. Bütün hükümdarlığı boyunca (1808-1839), büyük devletlerle ve kimi eyaletlerde ağır güçlüklere karşın, devletin kemikleşmiş idari sistemini yenileştirme amacına dönük bir siyaset güttü; orduya büyük değişiklikler getirdi ve Osmanlı toplumunu etkileyen çevrelerin anlayışlarını değiştirmeyi aradı. Sarsıntısız ve direnişsiz olmadı bütün bunlar, hatta içerde başkaldırılarla karşılaşıldı. İmparatorluk, kimi yerde bağımsızlık (Yunanistan), kimi yerde pek geniş bir özerklik (Sırbistan, Mısır) kazanan birçok bölümünden yoksun kaldığını gördü ülkesinin. Osmanlı İmparatorluğu'nun çözülüp parçalanmasının başlangıç anıdır bu: İmparatorlukta, bir yandan yerel kişilikler büyük bir rol oynarken, öte yandan, büyük devletlerin (Rusya, İngiltere, Fransa), kendi çıkarları adına yardımlarını kabul ederler. Yine büyük devletlerin zorlamasıyladır ki, II. Mahmut, ilk reformlar fermanını, Gülhane Hattı Hümayûnu'nu hazırlar sonunda; ne var ki, ölümünden (30 Haziran 1839) ancak dört ay sonra ilan edilecektir bu (3 Kasım 1839).

Siyaset sahnesine yeni çıkıp birçok onyıllar boyunca orada boy gösterecek olan genç yöneticilerin –çoğu kez ağır basan– yardımıyla mümkün olabilmiştir bu atılım. Reformculardır bu genç yöneticiler; Batı'da gerçekleşmiş ilerlemelerden haberdardırlar, içlerinden kimisi dışişleri görevlisi sıfatıyla, Batı'da bulunmuştur bir süre: En dikkat çekici örneği bunların, Mustafa Reşit Paşa'dır ki, Paris ve Londra elçiliklerinden sonra, 1832'den 1858'e değin, Osmanlı siyasetinde önde gelen bir rol oynar. Bununla beraber, II. Mahmut'un ölümünde, alışkanlıkların, geleneklerin ağırlığı o ölçüdedir ki, iyiden iyiye açığa vurulmuş niyetlere ve kimi gerçekleştirmelere karşın, reform hareketi sınırlı sayıda bir insan topluluğuna ulaşabilmiştir ancak; Osmanlı iktidarına bağlı kalan eyaletlerin çoğunda ise, büyük yankıları olmamıştır bunun.

Siyasal sistemin baskıları

II. Mahmut, Osmanlı tahtına çıktığında, yirmi üç yaşındadır. Siyasal deneyimi sınırlıdır o an için; ne var ki, pek iyi bir eğitim görmüştür Saray'da ve imparatorluğun içinde ve sınırlarının ötesinde olan biten hakkında belli bir bilgisi vardır. 1808 Temmuz'unda, devletin güçlü insanı değildir henüz: Bu rolü, yeni sadrazam Alemdar Mustafa Paşa oynamaktadır o sıralar. Sultanın, tahta çıkışını kendisine borçlu olduğu bir kişidir o: Rusların Tuna eyaletlerindeki eylemlerine karşı koyabilecek, tam kadrolu, disiplinli ve iyi talim görmüş modern bir orduya dayanan güçlü bir iktidarın zorunluluğunun farkındadır; yenileştirilmiş bir idareye güvenebilmelidir bu iktidar ve ayrıca, çeşitli eyaletlerde göz ardı edilemeyecek bir nüfuza sahip olan ayanın yeri ve rolünü de anlamış olmalıdır.

Aslında, III. Selim'in –mülki olduğu kadar askerî– düşmanlarını saf dışı ettikten sonra, uygulamada kazandığı oto-

28

riteyle güçlenen sultan, kendilerine bir reform planı önerip ve onlarla bunu tartışmak amacıyla, imparatorluğun eyaletlerindeki belli başlı eşrafı İstanbul'da toplar. Anadolu'nun ve Rumeli'nin birçok ileri geleni uyar bu çağrıya, ancak aralarından en göze çarpanları dinlemezler: Yanyalı Ali Paşa, Mısır'ın daha şimdiden güçlü haldeki valisi Muhammed Ali, Alemdar'ın hasmı olan kimi Bulgar ayanı ve Arap eyaletlerin çoğu yöneticisi böyledir.

Öyle de olsa, 7 Ekim 1808 tarihli bir bağdaşma belgesi *(sened-i ittifak)* imzalanır ki, belli başlı maddeleri şunlardır: Sultan ve temsilcisi sadrazam karşısında dürüstlük, yeni bir ordu örgütleme, vergilerin düzenli ve gerçekten toplanışı, eyaletlerin yasallığa ve adalete saygılı biçimde yönetimi, her eyaletin toprak ve rejimine karşılıklı saygı, reformları desteklemede ve karşı çıkanlara harekete geçmede anlaşma. Sultan da, sadece yasal ve düzenli vergi alacağını üstlenir. Ne var ki, Osmanlı Devleti'nde gerçek bir anayasanın temeli olabilecek bu belgenin, sınırlı bir kapsamı oldu sadece: Çünkü, bir yandan, ordu reformuna ilişkin hiçbir madde içermiyordu ve öte yandan, eşrafa fazla yarar sağlandığı düşüncesinden hareketle sultanca imzalanmamıştı; son olarak, yalnızca dört yönetici ya da ileri gelence imzalanmıştı, ötekiler ise, söz konusu metnin kendi kişisel iktidarlarını sınırlayacağını görerek, bitiminden önce terk edip gitmişlerdi toplantıyı.

Alemdar Mustafa Paşa, imparatorluğun yöneticileri arasında bir görüşüp danışmayı gerçekleştirmek isterken, III. Selim'in kurduğu eski orduyu, *nizam-ı cedid*'i yeniden örgütlemeye de çabalar. Gerçekten, asker olarak 5.000 kişi toplamayı başarır; ancak, yeniçerilerden gelecek her türlü muhalefet ya da direnişten sakınmak için, tutar *segban-ı cedid* (ya da kelimesi kelimesine, yeniçerilerin eski bir alayının adıyla, yeni köpek muhafızları birliği demek olan *seymen-i cedid*) adını verir bu orduya; oldukça hızlı biçimde 10.000 kişiye yükselir bu askerlerin sayısı, komutaları da *nizam-ı cedid*'in eski subaylarının elindedir. Donanmayı da içine alır reformlar. Öteki reformlar yeniçerler için düşünülmüştür; ne var ki sultan, yeniçerilerin yeniden ayaklanmak için bunlardan yararlanabileceği korkusuyla, alabildiğine sınırlar bu reformları. Yeniçerilerin kafalarda yarattğı soru, ancak on sekiz ay sonra çözülecektir.

Aslında, olduğundan daha güçlü sanır kendini Alemdar. Sultanı, otoriter ve kestirip atan tavrıyla rahatsız eder; başkent halkını yandaşlarının hareketleriyle, kimi eyaletlerin (özellikle Bulgaristan) eşrafını tutkularıyla, yeniçerileri de *segban-ı cedid*'i kurmasıyla. Yeniçeriler yeniden ayaklanırlar; ve Alemdar Mustafa Paşa da ölür o hengâmede (14 Kasım 1808). Başkaldıranlar isteklerde bulunurlar, ne var ki sultan açıkça tepki gösterir ve yeniçerilerle sultana bağlı birlikler arasında çatışmalar olur ve halktan yığınla insan ölür o sırada (15-16 Kasım). 17 Kasım'da *segban* birliğinin ortadan kaldırılmasına ilişkin bir uzlaşmaya varıldığı halde, onlardan yığınla insana yeniçeriler saldırmış ve öldürmüşlerdir; bu arada, kimi reformcu yöneticileri de.

Tahtını kurtarmayı başarmış olan II. Mahmut, şuna inanmaktadır artık: Askerler olsun, hükümet görevlileri ya da hukuksal-dinsel çevreler olsun, eskiyip köhnemiş olarak gördüğü bir sistemi tutanlar yerlerinde kaldıkça, hiçbir reform mümkün değildir. Otoritesini ve bunun sonucu olarak da devlet otoritesini yeniden kurmak zorunlu görünür ona. Ne var ki, hükümet, kendi ayrıcalıklarından çok devleti savunmaya kararlı bir askerî güce ve görevlilere dayandıkça mümkündür bu ancak. Ne alabildiğine disiplin dışına çıkmış yeniçerilere, ne eyaletlerde eşrafa pek bağlı sipahilere güvenmek söz konusudur şimdi; sultanın, buna karşılık, XVIII. yüzyılda III. Selim'in zamanında ve kendi döneminde, birçok kez yeniden örgütlenmiş ve güçlendirilmiş topçu birlikleri ve bir de, 1811'den 1818'e ve 1822'den 1827'ye değin görevde bulunmuş *kapudan paşa* Hüsrev Mehmet Paşa'nın yenileştirdiği donanma vardır elinde.

Siyasal sınıfta, II. Mahmut'un, devletin yenileştirilmesine karşı başlıca engelleri, eyalet eşrafıyla ulemadır. Birincilere karşı, Osmanlıların önde gelen kişiliklerinden birinin, Mehmet Sait Halet Efendi'nin yardımını kabul eder; Halet Efendi, eski Paris elçisidir, ancak eski rejimin olduğu kadar, merkezî iktidarın, yeniçeri ordusunun ve ulemanın güçlendirilmesinden de yanadır, her türlü modernleşmenin hasmıdır yani. İkincilere karşı, sultan, Batılılaşmaya açık kimi Osmanlılara dayanır: Kaptanıderya Hüsrev Mehmet Paşa, *reis ül-küttap* (dışişleri görevlisi) olup 1817'den 1821'e değin görevde kalan Canip Mehmet Besim Efendi ve özellikle Mehmet Sait Galip Paşa bunlar arasındadır; reformların kararlı bir yandaşı olan bu sonuncusu, Halet Efendi'nin can düşmanıdır ve onun saf dışı edilmesine doğrudan doğruya katılır (Kasım 1822). İşte o andan başlayaı ak, II. Mahmut, merkezî yönetimin ve çeşitli askerî birliklerin sorumlu makamlarına yandaşlarını yerleştirir. Zorunlu reformları dayatmanın araçları, sultanın elindedir artık.

Mısır'da Muhammad (Mehmet) Ali: İzlenecek bir örnek mi?

Mısır valisi Muhammad Ali (Mehmet Ali), sultandan önce davrandı bu alanda. Fransız seferinin sona ermesinden dört yıl sonra, 1805 Temmuz'unda bu göreve atanan Mehmet Ali, İngilizlerin tuttuğu yerel eşrafın –Memlûklerin– tartışılır hale getirdiği Osmanlı iktidarını yeniden kurmakla yükümlüdür. 1811 Mart'ında, hasımlarını kesin olarak yener ve, arkalarına düşüp Arabistan'da Vehhabîleri alt eder ve 1813'te de Mekke ile Medine'yi alır ellerinden; bununla beraber, Vahhabîler, 1818'den 1820'ye değin süren bir başka sefer boyunca kesin olarak yenileceklerdir.

Yine Mısır'da, Mehmet Ali, Memlûklerin kurbanı olan ulemayla uzlaşır. İstanbul hükümetinin zayıflığını ve beklenmedik yığınla olaya bağlı güçlüklerini görerek, Mısır'ı, hem çağdaş bir örgütleniş örneği, hem de, Osmanlı metbuluğunu reddetmemekle beraber, kendi iktidarının bir kalesi yapmaya çabucak karar verir. 1801'den sonra Mısır'da kalmış Fransız subay ve astsubaylarının uzmanlıklarından yararlanarak, yeni bir örneğe dayalı bir ordu kurmaya çabalar. Ne var ki, Osmanlı askerleri, bu yeni askerî anlayışı izlemekte alabildiğine çekingen davrandıkları için, bir başka yol arar Mehmet Ali: Kafkasya'dan ya da Kara Afrika'dan gelmiş yeni kura erlerinden oluşan *nizam-ı cedid (nizamiye)* örneğinde bir ordu kurarsa da, koşullara uygun olmadığı çabucak ortaya çıkar; çünkü, eski Memlûk sistemini yeniden canlandırmaktır bu. Öyle olunca da, Fransız ve İngiliz örneklerinden esinlenerek, "ulusal" bir ordu örgütler; askerlik yoklamasına göre toplanmış Mısırlı köylülerden oluşan ve yabancı subayların, Batı usulünde sınıflandırarak donatıp talim ettirdikleri bir ordudur bu (1823). Bu ordu, Girit'te, arkasından Mehmet Ali'nin oğlu İbrahim Paşa'nın komutasında Yunanistan'da, daha sonra da Suriye'de ve hatta Anadolu'da ün salacaktır.

Mehmet Ali, idareyi modernleştirmeye, Mısır'ın kaynaklarının işletilmesini geliştirmeye, yeni tarım ve sanayiler yaratmaya, Mısır toplumunu dış dünyaya açmaya, Avrupa'ya öğrenciler gönderip pek yeni bir eğitim sistemi kurmaya, "ulusal" bir basının ortaya çıkışını kolaylaştırmaya da gayret eder.

Valiliğinin ilk yirmi beş yılı boyunca, Mehmet Ali, sultanın reformlarının çok daha fazlasını gerçekleştirecek ve çağdaşlaşma yoluna sokacaktır Mısır'ı. 1830'da, topraksal ve siyasal bütün istemlerini bir formüle bağlamış değildir henüz: Onu izleyen on yıl, tutkularının, zaferlerinin ve başarısızlıklarının tanığı olacaktır; öyle de olsa, Mısır'ı, bütünüyle ayrılmasa da, Osmanlı İmparatorluğu'nun geri kalanından farklı –babadan oğula– bir monarşi haline getirmeyi başaracaktır.

II. Mahmut, çeşitli alanlarda, onun örneğini izleyecektir. XIX. yüzyılın ilk otuz yılında Doğu dünyasındaki evrimi en çok temsil eder gibi görünen iki insan arasında, çağdaşlaşma yarışında bir tür rekabet başlayacaktır böylece.

Uyuşmazlıklar mı reformlar mı?

I. Napoléon'la Çar Alexandr arasındaki Tilsit antlaşması, İngiltere'yi, Osmanlı İmparatorluğu'yla bir barış ve bağlaşıklık antlaşması yapmaya götürmüştü (Ocak 1809). Rusların toprak istemleri nedeniyle Yaş görüşmelerinin arkasından, Osmanlılarla Ruslar arasında yeniden başlar savaş. Ruslar, Tuna yöresindeki Osmanlı müstahkemlerini ele geçirirler ve, Kara Yorgi'nin yönlendirdiği Sırpları, bağımsızlıkları için mücadelede yüreklendirirler (1810). Balkanlar'da felaketli bir seferin sonunda, Osmanlılar, Ruslarla görüşmeleri başlatırlar; I. Napoléon Rusya'yı istila ettikçe, Ruslar da kabul eder bu görüşmeleri. Bükreş antlaşması (Mayıs 1812), Boğdan'la Eflak'ı Osmanlılara geri verirken, Ruslar, Besarabya'yı alsalar da, Kafkasya ve Karadeniz'de işgal ettikleri yerleri bırakırlar; Ruslar, diplomatik ve ticaret ayrıcalıklarıyla, Ortodoks Hıristiyanların korunmasını yeniden tanıtırlar; son olarak, Sırbistan'ın özerkliğini kabul ettirirler Osmanlılara.

Rus tehlikesinin uzaklaşması da, II. Mahmut'a, eşrafı saf dışı ederek ya da iktidarını alabildiğine azaltarak, Balkan eyaletleri üzerinde, kendi otoritesiyle Osmanlı Devleti'nin otoritesini güçlendirme olanağını sağlar (1814-1820). Kuzey ve Batı Anadolu için de aynı şey olur: Oralarda, önemli yerel eşrafın çöküşü, valilerin iktidarlarına yeniden kavuşmalarını kolaylaştırır; Irak ve Kuzey Suriye'de de benzer gelişmeler görülür.

Umulan bağımsızlığın elde edilmediği Sırbistan'da, Kara Yorgi'nin aşırı birlikçi siyaseti yüzünden, yığınla eşraf karşısına dikiliyor; Osmanlıların dönüşünü seve seve karşılıyorlar (Ekim 1813). Kara Yorgi Macaristan'a kaçarken, yerel hasımlarından biri, Miloş Obrenoviç, Orta Sırbistan'ın prensi (kinyas) olarak tanınmıştır. Osmanlılarla görüşmelerden yana olan Miloş Obrenoviç, yeni bir ayaklanma hareketinin (Nisan 1815) içine çekilmekle karşılaşır yine de; Avrupa'daki olayların gelişmesinden yararlanan bir harekettir bu: Gerçekten, I. Napoléon'un Waterloo'daki yenilgisi, Rus güçlerini serbest bırakır ve onlar da, Sırbistan'ı bir vasal krallık haline getirmeye zorlarlar II. Mahmut'u ve Obrenoviç de, ulusal meclisi ve ordusuyla prens olarak tanınır; bununla beraber, Osmanlıları, Belgrad'da bir vali temsil eder ve ülkenin değişik noktalarında birlikler bulundurma yetkileri vardır (1817). Yalnız 1829'da, Edirne antlaşmasıyladır ki, Osmanlılar tam özerklik verirler Sırplara ve Miloş Obrenoviç de, babadan oğula hükümdar olarak tanınır; Sırplar, karşılığında bunun, yıllık bir vergi verirler Osmanlılara ve sınırlarda birkaç askerî birlik bulundurmalarına müsaade ederler. 1817 antlaşması, Osmanlı İmparatorluğu'nun bölünüp parçalanması yolunda sınırlı ama somut bir aşamadır ve eyaletlerinden birinin üzerinde devlet yetkililerinin bir çaptan düşüşüdür de bu.

Daha doğuda, İran'da, siyasal olaylar, yeni bir hanedanı, Kaçarları getirmiştir iktidara; 1794'ten 1925'e değin ülkenin başında kalacaktır bu iktidar. 1795'te, Fetih Ali Şah çıkar tahta; onun sağladığı yararları İngilizlerle Fransızlar aralarında çekişip dururken, Ruslar da Kafkas yörelerine dikmiştir gözlerini (1800-1815). 1815'ten sonra, Rusların itelemesiyle, Fetih Ali Şah, doğuya doğru ödünler elde etmek ister ve Irak'a saldırılarda bulunur; bu da, II. Mahmut'u savaş ilan etmeye götürür ona karşı (Ekim 1820). Osmanlı seferi felaketle biter: İranlılar, Doğu Anadolu'yu ele geçirirler ve Kürdistan'da ilerlerler (1821-1822); ne var ki, korkunç bir kolera salgını İran ordusunun üstüne gelip çöker. Sonuçta, bir anlaşma imzalanır Erzurum'da (Temmuz 1823): Bununla, Fetih Ali Şah, sınır bölgesinde kimi topraklar kazanırken, İranlı tacirler için de Anadolu'da serbestçe ticaret ve dolaşma özgürlüğü elde eder. Ülkenin kuzeyinde sürekli Rus tehdidi, İran şahlarına, Osmanlı sultanlarının ülkesine doğru her türlü yeni yayılma girişimini yasaklayacaktır artık; öyle olunca da, Osmanlılarla barış içinde yaşayacaklardır onlar da.

Yunanlıların, bağımsızlıkları yolunda ilk girişimi, şair Konstantinos Rigas'ın eseri oldu. Onun, bir yurtsever dernek, Hetaireia'yı kurduğunu ve Osmanlılara karşı eylemlere kalktığını görmüştük. 1798'de pek acılı biten serüvenini, Yunanlılar unutmadılar ve Hetaireia, Viyana Kongresi'nden az önce, ilkin Odesa'da (1814), sonra da İstanbul'da, Dostlar Derneği (Philiki Hetaireia) adıyla yeniden kuruldu; Fenerli Rumların canlandırdığı kuruluş, Kara Yorgi ile, arkasından da Tepedenli Ali Paşa ile ilişkiye geçmek ister, ne var ki olumlu bir sonuç alınmaz. Bunun üzerine, derneğin üyeleri, Rusların desteğini ararlar ve başlarına da, İyonya adalarından bir Yunanlıyı, Dışişleri Bakanı olduğu için çarın da yakını olan İoyanis Kapodistriatis'i geçirmeyi arzularlar. Onun reddetmesi üzerine, Eflak'ın eski Hospodarlarından ve çarın da yaveri bir Fenerlinin, Aleksandros Ypsilantis üzerinde kalır seçim. Dernek, Sırpların eylemleriyle ilişkili olarak Mora'da eylemlere girişmeyi koyar aklına. Ne var ki, yeni Sırp yöneticisi Miloş Obrenoviç, Türklerle görüşmeleri yeğler ve dernekle Ypsilantis, Boğdan'la Eflak prensliklerinde harekete girişirler; oralarda Fenerliler, idareyi denetlerler ve yerel ruhban ile sıkı ilişki içindedirler; ayrıca, Osmanlı güçleri, oldukça zayıf durumdadır bu yerlerde ve Rus birlikleri de uzakta değillerdir.

Yunanistan'da bir başkaldırı planı hemen hazırlanır; ne var ki, Osmanlıların, Boğdan'la Eflak'ta Ypsilantis'in, Epeiros'ta ise Ali Paşa'nın saldırılarına karşı durmak üzere uğraşacakları bir sırada harekete girişilecektir. 1821 Şubat'ında, Ypsilantis Romanya'ya geçer ve Osmanlılara karşı Ortodoks Hıristiyanları ayaklandırmayı denerse de başarıya ulaşamaz; Osmanlı tepkisi şiddetli olur. Aynı anda, Laybach ve Tropau kongreleri toplanır; Kutsal Bağlaşıklığın üyeleri, başkaldırı hareketlerini yerinde bulmazlar toplantılarda: Çar, Ypsilanti'yi kendi haline bırakır, o da Türklere yenilince, Macaristan'a sığınır (Haziran 1821).

Az önce, çarpıcı bir Osmanlı saldırısı olmuştur Yanyalı Ali Paşa'ya karşı ve kent 1820 Ağustos'undan başlayarak kuşatılmıştır. Ali Paşa, şartlı olarak teslim olmayı kabul ederse de sonunda, Osmanlılar reddederler; paşa, 24 Ocak 1822'de öldürülür ve bu da, Güney Arnavutluk'la Epeiros'taki ayrılıkçı girişime bir son verir ve serbest bıraktığı .Osmanlı birlikleri de, Yunanistan'daki ayaklanmacıların üstüne gider.

Gerçekte, Ypsilantis ile Yanyalı Ali Paşa'nın yaptıkları şaşırtma hareketleriyle, Türk-İran savaşına güvenen Patras Patriği Germanos, 25 Mart 1821'de. kurtuluş savaşını ilan eder. Ne var ki, Mora'da ve Ege adalarında eşgüdümlü bir biçimde başlamamıştır bu savaş ve ayaklananların ilk eylemlerinden biri, Mora'daki Türk halkı, özellikle 1821 Ekim'inde Tripolitsa Müslümanlarını öldürmek olur. Öte yandan, İstanbul yeniçerileri de, Ortodoks patriği ve öteki yığınla din adamını tutuklar ve sonra da asarlar; bunlar olurken, bütün imparatorlukta, Rumlara karşı bir av başlar. Acımasız hareketlere, her iki tarafça başvurulsa da belirtmek yerinde olur ki, Batı kamuoyu; en acısı 1822 Nisan'ında Sakız'da görülen, Yunanlılara karşı girişilmiş kıyımlara tepki gösterdi sadece. Türklerin kırılıp geçirilmelerine yanan tek bir ses bile yükselmedi; tersine, başkaldıranlar adına bir sempati hareketi yaratıldı Avrupa'da.

Başkaldıranlar, 1823 yılına değin uzanacak olan ilk aşamada, Mora'nın hatırı sayılır bir bölümünü, Ege Denizi'ndeki kimi adaları ve, Korinthos körfezinin kuzeyinde, Missolonghi'yi, Atina'yı ve Thebai'yi denetlemeyi başarırlar. 1821 Aralık'ında, Yunan temsilcilerinden oluşan bir meclis toplanır Epidauros'ta, Yunanistan'ın bağımsızlığını ilan eder, Fransa'da Directoire yönetiminin hazırladığı Anayasayı örnek alan bir Anayasa yayımlar, bir hükümet kurar ve başkan olarak da Alexandros Mavrokordatos'u seçer (12 Ocak 1822). Genç Yunan yönetimi, iktidardan saf dışı edilmiş olmaktan huzursuz Theodoros Kolokotronis'in düşmanlığı ile karşılaşır hemen; iki taraf oluşur; 1822 Aralık'ında Astros'ta toplanan bir ikinci meclis Kolokotronis'i kınar ve kabul etmez. Bu iç mücadele, ancak 1824 yılının sonlarında ve Mavrokordatos ile hükümetinin yararına olmak üzere, son bulur.

III. Selim'in reformlarının başarısızlığı, askerî yenilgiler ve çeşitli eyaletlerde ayrılıkçı bir sürecin başlaması, imparatorluğu, kurumlarıyla ve temel güçleriyle yenileştirmek, sultanın iktidarını onarmak ve yönetimi, yeni kavramlarla yetişmiş ve onları uygulayabilecek yetenekte insanlara bırakmak zorunluğunu ortaya koyuyorlardı. Bununla beraber, geleneklerin ve ayrıcalıkların ağırlığına karşı mücadele etmek ve anlayışları değiştirmek kolay değildi. Ayrıca sultan, devlete en nüfuzlu güçlerin desteğine güvenebilmeliydi; ulemanın desteği başta geliyordu ve sultan, pek dindar bir tavırla, geleneksel eğitimi yüreklendirerek, en çok işbirliği yapılabilecek ulemanın önünü açarak bir sempati toplayabilmişti. Aynı zamanda, yeniçeriler de gözden çıkarılmışlardı; imparatorluğu savunmakta yetersizdiler, daha çok ayaklanma ve yağma gelirdi ellerinden. Mehmet Ali'nin Mısır'da başarıyla giriştiklerini örnek alıp orduyu ve en başta da yeniçerileri reforma tabi tutmak gerekiyordu.

12 Haziran 1826'da, yeniden örgütlenişin ilk girişimi, *eşkinciyan* sınıfının kurulmasıyla gün ışığına çıkar: Başkentteki yeniçeri taburlarından elenip alınmış ve yeni ordunun çekirdeğini oluşturacak askerlerdir bunlar; kimi yararlar sağlanmıştır kendilerine, ancak yeni yükümlülüklere de

uyacaklardır. İki gün sonra, yeniçeriler ayaklanır, sadrazamın sarayını yağmalar ve reformcuların başlarını isterler. II. Mahmut, yüreklilik ve kararlılık gösterip, reformlara yatkın topçu birlikleriyle subayların ve son olarak da ayaklananlarla dayanışma içinde olmayan ulemanın desteğini alır. 15 Haziran'da, sadrazamın emriyle, topçu birlikleri yeniçerilerin toplaştığı kışlaları topa tutup çoğu öldürülür; sonraki günler, hâlâ başkentte kalmış olanlar, kovuşturulup tutuklanır ve idam edilirler. Taşrada kimi direniş ocakları da çabucak söndürülür.

Bu olayların arkasından, yeniçeri ve sipahi ordusu resmî olarak kaldırılır. Bunlar olurken, onları desteklemiş bulunan ve yeniçerilerin sultana karşı çıkışını esinleten kişiler diye görülen Bektaşi tarikatının başları tutuklanıp idam edilir (Temmuz 1826). Yakından uzaktan yeniçerilere bağlı bütün birlik ya da örgütlere son verilir. Bu köklü eylem, *vakayi hayriye* (mutlu olay) diye adlandırılır.

Kısa bir süre sonra, bir *serasker*'in (başkomutan) emrinde yeni bir ordunun örgütlenişi yoluna girmiştir. Yenileme çabası süvariyi, topçuyu ve öteki askerî birlikleri de alır içine ve 1827'de, hepsi birden, *asâkir-i mansûre-i muhammediye* (Muhammed'in zafer kazanmış birlikleri) diye adlandırılan orduyu oluştururlar. Donanma da yenileştirilir, ordu ve donanma mühendis okullarına yeni bir atılım getirilir ve, 1827 Mart'ında, bir askerî tıp okulu kurulur. Üç yıl içinde, Osmanlı ordusu, yabancı öğretmenlerce Batı usulüne göre talim gören modern bir orduya bırakır yerini; ne var ki, nitelikli bir kadrolaşmadan, tutarlılıktan, hatta talimden hâlâ yoksundur bu ordu. Sonraki yıllarda, Ruslara ve Mısırlılara karşı verilecek savaşlarda ortaya çıkacaktır bu eksiklikler.

Osmanlı Devleti'ni yenileştirme çabası, askerî olduğu kadar mülki ya da dinsel nüfuzlu çevrelerin katılımı olmaksızın mümkün değildi. Yeniçeriler ortadan kaldırmadan önce bile, II. Mahmut, belli sayıda subay, ulema ve önde gelen kişilikleri, siyasetine bağlayabilmişti; bu kişilikler arasında, Halet Efendi'yi, Galip Paşa'yı, Ağa Hüseyin Paşa'yı ve özellikle Mehmet Ali'nin Mısır ordusuna getirdiği reformları gözlemleme fırsatını bulabilmiş Hüsrev Mehmet Paşa'yı görüyoruz. Reformların bu ilk dönemi boyunca, iki şeyhülislam da, sultana destek oldular: Seyyid Abdûlvahap Efendi (1821-1822) ile Mustafa Asım (1818-1819 ve 1823-1825)'dır bunlar. Gelenekçi ve tutucu ulemanın tepkilerini göğüsledi her ikisi de; onlar karşısında kimi zaman eğilmek zorunda kalsalar da, sultana yenileştirici siyasetini sürdürme olanağını verdiler yine de.

Bu yeni siyaset, önemli mali olanakları gerektiriyordu; bunları da, ya yeni kaynaklar bularak, ya da eskilerini düzene koyarak sağlamak gerekiyordu. O tarihe değin az çok iyi yönetilen vakıflara ayrılan imparatorluk hazinesi mülk ve gelirlerinin olanakları, bir vakıflar idaresine *(nezaret-i evkaf)* bırakıldı; devlet hazinesini bu vakıfların gelirleriyle beslemek amacıyla sıkı biçimde yönetiliyordu bu. Bunun gibi, kimi kira, vergi ve harçlar, yetkilerine bırakılanlardan alınıp yeni bir idareye, *mukata'at hazinesi*'ne (tam anlamıyla kiralar hazinesi) bırakıldı ve bu hazinenin görevi, yeni ordu maliyesinin işleyişini sağlamaktı; donanma için de aynı şey yapıldı. Dükkân ve pazarlardan alınan bir başka vergi, *rüsûmat-ı cihadiye* (kutsal savaş vergileri) de, ordu maliyesine katkıda bulunuyordu. Bu mali uyarlamalar, her zaman iyi karşılanmadı: Kimi zaman, savsaklanamayacak ölçüdeki gelirlerden yoksun kalan ulema başta geliyordu; önemli bir kazanç kaynağının kaybolduğunu gören mültezimlerle, yeni bir vergiye tabi tutulmuş olan tacir ve zanaatçılar da hoşnutsuzlar arasındaydı.

Öyle de olsa, bütün bu önlemler sayesinde, ordunun modernleşmesi, asıl ordunun içinde daha önemli bir yeri olan ve hükümetin de gerçek dayanağı olarak görülen topçu sınıfına; bunun gibi, silahçılar, tersaneler ve ilgili imalathaneler gibi, orduya bağlı hizmetlere yayılır gitgide. Tımarlı sipahiler de, köklü olarak değişikliğe uğramak, denetlenmek, kayda geçirilmek zorunda kalır; ne var ki, tımarlılar arasında direniş güçlüdür, pek küçük bir bölümü yeni kuralları izlemeyi kabullenir sadece (1828). Savaş zorunlulukları, bu yenileşmenin esinleyicileri olan sultanla Hüsrev Paşa'yı, söz konusu değişiklikleri ertelemek zorunda bırakır. Rumeli'nde yerleşmiş göçebe aşiretler arasından toplanan düzen dışı birlikler *(evlad-ı fatihan)* için de aynı şey olur: Köylerden başlayarak belli gruplar halinde yeniden örgütlendirilirler; bu köyler de, belli sayıda insan ve özellikle Müslüman olmayan halkın katıldığı bir mali destek sağlamakla yükümlüdürler (1828). 1822 ile 1828 arasında, Hüsrev Paşa ile Topal İzzet Mehmet Paşa sayesinde, donanmada da düzenlemeler olur. III. Selim'in kurduğu Denizcilik Okulu güçlendirilir, subayların mertebelenmesine açıklık getirilir, denizciler elenir, Donanma Mühendisleri Okulu yenileştirilir. Navarin felaketi (Ekim 1827) bu çabaları engellerse de atılım başlamıştır ve yenileşme siyaseti sürer. 1828-1829'da Ruslar ve 1832 ile 1839 arasında Mısırlılar karşısında uğranılan yenilgilerin gösterdiği gibi, bu siyaset, kesin sonuçlara ulaşabilmiş değildir şimdilik.

UYUŞMAZLIKLAR (1821-1839)

Yunanistan: Başkaldırıdan bağımsızlığa

1824'te, iki Yunan hizbi arasında mücadelenin sürdüğü bir sırada, sultan II. Mahmut, ülke üzerinde iktidarını yerleştirmek üzere müdahalede bulunmanın olanaksızlığı içindedir hâlâ; öyle olunca da, Arabistan'da başarısını parlak biçimde göstermiş ve Mısır'ı çağdaşlaşma yoluna sokmuş olan Mehmet Ali'ye çağrıda bulunur. Mehmet Ali ise, Mısır'a ek olarak, Girit ve Mora valisi olarak tanınması koşuluyla, olumlu yanıt verir. Gerçekten, oğlu İbrahim Paşa'nın komutasında birlikler yollar; onlar da, Girit adasını ele geçirip, Mora'ya çıkarma yaparlar (Şubat 1825) ve Yunan milliyetçileri üzerinde yığınla başarı kazanırlar; bunlar olurken, sultanın birlikleri de, bir yıllık bir uğraşmadan sonra Missolonghi'yi alırlar sonunda (Nisan 1825-Nisan 1826).

Yunan başkaldırısı çabucak ezilmiş görünüyor.

Osmanlı başarıları, Ortodoks ülkeler üzerinde niyetleri olan yeni Rus çarını, I. Nikola'yı kaygılandırır (Aralık 1825). 1826 Mart'ında, sultana bir ültimatomda bulunur ve görüşlerini izlemeye ve kendisine Boğdan, Eflak ve Sırbistan üzerinde koruma hakkı tanımaya zorlar onu: Mahmut, uyar isteğe; ayrıca, Kafkasya'da Rus metbuluğunu tanıyacak ve Osmanlı sularında Rus gemilerine serbestçe dolaşma olanağı sağlayacaktır (7 Ekim 1826 tarihli Akkerman antlaşması). İstanbul'da, iki taraf çarpışır: Devletin el ayak çekmesini kabul etmeyen savaş yanlılarıyla, bir Avrupalı devletin aracılığını dileyen beklemecilerdir bunlar. Sonunda, II. Mahmut, Yunan başkaldırısının kırılmasını yeğler; 1827 Haziran'ında, Atina'yı ele geçirir birlikleri.

Temmuzda, İngilizler, Fransızlar ve Ruslar, bir bağlaşıklık oluştururlar: Sultan, her türlü aracılığı reddettiğinde, Yunanlılar lehine bir müdahale tehdidini terazinin kefesine koyar bağlaşıklık; sultan ise, reddeder. Bir Fransız-İngiliz donanması müdahale eder; Navarin limanında, Mısır donanması ile birleşmiş Osmanlı donanmasını abluka altına alır: Bir olay, savaşa yol açar, sonunda Türk-Mısır donanması yakılıp yok edilir ve 8.000 denizci ve asker öldürülür (20 Ekim 1827). Bu olay, yeniden umut verir Yunanlılara, İbrahim Paşa'nın Mora'da çevreyle bağlantısını keser, ve özellikle, büyük devletlerin Osmanlıların işlerine müdahalesini destekler; Batı'da, baştan aşağıya Yunanlılardan yana olan bir basın ve siyasal görüş de desteklemektedir bu müdahaleyi.

Sultan, durumunu sertleştirir ve her türlü aracılığı reddeder. I. Nikola, 28 Nisan 1828'de savaş ilan eder kendisine. Ordular, bir yandan Doğu Anadolu'ya girerken (1828 Temmuz'unda Kars'ın alınışı, 1829 Temmuz'unda da Erzurum'un), bir yandan da Boğdan'a, Dobruca'ya, Bulgaristan'a (1828 Haziran-Temmuz'u) girer ve Trakya'da Edirne'yi ele geçirirler (22 Ağustos 1829); bunlar olurken, Fransa ile İngiltere de, İbrahim Paşa'nın Mısır'a dönüşünü sağlarlar ve, İoyanis Kapodistratis'in yönetiminde yeni bir Yunan hükümetinin kuruluşunun arkasından, özerk bir Yunan devletinin yaratılmasını koyarlar kafalarına.

Sonunda, Edirne antlaşması (14 Eylül 1829) ve onu tamamlayan Londra Konferansı (Şubat 1830) ile, Fransa ve İngiltere, Osmanlı İmparatorluğu'nun Avrupa'daki eyaletlerinin Rusya yararına bölünüp parçalanmasını önlemeyi başarırlar. Bununla beraber, Yunanistan'ın bağımsızlığı ilan edilir ve büyük devletlerce güvence altına alınır, Sırbistan'ın, Boğdan'ın ve Eflak'ın özerkliği de tanınır; Besarabya, Rusların eline geçer ve Ruslar, ticari yararların yanı sıra, ticaret gemileri için Boğazlardan geçme serbestliğini elde ederler.

Yunan-Türk uyuşmazlığının en dikkat çekici öğesi, Osmanlıların işlerine, Rusya ya da Avusturya'nın dışında, büyük devletlerin doğrudan müdahalesidir hiç kuşkusuz. Daha önce Bonaparte'ın Mısır'a seferi ve İngilizlerin onu izleyen girişimleri, Fransa ile İngiltere'nin, Hint'e ve Hint Okyanusu'ndaki ülkelere doğru bir yol alan "Ortadoğu" (Levent) için ilgisini koymuştu ortaya. Bu görünüş hep hesapta olmakla beraber, başkaları da sahneye çıkar. Bunlar da, şu ya da bu ülkenin nüfuzunun Osmanlı İmparatorluğu'na sızmasıdır: Önce teknisyenlerinin, danışmanlarının ve hatta tacirlerinin varlığı ile olur bu; sonra da, Balkan Avrupa'sında olduğu kadar Ortadoğu'da da bir alıcılar zümresinin oluşmasıyla (Bu alanda, Tuna eyaletlerinde Ruslar hayli ilerde bir durumdadırlar). Diplomatik müdahalelerin, Fransa'nın ya da İngiltere'nin arabuluculukları da, Osmanlı siyasetini etkileme ve Batılı görüşlerin kendilerini dayatmalarının araçlarıdırlar; dışişlerinde olduğu kadar devletin iç yönetimi bakımından da *Tanzimat* (reformlar), bunların sonucu olacaktır doğrudan doğruya.

Batılı tutkular, Doğu Akdeniz'le sınırlı kalmaz yalnız: 1830 Haziran'ında, hâlâ bir Osmanlı eyaleti olan Cezayir'e el koymak amacıyla, Cezayir kenti yakınlarında karaya çıkar Fransızlar. Fetih uzun sürecektir; ne var ki, Mısır işiyle, arkasından da Suriye'de ve Lübnan'daki güçlüklerle uğraşan Osmanlı Devleti, engel olamayacaktır buna: Osmanlı Devleti'nin bölünüp parçalanması, hayli yolundadır şimdi.

Mısır'la savaş

Yunan olayında, Mısır valisi Mehmet Ali çok şey kaybetti: Donanması Navarin'de yok edildi ve, Girit'le Mora valiliklerini umarken, Fransızlarla İngilizlerin baskısı altında oraları boşaltmak zorunda kaldı ve yaptığı yardımdan dolayı hiçbir şey elde edemedi sultandan. Ödün diye Suri-

ye valiliğini ister, ancak II. Mahmut reddeder ve Girit vali-
liğini önerir ona. Redde uğrayan Mehmet Ali, çeşitli baha-
nelerle, İbrahim Paşa'nın komutasındaki orduları Filiştin'e
ve Suriye'ye gönderir: Bir yıla kalmaz, bütün Filistin, Lüb-
nan ve Şam eyaleti, Mısırlıların eline geçer (Kasım 1831-
Haziran 1832). Bunun üzerine, Mahmut, görevden alır
Mehmet Ali'yi ve bir sefer hazırlar ona karşı: Osmanlı or-
dusu, Suriye'nin kuzeyinde İbrahim Paşa'ya yenilir. Bu-
nunla beraber, Mehmet Ali, görüşme yoluyla Suriye'yi el-
de etme umuduyla, kazandıklarını daha ileriye götürmez.
II. Mahmut, yeniden reddeder: Bir ordu hazırlayıp sadra-
zam Reşit Mehmet Paşa'nın emrine verir; ne var ki, İbra-
him Paşa'nın Anadolu'ya geçip, Konya'yı işgal etmesini ön-
lemez bu; Konya yakınında Osmanlı ordusu yenilir (21
Aralık 1832) ve İbrahim Paşa, Kütahya'ya değin uzanır
(Şubat 1833), hatta Bursa'ya kadar gitmeyi bile koyar kafa-
sına.

Bu tehdit karşısında, sultan, Çar I. Nikola'nın yardımı-
nı ister. O da olumlu yanıt verir; çünkü, Ortadoğu'da güç-
lü bir Mısır devletinin kuruluşuna iyi gözle bakmamaktadır
çar, bölgede kendi niyetlerini engelleyebilir bu. Ne var ki,
Fransızlarla İngilizler, Türklerle Mısırlılar arasında bir an-
laşmayı dayatmak için müdahale ederler; bu olurken, İs-
tanbul'u olası bir saldırıya karşı korumak amacıyla, Rus
birlikleri Boğaz kıyılarında mevzilenirler. Öyle de olsa,
Kütahya'da, 29 Mart 1833 tarihinde, Türklerle Mısırlılar
arasında bir antlaşma imzalanır: İbrahim Paşa Suriye, Ki-
likya ve Hicaz valisi olur ve, Mısır valiliği yenilenen Meh-
met Ali Girit valiliğini de alır. Bu anlaşma hiç doyurmaz I.
Nikola'yı; sultana baskı yaparak ve donanmasını da Bo-
ğaz'dan çekerek, Hünkâr İskelesi antlaşmasının imzalan-
masını elde eder (8 Temmuz 1833): Edirne antlaşmasını
onaylamakla beraber, yeni antlaşma, Boğazların bütün sa-
vaş gemilerine kapatılmasını öngörür özellikle; bu da, Rus-
ya'yı, Karadeniz'de her türlü Fransız ya da İngiliz tehdidin-
den kurtarmış olur.

Aslında, Rusların dışında, kimse hoşnut değildir bu
antlaşmalardan. II. Mahmut, askerî reformların arzulanan
sonuçları vermediğini görür ve mülki reformları sürdürmek

için de barışa gereksinmesi vardır; Suriye halkıyla işbirliği içinde, onları ayaklandırmaya iteleyerek, İbrahim Paşa'nın siyasetini engellemeye çabalar. İngilizler de, Türklerle Ruslar arasındaki ilişkileri gerginleştirmenin aranışı içindedirler; Mehmet Ali'nin Yakındoğu'da, özellikle Güney Arabistan'a ve Aden'e doğru ilerleyişinden ve Mısır'ın iktisadî gelişmesinden kaygılandıkları için, ona karşı tavır takınırlar ve Fransızlar da destekler kendilerini; Mehmet Ali ise, özerklikle yetinmek istemez ve tam bağımsızlığı koyar kafasına.

1835-1838 yılları, bir silahlı barış dönemidir; bu süre içinde, II. Mahmut ordusunu güçlendirir, İngilizlere yaklaşır (1838 Ağustos'undaki Baltalimanı antlaşması, iktisadî yararlar sağlar onlara). 1839 Nisan'ında, Osmanlı orduları Kuzey Suriye'ye doğru ilerler; ne var ki, Nizip'te ağır bir yenilgiye uğrarlar (24 Haziran 1839) ve Türk filosu İskenderiye'de teslim olur; bunlar olurken, İngilizler de Aden'i ele geçirirler. II. Mahmut, 30 Haziran 1839'da ölür ve çetinliklerle dolu bir ortam bırakır halefi I. Abdülmecit'e.

1840 Temmuz'unda, Fransa dışında büyük devletler, Mehmet Ali'ye bir ültimatom gönderirler, o da reddeder. Bunun üzerine, Fransız hükümeti, müdahale eder ve Mehmet Ali'yi görüşmeye razı eder; öte yandan, İngilizler de, Lübnan kıyılarını ve İskenderiye'yi ciddi bir tehdit altında tutmaktadırlar. Sonunda, bir anlaşma olur: Sultan, Mehmet Ali'ye "Hıdiv" unvanıyla, Mısır'ın babadan oğula valiliğini tanır; bunun karşılığında, o da Türk filosunu geri verecek, Suriye'den vazgeçecek ve ordusunu azaltacaktır (1840 Kasım'ı). Kısa bir süre sonra, kendi arzusuyla Hicaz'dan çekilir ve sultan, Sudan da içinde olmak üzere, Nil vadisi üzerinde iktidarını tanır.

1841 Temmuz'unda, Londra antlaşması, Hünkâr İskelesi antlaşmasını yürürlükten kaldırır ve özellikle şunun da altını çizer: Babıâli, barış içinde bulunduğu sürece, Boğazlardan geçiş savaş gemilerine kapalı olacaktır (Boğazlar Sözleşmesi). Mısır sorununda, Osmanlı Devleti yeniden kaybeden durumundadır, çünkü, bir yeni eyalet ayrılmıştır; İngilizler işgal edinceye değin (1882), gitgide daha kopacaktır Mısır.

Mehmet Ali, kararlı bir dış siyaset güderek, Mısır'ı çağdaşlaştırmaya ve ülke üzerinde yönetimin yetkilerini güçlendirmeye girişir. Bir tarım reformu yapılarak, Memlûklerin elinden topraklarının hemen hemen bütünü alınıp devlet mülkiyetine sokulur ve devlet de köylülere emanet eder onları; başkalarına aktarılamayan mülk durumundaki vakıf toprakları için de, aynı şey yapılır. Köylüler, yönetimin talimatına göre ekip biçecekler ve yönetime teslim edeceklerdir ürünlerini. Bu güdümcülük, Fransız Jumel'in girişimiyle, uzun elyaflı pamuk ekimini kamçılarken, dışarıya satılan ürün ekimini de destekleyip geliştirir.

Sanayideki ilerlemeler, Mısırlıların yeni tekniklere uyarsızlıkları nedeniyle daha az kesindir; o yüzden de yabancı teknisyenlere başvurulur. Bunlar olurken, Mısır ticareti de, Kapitülasyonların etkilerini gidermek eğilimindeki hükümetin denetimi altına sokulur; ne var ki, bu konuda da, güdümcülüğün koşullara uymaması ve aşırılıkları yüzünden başarısızlıklara uğranılır kimi zaman. Dış ticaret, sonuçta, liberalizme doğru bir dönüş yapar ve bu da, yabancılarla onların yerel aracılarının, Yunanlılarla Suriyelilerin işine yarar.

Bu reformlara koşut olarak, Mehmet Ali, geleneksel eğitim sistemini değişiklik ve çağdaşlaşmaya zorlar ve Mısır aydınlarını, Batı kültürlerine, önce İtalyan sonra da Fransız kültürüne açar. İlk Mısırlı aydınlar, Rifâ'a al-Tahtavî'nin yönlendiriciliğinde olmak üzere, 1826'da Fransa'ya gelirler; al-Tahtavî, Fransa'da bulunuşundan, derinden derine etkilenecektir (1826-1831). Mehmet Ali, Fransız teknisyenlerine de çağrıda bulunur: Clot Bey tıp için, Albay Sève (geleceğin Süleyman Paşa'sı) ordu için, Linant de Bellefonds barajlar ve kanallar için gelirler. Fransa'da bilinen bu reform ve yenileşme anlayışı, başta Peder Enfantin olmak üzere, kimi Saint-Simon'cuları, öğretilerini Mısır'a sokup yerleştirme girişimine götürür. Onların girişimi başarılı olamaz gerçi, ne var ki Batı'yla sıkı bağlar kurulmuştur artık ve Mısır, Doğu Akdeniz'in siyasal ve iktisadî oyununda değerli bir piyon olup çıkar. 1869'da Süveyş Kanalı'nın açılışı, göz alıcı bir tanığıdır bunun.

XVIII. yüzyılın sonlarından başlayarak sürüp giden olayların bir sonucu şu ki, Osmanlı İmparatorluğu'nun tarihini, Avrupalı büyük devletlerin oynadıkları role yollamada bulunmadan incelemek mümkün değil artık: Rusların Akdeniz'e doğru ilerleyiş girişimlerine İngilizlerin Hindistan yolunun çevresini koruma isteği karşı çıkıyor; bunun gibi, bölgede çok eskiden beri bulunuşun ve Hıristiyanları korumanın adına, ortadan çekilmek istemeyen Fransızların isteği de söz konusu.

Büyük devletlerin baskısı, ya doğrudan doğruya Osmanlı hükümeti üzerindedir, ya da dolayısıyla yerel başkaldırı ya da ayaklanmalara verdikleri destek yoluyla kendini gösterir: Bu baskı, savaşlar ve toprak işgalleri biçiminde ortaya çıkar ve sonuçları da, bir antlaşma ile onaylanır ya da onaylanmaz. Kimi zaman kurnazca bir yoldan, imparatorluğun bölünüp parçalanması, dinsel ya da etnik azınlıkları, ya da şu ya da bu devletin diplomatik ya da ticari çıkarlarını koruma örtüsü altında yürür. XVII. yüzyılın iktisadî yayılışının, XVIII. yüzyılın siyasal ve sömürgecilik öncesi yayılışının yerine, en yakın, en tutarsız, en dayanıksız bir imparatorluğun zararına gelişen bir toprak yayılışı geçer. Bu yayılmacı mücadelelerde, bir piyon olarak görünür Osmanlı hükümeti; gereksinmelere ya da koşullara göre kullanılır ama kendisi asla bir şey kazanmaz. Böylece Ruslar, Fransızlar ve İngilizler, diplomatik sıçramalarla dolu bir yarışmaya verirler kendilerini: "Şark Meselesi", Batılı devletlerin tek çarkıdır.

Batılıların, Osmanlı metbuluğuna ne denli az önem verdiklerinin belirtisi, Cezayir'in Fransızlarca işgalidir özellikle. Osmanlı İmparatorluğu'na bağımlı Cezayir eyaleti, Batı'daki öteki eyaletler (Tunus, Trablus) gibi, geniş bir özerklikten yararlanır; ne var ki, resmî ilişkiler, en aza indirgenmiş de olsalar, Cezayir'le İstanbul arasında varlıklarını sürdürürler. XVIII. yüzyıl da içinde olmak üzere, o tarihlere değin, korsanlık, Cezayir dayısının en önemli kaynaklarından biri oldu; bununla beraber, Avrupalı devletlerin kimi zaman sert tepkileri, yavaşlattı bu uğraşı ve yerine, çeşitli devletlerle yapılan daha olağan ticari alışverişler geçti ufak ufak. Böylece Cezayirliler, Directoire dönemi boyunca buğday sağladılar Fransa'ya, ne var ki Fransa verilenlerin karşılığını ödemedi; daha sonraları, Cezayir'le Napoléon Fransa'sı arasındaki ilişkiler bozuldu ve Fransa'nın borcu arttı. 1817, sonra da 1820'deki bir anlaşmaya karşın düzelmedi ilişkiler ve Fransız konsolosu Deval'ın önemli bir rol oynadığı bir gerginlik çıktı ortaya; Cezayir kıyılarında, Bône'da ve La Calle'daki Fransız yerleşmelerine ve Afrika Kumpanyası'nın ayrıcalık haklarına ilişkin sorunlar da gelip eklendi bunlara.

Başka büyük devletler de, Cezayir'in siyasal ve iktisadî yaşamına gelip müdahalede bulunuyorlar. XIX. yüzyılın başındaki buğday ticaretinde, Fransızların yerini İngilizler alıyorlar geçici olarak; ne var ki, anlaşmaların yenilenmemesi ve Cezayir'in İngilizlere ve Hollandalılara borçlarını ödemeyi reddetmesi sonucu, bir İngiliz-Hollanda donanması, Cezayir limanını topa tutuyor (1816). Aynı yıl, Birleşik Devletler, Cezayir'i, yıllık vergi ödemekten vazgeçirtirler. 1819'da, bir İngiliz-Fransız donanması, Cezayir donanmasını abluka altına alır; 1824'te, Fransızlar, Kabiliyelilerin Cezayir'e karşı bir ayaklanmasını desteklerler, ve 1827'de de, Cezayir dayısının donanması Navarin Savaşı'nda yakılıp yok edilir.

Cezayir'e Fransız müdahalesinin başlamasının bahanesi, Dayı Hüseyin'le Fransa Konsolosu arasında, 30 Nisan 1827 tarihinde geçen olay ("yelpaze çarpması") olur. 1827 Haziran'ında ilişkilerin kopmasının arkasından olaylar sökün eder. Özellikle, Fransa'nın siyasal ve iktisadî çevrelerinin baskısı, Cezayir'i ele geçirmek amacıyla, bir ordu gönderilmesi kararına varır: 14 Haziran 1830'da, ilk birlikler karaya çıkar. 5 Temmuz'da, Dayı Hüseyin teslim olur. Çok geçmez, Titteri ve Oran beyleri, bağlılıklarını bildirirler; Konstantin beyi ise, ihtiyatlılığını sürdürür. Arkasından, Fransız işgali yayılır, ancak Konstantin direnir (1836); bu kentin beyi Hacı Ahmad, zaferini tanıtmayı, Fransızların yanında olduğu kadar sultanın yanında da boşuna arar. 1837'de Konstantin düşer; ne var ki, Hacı Ahmad, Osmanlı sultanının yardımını durmadan isteyerek ve bir şey de elde edemeyerek mücadelesini sürdürür yine de. Sultan ise, Balkanlar'daki sorunların ve özellikle de Mısır'la olan uyuşmazlığın içine gömülüp kaldığından, Hacı Ahmad'a hiçbir destek sağlayamaz ve Osmanlı diplomasisi, Paris'te olduğu kadar İstanbul'da da, Fransız hükümeti nezdinde etkin bir müdahalede bulunamaz.

Komşu Tunus eyaletinde, beyler, İstanbul hükümetiyle iyi ilişkilerini sürdürürler; 1832 ile 1835 yılları arasında, Trablusgarp'ta ortaya çıkan vahim olayların arkasından, Tunus beyi Husayn'ın bu ülkeyi kendisine katmayı kafasından geçirip de, sultanın Trablusgarp'ta müdahale ettiği ana değin sürer bu. Karamanlı Hanedanı saf dışı edilerek, doğrudan Osmanlı idaresi kurulur Trablusgarp'ta. Ahmad Bey'in yöneticiliği döneminde (1837-1855), yeniden gerginleşir ilişkiler: Ahmad'ı Fransızlar tutmaktadır; hatta ona Konstantinois yöresini vermeyi akıllarından geçirmeye kadar giderler, ne var ki tasarı bir yere varmaz. Kimi olaylara karşın, Türk-Tunus ilişkileri bazı gerilimlere uğrasa da, Osmanlılar, çeşitli bölgelerde, özellikle de Cezayir'de, egemenliklerinin kaybolduğu bir sırada, Tunus'un da ellerinden çıktığını görmek istemezler; kendi açılarından, Tunuslular da, bu metbuluktan yoksun kalmayı arzulamazlar, Batılı devletler karşısında, her şeye karşın belli bir güvencedir onlar için bu.

REFORMLAR (1830-1839)

II. Mahmut'un, ne reformcu niyetlerinden kuşku duymalı, ne de onları gerçekleştirmekteki yeteneklerinden. Gençliğinde ve yeniyetmeliğinde, Osmanlı yönetimini içerden yıkabilecek ve devleti bir anarşi içine atma tehlikesini doğurabilecek yığınla olay geçti başından; yaşamını tehdit edebilecek noktaya vardı kimisi. Saltanatının birinci bölümünde askerî reformlar egemen olsa da, 1830'dan 1839'a değin uzanan ikinci bölümü, "sivil" reformlara adanmıştır özellikle.

Oyuncular

Yalnız sultan için söz konusu değildir bu reform kararlılığı: Belli sayıda yüksek Osmanlı görevlisi de, bu görüşü paylaşırlar; ve dikkati çekecek bir noktadır, II. Mahmut da, bu dönem boyunca çağrıda bulunur onlara ve belli başlı görevlerde sürekliliğe de alabildiğine önem verir. Böylece, 1829'dan 1839'a değin iki büyük sadrazam görüyoruz sadece: 1829'dan 1833'e kadar Reşit Mehmet Paşa ile 1833'ten 1839'a kadar Mehmet Emin Rauf Paşa; her ikisi de reform yandaşıdır. Öteki önemli görevlerde, görece genç insanlar bulunurlar: Devletin yenileştirilmesine açıktırlar; kişisel olarak, eğitim yoluyla, ya başkentte ya da Avrupa'daki elçiliklerde yabancı çevrelerle temas sonucu bu bilince varmışlardır; Avrupa'daki elçiliklerde ise, kâtip olarak görev almışlardır kimisi ve çeşitli Avrupa devletlerinin işleyişini yakından görüp gözlemişlerdir.

Bu insanlardan kimisi gerçekten damgalarını vururlar bu döneme: Onların arasında en yaşlısı olup, donanmanın ve 1826 yılından sonra da ordunun yenileştirilmesine kendini adayan Hüsrev Mehmet Paşa'nın rolünü daha önce görmüştük; 1827'den 1830'a değin *reis ül-küttap* (dışişleri görevlisi), 1831'den 1836'ya değin sadrazam yardımcısı, 1836'dan –öldüğü tarih olan– 1837'ye değin Dahiliye Nazırı olan Mehmet Sait Pertev Paşa; 1832'den 1835'e değin *reis ül-küttap,* Hariciye Nazırlığı kurulduğunda, 1835'ten 1837'ye değin Hariciye Nazırı *(Dışişleri Bakanı),* arkasından 1837'den sonra Dahiliye Nazırı *(İçişleri Bakanı)* olan Akif Paşa; ve 30'lu yıllardan başlayarak reformcu hareketin başına geçen, Paris'te elçi (1834-1835 ve 1835-1836), Londra'da elçi (1836-1837), Hariciye Nazırı (1837-1838) olup, 1839'dan sonra birçok kez sadrazamlık edecek Mustafa Reşit Paşa özellikle.

Mustafa Reşit Paşa, getirilecek reformlar hakkında pek açık fikirlere sahiptir. Merkezî idarede, sonra da dışişlerindeki görevleri, sistemin kusurlarını, düzeltilmesi gereken yanlışları, kendini dayatan sorunları görme olanağını sağlamıştır ona ve onun da örneği olan Avrupalı ülkeler vardır. Sultandan sonra devletin bir numaralı kişisi olur yavaş yavaş. Nüfuzu büyüktür, hareketini derinliğine gerçekleştirmeyi iyi bilir ve o nedenledir ki, koruduklarını; güvenebileceği adamlarını yerleştirir devletin sorumlu makamlarına. Son olarak, 1839'da Gülhane Hatt-ı Şerif'inde yayımlanacak olan reformlar dizisini o hazırlar ve büyük devletlerin temsilcilerine o açıklar törenle. 1834'ten –öldüğü tarih olan– 1858'e değin, devletin yaşamına damgasını vuran Mustafa Reşit Paşa olmuştur hiç kuşkusuz; kendisinden sonra, Mehmet Emin Ali Paşa ile Mehmet Fuat Paşa sürdürecektir eserini.

Yenilikler

1830'dan sonra yapılan reformlar, merkezî idare ile yerel idareye ilişkindir başta. İçlerinden kimisi, salt biçimden ibaret de gözükse, gerçek bir anlayış değişikliği, devletin yapısında ve işleyişinde gözle görülür bir başkalaşmadır söz konusu olan; ve bunlar, yalnız kişilerle değil, gelenek-görenekler ve hatta devlet anlayışıyla ilgilidir.

Babıâli olarak adlandırılmaya alışılmış merkezî hükümet, belli bir zaman için *başvekil* unvanını alan sadrazamca yönetilir. Hükümet, bakanlıklara bölünmüştür: *Nazır*'lar, *vekiller* (bakan) olacaktır; içişleri, sadrazamın yardımcısının *(sadaret kethüdası)* yetkisindedir ki, 1836'da *Umur-u Mülkiye Nazırı* (Devlet İşleri Yöneticisi), sonra da 1837'de, *Vekil-i Dahiliye* (İçişleri Bakanı) olur; *Nezaret-i Deavi*'nin (Adliye İşleri Yöneticiliği) yerine, *Nezaret-i Adliye,* arkasından da *Vekâlet-i Adliye* (Adalet Bakanlığı) geçer. Mali işler (Ordu Hazinesi, İmparatorluk Hazinesi, para), *Nezaret-i Umur-u Maliye,* daha sonra da *Vekâlet-i Maliye* (Maliye Bakanlığı) içinde bir araya toplanır. *Reis ül-küttap*'ın yetkisine bırakılmış dışişleri, 1836'da gerçek bir bakanlık *(Vekâlet-i Hariciye)* oluyor; dış ticaret de bu bakanlığa bağlıdır (1836 yılından başlayarak çeşitli devletlerle modern türde ticaret anlaşmaları imzalanır). 1838'de, bir Tarım ve Ticaret Kurulu *(Meclis-i Ziraat ve Ticaret)* kurulur, Bayındırlık İşleri Kurulu'na *(Meclis-i Nafia)* dönüştürülür ve Ticaret Bakanlığı *(Nezaret-i Ticaret)* da ayrılır bundan.

Bakanlıkların etkinlikleri, sultanın Bakanlar Kurulu'nda *(Meclis-i Hass-ı Vûkelâ)* incelenip karara bağlanır; *Meclis-i Hass* (Sultanın Kurulu) ve *Meclis-i Vûkelâ* (Bakanlar Kurulu) da denir buna. 1838'de, kanun önerilerini incelemekle görevli bir Babıâli Kurulu *(Dâr-ı Şurayı Babıâli)* kurulur.

Merkezî yönetimindeki bu değişikliklere, imparatorluğun uyruklarına ilişkin reformlar eşlik eder: Böylece, ilke olarak kişi başına gelire göre belirlenen vergilerin daha adil bir dağılımı amacıyla, nüfus sayımına ve toprakların kadastrosuna girişilir. Vergilerin toplanması, artık mültezimlerce değil, merkezî yönetimin ücretli görevlileri, eyalet valilerinin denetlediği *muhassıl*'larca olur; bu eyalet valilerinin, artık doğrudan doğruya İstanbul'a bağlı yerel garnizonlar üzerinde yetkileri yoktur şimdi. Ne var ki, bütün bu reformlar aşamalı biçimde uygulanırlar (ilk uygulama alanı, Bursa ya da Hüdavendigâr eyaleti olur), ve onların uygulamaya konmaları bir görevliler kadrosu gerektirir ki, özellikle eyaletlerde bu yoktur henüz ya da yeterince yetişmemiştir.

Bunun sonucu olarak, reformlar, devlet görevlilerini de içine alır ve 1835'te üç kümeye bölünür bunlar: Sivil görevliler *(kalemiye,* bu kelimenin yerine az bir süre sonra *mülkiye* kelimesi geçer), askerî görevliler *(seyfiye)* ve hukuk-din görevlileri *(ilmiye);* her biri bunların, sadrazama, ordu başkomutanına *(serasker)* ve şeyhülislama bağlıdırlar. Dokuz dereceli bir hiyerarşi kurulur bu görevliler arasında; *kul* (sultanın hizmetkârı) sıfatını değil *memur* sıfatını taşırlar artık ve görevleriyle mevkilerine göre belirlenen bir ücret alırlar; suç işlediklerinde de, haklarında özel bir yasa *(ceza kanunnamesi)* uygulanarak cezalandırılabilirler.

Dışişleri Bakanlığı'nda, bir Çevirmenler Okulu ile bir Çeviri Dairesi *(Tercüme Odası)* kurulur: Bu dairede, artık Rumlar değil, Türkler –ya da onlarca özümlenmiş kişiler– çalışmaktadır esas olarak ve reformları yaşama geçirmeye kararlı, yeni bir anlayışın coşkusu içinde görevliler çıkacaktır oradan; bunun gibi sivil görevlilerin yetiştirilmesi amacıyla bir okul da açılır.

Mehmet Ali'nin birliklerine karşı başarı sağlayamamış ordu da, yeni reformlara konu olur: Rus, İngiliz, Prusyalı (onlar arasında von Moltke bulunmaktadır) yabancı danışman ve teknisyenlerce esinlenen ve uygulanan reformlardır bunlar; Fransa'nın Mehmet Ali'ye yardım etmesi nedeniyle Fransız yoktur aralarında. Sadece *serasker*'in komutası altına sokulan ordu, *Asakir-i Muntazama* (Örgütlü Birlikler) diye adlandırılır (1838); ordu, piyade alaylarını, eyalet alaylarından oluşan süvariyi, Prusyalı uzmanların talim ettiği topçu birliklerini içine almaktadır; 1833-1834'te, gereksinme halinde seferber edilen, ancak özellikle halkın yerel güvenliğini sağlamakla görevli ihtiyat gücü *(redif)* kurulur. Şurası kesin ki, yeniçerilerin ortadan kaldırılmış olması, çoğu kez onların aşırılıklarının kurbanı olan halkın bütününce iyi karşılanmıştır. Yeni ordunun askerleri, bir üniforma, yalın bir serpuş, eski türbanın yerine geçen Tunus'unkinden uyarlanmış bir fes taşırlar. Orduya bağlı bütün hizmetler, tersaneler, silah fabrikası, çeşitli fabrikalar bir kez daha örgütlenir ve yenileştirilir; 1839 Nisan'ında, askerî giderler, Maliye Bakanı'nın doğrudan idaresi altına girer. Bütün bu önlemler, ancak 1839 yılından sonra göstermeye başlayacaklardır asıl etkilerini.

Asayiş ya da itfaiye gibi, eskiden yeniçerilerin ayrıcalığı olan kent hizmetleri, özel görevlilerin yetkisindedir artık: Eskiden pazarların gidişatından sorumlu olan *muhtesip, ihtisap ağası* unvanını alır (1828) ve kentlerin belli başlı öğelerinden biri olur, mahalle sorumluları da (muhtar, kâhya) emri altındadır; daha sonra, kentin çeşitli kurucu öğelerini (dinsel, etnik, iktisadî cemaatler) temsil eden bir İhtiyar Heyeti yardım edecektir kendisine.

II. Mahmut'un reformlarının uygulanması, onları anlayabilecek ve yaşama geçirebilecek yeterlikte bir görevliler topluluğunun varlığına bağlıdır. Oysa, o yıllara değin, sultanın idare görevlilerinin yetişmesi ulemanın yetkisindedir ve onların, medreselerde ya da Saray okullarında verdikleri eğitimin eseridir. Ne var ki, bu eğitim yetersiz, koşullara uymaz bir halde görünmektedir şimdi. Öyle olduğu için de, eski gelenek ve ağırlıklardan sıyrılmış bir başkasını yaratmak zorunludur; ancak, laik bir eğitim ve öğretim sisteminin varlığını ulema hoş karşılamamaktadır. Bu yüzden de, işi aşama aşama gerçekleştirmek gerekli olur. İlk aşama, *rüştiye*lerin (ortaokullar) kurulması olur ki, bunlar, medreseden sonra askerlik mesleğine kendilerini adamak isteyen öğrencilere açıktır; bu öğrenciler, çeşitli alanlarda hem daha açık hem daha özel konularda bir eğitim görürler oralarda. Sivil idarenin çektiği insanlar için, Adli Eğitim Okulu *(mekteb-i maarif-i adliye)* ile Edebi Eğitim Okulu *(mekteb-i maarif-i edebiye)* açılır. Ne var ki, 1839'a değin, temel eğitim okulları öyle pek fazla değildir hâlâ ve verdikleri eğitimin niteliği, yeterli öğreticilerin yokluğu yüzünden, doyurucu bir düzeyde değildir her zaman.

Yüksekokullar, ya kurulmuşlardır, ya da yeniden örgütlenmişlerdir. Kendisine, 1832'de bir Cerrahlık Okulu'nun *(cerrahhane)* katılıp, 1839'da İmparatorluk Tıp Okulu *(mekteb-i şahane-i tıbbiye)* olan Tıp Okulu *(tıbhane-i amire)* böyledir; 1828'de, Askerî Mühendisler Okulu yeniden canlandırılırken, Deniz Mühendisleri Okulu ile Askerî Bilimler Okulu *(mekteb-i ulum-u harbiye)* –ki sonra Harp Okulu *(mekteb-i harbiye)* olacaktır– ve bir Askerî Tıp Okulu *(mekteb-i tıbbiye-i askeriye)* kurulur. Fransa'ya, yetişip yetkinleşmeleri için –Rıfa'a al-Tahvati başkanlığında– bir Mısırlı öğrenci grubu yollayan Mehmet Ali'nin tersine, II. Mahmut, bu süreci desteklemez. Ne var ki, 1830'dan sonra Türk elçilikleri yeniden açıldığında, genç diplomatlar ve diplomatik görevlilerin çocukları, yabancı ülkelerde, Fransız, İngiliz vb. okullarının derslerini izlerler; bunlar ülkeye döndüklerinde, reformlara özendiren öğeler arasında olacaklardır daha sonra.

Geleneklerinin içine yapışıp kalmış bir idareyi ve onun gevşekliğini, yeni bilgilere kendini uyarlayıp açılma çabasını göstermemiş bir eğitim sistemini, deneyimi pek eski örneklere dayanan bir orduyu, öyle bir on yılda, hatta yirmi yılda değiştirmek mümkün değildir. Bununla beraber, atılım başlamıştır ve reformcular yeni etkenlerin desteğini alırlar ayrıca:

Basın ve kamuoyudur bunlar!

Basın ve toplum

İlki 1795'te İstanbul'da Fransız Elçiliğinin önayak olduğu *Bulletin des nouvelles* (Haber Bülteni), sonra 1796'da *Gazette française de Constantinople* (İstanbul Fransız Gazetesi) ve 1797'deki *Mercure Oriental* (Doğu Merkürü) adıyla yayımlanan Fransızca gazeteler, asıl anlamıyla Osmanlı gazeteleri olarak sayılmasa gerek; ve oldukça çabuk kapanır bunlar. Arkasından, 1824'te *Symrnéen* (İzmirli) çıkar ve aynı yıl *Spectateur Oriental* (Doğu Seyircisi) ve 1828'de de *Courrier de Smyrne* (İzmir Postası) izler onu. Asıl anlamıyla Türkiye'nin dışında, Fransızların Mısır'da oldukları bir sırada, 1798'den 1801'e değin, *Courrier d'Egypte* (Mısır Postası) ile *Décade égyptienne* (Mısır Haftası) yayımlanır Kahire'de. Bütün bu gazeteler, Fransız okuyuculara özgüdürler ve dönemin Osmanlı dünyası hakkında kimi bilgiler verirler: Pek sınırlıdır seslendikleri çevre.

Mehmet Ali, 1829'da Kahire'de, ilk Osmanlı gazetesini yayımlatır: *Vekayi-i Misriyye*'dir bu (Mısır Olayları). Onun bu örneğine bakıp II. Mahmut, Osmanlıca *Takvim-i Vakayi*'nin (Olayların Takvimi) çıkmasına karar verir ve ilk sayısı da 1 Kasım 1831'de yayımlanır; ilke olarak haftalık olan gazete, çıkarılan kanun ve kararları yayımlarken, imparatorluk içinde ve dışında ortaya çıkan belli başlı olayları da sergiler. Birkaç gün sonra, bu gazetenin, *Moniteur ottoman* (Osmanlı Yol Gösterici) adıyla Fransızca bir nüshası çıkar. Resmî nitelik taşır bu gazete ve Fransızca bir nüshasının yayımlanışı, hem Fransız dilinin nüfuzunu, hem de genellikle bu dili bilen başkentteki yabancılarla temas kurma yolunda sultanın arzusunu gösterir. Öte yandan, Mehmet Ali de, kendi gazetesinin *Moniteur égyptien* (Mısırlı Yol Gösterici) adıyla, Fransızca bir nüshasını çıkartır (1833). Hiç kuşkusuz, başkentteki Osmanlı gazetelerinin yayılışı, dar bir okuyucu çevresiyle sınırlıdır: Türkçe 5.000 ve Fransızca 300 nüsha basılır. Bu tarihten dokuz yıl sonra, 1840'ta, ikinci Osmanlı gazetesi, *Ceride-i Havadis* (kelime anlamıyla, haberler sicili demek) yayımlanır. Türk basını, gerçek atılımını XIX. yüzyılın ikinci yarısında tadacaktır. Bununla beraber, Osmanlı dünyasındaki açılışı da gösteren önemli bir yeniliktir bu yine de. Ne var ki, söz konusu basın, pek küçük bir bölümüne ulaşır halkın: İmparatorluğun belli başlı iki ticaret merkezi olan başkentle İzmir'dedir esas olarak bu halk; ikinci derecede de, örneğin Beyrut gibi kimi başka imparatorluk limanlarında.

Bu Batılılaşma, bizzat sultanın yaptığını örnek tutup, halkın çeşitli kesimlerine yayılır gitgide. Gerçekten de sultan, Avrupa giysisini kabul eder, Topkapı Sarayı'nı terkle, Batı usulü düzenlenecek ve 1853'te yeniden yapılacak olan Dolmabahçe Sarayı'na gelir yerleşir (1814); arabayla dolaşır, halkın içine girer ve taşrada yolculuklara çıkar. Fransızca öğrenir, davetler, şenlikler örgütler; ünlü İtalyan bestecinin kardeşi Giusseppe Donizetti'nin katılımıyla, konserleri, baleleri, operalarıyla Batı müziği girer Saray'a ve orduya da Batı türünde askerî bir müzik.

Bu örneğe bakarak, devlet görevlileri ile eşraf, Avrupa giysisiyle fesi kabul ederler. (Aslında, bu tür bir giysi, 1829'da görevliler için zorunlu kılınmıştır). Fransız dili, kültürün simgesi olur; II. Mahmut'un öldüğü sıralarda, hâlâ oldukça dar bir çevre oluşturan "seçkin"ler arasında gitgide daha yayılır durumdadır bu dil. Ne var ki, İstanbul'da yabancıların sayısı çoğalıp durmaktadır: Danışmanlar, teknisyenler, diplomatlar, tacirler, yüksek devlet görevlileriyle büyük tacirleri ve eşrafı daha da yoğunlukla ziyaret etmeye başlayan bir ortam oluştururlar. Örflerde büyük bir evrimden söz edilemez henüz; Batılılaşma hareketini frenlemeye ve dinsel ve kültürel kurumları saklayıp sürdürmeye kendilerini vermiş güçlü bir gelenekçi çevre vardır hep. Öyle de olsa, yol açılmıştır ve 1839'dan sonra, büyük devletlerle ilişkilerinde daha sakin bir dönemden yararlanan reformcuların atılımı daha da boyut kazanacaktır.

Gülhane Hatt-ı Şerifi

1 Temmuz 1839 günü II. Mahmut ölür. O tarihte on altı yaşında olan oğlu I. Abdülmecit yerine geçer; Hüsrev

Mehmet Paşa sadrazam olur. II. Mahmut, ölümünden önce, özellikle Mustafa Reşit Paşa'ya, tasarlanan reformları bildiren bir metin hazırlatmıştır. Bu metin, resmî olarak 3 Kasım 1839'da sunulur ve Mustafa Reşit Paşa, devletin en önde gelen mevki sahipleri, dinsel kişilikler, iktisadî etkinlik görevlileri ve diplomatik görevliler önünde okur onu: *Gülhane Hatt-ı Şerifi* ya da *hatt-ı hümayûn*'u denen budur. Topkapı'da, dinleyicilere sunulduğu yerin adından kalkarak böyle adlandırılır.

Adli, mali, idari ve askerî olmak üzere, çok nitelikli bir şarttır bu. Özellikle şunlar ilan edilir belgede: Artık, Osmanlı İmparatorluğu'nun bütün uyrukları, din ya da milliyet farkı olmaksızın, eşittirler birbirlerine, bu da Müslüman yasasıyla, şeriatla olan zıtlığı göstermektedir; her birey, mahkeme önüne çıkarılıp, daha önce konulmuş kanuna uygun olarak yargılanacaktır ve üstünkörü ve soruşturmasız yargılanıp mahkûm edilmeyecektir; herkes, servet ve gelirleri oranında, doğrudan doğruya devlete vergi ödeyecektir; vergi kiralamaya son verilmiştir; her yöre, çıkarılacak bir kanuna göre bir askerî katkı sağlamakla yükümlüdür ve askerî hizmet süresi beş yılı aşmayacaktır.

Bu kararlar bütünü, imparatorluğun yöneticilerini canlandıran değişiklik iradesini gösteriyor; devlet, din cemaatleri, büyük devletlerin temsilcileri önündeki okunma da, bu iradeyi doğrulayan resmî bir yüklenim niteliğini koyuyor ortaya. Hiç tartışmasız olarak, Osmanlı İmparatorluğu, bir gelişme yolu üstündedir artık: II. Abdülhamit de içinde olmak üzere, ona değin gelecek hükümdarlar, önemli eylemlerle damgalarını vurmak isteyeceklerdir buna. Ne var ki, bu gelişme, herkese, özellikle de imparatorluğun parçalanmasında çıkarı olan büyük devletlere sevinç vermez. Yığınla engel konacaktır bu değişikliğin karşısına ve bir Rus diplomatının "Avrupa'nın hasta adamı" diye adlandıracağı bu devlet, ona yeniden sağlamlık ve gönenç kazandırmaktan çok, ölümüne çalışacak hekimlerin kollarının arasına bırakılacaktır.

* *
*

"Şark Meselesi" ile ilgili konularda, pek büyük bir sorumluluk taşıyor Avrupalı büyük devletler; ama Osmanlı Devleti'nin, kendisine çekilecek sopaları bizzat kendisinin sağlamadığı anlamına gelmiyor bu!

III. Selim, arkasından II. Mahmut, hükümet otoritesini eski haline getirmeyi ve devlete, saygınlıkla büyüklüğünü yeniden sağlamayı istediler. Özellikle ikincisi, imparatorluğundaki –Cezayir dışında– Müslüman eyaletler üzerinde, iktidarın eski merkeziyetçiliğinin yeniden yürürlüğe konması anlamında vesayetini açığa vurdu; ve, Batı'dan esinlenmiş reformlara gidilerek, Osmanlı İmparatorluğu'nun, geçmişi içinde donup kalmış bir devlet olmadığını ve modernleşmeye açılabileceğini gösterdi Avrupalılara.

II. Mahmut, bu önlemlerde İslamın ilkelerine ve Osmanlı geleneklerine bir saldırı niteliği gören –III. Selim'i alt etmiş– gerici güçleri hesapta tutmak zorundaydı uygulamada. Kendisini desteklemek üzere, kararlarını uygulayacak yetenekte bir avuç insan vardı elinde; şurası da bir gerçek ki, reform denemeleri, pek az yankı yapmışlardır henüz ve başkentin kimi idari çevrelerini etkileyebilmişlerdir ancak. Eyaletlerde, tımarların ortadan kaldırılması gibi kimi önlemlere karşın, –Mısır bir yana– yapraklar fazla kıpırdamaz ve XVIII. yüzyılda nasılsalar öyle kalır yapılar: Yönetimin elinde, sultanın istediği gelişmenin anlamını kavrayabilecek bilgili görevlilerin bulunmamasından ileri gelir bu; bir de, imparatorluğun yenileştirilmesi yolundaki ilkeleri, modernleştirilmiş bir eğitim ve öğretimle, –hemen hemen yok mesabesindeki– basına dayanarak, imparatorluk düzeyinde, özellikle Müslüman eyaletlerde yayamamaktan.

Ne var ki, II. Mahmut'un çabası boşuna değildi. Gülhane Hatt-ı Şerifi'nin, az çok Avrupa devletlerince dayatılmış olduğu söylenmiştir. Bununla beraber, başlangıçları ortaya konmamış olsaydı, öylesi bir hızla yayılmazdı: Söz konusu hatt-ı şerif, Türk-Mısır uyuşmazlığının çözüme kavuşturulmuş olmasının bir bedeli değil, yirmi yıla yakın bir süreden beri yola koyulmuş bir siyasetin mantıksal sonucudur. Ne var ki, içerde olduğundan çok daha fazla imparatorluğun dışında yankıları oldu bunun; çünkü, idarede ve adliyede yeni reformlara girişilmişse de, –kimi azınlık çevreler dışında– halkın katılımının olmaması nedeniyle ve gerçek reformcuların pek az sayıda bulunması, yerleşik çevrelerin bir bölümünün düşmanlığı yüzünden, henüz bütünüyle uygulanamamıştır onlar. Bununla beraber, II. Mahmut'la ona yardım edenler, yararlı bir girişimde bulunmuşlardır yine de.

BÖLÜM XII

TANZİMAT DÖNEMİ
(1839-1878)
Paul Dumont

Abdülmecit'in tahta çıkışından birkaç ay sonra, 3 Kasım 1839'da ilan edilen Gülhane Hatt-ı Hümayunu, büyük bir dönemeçtir Osmanlı İmparatorluğu'nun tarihinde; birkaç onyıllık bir süre içinde, ülkenin kurumsal, iktisadî ve sosyal görünümünü altüst edecek olan geniş bir reformlar programının çıkış noktasıdır o. III. Selim ile II. Mahmut, azıcık açıp aralamışlardı yolu; yeni sultan ve halefleri, Abdülaziz (1861-1876), V. Murat (1876), II. Abdülhamit (1876-1909), gelip cesaretle dalıverirler içine onun.

(Düzene koyma, yeniden örgütleme anlamına, Arapça *tanzim* kelimesinin çoğulu) *Tanzimat* adıyla tanınan ve doruk noktasına da, 1876'da ilk Osmanlı Anayasasının ilanı ile ulaşacak olan bu reform hareketi, sultanların ve çevrelerindeki insanların pek uzun bir süreden beri kendilerine sorup durdukları bir soruya yanıt vermeye kalkar ki, şudur o soru da: "Nasıl kurtarmalı imparatorluğu?" Önerilen çözüm, birkaç temel kelimede özetlenebilir: İdarede merkeziyetçilik, devlet çarkının çağdaşlaştırılması, toplumun Batılılaştırılması, –hayli sınırlı da olsa– hukukun ve eğitimin dinden bağımsız duruma getirilmesi. Osmanlı Devleti, gözleri Avrupa'ya dikilmiş bir halde, onun sunduğu modelleri olduğu gibi kopya etmede aramaktadır kurtuluşunu. Sonuçlar, göz alıcı bir biçimde ortaya çıkarlar: II. Abdülhamit'in saltanatının başlarında, gecikmiş romantiklere dönecekler ve, bir Pierre Loti örneğinde olduğu gibi, her yerde kendini gösteren ve dört bir yana doğru yayılan bir modernliğin kurbanı olmuş eski Türkiye'nin kaybolup gidişine ağlayacaklardır.

Bununla beraber, Tanzimat, imparatorluğun çözülüp dağılışına bir son vermeyi başaramayacaktır yine de. Büyük devletlerin açgözlülüklerine boyun eğen, milliyetçi akımların doğuşuyla kemirilip duran, ayrılıkçı hareketlerle başkaldırı rüzgârının önüne katıp sürüklediği imparatorluk, "Şark Meselesi"nin anaforlarında bocalayıp çırpınarak, bunalımdan bunalıma uğrar. Abdülmecit'in miras aldığı Mısır'la uyuşmazlık, –Lübnan'da, Girit'te, Balkanlar'da ve başka yerlerdeki– yığınla yangından ilkidir sadece; söz konusu yangınlar ise, bu devleti zayıflatıp takattan düşürmeyi sürdürürler; öyle ki, çok geçmeden "hasta adam" diye ad takacaklardır ona. Bütün bunların anlamı şu: Tanzimat dönemi, bir yenileşme çağı olarak görünmüyor yalnız; büyük yırtılışların da çağıdır o!

REFORMCULAR

Tanzimat, yukardan bir devrim olarak sunuldu çoğu kez. Pek geniş bir anlamda alınmadığında, devrim terimi tartışılır kuşkusuz. Buna karşılık şurası kesindir ki, oldukça dar bir insan grubunun girişimiyle gerçekleşti reformlar. "Uygarlaştırıcı" güçlerin baskıları ile Osmanlı toplumundaki mayalaşmanın, Türkiye'nin 1839'dan sonra girdiği yönelişte –şu ya da bu ölçüde– bir rol oynadığında hiçbir kuşku yok. Ne var ki, Saray'la Babıâli'nin etkisi olmamış olsaydı, bir başka biçimde gelişecekti olaylar ya da farklı bir hız kazanacaktılar en azından.

Sultanlar ve paşalar

Reform sürecinin canlanmasında, sultanların oynadığı rolün altı özellikle çizilmeli!

Ne Abdülmecit ne de halefleri, sadrazamın dairelerinde alınmış kararlara rızalarını bildirmekle yetinen kukla hükümdarlar olmadılar; Batı'nın reformcu hükümdarları gibi –onlar arasında Büyük Petro en göz kamaştırıcı bir örnek olarak sivrilir–, hükümetin etkinliğine katılır, destekler ve, gerektiğinde, yön verirler ona. Kuşkusuz, Tanzimat döneminin hükümdarı, Osmanlıların tahtında kendisinden önce oturmuş olanlara çok benzer hâlâ: Şaşaalı selamlık resimlerine katılır, Saray'daki törenlerin düzenine uyar, başkentteki at gezintilerinde halkı büyüler, elçileri kabul eder... Ne var ki, Avrupa giysisinden alabildiğine esinlenmiş giyimiyle, yaşam biçimiyle, devletin başındaki rolünü kavrayış tarzıyla, devrin ruhunu da temsil eder apaçık. Modernlikten oluşmuştur devrin ruhu, gerçekçilikten, ilerleme düşüncelerine açık oluştan! Yeni biçemde sultan, Avrupa hükümdarlarınınkiyle karşılaştırılabilecek bir yaşam sürdürür, kışlalar ve okullar açar törenle, Paris'ten ve Viyana'dan getirtilmiş sanat eserleriyle çevrili olmaktan hoşlanır, Vekiller Heyeti toplantılarında bulunur, uzmanları dinler, göğsü Batılı nişanlarla dolu olarak halka görünür. Abdülaziz, imparatorluğun tarihinde daha önce görülmemiş bir şey yapacaktır: 1867'de Avrupa'da bir yolculuğa çıkarak, sivrilecektir de aralarından.

Yeni yönetme sanatına, daha çocukluklarından başlayarak nüfuz etmişlerdir II. Mahmut'tan sonra gelenler. On sekiz yaşında iken tahta çıkan Abdülmecit'in hatırı sayılır bir Fransızcası vardır ve sanatla edebiyata aynı ölçüde yer veren –görece– özenli bir eğitimden geçmiştir. 1861'de onun yerine geçecek olan kardeşi Abdülaziz, daha yontulmamış bir yaradılıştadır; spordan, avdan hoşlanır ve hayvan yetiştirmeyle ilgilenir. Öyle de olsa, bunlar, ağabeysinden çok daha fazla olarak, kendisini Avrupalılaşmaya vermekten ve reformların başarıya ulaşmasına –canla başla– çalışmaktan alıkoymayacaktır onu.

Saltanatı sadece birkaç ay (Haziran-Ağustos 1876) sürecek olan V. Murat, reformcu hükümdar rolüne en iyi hazırlanmış olanıdır belki de. Abdülmecit'in büyük oğlu olan Murat, farklı bir eğitim gördü babası gibi; öğretim programında, başka konuların yanı sıra, Fransızca dersler ve Batı müziği vardı. Erginlik yaşına vardığında, Abdülaziz'in yolculuklarına katılma olanağını elde etti ve özellikle de, Osmanlı hükümdarını Paris'e ve Londra'ya uğratacak olan –o unutulmaz!– Avrupa gezisinde bulundu. Aydınlar, işadamları, subaylar, yüksek devlet görevlilerinden... oluşan bir dost çevresinin öğütlerinden ve görüşlerinden yararlanabildi genç yaşta. 1872'de, Masonluğa kabul edilmesini istemeye kadar gitti. Bunun için Fransız Büyük Doğu Locasını seçmiş olması pek anlamlıdır: Fransız Masonluğuna oynamak, akılcılığı, Voltaire'ci anlayışı, Büyük Devrimin ülkülerini yeğlemek demekti o yıllarda; Müslüman dünyaya aykırı düşerek onu sarsıp şaşırtmak tehlikesini de göze almak demekti bu.

V. Murat'ın kardeşi ve halefi II. Abdülhamit, sadece o, bu modern hükümdarlar galerisinde uyumu bozar gibi. Sonraki kuşaklar, polisler ve casuslarla çevrili olarak yaşayan kanlı bir despot imgesi edindi onun hakkında. Bununla beraber, "Kızıl Sultan" da, kendinden öncekileri çıkaran aynı kalıbın ürünüydü. Çalışkan bir çocukluk, çeşitli dost ve tanıdıklarla havadan sudan uzak konuşmalarla donanmış bir gençlik, dışarıya kulağını veren, Osmanlı Devleti'nin karşısında bulunduğu çeşitli sorunların bilincinde bir şehzade yapıp çıkmıştı onu. 1876 yazının sonlarında Murat'ın yerini aldığında, modernleşmenin en coşkulu savunucularından biridir iktidara gelen. Siyasal liberalizme pek çabuk sırtını çevirip gitgide mutlakıyetçi bir yönetimin yöntemlerine doğru yönelmiş olması, hiçbir şeyi değiştirmez: Tanzimat, yığınla kiri-pasıyla damgalı da olsa, onun zamanındadır ki doruğuna varmıştır.

II. Mahmut'un mirasçıları, Saray'ı, modernleşmenin en gözde ocaklarından biri haline getirerek, reformları sürdürebilmişseler, ilk fiskenin, çoğu kez Babıâli'nin nazırlık dairelerinden geldiğini belirtmek yerinde olur yine de. Sultanlar, Tanzimat'ın vitrininde rollerini olanca gayretle üstlenirlerken, nazırlıklarda tasarılar hazırlanıyor, kurullar toplanıyor ve kararlar kaleme alınıyordu. Bütün bu etkinlikleri yönlendiren vezirler, yeniliklerin yaşama geçmesinde, hizmet ettikleri hükümdarların paylarına düşen kadar önemli bir yer tutmuşlardır en azından.

Reform hareketinin başlıca sorumluları arasında, Gülhane Hatt-ı Hümayûnu'nun esinleticisi olan Mustafa Reşit Paşa'yı (1800-1858) söylemeli önce. Tanzimat'ın "baba"sı olarak görülen yeni zamanların bu anahtar kişiliği, dönemin öteki çoğu devlet adamlarınınkine benzer bir yol izledi. Orta halli bir ailede dünyaya gelen –Sultan II. Bayezit'in vakıflarının yöneticilerinden biriydi babası– Mustafa Reşit, din adamı olmak üzere, medreseden başlamıştı öğrenimine. Sonra, dayılarından birinin, Seyit Ali Paşa'nın desteğiyle, Babıâli'ye kâtip olarak girmeyi başarmıştı. O andan başlayarak, kendisini devletin en yüksek görevlerine götürecek çeşitli kademeleri birbirinin arkasından tırmanmak kalıyordu ona. 1832'de, imparatorluğun iç ve dış işlerini yönetmekle görevli bir dairenin, *amedî*'nin birinci kâtibi olur. İki yıl sonra, elçi olarak yollanır Paris'e; diplomatik mesleğin ilk aşamalarından biridir bu ve en çarpıcı bölümü de Londra'da bir süre bulunmak olacaktır. 1837'de, Hariciye Nazırı olarak atanır. Sadrazam mevkiine geçebilmek için 1846'ya değin beklemesi gerekecektir; ne var ki, Babıâli'nin en gözde kişiliklerinden biri olarak görülmektedir artık ve orada da, en cesur reformlara girişmekteki direşkenliği ile göze çarpmaktadır. Başlıca kozları şunlardır: Fransızcaya egemenlik ve Avrupa'da olan bitenler hakkında esaslı bir bilgi. Elçi olarak görev yaptığı yıllar boyunca, bir bölümü Masonluk aracılığıyla olmak üzere, havada dolaşan düşüncelerle içlidışlı da olmuştur; Masonluğun ise, ülkeye döndüğünde, ateşli savunucularından biri olacaktır. Abdülmecit'in saltanatının başlarında, Gülhane Hatt-ı Hümayûnu'nun ilanı, Tanzimat'ın en önde gelen kişiliği yapıp çıkar onu. Ne var ki, mesleki yaşamı, siyasal durumundaki dalgalanmalar, hükümdarın sağının solunun belli olmaması ve entrikalar yüzünden, oldukça sarsıntılı geçecektir yine de. 1858'de öldüğünde, arkaya bıraktığı şunlardır: Beş kez sadrazamlık, dış ülkelerde çeşitli görevler ve, görece uzun sürelerle, Hariciye Nazırlığı'nın başına getirilişi iki kez.

Tanzimat'ın öteki önderleri, Mehmet Emin Alî Paşa (1815-1871), Mehmet Fuat Paşa (1815-1869), Mithat Paşa (1822-1884), Mustafa Reşit Paşa'nınkiyle çoğu noktada benzerlikleri olan yaşamöykülerine sahiptirler: Din öğreniminden geçmiş bir gençlik, Osmanlı bürokrasisinin alt kademelerinde bir çıraklık dönemi, Avrupa'da bir ya da birçok kez bulunma, çeşitli idari görevler, son olarak da yönetici çevrelere, çoğu kez de Hariciye Nazırlığı aracılığıyla giriş. Her durumda, başarı, Batı'ya açılıştan geçiyor. Ne var ki, din okullarındaki eğitimce sağlanan klasik öğrenim de reformcuların başarısına katkıda bulunuyora benzer. Bu reformcular, gözleri Avrupa'ya çevrili de olsalar, kendileri için önemli bir korkuluk oluşturacak olan şeyi, işte bu eski kültüre olan kök salışa borçludurlar: Yüzeysel de olsa, geleneksel değerlere saygıdır bu da!

Mustafa Reşit Paşa'dan sonra, reformların yaşama geçmesinde en etkin rol oynayan Mehmet Emin Alî Paşa'dır belki. İşlerin başında en çok kalan o oldu herhalde. İstanbul'da bir dükkâncının oğlu olan Alî Paşa'nın pek hızlı bir yükselişi oldu. Daha yirmisine girmeden Babıâli'de hizmete alındı; bir on yıl geçti geçmedi, yabancı dillere olan yeteneği sayesinde, Londra'da elçiliğe atandı (1841). O tarihten başlayarak, mesleki yaşamı, Mustafa Reşit Paşa'nınkiyle karşılaşıp durur: Ya Hariciye Nazırlığı'nda ona halef olur, ya da sadrazamlıkta onun yerine geçer; bu sonuncu makamda, kesintili olmakla beraber, 1852'den öldüğü yıl olan 1871'e değin bulunacaktır. Mustafa Reşit Paşa, Gülhane Hatt-ı Hümayûnu'nun ilanına vermişti adını. Alî Paşa, önem bakımından ona eşit bir belgenin, 1856 tarihli Hatt-ı Hümayûn'un yapıcılarından biri olacaktır: Yeni bir reformlar programıdır bu ve Kırım savaşının sona ermesinden pek az sonra Sultan Abdülmecit yayımlar. Yenilikçi önlemlere göz kulak olup onları geliştirmek amacıyla 1854'te kurulan *Meclis-i Alî-i Tanzimat*'ın (Reform Yüksek Kurulu) başlıca mimarlarından biri de yine Alî Paşa olacaktır.

Alî Paşa'nın çağdaşı ve onun en yakın çalışma arkadaşlarından biri olan Mehmet Fuat Paşa'nın da, koruyucusu ve dostununkinin ölçüsünde hızlı olmasa da, onunki kadar parlak bir meslek yaşamı oldu. Bir ulema ailesinden geliyordu; kendini tıbba adamak için çıkmıştı yola ve bu alanda öğrenim gördükten sonra, Ordu Sağlık Birliği'ne girmişti; ancak, Fransızca bilgisi, yönünü değiştirme olanağı sağladı ona. Yaşamının dönüm noktası olan olay, II. Mahmut'un bir süre önce kurduğu, Babıâli *Tercüme Odası*'na, devlet adamları yetiştiren bu gerçek ocağa girmek oldu 1837'de. 1840'ta, Londra'da Osmanlı Elçiliğine çevirmen olarak atandı. Başlarında bulunduğu bu yol, on iki yıl sonra, Alî Paşa'nın desteğiyle, Hariciye Nazırlığı mevkiine çıkma olanağını sağlayacaktır ona. İmparatorluğun dizginlerini ellerinde tutan kişiler topluluğun bir parçasıdır artık. Birçok kez sadrazamlığa getirilecek, –birkaç yıl başkanlığını yapacağı– Meclis-i Alî-i Tanzimat üyeliğinde bulunacak ve öldüğü tarih olan 1869'a değin Alî Paşa'nın ikinci beni olacaktır: Alî Paşa'yla onur ve görev değiş tokuşunda bulunacak, her gözden düşüşte onun yerine geçecek, ancak kurumsal, iktisadî ve sosyal kalkınmada –ısrarla– aynı siyaseti güdecektir onunla.

Dönemin büyük reformcularının sonuncusu olan Mithat Paşa, sorumlulukları üstlenme yarışında, kendinden öncekilerinkinden biraz farklı bir yol izleyen tek kişidir. Kuşkusuz, yaşamöyküsünde bulduğumuz veriler yeni şeyler değildir hiç de: Din okullarında geçen bir çocukluk; daha yeniyetmelik çağında, sadarette küçük bir görev elde etme; Avrupa'da birkaç ay süren bir yolculuğun belirlediği bir mesleki başlangıç. Ne var ki, Mustafa Reşit, Alî ve Fuat paşalar diplomasi mesleğinde adım adım ilerlerken, Mithat Paşa, eyalet yönetiminde kendini göstererek iktidarın kademelerini tırmanacaktır. Çeşitli alt makamlarda görev yaptıktan sonra, 1861'de, Niş vilayetinin valiliğine atanır. Üç yıl sonra, benimsenir: Bugünkü Bulgaristan'ın hemen hemen bütününü içine alan Tuna vilayeti emanet edilir; orası için zorunlu göreceği bütün reformları yapma özgürlüğü de tanınır kendisine. Orada ve 1869'da gönderileceği Bağdat'ta, idarecilikteki olağanüstü yeteneklerinin kanıtlarını koyar ortaya; Osmanlı merkeziyetçiliğinin en etkin görevlilerinden biri olduğunu gösterir. Onurlar ve mevkiler, artan bir hızla, birbirini izler artık. 1872'de, Sultan Abdülaziz, birkaç aylığına Osmanlı hükümetinin başına bile geçirir onu. Bununla beraber, 1876'da, II. Abdülhamit'in sadrazamı olduğundadır ki, kimi başka kişiliklerle paylaştığı bir amacı gerçekleştirebilecektir: Bir Anayasanın ilanıdır bu!

Osmanlı reformcusunun robot resmi, Mithat Paşa'yla yeni bir boyut kazanarak zenginleşir hiç kuşkusuz: Derinliğine imparatorluk denebilecek olan şeyin içine iyice yerleşmedir bu yeni boyut. Mustafa Reşit Paşa ile Tanzimat'ın öteki kodamanlarının eylemine yol gösteren, onların Avrupa uygarlığının asıl yerinde duydukları büyüleniş oldu. Onlar için reform yapmak, kanıtlarını Batı'da ortaya koymuş olan reçeteleri oradan alıp getirmekti. 1876 Anayasasının babası içinse, eyaletlere de kulağını verip dinlemekti bu. Gerçeği söylemek gerekirse, ne Mustafa Reşit, ne Alî, ne de Fuat Paşa, imparatorluğun yaşamasının eyaletlerdeki sorunları dikkate almaktan geçtiğini bilmez değildiler; Taşra dünyasına yeni bir canlılık getirme amacına dönük kimi önlemler vardır her birinin başarıları arasında. Bununla beraber, o taşra dünyasını Tanzimat'ın ayrıcalıklı laboratuvarı yapıp çıkan büyük reformcuların ilki, Mithat Paşa oldu.

Edebiyatçılar ve ideologlar

Reform girişimi, esas olarak Saray'dan ve nezaret dairelerinden gelir gerçi, ancak aydın sınıfı da hareketsiz değildir. Tanzimat döneminin bir gösterdiği de şu: Batı'dan alınmış edebi biçimleri –roman, tiyatro, felsefi deneme, gazetecilik– yavaş yavaş öğrenip onlara alışan ve, bu açıklama araçlarını, eleştirmek, tartışmak, yöneticilere ders vermek, okuyucuları da bilgilendirmek amacıyla kullanan bir edebiyatçı topluluğunun ortaya çıkışı! Bu yazarların, sadece kahve dövücüsünün hınk deyicisi durumunda oldukları akla gelebilir. Ancak, hiç de öyle değildir gerçek. Reform arabası ilerliyorsa, onların sayesindedir de bu. Batı uygarlığını övüp yüceltmekteki coşkuları, daha cesur değişiklikleri durmadan isteyişlerindeki ateşlilikle, bir şeyleri kımıldatıp harekete geçirmede yardımcı olurlar iyiden iyiye.

Yeni *intelligentsia,* 1840'lı yıllardan kalkarak gelişmeye başlayan basınla, özellikle bu yolla meramını anlatır. İmparatorluğun etnik ve dinsel cemaatlerinin çoğunun kendi gazeteleri vardır. Çeşitli dillerde yayımlanan bu gazeteler, aynı ilerleme inancını dile getirip öğretir ve aynı adalet ve kardeşlik ülkülerine çağrıda bulunurlar. Ne var ki, şurada burada, milliyetçilik kokan, açıkça daha yıkıcı temaların gitgide filizlendiği de görülür: Ülkenin bir ucundan ötekine, yerli kültür ve dillerde bir yeniden doğuşun havarileri çoğalır; bunlar, çeşitli halkların bir arada bulunduğu eyaletlerde, yerel özgüllüklere saygılı bir idari özerkliğin kabul edilip yerleştirilmesini istemeye kadar gideceklerdir.

Gazetenin yanı sıra, tiyatro da önemli bir rol oynamaya başlayacaktır. Söz konusu olan, olduğu gibi Avrupa'dan getirilme bir tiyatrodur önce: Schiller ile Victor Hugo çevrilir, Molière uyarlanır; seyirciler, sosyal yergi ve burjuva dramının temalarıyla içlidışlı olurlar bu yolla. Abdülmecit'in saltanatının sonlarına doğru, başlarında Ermeni trupların, daha sonra içinde kimi Müslüman oyuncuların da bulunduğu kumpanyaların dile getirdikleri bir Osmanlı dağar da oluşur. Çoğu kez baştan aşağıya Avrupa sahnelerinin başarılarını kopya edip tekrarlayan bu piyesler, Avrupa uygarlığının nimetlerini dile getirir; Avrupa'dan gelen düşünce ve yaşam biçimlerini savunur ve, bunlara koşut olarak, yurt aşkı, onur duygusu, özgürlük ve adalet zevki gibi ilkeleri yüceltirler. Bununla beraber, sadece Batı'nın aynasında –ağzı açık– kendini seyretme değildir söz konusu olan; birçok tiyatro eseri, önünü ardını –biraz olsun– kollamadan kendini yeni mezhebe teslim etmeye hazır Avrupalılaşma taşkınlarına çatmakta duraksamazlar. Tanzimat'ın büyük mimarları gibi, dönemin tiyatro yazarları da, birer bireşim insanı olarak sivrilirler: Geçmişin örf ve âdetlerini gülünçleştirdikleri olsa da, geleneksel değerlere sıkı sıkıya bağlı olduklarını gösterirler yine de.

Tuhaftır, Avrupa edebiyatının başta gelen açıklama aracı durumundaki roman, Osmanlı yazarlarının malzemesi arasına ancak 1870'e doğru gelip girer. Bu konuda da, çevirilerle başlayacaktır iş: Fénelon'un *Télémaque*'ı (1859'da çevrilir Türkçeye), Hugo'nun *Les Misérables*'ı (1862), Daniel Defoe'nun *Robinson Crusoé*'si (1864), Voltaire'in *Micromégas*'sı (1871)... Tanzimat döneminin, bu örnekler

üstüne oturtulan ilk romanesk denemeleri, kuşkusuz şahe-
ser değildirler; çocuksu saflıklar, gözü yaşlı bir duygusallık
büyük yer tutar onlarda. Ne var ki, çağdaş uygarlığı etkile-
yici biçimde savunarak, eğitici rollerini pek güzel yerine
getirirler yine de. Roman türü, kadın-erkek ilişkileri soru-
nuna ayrıcalıklı bir yer verir ve kadının kurtuluşu sorunu-
na el atmaktan zevk duyar. Öyle de olsa, birçok eser daha
ileriye gidecek ve Doğu'yla Batı arasında bölünüp kararsız
kalmış bir toplumun yanlışları üzerine yürümeye çalışacak-
tır.

Yeni edebiyatın öncüleri arasında, üç ad, özellikle dik-
kati çeken bir yer tutarlar: Bunlar da, Münif Paşa (1828-
1910), İbrahim Şinasi (1826-1871) ve Ziya Paşa (1825-
1880)'dır. *Ceride-i Havadis*'in başyazarı olan birincisi, Os-
manlı gazeteciliğinin babaları arasında sayılır. Döneminin
çoğu yazarları gibi, her şeye –hukuk, iktisat, edebiyat, felse-
fe– ilgi duyuyor ve, Batı kültürünün yayılmasına, kendi
kendini yetiştiren bir insanın bütün ateşliliğiyle bağlanıyor-
du. En anlamlı eseri, Fénelon, Fontenelle ve Voltaire'den
çevirdiği bir diyaloglar toplamasıdır. 1859'da yayımlanan
bu eser, gerçekten devrimci bir niteliğe bürünür. Çeşitli dü-
şüncelerin bir tür antolojisi durumundaki bu çeviri, Osman-
lı *intelligentsia*'sına, düşünce temaları önerir: İnsanın doğa-
sı, yurt kavramı ya da toplumun manevi temelleri gibi, o za-
mana değin bu biçimde yaklaşılmamış temalardır bunlar.
Münif Paşa, *Cemiyet-i İlmiye-i Osmaniye* (Osmanlı Bilim
Derneği) ile onun yayın organı *Mecmua-ı Fünûn*'u kurarak
da ün sağladı. Yayımlandığı birkaç yıl boyunca, bu dergi,
XVIII. yüzyılda Fransa'da büyük *Ansiklopedi*'nin oynadığı
rol kadar önemli bir rol oynadı Türkiye'de. Dergi, bütün bir
bilgi yığınının yayılmasına katkıda bulunmakla kalmadı yal-
nız; daha da esaslı olarak, Osmanlı İmparatorluğu'nda gün
ışığına çıkan pozitif düşüncenin ilk laboratuvarlarından biri
oldu.

Münif Paşa'nın çağdaşları olan İbrahim Şinasi ile Ziya
Paşa da, yaşamlarının hatırı sayılır bir bölümünü gazeteci-
liğe adadılar ve başyazarlığı, ülkenin değişmesi için sürdür-
dükleri kavgada başta gelen bir silah olarak kullandılar.
Her ikisinin izledikleri yollarda birçok ortak yan var: Her

ikisi de, reformlar yararına ısrarla savaştılar; bunun gibi her ikisi de, Abdülaziz'in iki büyük sadrazamının, pek tutucu diye gördükleri Alî ve Fuat Paşa'nın rejimlerine çatmakta duraksamadılar; son olarak, her ikisi, iktidarın yıldırımlarını üstüne çekerek, hükümete yönelttikleri bitip tükenmez eleştirilerini birçok sürgün yıllarıyla ödediler. Bununla beraber, onları birbirinden ayıran hiç olmazsa bir şey var: İslam geleneği karşısında takındıkları tavırdaki farklılıktır bu. Aydınlıklar felsefesinin büyük hayranı olan Şinasî, İslama pek nadir olarak yollamada bulunur ve hatta sırtını çevirmiş gibidir ona. Ziya Paşa ise, tersine, Müslüman mistik düşüncesinden alır esininin hatırı sayılır bir bölümünü ve dinsel ve kültürel bir tutuculuk sergiler; bu da, Osmanlı çağdaşlaşmasının en sorunsal sözcülerinden biri haline getirir onu. Ne var ki, Tanzimat aydınlarının hepsinde görülen bir aykırılık şudur: Aynı insan –Ziya Paşa örneğinde olduğu gibi– Batı'dan gelen modellere karşı en büyük güvensizliği alabildiğine duyarken, öte yandan yeni düşüncenin en ateşli savunucularından biri olarak ortaya çıkabilir.

Siyasal ve edebi tartışmanın ileri mevzilerine yerleşmiş Şinasî ile Ziya Paşa, Abdülaziz döneminin Osmanlı *intelligentsia*'sını derinden derine etkilediler. Bununla beraber, onların yaşça küçüğü olanlardan biri, Namık Kemal (1840-1888), Tanzimat'ın en örnek yazarı olarak sivrilecektir. En örnek, ama aynı zamanda en yetenekli ve en doğurgan yazarı: Romanlar ve tiyatro eserleri borçluyuz ona, ve özellikle içinde dönemin bütün inanç ve ilkelerinin –altı çizilerek– dile getirildiği bereketli bir gazetecilik ürünü!

1871 ile 1873 arasında yayımlanan *İbret,* bu doğurgan nesrin biriktiği başlıca yer oldu. Ne var ki, Namık Kemal, Şinasî'nin, 1862'de kurduğu bir gazetede, *Tasvir-i Efkâr*'da ve öteki bir dizi basın organında, yeteneğinin kanıtlarını daha önce ortaya koymuştu. Bu hareketli yürüyüşte, en çok hatırlanması gereken öykü, 1860'lı yılların sonuna doğru Ziya Paşa ve başkalarının elbirliğiyle Londra'da çıkarılan *Hürriyet* gazetesine katılmasıdır onun. Burada, bu sürgün diyarında, tartışmacı aydın, artık Babıâli'nin baskılarından uzakta, silahlarını temizleyip parlatmak fırsatını bulacaktır: Her zaman açık ve sade olmasa da coşkulu ve ateşli bir nesirdir bu; özellikle rejimin ve kurumların liberalleşmesini hedef alan bir yıkıcı düşünceler birikimi!

Asıl anlamıyla edebi eserlerinde olduğu gibi, bu gazete makalelerinde de, Namık Kemal, özellikle özgürlük düşüncesinin ateşli bir savunucusu olarak belirdi. *İnsan Hakları Bildirisi*'nin temel ilkelerinden birini ele alarak, insanın özgür doğduğunu ve bu özgürlüğün onun için "besin kadar gerekli olduğunu" açıkça söyleyen ilk yazar oldu kendi kuşağından aydınlar arasında. Abdülaziz rejiminin aydınlar üzerinde baskılarını yoğunlaştırdığı bir sırada *İbret*'te yayımlanan ünlü bir makalede, daha da açık olarak şunu ilan etmekte duraksamıyordu: "İnsanın hakkı ve amacı, sadece yaşamak değildir, özgür yaşamaktır."

İslam mistisizmi ile yoğrulmuş bir aileden gelen Namık Kemal, iyi bir Müslüman olarak, bir Tanrı vergisi diye bakar bu özgürlüğe. Ne var ki, şunun da altını çizer kalın çizgilerle: Herkesin temel haklarına saygıyı ve, buna koşut olarak da, kanun önünde eşitliği güvenceye bağlayacak biçimde yasamada bulunmak, topluma –ve daha da açık olarak, sosyal ve siyasal yapıyı taçlandıran devlete– aittir. XIX. yüzyılın bu 60'lı ve 70'li yıllarında, Namık Kemal kadar İslama bağlı bir insanın, bir hakkı, dinsel yasadan, şeriattan bağımsız davranıp her bakımdan dünyasal olarak kavrayabilmesi için, vakit hayli erkendir henüz. Öyle de olsa, bütün açıklığıyla şunu söyleyebildi en azından: Bir modern toplum, keyfîlik ve adaletsizlikle bağdaşamaz; herkesçe tanınan ve mevki ya da etnik ya da din farklılığı gözetmeksizin herkese uygulanan genel kurallar düzenlemelidir toplumun işleyişini.

Namık Kemal, hukuka saygılı bir devlet adına yaptığı savunmalarında isteye isteye İslama başvuruyorsa, o devlet için, tam bir güçler ayrılığı ve, Osmanlı İmparatorluğu'nda, sivil topluma, kendi özlemlerini dile getirme olanağı sağlayabilecek bir anayasalı rejim dileme söz konusu oldukta, daha da üstüne basa basa göndermede bulunur İslama. İslam kurumları içinden, topluma danışma, *meşveret* kavramını alarak, temsili hükümet düşüncesinin Müslüman gelenek içinde yeri bulunduğunu belirtmekte duraksamaz ve, bir modern devletin gerekleriyle tamı tamına bağdaşmak amacıyla, o kavramın yeniden canlandırılmasını ister. Ne var ki, bu geleneğe dönüşün örtüsü altında, gerçekte asıl söz konusu olan, mutlakıyetin ortadan kaldırılması ve liberal bir programın uygulamaya geçirilmesidir; anayasalı monarşi (meşrutiyet) de, başlıca sütunlarından birini oluşturacaktır bunun. Namık Kemal'in göz önünde tuttuğu örnek de fazla sapkın ve şeytani bir nitelik taşımaz: III. Napoléon'un, mutlakıyetçi iktidarla temsili organları –inceden inceye hesaplayarak– birbirine karıştırıp Fransa'ya verdiği İkinci İmparatorluk Anayasası örneğidir bu. Namık Kemal, daha köktenci öteki sistemleri bir yana bırakarak, pek açıktır ki, ılımlılık kartını oynamak ister. Ne var ki, onun militan anayasacılığı, Osmanlı monarşisinin ağırlığını azaltmaya, hatta ortadan kaldırılmasına varabilecek siyasal altüst oluşların tohumlarını da taşımaktadır.

Kuşkusuz, sultanı ve nazırlarını kaygılandıracak bir şey vardı bunda. Namık Kemal ve başka birçok liberal aydınlar –özellikle Ziya Paşa, Mısırlı Prens Mustafa Fazıl (1829-1875) ve gazeteci Ali Suavi (1838-1878) de vardır aralarında– 1865'te, yeni düşünceleri gerçekleştirmek amacıyla, Karbonari örneğine dayanan bir tür gizli dernek kurduklarında, ürküp telaşa düşeceklerdir sultanla nazırları. Daha önce nasıl bir "Genç İtalya" ya da "Genç Almanya" oluşmuşsa, hemen çabucak "Genç Osmanlılar" adını alan bu topluluğun, başlıca silah diye, kendisini oluşturan edebiyatçıların kalemlerinin gücü vardır elinde. Bu durumda, korkunç bir silahtır söz konusu olan. Babıâli de, çok geçmez, eleştiri ve istemlerin sürekli top ateşine uğrar. Tartışmacılarla iktidar arasındaki mücadele yavaş yavaş öylesine zehirlenir ki, hükümet ortalığı kırıp geçirmeye başlar sonunda.

1867'de, Genç Osmanlılar hareketinin başlıca öncülerinden birinin, Mustafa Fazıl Paşa'nın sultana seslenen bir açık mektubunun yayımlanışı, barutu ateşler. On binlerce nüsha basılıp bütün imparatorlukta dağıtılan bu yergisinde, Mısırlı prens, iktidarın savsaklama ve savrukluklarına –sözünü esirgemeden– karşı çıkıyor ve bir reform progra-

71

mının uygulamaya geçirilmesini öneriyordu; temeli de bu programın, bir anayasalı rejimin kurulmasıydı. Bu istemlere karşı, Sadrazam Ali Paşa hemen tepki gösterdi. Ali Suavi, Namık Kemal, Ziya Paşa ve ötekiler bir seçim karşısında bırakıldılar: Ya imparatorluğun uzak eyaletlerinde –ne idiği bilinmeyen– arpalıkları seçeceklerdi, ya da Avrupa'ya sürgünü!

İmparatorluğun dışında geçirecekleri beş yıl, olgunlaşma yılları oldu Genç Osmanlılar için. Bulundukları Avrupa başkentlerinde, Osmanlı mutlakıyetine karşı propagandalarını güzelce yürüttüler. Özellikle de, o güne değin kitabî bir bilgiye sahip oldukları düşünceler, teknikler, yaşam biçemleriyle içlidışlı olabildiler oralarda. Batı dünyasıyla olan bu doğrudan temas, kalemlerinin inandırıcı gücüne güç ekledi doğaldır ki.

Yeni sürgünler, birbiri arkasından aflarla noktalansa da, hükümetle Genç Osmanlılar arasındaki çete savaşı, II. Abdülhamit'in tahta çıkışına değin sürecektir: Erişilecek hedeflerden çok, kullanılacak araçlar üstüne garip bir uyuşmazlıktır söz konusu olan. Gerçekten, liberal *intelligentsia,* gelip çarptıkları reformcu paşalarla aynı amacı güdüyorlardı aslında: Batı'dan alınmış bir hayli siyasal düşünce, kültürel değer ve teknik yenilikleri yedirerek hasta adamı iyileştirmekti bu! Bununla beraber, ölçüsü ne olacaktı içirilecek ilacın? İktidardaki insanlar olarak, sultan ve nazırları, liberal ilanlardan zevk duyuyorlar, ancak dizginleri fazla gevşetmekten de kaçınıyorlardı. Genç Osmanlılar ise, tersine, özgürlük ve adalete susamış insanlar olarak, ancak bir temsili rejimin kendi istemlerini yaşama geçirebileceğini kestiriyorlardı. Otoriter bir reformculukla yetinmek olanaksız görünüyordu onlara; hükümet ise, böylesi bir reformculukla yetinmeye dünden hazırdı.

Tanzimat'ın bu birbirinden farklı iki yaklaşımı arasındaki karşılaşmada, geçici de olsa, devlet örgütü son sözü söyleyecektir. Gerçekten, Genç Osmanlıların yürekten özledikleri Anayasa, II. Abdülhamit'in tahta çıkışının ertesinde ilan edilecektir; ancak, hemen askıya alınıp rafa kaldırılacaktır. Namık Kemal'le yoldaşlarının sürdürdükleri kavganın boşa gittiği anlamına mı gelir bu? Genç Os-

72

manlıların, iktidarın elinden, sürekliliği olan bir temsili rejimi söküp alamayışları bir başarısızlıktır elbette. Ancak, buna karşılık, yeni düşünceler yararına kamuoyunun bir bölümünü harekete geçirmiş olmalarını da, onların başarıları arasına koymak yerinde olur. Hiç kuşku yok: Ne Şinasî, ne Ziya Paşa, ne Namık Kemal, kılı kırk yaran politikacılar değillerdi; ancak, iyi birer eğitimci olmasını da bildiler.

Reformun adsızları

Sultanlar, sadrazamlar, ideologlar, ünlü edebiyatçılar... Tanzimat'ın yıldızlarıdır bunlar. Onların yanı sıra, adsız reformcular da var: Bürokratlar, uzmanlar, hukukçular, teknisyenler, yeni ordunun subayları, öğretmenler, çeşitli danışma kurullarının üyeleri, kısacası reform tasarılarının hazırlanmasına ya da uygulamaya konmasına katılmış herkes; imparatorluğun bir ucundan ötekine Osmanlı çağdaşlaşmasının yayılmasına katkıda bulunan bütün insanlar.

Reform hareketinin bu adsız kadrolarının çerçevesini çizmek için, örnek diye, Abdülmecit'in saltanatından başlayarak imparatorlukta açılıp serpilen çeşitli Mason localarından birine bakıp üye listesi gözden geçirilebilir. Kuşkusuz, ne denli yerinde duramaz olursa olsun, Osmanlı Masonluğunu, aynı dönemin Batı Masonluğuyla, yeni anlayışın bu gerçek kiliseleriyle karşılaştırmak pek yerinde olmasa gerek. Osmanlı Masonluğu, nadir olarak siyasal bir rol oynadı ve ideolojik kıpırdanışa tamamlayıcı bir güç olarak katıldı sadece. Bununla beraber, Tanzimat'ın getirdiği sosyal ve kültürel kaynaşmanın en anlamlı belirtilerinden biridir o.

Olgulardan biri, İstanbul'da 1863'te kurulmuş Doğu Birliği Locası ile ilgilidir. Fransa'da Büyük Doğu'ya bağlanan bu bölüm, adının da gösterdiği gibi, Tanzimat'ın temel düşüncelerinden birinin işaretini taşıyor: Kardeşçe bir arada yaşama, ırklar arasında uzlaşma o düşünce de! 1869'da, Osmanlı toplumunun çeşitli kesimlerinden gelen yüz kırk üç üyesi olacaktır şubenin. Üyeleri arasında, Doğu'ya zenginleşmeye gelmiş birçok Fransız ve öteki Avrupa ülkelerinden kimi uyruklar görülüyor: Lüks meta üretiminde uzmanlaşma zanaatçılar, bankacılar, tacirler, Fransız Masonluğunun büyük adlarından biri, Louis Amiable'dan başkası olmayan bir avukat. Ne var ki, loca, imparatorluğun azınlıklarından bir hayli insanı topluyor özellikle. Onlardan ilk göze çarpan da, Yahudi cemaatinin önde gelenlerinden kabarık bir grup. Rumları temsil edenler, gazeteci Jean Vretos, tacir Alexandros İsmyrides, Giritli tacir Cléanthi Scalieri ve bir yarım düzine kadar başka kişilikler. Daha da çok olan, Ermeniler: Onların da çoğu, banka ve ticaret dünyasına mensup olanlar; ancak, aralarında yargıçlar ("Zaptiye Nezaretinin Cinayet Soruşturma Kurulu Üyesi" olarak sunulan Nerses Dadian özellikle), memurlar, serbest meslek erbabından insanlar var.

Bununla beraber, şubenin üyeleri arasında en çok dikkati çeken, bir elli kadar Müslümanın bulunuşu. Bunların çoğu ordu mensubu. Ancak, birkaç yargıç, belli bir sayıda yüksek devlet görevlisi, hatta iki ya da üç din adamı da var aralarında. Locanın sorumluları, çoğu kez kilit mevkilerde bulunan kişileri de çatının altına almayı başarmışlar. 1869 yılındaki üye listesi, –başkalarının yanı sıra– sultanın başyaverini (Rauf Bey), başmabeyinciyi (Cemil Bey), bir Zaptiye Nazırlığı müfettişini (Abdurrahman Hilmi Efendi), iki valiyi (Sakız valisi Mehmet Remzi Efendi ile eski Kudüs valisi İzzet Paşa), yüksek rütbeli birçok subayı, ticaret mahkemesinden dört yargıçla her düzeyden bir on beş kadar memuru sayıyor. Bir önceki yıl, özellikle dikkatlere çarpan iki kazanımı olmuştur locanın: Bunlar da, Devlet Şurası Başkanı İbrahim Edhem'le, Genç Osmanlıların önde gelen kişisi, Prens Mustafa Fazıl'dır.

Doğu Birliği'nin, 1860'lı yılların sonlarında bir araya getirdiği bu yüz kırk üç kişi, reformların gerçekleşmesine katkıda bulunan aydın insanların pek küçük bir parçasıdır hiç kuşkusuz. Ne var ki, bu yüz kırk üç kişi, belirtmek yerinde olur, alabildiğine temsili bir örnek oluşturuyor.

Doğu Birliği'nin üyelerinin de gösterdiği gibi, bürokrasi ve ordu, reformun askerlerinden önemli bir bölümü sağlıyor. Şaşılacak hiçbir yön yok bunda! İdarenin daireleri ile kışlalar, Tanzimat'ın ilk laboratuvarları oldu. II.

74

Mahmut'un saltanatından başlayarak, Batı dillerine egemen bilgili memur yetiştirmenin yanı sıra, Fransız, İngiliz ya da Alman öğretmenlerin yöneticiliğine bırakılan modern bir ordunun kurulmasına öncelik verildi. Bu çabalar, ürünlerini vermekte gecikmedi. 1870'e doğru, iyi Fransızcası ve Batı'dan gelen yaşam biçimleri ile düşüncelere kendini uydurabilme yeteneğiyle, hiç olmazsa orta ve yüksek kademelerde, Osmanlı tipi bürokrasi kendisini belli eder. Bunun gibi, subay, yalnız üniforma değiştirmiş değildir; yeni bir kişiliğe de bürünmüştür. Önde giden teknik ve bilimlerle sürekli temas halinde olan bu insan, modernleşmenin mızrağı olarak görünür. Belli bir ölçüde yıkıcılıkla atbaşı giden bir modernleşmedir bu: Boş zamanlarında, –gizlice, içer gibi– Voltaire ve Rousseau'nun okuyucusu olan Tanzimat'ın savaş adamı, geleceğin devrimlerine kapıyı aralar.

Devletin askerî ve mülki görevlilerinin yanı sıra, daha baştan bir başka grup kendini belli eder: Tacirler ve bankacılar grubudur bu. Hemen hepsi de azınlık cemaatlerden gelen bu insanlar, iyi bildikleri bir rolü oynamaya başlarlar: Avrupa ile Osmanlı İmparatorluğu arasında, ayrıcalıkları olan aracılar rolüdür söz konusu olan. Meta alışverişinin ve sermaye hareketlerinin uzmanları olan bu insanlar, yaşam biçimlerini, teknik usulleri ve dünya görüşlerini de dolaşıma sokarlar. Ne var ki, bir başka görev daha almışlardır üstlerine: Değişme için gerekli parayı vermek! Devlet, bir bölümüyle onların parasına dayanarak, yeni anlayışı simgeleyen sarayları, kışlaları, okulları yapar. Devletin, orduyu yenileştirmek ve ülkenin iktisadî atılımı için gerekli altyapıları kurmak amacıyla yararlanacağı borçlanma pompasını çalıştırmaya başlayanlar onlardır.

Reformların yayılışına katkıda bulunanların yığını içinde, çeşitli zanaatlarla uğraşan ya da serbest meslek erbabından geniş bir insan kitlesini de –zahmetsizce– ayırmak mümkün: Bunlar gazetecilerdir, hekimlerdir, eczacılardır, mühendislerdir, avukatlardır, saatçilerdir, mekanisyenlerdir... Batılılaşmadan doğan yeni mesleklerdir söz konusu olan. İster Avrupa'da ister İstanbul'da yetişmiş olsunlar, bu pratisyenlerin hepsi de Tanzimat anlayışına katılırlar ve yeni bilgi ile yeni tekniklerin en etkin savunucuları arasında yer alırlar. Modernliğin, en azından kent ortamında, günlük yaşamın içine gelip katılması ve karışması için birkaç onyıl yetecektir onlar sayesinde.

Bu yenilikçilerin belli bir bölümü Avrupalıdır; elindeki başlıca hüneriyle yurdunu terk etmeyi yeğlemiştir. Çizmeci, Fransa'daki ilinden bir ayakkabı kalıbı getirmiştir. Paris Üniversitesi'ni bitirmiş bir eczacı, kimya formülleriyle, Berlin'de yetişmiş mühendis, tasarılarla dolu dosyalarla çıkıp gelmiştir. Bu yabancıların çoğu, ortama alışıp uymakta gecikmezler; ülkede çoluk çocuğa karışırlar ve meşaleyi ellerine almaya hazır çıraklar ya da öğrenciler yetiştirirler. Osmanlı tıbbı, Doğu'ya doğru bu beyin göçünden ve *know-how*'dan en başta yararlanan olmuştur belki de. Abdülaziz'in saltanatı zamanında, Türkiye'de, Avrupa'dan gelmiş onlarca hekim vardı ve, mesleklerini, bilimdeki son buluşlarla uyum halinde sürdürmenin kaygısı içindeydi hepsi de.

Dikkat edilmesi gereken bir sonuncusu, din adamları grubudur. Doğu Birliği'nin üye listesinde, sadece bir tutamdır onlar. Ne var ki, bütün bir imparatorluk düzeyinde, Tanzimat'ın gerçekleşmesine katkıda bulunacak hayli bol din adamı vardır aslında. Babıâli'nin reformları gerçekleştirmek için kurduğu merkezî kuruluşların çoğunda sık saflar halinde ulema görülür. Adaletin işlemesini sağlayanlar, Abdülmecit'in saltanatından başlayarak bu alanda yapılmış değişikliklere karşın, yine ulemadır esas olarak. Son olarak, okullarda –hatta daha laik bir görünüşü olanlarda bile– kaynaşıp duran ulemadır; kimi Nezaret dairelerinde olduğu gibi yerel idarede daha da fazladır onların sayısı.

Din adamlarının, Tanzimat'ın görevlileri arasında böylesi önemli bir yer tutmuş olmalarını nasıl açıklamalı? Akla ilk gelen yanıt şu: Osmanlı Devleti'nin elinde, yaratılmış olan bütün yeni görevleri yerine getirecek yeterli sayıda laik öğe, o dönemde henüz olmadığından, ulemaya, idarenin ve bilginin bu geleneksel görevlilerine dönmek pek doğaldır. Ne var ki, şunu da işaret etmek yerinde olur: Tanzimat'ın modernliği, ne dine karşıydı, ne de ruhbana. Tersine,

Osmanlı reformcuları, çoğunluğuyla, İslam geleneğine bağlılıklarıyla dikkati çekiyorlar. Din adamları da, bütün olarak alındıklarında, yeniliklere düşman insanlar değildiler pek; bu yenilikler, geçmişin değerlerinin yeniden canlandırılması örtüsü altında sunulduklarında, bir düşmanlık özellikle söz konusu olmuyordu. Bu koşullarda, din adamlarının reformcular kafilesine –kitle olarak– gelip katılmış olmalarında, şaşılacak hiçbir yön yoktur.

Bununla beraber, bir noktanın altını çizmek de önemli: İmparatorluğu etnik ya da dinsel yönden oluşturanların hiçbiri, Tanzimat'ı tekeline almadı. Müslüman *alim*, Ermeni tacirin, Yahudi hekimin, Rum gazetecinin, Jura'dan gelmiş saatçinin yanında, modernleşmeye katıldı. Sultan ve vezirleri için olduğu kadar, dönemin çoğu ileri gelen insanları için de, reformlar aracılığıyla korunması söz konusu olan şey, en eski zamanlardan beri Doğu Akdeniz kıyıları boyunca uzanan işte bu çok ırklı ve çok dinli devletti.

REFORMLAR

Babıâli

XVIII. yüzyılın sonlarında, imparatorluk hükümetinin hizmetinde bir 1.000'le 1.500 arasında kâtip bulunuyordu. II. Abdülhamit döneminde, Babıâli'nin daireleri, sayısı 100.000'e kadar varan kâtip ve her türden kırtasiyeci memur barındıracaktır çatısı altında. Yönetim kurumlarının Tanzimat döneminde büründüğü göz alıcı şişme ve gitgide artan karmaşıklıklarını ortaya koyma konusunda, sadece bu rakamlar bile bir fikir vermeye yeter. Var olan daireleri kesip biçme ve arkasından yeniden budayıp yontma zorunda kalan; bir süre önce kurulmuş olanlara yeni daireler ve makamlar eklemek gerekliliği ile yüz yüze gelen Osmanlı reformcuları, birkaç onyıl içinde, Fransa gibi bürokratik geleneği zengin bir devletinkine benzeyen –her yöne doğru yayılış halinde– bir merkezî idare yaratmayı başardılar.

Örnek, Avrupa'dan geldi kuşkusuz. Büyük Avrupa devletlerinin kamu işleriyle ilgili özel bir kesimin idaresi için uzmanlaşmış bakanlıklar vardı elinde. Böylece, onlara bakıp nazırlıklar kuruldu. Yine Batı'daki örneğe bakıp, her nazırlık, belli bir görevi yerine getirmekle yükümlü bölümler, daireler; nazırlığı, alacağı kararlarda yönlendirecek kurullarla donatıldı. Öyle de olsa, zaman aldı bütün bunlar. II. Mahmut'un kurduğu *Divan-ı Ahkâm-ı Adliye*'nin (Adli İşler Divanı) Abdülaziz'in saltanatının ortalarına doğru gerçek bir Adliye Nazırlığı'na dönüşmesi için otuz yıldan fazla zaman gerekti. Bunun gibi, bir Dahiliye Nazırlığı, ancak 1869 yılındadır ki doğabilecektir. O tarihe değin eyaletlerin yönetilmesi, sadrazamlığa bağlı bir dairece sağlanıyordu.

Bununla beraber, 1870'li yılların başlarına doğru, deri değiştirme tamamlanmıştır aşağı yukarı. Babıâli'nin, o dönemde, Dışişleri, İçişleri, Adalet, Maliye, Vakıflar, Ticaret, Tarım ve Bayındırlık gibi çeşitli kesimleri içine alan bir dizi nezaret daireleri vardır elinde. Bu kuruluşlardan her birinin başında ya bir nazır *(bakan)* vardır; ya da, şeyhülislam, askerî bölümleri (ordu, topçuluk, deniz) yönetmekle görevli subaylar ve çeşitli danışma kurullarının başkanlarının yanı sıra, Nazırlar Heyeti'ne katılan bir *müsteşar*. Yürütmenin böylece kurulan merkezî organı, iktidarın belli başlı görevleri arasında bir uzlaşma yaratmak amacıyla, Osmanlı sultanının toplamak âdetinde olduğu eski özel kurullara çok benzerler hâlâ. Ne var ki, işleyişi bakımından, Avrupa usulünde bir "kabine"nin çehresini andırır daha şimdiden: Günlük işleri tartışır, kanun tasarılarını inceler, devlet bütçesini onaylar ve büyük bir çeşitlilik gösteren konularda kararlar alır gerektiğinde.

Babıâli'nin bütün nezaretleri içinde, Batı'nın damgasını en çok taşıyanı, Hariciye Nazırlığı'dır. II. Mahmut zamanında temelleri atılan, Osmanlı Devleti ile dışarısı arasında başlıca köprü olan bu kuruluşun, 1870'e doğru, alabildiğine farklı bir yapısı vardır ve bir yirmi kadar çeşitli bölümü çatısı altına alır. En dikkat çekici olanı da içlerinde, *Tercüme Odası*'dır ve görevi de, Türkçenin dışında bir dilde sürdürülen işlere ilişkin belgeleri çevirmektir; bunu yaparken, yeni seçkinlerin yetişmesini de sağlar. Çünkü, yalnız çeviri sanatı öğrenilmez orada. Tercüme Odası, bir tür edebiyat ve siyaset kulübüdür aslında; oraya kabul edilmek talihine kavuşanlar, çağdaş dünyayı çözüp kavramayı öğrenirler. Elçilikler ve temsilcilikler de aynı rolü oynarlar. Osmanlı diplomatik hizmetleri, dünya çapında olmaktan uzaktırlar; imparatorluk, bir on kadar ülkede temsil edilir ancak; ne var ki, büyük başkentlerle ciddi bir ilişki sağlarlar en azından: Londra, Paris, Viyana, Saint-Petersburg, Berlin, Washington, Roma... Babıâli'nin reform tasarılarına temel olacak hayli haber ve çözümleme, onların aracılığıyla gelir.

Çeşitli nazırlıklara koşut olarak, imparatorluğun merkezî idaresi, Tanzimat toplumunun gereksinebileceği kanunları ve tüzükleri hazırlamakla görevli birçok tartışmacı heyetlerle de donatıldı. Bu kuruluşların içinde en eskisi ve –kuşkusuz– en önemli olanı, *Meclis-i Vâlâ-i Ahkâm-ı Adliye* (Adalet Yüksek Meclisi)'dir; 1838'de, II. Mahmut'un ölümünden kısa bir süre önce kurulan bu meclisin yetkileri daha sonraki saltanatın başlarında genişletildi. Rolü şu idi meclisin: Reformlara çerçeve hizmetini görecek ve uygulamalarına göz kulak olacak kanun metinlerini hazırlamak. Onu oluşturan yargıçlar ve ileri gelenler, yeni yasalara ilişkin uyuşmazlıklarda, bir istinaf mahkemesi gibi çalışarak öylesine ciddiye alırlar ki işlerini, rejimin kanunlarının başlıca sağlayıcıları olup çıkarlar.

Bununla beraber, bu meclis, kurumların gitgide artan çeşitlenişinden doğan gereksinmeleri karşılayamaz duruma geldi; öyle olunca da, çoğu kez daha ufak çapta, bir konuda uzmanlaşmış makamlar kurmak gerekti ve özel bir araştırmayı gerektiren sorunları inceleme işi onlara bırakıldı. Böylece, örneğin ticaret sorunları ile uğraşan bir komisyon kurulurken, bir başkasına tarımı geliştirmek için alınacak önlemlerin incelenmesi bırakıldı; bir öteki komisyon da, bayındırlık konularına bakar oldu. 1854'te, Babıâli, *Meclis-i Ali-i Tanzimat*'ı (Reform Yüksek Meclisi) kuracaktır: Adalet Yüksek Meclisi gibi, yasama ve adliye yetkileriyle donatılmıştır bu meclis ve özellikle de, Tanzimat'ın bir tür *brain trust*'ü olarak görülür. Bu kuruluş, sadece bir on yıl kadar toplanacak ve yardım etmekle görevli olduğu Adalet Yüksek Meclisi'nin içinde eriyecektir; öyle de olsa, etkinliğinin kanıtlarını da daha önce ortaya koyacaktır.

Dönemin en önemli yasama mercileri arasında, 1868'de kurulan *Şura'yı Devlet*'i (Danıştay) da zikretmeli; altmışlı yılların başlarında ortadan kaldırılan Reformlar Meclisi'nin yerine geçmek üzere kurulur bu. Beş komisyondan (içişleri-askerî işler, maliye, adalet, bayındırlık –ticaret– tarım, eğitim) oluşan bu yeni kuruluş, yerine getirdiği görevler bakımından, kendisinden önceki organlardan büyük ölçüde farklı değildir. Bununla beraber, pek anlamlı bir yeniliği vardır onun. Gerçekten, kendisini oluşturan elli üyeden bir bölümü, imparatorluğun Müslüman olmayan cemaatlerini temsil eder. Ayrıca, eyalet meclislerinin ve loncaların temsilcilerini de içine alır. Bir temsili kuruluş doğrultusunda, hayli ılımlı, bir ilk adımdır söz konusu olan. Bütün açıklığı ile görülmektedir ki, 1876 Anayasası ve onun meclisli sistemi pek uzakta değildir artık.

Gitgide ağırlaşan bu idare makinesini işletmek için, görece kısa bir süre çinde, büyük bir görevli kitlesini sağlamak gerekti. Tercüme Odası ile kısa bir süre önce kurulmuş olan kimi seçkin okulları, gereksinmelerin bir bölümüne yanıt verebilirlerdi ancak. Böylece Babıâli, üyeleri yabancı dilleri genel olarak oldukça iyi bilen ve modern idare yöntemlerine –güçlük çıkarmadan– uyabilen –Rum, Ermeni, Yahudi– azınlık cemaatlerine doğru yüzünü çevirmek zorunda kaldı. Kendisi de, alıştığı havuzdan, geleneksel İslam okullarında yetişmiş insan birikiminden alacağını aldı bol bol. Özetle, her çareye başvurdu, her yoldan yararlandı. Bu karmaşık, alacalı bulacalı görevli yığını eleştirilmez olmaktan uzaktır. Babıâli'nin daireleri konusunda sadrazamların yayımladıkları mevzuat, mesleki ahlaka aykırı olan her türlü eksikliğe karşı çıkmakta gecikmeyecektir: Devamsızlık, rüşvet, savsaklama, devlet malını çalma, yetkiyi kötüye kullanma, disiplinsizlik, vb. bütün bunlara yaptırım uygulanacaktır. Ne var ki, dönemin edebiyatçılarının da karşı çıktıkları bu eksiklikler hiçbir şeyi değiştirmezler aslında. Bir başka deyişle, kendisine verilen rolü oynamaya oldukça az hazırlanmış bulunan bu bürokrasi, son bir çözümlemede, reformların hizmetine girmeyi bildi.

Hukukun birleştirilmesine doğru

Babıâli dairelerinin yerine getirmesi gereken büyük görevlerden biri, Tanzimat'ın anlayışına uygun yeni kanunlar hazırlamaktı. Modern bir devlete layık kanunlar olmalıydı bunlar. Özellikle, sultanların fermanlarının da vaat ettikleri gibi, ırk ve din ayrımı yapmaksızın Osmanlı İmparatorluğu'nun bütün yurttaşlarına uygulanabilecek kanunlar olmalıydılar. Kolay değildi iş. Örf ve âdet hukukundan yakayı sıyırmak; azınlık halklarını ortak hukuka tabi kılmak amacıyla, adalet konusunda yararlandıkları ayrıcalıklarının bir bölümünü ellerinden almak; ve son olarak da, İslamın hukuk ilkelerine saygılı kalarak, bütün cemaatlerin kabullenebileceği yasalar koymaktı söz konusu olan.

Babıâli, hukukun birleştirilmesi yolundaki o kaygan zeminde, alabildiğine ihtiyatla ve küçük adımlarla yürüyecektir. 1840'ta bir *Ceza Kanunnamesi*'nin (Ceza Yasası) kabulüyle başlanır işe; bir parça düzensiz ve bulanık, ancak yeni düşüncelerden de çok açık olarak esinlenmiş bir yasadır bu. Gerçekten, yasanın başlangıcı, Tanzimat'ın temel ilkelerinden birini, kanun önünde bütün yurttaşların eşitliği ilkesinin altını çiziyor ve açıkça, "dağdaki çobanla nazırın" artık aynı işleme tabi tutulacaklarını belirtiyordu. Ceza konusunda, devlet makamlarının keyfî kararlarına bel bağlamak mümkün değildi artık. Sadece yasanın suç olarak saptadığı suçlara, onun öngördüğü yaptırımlar uygulanacak, örfün oradan oraya değişen ve kararsız kurallarına başvurulamayacaktı.

1851'de gözden geçirilen bu ilk yasanın yerine, 1858'de, Fransa'dan alınan yeni bir yasa konacaktır. Fransa, aynı yıllarda, Osmanlı Devleti'ne, bir Ticaret Yasası (1850, 1861'de gözden geçirilir) ve bir Deniz Ticareti Yasası (1863) örneği sağlayacaktır. Bütün bu metinler –henüz pek basit olmakla beraber– aynı amacı güdüyorlardı: İmparatorluğu, tam bir değişiklik içindeki bir ülkenin gereksinmelerine uyarlanabilecek nitelikte, durmuş oturmuş ve evrensel kanunlarla donatmaktı bu amaç!

Yeni kanunları kaleme almakla görevli hukukçuların aldıkları bütün önlemlere karşın, bu kanunlarda, ulemayı çileden çıkaracak şeyler oluyordu kuşkusuz. Faizli borç vermeyi yasallaştıran ve İslam hukukunun öngörmediği ortaklık biçimleri getiren Ticaret Yasası özellikle, oybirliğini sağlamaktan uzak kalacak ve sert tartışmalara yol açacaktır. Ne var ki, bütüne bakıldığında, bu tür çatışmalar seyrek olacaktır; çünkü, Tanzimat mevzuatı, İslamla yeniliği uzlaştırmayı pek güzel bilmektedir genellikle.

Dönemin başlıca hukuk anıtı, Osmanlı Medeni Yasası demek olan *Mecelle* konusunda durum özellikle böyledir. Bu türden bir çalışmayı tezgâhlamak söz konusu olduğunda, Sadrazam Alî Paşa, daha önce kabul edilen metinlerde olduğu gibi aynı yolun tutulması ve Fransız Medeni Yasası'nın şöyle böyle değiştirilerek kopya edilmesi dileğinde bulunmuştu. Bununla beraber, bu girişimin başına getirilen yüksek hukuk bilginleri, öylesine tepki duydular ki bu tür bir anlayışa, Babıâli, görüşünü değiştirmek zorunda kaldı ve şeriata dayanacak bir yasalaştırmadan yana olanların görüşüne uydu. Pek büyük bir tarihçi, hukukçu ve devlet adamı olan Ahmet Cevdet Paşa'nın (1823-1895) yöneticiliğinde hazırlanan *Mecelle,* İslam geleneğine bağlanışın damgasını alabildiğine taşır ve Hanefî okulundan olan Müslüman kuralların bir derlemesi olarak ortaya çıkar genelde. Bununla beraber, –1870 ile 1877 yılları arasında yayımlanan– on altı kitaptan oluşan bu anıtsal eser, o zamana değin var olandan alabildiğine farklı bir görünümdedir yine de. İç düzenlenişindeki aydınlık, ele aldığı çeşitli sorunlara uyguladığı yöntem, dile getirişindeki açıklıkla, Fransız Medeni Yasası'nın ve onun değişik örneklerinin İslam yakasında yetkin bir benzeri olarak kendini gösterir.

Dönemin damgasını taşıyan bir başka metinde, 1858 tarihli *Arazi Kanunnamesi*'nde (Toprak Yasası) aynı nitelikler görülüyor. Örf ve âdet hukukuyla İslam hukuk kurallarına saygılı olan, 132 maddeli bu uzun belge, Osmanlı kırsal kesiminde hüküm süren fiili durumu yasalaştırmaktan başka bir şey yapmıyor ve ne mülkiyet biçimlerine büyük bir değişiklik getiriyor, ne de toprağın işletilme biçimlerine. Gerçekten yeni olansa, biçimidir yasanın. O tarihe değin yürürlükte olan içinden çıkılmaz kanun ve örfler yığınının yerine, imparatorluğun her yöresinde geçerli olabilecek ve Batı'nın damgasını taşıyan bir ussallıkla düzene konmuş kurallar bütününü geçirir.

Yeni yasaları yürürlüğe sokmak için, yeni yargılama usulleri de gerekiyordu; çünkü, din adamlarının eline bırakılmış geleneksel mahkeme ve usuller, değişmeye şöyle böyle uygundu ancak. Bununla beraber, reformcular, bu konuda da ihtiyatla hareket ettiler. Ne kadıların din mahkemelerini ortadan kaldırmak söz konusuydu tek kalemde, ne de Müslüman olmayan cemaatlerin mahkemelerini. Osmanlı toplumunu temellerine kadar altüst etmek demek olurdu bu. Ne var ki, yeni kanunlara ilişkin davalarda, adaleti sağlamakla yükümlü yargılama usullerini ötekilerin yanına gitgide artan bir hızla koymak mümkündü.

1840 yılından başlayarak kurulan ticaret mahkemeleri, dinsel örgütlenişten ayrı laik bir adalet doğrultusunda ilk adımı oluşturdular. Hükümetin atadığı üç yargıçla, azınlık ve Avrupalı tacirleri temsil eden dört yardımcıdan meydana gelen bu mahkemeler, Fransa'dan alınmış bir yasayı uyguluyorlardı ve Avrupa'da yürürlükte bulunan usullere benzer usullerle çalışıyorlardı.

Altmışlı yıllar boyunca, *nizami* ("tüzüğe uygun" ya da "yeni düzene uygun") adı verilen ve din makamlarının yetkisi dışında kalan bütün sorunlara bakmakla görevli bir mahkemeler şebekesinin kurulmasıyla, bir ikinci adım atılacaktır. Abdülmecit'in saltanatının başlarında, cinayet davalarına bakmakla görevli karma mahkemelerin kurulmasıyla bir ilk deneyime girişilmişti. *Nizami* mahkemelerle ise, sistem genelleştirilecek ve bir dizi mahkemenin kurulmasına gidilecektir: *Nahiye* düzeyinde, on iki üyeden oluşan sıradan *İhtiyar Heyeti*'nden, İstanbul'da kurulan *Şura'yı Devlet*'e değin uzanacaktır iş ve her ikisi arasında, *kaza, sancak* mahkemeleriyle, eyalet merkezlerindeki istinaf mahkemeleri bulunmaktadır. Kadıların başkanlık ettikleri ve üyeleri arasında din örgütünden başka birçok kimsenin bulunduğu bu yeni mahkemeler, görünüşte, İslam topluluğunun dışına çıkmıyorlardı pek. Ne var ki, bu mahkemelerde, mülki makamlarca atanan, Müslüman olmayanların yanı sıra, laik kişilere de yer verilmişti. Ayrıca, sadece Babıâli'nin koyduğu yasaların geçerliği vardı oralarda. Sesi soluğu çıkmasa da gerçek bir devrimdi bu ve ulema arasında geçici bir direnişle karşılaşacaktır yalnızca.

Yeni kanunları ve yeni hukuksal yapıları yaratıp kurmakla görevli hukukçuların, başta Cevdet Paşa olmak üzere, hemen hemen hepsinin ulema heyetinden oluşu, hiç kuşkusuz kolaylaştırdı işleri. Böylece, hukuk reformu, hatırı sayılır bir bölümüyle, içerden yürütülmüş bir reform olarak kendini gösterebildi. Birçok hapın yanı sıra, Hıristiyan Batı'dan alınmış kanunların kabulü gibi, oldukça acı bir hap böyle allanıp pullanarak yutturulabilirdi ancak.

Eğitimde çağdaşlaşma

Ulema ve daha da genel olarak Müslüman aydınlar, bütün bir Tanzimat dönemi boyunca, yalnız adliye örgütünde değil, aynı zamanda –daha önce görüldüğü gibi–, devletin idare hizmetlerinde de, ön planda gelen bir yer tutmuşlarsa, şu yüzdendir başta: Geleneksel eğitim sistemi, *mektep* ve *medrese* şebekesiyle, seçkinlerin yetişmesinde, hâlâ önde gelen bir rol oynuyordu o dönemde. Modernleşmeyi alabildiğine başarıyla yönlendirmeye yetenekli insanları yetiştirmek amacıyla, dinsel pedagojiyle ilgisi olmayan eğitim yöntem ve kurumlarına gitmenin zorunluluğunu pek çabuk kavradı reformcular. Bununla beraber, ortada araçlar olmadığından ve özellikle de yeterli sayıda öğretici bulunmadığından, eğitimde dünyasallaşma oldukça ağır yürüyecektir; en azından, devletin kurduğu pedagojik düzen bakımından böyledir bu. Gerçekten, azınlık durumundaki "millet"lerde, işler, oldukça farklı bir gelişim izler. Oralarda, gerçek bir eğitim "patlama"sına tanık olunur; modern bir eğitim veren yüzlerce okul kurulur birkaç onyıl içinde. Ne var ki, cemaatlere göz kulak olan çeşitli ruhbanın denetiminden uzak kalmaz bu okullar.

II. Mahmut'un saltanatındadır ki, çocuklara ve yeni-yetmelere özgü ilk dünyasal okullar kuruldu. Yüzyılın or-talarına doğru, devletin eğitim örgütü, oldukça tutarlı bir görünüş içindedir daha o zamandan: Aritmetik, Osmanlı tarihi ve coğrafya ile din bilgisi veren ilköğretim *(iptida-iye)* vardır temelde; *rüştiye* adını taşıyan okullardan olu-şan bir ikinci aşamada, onla on beş yaşındaki gençlere, dil (Türkçe, Arapça ve Acemce), matematik, geometri, tarih, coğrafya ve din dersleri verilir; son olarak, üç yıllık bir "orta" *(idadi)* dönemin programında, bilgi dalları artırıl-mıştır (Doğu dilleri, Fransızca, iktisat, cebir, aritmetik, muhasebe, fizik, kimya, felsefe, tarih, coğrafya, el işleri). Ne var ki, alabildiğine azdır bu okullar hâlâ. Babıâli'nin resmî yıllığına göre, Osmanlı İmparatorluğu'nda, Kırım Savaşı'nın ertesinde, toplam 3.371 öğrencisiyle, bir altmış kadar *rüşti*ye vardır ancak; öte yanda, yalnız İstanbul'daki medreselerin çatısı altında 16.752 öğrenci bulunmaktadır aynı dönemde.

Devletin eğitimdeki altyapısının az buçuk yoğunlaştı-ğını görebilmek için, Tanzimat döneminin sonunu bekle-mek gerekir. Bu arada, II. Napoléon'un Milli Eğitim Ba-kanı Victor Duruy gelir İstanbul'a ve Osmanlı eğitimi hakkında bir reform tasarısı sunar sultana. Bu ziyaretin arkasından, 1869'da, yeni eğitim sistemi, genelleştirilme doğrultusunda bir "nizamname"nin konusu olur. Özellik-le, eğitim piramidine, bir yeni aşama, Osmanlı lisesi ile eşanlamda olmak üzere, *mekteb-i sultani* ("sultanın oku-lu") aşaması eklenir.

Bu sultanilerin ilki ve en ünlüsü 1868'de, Fransız hü-kümetinin desteği ile kurulan *Galatasaray Lisesi* oldu. Os-manlı makamları, pek yüksek bir düzeyi hedeflemişlerdi birden. Hemen hemen baştan aşağıya Fransa'dan alınan ve Fransızca verilen bir eğitimi küçük bir azınlığa sağla-maktı söz konusu olan. Öğrenciler, liseyi bitirdiklerinde, idarede önemli bir mevkie getirileceklerinden emindiler; hatta, devlette en yüksek kademelere erişmeyi bile umu-yorlardı. Tanzimat'ın ideolojisine uygun olarak, yalnız Müslümanlara değil, azınlıklara da açıktı bu okul. Osman-lı halkını oluşturan bütün öğeleri ülkenin modernleşmesine katılmaya çağırmanın özellikle çarpıcı bir biçimiydi bu. Aynı düzeyde başka kuruluşlar arasında, 1873'te İstanbul'da yetim ve öksüzler için kurulan bir lise olarak *Darüşşafaka*'yı zikretmek yerinde olur. Bilimsel konulara başköşeyi veren bu okulda, telgraf eğitimine ayrılmış bir bölüm vardı özellikle. Bu niteliğiyle, Osmanlı ülkesinde modern iletişimin gelişmesinde başta gelen bir rol oynayacaktır okul.

1869 tarihli Nizamnamenin ele aldığı Duruy'nin tasarısı, liseden başka, birçok fakültelerden (edebiyat ve felsefe, hukuk ve doğa bilimleri, matematik) oluşan bir üniversitenin *(Darülfünun)* kurulmasını da öngörüyordu. Abdülmecit'in saltanatının ilk yıllarında tezgâhlanan bu türden bir girişim, başarısızlıkla sonuçlanmıştı. 1870'te açılan ve bu amaçla yapılmış özel bir binaya yerleşen yeni üniversite pek başarılı olamayacaktır: Fazla laik olarak görülen bir eğitime karşı ulemanın saldırılarına uğrayacaktır önce; sonra da, bir sürü mali güçlüklerle karşılaşacaktır. Bu tasarının, önde gelen destekleyicisi Sadrazam Alî Paşa'nın 1871'de ölmesiyle, deneyimin de son bulması gecikmeyecektir.

Ortada üniversite olmayınca yükseköğrenimlerini sürdürme arzusundaki Genç Osmanlıların önünde, imparatorluğun –II. Mahmut'un saltanatıyla– donanmaya başlayan çeşitli yüksekokullarına yüzlerini çevirme olanağı vardı. Bu kuruluşların listesi, gitgide daha değişik alanları da içine almak üzere, uzayıp duracaktır. 1830'lu yıllarda, ordunun çeşitli görevlilerini, subayları, mühendisleri, hekimleri, baytarları, müzikçileri yetiştirmekle yükümlü okullar gün ışığına çıkmıştı. 1850 ve 1860 yıllarında, yeni askerî okulların yanı sıra, birçok büyük sivil okulların da kurulduğu görülecektir: Bu sonuncular arasında, özellikle *Mekteb-i Mülkiye* (Mülkiye Okulu) (1859), *Mekteb-i Tıbbiye* (Tıp Okulu) (1866), *Darülmuallimin* (Yüksek Öğretmen Okulu) (1862) ve, dönemin bir özelliği olarak da, Kız Öğretmen Okulu (1870), göze ilk çarpanlar arasındadır.

Öteki çoğu devlet kuruluşları gibi, bu çeşitli okullar da, ırkları ya da dinleri ne olursa olsun, bütün Osmanlı uyruklarına açıktı ilke olarak. Reformcular, cemaatler arasındaki böylesi lehimlenişe pek dikkat ediyorlardı; çünkü, imparatorluğun yaşayabilmesinin koşullarından biri olarak görüyorlardı onu. Haklı da çıkacaklardır kimi hallerde: Örneğin *Mekteb-i Tıbbiye* öğrencileri arasında, azınlıklardan olanların oranı yüksek olacaktır uzun zaman. Ne var ki, bütüne bakıldığında, halkların ve dinlerin bir arada yaşayabilmelerinin, kanunların öngördüğü bu ilkenin olaylar planında gerçekleşmesi kolay olmayacaktır. Önce şundan: Müslüman olmayanlar, kendi dil ve kültür miraslarına öylesine bağlıydılar ki, yeniliği –her şeye karşın– Türk ve İslam damgasını taşıyan bir eğitim sistemince özümsenmelerini kabul edemezlerdi. Sonra da şundan: Devletin koruyuculuğu altındaki kurumlardan çoğu kez çok daha iyi olan kendi okulları vardı onların.

Azınlıkların eğitim şebekelerinin Tanzimat döneminde tanık olduğu büyük gelişme hakkında bir fikir vermek için kimi rakamlar yeter. Örneğin 1871'de, yalnız Ermeni cemaatinin, İstanbul'da 48 okulu ve Anadolu dolayında dağılmış 469 kuruluşu vardı. Aynı döneme doğru, 1861'de İstanbul'da kurulan Yunan Edebiyat Derneği'nin *(Helenikos philologikos syllogos)* pek yoğun çabaları sayesinde, Rumların da buna benzer boyutlarda bir şebeke vardı ellerinde. Sayıları daha az ve kültürel gelişim konusunda ötekilere oranla geride olan Yahudilere gelince, ellerinde laik nitelikte bir yarım düzine kuruluş bulunuyordu ancak; ne var ki, –merkezi Paris'te olan– Evrensel İsrail Birliği, yüzyılın son otuz yılı boyunca, bir elliden fazla okul açarak durumu değiştirmekte gecikmeyecektir.

Cemaatlerin oluşturdukları kuruluşlara, çeşitli misyoner örgütlerince kurulmuş ve ilke olarak azınlıklara seslenen yığınla okulu da eklemeli. Şişirildikleri kuşkusuz olan istatistiklere inanmak gerekirse, sadece Amerikan Protestan misyonerlerinin, 1870'te, 205 kuruluş vardı ellerinde; Boğaz'ın Avrupa yakasındaki köylerden birinde, Bebek'te, 1863'te kurulan ünlü *Robert Kolej,* bunlar arasındadır. Genel olarak Fransız din çevrelerinin destekledikleri Katolik misyonerler de, yüzyılın sonuna doğru yüzlerce okuldan oluşacak geniş bir ağ öreceklerdir yavaş yavaş.

Bir kültürel sömürgeleştirme midir bunlar?

Hiç kuşkusuz! Ve öyle görünüyor ki, Osmanlı yöneticileri, bilincindeydi olan bitenin. Bu okullardan pek çoğunun, azınlıkların ulusal uyanışına katkıda bulundukları düşünülürse, o oranda da tehlikeliydi durum. Bununla beraber, gelişmeyi frenlemek amacıyla, devletçe –yine de pek ılımlı– önlemler alındığını görmek için, II. Abdülhamit'in iktidarını beklemek gerekecektir. O tarihe değin ise, Babıâli, Hıristiyan azınlıkları ve misyonerleri hareketlerinde serbest bırakırken, kaybetmekten çok kazanacağı düşüncesinde olacaktır. Nedeni de şu: Osmanlı Devleti'nin, Batılı kamuoyunun içten yakınlığına gereksinmesi vardı ve, o kamuoyunun gözünde de, Müslüman olmayanlara eğitim konusunda verilecek özgürlük, Türkiye'nin ileri düşüncelere doğru açılışının başlıca işaretlerinden birini oluşturuyordu. Öte yandan, Osmanlı makamlarının denetiminin dışında tutulan eğitim kuruluşlarının bir büyük değeri vardı: Düzeyi olan bir eğitim sağlarken, devletin cebinden de tek kuruş çıkmıyordu.

Böylesi bir önem taşıyorlardı.

Yeni ordu

İyi görevliler yetiştirmek: Tanzimat eğitim sisteminin başta gelen amaçlarından biri bu. Ne var ki, Osmanlı reformcularının göz önünde tuttukları bir başka büyük hedef daha var: İyi askerler yetiştirmek! II. Mahmut'un ordularının Mısır Hıdivi Muhammet Ali'nin birlikleri önünde uğradığı başarısızlıklar, Osmanlı yöneticileri için alabildiğine büyük bir darbe oldu. Öyle olduğu için de, Abdülmecit'in saltanatının ilk yıllarından başlayarak, orduda reform sorunu pek ciddiye alındı. Bu konudaki reçete de, öteki alanlara uygulanan reçetenin aynısıdır: Avrupalılaşır! Bu Avrupalılaşma, askerî okullarda sağlanan eğitimden geçer önce; onun yanı sıra, kara ve deniz güçlerinin genel planda yeniden örgütlenişinden. Son olarak da, silahlanmada ve askerî disiplinde bir değişikliği içine alır bu.

'Eğitim konusunda, Tanzimat ordusunun elinde, II. Mahmut döneminde kurulmuş altyapı vardır daha şimdiden: Bunlar, Askerî Mühendisler Okulu, Denizcilik Okulu,

Askerî Tıp Okulu ve özellikle de, onun saltanatının sonlarına doğru kurulan *Mekteb-i Ulûm-u Harbiye* (Askerî Bilimler Okulu)'dur. Yüzyılın ortalarından başlayarak, imparatorluk boyunca yayılmış çok sayıda yeni kuruluşun eklendiği görülecektir bu ilk çekirdeğe. Üst kademede, dikkati en fazla çeken yenilik, bir Kurmay Okulu'nun *(Erkân-ı Harbiye Mektebi)* kurulmasıdır: Bir tür askerî akademidir bu; içindeki eğitim de, öteki büyük askerî kurumlarda olduğu gibi –Fransız ve Prusyalı– Avrupalı uzmanlarca sağlanır. Bununla beraber, yeni okulların çoğu, orduda meslek edinmek arzusundaki yeniyetmelere seslenen *rüştiye*'ler ya da *idadi*'lerdir. Sonuç olarak, askerî kadroların yetişmesi sorununa, temelden el atılmıştır bu kez. Silah mesleğiyle on yaşından başlayarak bütünleşen geleceğin subayları, modern bilim ve teknikleri tam bilen seçkin askerler olacaktır ilke olarak.

Ordunun sıradan insanı için Osmanlı yönetiminin ortaya koyduğu modernleştirme isteği şunlarla kendini gösterecektir: Prusya ordusundakilerden esinlenen yeni üniformalarla; –önce Fransa'dan, sonra da Prusya'dan alınan– yeni talim usulleriyle; daha yetkin silahlar ve Avrupa kışlalarındakine benzeyen bir kışla yaşamıyla. Ne var ki, daha da önemli şeyler vardır: Askere alma usullerine ve askerî güçlerin örgütlenişine getirilen değişikliklerdir bunlar. 1843'te, Osmanlı İmparatorluğu'nun tarihinde ilk kez olarak, –metni, bir bölümüyle 1814 tarihli Prusya Askerî Kanunu'nu tekrarlayan– bir ferman, eyalet komutanlıklarını kurar ve her biri başkenti, Doğu Trakya'yı, Rumeli'ni, Anadolu'yu ve Arap eyaletlerini savunmakla yükümlü beş ordu örgütler. Bağdat'ta üslenen bir altıncı ordu, harekât bölgesi Irak ve Hicaz olmak üzere, 1848'de kurulacaktır. Bu çeşitli güçlerin bağrında, müfrezeler, bölükler, taburlar ve alaylardan oluşan öylesi bir bütünlük vardır ki, Batı'nın askerî mekanizmalarına gıpta ile bakmak için fazla bir neden yoktur. Yeni Osmanlı ordusu, kurayla askere alınan toplam bir 150.000 kadar insandan oluşur. Orduya giriş o giriştir! Artık, askere yeni alınan erler beş yıl hizmet ederler; sonra da, bir yedi yıllığına ihtiyata *(redif)* ayrılırlar. Otuz iki yaşına doğru da, serbest bırakılırlar.

1869 tarihli bir kanun, üç hizmet bölümü yaratarak, sistemi ağırlaştıracaktır: Dört yıl süreli bir etkin hizmet *(nizamiye)*, askerlerin, altı yıl süresince içinde tutuldukları bir ihtiyatlılık ve, son olarak da, *"mustahfız"* vardır ve ihtiyatlar, sekiz yılın sonunda, kırk yaşına vararak o kategoriden çıkabilirler. İlke olarak, bütün Osmanlı uyrukları, kuraya tabidirler. Ne var ki, reform fermanlarının eşitçi hükümlerine karşın, orduda bulunmaları pek arzu edilmeyen Müslüman olmayanların, askerî hizmetten "kurtulma" olanağı sağlayan bir vergi, bir *bedel* ödeyerek, kendilerini bağışık kılma olanağı vardır ellerinde.

1870 yılına doğru, Osmanlı ordusu, etkin hizmete alınmış 210 bin yeni kura eriyle, 190 bin *redif*iyle ve 300 bin *mustahfız*'ıyla görece büyük bir askerî güç oluşturur; bir milyondan fazla savaşçıyı saflarına alma yeteneğindeki Prusya ordusunun çok gerisinde yer alsa da, böyledir. Kimi silahları –askerlerinin büyük bir bölümünü donatan Martini tüfeği özellikle– daha şimdiden az buçuk gününü doldurmuş da olsa, Avrupa ordularınınkine benzeyen bir malzeme de vardır elinde bu ordunun. Abdülaziz'in tahta çıkışından sonra, Kırım Savaşı sırasında, Rus birlikleri karşısında alabildiğine hantal olduğu ortaya çıkan donanmaya ayrı bir özen gösterildi. Birkaç yıl içinde, son model zırhlılar ve özel olarak onlarda hizmet etmek üzere yetiştirilen görevlilerle donatılan Osmanlı deniz gücü, dünyanın üçüncü deniz gücü oldu. Özetle, imparatorluğun savunulması, karada olduğu kadar denizde de, oldukça eksiksiz görünüştedir.

Ancak, ülkenin içerden dibini oyup duran milliyetçi uyanışların mayalaşması karşısında, ne yapabilir bu modern ordu? Vadeleri geciktirebilir olsa olsa! Osmanlı yöneticileri, XIX. yüzyılın bu ikinci yarısında, şunu görme fırsatını elde edeceklerdir birçok kez: İmparatorluğun kimi çevre eyaletlerini harekete geçiren kültürel ve idari özerklik, hatta siyasal bağımsızlık istemleri, askerî bakımdan zorla bastırmaya karşı göz alıcı bir direnişle donanmışlardır.

Taşra idaresi ve maliye

Bir gerçek de şu: İster yeni bir ordu yaratma, ister modern bir bürokrasi kurup yerleştirme söz konusu olsun, reformların gerektirdiği giderleri ödemek için, yenileme tehlikesini de göze almak gerekiyordu. Mali konularda, Tanzimat reformcuları düşüncelerden yoksun değildiler: Kimi zaman Avrupa'da yapılanlardan esinlendiler, kimi zaman da kendileri hazırladılar çözümlerini. Bu yolun üzerinde, bir yandan da yerel idarenin yeniden örgütlenişine vereceklerdir kendilerini. Niçin? Vergi toplama yöntemlerini düzeltmek için; ama aynı zamanda eyaletler üzerinde devlet otoritesini sağlamlaştırmak ve, buna koşut olarak da, imparatorluğun zayıf bölgelerindeki kaynaşmaları giderip dağıtmak için.

İdare alanında, önünde saygın bir örnek vardı Babıâli'nin: Komünden ileri değin uzanan yönetim çevrelerinden oluşmuş piramidiyle, Napoléon'un merkeziyetçi idare örneği idi bu. Mustafa Reşit Paşa, birtakım değişiklikler yaparak, 1840 yılından başlamak üzere bu sistemi aldı olduğu gibi. Bununla beraber, her şeyin kesin bir görünüme kavuşabilmesi için, yirmi yıldan fazla beklemek gerekti. 1864'te, bir kanun, 27 *vilayet* kurar; her biri belli sayıda *sancak*lara bölünmüştür; sancaklar *kaza*'lara ayrılmış, onlar da *nahiye*'lerden oluşmuştur; temeldeki birim –nahiyelerin altında– köy ya da mahalledir. Bu sonuncu düzeyde, idari görevler seçilmiş bir *muhtar*'a bırakılmıştır ve kendisine de bir İhtiyar Heyeti yardımcı olur. Onun dışında, hiyerarşi, nahiyenin başı olan *müdür*'den başlar, kazanın yöneticisi *kaymakam*'la sancağın yöneticisi *mutasarrıf*'tan geçerek vilayetin yöneticisine *(vali)* yükselir.

Yapılan reformun en cesur yanı, taşra idaresinin bütün aşamalarında, çeşitli sorumlulukları olan seçilmiş ya da atanmış heyetleri getirip işin içine sokması. Onların içinde kimileri, bir mahkeme olarak görev yapar ve, kadıların başkanlığında, yeni kanunları uygularlar. Ötekiler de, vergileri toplama, yol yapma olsun, ya da örneğin eşkıyalığı dizginleme için alınacak önlemler olsun, yerel sorunları tartışırlar ve gerektiğinde İstanbul'a yollanacak öneriler hazırlarlar. 1864 tarihli kanun, bu mercilerin çoğunda, daha önce yürürlükte olan hükümleri de ele alarak, halkın bütün öğelerinin temsil edilebilmeleri amacıyla, belli sayıda Müslüman olmayanların da katılmalarını öngördü. Özellikle İl Genel Meclislerinde *(meclis-i umum-u vilayet)* işler böyle yürür ve, bu meclislere, sancaklarca seçilen eşit sayıda Müslüman ve azınlıklardan insanlar katılırlar. Liberal aydınların yürekten istedikleri temsili rejim doğrultusunda, orta hâlli ama savsaklanamayacak bir ilk adımdır söz konusu olan.

Yeni taşra idaresinin yapacak çok şeyi vardır: Asayişi sürdürmesi, okullar açması, yollar yapması, köprüleri onarması, ticarete ve tarıma özen göstermesi, adaleti egemen kılması gerekmektedir... Ne var ki, temel uğraşlarından biri de, devletin kurduğu çeşitli mali çarkların iyi işlemelerine göz kulak olmasıdır.

Bu noktada da, işler kolay yürümez. Mustafa Reşit Paşa'nın 1840'taki reformu, bir dizi yeniliği öngörüyordu: Bunlar da, –çağını yitirmiş, fazla verimli olmayan, dahası halkın da takatını aşan bir sistem haline gelmiş bulunan– vergilerin kiralanmasına *(iltizam)* son vermek ve devletin atayıp maaşını ödediği bir tahsildarlar zümresi yaratmaktı özellikle. Ne var ki, yeni sistemin, dönemin idari koşullarında fazla uygulanabilir bir yanı olmadığı çabucak anlaşıldı; ve bir hayli vergi için kiralamanın yeniden konması gerekti. Bununla beraber, işler yürürken, Osmanlı vergi sistemi, Babıâli'nin, özellikle de Mehmet Fuat Paşa'nın iki sadrazamlık döneminde (1861-1863 ile 1863-1866) bu alanda ortaya koyduğu yaratıcılık sayesinde, çeşitlenmeye başlamıştı. 1860'lı yılların ortalarına doğru, imparatorluğun vergi alanında elindeki araç gereç, daha şimdiden oldukça karmaşık olup çıkmıştır: Bunlar arasında, hayvanlar üzerinde bir vergi *(agnam),* Müslüman olmayanlardan alınan geleneksel baş vergisi *(cizye),* ürünlerden alınan –bir parça çekidüzen verilmiş– ondalık *(öşür),* askerlik hizmetinden sıyrılmak isteyenlerin ödedikleri *bedel* ve başka bir dizi yeni vergi vardır; ve bu sonuncuların da içlerinde en verimli olanlar mülkler üzerine konanlarla, kazançlar ve gelirler üzerine konan vergilerdir. Devletin kasalarını beslemeye başlamış öteki vergiler arasında, –1861-1862 yılı Osmanlı bütçesinde, imparatorluğun toplam kaynaklarının % 13'ünü oluşturan–damga resimlerini; sayım sırasında yurttaşlara verilen kimlik belgelerinden *(nüfus tezkeresi)* alınan paraları; tütün, tuz ya da alkollü içkiler gibi çeşitli ürünlerden alınan vergileri ve, son olarak da, yalnız dışardan getirilen ya da dışarıya gönderilen tecim eşyasından değil, ülke içinde dolaşan ticari metadan da alınan gümrük resimlerini söylemeli.

Bu tez üreyip çoğalan vergiciliğin verimliliğini sağlamak amacıyla, Osmanlı yönetimi, vergilerin tabanını belirlemek ve toplanmalarını denetlemekle yükümlü çeşitli idare bölümleri kurmak zorunluluğunu duydu doğal olarak. Bu yeni organlardan ilk akla geleni, 1858'de kurulmuş olan kadastrodur; ve mülklerin saptanma ve sayımı çalışmaları da aynı yıl başlar. Ne var ki, İstanbul'da olduğu kadar taşrada da yığınla başka daire kuruldu; her biri de bunların, belli bir tür kaynağın işletilmesinde uzmanlaşmıştı.

Mültezimlerin (vergi kiralayan), devletin ücretli tahsildarlarının, gümrükçülerin ve vergiciliği çekip çevirmekle yükümlü öteki yığınla görevli kadrolarının ortak çabaları, yemişlerini verecektir sonunda. 1860'tan başlayarak, çoğu vergilerin gelirinde pek büyük bir artış görülür. Böylece, ürünler üzerindeki öşrün geliri, 1862-1863'te 434 milyon kuruştan, 1877-1878'de 675 milyon kuruşa çıkacaktır. Aynı süre içinde, *bedel* adıyla toplanan paraların tutarı 60 milyondan 92 milyona yükselirken, damga resminden gelen gelirler bir ok gibi tırmanıp 22,4 milyondan 50 milyona sıçrayacaktır.

Ne var ki, reformlar –ve özellikle Abdülaziz'in saltanatında devletin giriştiği savurganca harcamalar da– öylesine para gerektirir olur ki, şu gerçek oldukça çabuk anlaşılır: Vergilerden sağlanan kaynaklardan başka kaynaklara sahip olmadıkça ileriye gitme olanağı yoktur. Nerede bulunacaktı bu kaynaklar? Osmanlı reformcuları, Batılı devletlerin gözlerinin önüne serip yaydıkları örnekten cesaret alarak, özellikle tehlikeli şu iki kaynağa başvuracaklardır: Kâğıt para çıkarmak ve borçlanmalara gitmek!

İlk kez 1840'ta dolaşıma çıkarılan *kaime*'ler, gerçek anlamda banknot değil, daha çok faizli Hazine belgesi olarak görünmektedirler. İlk basımda önerilen faiz oranı pek büyüktür: Yılda % 12! Daha sonra yarıya indirilecektir. Kuramsal olarak, *kaime*'ler, bir kâğıt para karşılığı (altın, gümüş) güvenceye bağlanmışlardır. Uygulamada ise hiçbir güvenceleri yoktur ve para basımı alıp başını gider. Sultan Abdülaziz Hazine Nazırı'na, Dolmabahçe Sarayı'nın kaça mal olduğunu sorduğunda, aldığı yanıt şudur: 3.500 kuruş! Kâğıt üç buçuk milyon Türk Lirası'nı basmak için harcanması gerekmiş paradır bu! Durumu daha da ağırlaştıran şu olmuştur: Başlarda elde yazılan *kaime*'ler, sahteciliğe alabildiğine kapı açmaktadır. Güçlükler, birikmekte gecikmez: Sahte belgeler çıkar dolaşıma; *kaime*'lerin değeri madenî paraya oranla baş döndürücü biçimde düşer; ve özellikle, yurttaşların devlete güveni erir. Büyücü çıraklarıyla oynayayım derken, Osmanlı yöneticileri, bir mali çözülüş ve çöküşün tohumlarını ekerler.

Kâğıt paranın denetimden çıkmış çoğalışının yol açtığı bunalıma çare bulmak, ama aynı zamanda reformların mali giderini sürdürmek için, yöneticiler, yüzyılın ortalarından başlayarak bir başka devaya çevireceklerdir yüzlerini: Dış ülkelerden borç para almaktır bu! 1854'te kararlaştırılan % 6 faizli ilk Osmanlı borçlanışı, 3.300.000 Türk Lirası tutarında bir meblağı içerecektir; bunun da büyük bölümü, o güne değin çıkarılmış *kaime*'leri dolaşımdan çekmenin gerektirdiği mali gereksinmelere ayrılır. Borç sarmalının başlangıcıdır bu Osmanlı Devleti için! 1855 ile 1875 yılları arasında, faiz oranları % 4 ile % 9 arasında değişip duran, yeni on dört borçlanma yapılacaktır. Osmanlı İmparatorluğu, gitgide iflasa götüren bir adım atacaktır her defasında; ve o iflas da, Abdülaziz'in saltanatının sonlarında gelip çatacaktır.

Ne var ki, karşılıksız değildir bu iflas. Çünkü, devletin harcadığı para, yararsız sarayların yapımına ya da Haliç'te çürüyecek zırhlıların satın alınmasına hizmet etmiş değildir sadece; yeni okulların açılmasına, idari ve adli altyapının geliştirilmesine, ordunun modernleştirilmesine ve, daha da genel olarak, Osmanlı toplumunun ilerleme yoluna sokulmasına da olanak sağlamıştır bu. Tanzimatın yaratıcılarının, ellerindeki kaynakları hep bilinçli olarak kullanmadıkların-

da hiçbir kuşku yoktur. Ancak, şu da kuşku dışıdır ki, büyük bir tasarıyla yola çıkmış olan bu insanlar, gerektiği gibi hareket etmişlerdir. Yani?
Yani tehlikeleri göze almışlardır!

İKTİSADÎ VE SOSYAL GELİŞME

XIX. yüzyıldaki bu ortamda, yalnız devlet kurumları ve örgütü değildir değişen sadece; bütün bir toplum değişiklik içindedir. Kent dünyası söz konusu oldukta, hemen hemen doğaldır bu. Kentlerdeki ortam, hiç kuşkusuz kırsaldakinden daha elverişlidir Tanzimat'a. Ne var ki, kırsal yöreler de, kendilerine uygun biçimde kımıldarlar; kelimenin tam anlamıyla kımıldarlar. Osmanlı ülkesi boyunca görülen çeşitli halk hareketleri, dönemin en göze çarpıcı olaylarından biridir. Çeşitli biçimlerde kendilerini gösterirler: Tarımdaki nüfusun toptan göçü; Rus İmparatorluğu'ndan gelen göçmenlerin akını; mevsimlik iş göçleri; göçebelik!

Kırsal kesimdeki hareketleniş

Elde ayrıntılı istatistikler olmadığından, halkın, kentlere doğru yer değiştirmelerini açıklıkla belirlemek güç. Bununla beraber, İstanbul, İzmir ve Beyrut gibi kimi kentlerde, yüzyılın ortalarından başlayarak saptanan nüfus artışı, gelişmeler hakkında bir fikir verecek durumdadır. 1840'a doğru, İstanbul'un nüfusu, 400 bin kişiden azdı bir olasılıkla; 1890'da, 900 bine çıkacaktır bu sayı. Aynı süre içinde, İzmir, 110 binden 200 bine ulaşır. Beyrut'ta da, 50'li yıllarda 40 bin olan nüfus, otuz yıl sonra bir 80 bin kadar olacaktır. İmparatorluğun öteki birçok kenti –örneğin Selanik, Adana, Samsun– buna benzer bir gelişim içindedirler; nüfustaki artış eğrileri daha az göz alıcı olsa da, böyledir. Nüfustaki bu gelişme, bir bölümüyle, yaşam koşullarındaki değişikliğe ve genel sağlık usullerindeki düzelişe bağlıdır hiç kuşkusuz. Rusya'dan gelen Müslüman göçmenler de hesapta tutulmalıdır. Ne var ki, tarım kesimindeki toptan göçü göz önüne almadan, bunları tam açıklamak mümkün değildir.

Niçin köylülerle küçük kasabalarda oturanlar kırsal yöreleri terk etmektedirler?

Çünkü oralarda yaşam pek güçtür hâlâ ve kötü hasat, bir eşkıya baskını ya da bir başka türden felaket, köyleri tam bir umutsuzluğun içine atmaya yeter kimi zaman. 1873-1874 yıllarındaki büyük kıtlık sırasında, Avrupalı gezginler; Orta Anadolu yollarında, yerlerini yurtlarını terk edip başka yerlerde yiyecek bir şeyler bulmak için ortalara dökülmüş aç köylü kalabalıkları görecektir. Ne var ki, tarımsal yaşamın rastlantıları her şeyi açıklamaz. Kırsal kesimde oturanlar yerlerini terk etmeye başlamışlarsa, kent gözlerini büyülediği içindir aynı zamanda. Batı'yla ticaret ilişkileri gelişen, bir sanayi nüvesi ile donanan, yeni yapılarla zenginleşen, içinde oturanlara afetlere karşı belli bir güvence sağlayan ve özellikle, arayan herkese iş veren bir kenttir Tanzimat kenti. En çok çekiciliği olan yerleşme yerleri de, imparatorluğun iktisadî gelişmesinin yoğunlaştığı yerlerdir hiç kuşkusuz: Başkent, Ege'nin ve Akdeniz'in büyük limanları, ama onların yanı sıra, yeni sanayileşme yuvaları ve Samsun ya da Adana gibi tarımsal gelişmenin yeni merkezleridir bunlar.

Kentin hareketlenişine, bir ara aşama öncelik eder çoğu kez: Mevsimlik çalışma amacıyla göçtür bu! XIX. yüzyılın ortalarından başlayarak, Anadolu'nun kıyı ovalarında ticarette kullanılan bitkilerin ekimlerindeki giderek artan gelişmeyle beraber, bu türden geçici hareketler de genişlik kazanacaktır gitgide. Bunlar içinde en anlamlı olanı da, Kilikya doğrultusundaki göçlerdir ki, Anadolu yaylasından ve Toros'lardan gelen on binlerce insanı harekete geçirir her yıl. Bu emekçiler, yöreye yeni girmiş pamuk ekininde çalışırlar çoğunlukla. İçlerinden bir bölümü, hasada da katılır. Mevsim sona erince, hepsi dönmez yuvalarına. Daima kalanlar vardır aralarında: Ya ovadaki büyük çiftliklerde bir uğraş edinmeyi başarmışlardır, ya da kentte, Adana ya da Mersin'de bir iş bulmuşlardır.

Mevsimlik çalışanların yer değiştirmelerinin yanı sıra, göçebe aşiretlerin göçlerine de bir yer vermek gerekir. Özellikle Anadolu'da ve Arap eyaletlerde hâlâ çok sayıda olan bu tür aşiretler, yerleşik halkların kendilerine karşı gösterdikleri husumete karşın, geleneksel uğraşlarını sürdürürler. Bununla beraber, ortadan silinip yitmesi kaçınılmaz olan tortulu bir göçebeliktir bu. Çoğu kez yeni yerleşilmiş topraklarda olmak üzere, aşiretlerin gelip mekân tutmaları kendiliğinden olur; böyle bir değişikliğin iktisadî yararı pek açıktır. Ne var ki, geçmişte çoğu kez yaptığı gibi zor kullanarak, devlettir müdahale eden kimi zaman. Özellikle, Kilikya ovasıyla onun dağlık saçaklarında böyle gelişecektir işler. Oralarda, fazla anarşik diye görülen kimi aşiretlere karşı, 1865'te Ahmet Cevdet Paşa'nın görevlendirdiği "yatıştırma" harekâtı, çok sayıda göçebenin yerleşmesi sonutuna varacaktır ki, tarımda ve daha sonraki yıllarda da sanayide göz alıcı bir gelişmenin başlangıç noktasıdır bu.

Bu göçebeleri yerleştirme siyasetinin tek amacı, asayişi bozma tehlikesini taşıyan halkların denetlenmesini kolaylaştırma değildir yalnız; ivedi bir gereksinmeye de yanıt vermektedir ki bu, o da şudur: Özellikle işletmeye yeni açılmış bölgelerde, Osmanlı tarımına bir atılım getirecek gerekli kol gücünü bulmak! İşte, büyük ölçüde yine bu gereksinmeye yanıt verme amacıyladır ki, Babıâli, bir başka araca çevirecektir yüzünü: Dışarıdan, başlıca olarak da Rus İmparatorluğu'ndan gelen göçmenleri, *muhacir*'leri, Osmanlı toprağında, kitle halinde yerleştirmedir bu!

Başta gelen bir nüfus olayı olarak bu muhacir akını, yeni bir şey değildir aslında. Kırım'dan, Kafkasya'dan ve Hazar Denizi dolaylarından, bunların yanı sıra, Macaristan, Bohemya ya da Polonya gibi ülkelerden önemli sığınmacı topluluklar, XVIII. yüzyılın sonlarından kalkarak, Osmanlı İmparatorluğu'na doğru gelmeye başladı. Öyle de olsa, Tanzimat'la beraber, alabildiğine açılacaktır vanalar. Dışardan göçü yüreklendirmek amacıyla, Babıâli'nin 1857'de çıkardığı bir kanun, *muhacir* ailelerine, bir toprak parçası, yerleşilen yere göre –altı ile on iki yıllık bir süre arasında– değişen vergiden ve askerlik hizmetinden bağışıklık vaat etmeye kadar gidecektir. 1860'ta, bir *Muhacirler Komisyonu*'nun kurulmasıyla daha da güçlendirilen bu karşılayıp kabul etme siyasetinin sonuçları, göz alıcı olacaktır. Görünüşe göre en önemli göç akımı olan Kırım Tatarlarının akımı, 1854 ile 1876 yılları arasında 300 bin kişiyi içine alıyor. Bunun gibi, yüz binlerce Nogay Tatarları ile Kuban Tatarları, Kırım Savaşı sırasında ve sonrasında gelip Osmanlı İmparatorluğu'nda yerleşiyor. Aynı dönemde, çeşitli Kafkas halkları da, bir 500 bin kadar sığınmacı sağlayacaktır. Yalnız 1864 yılı için, Osmanlı istatistikleri, Rus limanlarından yola çıkan 400 bin dolayında *muhacir* kaydediyorlar.

Rumeli'nin, Anadolu'nun ve Suriye'nin az nüfuslu yörelerine yerleştirilen bu göçmenler, yorulmak bilmez kolonizatörler olacak ve imparatorluğun iktisadî gelişmesine gerçekten katkıda bulunacaklardır. Ancak, kırsal kesime yeni bir yaşam sağlamak için, Osmanlı yönetiminin elindeki tek silah değildir onlar doğaldır ki. Şenlendirilecek yörelere bol bir emek gücünün yerleştirilmesine koşut olarak, yöneticiler, Abdülmecit'in saltanatının ilk yıllarından başlayarak, bir dizi önleme başvurdular. Her şeyden önce, 1843'te, ülkenin gereksinmelerini saptamak amacıyla, eyaletlerin çoğunda yürütülen genişliğine bir tarım soruşturmasına başlandı. Arkasından da, girişimler çoğaldı: Bir *Ziraat Nezareti* (Tarım Bakanlığı) kuruldu (1846); 1858'de, topraklarda özel mülkiyeti genelleştiren bir *Arazi Kanunnamesi* çıkarıldı; vergiden bağışıklığın yanı sıra, tütün, pamuk ve dut gibi kimi özel ekinleri yüreklendirmek amacıyla parasız tohum ve fideler dağıtıldı; özellikle tarıma yeni kazanılmış topraklarda, iletişim araçları düzeltilip iyileştirildi; bataklıkları kurutma gibi toprağı temizleme yolunda çeşitli çalışmalara başlandı.

Nedir varılan sonuçlar?

Osmanlı yönetimi, 1863'te İstanbul'da açılan ilk "ulusal sergi"de –göğsünü gere gere– sergileyecektir onları: Dikkate değer pamuk ve tütün örnekleri, üstün nitelikte yulafla dolu çömlekler, buğday ve mısır çuvalları, çeşitli türden pirinçler, yün ve daha başka yığınla ürün; onların arasında, fuarın başlıca gösterisi olarak, Fransa ile İngiltere'den getirtilmiş tarım makineleri! Çocuksu bir kendini gösterme de olsa bu, Osmanlı tarımında izlenen yol hakkında bir fikir veriyor yine de. Gerçekten, Osmanlı tarımı, bütün bir Tanzimat dönemi boyunca, ilerlemesini sürdürmekten geri durmayacaktır: Pamuk, tütün, tahıl, kuruyemişler, boyacılıkta kullanılan bitkiler, haşhaş, ipek... gibi dışarıya satılabilecek ürünler alanında özellikle böyledir.

Türkiye'nin, –iki büyük ticaret arkadaşı– İngiltere ile Fransa'ya, 1855 ile 1875 yılları arasındaki satışlarının iki katına çıkışı, bu ilerlemeye tanıklık ediyor. Kimi rakamlar özellikle anlamlıdır: Osmanlı İmparatorluğu, 1855'te, Fransa'ya 413.000 kilo pamuk satmaktadır; 1875'te, 2.569.000 kilo pamuk satacaktır aynı ülkeye. Aynı süre içinde, ipek dışsatımı 309.000 kilodan 1.265.000 kiloya, tütününki 434.000 kilodan 681.000 kiloya çıkacaktır. İngiltere'yle olan ticaret de buna benzer gelişmeler gösterir ve daha çarpıcıdır da çoğu kez: Kuruyemiş satışları üç katına çıkar, tahıl satışları on misli artar, afyon satışları bir ok gibi yükselir.

Ne var ki, kendi başına alındığında, yine de ahım şahım bir kalkınma değildir bu. Osmanlı tarımının gerçek bir hareketleniş içine girdiğini ve tarım dünyasının modernleşmeye açıldığını görmek için, Sultan Abdülhamit dönemini beklemek gerekecektir. O tarihe değin, imparatorluğun kırsal kesimini gezip dolaşma fırsatını elde etmiş olanların çoğu, iç karartıcı bir tablo çizeceklerdir daha çok. Köylü mü? Kara cahil ve yoksuldur! Alet edevat mı? Çağdışıdır! Yazgısını değiştirip düzeltmek için idarenin aldığı önlemler mi? Fazla etkili değildir! Şurada burada, içinde kimi tarım makinelerinin görüldüğü ve modern işletme yöntemleri uygulayan kimi büyük topraklar oluşmuştur kuşkusuz. Ne var ki, şu da kimsenin gözünden kaçmaz: İçlerinde çalışan el emeğinin –çoğu kez de toprağından olmuş çiftçilerin– felaketleri üzerine kurulmuştur bu örnek malikâneler!

Kentlerin yeni çehresi

Tanzimat'ın kırsal kesimi geleneksel çehresini koruyarak gelişirken, kentler, buna karşılık, alabildiğine dikkat çekici bir değişiklik içindedir aynı dönemde. Doğaldır ki, gerilerde kalan yerleşmeler vardır ve yenilik dönemecine oldukça geç varacaklardır yüzyılda. Ne var ki, liman kentleri, büyük iletişim eksenleri üzerinde kurulmuş kentlerle, kimi eyalet başkentleri, Abdülmecit'in saltanatından başlayarak yeni bir çehre koyarlar ortaya; İstanbul da örneklik eder. Bununla beraber, İzmir ve Selanik gibi kentler, Bursa gibi görece orta halli bir yerleşim merkezi bile, İstanbul'u izlemekte gecikmeyecektir.

Önce, Tanzimat'ın kenti değişmektedir, çünkü büyümektedir. Göç serüvenine kalkmış *muhacir*lerin ve köylülerin akını ile, yerleşme merkezlerinin sınırlarını iyice genişletmek ve çevrelerinde yeni mahalleler kurmak gerekti çoğu kez. Modern kent düzenlemesinin bir gereği olarak, bu yeni oturma bölgelerinin eski mahallelerle ortak hiçbir yanları yoktur. Batı kentçiliğinden alınan damalı yollar, çıkmazlar ve labirentlerden oluşan karmaşık örgünün yerine geçerler. Tekdüzelik ve akla yatkınlık, dönemin planlamacılarının gözünde hoyrat düzensizlik olarak görülen şeyin yerine geçerler. Aynı zamanda, gelir getiren yapılar kentin bağrında çoğalırken, zengin aileler daha güzel bölgelere doğru göçe başlarlar; bu yerler, merkezden oldukça uzaktırlar kimi zaman, ne var ki taşıma araçlarındaki gelişme –Tanzimat'ın ilk yıllarından başlayarak, üstü açık dört tekerlekli gezinti arabası pek modadır!– ve yeni yolların açılmasıyla, erişilir hale gelmişlerdir.

Ne var ki, daha kolay fark edilebilecek başka değişiklikler vardır. Başta, iletişim araçlarının gelişmesine bağlı bütün altyapılar gelmektedir: Garlar, postaneler, rıhtımlar, eşya depoları, oteller. İstanbul'da, 1840 yıllarından başlayarak yapılan postanelerdir, yeni iletişim ağlarında başlayan ilerlemenin ilk işaretleri olarak kendilerini gösterenler. Çok geçmez, Avrupalı gezginlere özgü büyük oteller de kurulacaktır. Böylece 1855'te, *Journal de Constantinople* Elçiler Oteli'ne bakıp övgüler yağdıracaktır: Görkemli odalar ve "alabildiğine lüks" bir yemek salonu ile donanmış bir yapıdır bu. Başka işaretleri görmek için Abdülaziz'in son saltanat yıllarını beklemek gerekecektir: İlk Sirkeci Garı (onun yerine, 1889'da bugünkü yapı geçecektir), Galata'yı Beyoğlu'na bağlayan metro hattı (1875), atların çektiği tramvay şebekesidir (1872) bunlar!

Batı'yla ticaret ilişkilerinin gelişmesi ve imparatorluğun yabancı sermayeye açılması da, önemli bir etkendir kentin değişiminde. İstanbul'da ve imparatorluğun kimi başka büyük kentlerinde, 1860'lı yılların ortalarına doğru, bir bankalar semti oluşmaya başlar ki, tumturaklı görünüşleri, Batı kapitalizminin zaferini dile getirmektedir. Eski kapalı çarşıları turistlerin merakını giderecek yerlere dönüştürmekte olan bu yeni iş merkezlerinin dolayında, bir ticaret evleri ve işhanları yığıntısının ortaya çıktığı görülecektir. Buralarda, birbiri üstüne yığılmış daracık bürolarda yoğunlaşır zenginlik. Bankalara yakınlık, alanı değerlendirir.

Gitgide bollaşan bu parayı harcamak gerekir. Avrupa'nın tüketim biçimleriyle gözleri büyülenmiş Tanzimat kenti, lüks mağazalar, tiyatro salonları, kahvehaneler, her türden eğlence yerleridir aynı zamanda. Gülhane Hatt-ı Hümayûnu'nun ilanından az sonra İstanbul'da bulunmuş olan Gérard de Nerval, daha o zamandan bir kibar âlemine tanık olur; özellikle birçok yabancı opera topluluklarının geçişiyle kendini belli eder bu yaşayış. Otuz yıl sonra, eğlenme olanakları daha da çoğalacaktır: Başta İstanbul'dadır doğaldır ki, ama aynı zamanda eyalet kentlerinde, özellikle Avrupa'nın etkisine alabildiğine tabi liman kentlerinde de. Abdülhamit'in saltanatının başlarında, Bursa gibi küçük bir yerleşme merkezi bile, bir tiyatroya sahip olmanın onurunu taşıyacaktır. Gerçekten, kentin valisi, Osmanlı oyun yazarlarının babalarından biri olan Ahmet Vefik Paşa idi o dönemde.

Son olarak, şunu da belirtmek yerinde olur ki, reformların taştan giysilerine büründükleri yerler hemen hemen kentlerdir hep: Kışlalar, okullar, idari yapılar, hastaneler, saraylar... Çok çeşitli olup bütün imparatorluğa dağılmış olan bu yapılar, pratik gereklere yanıt verme amacında değillerdir yalnız; boyutlarının büyüklüğü, çizgilerindeki soyluluk, süslemelerindeki zenginlikle, devletin gücünü olduğu kadar, biraz İslam geleneklerine saygının izlerini de taşıyan yeniliğini ortaya koyarlar.

Nasıl yönetmeli, bu tam değişim içindeki kentleri?

Tanzimat'ı yapanlar, pek çabuk ilgilendiler bu sorunla ve, bir kez daha, Avrupa'yı örnek alarak yanıt verdiler buna. Çeşitli el yordamlarından sonra ilk aşama şu oldu: 1854'te, başında bir *şehremini*'nin (belediye başkanı) olduğu ve on iki üyeli bir kurulun da yardımcılık ettiği bir belediye kuruldu İstanbul'da. Yeni kuruluşun çeşitli görevleri arasında şunlar vardı: Yerel vergilerin tabanını saptama, pazarlara göz kulak olma, temizlik önlemleri alma, kentin su ve beslenme gereksinmelerini denetleme, yapım işlerini düzenleme. Üç yıl sonra, çok daha anlamlı bir ikinci adım atıldı: Kent, Paris örnek alınıp, birçok yönetim bölgesine *(daire)* ayrıldı; ve içlerinden de, sadece altıncısı, Galata ve Beyoğlu semtlerine bakacak olanı görevine başladı. Gönenç ve idari başarı yönünden, aynı numarayı taşıyan Paris bölgesiyle yarış tutkusu içindeki bu "altıncı bölge", deneme niteliğindedir. Bu bölgenin belediye görevlileri, taş döşeli yolları, yaya kaldırımları, gazla aydınlatma sistemi, su şebekesi, yapıların bir hizada oluşu, vb. ile, bir örnek kent yöresi haline getirmeyi üstlenirler. Öyle inandırıcı olur ki bu deneyim, 1868 yılından başlayarak, belediye yönetimindeki yeni yöntem, İstanbul'un öteki semtlerine ve hatta kimi eyalet yerleşim merkezlerine uygulanmaya başlanacaktır. 1877'de, mantıksal sonucuna varılacaktır sürecin: Parlamentoda oylanan bir kanun, İstanbul belediye rejimini, bütün kentlerine yayar imparatorluğun.

Yeni belediye kuruluşlarının etkinliğe başlamasına koşut olarak, aynı onyıllar içinde, –yine pek ılımlı olmakla beraber– kentlerin yaşamına bir başka müdahale biçiminin ortaya çıktığı görülür: Kent planlamasıdır bu! Osmanlı başkentine Avrupa başkentlerininkine benzer bir çehre kazandırma arzusunda olan Mustafa Reşit Paşa, 1836 yılından başlayarak, kimi genel ilkeleri dile getirir: Yolları genişletmeli, çıkmazları ortadan kaldırmalı, anayolları çizmeli, mahalleleri damalı hale getirmeli, taştan yapılara gidilmelidir. Daha sonra pek büyük bir ün kazanacak olan bir Alman mühendisi, Helmut von Moltke, bu önerilerin üzerine eğilmekte gecikmez ve Tanzimat kentçliğinin temellerini atar böylece. Hayale bol yer veren, ancak çoğu kez fazla gerçekçi olmayan bir kentçiliktir bu. İlk "İmar Nizamnamesi"nin çıkarıldığı tarih olan 1848'den başlayarak, kentin örgüsüne bir düzen getirmek amacıyla, belli aralıklarla, bir dizi önlem alınır. Bunlar, genellikle kent çevresinin yeni mahallelerinde uygulanacaktır ancak.

Başka zamanlarda, her şeyden önce yangınlar imdada yetişir. Eski mahalleleri sık sık yerle bir eden bu felaketler, birer fırsattır planlamacılar için, 1856'da, bir büyük yangın, İstanbul'da Aksaray semtinde 650 evi yok eder; çok geçmeden, baştan aşağıya yeniden yapılan semt, 1848 tarihli Nizamnamenin gerektirdiği gibi, normal genişlikteki damalı yollarıyla dikkati çekecektir. On yıl sonra, kentin, Haliç'le Marmara arasındaki bölgesinin tam ortası yanar. Yetkililer, bundan yararlanıp, anayolları genişletir, çıkmazları ortadan kaldırır, yol boylarına bir düzen getirirler. 1870'te, İstanbul'un "Frenk" mahallelerinden biri olan Beyoğlu'nda aynı olay olur ve 3.000'den fazla yapıyı siler süpürür ateş. Bu düzenleme çabalarından yararlanan başkent değildir sadece. Selanik'te, İzmir'de ve imparatorluğun daha başka birçok kentinde, aynı biçimde olur gelişmeler. Ne zaman ki bir yangın patlak verir, belediye yetkilileri, –her vakit başarılı olmasa da– kentçiliğin yeni kurallarını uygulama yolunda yararlanırlar bundan.

Bununla beraber, durumlara uyup Tanzimat'ın kentine biçim veren ne planlamacılar ne de mimarlar, Batı'yı körü körüne kopya etmekle yetinmezler; Bizans mirası ile imparatorluğun Türk-İslam mirasını göz önünde tutan özgün bir biçem geliştirmeye gayret ederler. Gariptir, bu bireşim isteğinin en etkin öncüleri olarak, uzman sıfatıyla gelmiş Avrupalı mimarları görüyoruz. Onlar için, söz konusu olan, "güzel görünümlü" hale getirmektir kenti çoğu kez. Onlara parayı veren devletin gözünde ise, dört dörtlük bir Osmanlı kimliğinin ortaya konmasıdır gerçek sorun.

İktisadî gelişme

Tanzimat döneminde kentlerin gelişmesini yönlendiren çeşitli etkenler arasında, iktisadî etkinliklerdeki hızlanış, özellikle belirgin bir yer tutuyor. Daha çok miktarda

103

mal getirtebilmek ve dışarıya gönderebilmek içindir ki, limanlar yeniden düzenleniyor, ambarlar ve garlar yapılıyor. Ticari ve mali alışverişi kolaylaştırmak amacıyla da, bankalar kurulmuştur.

Bu genişleme halindeki iktisadî yaşam, Batı'ya doğru dönüktür büyük bölümüyle. 1838'de İngiltere, sonra da Fransa ile bir ticaret antlaşması imzalanır. 1839 ile 1841 yılları arasında, buna benzer antlaşmalar, Sardunya, İsveç, Norveç, İspanya, Hollanda, Prusya, Danimarka, Toskana Büyük Dukalığı ve Belçika ile yapılır. Özellikle, dışarıdan getirtilecek ürünler için gümrük haklarını –hatırı sayılır ölçüde– indirip yerel aracılara tanınmış ayrıcalıkları ortadan kaldırmayı öngören bütün bu antlaşmalar, imparatorluğun ticari ilişkilerinde –hemen hemen mutlak– bir liberalizmin temellerini atar. Buna koşut olarak da, Osmanlı ekonomisini büyük Avrupa devletlerinin nüfuzu altına sokmada alabildiğine katkıda bulunur.

1838-1841 antlaşmalarının ilk vuruşu yaptığı dış ticaretteki gelişme, imparatorluğun Tanzimat döneminde tanıdığı iktisadî gelişmenin en çarpıcı görünümüdür. Kimi rakamlar anlamlıdır: 1840'ta, Osmanlı dışsatımları 4,7 milyon sterlin tutarındadır; Abdülaziz'in saltanatının sonlarına doğru, 20 milyon dolayında olacaktır bunlar; aynı süre içinde, dışalımlar, 5,2 milyondan 24 milyon sterlin dolayına çıkacaktır. Bunun anlamı şu: Bir kırk kadar yıl içinde, imparatorluğun ticari alışverişi beş katına çıkmıştır. Abdülmecit'in saltanatından başlayarak ortaya çıkan hareketlenişin ölçüsünü görmek için, bu ok gibi fırlayan yükselişle, 1780'den 1830'a değin olan bir yarım yüzyıl boyunca görülen % 80 kadarlık gelişmeyi karşılaştırmak yeter.

İlke olarak, tarım ve hayvancılığa dayanan bir hareketleniştir bu. Gerçekten, dokuz nesne –tütün, pamuk, buğday, arpa, kuru üzüm, incir, ipek, haşhaş ve tiftik– 1850 ile 1870 yılları arasında, imparatorluğun satışlarının % 60'ına yakınını oluşturur tek başına. Geri kalanı da, esas olarak tarımsal ürünlerden oluşur yine: Boyacılıkta kullanılan bitkiler, zeytinyağı, yağ çıkarılan bitkiler, deriler, süngerler, vb. Belirtmek gerekir: Uluslararası durumun özelliğinden de yararlanır bu hareketleniş. Avrupa pazarlarının XIX. yüzyılın ortalarına doğru tanık olduğu gelişme, Osmanlı dışsatımlarının yarattığı canlılığa bağlıdır büyük bölümüyle. Buna koşut olarak, 1860 yıllarının başlarında Birleşik Devletler'i sarsıp kıvrandıran ayrılıkçı savaş, bir fırsat oluşturur imparatorluk için; çünkü, –özellikle dokuma kesimindeki– Avrupa dışalımcıları, geleneksel kaynaklarından yoksun kaldıkları için ona çevirirler yüzlerini. Uluslararası durum, Amerikan uyuşmazlığının sona ermesiyle değişir değişmez de, Osmanlı ticareti bunun etkisine uğrayacaktır. 1870 yılları, özellikle pamuk dışsatımında, hatırı sayılır bir yavaşlama dönemi olacaktır imparatorluk için; ve, sadece yeni etkinlik alanlarındaki gelişme karşı çıkabilecektir bu hızdan kesilişe.

Tarımsal ürünler karşılığında, imparatorluk, dostlarından –içlerinde en önemlileri de, İngiltere (70'li yılların sonuna doğru Osmanlı dışalımlarının % 70,45'i oradan gelmektedir), Fransa (aynı dönemde, Osmanlı dışalımlarının % 11,8'ini karşılar) ve Avusturya (% 11,8)'dır –bir dizi mamul madde (dokumalar, giysiler, silahlar, mobilyalar, makineler, saatler, çeşitli aletler, telgraf telleri, ecza maddeleri, vb.) yanında, sömürgelerden gelen ürünler (şeker, baharat) ve, kömür ve çeşitli madenler gibi hammaddeler satın almaktadır. Ticaret dengesinin sürekli Avrupa'dan yana ağır basması, imparatorluk için ciddi bir sorundur ve hiçbir zaman da çözemeyecektir bunu. Ne var ki, daha da kaygılandırıcı olanı, dışarıdan satın alınan bu nesnelerin, yerel zanaat üretimi üzerindeki kötü etkileridir. Ubicini, yüzyılın ortalarından başlayarak, *Türkiye Üstüne Mektuplar*'ında, işaret eder bu tehlikeye. Yıkıntı, özellikle dokuma kesiminde pek büyüktür. Böylece, örneğin 1843'te –pamuklu ve ipekli– bir 20.000 parça kadar dokuma üreten Bursa ili, yirmi yıl sonra 3.000 parça üretebilecektir ancak. Batı'nın sızmasına doğrudan bağlı bütün eyaletlerde, buna benzer düşüşlere işaret eder istatistikler. Sadece büyük ticaret yollarının dışında kalan bölgeler –özellikle Doğu Anadolu'nun durumu böyledir– daha iyi direnirler: Başka yığınla üretim merkezi içinde, Erzincan, Diyarbakır, Harput, Malatya gibi yerlerde, yüzlerce, kimi zaman binden fazla dokuma tezgâhı, Birinci Dünya Savaşı'nın başlarına değin işlemeye devam edeceklerdir.

Avrupa mamullerinin bu akını karşısında, imparatorluk çaresiz kalmaz. Çöküntüye giden mesleklerin yerine, kulağı yeni gereksinmelerde olan "modern" bir zanaatçılığın çarçabuk oluştuğu görülecektir: Sandalyeciler, (İngiltere'den, Fransa'dan ve başka yerlerden gelen mobilyalara öykünen) marangozlar, Avrupa usulünde giysiler diken terziler, çizmeciler, saatçiler, mekanisyenlerdir bunlar. Bunun gibi, kimi "fabrika"ların ortaya çıktığı da görülecektir: Yüzyıl içinde gecikerek gelişmeye başlayacak olan bir sanayi kesiminin ilk çekirdeğidir bunlar. Çoğu hallerde, orduya özgü teçhizat (dokumalar, üniformalar, ayakkabılar, battaniyeler, fesler, silahlar) gibi, Saray'ın ve zengin tabakaların gereksinmelerini karşılayan lüks nesneleri –Hereke'de bir örnek fabrika, halılar, ipekliler, kadife dokumalar üretmektedir– yapanlar, devlet kuruluşlarıdır.

İlk özel girişimler de uç verir şurada burada: Bir Fransız yurttaşın 1850'de, Bursa'da kurduğu ipek mendil imalathanesi; 1862'de İzmir yakınlarında kurulan bir İtalyan kumaş imalathanesi, ya da özellikle, imparatorluğun çeşitli ipekçilik yörelerinde boy veren onlarca küçük ipek iplik imalathaneleri böyledir. Son olarak, bu imalathanelerden çok daha hızlı biçimde, bir başka alan gelişecektir ki, o da maden üretimidir. Kırım Savaşı'nın ertesinde, Osmanlı kömür, bakır, demir ve gümüş, krom, zımpara ya da boraks gibi öteki çeşitli maden yatakları Avrupalı yatırımcıların öylesine hayranlığını toplar ki, Babıâli 1861'de bir kanun çıkarmak zorunda kalacak ve ayrıcalıkların süresini en fazla on yılla saptayıp, ayrıcalık sahiplerini de, kesintisiz kazançlarının dörtte birini devlete vermekle yükümlü kılacaktır.

Kısacası, Osmanlı İmparatorluğu, XIX. yüzyılın şu ortalarında, pek büyük yeterliliklere sahip bir ülkedir. Gelişme halindeki tarımı ve geniş maden kaynaklarıyla, sanayi teçhizatı ve hizmetler konusundaki yığınla gereksinmeleriyle, içinde siyasal rejimin istikrarı da olmak üzere sağlayacağı yararlarla, imparatorluk, girişim ruhuna göz alıcı bir eylem alanı sunmaktadır. Batı'nın işadamları, bunun farkına varmakta gecikmeyeceklerdir açıktır ki. 1850'de, Bursa'da ipek mendil üretimine kendini veren Fransız yurttaşı, aynı dönemde, bu Osmanlı düşler diyarında servet aramaya gelmiş yığınla Avrupalıdan biridir sadece.

Bu özel girişimlerin yanı sıra, para babaları ve büyük banka toplulukları vardır. Bu kuruluşların çoğu, imparatorlukta, özellikle Kırım Savaşı'ndan sonra açılan yeni olanaklara borçludurlar varlıklarını. Yığınla serüvenden sonra 1863'te bir Fransız-İngiliz kuruluşu olarak doğan ve Osmanlı Devleti'nin bankası rolünü oynayan Osmanlı Bankası'nın durumu özellikle böyledir. Anlamlı adlar taşıyan şu birçok girişimin durumu da böyledir: Osmanlı İmparatorluğu Umumî Şirketî (1864), Osmanlı Umumî Kredisi (1869), İstanbul Bankası (1872), Umumî Şirket, Osmanlı Mübadele ve Kıymetler Şirketi Şubesi (1872), Avusturya-Osmanlı Bankası (1871), Avusturya-Türk Bankası (1871). Bunların ve başka yığınla kuruluşun baş görevleri, Osmanlı Devleti'ne gereksindiği parayı sağlamaktır. Ne var ki, hemen hepsi taşımacılık ve belediye kamu hizmetleri kesiminden olan çeşitli kuruluşları akçalamakla ilgilenirler pek erkenden.

En başta geleni, Avrupa kapitalizminin çok büyük umutlar bağladığı, trendir. Bu alanda, başlangıçlar kendi halindedir, ama vaat edicidirler: 1866'da açılan İzmir-Aydın demiryolu (Ottoman Railway from Smyrna to Aidin of his İmperial Majesty the Sultan), İngiliz sermayesiyle yapılmış olup 130 kilometre uzunluktadır ve İzmir artbölgesinde ulaşımı sağlar ve malların dışsatım limanına doğru taşınmasında demiryolunun etkinliğinin kanıtlarını koyar ortaya; aynı yılda hizmete giren, İzmir'i Kasaba'ya bağlayan –toplam 169 kilometre uzunluktaki– demiryolu ile Alaşehir'e kadar olan uzantısı (1872), bunlar da İngiliz sermayesi ile denetlenmektedir ve bir başka Ege artbölgesinde, İzmir-Aydın demiryolununkine benzer bir rol oynarlar; son olarak, Belçikalı, Fransız ve Avusturyalı sermayeleri bir araya getiren bir grup para babasının 1869'da kurduğu Avrupa Türkiye'si Demiryolları Şirketi Hümayunu –ki daha sonra Doğu Demiryollarını İşletme Kumpanyası olacaktır– Abdülaziz'in saltanatının sonlarına doğru, bir bin kilometrelik bir hattı çalıştırır: Türkiye'yi belli başlı Avrupa kentlerine bağlayacak olan bir şebekenin ilk parçasıdır bu!

Ne var ki, büyük para babaları sadece demiryollarıyla ilgilenmez. Tasarılar yapılır durur ve içlerinden kimisi bir sonuca da varır. 1858'de Kont Edmond de Perthuis, Beyrut'la Şam arasında bir düzgün araba yolu yapılması için bir ortaklık kurar; birkaç yıl sonra –1862 yılından başlayarak– bu iki kenti birbirinden ayıran 112 kilometrelik mesafeyi on iki saat gibi rekor sayılabilecek bir zamanda kat edeceklerdir! Aynı döneme doğru, başka girişimler, deniz yolculuğunun gelişmesiyle ortaya çıkan sorunlara eğilmeye başlar. 1867'de kurulan İzmir Rıhtım Şirketi, imparatorluk çapında, XX. yüzyılın başlarına değin sürecek olan bir dizi liman çalışmasına girişmekte ilk atılımı yapar. Merkezi Paris'te olan Collas ve Michel Şirketi de, 1860 yıllarının başlarında, Osmanlı kıyılarında çeşitli noktalarda bir yüz kadar deniz fenerinin yapımını üstlenir.

Kamu hizmetleri arasında en dikkate değer girişim, Osmanlı Bankası'nın girişimidir: Banka 1869'da, İstanbul Tramvay Şirketi'nin akçalanmasına katılır. Çok geçmeden, yine aynı kentte, birçok Fransız bankasının desteklediği bir Sular Kumpanyası'nın kurulduğu görülecektir. Aslında bir başlangıçtır bu! Birkaç onyıl sonra, imparatorluğun büyük yerleşme merkezlerinde, aynı türden yığınla ayrıcalık sayılacaktır.

Bütün bu girişimler için, her şeyden önce söz konusu olan, yatırımlarını kazançlı kılmaktır doğaldır ki. Gün ışığına çıkan tasarılar da, verimli görünenlerdir sadece. Avrupa'nın büyük para babaları, Osmanlı İmparatorluğu'nun çıkarlarını, pek kenarından köşesinden dikkate alırlar. Doğrusunu söylemek gerekirse, imparatorluk, Avrupalı büyük devletlerin aralarında çekiştikleri o dev sömürge pastasının yalnızca bir parçasıdır onların gözünde. Öylesine iri bir parçadır ki bu, hiçbir Avrupa devleti, tek başına yiyip sindirmeyi göze alamaz. Öyle olduğu için de, nüfuz bölgeleri belirmeye başlamıştır daha şimdiden: Irak, Mısır, Arap yarımadası, belki Filistin İngiltere'nindir; Suriye, Anadolu'nun güneydoğusu ve özellikle Tunus, Fransa'ya düşmektedir; Karadeniz çevresi, Doğu Anadolu ve –Avusturya ile paylaşmak üzere de– Balkanlar, Rusya'nın payıdır...

Babıâli, tehlikenin bilincindedir ve düzenli aralarla patlak veren bunalımlar, imparatorluğun içinde bulunduğu durumun güvensizliğini hatırlatıp durdukça, daha da bilincine varmaktadır tehlikenin. Ne var ki, görmezlikten gelmektedir bunu! Nedeni de şudur bu tavrının: İktisadî özgürlüğe dayanan bir gelişme stratejisini kabul eden imparatorluğun, Avrupa'ya gereksinmesi vardır ve sırtını çeviremez ona. Avrupa'nın mallarına, bilgi ve hünerine, sermayesine gereksinmesi vardır; pazarlarına da gereksinmektedir. Avrupa öylesine zorunludur ki kendisi için, onun yardımını, pek pahalıya ödemeye hazırdır gerektiğinde.

Milletlerin yeniden doğuşu

İmparatorluğu kurtarmak: Bunu başarmak için, Babıâli, Batı'ya –iktisadî, siyasal, ideolojik– açılışa bel bağladı. Ne var ki, bir başka önemli kart daha vardır elinde oynayacağı: İmparatorluğun bütün halklarının, sultanının değneği altında kardeşçe birliğidir bu!

Onsuz iç barışın gerçekleşemeyeceği bu birliği sağlamak amacıyla, Tanzimat adamları, azınlıklara bakıp iyi niyet davranışlarını artırdılar. Gülhane Hatt-ı Hümayûnu ile, imparatorluğun bütün uyruklarına, ırk ve dinleri ne olursa olsun, yaşamları, onur ve servetleri bakımından tam bir güvenlik, yasal haklarına saygı ve hakkaniyet ölçüsünde vergi sisteminde bir reform vaat ettiler. Kırım Savaşı'nın ertesinde, imparatorluğun bağlaşığı olan devletlerin baskısıyla ilan edilen 1856 Islahat Fermanı, ödün yolunda daha da ileriye gidecek ve azınlıkların, ayin özgürlüğünü, adalet ve vergi bakımından Müslümanlarla eşit olmalarını, bütün idari mevkilere geçebilmelerini ve özellikle, geleneksel bağışıklıklarından, hele hele cemaatlerin iç örgütlenişi konusundaki bağışıklıktan serbest yararlanmalarını güvenceye bağlar.

Müslüman olmayanlarca büyük bir hoşnutsuzlukla karşılanan bu ödünler, iki yanı da kesin bir kılıç gibidir yine de. Kuşkusuz, ilke olarak toplayıcı bir niteliğe sahiptirler ve bu yönüyle, tabi halkların kardeşliğine katkıda bulunabilirler; ne var ki, öte yandan, içişlerini serbestçe düzenleme hakkını cemaatlere tanımakla, Osmanlı yönetimi, onların kendi özgüllükleri içine hapsolmalarına da, izin vermiş olmaktadır aynı zamanda. Tanzimat'ın en belirgin paradokslarından

dan biridir bu! Reformcuların alabildiğine savundukları birlik ve kardeşlik ülküsü herkesçe alkışlanmıştır, ne var ki saptırıcı bir etkiyle de kol koladır söz konusu ülkü: İmparatorluğun çeşitli "millet"lerinin (bu Osmanlıca *millet* terimi, dinsel cemaat anlamındadır), Avrupa milliyetçiliklerinden alınma öğretilerle, Osmanlı'nın cemaat yönetimi alanındaki "bırakınız yapsınlar" görüşünün, bu iki itişin çifte baskısı altında uyanışıdır bahis konusu saptırıcı etki!

XIX. yüzyılın başlarından beri, bir güçlü iktisadî ve kültürel yenileniş süreci içine gelip girmiş olan Ermeniler, Osmanlı yönetimini kendi çıkarlarına kararlara götürebilecek olan bu olanağın bilincine ilk varanlardır. İşte hatırda kalan bir işareti bunun: 1850'de, İngiliz ve Amerikan misyonerlerinin Protestanlığa döndürdükleri bir bölüm Ermeni –imparatorlukta 15.000 kadardılar– Babıâli'den, bağımsız bir cemaat, bir "Protestan milleti" oluşturma hakkını elde ettiler: Başında bir piskopos, ona yardımcı da bir din kurulu ile, yeni *millet*'in dünyasal işlerini yönetmekle görevli bir laik komite bulunacaktı cemaatte. İmparatorlukta en fazla durumdaki Gregoryen Ermeniler, kendi cemaatlerine bir canlılık getirmek üzere, işte bu örnekten esinleneceklerdir. Bu anlamda ilk girişimler, olduğu gibi ruhbanın denetimindeki cemaatin idaresini dünyasallaştırma kaygısındaki birkaç aydın ileri gelenin etkisi altında, Tanzimat'ın ilanından önce yapılmıştı. Bu çabaların bir sonuca varması, Ermeni tarihinin bir başka dikkat çekici anını oluşturur: Cemaatin, Tanzimat ruhuna uygun bir tüzüğünü, 1863'te Osmanlı hükümeti onaylar!

Bu "Ermeni milleti tüzüğü", imparatorluğun bağrında cemaatin çevresini pek değiştirmiyor. Esas olarak, özellikle iç yönetim bakımından kazanılmış olanakları belirtmekten başka bir şey yapmıyor. Bununla beraber, Protestan milletin tüzüğünü örnek alarak, çoğunluğu laiklerden oluşan yüz kırk üyeli bir meclisle, bu meclisçe iki kurulun seçilmesini öngörüyor; söz konusu iki kuruldan biri dinseldir ve manevi işlerle uğraşacaktır, öteki sivildir, iktisadî ve eğitimsel konulara el atacaktır. Sonuçları ağır olabilecek bir yenilik bahis konusudur bununla! Gerçekten, en köktenci öğelerin itişiyle, Meclis, cemaatin gerçek parlamentosuna dönüşmekte ve gitgide yıkıcı tutumlar takınmakta gecikmeyecektir; o kadar ki, kem küm etmeden, Ermenilerin oturduğu eyaletlerin özerkliğini istemeye değin gidecektir. Patrik, özellikle 1869'da seçilen Mıgırdıç Kırımyan ve halefi Nerses Varjabedyan, bu hareketli temelin itişiyle, dinsel rolünden çıkmakta duraksamayıp Meclis'in ileri sürdüğü ulusal istemlerin savunuculuğunu yapacaktır.

Kurumsal planda, Yahudi *milleti*, azıcık bir gecikmeyle, Ermeni cemaatinin geçirdiği aynı gelişmeye tanık oldu. Burada da, yoklayışlarla başlandı işe ve yerleşik düzende hiçbir şeyi değiştirmemeye kararlı tutucu öğelere karşı liberal seçkinlerin yürüttüğü bir başkaldırı oldu. Yine burada da, sonunda bir tüzük hazırlanıp hükümetin onamasına sunuldu. 1865'te yayımlanan bu tüzük, Gregoryen Ermenilerinkine çok benziyor. Bununla beraber, aynı siyasal sonuçları olmayacaktır onun. İmparatorlukta küçük adacıklar halinde dağılmış bulunan Yahudiler. o an için bir ulusal *home* ileri süremez durumdadırlar. Maddi ve kültürel durumlarında bir düzelmedir umabilecekleri tek şey. Yeni tüzük, bir katkıda bulunur buna: Yeni düşüncelere karşı çoğu kez oldukça soğuk davranan hahamların rolünü sınırlar; ve, cemaatin yalnız mali yönetimi üzerinde değil, cemaatin denetlediği bütün kurumlar, okullar, hastaneler, hayırsever dernekler, vb. üzerinde de bir denetleme hakkı verir laik ileri gelenlere.

Rumlar arasında daha da başka bir görünüm vardır. Ortodoks milletin içinde, Yahudiler ve Ermenilerde olduğu gibi, cemaat makamlarında belli bir laikleşme yararına mücadele eden yenilikçiler vardır kuşkusuz; aralarında, Ermeni cemaatini coşku içine sokan harekete benzer bir hareket yaratmaya hazır Hellenizm hayranları da bulunmaktadır. Bununla beraber, Patriklik, içine oldukça az nüfuz edilebilir bir görünüş içindedir; hatta, bu türden bir hareketlenişe hasımdır bile, tehlikeye girecek çok büyük çıkarları vardır kuşkusuz. Özellikle de mali çıkarlar söz konusudur: Ortodoks ruhban, kilise vergileri ve sahip olduğu yığınla mülk sayesinde, dev kaynakları tutmaktadır eli altında ve laiklerin kendi işlerine burunlarını sokmalarına da kötü bir gözle bakabilirdi olsa olsa.

Her şeye karşın, cemaat makamlarının bir yeniden dökümü gerçekleşecektir, ancak sınırlı olacaktır bu. 1860 ile 1862 arasında hazırlanan bir dizi tüzük, yeni çarklar kuracaktır; içlerinde laikler yok değilse de, büyük bir iktidara sahip bulunmamaktadırlar: Bir meclis, sadece Patrik seçimi vesilesiyle toplanmaktadır; bir piskoposlar kurulu, dogma ve kilise disiplinine ilişkin sorunlarla görevlidir; bir karma kurul da, maliyeye, eğitime, hayır işlerine ve adli konulara bakmaktadır. Bu sonuncu kurulda, laikler çoğunluktadır. Öyle de olsa, önemli kararlar, piskoposlar kurulunun uygun görmesiyle alınabilmektedir ancak.

Sonuç olarak, Patrikliğin ayrıcalıklarına hemen hemen dokunmadığı için, hiçbir şey getirmeyen bir reformdur bu! Ne var ki, yine de kaygılar yaratır. Gerçekten, birçok onyıldan beri, Ortodoks Kilise, alabildiğine ciddi bir bunalımla yüz yüze bulunmaktadır: Bulgar ve Rumen ruhban arasında ayrılıkçı özlemler yükselmiştir; her iki ruhban da, Yunan boyunduruğundan —kültür, dil bağımlılığı ve aynı zamanda iktisadî bir baskı yaratmaktadır bu!— kurtulmayı ve kendi başlarına buyruk kiliseler kurmayı ve, gerektiğinde, imparatorluğun Balkan topraklarında beliren ulusal bağımsızlık adına hareketlere katkılarda bulunma isteği içindedirler.

Romanya'da, yüzyılın ortalarına doğru, Kilisenin Rumenleşmesi, hayli ileri bir aşamadadır daha şimdiden ve Patriklik durumu desteklemekten başka bir şey yapmayacaktır çok geçmeden (bununla beraber, bağımsız bir Rumen Kilisesinin biçimsel olarak tanınması ancak 1885'te gerçekleşecektir. Buna karşılık, Bulgar halkın oturduğu eyaletlerde, daha karışıktır durum: Statükoyu savunanlarla, tek başlı bir Kilise kurulmasını isteyenler, durumlarını güçlendirmek için, kıyasıya bir savaş vermektedirler aralarında; her kilise, her okul hırsla çekişilir. Bununla beraber, bir ulusal Bulgar Kilisesinin kurulmasından yana olanlar, davalarını kazanacaklardır sonunda. 1860'ta, İstanbul Bulgar Kilisesi ile Patriklik arasındaki kopuş, bölünüşü kamçılar. Emrivakinin tanınması birkaç yıl sonra gerçekleşecektir: 1870'te, Patriklikten gelen aforozlara karşın, Osmanlı yönetimi bağımsız bir Bulgar Kilisesinin kurulmasını onaylayacaktır.

Bu bağımsız kilisenin kuruluşu, bir yirmi kadar yıl önce Protestan milletin ortaya çıkışı gibi, Tanzimat'ın ilanının ertesinde *millet*lerce açığa vurulan ufalanma eğilimine adamakıllı tanıklık etmekte. Süryaniler ve Keldanîler gibi küçük cemaatlerin, aynı döneme doğru, "millet" mertebesine yükselmeleri de, aynı olayı dile getirmektedir.

Bu özerk din gruplarının ortaya çıkışıyla aynı anda olarak milliyetçiliklerin yükselişi, halkların ve dinlerin barış içinde bir arada yaşamalarını sağlama yolunda Babıâli'nin harcadığı çabalarla alabildiğine uyuşmaz durumdadır açıktır ki. Öyle de olsa, sonuç olarak şunu da söylemek yerinde olur: Osmanlı reformcuları, ektiklerini biçmekten başka bir şey elde etmediler. Belli bir ölçüde özgürlük ve ileri düşüncelere açık oluşun, yerleşik düzene karşı birbiri arkasından saldırılara yol açmasında şaşılacak hiçbir şey yoktur.

HASTA ADAM

Bir kısırdöngü: Reformlar, istemlerin ortaya çıkmasına uygun bir zemin yaratıyor; ancak, her yandan tehdit eden tehlikelerin önünü alabilmek için de, reformlara girişmek zorunlu. Hiç kuşku yok, böylesi bir sarmalın içine gelip girebilmek için, imparatorluk iyiden iyiye hasta olmuş olmalı! Durum, bir başka yönden daha da kaygılandırıcı: Bu hastayı sağlığa kavuşturacaklarını ileri sürenler, Avrupa birliğinin büyük devletleri, işin içinden nasıl sıyrılacakları konusunda pek kararlı görünmüyorlar. 1853'te, grand düşes Hélène'in evindeki bir şenlik sırasında, Çar I. Nikola'nın, İngiliz Elçisi Sir Hamilton Seymour'a söylediği tarihsel cümle, bu bakımdan alabildiğine aydınlatıcı bir kapalılık taşıyor: "Kollarımızda pek hasta bir adam var; içtenlikle söylüyorum size, bu günlerden birinde, hele bütün zorunlu önlemler alınmadan önce bizi terk ederse hastamız, büyük felaket olur!"

Tehlikeler, Abdülmecit'in saltanatının ilk yıllarından başlayarak, yığınladır: Mısır'la sürüp giden bir uyuşmazlık,

Lübnan'da tutuşmaya hazır bir ateş, Girit'te güçlükler, Balkanlar'da karışık bir durum. Avrupa basınının elinde uygun bir etiket vardır ve düzenli aralarla yapıştırır durur onu: Doğu bunalımı! Ne var ki, "bunalım" kelimesi, gerçekte çoğul olarak anlaşılmalı; çünkü, Osmanlı İmparatorluğu, her yanından su alan bir gemi durumundadır bütün açıklığıyla!

Bunalım içindeki Doğu

Yeni sultan için, bir felaketle başlar gelişmeler: 1839 Temmuz'unun ortalarına doğru, Mısırlıların II. Mahmut'un güçlerine karşı Nizip'te kazandığı ezici zaferden birkaç hafta sonra, Osmanlı donanmasının kaptanıderyası Ahmet Fevzi Paşa, Babıâli'nin fazla güvenilir bir bağlaşığı olmayan Rusların eline düşmemesi için, götürüp Muhammed Ali'ye teslim eder bütün gemilerini. Bir paniktir başlar İstanbul'da! Donanma olmayınca, nasıl durduracaktır Mısır? Ve nereye kadar yürüyecektir o? 1833'te, İbrahim Paşa'nın ordularının, Osmanlı başkentinden sadece birkaç yüz kilometre uzaklıktaki Kütahya'ya değin geldiklerini unutmamıştır kimse. Şaşkın haldeki hükümet, tutar babadan oğula Muhammed Ali'ye önerir Mısır'ı hemen. Ne var ki Kahire, kulak arkasına atar bunu: Suriye ve Kilikya'nın yanı sıra, Sadrazam Hüsrev Paşa'nın da görevini bırakması istenir. Gerilim artar ve yeni bir savaşın tehdidi ufukta belirir daha şimdiden.

Bununla beraber, Osmanlı İmparatorluğu ile Mısır'ı, uyuşmazlıklarını kendi kendilerine çözmeye bırakmayacak denli ciddidir olay. Akdeniz'deki bütün bir güçler dengesi, bunalımın çözümüne bağlıdır. O sıralarda Babıâli'nin Londra'daki elçisi Mustafa Reşit'in müdahale etmesi için sıkıştırdığı Avrupa diplomasisi, pek çabuk şu kanıya varır: Büyük devletlerin hem birbirine yakın hem de birbirinden farklı çıkarlarına uygun bir uzlaşmayı gerçekleştirmek için, işe el koyması gerekmektedir.

Özellikle Fransa ile İngiltere arasındaki rekabetin damgasını vurduğu görüşmeler iki yıldan fazla sürecektir. Fransa, Suriye'ye el koymuş bir Mısır'ın Ortadoğu'da kendi nüfuzunu artırma olanağı sağlayabileceği düşüncesiyle, Muhammed Ali'yi destekler. Babıâli ile kısa bir süre önce pek elverişli bir ticaret anlaşması imzalamış bulunan İngiltere ise, tersine, Osmanlı tezlerine destek verir; çünkü, Fransızların dolaplarını açığa çıkarmada İstanbul hükümetine bel bağlamıştır. Bir başka devlet de, bunalımla doğrudan doğruya ilgili hisseder kendisini: Rusya'dır bu! Ne var ki Rusya, özellikle Boğazların statüsüyle ilgilenir. Güneydeki topraklarını erişilmez kılmak için, Çanakkale ile İstanbul boğazlarının, 1833'te Hünkâr İskelesi antlaşmasının öngördüğü biçimiyle, gelecekte savaş gemilerine sürekli kapalı tutulmasını dilemektedir.

O an için Rusya'nın, Avusturya'nın ve Prusya'nın bağlaşığı olan İngiltere kazanacaktır davayı sonunda. 13 Temmuz 1841'de Londra'da imzalanan antlaşma, Suriye'yi sultana geri verir ve Mısır'ı da, babadan oğula olmak üzere Muhammed Ali'ye verir; karşılığında Mısır, yıllık kırk milyon kuruşluk bir vergi ödeyecek ve, bütünüyle biçimsel de kalsa, Osmanlı metbuluğunu tanıyacaktır. Aynı gün, Boğazlar Sözleşmesi adı verilen bir başka metin, Rusya'nın isteğini olumlu yanıtlar ve, buna koşut olarak, alabildiğine de bulanık biçimde, Osmanlı İmparatorluğu'nun bütünlüğünü güvence altına alır: Devletler, diye yazar orada, sultana, "kendi hükümran haklarının dokunulmazlığına ilişkin açık bir saygının kanıtını" vermek isterler ve "imparatorluğunda huzurun yerleştiğini görme yolunda içten arzularını" dile getirirler. Sultanın yerinde davranışlarını, özellikle de Gülhane Hatt-ı Hümayûnu'nun ilanını ödüllendirmek için söylenmiş güzel sözlerdir bunlar. Bu noktaya varabilmek için, yığınla konferans toplamak ve hayli protokol imzalamak gerekti. Özellikle de, imparatorluğun bağlaşıkları, Beyrut'u bombalayarak (Eylül 1840), Lübnan'a küçük bir ordu çıkararak (Ekim), kıyıdaki başlıca kentleri gitgide işgal ederek, İskenderiye'nin ablukasını başlatarak (Kasım), Muhammed Ali'yi, arka arkaya bir vaat bir tehdit deyip gerçek bir İskoçya duşunun altına soktular.

Londra'da yapılan iki antlaşma, Mısır sorununu ve, geçici olarak da Boğazlar sorununu çözer; ne var ki, Doğu bu-

115

nalımına asla son vermiş olmaz. Bu sorun, söylencedeki o yedi başlı ejderha gibi, başı koparıldıkça bir yenisi doğar yerinde. Canavarın başlarının şimdiki adları şunlardır: Girit, Lübnan, Romanya! Girit'te, kanayan bir yara halindedir anarşi. 1821'den beri, karışıklıklar durmaksızın izler birbirini. Üzerinde Yunan propagandasının işlediği ve hareketlenişine kıtadan gelen silahlı sızmaların destek olduğu adanın Hıristiyan halkı için söz konusu olan, Yunanistan'daki yeni krallığa bağlanmaktır. Kuşkusuz, Osmanlıların kabul edemeyecekleri bir programdır bu ve, olaylar gerektiğinde, bastırma ve cezalandırma ile yanıt verirler ona. 1830'dan 1840'a değin, on yıl boyunca, Muhammed Ali'nin gözetimine bırakılmış olan ada, belli bir sessizlik içinde yaşadı. Ancak, Mısırlıların gidişinin arkasından, kıyımların ve cezalandırıcı seferlerin cehennemi başladı yeniden. Babıâli, Hıristiyanlar yararına kimi reformlar getirmeyi denemekle beraber, sertliğini sürdürmeyi ister. Gittikçe artacaktır karışıklıklar ve 1866'daki büyük ayaklanışa gelip varacaktır.

Lübnan bunalımı, Osmanlı İmparatorluğu ile Mısır arasındaki uyuşmazlığın zararlı sonuçlarından biridir. Lübnan, Muhammed Ali'nin oğlu İbrahim Paşa'nın ordularınca işgal edildiği sırada, yöre, bir süreden beri, halkın çeşitli öğeleri, özellikle Marunilerle Dürziler arasında ortaya çıkmış bir gerilimi yaşıyordu. Mısırlılar, iktidarlarını daha iyi yerine oturtmak için, bu zıtlaşmalardan yararlanmakta duraksamadılar. Çok geçmedi, ilke olarak Marunilerin oluşturduğu bir partileri oldu onların da. Dürziler de, sultandan yana olanların safında kitle halinde yerlerini aldılar. Dünyanın bu köşesinde olan biten her şeyi yakından izleyen İngilizlerle Fransızlar da, işe karıştılar: İngilizler Dürzilerle cilveleşiyor, Fransızlar ise Marunilerin kartını oynuyorlardı. Bir barutluktu ki bu, ufacık bir kıvılcım havaya uçurabilirdi. Fazla bir zaman beklemek de gerekmedi. 1840 yılı, İngiliz-Osmanlı birliklerinin –beraberlerinde bir entrikacı takımıyla– karaya çıktığı ve Mısır güçlerinin çekildiği çetin bir yıldır. Bir fırtınanın kopacağı havadan sezilmektedir. Yeni Lübnan emiri III. Beşir'in Hıristiyanlığa dönmesiyle, bu fırtına patlar 1841'de. Hıristiyanların iktidarın bütün çarklarına el koyacakları konusunda Dürzileri korkutan bu din değiştirme, kanlı çatışmalara yol açar: Yalnız birbirine hasım iki cephe değil, Ortodokslarla Sünnî Müslümanlar da katılır olaylara. Cemaatler arası şiddetin korkunç mekanizması işlemeye başlamıştır artık.

Asayişi sağlamak için beş yıla yakın uğraşacaktır Osmanlı yönetimi. Yığınla yoklayıştan sonra, 1846'da bir uzlaşmaya varılır sonunda. Mustafa Reşit Paşa'nın, Avrupalı devletlerle beraberlik içinde hazırladığı bu uzlaşma, Osmanlı hükümetinin otoritesi altında, biri Dürzi öteki Maruni olmak üzere, iki sancak öngörür; ve, bununla uygunluk içinde, çeşitli görevleri üstlenmiş bir dizi karma makamlar kurulur ve vergilerin toplanması ile adaletin sağlanması da, bu görevler arasındadır.

Bununla beraber, sağlam bir barış değildir kurulan barış. 1860'ta, Fransa ile İngiltere'nin de dürtüklemesiyle, aralarında çekişip duran cemaatlerce yeniden ateşe ve kana batacaktır Lübnan. 1841'deki olaylar, bir tür genel prova idi olsa olsa. Bu kez, Marunîlerin toprak reformu istedikleri ülkenin kuzeyinde ortaya çıkan karışıklıkların sonunda, kitlesel kıyımlar görülecektir: 6 bin ile 10 bin arasında ölü, yakıp yıkılan yüzlerce köy, hasara uğratılan 500 kilise, 30 okul, 40 manastır. Beyrut da pek uzağında kalmaz fırtınanın. Müslümanların uğradıkları acıların öcünü almak için, ateş Şam'ı saracaktır çok geçmeden: Özellikle Hıristiyanlardan olmak üzere, bir 20 bin kadar insan ölecektir bu kentte.

Gelişmeleri yakından izleyen büyük devletler sonunda müdahale ederler. Senaryo, Mısır'la uyuşmazlığı çözmek için sahneye konmuş olanın aynısıdır aşağı yukarı: Önce, Beyrut limanına bir topçeker gemi birliği yollanır; arkasından, karaya asker çıkarılır ve bu kez Fransız birlikleridir söz konusu olan; son olarak da, İngiltere, Fransa, Prusya, Avusturya, İtalya ve Rusya'nın temsilcilerini bir araya getiren bir uluslararası konferans toplanır İstanbul'da. Fransa için, Ortadoğu'daki yayılış siyasetinin başarılı bir öyküsüdür olan biten. Gerçekten, konferans, –kuşkusuz dağlık bölgelerine indirgenmiş– Lübnan'a, idari, adli ve mali tam bir özerklik bahşedecektir; ve, bölgenin yönetimini de, büyük devletlerin denetimi altında olmak üzere, Babıâli'nin atayacağı bir Katolik görevliye emanet edecektir. 9 Haziran 1861'de imzalanan bu antlaşma ile, Osmanlı İmparatorluğu bir eyalet kaybeder, Fransa da bir müşteri kazanır.

Lübnan bunalımı, yatışıp yumuşama dönemleriyle beraber, yirmi yıl sürdü aşağı yukarı. Ne var ki, imparatorluğun doğudaki ufukları karardıkça, sultan da Avrupa'daki topraklarında yığınla güçlükle karşı karşıya geliyordu. Burada, 1840 yıllarında, en çok kaygılandıranı Romanya'nın durumudur. 1829'dan 1834'e değin, Rus işgalini tanımış olan bir Romanya'dır bu; ve şimdi de, Rusya ile Osmanlı İmparatorluğu'nun çifte vesayetine karşın, ulusal uyanış yoluna gelip girmiş bulunmaktadır.

Gelişmeler, bir kültürel hareketlenişle başladı: Okullar yapıldı, gazeteler çıktı, bir ulusal tarih yazarlığının temelleri atıldı. Arkasından, Eflak'ın ve Boğdan'ın başına geçmiş bulunan prensler, Rumen eyaletlerinin bir gelecek birliği yolunda ılımlı kimi adımlar attılar. Son atılım, 1848'de, Avrupa üzerinde esen başkaldırı rüzgârından gelecektir. Paris'te devrim olur; Berlin'de, Roma'da, Viyana'da, Prag'da, Budapeşte'de de olur bu. Blaj'da, Islaz'da ve Bükreş'te de devrim olacaktır: 21 Haziran'da, halkın bütün tabakalarının temsil edildiği bir meclis, feodal ayrıcalıklara son verir, yeni bir Anayasa vaat eder ve Romanya'nın birliği ile bağımsızlığını ilan eder.

İki koruyucu güç, sultanla çar, sert bir tepkide bulunacaklardır olan bitene. 1848 yazının ortalarından başlayarak, bir Osmanlı ordusuyla bir Rus ordusu, Rumen eyaletleri arar tarar ve bütün direniş ocaklarını birbiri arkasından ezer. Rusların işgal ettiği Eflak özellikle, az görülür bir sertlikle bastırılır. Erdel'de, Macar ordusunun da katıldığı bir büyük temizlemeye gidilir. Birkaç ay sonra, Rumen sorunu geçici olarak çözülmüştür: 1849 Mayıs'ında yapılan Balta Limanı antlaşması, devrimin başarısızlığını hükme bağlar ve artık yığınla ayrıcalığından yoksun bir Romanya üzerinde Rus-Osmanlı vesayetini onaylar.

Ancak, barış yolundaki eyaletlerde asayişi sağlamak amacıyla anlaşma söz konusu olsa da, Osmanlı İmparator-

luğu ile Rusya arasında sürekli bir uzlaşma nasıl düşünüle-
bilir? Nitekim, iki devlet, birbirlerine sırt dönüp bir kopu-
şun eşiğine değin gitmekte gecikmeyeceklerdir. Gerekçesi
mi? Babıâli, Osmanlı İmparatorluğu'na sığınmış bulunan
Macar, Eflak ve Polonyalı devrimcileri Rusya'ya teslim et-
meyi reddeder. Olay, öylesine vahim görünür ki, Fransa ile
İngiltere, bir Rus saldırısı halinde sultanın yardımına koş-
mak üzere, donanmalarını seferber ederler hemen. Kırım
Savaşı'ndan dört yıl önce, büyük bir çatışmanın entrikası
sahnelenmiştir şimdiden.

Kırım Savaşı

1849'da, savaşa ramak kalmıştı, çünkü çarın tehlikeli
diye gördüğü insanlar Türkiye'ye sığınmışlardı. 1853'te sa-
vaşılacaktır: Çünkü, Kutsal Topraklarda yerleşmiş Katolik
rahipler, kimi kutsal yerlerin, özellikle Beytüllahm'da Do-
ğum Günü Kilisesi'nin sahipliği konusunda Ortodoks ruh-
banla uyuşamamışlardı.

Başlarda, sıradan bir anahtar öyküsü işin içine girer.
Latinler, "tarihsel haklar"ından birinin yerine getirilme-
sini isterler: Beytüllahm Kilisesi'ne serbestçe giriş ve ta-
pınağın büyük kapısını açan anahtarlardan birinin kendi-
lerine verilmesidir bu. Ortodoks Patriklik ise, yapının
bekçiliğini Rum Kilisesine tanıyan XVIII. yüzyılın orta-
larında verilmiş bir fermanı değerlendirmekte hiçbir
güçlük çekmez. Önemsizin önemsizi bir uyuşmazlıktır
söz konusu olan: Kutsal Topraklarda yaşayan çeşitli Hı-
ristiyan ruhban, İsa'nın anısının damgasını vurduğu tapı-
nakların denetimini tartışır dururlar yüzyıllardır; yine
yüzyıllardır, Osmanlı yetkilileri, –gerçekten çoğu kez ye-
tersiz de olsa– herkesi doyurabilecek çözümler bulmaya
çabalarlar.

Öyle de olsa, Avrupa diplomasisi işe el atacaktır bu
kez; çünkü, iki büyük devlet, Fransa ile Rusya için iyi bir fır-
sat doğmuştur. Fransa'da, prens-başkan Louis-Napoléon
Bonaparte'ın hükümeti soruna ilgi duyar, çünkü iç politika-
sında, Katoliklerin desteğine gereksinmesi vardır; Doğu
Latinlerinin savunucusu olarak ortaya çıktığında, ruhban

takımının olsa olsa sempatisini çekeceğini bilir. I. Nikola'nın Rusya'sı için, tersine, Ortodoks Kilisenin koruyucusu imgesini güçlendirmektir söz konusu olan; imparatorluğun içişlerine birçok kez karışma olanağını kendisine vermiş olduğu için tutkundur bu imgeye.

Konu naziktir ve öylesine tehlikeleri de içermektedir ki, Fransa, Kilisenin yeniden büyük çocuğu olmasını istemiş de olsa, müdahale etmekte duraksar önce. Bununla beraber, 1850 yılının sonlarında, Cumhuriyetin İstanbul'daki elçisi olan General Aupick, Babıâli nezdinde bir girişimde bulunmaya karar verecek ve Kapitülasyonlarla çeşitli fermanların tanıdığı hakların Latinlere verilmesini isteyecektir. Fransa'nın hoşuna gitmeyi istese bile Rusya'yı da rahatsız etmekten kaçınan Osmanlı yönetimi için, hayli can sıkıcı bir istektir bu; öyle olduğu için de, bu tür olaylarda bütün hükümetlerin yaptığı gibi tepkide bulunacak ve dosyayı, özel bir komisyona havale ederek sürüncemede bırakacaktır.

Ne var ki, Fransa'yla Rusya, öylesine yakından izlerler ki sorunu, sonunda bir karara varmak gerekir. Söz konusu karar, bu tür uyuşmazlıklar karşısında Osmanlı'nın hünerini gösteren tipik bir örnektir: 21 Mart 1852 tarihli bir ferman, özetle, Beytüllahm Kilisesi'nin üç anahtarının Latinlere verilmesini kararlaştırır, ne var ki Latinler, kilisede bir ayin yapamayıp sadece içinden geçip gitme hakkına sahip bulunacaklardır; öte yandan, çeşitli Hıristiyan cemaatler, Kutsal Bakire'nin mezarını serbestçe ziyaret edebilecek, ancak sırayla ve daha önceden saptanmış bir saate göre yapabileceklerdir bunu; son olarak, Kutsal Topraklardaki öteki tapınaklar konusunda, statüko kesintisiz sürecektir.

Rusya açısından, büyük bir üzüntüye yol açar bu. Maskaraya çevrilmiştir Ortodoks Kilisenin hakları! Birkaç ay sonradır ki, I. Nikola, Saint Petersburg'daki İngiliz elçisiyle "hasta adam" üstüne ünlü konuşmasını yapacaktır. "Şark Meselesi"ne kalıcı biçimini verecek anın gelip çattığının hesabı içindedir. Osmanlı İmparatorluğu, içindeki güçlüklerle çırpınmaktadır uzun zamandan beri. Fransa'da, III. Napoléon, kısa bir süre önce ilan edilmiş bulunan imparatorluğu sağlamlaştırmanın uğraşı içinde görünmektedir daha çok. 1848 yılının devrimci hareketleriyle alabildiğine sallanıp sarsılmış bulunan Avusturya, yansız kalmayı ister görünüştedir. İkili bir paylaşmayı örgütlemek amacıyla niçin yararlanmamalı durumdan? İngiltere, Mısır'la Girit'e el koyarken, Rusya da Boğdan, Eflak, Sırbistan ve Bulgaristan'ı koruması altına alacaktır ve İstanbul da serbest bir liman olacaktır.

Londra'da hiçbir yankı uyandırmaz bu öneriler. Çar, üstü örtülü bir anlaşma diye yorumlar bu sessizliği. Öne düşebilir artık!

1853 Mart'ında, başyaver Prens Menşikof, afralı tafralı Osmanlı başkentinde karaya çıkar, aşırı istemler vardır beraberinde de: Kutsal Yerler işinin Rusya'ya elverişli bir biçimde çözüme bağlanmasını istemekle kalmaz yalnız, Ortodoks Kilisenin Rus İmparatorluğu'nun –biçimsel olarak– koruması altına koyan bir antlaşmanın da imzalanmasını ister; bu ödünlerin karşılığında, sultan, çarın bağlaşıklığından yararlanacaktır.

Artık, bunalımın hızı artar. 4 Mayıs'ta, Babıâli'nin bir fermanı, Kutsal Yerler konusunda, geçen yıl verilmiş olan kararı onaylar. 5 Mayıs'ta, Menşikof, Osmanlı hükümetine bir ültimatomda bulunarak, beş gün içinde Rus istemlerine uyulmasını ister. 9 Mayıs'ta, İstanbul'daki İngiliz elçisi, "Şark Meselesi"ni en iyi bilenlerden biri olan Sir Stratford of Redcliffe, sultanı ziyaretle, Britanya donanmasının olası bir katılımını vaat eder ona. I. Nikola'nın birkaç ay önce kendisine yapmış olduğu iştah kabartıcı önerilere, Londra'nın bir yanıtıdır bu. Doğu'daki ticari ve siyasal çıkarlarını ağır biçimde bozma tehlikesini taşıyan Rus hareketlenişinden kaygılı durumdaki İngiltere, Fransa'yı desteklemeye ve özellikle çara yolu kapamaya karar vermiştir bu kez. 10 Mayıs'ta, sultan, Ortodoks dinini korumayı ve dokunulmazlıklarına saygı göstermeyi üstlenir, ancak Rusya'yla bir antlaşmayla bağlanmayı reddeder. Daha sonraki günler, gerginliğin perdesini artırmaktan başka bir şey yapmaz. Ayın sonunda, Menşikof, çarın yeni bir ültimatomunun arkasından, İstanbul'u terk etmeye karar verir sonunda.

Gelişmeler, bu noktada kalabilirdi. Ne var ki, "sultanın beş parmağını yanağında hisseden" I. Nikola, başka türlü karar verir. 26 Haziran 1853'te, Ortodoksluğun savunmasını etkili biçimde yapabilmek amacıyla, güvence olarak Rumen prensliklerini işgal etme niyetini ilan eder.

Savaşın yolu açılmıştır şimdi!

İlk askerî harekâtın ortalarında, daha da arabuluculuk girişimleri olacaktır. Ne var ki, boşunadır hepsi. Çar, büyük tutkular içindedir ve onları gerçekleştirmek için durumdan yararlanmayı ister. Şunu anlamak istemez: Osmanlı İmparatorluğu, Fransa ile İngiltere'nin desteğine bel bağlayabilir ve bu devletler, Rusya'nın Doğu'ya yayılışını önlemek için, her şeyi yapmaya kararlıdırlar.

Fransız-İngiliz yardımı da bedava değildir açıktır ki. Bağlaşık devletler, Osmanlı İmparatorluğu'nun bütünlüğünü ve sultanın bağımsızlığını güvence altına almaya hazırdırlar; ne var ki, bunun karşılığında, eşitçi reformlarda bulunmayı üstlenmesini isterler İstanbul hükümetinden. 12 Mart 1854'te İstanbul antlaşmasının imzalanmasıyla, bu yapılmış olacaktır. Birkaç gün sonra da, Fransa ve İngiltere, ordusu Tuna'yı aşmış bulunan çara savaş ilan edeceklerdir.

Balkanlar'da, çatışmaların ağırlığını, esas olarak Osmanlı güçleri sırtlanacaktır. Bağlaşıkların birlikleri sayesinde, başarılarında fazla güçlük de çekmeyeceklerdir. Yazın sonlarına doğru, Rus cephesinde çözülme başlamıştır daha şimdiden. Ne var ki, İngilizler, karadaki bu zaferle yetinmek niyetinde değillerdir pek; istedikleri, Rus deniz gücünü yok etmektir ve, bu hedefe varmak için de, özellikle büyük Sivastopol tersanesinin bulunduğu Kırım'a savaşı taşımaya karar vermişlerdir.

1854 Eylül'ü-1855 Eylül'ü: Rusların inatçı direnişini kırıp ezmek için, hemen hemen bir yıl çetin bir savaş sürdürmek gerekecektir. Başlarda, aşağı yukarı 60.000 kişi –30.000 Fransız, 21.000 İngiliz, 6.000 Osmanlı– çarpışır Sivastopol önlerinde. 1855 ilkbaharında, 140.000 kişi olacaklardır. Savaş muhabirleri ve –basında kendini göstermeye başlayan– fotoğraf sayesinde, Avrupa kamuoyu, harekâtın gelişmesini, gitgide artan bir dehşetle, adım adım izleme fırsatını bulur. Alma yarında, Balaklava, İnkerman, Malakof, Traktır'daki boğazlaşma resimleriyle beraber, büyük savaşların adları da gelip yazılır belleklere. Ne araçlar ne de kurbanlarının sayısı konusunda hasis davranmayan modern bir savaştır bu. Yalnız Malakof kalesine yapılan saldırı (8 Eylül 1855), 10.000 kişiye mal olacaktır bağlaşık güçlere, Ruslara ise 130.000 cana. Açıktır ki, son bir gayrettir söz konusu olan. Bununla beraber, daha önce on binlerce asker ölüp gitmiştir savaşlarda; bunun yanı sıra da, iskorbüt, tifüs ve koleradan...

10 Eylül 1855'te Sivastopol'ün alınışı, son verir savaşa. Barışı kurmak ve, bir kez daha, "Şark Meselesi"ne kalıcı bir çözüm getirmek gerekmektedir şimdi. Ne var ki, savaş gibi barışın da pahası vardır. Sultan, ödünlerde bulunmalıdır; bir dizi yeni reformu yaşama geçirme konusunda, 1854'te yaptığı vaadi tutma yükümlülüğü altındadır özellikle.

Barış kongresi, 25 Şubat 1856'da Paris'te açılacaktır. Bu tarihten birkaç gün önce, Babıâli, büyük devletlere bir *hatt-ı hümayûn*'u haber verecektir ki, Tanzimat'ın tarihinde bir temel direk olarak kalmaya adaydır. Bu metin, 1839 *hatt-ı şerif*'inden çok daha açık ve iyi hazırlanmış durumdadır. Metin, Müslüman olmayan cemaatlerin geleneksel dokunulmazlıklarına saygıyı, hiçbir engelle karşılaşmaksızın ayin özgürlüğünü ve mallarını yönetme hakkını güvence altına alır hemen. Bununla, birkaç yıl önce, Doğu Hıristiyanlarına korumacılıklarını dayatmak için Kutsal Yerler olayını bahane olarak kullanmaya kalkmış olanların ayaklarının altına karpuz kabuğu konmuş olur kuşkusuz. Bu olurken, *hatt-ı hümayûn,* önemli bir yeniliği de gerçekleştirir: Çeşitli ruhbanın üyeleri, müminlerin yakındıkları yığınla yolsuzluğun önlenmesi amacıyla, artık belli bir aylık alacaklardır cemaatlerinden. Öte yandan, bir dizi reform sayılmıştır: İmparatorluğun bütün uyrukları, ayırım gözetilmeksizin, vergi, adalet ve eğitim karşısında eşit olacaklardır; aynı işlere girebilecekler ve aynı okullara kabul edilebileceklerdir; haklarda eşitlik görevlerde eşitliği de gerektirdiğinden, herkes, bedel ödeyerek bağışık kılınmadıkça, askere alınma hakkındaki kanuna tabi olacaklardır; her cemaate kendini temsil ettirme olanağını sağlamak için, yerel idarelerin yapısında yeniden örgütlenişe gidilecektir; devlet, yıllık bir bütçe yapacaktır gelecekte ve kamu maliyesinin yolunda gitmesine göz kulak olacaktır; bayındırlık işlerine de girişilecektir; bankaların, öteki mali ortaklıkların kurulmasına izin verilecektir; rüşvet ve zimmete para geçirmeye karşı mücadele edilecektir, vb.

Özetle, içlerinden kimisi uzun süreden beri uygulanan ve oldukça cesur olan ötekilerle beraber, tam bir reformlar programı, Osmanlı İmparatorluğu'nun gelecekteki gelişmesinde belirleyici bir rol oynayacaktır. Paris'te, büyük devletler, hoşnutluk içinde, "bu haberin yüksek değerinin" altını çizerler. Hoşnut olmamak da elde değildir: 1856 Hatt-ı Hümayûnu, içerde bir dizi reformlara gitmekle yetinmemekte; Batı nüfuzunun imparatorluğa gitgide artacak olan girişinin temellerini atmaktadır.

Babıâli'nin iyi niyeti öylesine açıktır ki, bir anlaşmaya varmak için birkaç hafta yetecektir. Aslında, bütün taraflar bir an önce barış antlaşmasını imza etmenin çırpınışı içindedirler. Rusya, bitkin çıkmış savaştan. Fransa'da, III. Napoléon, çabucak bir uzlaşmaya gitmek için "elinden dört parmağını" vereceğini söyler. Kırım serüveninin sorumluluğunu taşıyan İngiltere, şunun farkına varmaya başlar: Boş yereydi bu serüven ve gecikmeksizin sayfayı çevirmek gerekir.

30 Mart 1856'da imzalanan Paris antlaşması, sultan için elverişli görünüştedir. Diplomatik dili çözmede ufacık bilgisi olan bir kimse bile, büyük devletlerin imparatorluğun işlerine burunlarını sokma isteğini ayan beyan görür onda. Osmanlı İmparatorluğu'nun bağımsızlığına ve toprak bütünlüğüne saygıyı –tantanalı biçimde– güvence altına alan 7. madde özellikle böyledir: "Avrupa devletleri arasında –kamu hukukunca– kurulmuş Avrupa birliğinin yararlarına Babıâli'nin katılması arzusundaki yüksek sözleşmeci taraflar, ayrıca teker teker olmak üzere, Osmanlı İmparatorluğu'nun bağımsızlığına ve toprak bütünlüğüne saygıyı üstlenirler, bu yükümlülüğe sıkı sıkıya uyulmasını ortaklaşa güvence altına alırlar ve, bunun sonucu olarak, onlara saldırı niteliğini taşıyabilecek her eylem ya da olayı bir Avrupa çıkarı sorunu olarak görürler." Bu, bir başka söyleyişle, şu demektir: Avrupalı devletler, bir müdahaleyi zorunlu gördükleri her durumda eyleme geçme hakkını kendileri için

saklı tutuyorlar. Boğazlar Sözleşmesi'ni onaylayan ve, kıyı devletlerininkiler de içinde olmak üzere, savaş donanmalarına Karadeniz'de dolaşmayı yasaklayan 10 ila 14. maddeler de, Osmanlı egemenliğine garip bir sınırlama getiriyorlar. Tuna ile ağızlarının, büyük devletlerin belirleyeceği bir heyetin denetimi altında uluslararası hale getirilmesini öngören 15 ila 19. maddelerin vardıkları sonuç da aynıdır. 20 ila 27. maddelerle, Osmanlı İmparatorluğu'na, Rumen prenslikler üzerindeki metbuluğu geri veriliyor gerçi; ancak, bir dizi kısıtlamaya uymak ve, bir Avrupalı heyetin söz konusu ülkelerin gelecekteki örgütlenişi amacıyla önerilerde bulunmasını kabul etmek zorundadır. Son olarak, "Sırbistan prensliği Babıâli'ye bağlılığını sürdürecektir", ancak "hakları ile dokunulmazlıkları, artık, sözleşmeci devletlerin ortaklaşa güvencesi altına konulacaktır" diyen 28 ve 29. maddeler de, aynı anlayış içindedirler.

Osmanlı İmparatorluğu için, söz konusu olan bir zaferdir her şeye karşın. Kuşkusuz sultan, arkasından ağlanacak hiçbir toprak kaybına uğramamıştır. Rumen eyaletlerde, Rusya'yı Tuna'nın ağızlarından uzaklaştırmaya yarayacak bir küçük sınır düzeltmesi bile yapmıştır Paris antlaşması. Öyle de olsa, şurası açıktır ki, "Avrupa topluluğunun yararları"na katılma, öyle bedava değildir. 1853'ün Mayıs'ında, sultan, bir Rus vesayetinin tehlikesinden kurtulmak için, Prens Menşikof'un ültimatomunu reddetmişti; şimdi ise, daha hoşa gider kılıklarda ortaya çıkmış da olsa onun kadar korkunç olan, güç birliği halindeki bir Avrupa'nın vesayeti iledir işi.

Barışın yıkılışı

Paris'te, büyük devletler, "Şark Meselesi"ne kesin bir çözüm getirme tutkusu içinde olmuşlardı; bu kesin çözüm ise, alabildiğine geçici olacaktır aslında. Varılan düzenleme, Avrupa birliğince güvenceye bağlanan, Osmanlı İmparatorluğu'nun toprak bütünlüğüne saygıya dayanıyordu büyük bölümüyle. Oysa, çabucak görülecektir ki, Avrupa, sözünü tutabilecek durumda değildi pek. Yine çabucak ortaya çıkacaktır ki, bu "birlik" kavramı bile, Babıâli'nin öyle

125

bel bağlayamayacağı bir aldatmaca idi. Paris antlaşmasının imzalanmasına olanak sağlamış Avrupa birliği, 1850'li yılların sonlarından başlayarak, çözülme süreci içine girmiş bulunuyordu. Ufukta beliren yeni bağlaşıklıklar –1872'de üç imparatorun birliğinin kurulmasına varacak olan Avusturya, Almanya ve Rusya arasındaki yakınlaşma özellikle–, Doğu'da statükonun sürdürülmesini destekleyebilecek durumda değildi pek.

Paris'te ete kemiğe bürünmüş olan parçalanma sürecini ilk başlatanlar, Rumen prenslikleri oldular. Paris antlaşması, her birinin başında prensi ve kendine özgü kurumları bulunan, birbirinden ayrı iki eyaletin, Boğdan ile Eflak'ın sürmesini öngörüyordu. Bununla beraber, bu prensliklerde yeni bir örgütlenişin temellerini atmakla yükümlü Avrupa Komisyonu'nun kışkırtmasıyla, Boğdan ve Eflak danışma meclisleri, 1857 yılından başlayarak, daha şimdiden ortak birtakım makamlarda birleşerek, birlik yararına tutum takınmakta duraksamadılar. 1859'un başlarında, her iki prensliğin başına tek bir insanın, Albay Alexandra Couza'nın seçilmesi, Paris antlaşmasının hükümlerine dürülmüş ek bir gölge durumundaydı. Babıâli, prensliklerin birleşmesine hasım olan Avusturya'nın da desteklemesiyle, buna hemen karşı çıktı doğaldır ki. Ancak, Fransa'nın baskısıyla, emrivakiyi kabul etmek zorunda kaldı sonunda. 1861'de, işin sonuna gelinir: 2 Aralık tarihli bir ferman, Couza'nın başkanlığında Boğdan'la Eflak'ın birliğini –geçici olarak– kabul eder; her iki prensliğin meclislerinin birbiri içinde erimesini öngörür ve merkezi Bükreş olmak üzere, tek bir hükümet kurar. Aldatıcı hiçbir yanı yoktur gelişmelerin: Rumen bağımsızlığı yolunda son bir aşamadır söz konusu olan!

Paris antlaşması hükümlerine bir başka savsaklama, Sırbistan'ın gitgide özerkliğini kazanmasıdır. Aslında, Edirne antlaşmasından (1829) beri, büyük bir bağımsızlıktan yararlanmaktadır Sırbistan ve Osmanlı'nın varlığı azın azı bir duruma indirgenmiştir orada. Öyle de olsa, barış kongresi, sultanın, Sırbistan'da garnizonlar bulundurabileceğini ve prensliğin, imparatorluğun metbuluğuna bağlılığını sürdüreceğini öngördü. Sırbistan, Mikhael Obrenoviç'in iktidara gelişiyle (1860-1868), bu cılız vesayetten de yakasını sıyır-

126

mayı istemekte gecikmeyecektir. 1861 yılından başlayarak, bir küçük ordu edinir ve kurmayı düşlediği bir Hırvat-Sırp-Bulgar federatif devletin araçlarını yaratmaya çalışır: Bir halk eğitimi, bir yeni vergi sistemi ve, bir başka düşünce çizgisinde olmak üzere, komşu uluslarla (Karadağ, Yunanistan, Romanya, Bulgaristan) bir bağlaşıklıklar ağıdır bunlar. 1867'de, aslında fazla önemli olmasa da simgesel bir nitelik taşıyan bir olay olur: Sırp halkıyla birtakım çatışmaların arkasından, son Osmanlı garnizonları terk ederler ülkeyi. Sadece biçimde kalan tek bir ödün vardır imparatorluğa verilen: Belgrad kalesinde, Sırp bayrağının yanı sıra, Osmanlı bayrağı da dalgalanmasını sürdürecektir. Sırbistan, hukuk bakımından hâlâ vasalidir sultanın, olaylar düzeyinde ise bağımsız olup çıkmıştır.

Bir yağ lekesi oluşturan bir bağımsızlıktır bu!

Gerçekten, 1850'li yılların sonlarına doğru, milliyetçi Sırp propagandasının etkisiyle, –büyük bölümü Müslüman olan– Bosna-Hersek'le Karadağ da, Osmanlı sultasından çıkmaya çabalarlar. Bosna'da, çoğu kez çapı fazla geniş olmayan yerel ayaklanmaları, eyalet valisi Ömer Lütfi Paşa (1860-1861) ile halefi Topal Osman Paşa (1861-1869) oldukça kolaylıkla ezeceklerdir; ayrıca her ikisi, İstanbul yönetimince öngörülen reformları bölgeye sokmak için de yararlanacaklardır başarılarından. Karadağ'ın dizginlenmesi daha da güç olacaktır. Piskopos-prens Danilo'nun matlup hanesinde, Rusların kışkırtmasıyla düzenlenmiş bir büyük başkaldırı (1853) vardır. Karadağ'ın bağımsızlığını Paris antlaşmasına yazdırma yolundaki –boşa giden– girişiminin arkasından, sultanla olan köprüleri de –tek yanlı olarak– atıp yeniden ayaklanacaktır. Osmanlı yönünden tepki, açıktır: Sert bir bastırma olur askerî bakımdan! İyi kötü bir sonuca da ulaşır: Büyük devletlerin müdahalesiyle, Karadağ'ın özerkliği gerçekleşir ve uluslararası bir komisyonun denetimi altına sokulur (8 Kasım 1858). Bununla beraber, dosya kapanmamıştır yine de. 1860'ta Danilo'nun öldürülmesi ve iktidara yeğeni Nikola Petroviç'in gelişiyle, yeniden başlayacaktır hareketleniş ve Hersek'teki Slav milliyetçiliğinin alabildiğine yükselişiyle bağlantılı biçimde olacaktır bu kez. Babıâli, 1857'de olduğu gibi, müdahale etmekten geri durmayacaktır: Hem Karadağ'a hem de Hersek ayaklanmalarına karşı askerî birlikler yollayacaktır. Ne var ki, Avrupa'nın müdahalesine çarpacaktır yeniden: Avrupa, Karadağlıların Herseklilere yardımda bulunmayacakları vaadinin karşılığında, statükoya dönmeyi dayatır (31 Ağustos 1862'de imzalanan İşkodra antlaşması).

Çözüm, uzun süreceğe benziyordu bu kez. Ne var ki, bölgenin yeniden ateşe ve kana batması için sadece birkaç yıl beklemek yetecektir. Bu arada barış? Asla! İmparatorluk, bir başka bunalımla karşı karşıya gelecektir: Girit başkaldırısıdır bu!

1856 Mayıs'ında, adadaki bir grup Hıristiyan, vergilerin hafifletilmesini ve adli makamların yeni bir dökümünün yapılmasını istediklerinde başlar bu ayaklanma. Söz konusu istemlere bakıp bir genel başkaldırıdan korkan Osmanlı hükümeti tepkide bulundu: Olası kırımlara karşı Müslümanları koruma amacıyla, asker yollayıp, adayı güvenlik adına küçük bölgelere ayırdı. Barut fıçısını ateşe verecek bir kıvılcım oldu bu! Çünkü, hemen harekete geçti Yunanlılar; kıtadan binlerce gönüllü aktı adaya, çeteler oluştu. Olaylar, pek çabuk gelişecektir. Sphakia halk meclisi, "Girit'in, anayurt Yunanistan'la kopmamacasına ve ebedi olarak birliği"ni ilan eder 23 Eylül'de. Çok geçmez, Osmanlı alaylarıyla, Mısır Hıdivinin yolladığı birlikler karaya ayak basarlar. Yeni bir vali, Ömer Paşa, sert bir bastırmaya girişir. Birkaç yıl önce Balkan eyaletlerinde olup bitenlere bakıp, büyük devletlerin çabucak müdahalede bulunacaklarına bel bağlamışlardı Yunanlılar. Ne var ki, aşağıdan alacaklardır onlar. Gerçekten, hiç de Paris Kongresi'nin ertesindeki ortam değildir ortam. Kutsal Yerler olayındaki gelişmelerden şapa oturan ve kendi iç sorunlarıyla uğraşan Rusya, eskisinden çok daha az ilgilenmektedir Ortodoksların korunması sorunuyla; ayrıca, özellikle Balkanlar'daki Slav halklara dikmiştir gözlerini. İngiltere ile Avusturya, bir büyük bunalıma yol açar korkusuyla, Yunanistan'dan yana tavır takınmaktan çekinirler. Sadece III. Napoléon açıkça destekler başkaldırıyı, ancak hiçbir yankısı olmaz bunun. Bu koşullarda, çok geçmeden şu kalacaktır ayaklanmacılara: Silahları bırakmak!

Hep görünüşüne oldukça çekidüzen verme kaygısını taşıyan Babıâli için, örnek bir reformu Avrupa'nın gözleri önüne serme fırsatıdır bu. 10 Ocak 1868 tarihli bir tüzük, seçimle gelen adli ve idari kurumlar yaratır; bütün *kaza*ların temsilcilerinden oluşan bir genel meclis kurar; yeni kurulan bütün makamlarda, Müslümanlarınkine eşit bir pay ayırır Hıristiyanlara; çeşitli vergileri ya ortadan kaldırır ya da hafifletir; ve adanın resmî dili olarak, Türkçenin yanına Rumcayı koyar. Avrupa topluluğu işe müdahale etmeden alınır bütün bu önlemler; Babıâli'ye genel uyarılarda bulunulur olsa olsa. Büyük devletler, 1869'un başlarında, Girit'te yeni bir ayaklanma girişiminin arkasından, imparatorlukla Yunanistan arasında bir savaş çıkacağı korkusuyla hareketlenirler. Ne var ki, Paris'te Ocak ayında –III. Napoléon'un girişimiyle– toplanan konferans, önerecek özgün hiçbir şey bulamayacaktır. Adaya belli bir ölçüde özerklik tanımış olan tüzük, Avrupa'yı doyurmaktadır şimdiki halde.

Girit bunalımının sultana uygun gelen çözümü şunu gösterir gibidir: Babıâli, reform aletine egemendir sonunda ve, düzenli biçimde uygulanan önlemler sayesinde, Osmanlı İmparatorluğu'nun dağılışını durduracak durumdadır. Ne var ki, gerçeklik hiç de böyle değildir. Gerçekten, Girit'te yaşam –geçici de olsa– olağan akışına yeniden kavuşurken, Balkanlar'da bir başka bunalım hazırlanmaktadır daha şimdiden. Bir bunalımdır ki bu, patlak verdiğinde, büyük bir felakete yol açacak ve tahtına mal olacaktır Abdülaziz'in.

Başlangıçta, Hersek'te, 1874 yılının kötü hasadının yol açtığı güçlüklere karşın, borçların hepsinin ödenmesini isteyen tahsildarlara karşı, köylülerin sıradan bir ayaklanışıdır olan. Öyle de olsa, gelişmeler büyük boyutlara ulaşır hızla: Müslümanların kıyımı, karşı kıyımlar, Karadağ'dan ve Avusturya İmparatorluğu'ndan silah akışı, büyük ayaklanmacı birliklerin örgütlenişidir bu boyutlar. 1875 yazının ortalarına doğru, yalnız Hersek değil, Bosna'yla Karadağ da savaş için ayaktadır!

Yangının çok geçmeden bütün Balkanlar'ı sarmasından korkan ve, öte yandan, imparatorluğun misli görülmemiş bir mali bunalımın batağına saplanmasından kaygılı

129

Avrupa, müdahale etmekte gecikmeyecektir. Ağustosun ortalarından başlayarak, büyük devletlerle görüşmeler çoğalır. Bu kaynaşmanın doruk noktası, kasımın sonlarında Berlin'de bir konferans toplamak olur: Konferans, üç imparator birliğinin başbakanlarını, Bismarck, Gorçakof ve Kont Andrassy'yi bir araya getirir. Bosna-Hersek'teki durumla doğrudan doğruya en çok ilgili devletin, Avusturya-Macaristan'ın temsilcisi olan bu sonuncusu, toplantının sonuçlarını Babıâli'ye sunmakla yükümlüdür. Onun 30 Kasım 1875'teki notası, şunları ister: Ayaklanmaya karışmış eyaletlerde vergilerin kiralanmasına son verilmesi, mutlak bir ayin serbestliğinin tanınması, karma idari kurulların kurulması ve, büyük toprak sahipleri hesabına ekip biçtikleri toprakları satın almak isteyen köylüler yararına önlemler almak!

Büyük devletlerin bütün elçilerince notanın yayıldığı İstanbul'da, harekete geçer Babıâli ve istenen reformları vaat eder (13 Şubat 1876). Ancak, Slav halkların yakınlığı ve Avrupa'nın gizli desteği ile güçlenmiş olarak Osmanlı karşıtı bir haçlı seferi görünüşü kazanan ayaklanmayı nasıl durdurmalı? Babıâli, "reformlar" demişti. Gerçek, bütünüyle tersi olacak, bastırmaya gidilecektir. 1876 yılının ilk aylarında, Ahmet Muhtar Paşa komutasındaki Osmanlı güçleri, sistemli bir temizlemeye girişirler; binlerce Hıristiyan sığınmacı Karadağ'a, Sırbistan'a ve Avusturya'ya doğru akar durur bunun sonucu. Basının tüyler ürpertici öykülerle donandığı Avrupa'da, büyük üzüntüdür görülen. Çok geçmeyecek, kat be kat artacaktır bu üzüntü.

Gerçekten, nisanda, Plovdiv ve Pazarcık yörelerinde olmak üzere, Bulgaristan'da da bir ayaklanma patlak verir. Bosna-Hersek'teki oyun sahnelenir oralarda da. Çerkes çeteleriyle düzensiz (başıbozuk) milislerin katılımıyla uygulanan bastırma hareketi, Avrupa'ya göre, kıyıma dönüşür.

Bunalımı barışçı yöntemlerle çözümde imparatorluğun yetersiz kalması karşısında, büyük devletler, yeniden müdahale edeceklerdir. 13 Mayıs 1876'da, çarın Berlin'e bir ziyareti vesilesiyle, "Birlik"in nazırlarından oluşan bir konferans, birkaç ay önce Andrassy'nin ileri sürdüğü istekleri tekrarlayacak ve, bunlara ek olarak, reformların uygulanışını doğrulamak amacıyla, bir uluslararası denetim önerecektir. Ne var ki, Avrupa diplomasisinin ses perdesi açıkça daha tehdit edicidir bu kez: Osmanlı İmparatorluğu, vaat ettiği reformları gerçekleştirmez ise, Avusturya Bosna'nın bir bölümünü işgal ederken, Rusya da Güney Besarabya'ya yayılacaktır; büyük devletler, görüşlerini dayatmak amacıyla, güç kullanmaya bile başvurabileceklerdir gerekiyorsa.

Bununla beraber, tek heyecanlanan Avrupa değildir; Hıristiyan halkların yazgısından Avrupa basını da kaygılanır. Türkiye'de, sorun daha çok Müslüman kurbanlardır ve, Avrupalı devletlerin "kıyımcılar"dan yana kayırıcı müdahaleleri, bir genel kınamaya yol açarlar. Acayip söylentiler başlar dolaşmaya: Çarın Babıâli nezdindeki elçisi İngatief'in her istediğine evet diyen Sadrazam Nedim Paşa, ülkeyi Rus ordularına teslim etmeyecek mi? Halk silahlanır. Paniğe kapılan Hıristiyanlar, en azından olanakları olanlar, Osmanlı başkentini terk etme çabasındadırlar.

11 Mayıs 1876 günü, İstanbul'un büyük camileri ile alanları, hükümetin ödlekliğine karşı çıkan ve Müslümanlara karşı işlenen kırımlara son vermek için hiçbir şey yapmamakla onu suçlayan göstericilerle dolar taşar. İyice yerleşmiş bir geleneğe göre, din okullarının öğrencileri olan *softa*'lardır hareketin başını çekenler. Kalabalıklar, nazırların işbaşından uzaklaştırılmalarını istemek amacıyla Babıâli'ye doğru yönelirler. Yığın, aşırı hoşgörü ve Russeverlikle suçladığı şeyhülislam Hasan Fehmi Efendi ile Sadrazam Nedim Paşa'nın görevden alınmasını ister özellikle.

Bu kaynaşma karşısında, sultan direnmeye kalkacaktır önce. Sadece şeyhülislama yol vermekle başlar. Ne var ki, kızgınlığın artmasıyla, 12 Mayıs'ta, sadrazamından da vazgeçmek zorunda kalır.

Başında Rüştü Paşa'nın bulunduğu yeni nazırlar heyeti, liberal eğilimlerinden dolayı pek tanınmış iki kişiyi içine almaktadır: Şimdiki halde belli bir nezareti olmayan Mithat Paşa ile sultanın Harbiye Nazırlığı'nı emanet ettiği Hüseyin Avni Paşa'dır bunlar. Halkın, Balkan bunalımını onurlu biçimde çözmede tek yetenekli olarak gördüğü bu anın kahramanları ile Abdülaziz arasındaki ilişkiler oldukça gerginleşecektir birden. "Halk size sahip olmayı istediği için bu makamdasınız. Şimdi görelim bakalım neymiş gerçekten yeteneğiniz!"': Yeni nazırlarıyla daha ilk görüşmede, sultan, böylece ayıplar onları. Ve, olaylar yatıştığında, hükümdar, *softa*ların ayaklanışından bu kimseleri sorumlu gördüğü için, onlara karşı dönecek ve kızgınlığıyla kovuşturacak mıydı kendilerini? Nazırların kafalarında kuşku, kaygı çimlenir pek çabuk. Sultana hizmet etmek için yerlerindedirler. Ona hizmet ederler; ancak, hakkında belli bir güvensizliği de elden bırakmazlar asla!

Olası bir öç almaya karşı kendini korumak amacıyla, Abdülaziz'i tahtından indirme düşüncesi Hüseyin Avni Paşa'nın kafasında doğmuş olmalı görünüşe göre. Olmayacak bir şey değildi bu! Sultan, hükümdarlığının on beş yılı boyunca, toz konmaz biçimde davranmadı pek: Yersiz harcamalara götürmüştü devleti ve gerçekten bir iflasa sürüklemişti onu; Tanzimat'ın liberal rejiminin yerine, sert yöntemli bir kişisel iktidarı geçirmeyi aradığı olmuştu birçok kez; bütün ülkede, üstesinden gelemeyeceği tehlikeli durumların ortaya çıkmasına seyirci kalmıştı. Bütün bunlardan daha hafif nedenlerden dolayı tahtından indirilmiş başka hükümdarlar olmuştu geçmişte.

Böyle bir tasarı karşısında, Mithat Paşa, başlarda duraksadı; çünkü Abdülaziz'in elinden bir Anayasanın ilanını koparabileceği umudu içindeydi. Bunun olanaksızlığını fark ettikten sonradır ki, o da Hüseyin Avni Paşa'nın görüşünün yanında yer aldı. Öteki nazırlar da izledi onları ve, şeyhülislam, şeriat açısından sultanın tahtından indirilmesinde hiçbir engel olmadığını ilan eden bir fetva verince, işler o ölçüde de kolaylaştı.

29 Mayıs 1876 günü, Hüseyin Avni Paşa, sultanın kaldığı Dolmabahçe Sarayı'nı orduyla kuşatır; donanma da, deniz yolundan dışarıyla her türlü ilişkiyi kesmiştir. Aynı gün, Abdülmecit'in büyük oğlu Şehzade Murat, kendisini az çok güçlükle razı eden nazırların bağlılık andını kabul eder. Abdülaziz'in saltanatı, Osmanlı tarihinin en çok aykırılıklarla dolu ve değişmeye en çok açık saltanatlarından bi-

ri sona ermiştir. Bir hafta geçmez, tahtından indirildikten sonra, hükümetin oturma yeri olarak gösterdiği Ortaköy'de, Feriye Sarayı'ndaki odasında, bilek damarları kesilmiş olarak ölüsü bulunacaktır sultanın. Kendisi mi canına kıymıştır? Öldürülmüş müdür?

Balkan bunalımı

Zeki, kültürlü, liberal düşüncelere açık bir kişi olan V. Murat, Tanzimat'ın eşsiz hükümdarı olarak görünür. Bununla beraber, tahta çıkmadan önce bile, aşırı sinirlilik nöbetleriyle tanınmıştır. Üstleneceği yeni sorumluluklarla, hastalık, bütün bilincini sarar çok geçmeden. İmparatorluğun içinde bulunduğu feci durumda, sultanın ortaya koyduğu zihnî karışıklık, ek bir tehlike oluşturur ülke için. Nazırlar, 31 Ağustos 1876 günü, yeni bir tahttan indirme yoluna başvuracaklardır. V. Murat'ın yerine kardeşlerinden biri geçer: Onun kadar zeki ve onun kadar da liberal görünen II. Abdülhamit'tir bu. 1 Eylül'de, otuz üç yıl sürecek bir hükümdarlığa başlar Abdülhamit.

V. Murat'ın hükümdarlığı, üç aylık bir parantez olmuştur sadece; ne var ki, özellikle Balkan bunalımındaki şiddetlenişin damgasını vurduğu olaylarla dolu bir parantezdir bu.

Gerçekten, hükümdar değişikliğinin yol açtığı siyasal çalkantılar, imparatorluğun hele hele Avrupa eyaletlerindeki durumunu düzeltmedi pek. Ayaklananlar, belirsiz bir ortamdan yararlanıp, eylemlerini geliştirdiler. Bulgaristan'da, Hersek'te, Bosna'da, başkaldırı hareketleri, Osmanlıların bastırmasına meydan okuyup gemi azıya aldı yeniden. Ne var ki Babıâli, daha ağır bir sorunla yüz yüze geldi pek çabuk: Kendi ırkdaş ve dindaşlarını desteklemek amacıyla, Sırbistan'la Karadağ da savaşın içine girmeye başladılar. Her iki prenslik, Rusların yüreklendirmesiyle, Osmanlıları yenmeleri halinde bölgede yeni bir ülkesel paylaşımı öngören bir bağlaşıklık imzaladılar 26 Mayıs'ta. Çok geçmedi, Sırbistanlı prens Milan, Bosna'nın başına geçirilmesini istedi Babıâli'den ve Hersek'in de Karadağ'a bağlanmasını ekledi isteğine bu vesileyle. 2 Temmuz, İstanbul'un alçaltıcı reddi karşısında, resmî bakımdan savaş ilanının günü olacaktır.

Avrupa diplomasisi, kendi görüşlerine uygun olarak bunalıma çözüm getirmeye kalkacaktır bir kez daha. Ne var ki, Andrassy'nin notasından beri, çok değişmiştir durum! Çar II. Alexandr ile Avusturya imparatoru Franz-Josef, 8 Temmuz'da Bohemya'da Reichstadt'da buluştuklarında, görüşmelerinde sorun, barışı sağlayacak önlemlerden çok, Balkanlar'ı nüfuz bölgelerine ayırmaktır. Avusturya, Sırbistan'ın vesayetini ayırır kendine ve Bosna ile Hersek'i de içine alacak biçimde genişlemeyi koyar kafasına; Rusya ise, Bulgarların korunmasını benimser ve Besarabya ile Doğu Anadolu'yu ele geçirmeyi düşünür; geleceğin Bulgar, Rumeli, Arnavutluk prenslikleri özerk olacaktır; Yunanistan, Tesalya'ya ve Epeiros'a yayılabilecektir; son olarak, Osmanlı İmparatorluğu'nun başkenti İstanbul serbest kent olacaktır ki, Rusların yüzyıllardan beri besleyip durdukları İstanbul'u elde etme tasarısının ilk adımıdır bu!

Program pek geniş! Bununla beraber, şimdiki halde savaşılır sadece. Balkanlılar, imparatorluk sahibi koruyucularından, şu anda, sözde kalan bir yardım elde etmişlerdir daha çok. Kuşkusuz, yüzlerce Rus gönüllüsü, Sırp ordusuna gelip katılmış ve ordunun başına da çarın bir subayı, Çernaief geçirilmiştir. Ne var ki, Osmanlıların seferber etmeyi başardıkları yığınla askerî birliğin karşısında devede kulak kabilindedir bu ordu. Ağustosun sonlarına doğru, Osmanlıların en iyi komutanlarından biri olan Osman Paşa, Alexinatz önünde, büyük bir zafer kazanacaktır Sırplara karşı. Yalnız Balkanlar'ı değil, onları destekleyen Avrupalı devletleri de düşünmeye çağıran bir olaydır bu.

Bununla beraber, soruna bütün ağırlıklarını koymaya karar vermeleri için, Abdülhamit'in tahta çıkışından birkaç hafta sonra çatışmaların başlaması ve Osmanlıların, askerî üstünlüklerinin kanıtlarını yeniden ortaya koymaları gerekecektir. 31 Ekim 1876 günü, Rus elçisi Kont İgnatief, kısa ve özlü bir ültimatomla Babıâli'de görünür: Osmanlı İmparatorluğu, kırk sekiz saat içinde, Sırbistan ve Karadağ'la bir silah bırakışması imzalamazsa, Rusya, bundan sonuçlar çıkaracaktır. İstanbul'da buna uyulur ve kasımın ilk günlerinden kalkarak, seferber haldeki Osmanlı birlikleri salıverilmeye başlanır. Ne var ki, büyük devletler, bu iyi niyetli gösteriyle yetinmezler pek. Osmanlıların terekesini paylaşmayı düşünmektedirler daha şimdiden ve bir uluslararası konferansın ivedilikle toplanmasını isterler. Tehditler de vardır bu isteğin içinde: "İngiltere'nin savaştan korkusu yoktur" diye demeçte bulunur Disraeli bir şölende; "ve gerekiyorsa, yirmi yıl boyunca savaşacak olanaklara sahiptir. İngiliz donanması Çanakkale Boğazı'na yollanacaktır."

İstenen konferans, 23 Aralık 1876 günü İstanbul'da başlayacak ve, Osmanlı Hariciye Nazırı Saffet Paşa'nın başkanlığında, Rusya'nın, İngiltere'nin, Fransa'nın, Avusturya'nın, Almanya'nın ve İtalya'nın delegelerini bir araya getirecektir. Doğaldır ki Babıâli, ne olacağını bilmektedir artık: Bosna ve Hersek'in özerkliğinin yanı sıra, Rus nüfuzu altında bir büyük Bulgaristan'ın kurulması önerilecektir kendisine; olaylar, onun için, toprak kayıplarıyla ve kaynaklarının azalışıyla sonuçlanacaktır bir kez daha. Ne var ki, Abdülhamit'in sadrazamı olmuş Mithat Paşa, son bir kalkan öngörmüştür yeni Avrupa birliğinin istekleri karşısında: Bir Anayasanın ilanıdır bu!

Beklenmedik bir olay olur: Büyük devletlerin temsilcilerinin ilk kez toplandıkları saatte, toplar atılmaya başlar! Konferansın başkanı Saffet Paşa, kısa bir konuşmayla, şunu haber verir delegelere: Sultan, soylu ve yüce bir davranışta bulunarak, yeni bir rejim bağışlamış bulunmaktadır halkına ve, bu koşullarda, toplantının varlık nedeni yoktur artık. Rus elçisi, buz gibi, soğuk bir yanıt verir buna: "Gündeme geçelim!" der. Öyle de olsa, Osmanlı'nın şaşırtıcı girişimi, tartışmanın verilerini değiştirmiştir gerçekten.

Gerçekten, Mithat Paşa ile çevresindeki insanların hazırladığı Anayasa, Gülhane Hatt-ı Hümayûnu'ndan beri imparatorlukta görülen uzun reform sürecinin bir sonucudur ve, "Şark Meselesi"nin yeniden incelenmesi yolundaki kanıtlarından çoğunu almaktadır büyük devletlerin elinden. Artık, Osmanlı Devleti, modern Batı uluslarınınkiyle –baştan sona– karşılaştırılabilecek bir rejimle donanmış görünüyor: Üyeleri sultanca yaşam boyu atanmış –kötüye kullanılabilecek görevden almalara karşı bir güvence!– önde gelen kişilerden oluşan bir meclisle, halkın seçtiği temsilcilerden meydana gelen bir meclisi vardır; yapısı, Avrupa'daki bir hükümetinkine oldukça benzeyen bir yürütmesi bulunmaktadır. Kişiliği kutsal bir nitelik taşıyan sultan, geleneksel yetkilerinden büyük bir bölümünü elinde tutmaktadır kuşkusuz: Eylemlerinden kimseye karşı sorumlu değildir; nazırları atayan ya da görevden alan odur; Parlamentoyu toplantıya çağıran ve fesheden odur; kanunları yayımlayan, silahlı güçlere komutanlık eden, antlaşmaları imzalayan, savaş ve barış ilan eden odur. Ne var ki, buna karşılık, kanunları ve özellikle bütçeyi milletvekilleri oylar; bu sonuncusu, devletin bütün maliye işlemlerini denetleme olanağını kendilerine veren bir ayrıcalıktır. Bundan başka, Anayasa, 1839 ve 1856 fermanlarıyla Osmanlı uyruklarına tanınmış bulunan bütün güvenceleri tekrarlayıp yenilemektedir: Bunlar, bireysel özgürlüklere saygı, haklarda ve ödevlerde eşitlik, bütün kamusal görevlere serbestçe giriş, her türlü keyfîliklerin saf dışı edilmesidir, vb.

Yeni rejimin İstanbul toplantısının açıldığı gün ilan edilmiş olması bir rastlantı değildir kuşkusuz. Sultan ve nazırları, psikolojik bakımdan bir tür sarsıp sendeletmeyi umuyorlardı yaptıklarıyla. Özellikle, büyük devletlerin bütün isteklerini geçersiz kılmak için Anayasadan kanıt getirmeyi umuyorlardı. Bosna'ya ve Karadağ'a toprak mı terk etmek? Olanaksızdır, çünkü imparatorluğun dokunulmaz olduğunu ilan etmektedir Anayasa. Hıristiyanlara özel ayrıcalıklar mı vermek? Olanaksızdır, çünkü Anayasa bütün Osmanlı uyruklarının eşitliğini açıklamaktadır. Müslüman olmayanlar için özel mahkemeler mi kurmak? Olanaksızdır, çünkü halkın bütün birimlerine uygulanabilecek bir dünyasal adli sistemin varlığını öngörmektedir Anayasa. Reformların uygulanışını denetlemek için uluslararası bir makam mı? Olanaksızdır, çünkü Anayasa göz önünde tutmuş değildir böyle bir şeyi.

23 Aralık'taki beklenmedik olayı izleyen günlerde görüşmeler sürdü, sıkıntılı, uzun, yararsız. Büyük devletlerin temsilcileri, dosyalarında her türden istek ve tasarılarıyla çı-

kıp gelmişlerdi. Her istem, her öneri, aynı yanıta çarptı: Osmanlı hükümeti, Anayasanın öngördüğü reformları gerçekleştirecektir. Gerçekliği kabul etmek gerekti sonunda. Toplantının başarısızlığını teslim edip çekip gitmekti en iyisi. Tarih 20 Ocak 1877'dir: Görüşmelerle bir ay yitirilmişti hemen hemen.

Toplantının hiçbir yere varmadan böylece silinip gitmiş olmasının garip bir sonucu olacaktır. Gerçekten, görüşmelerin havaya gitmiş olmasından Mithat Paşa'yı sorumlu gören Abdülhamit, şubat ayının başlarında sadrazamlıktan çekip almaya karar verecek onu ve Anayasanın kendisine tanıdığı bir yetkiyi kullanarak sürgüne yollayacaktır. Doğrusunu söylemek gerekirse, bu birden gözden düşüşün tek nedeni, toplantının başarısızlığı değildir. Saltanatının ilk ayları boyunca, sultan, sadrazamına karşı ileri sürebileceği başka suçlamalar toplayıp biriktirmiştir. Sadrazam, Genç Osmanlılarla fazla sıkı fıkı değil miydi? Askerî Akademi'nin kapılarını kendilerine açacak denli fazla kayırıcı olmamış mıydı Hıristiyanlara karşı? Halk, dahası yabancı gözlemciler, imparatorlukta olan biteni ona yüklemiyorlar mıydı en çok?

Mithat Paşa, babası olduğu kurumsal devrimin elle tutulur ilk gösterisini, Parlamentonun toplanışını göremeden terk edecektir Osmanlı başkentini. Bununla beraber, her şey pek çabuk yürüdü. İmparatorluğun, kısa bir süre önce ilaı ettiği Anayasayı gerçekten uygulamak niyetinde olduğunu büyük devletlere iyice göstermek amacıyla, alelacele düzenlenen seçimlerin arkasından, milletvekilleri ve Ayan Meclisi üyeleri, 19 Mart 1877 tarihinden başlayarak, tantana ile çalışmalarına koyuldular.

Daha baştan, bir sorun alabildiğine egemen olacaktır tartışmalara: Rusya'yla bir askerî çatışma tehlikesidir bu! Gerçekten, İstanbul toplantısının başarısızlığa uğradığı günden beri, sonunda Sırbistan'la bir barış antlaşması imzalanmış (1 Mart 1877) da olsa, bir Rus-Türk savaşı, daha olası görünmektedir gitgide. Çar, imparatorluk karşısında sert bir tutum takınma zorunluluğu hakkında, büyük devletleri inandırmayı ağır ağır başarmıştı ve bir uyuşmazlık halinde gözlerini kapayacakları güvencesini almıştır onlardan. 15

137

Ocak'ta Budapeşte'de, Reichstadt görüşmeleri temelinde olmak üzere, Balkanlar'ın bölüşülmesini öngören bir anlaşma yapar Avusturya'yla. Martın sonlarına doğru, Avrupa başkentlerine bir açıklama gezisine çıkarır General İgnatief'i. Nisanda, Rus birliklerinin kendi ülkesinden geçmelerine izin vermelerini sağlar Romanya'dan.

Mengene sıkışmaktadır bütün açıklığıyla!

Rusya, 19 Nisan 1877'de savaş ilan edecektir. Bir savaş nedeni bulmak güç değildi. Babıâli, 31 Mart'ta Londra'da imzalanan bir protokol gereğince, her türlü istekleri karşısında imparatorluğun eğilmesini isteyen büyük devletlerin son bir çıkışına olumlu yanıt vermeyi reddetmiş bulunuyordu birkaç gün önce. Osmanlı hükümetinin yanıtı belli olur olmaz, II. Alexandr ileri emrini verir ordularına.

Başlarda, bir yıldırım savaşına benzeyecektir bu. Rus saldırısı, iki cepheden harekete geçer. Batıda, Balkanlar'ı aşıp olanca hızla İstanbul'a ve Boğazlara erişmektir söz konusu olan. Doğuda, Doğu Anadolu'yu ele geçirmeyi kafasına koymuştur çar. Haziranın ortalarına doğru, bu programın bir bölümü, daha şimdiden gerçekleşmiştir: Avrupa yakasında, Rus ordusu Bulgaristan'ın kuzeyini işgal eder, Sofya'ya ve Edirne'ye doğru ilerler; Asya yakasında, Ardahan'ı (18 Mayıs 1877) ve Bayezit'i (20 Haziran) almıştır. Ne var ki, Osmanlılar, kendilerine gelmekte gecikmeyeceklerdir.

Altı ay daha sürecektir savaş.

Doğu cephesinde, direnişi örgütleyen ve Rusların atılımını kesen Ahmet Muhtar Paşa, Kars'ı kahramanca savunur; Bulgaristan'da Süleyman Paşa Şipka'da durdurur düşmanı, Osman Paşa da Plevne önünde tutar onu. Sonbahardan başlayaraktır ki, Çarın orduları, bütün bu kilitleri birbiri arkasından kırıp atan yeterli gücü yeniden elde edeceklerdir. 14 Kasım'da, Muhtar Paşa Kars'ı terk etmek zorunda kalır; 10 Aralık'ta, Rus saldırılarına beş ay direndikten sonra, Plevne de teslim olur; ertesi günü, Süleyman Paşa da teslim olur. Sırbistan'la Karadağ da, durumdan yararlanıp savaşa girerler ve Makedonya ile Arnavutluk'un sınırlarında yeni bir cephe açarlar. Rus ordusunun yapacağı tek şey kalmıştır: Gezintiye çıkmak! 3 Ocak'ta Sofya'dadır, 16

Ocak'ta Plovdiv'de, 20 Ocak'ta da Edirne'de. On gün sonra, öncü birlikler, İstanbul'a sadece bir yüz kilometre kadar mesafede bir kasaba olan Rodosto önünde görünürler. Felaketin büyüklüğü karşısında, Babıâli, 31 Ocak'ta Edirne'de bir ateşkes imzalamaya razı olur. Ne var ki, savaş bitmemiştir; ve Ruslar, istekleri yerine getirilmediğinde, Osmanlı başkentini işgal etme olanağına sahiptirler artık. İstanbul'da bir paniktir başlar. Halk silahlanır, hükümet felce uğramış gibidir. Parlamento hareketlenir.

Parlamentonun gitgide kabaran bu başkaldırısı –milletvekilleri hükümeti eleştirir, subayların yetersizliğini kınar, askerî harekâtın sürdürülüş biçimini dillerine dolarlar– gelip bir bunalımın içine girecektir çok geçmeden. Gerçekten, 13 Şubat 1878'de, İstanbul'un korunmasına yardımcı olsun diye Marmara Denizi'ne bir donanma yollamayı öneren İngilizlere verilecek yanıt hakkında danışmak için, bir parlamento komisyonu toplar sultan. Tartışmalar takıntısız sürmektedir başlarda; ancak, milletvekillerinden biri, astar imalcileri loncasının başı Naci Ahmet Efendi, söz almanın sırasıdır deyip şunu söyler: "Padişahımızın huzurunda böylesi bir toplantıyı daha önce düzenlemek gerekirdi. Savaşı kazanacağımız uygun an geçmiştir. Şimdi, olan olduktan sonra, neye yarar bize danışmak?" Abdülhamit zıvanadan çıkar bu söz üzerine ve sadrazamı Sait Paşa'ya şöyle der: "Komisyon bir fikir edinsin diye, yanıt ver o serseriye!" Sadrazam da, savaşı ortaya çıkaran nedenler ve harekâtın yürütülüşü üzerine uzun açıklamalarda bulunur. Ne var ki, pek aklı yatmamıştır soruyu soranın. Ertesi gün milletvekilleri, Anayasanın kendisine tanıdığı bir hakka dayanarak, sultanın Parlamentoyu feshetmeye karar verdiğini öğreneceklerdir.

Birinci Meşrutiyet döneminin sonudur bu. Bir yıldan az bir zaman sürmüştür. Seçilenler sessiz sedasız dağılırlarken, imparatorluk, otuz yıl sürecek bir mutlakıyetin içine gelip girer farkında olmadan.

Osmanlı Devleti'nin Tanzimat'tan beri gelişiminde büyük bir dönüm noktasıdır söz konusu olan kuşkusuz. Kuruluşu, taş taş üstüne kırk yıla yakın bir zaman gerektirmiş olan bir yapıyı taçlandırmıştı Anayasa. Parlamentonun feshedilmiş olmasıyla, yapı yıkılmadı pek. Ne var ki, damı unutulmuş bir binanın garip görünüşündeydi artık. Bununla beraber, olup bitene büyük bir önem verenlerin sayısı fazla değildir şimdilik. Rusya'yla olan uyuşmazlık, gelip her şeyin önüne dikilip kalmıştır.

Doğrusunu söylemek gerekirse, öylesine fecidir ki durum, çarın ileri sürdüğü koşulları kabul etmekten başka yapacağı hiçbir şey yoktur Osmanlı İmparatorluğu'nun şu anda. Ruslar Romanya'nın, Karadağ'ın ve Sırbistan'ın bağımsızlığını isterler; Karadeniz'den Ege Denizi'ne ve Arnavutluk dağlarına değin uzanan özerk bir Bulgaristan prensliğinin kurulmasını da isterler; Bosna ile Hersek'te, Epeiros ile Tesalya'da reformlara gidilmesini arzularlar; imparatorluğun doğu eyaletlerinde, Ermenilerin yazgısını düzeltmek ve Kürtlerle Çerkeslere karşı güvenliklerini sağlamak amacıyla bütün önlemlerin alınmasını beklerler; son olarak, savaş giderimi diye, Dobruca'nın büyük bir bölümünü, Tuna'daki adaları ve, Doğu Anadolu'da, Kars, Ardahan, Batum ve Artvin'in yanı sıra, 400 milyon rublelik bir para isterler. İstanbul'un dolayındaki San Stefano'da (Yeşilköy), barış görüşmeleri, işte bu esaslar üzerine başlayıp sürer. 3 Mart'ta Osmanlılar, önlerine konulan antlaşmayı imzalayacaklardır ve en ufak bir ödün bile elde edememişlerdir.

Ne var ki, sultan kabul ettiğinde, Avrupa da işleri oluruna bırakmaya hazır değildir. Kuşkusuz, savaşa gözlerini kapamıştır; çarın, çarpışmalar başlamadan önce yapılmış antlaşmaların kendisine tanıdığı hakları da alabildiğine aşarak, Doğu'nun yazgısı hakkında tek başına karar verdiği şu anda, Avrupa, onun yolunu kapamaya iyiden iyiye kararlıdır. Büyük devletler, özellikle de İngiltere ile Avusturya, San Stefano'daki olup bittiyi istemezler. Hatta antlaşmanın imzalanmasından önce, Büyük Britanya'nın, Osmanlı hükümetini desteklemek amacıyla gönderdiği donanma gelip İstanbul önünde demirlemiştir. Avusturya, daha da tehdit edicidir. Kendisini zarara uğramış gördüğünden, hemen gözden geçirilmesini ister antlaşmanın ve, sesini daha iyi işittirebilmek için, ordusunu seferber eder ve Rusya'ya karşı savaş açmaya hazır olduğunu ilan eder. Aslında, yalnız

Avrupa birliğinin ağababaları değildir hoşnut olmayan; Balkanlıların da, iyiden iyiye yüzleri ekşimiştir. Bosna ve Hersek'ten yoksun kalan Sırbistan, Rusların Besarabya'yı ellerinden çekip aldıkları Romanya, Makedonya'ya ya da Tesalya'ya yayılmayı uman Yunanistan, bunların hiçbiri, San Stefano antlaşmasını kabul edecek durumda değildirler.

Bunca hoşnutsuzluk, hele hele Avusturya'nın savaş tehdidi karşısında, II. Alexandr, Doğu dosyasının bütününü yeniden gözden geçirmek amacıyla, Berlin'de bir büyük barış kongresi toplanması yolunda Bismarck'ın önerisini kabul etmekte gecikmez. Osmanlı İmparatorluğu için gelişmeler bir parça daha iyi olacaktır bu kez. Gerçekten, kongrenin açılışından birkaç gün önce, Kıbrıs adasını kendisine terk ederek, İngiltere'nin desteğini bol bol ödemiştir sultan (4 Haziran 1878 İstanbul Sözleşmesi).

13 Temmuz 1878'de imzalanan Berlin antlaşması, San Stefano'da varılan anlaşmanın kimi hükümlerini kabul eder, ötekilerini ise değişikliğe uğratır. Romanya'nın, Sırbistan'ın, Karadağ'ın bağımsızlıkları kesin olarak tanınır. Ne var ki, Çarın arzuladığı Büyük Bulgaristan, birçok parçalara bölünür: Başkent Sofya olmak üzere, kuzeyde özerk bir prenslik kurulmuştur; güneyde "Doğu Rumeli", sultanın doğrudan siyasal ve askerî otoritesi altına konulmuştur, ancak bir idari özerkliği vardır; Besarabya'nın Rusya'ya terk edilmesine karşılık, Dobruca Romanya'ya, Niş'le Pirot Sırbistan'a bırakılır, Makedonya yeniden Osmanlı İmparatorluğu'na döner. Milan Obrenoviç'in umutlarının tersine, Büyük Sırbistan da kurulmayacaktır: Bosna ve Hersek, ad olarak Osmanlı kalır, ancak Avusturya-Macaristan tarafından işgal edip yönetilecektir. Yunanistan da, karnı zil çala çala gelmiştir Berlin'e; geçici de olsa, vaatlerle yetinmek zorunda kalır. Doğu Anadolu'da, Rusya Ardahan'ı, Kars'ı ve Batum'u tutar elinde, ancak Eleşkirt'le Bayezit'i imparatorluğa geri vermesi buyurulur kendisine. Azınlıklar, özellikle Ermeniler için, San Stefano'da olduğu gibi güvenceler öngörülmüştür; öyle de olsa, bu sorunla ilgili 61. maddenin terimleri öylesine bulanıktır ki, yığınla yoruma kapıyı açık bırakır. Son olarak, büyük ödün, Osmanlı İmparatorluğu'nun

Rusya'ya vermek zorunda olduğu savaş giderimi gözden geçirilip indirilir.

Bütün olarak alındığında, yeni antlaşma, Rusların ve Sırpların panslavcı atılımını kırmayı hedeflemektedir açıkça. Saint Petersburg'da ve Belgrad'da düşlenen iri ülkesel birimlerin yerine, büyük devletlerin diplomatları, aralarında boğuşmaya hazır prenslikler ve özerk yörelerden oluşan bir mozaik koymuşlardır; Kongrenin, ülkeler üzerindeki kesip biçmeleri, düşmanlıklara öylesine açıktır! Ne var ki, hesap pusulasının en büyük bölümünü ödeyen Osmanlı Devleti'dir her şeye karşın: İmparatorluk Berlin'de, Balkanlar'daki topraklarının çoğunu, Kıbrıs adasını, Doğu Anadolu'daki "üç vilayet"i yitirmiştir; önemli mali kaynaklardan da olmuştur; son olarak, imparatorluğun en hünerli ve en gönençlileri arasında sayılan halkları kaybetmiştir. Bunun karşılığında elde ettiği, lafla savsaklanmadır sadece: Paris antlaşmasında geçen, kendi ülkesel bütünlüğünün büyük devletlerce güvence altına alınmış olmasına ilişkin hükümler –bulanık da olsa– sürdürülecektir.

* *
*

II. Abdühlamit'in uyruklarının gözünde, Osmanlı İmparatorluğu'nun 1839'da Tanzimat yoluna gelip girdiği günden başlayarak, başka birçok yıllar gibi, 1878 yılı da bir felaketle damgalıdır. Ne var ki, sadece iç ve dış bunalımlar, toprak kayıpları, iktisadî kulluk, büyük devletlerin siyasetine gitgide bağımlı hale gelmeden mi ibarettir kırk yıllık reform bilançosu?

Doğu'ya, bir sanatsal ve kültürel geziye çıkmış yolcuların, Abdülhamit'in saltanatının başlarına doğru imparatorluğun büyük kentlerinin çoğunda bulabildikleri o fotoğraf albümlerinden birini açıp gözden geçirmek yeter bu soruya yanıt vermek için. "Göz alıcı" temalar, büyük bir yer tutar bu albümlerde: Geleneksel giysileriyle yaşlılar, ince dantelden peçeli kadınlar, köy bayramları... Ne var ki, şunları da görmek mümkün onlarda: Tramvay bekleyen Avrupa tar-

142

zında giyinmiş erkekler; tren garları; buharlı gemilerle dolu limanlar; görkemli ve alabildiğine süslemeli devlet binaları; kışlalardan, saraylardan, tiyatro salonlarından, okullardan, bankalardan, taştan evlerden... oluşan –yapım halindeki– yeni bir kent örgüsü. Bunlar da Tanzimat'ın bilançosudur kuşkusuz. Bitmedi. Kırk yıllık bunalıma, kırk yıldır süren iktisadî hareketleniş, kültürel açılıp serpilme, kurumlarda dünyasallaşma ve çağdaşlaşma, insan hakları alanında ilerlemeler karşılık verir. "Şark Meselesi"nin yanı sıra, Doğu'nun bu soruna vermeye kalktığı yanıtlar vardır.

BÖLÜM XIII

SON CANLANIŞ
(1878-1908)
François Georgeon

BERLİN ANTLAŞMASINDAN SONRA OSMANLI DEVLETİ

Bunalımın sonuçları

Mali, siyasal, askerî, diplomatik olmak üzere, 1875'ten 1878'e değin süren –o çok cepheli– uzun bunalımdan, zayıflamış ve küçülmüş bir halde çıkar Osmanlı Devleti. Balkanlar'da pek büyük toprak kayıplarına uğramıştır: Romanya, Sırbistan ve Karadağ tam bağımsızlıklarını elde etmişlerdir; Bosna-Hersek'i Avusturya işgal etmiştir ve Bulgaristan özerk bir prenslik olmuştur. Ne var ki, Osmanlı geri çekilişi imparatorluğun Avrupa'daki bölümüyle sınırlı değildir yalnız: Kıbrıs adası İngiltere'ye terk edilmiştir ve, Anadolu'nun doğusunda, Kars ve Ardahan illerini Rusya kendisine katmıştır. Toplam olarak, 210.000 km^2 dolayında bir parça kopmuş bulunmaktadır Osmanlı İmparatorluğu'ndan; bununla 5,5 milyon dolayında bir halk da beraberdir ki, imparatorluğun tüm nüfusunun beşte birine yakın demektir. Bu toprak ve nüfus kopmalarına ek olarak, mali kaynakları da azalmıştır Osmanlı İmparatorluğu'nun. Yeni devletlerden kimisi, Babıâli'ye vergi veriyordu daha önce; ve, gelirlerdeki bu azalış, Rusya'ya, 800 milyon frank dolayında ağır bir savaş giderimi ödemek zorunda olan bir ülkeyi çarpıp sarsar.

Osmanlı Devleti'nin zayıflaması diplomatik bakımdandır da. Kırım Savaşı'na (1856) son veren Paris Kongresi'nde, Avrupa topluluğunun bir parçası olarak tanınmıştı imparatorluk; ülke bütünlüğüne saygı ve içişlerine karışmama, ilke olarak kabul edilmişti. Berlin antlaşması ise, bu ilkelerin üzerinde yeniden ısrar etse de, "Ermenilerin oturduğu yörelerde" istenilen reformlara İstanbul hükümetince girişilmemiş olması halinde, büyük devletlerin müdahalesini öngörmektedir.

Berlin antlaşmasını izleyen yıllar içinde, yeni kopuşlara uğradı imparatorluk: 1881'de, uzun görüşmelerin sonucunda, Tesalya ile Epeiros'un bir bölümü Yunanistan'a bırakıldı. Birkaç yıl sonra, Osmanlı İmparatorluğu'nun üzerinde siyasal ve askerî bir denetim uyguladığı Doğu Rumeli'ni Bulgaristan kattı kendine. En vahim olanı ise şudur: Büyük devletler, kendi egemenliklerini genişletmek amacıyla, imparatorluğun zayıflığından yararlanmaya koyulmuşlardır. Böylece 1881'de, Tunus, Fransa'nın koruması altına girer; ve onu izleyen yılda, Mısır'ı, "belirsiz bir süre için", İngilizler işgal eder askerî olarak. Kuşkusuz, her iki ülke de, sadece biçimsel olarak aittiler Osmanlı nüfuzuna; öyle de olsa, imparatorluğun saygınlığına indirilmiş yeni darbelerdir söz konusu olan. Ve dahası, o tarihe değin Osmanlı bütünlüğünün şampiyonu olarak geçinen iki Avrupalı devletten gelmiştir bu darbeler.

Durum, kaygı vericidir böylece!

Öte yandan, Balkanlar'da oluşmuş yeni devletlerde, güç koşullar içindedir Müslüman halk. Kötü muamele, misilleme korkusu ve Hıristiyan öğeler yararına çıkarılmış toprak kanunları, binlerce Türk ve Müslümanı, İstanbul yollarına düşürür; bu ise, zaten mali güçlükler içinde çırpınan bir devletin karşısına, söz konusu sığınmacı insanları kabul edip yerleştirme gibi çetin bir sorunu getirip diker.

Böylece, 1880'li yılların başlarında, Osmanlı İmparatorluğu yeni bir çehre gösterir: Avrupa'da sadece Makedonya aralığı ile Afrika'da yalnız Libya kıyısına sahip olan imparatorluk, daha çok Asyalı ve Müslüman bir devlet görünüşündedir artık. Ülkesel değişikliklerin ve sığınmacı

Osmanlı İmparatorluğu'nun parçalanışı (XIX. yüzyılın sonu)

Osmanlı İmparatorluğu'ndan kopan topraklar ve tarihleri
(Özerk, bağımsız ya da koruma altındaki ülkeler)

Harita No: 1

akınının sonucu olarak, Müslümanların imparatorluğun toplam nüfusuna oranı, birkaç yıl içinde % 68'den 76'ya çıkmıştır. İmparatorluk, dörtte üçü Müslüman bir devlettir şimdi.

Bütün bu olaylar, bir manevi bunalıma yol açarlar yönetici sınıfın bağrında. Adlandırıldığı biçimiyle "93" savaşı[1], Türklerin toplu belleğinde derin izler bırakacaktır. Gerçekten, imparatorluk hiçbir zaman böylesi sonuna gelip yaklaşmamıştı; Rus orduları da İstanbul'a bu denli yakın bir noktaya gelmemişlerdi asla. Ve tehlike, imparatorluğun Avrupa bölümüyle ilgili değildir yalnız, Asya'da ve Afrika'da her yandadır artık. Yeni bir olaydır bu: Osmanlı yöneticilerinde, imparatorluğun, her yönden kuşatılmış ve temelleri oyulan bir kale olduğu duygusunu uyandırır bunalım. Tanzimat döneminin iyimserliğinin yerine bir kuşkular dönemi geçer: Avrupa'ya ve imparatorluğun Hıristiyan milliyetlerine güven duymalı mı hâlâ? Reformcu paşaların sürdürdükleri, kurumlarda ve toplumda Batılılaşma siyaseti, doğru ve yerinde midir? Genç Osmanlı aydınlarıyla Namık Kemal de bu soruları daha önce ortaya atmışlardı kuşkusuz; ne var ki, felaketin sarsıp yaraladığı Osmanlı siyaset sınıfını da gelip yakalamıştır şimdi. Tanzimat siyasetinin yerinde olup olmadığı konusunda kendisine soru soran ve onu yeniden tartışma konusu haline getiren, Sultan II. Abdülhamit'tir önce. Saltanatının başlarındaki karışıklıklarla dolu koşulların derinden derine etkisinde kalan bir kişi olarak, hükümdarlığının ilk yıllarından başlamak üzere, reformlar dönemi politikasının üstüne kurulu olduğu ilkeleri baştan aşağıya gözden geçirmeye kalkar.

İç politikada, meşrutiyet rejimini yeniden tartışma konusu yapmak için, karşılaştığı vahim güçlükleri bahane eder Abdülhamit. Mithat Paşa'nın kaleme aldığı Anayasa tasarısını, sultan, otoriter doğrultuda daha önce düzeltmişti. İstanbul toplantısının ertesinde ise, Mithat Paşa'yı görevinden almış ve sürgüne yollamıştı onu. 1878 Şubat'ında, Rus orduları Trakya'da karargâhlarını kurduğunda,

---

1. Osmanlı İmparatorluğu'nda XVIII. yüzyılın sonlarından başlayarak, "maliye" adıyla kullanılan takvimdeki 1293, miladi 1877'ye denk düşüyor.

sultan Parlamentoyu fesheder. Birkaç ay sonra, kendisini devirerek V. Murat'ı yeniden tahta çıkarma amacıyla –liberal esinli– iki başkaldırıyı göğüslemek zorunda kalır: 1878 Mayıs'ında, Balkan sığınmacılarından oluşan küçük bir grubun başında Çırağan Sarayı'na yürüyen Ali Suavi'nin saldırısıdır birincisi ve öteki de, bir Rum'un, Prodos Mason Locası üstadıazâmı Cléanthi Scalieri'nin İstanbul'da yazın düzenlediği bir komplodur. Sonuçsuz da kalsa bu iki girişim, Abdülhamit'in, liberallerle Masonlar karşısındaki güvensizliğini ve otoritesini sağlamlaştırma yolundaki arzusunu güçlendirir. Otuz yıl boyunca, bir gün olsun toplantıya çağırmayacaktır Parlamentoyu. Anayasa ise, yürürlükten kaldırılmayacak (Osmanlı Devleti'nin resmî yıllığının başında düzenli olarak yayımlanmakta devam edecek), ancak askıya alınacaktır. Bundan dolayı, bir "anayasalı mutlakıyet"[1] diye tanımlanmıştır bu siyasal sistem.

Öte yandan, liberal hareketin önde gelen insanlarına sultanın çizdiği yazgı, rejime vermeyi amaçladığı doğrultuyu açıkça belirtiyor. Gerçekten, Mithat Paşa, İngilizlerin baskısıyla, 1878'de çağrılır sürgünden ve Şam ve Aydın valiliklerine gönderilir birbirinin arkasından. Ne var ki, oralardaki davranışları yakından izlenir; çünkü sultan, yerel halkları kışkırtarak, kişisel bir politika güttüğü kuşkusu içindedir onun. Mithat Paşa, Abdülaziz'in öldürülmesini tertiplediği suçlamasıyla, 1881'de tutuklanarak Arabistan'da Taif'e sürgün edilecek ve, üç yıl sonra da –olasıdır ki sultanın kışkırtmasıyla– orada boğdurulacaktır. Namık Kemal'e gelince... İmparatorlukta özgürlüğün bu sözcüsü, Ege Denizi'nde bir adada sürgüne mahkûm edilmiştir; eserleri sansüre uğrar ve kaleminden çıkmış metinlere el konulurken, onun da bir küçük memur olarak sona erecektir yaşamı. Siyaset adamı ya da yazar sıfatıyla, imparatorlukta özgürlüğün sesini duyurmaya kalkmış herkes için, üzerinde düşünülecek iki örnektir bunlar!

---

1. Niyazi BERKES, *The Development of Secularism in Turkey,* Montréal, 1964, s. 253.

Anayasayı askıya alarak ve karşı çıkanları yola getirerek, Abdülhamit, devletin bağrında iktidarını dayatmayı başarır. Hükümdarlığının ilk altı yılı boyunca, on altı kez sadrazam değiştirir. Boğaziçi kıyılarındaki Dolmabahçe Sarayı'nı bırakıp yüksek duvarlarla çevrili Yıldız tepesine gelip yerleşir. Abdülhamitçi mutlakıyet başlamaktadır artık!

Dış politikada da, Abdülhamit'in saltanatının ilk yılları, Tanzimat dönemi diplomasisinin üzerine kurulu olduğu ilkeleri tartışma haline getirir ve yeni doğrultular içine girer. 1878 yılına değin, Osmanlı diplomasisi, imparatorluğun baş düşmanı olarak görülen Rusya'ya karşı koyabilmek için, Fransa ile İngiltere'ye dayanmaktan ibaret olmuştu. Ne var ki Berlin'de, bu politika için ödenen fiyat pek yüksekti; çünkü, bahşiş diye Kıbrıs'ı terk etmek gerekmişti İngiltere'ye.

Abdülhamit, 1878-1879 yıllarıyla beraber, imparatorluğun bütünlüğünü sürdürme yolundaki geleneksel siyasetini terk etmek istediğinden kuşkulanmaya başlar İngiltere'nin. Ermeni illerinde vaat edilen reformlara girişilmesi için, Britanya hükümetinin sultan üzerindeki baskıları bu kuşkuyu besler; "Bulgaristan vahşeti"nden beri Türklerin yeminli düşmanı kesilmiş, Liberal Parti'nin başkanı Gladstone'un 1880'in Mayıs'ında İngiliz hükümetinin başına gelişiyle, daha da yoğunlaşır bu kuşkular. Londra'nın, 1882'de Mısır'a el koymasıyla bir tür doğrulanmış olur bunlar. İngiliz diplomasisi, İstanbul'da anlaşıldığı biçimiyle, baştan aşağıya çark eder artık. Britanya siyasetinin önde gelen kozu olan Hint yolunu Ruslara kapamak için, Osmanlı İmparatorluğu'na bel bağlanamaz. Böylece, Doğu Akdeniz'de, Kıbrıs'la Süveyş Kanalı kıyılarına sağlam biçimde yerleşmek ve imparatorluğun öğeleri içinde Türklerin dışında kalanlara, örneğin Ermenilere, Araplara ya da hatta Bulgarlara dayanmak gerekir. İngilizlerin amacı, Kafkaslar'dan gelen Rus yayılışı karşısında, İngiliz denetimi altında özerk bir Ermenistan kurmayı denemek değil midir özellikle? Aslında, Büyük Britanya'nın, İstanbul'da tasarlandığı biçimiyle, Osmanlı İmparatorluğu'nun bütünlüğünü savunmaktan vazgeçtiği, ya da yerleşmiş bir formüle göre, İstanbul'u bırakıp Kahire'yi yeğlediği[1] kesin değildir. Ancak, önemli olan, İngiliz politikasının gelişmesi hakkında Osmanlıların sahip oldukları düşüncedir.

Çarların imparatorluğuna karşı, Rusların geleneksel tutkularını kışkırtmamaya olanca özeni göstererek, pek ihtiyatlı bir siyaset güder Abdülhamit. Rusya 1878'de, Boğazları doğrudan doğruya ele geçiremeyeceğini anlar; öyle olunca da, çiçeği burnunda Bulgar prensliğine bel bağlar, oysa prenslik tek başına davranarak Saint Petersburg'un umutlarını boşa çıkarır. Yüzyılın sonuna doğru Uzakdoğu ile ilgilenmeye başlayacak olan Rus diplomasisi için ağır bir yenilgidir bu. 1881'de çar olan III. Alexandr, kendisinden önceki çarın liberalizmini terk edip, polise, sansüre, dine, "ülkeye sonradan gelip yerleşenler"in Ruslaştırılmasına dayanan otoriter bir rejim kurmaya kalkar. Sonuç olarak, Osmanlı Devleti'nde uygulanmakta olan Abdülhamit'in siyasetinden pek uzak olmayan bir politikadır bu; ve, her iki imparator arasında –tartışmasız biçimde– bir gizli anlaşma bulunmaktadır. Ne olursa olsun, Rus siyaseti, Boğazların stratejik ve iktisadî önemini unutmasa bile, Osmanlı İmparatorluğu konusunda, "tutucu" olmaya kalkar, şu anlamda ki rasgele statükoyu sürdürmeyi yeğler.

Böylece, 1880'li yıllardan başlayarak, Osmanlı İmparatorluğu üzerinde ağır basan tehdit, Rusya'dan çok İngiltere'den gelir gibidir. Bu tehdit karşısında, Fransa zayıflamıştır ve Bismarck Almanya'sı, içine doğmuş bir halde, bir yana çekilip İngilizleri serbest bırakır Mısır'da. Böylece, Abdülhamitçi diplomasi, büyük devletler arasında bir denge sürdürmeye çabalayacak ve bir tür yansızlık sergileyecektir; Almanya'nın *Weltpolitik,* dünya politikasına doğruluşunun, Avrupalı güçler arasında yeni bir destek bulmada kendisine olanak sağlamasının bekleyişi içinde gösterecektir bu yansızlığı.

1. Keith M. WİLSON, "Constantinople or Cairo: Lord Salisbury and the Partition of the Ottoman Empire, 1886-1987", şu eserin içinde: K. M. WİLSON, *İmperialisme and Nationalism in the Middle-East, The Anglo-Egyptian Experience,* Londres, 1983, s. 26-55.

Abdülhamitçi devlet

Abdülhamit'in, saltanatının ilk yılları boyunca hazırladığı siyasal sistem, bir çifte tepkinin ürünüdür: Bir yandan, Tanzimat siyasetine eşlik etmiş olan sultanın iktidarındaki zayıflamaya karşı tepki; öte yandan, bu zayıflamanın son aşamasını temsil eden Mithat Paşa'nın liberalizmine ve anayasacılığına karşı tepki. Abdülhamit'e göre, ülkeyi uçurumun kenarına götürmüştür bu politika. Onun gözünde, Osmanlı halkı, bir parlamentarizm deneyimine girişmek için olgunlaşmamıştır. Böylece devletin, özellikle de eğitim alanında yerleştirdiği kurum ve reformların yemişlerini vermesini beklerken, bir "yol gösterici", bir "baba"nın da öncülük etmesi gerekir halka. Öte yandan, parlamenter sistem, Osmanlı İmparatorluğu'nun çok halklı ortamında, tehlikeli görünmektedir ona; çünkü meclis, farklılıkların, ayrışıklıkların ve ayrılıkçıların gelip yankılandıkları bir yer olma tehlikesini göstermektedir bu ortamda. Milliyetlerin gelgeç isteklerine karşı çıkacak ve Avrupa'nın müdahalelerine göğüs gerebilecek merkezî ve güçlü bir iktidar kurmak gerekmektedir. Mithat Paşa, özgürlükler tanımayı, imparatorluğun korunmasını ve gelişmesini sağlamada bir araç olarak görürken, Abdülhamit, Osmanlı Devleti'nin birliğine ve bütünlüğüne ön sırayı vermektedir; büyükbabasından, merkeziyetçiliğin ve otoriter reformculuğun doğrultusundaki II. Mahmut'un hükümdarlığından esinlenmektedir.

Bununla beraber, Abdülhamitçi devlet, yüzyılın başındaki Osmanlı Devleti'nden hayli farklı görünmektedir. Önce, yeni sultanın kişiliği bakımından böyledir bu. 1842'de, babası Abdülmecit'in tahta çıkışından birkaç yıl sonra doğan Abdülhamit, öteki şehzadeler gibi Saray'da yetişir önce; ne var ki, belli bir bağımsızlık kazanır çabucak, imparatorluğa bir gün hükmetme şansı pek azdır da ondan özellikle. Başkentte, çok değişik çevrelere girer çıkar, yabancılarla ilişkiler kurar, bir parça Fransızca öğrenir. Gelişmesi, derme çatma ve eksik kalacaktır. Ilımlı, ürkek, saçma sapan korkulara kapılan bir genç olarak betimlenir. Sultan olunca, pek yüklü bir servet edinir ve bunu da, güvendiği bir Ermeni'yle, Galata'da sarraf Agop Zarifî Bey'in eliyle işletir; ve, Osmanlı bankalarına güveni olmadığından, dış ülkelerde –seçip arayarak– yatırtır parasını. Öldükten sonra, mallarının tasfiyesi ile uğraşmak üzere iki ortaklık gerekecektir. Öyle de olsa, Saray'da, örnek bir yalınlık ve bir yetingenlik içinde sürer yaşamı; bundan dolayı da, Tanzimat adamlarının lüksü ve Batılılaşmış davranışlarından alınıp rahatsız olan bir halkın sevgisini toplar alabildiğine. Dolmabahçe Sarayı'nın Rokoko şatafatına, Abdülhamit, Yıldız Köşkü'nün bir parça kırsal güzelliğini yeğler.

Yıldız'daki köşkün, daha iyi korunmak gibi bir meziyeti vardır ayrıca. Gerçekten, korku, sultanın kişiliğinin en belirgin niteliklerinden biridir. Polis romanlarına düşkün olduğundan, çevirtip gece yarılarına değin dinler onları; Conan Doyle'u, imparatorluğun en büyük nişanlarından biriyle onurlandıracaktır. Bir komplo ya da bir saldırı korkusu içinde yaşar. Ve bu saplantı, muhalif Jöntürklerin ya da Ermenilerin, kendisini devirme ya da hatta öldürme girişimleri sonucu, daha da artıp derinleşecektir. Hükümdarlığının son yıllarında, Yıldız'a hapsolmuş biçimde yaşayacaktır Abdülhamit: Bir casus şebekesince korunmaktadır, meddahlar ve saraylılar vardır çevresinde ve imparatorluğun gerçekliklerinden uzaklaşmış durumdadır gitgide.

Abdülhamit, özellikle Batı kamuoyunda pek olumsuz bir izlenim bıraktı. Özgürlükleri kesip doğrayan, Ermenileri boğazlayıp öldüren, kısacası hoyrat ve kan dökücü bir despot olarak göründü; hep birlikte kendisine yakıştırılan "kızıl sultan" sıfatı da bunu gösteriyor. Sultanı devirmeyi her şeyin önüne alan sürgündeki muhalefetin kendisini verdiği yoğun propaganda da besledi bu görünüşü.

Ne ölçüde uyuyor gerçekliğe bu çehre?

Abdülhamit'in anısına saygınlığını yeniden sağlamayı deneme eğilimi var birkaç yıldan beri. Tarihçiler, titizlikle sürdürülen reformlar, sultanın giriştiği modernleşme üzerinde ısrar ediyorlar ki, bunlar Tanzimat'ın mezar kazıcısı olmaktan çok sürdürücüsü durumuna getiriyor onu. Gelenekçi çevrelerde, İslam dünyasına, Batı'nın girişimlerine karşı direnme olanağı sağlayacak yeni bir sağlamlık verme yolundaki çabaları üzerinde duruluyor. Gerçekten, iki kişilik fark ediliyor Abdülhamit'te. Kimseye güven duymayan ve devlet işlerine –en ufak ayrıntılarına varıncaya değin– karışmak isteyen mutlakıyetçi, aydınların sesini boğmaya çabalayan ve imparatorluktaki halkların ulusal özlemlerini hoyratça bastıran despot bir kişilik önce; sonra da, yeniliklere açık, İtalyan operaları ile modern mimarlık meraklısı, eğitimi geliştirme, adaleti örgütleme, özellikle devletin güçlenmesine yarayabildiği ölçüde demiryolları ve telgraf sayesinde iletişim ağını düzeltip iyileştirme arzusunu taşıyan çağına açık bir kişilik!

Sultan, kendisinden önce gelenlerin belki hiçbir zaman edinemedikleri bir iktidarı elinde toplamayı başardı birkaç yıl içinde. Önce Babıâli'nin, yani sadrazamın dairesinin, –kimi zaman bunu belirtmek için kullanmaya başlandığı gibi– başvekilin otoritesinin zayıflamasına dayanan bir iktidardır bu. Hükümdarlığın ilk yılları boyunca, gerçekten bir sadrazamlar "vals"i görüldü. Değişikliklerin hızı sonradan azalsa da, görevin kararsızlığı yolundaki egemen özellik sürdü. Otuz üç yıllık saltanatı boyunca, Abdülhamit, on yedi sadrazam "kullanır"; ve, kendi keyfi istediği için ya da, her biri bir gözdeye sahip şu ya da bu büyük devletin isteğine yanıt vermek amacıyla, yirmi altı kez hükümet değiştirir. Böylece sadrazamlar, işin içine ölüm girmediğinde, gözden düşme korkusunu yaşarlar sürekli. Bu koşullarda, kesintisiz bir siyaset yürütme olanaksızdır. Öte yandan, hükümet de yoktur; çünkü, sultanın atadığı nazırlar ancak ona karşı sorumludurlar. Böylece, Tanzimat süresince kazandıkları otoriteden yoksun kalan sadrazamlar, sultanın iradesini uygulayan sıradan insanlar olup çıkarlar. "Babıâli yüzyılı"[1] sona ermiştir: Sultan hüküm sürmekte ve yönetmektedir.

---

1. İlber ORTAYLI'nındır bu deyim. Bkz. *İmparatorluğun En Uzun Yüzyılı*, İstanbul, 1983.

Bu sadrazamlar kafilesinde, ister istemez soluk bir biçimde, iki büyük devlet görevlisinin çehreleri göze çarpar: Sait Paşa ile Kâmil Paşa'dır bunlar. Yedi kez sadrazam olan Sait Paşa (1838-1914), emniyet örgütüne, adaletin bağımsızlığına, bürokrasinin modernleşmesine, İstanbul Ticaret Odası'nın kurulmasına, modern okul şebekesinin genişletilmesine ilişkin önemli reformlara girişti. Kıbrıs'ta doğan Kâmil Paşa (1832-1913), İngiltere ile yakınlaşma siyasetinin bir yandaşı idi; imparatorlukta iletişim yolları ve modern sanayiyi yaratmaya özendirdi yabancı ortaklıkları. Ancak, kişisel değerleri ne olursa olsun, bu iki insandan hiçbiri, sultan üzerinde gerçek bir üstünlük kuramadı. O şöyle dursun, yaşamlarından korktukları anlar da oldu her ikisinin: Sait Paşa, 1895'te İstanbul'da İngiliz Elçiliğine sığındı ve Kâmil Paşa da, 1907'de, Aydın valisi iken, İzmir'de İngiliz konsolosunun koruması altına girmek zorunda kaldı.

Böylece, Babıâli'den sultanın sarayına doğru, daha 1870'li yılların başlarında başlayan, bir iktidar kayması olur. Devletin siyaseti Yıldız'da kararlaştırılmaktadır artık. Sultanın çevresinde çok sayıda danışman vardır; kökenleri ve görevleri bakımından da pek çeşitlidir bunlar: Tahsin Paşa özel kâtiptir, Karatodori Paşa dış politikayla uğraşır, emniyeti yönlendiren Ahmet Celâlettin ve Fehim Paşa vardır, vb. Sultanın hasımlarının, Yıldız'ın "hizip"i ya da "perde arkasındakiler"i diye adlandırdıkları insanları oluşturur bunlar. Danışmanlardan başka, Saray'ın sürekli "konuk"ları bulunmaktadır: Arap eyaletlerinden, Orta Asya'dan ya da Hindistan'dan gelen eşraf ya da din bakımından saygın kişilerdir bunlar ve uyruklarının Halifeye karşı bağlılıklarının güvencesi diye kabul edilir. Mekke Şerifi'nin ailesinin kimi üyelerini de belirtmeli bu arada: Kutsal Kentlerin bağımsızlık heveslerine son verecek biçimde, sarayda birer rehine durumundadırlar hemen hemen. Ne olursa olsun, sultanın çevresindeki bu insanlardan hiçbiri, gerçekten gözde haline gelemezler; biraz da abartmalı olarak "Osmanlı Rasputin'i" durumuna getirilmek istenmiş, Suriye kökenli Rıfaî şeyhi ünlü Ebûlhudâ bile böyledir.

Saray çevresinin dışında, Abdülhamit, ülke üzerinde otoritesini, hızla büyüyen bir bürokrasi aracılığıyla kullanır. Devlet örgütünün, kentlerin ve belediye hizmetlerinin gelişmesi, görevli sayısının pek şişmesi sonucuna varır; öyle ki, yüzyılın sonlarına doğru 100.000'e erişecektir bu sayı. Kamu göreviyle ilgili bir tüzük çıkarılır ve devlet hizmetlilerini modern bir konuma getirir bu artık. Yüksek kademeden görevliler, Tanzimat döneminde kurulan Mülkiye Mektebi'nde yetişirler; Hukuk Mektebi ve Maliye Mektebi gibi yeni özel kuruluşlar da vardır bu konuda. Kural olarak, memurlar, bir yarışma ve sınav sistemine göre, değeri göz önünde tutularak göreve alınmaya başlanır. Ne var ki, dairelerde acemilik, iltimas, himaye, rüşvet gibi eski uygulamalardan çoğu sürer gerçekte. Osmanlı Devleti, en yüksek kademedeki görevlilerinin hizmetini bol bol ödese de (bir sadrazamın aylığı bir nazırlık müsteşarınınkinden yirmi beş kez daha fazladır), küçük memur ve hizmetli yığını karşısındaki tutumu hiç de iyi değildir ve rüşvet kapısını açık tutar bu da. Sultanın kendisi bile örneğini verir bunun: Vicdanları satın almakta duraksamaz gerektiğinde!

Devlet örgütünün genişlemesi, kişiler ve düşünceler üzerinde gitgide artan bir gözetimi içerdiğinden, Abdülhamitçi devlet, bir polis devleti olup çıkar. 1880'de, Fransa örnek alınıp bir Zaptiye Nazırlığı kurulur ve başına da güvendiği adamları getirir Abdülhamit: Ancak, ona koşut olarak ve Saray'dan yönlendirilen, belki de Almanya'dan esinlenilmiş bir ihbar sistemi kurulur özellikle. Sadrazamdan en küçük bir memura değin, dış ülkelerde Osmanlı elçileriyle muhalif Jöntürkler de içinde olmak üzere, siyasal polis, yoğun bir denetleme ve haber alma işine verir kendini. İhbarcılık alabildiğine yüreklendirilir. Ne idiği bilinmeyen bir kimse *jurnalci* olabilir ve komşularını, meslektaşlarını ihbar edip bilgi verir. Jöntürk Devrimi'nin ertesinde, böyle *jurnal* kurbanlarıyla dolu hapishaneler bulundu. Bir yerden bir yere de gitme gözetim altındadır: Osmanlı İmparatorluğu, Rusya'yla beraber, pasaport sistemini kuran ilk ülkedir ve ulaşım araçlarının hızla geliştiği bir dönemde olur bu.

Abdülaziz döneminde başlayan, yayınlara sansür uygulaması, Abdülhamit'in zamanında alabildiğine sertleşti. Sansür kurulları, yerel ve dışarıdan gelen yayınları denetlemek amacıyla, Maarif Nezareti'ne ve Hariciye Nezareti'ne bağlandılar. Yayınevlerinin ya da gazetelerin kurulması, önceden izne bağlandı. Kimi terimlerin ya da has adların kullanılması yasaklandı; söylenenin tersine, bu konuda bir "kara liste" olmamışa benzer her şeye karşın. Yasaklanan kelimeler arasında "özgürlük", "anayasa", "devrim", "anarşi", "grev", "vatan", vb. zikredilebilir. V. Murat'a, Girit ya da Makedonya olaylarına anıştırmada bulunmak yasaklandı. Ünlü *Servet-i Fünun* dergisi, "1789 rejimi"ne anıştırmada bulunan bir yazı nedeniyle, haftalarca yayımdan alıkonuldu. Sansür ya da belki kendi kendini sansür, sözcüklere değin yayılıyor. 1905'te yayımlanan bir Osmanlı sözlüğünün, "tyran" kelimesinin tanımlanması için verdiği karşılık şu: "Amerikalı kuş"! Avrupa kamuoyunda yol açtığı eğlenme ve rejimin uğradığı saygınlık kaybı bir yana, bu sansür fazla etkili de olmadı. Özellikle, yabancı postalar aracılığıyla, iktidarca yıkıcı olarak görülen kelimeler ve kavramlar, en azından kentlerdeki aydın çevrelere kolayca girdiler.

Abdülhamit, düşünceleri denetlemeye çabalarken, bir yandan da adli alanda, ulaştırmada, eğitimde önemli reformlara girişir; Tanzimat adamlarının başlattığı gayretleri sürdüren reformlardır bunlar. Böylece, eğitim alanında, 1869 tarihli kanun, bir kamu eğitimi sisteminin temellerini atmıştı; ne var ki, bunun gerçekten uygulanışı Abdülhamit döneminde olur. Yabancı ya da Müslüman olmayan serbest okulların çoğalması karşısında devlet, varlığını ortaya koymak ve idarenin, yabancı ortaklıkların ve orta sınıfların artan eğitim isteğine yanıt vermek zorundaydı. 1878'den sonra, imparatorluğun eyaletleri, o tarihe değin özellikle başkentte görülen bir ilk ve orta öğretim okulları ağıyla kaplanır. İyi Müslüman ve dürüst Osmanlı uyrukları yetiştirmektir bu okulların görevi. Maliye Mektebi, Hukuk Mektebi, Güzel Sanatlar Akademisi, Ticaret Mektebi gibi yüksekokullarla meslek kuruluşları açılır İstanbul'da. Bütün bunları taçlandırmak üzere de, 1900 yılında bir üniversite açılır İstanbul'da; Avrupa'da liberal düşüncelerle kafaları bozulmasın diye, öğrencileri çekip bağlamak umulur.

Devlet yetkilerinin genişlemesi, memurların sayısının çoğalması, adaletin çağdaşlaşması, genel eğitimin gelişmesi, bütün bunlar, imparatorluğun bütçesi için yüktürler de öte yandan. 1875 yılındaki iflasın acı deneyimine karşın, Abdülhamitçi devlet, özellikle 1900'den sonra, dış borçlanmalara yeniden başvurmak zorunda kaldı. Devletin merkezîleşmesi ve modernleşmesi, bağımlılığını artırmaya da varıyordu kaçınılmaz olarak.

Hükümdarlığın büyük düşüncesi

Abdülhamitçi devleti Tanzimat'ınkinden en çok ayıran niteliklerden biri, İslam dininin devlette tutar göründüğü yeni yerdir. Gerçekten, bir tür "dinin dönüşü" kendini gösterir kimi alanlarda: Daha çok cami yapılır, okul programlarında ve okulda İslama daha fazla yer verilir. Saray'da sultanın çevresinde, önde gelen din erbabından bir kalabalık dört döner: Seyyitler, hocalar, mollalar, vb.

Abdülhamit'in kendisi önayak olur buna: Kadirî tarikatından olduğundan, müminin görevlerine pek saygılı bir dindar ve sofu yaşamı sürer. Kendinden öncekilere kimi zaman takılmış –o onur kırıcı– *gâvur* etiketini haklı çıkartacak hiçbir şey görülmez davranışlarında. Dışarda, başka Müslüman halklar ya da devletlerle ilişki kurmak için, din bağına dayanır; Cezayir'e, Mısır'a, Hindistan'a, Çin Müslümanlarının nezdine Osmanlı temsilciler yollanır. Halife yararına propaganda çabalarını desteklemek amacıyla, Müslüman gazetelere paraca yardımlarda bulunulur. Halifenin resmi dağıtılır; camide, bağlılık işareti olarak, cuma vaazında adı anılır kimi zaman. Sultanın siyasetinin –herkesçe "panislamizm" diye adlandırılan– görüşüdür bu: Ba-

tılı çevreleri alabildiğine korkutur söz konusu panisla-
mizm; İstanbul'da, bütün dünya Müslümanlarının bir baş-
kaldırısının hazırlandığı ve bunun da sömürge sistemini
sarsacağı düşüncesi içindedir bu çevreler. Bu korku ne
olursa olsun, şurası açıktır ki, Abdülhamit'le değişmiştir
hava.

Olayın nedenlerini ve çapını değerlendirme kalıyor
şimdi.

Başlangıçta, Tanzimat'ın politikasını tartışılır duru-
ma getirmektir söz konusu olan kuşkusuz. Müslüman ol-
sun olmasın, herkese eşitlik sağlayarak, imparatorluğun
tüm uyruklarını aynı devletin bir bütün olarak yurttaşla-
rı haline getirmek, özetle "Osmanlıcılık" düşüncesi ba-
şarısızlığa uğramıştır; imparatorluğun çözülüşünü önle-
meyi sağlayamamıştır. Bir başka dayanışma ilkesi bul-
mak gerekmektedir ve İslam olacaktır bu ilke. 1878'in
ertesinde, tanıklıkların büyük bir karışıklık ve şaşkınlı-
ğın pençesinde gösterdiği halklara umut hizmeti de gö-
recek ve onları seferber edecek bir İslam! İslamı vurgu-
lamak, imparatorluğu dörtte üçü Müslüman bir devlet
haline getiren yeni nüfus dengesinden sonuçlar çıkar-
maktır da. Kısaca, Osmanlıların pek büyük çoğunluğu-
nun birliği ve seferberliğinin ideolojisi olarak görülmek-
tedir İslam.

Bu siyasetin temel öğelerinden biri, Abdülhamit'in
panislamizminin ana parçası olan Halifelik temasının
kullanılışı oldu. Şuydu sultanın düşündüğü: Halife ola-
rak, yalnız Osmanlı İmparatorluğu üzerinde yaşayan
Müslümanların değil, bütün Müslümanlar üzerinde ma-
nevi bir iktidara sahipti. Bu anlayış, Papalığa yakın bir
kurum haline getiriyordu Halifeliği –ki geleneğe hiç de
uygun bir durum değildi bu!–; ve Yıldız da, İslamın bir
tür Vatikan'ı oluyordu. Müslümanların bu kurum karşı-
sında bağlılıklarını uyandırma çabasında, sultan, Rıfaîler
ve Kadirîler gibi kimi tarikatlardan yararlandı. Osmanlı
basını, imparatorluktan en uzakta Müslümanların bağlı-
lıklarını sağlamak için giriştikleri bütün çabaların alabil-
diğine reklamını yapıyordu. Önemli nokta, işte burada-
dır belki: Bütün dünyanın Müslümanlarını Halifenin

çevresinde birleştirmek söz konusu değildi açıktır ki –sultan, elindeki araçlarla bu amaca erişemeyeceğini pek iyi biliyordu–; söz konusu olan, imparatorluğun içindeki Müslüman halkları, Halife teması çevresinde seferber etmekti.

İçerde kullanılacak türden bir panislamizmdi bu!

Ne var ki, bu Halife siyaseti, Osmanlıcılığın yerine geçecek bir şeyi bulma arzusuna yanıt vermiyordu yalnız. İmparatorluk için korkunç olabileceği ortaya çıkan bir tehlikeye çare bulma amacını da taşıyordu o; milliyetçilik virüsü, Türk olmayan Müslüman halkları, Arnavutları, Kürtleri ve Arapları da sarma tehlikesini gösteriyordu. Öyle görünüyor ki, sultan, pek çabuk bilincine vardı bu tehlikenin. Böylece Arnavutluk'ta, özerklikçi eğilimleri dile getiren Prizren birliğini, 1880 yılından başlayarak feshettiği; ve, Arnavutlarla Türkleri birleştiren İslam bağını vurguladığı görülüyor. Abdülhamit, Kürtler arasında, devlet iktidarını oturtmak amacıyla, dinde başı çeken kimi büyük ailelerle bir bağlaşıklık siyaseti uygular; ve bu politikanın etkili olduğu da görülüyor, çünkü, 1880'den sonra, hiçbir büyük Kürt ayaklanışı olmayacaktır devlete karşı.

Bununla beraber, ayrılıkçı eğilimlerin, önce imparatorluğun Arap eyaletlerinde ortaya çıkacağından korkuyordu. Abdülhamit, Osmanlı iktidarına karşı Arap kartını oynamayı istediği konusunda pek erkenden kuşkulanmışa benzer İngiltere'den. Nitekim, 1876 yılının sonlarından başlayarak, Londra'da yayımlanan Arap gazetelerinde, bir Arap Halife yararına gerçek bir kampanya başlıyordu. Dayanılan düşünce de şuydu: Halifeliği, Osmanlılar zorbalıkla elde etmişlerdi; onun üzerinde hakkı olan Araplara geri vermek gerekiyordu bunu. Başlarda özellikle Lübnanlı Hıristiyanlarca savunulan bu düşünceleri, Wilfrid Scaven Blunt yeniden ele aldı sonra; bir İngiliz şair ve ajanı olan bu insan, The Future of İslam (İslamın Geleceği) adıyla, 1881'de yayımlanan bir eserde –parlak biçimde– dile getirdi bunları.

Bu düşüncelerin Avrupa'da ete kemiğe bürünmeye başladığı bir sırada, imparatorluğun Arap eyaletleri de belli bir kaynaşma içine giriyordu açıkça. 1880-1881'de Beyrut'ta, Halep'te, Şam'da ve Bağdat'ta, Arap halkları Osmanlı vesayetini silkip atmaya çağıran bildiri ve ilanlar görülüyordu. Gözlemcilerin saptadıkları gibi, Türklere düşman bir hava gelişmektedir ve Abdülhamit, İngiltere'nin parmağını görür bunda. Başlarda Lübnan Hıristiyanlarından küçük bir grupla sınırlı kalan Arap Halifelik ya da hatta bir Arap devleti teması, yavaş yavaş yol açacaktır kendisine. 1902'de, Suriyeli al-Kavâkibî'nin *Kentlerin Anası* adlı eseri yayımlanıyordu Kahire'de; yazar, merkezi Mekke ("Kentlerin Anası") olacak, sadece manevi bir iktidara sahip bir Arap Halifeliğinin güdümü altında, bir İslamın dirilişi planı öneriyordu kitabında. Birkaç yıl sonra, *Türk Asya'da Arap Ulusunun Uyanışı* adlı Fransızca bir kitapta, Necip Azury, bir Arap milliyetçiliği düşüncesini açıklayacaktır.

Abdülhamit'in "panislamizm"ini, Arap eyaletlerde –henüz bulanık haldeki– işte bu ayrılıkçı tehlikeye bakıp değerlendirmek daha yerinde olur. "Arap" denebilecek ve Arap eyaletlerini, Osmanlı Devleti'ne daha da sağlam olarak istif etmeyi arayan bir siyasetin öğelerinden biridir bu. Bu amaca varmak için, başkalarının yanı sıra bir araçtı din. Arap Halifelik düşüncesine yanıt vermek amacıyla, sultan, Osmanlı Halifeliğin yasallığını savunan Arapça propaganda eserlerinin yayımını destekliyordu.

Nedir Abdülhamit'in Arap politikasının öteki görünüşleri?

Önce, Arap eyaletleri siyasal ve iktisadî bakımdan öncelikli duruma gelirler. İmparatorluğun eyaletler hiyerarşisinde, başta gelenler olurlar; yani yönetici olarak, en yetenekli insanlar atanır oralara. Devlet yatırım ve olanaklarından daha önemli bir bölüm ayrılır kendilerine. Böylece, 1882 ile 1908 yılları arasında, Suriye'de ve Hicaz'da 2.350 kilometre demiryolu döşenecektir; aynı tarihler arasında Anadolu'da yapılanı 1.850 kilometreliktir ki, Abdülhamit döneminde döşenen demiryollarının bütünü içinde birincisi % 47, ikincisi ise % 37'lik bir oran tutar. Şam gibi bir kent, 1906'da ve İstanbul'dan önce aydınlatma ve elektrikle işleyen tramvaylarla donatılır. Eğitim alanında büyük bir çabaya girişir devlet: Beyrut'ta ya da Şam'da, devlet okullarının açılışı başka yerlerde olduğundan çok daha hızlı yürür.

Bu politika, devlet yaşamında Araplara daha fazla yer ayırmaktı da aynı zamanda. Yıldız'da, sultanın çevresindeki bir din ileri gelenleri grubundan başka, nazırlık makamlarında (Lübnanlı Marunî Selim Melhame Paşa gibi), ya da Saray dairelerinin başında (Saray ikinci kâtibi Arap İzzet Paşa gibi) Araplar bulunuyordu. Orduda da, Arap subayları çoğalmıştı: 1886'da, en az 3.200 subay vardı onlardan. Arap eyaletlerde, Abdülhamit, Şamlı ya da Halepli kimi büyük ailelerin ileri gelenlerine ya da kabile şeflerine dayanıyordu. Öte yandan, bu şeflerin oğullarını okutmak ve onları Osmanlı Devleti'ne bağlılık içinde yetiştirmek amacıyla, 1892'de İstanbul'da bir Aşiretler Mektebi kurulmuştu.

Bu Arap politikasının en göz alıcı görünüşlerinden biri, Arabistan'ın Kutsal Kentler'ini Şam'a bağlamak üzere, Hicaz demiryolunun yapımı oldu kuşkusuz. Girişimin açıklanan amacı, Mekke'ye olan haccı kolaylaştırmak idi. Aslında ise, başka hedeflerin arkasındaydı sultan: Arabistan'ın sık sık kıpırdanıp duran sınırlarına doğru daha çabuk asker taşımak; ve, Kutsal Kentler'i, hükümdarı Halife unvanından yararlanabilecek bir Arap devletinin merkezi olmalarını engellemek amacıyla daha iyi denetlemekti bu hedefler. Bütün dünya Müslümanlarının katkıları sayesinde yapılan ve esas olarak Türk mühendis ve teknisyenlerince gerçekleştirilen eser, bir başarı oldu teknik yönden. Rekor sayılabilecek bir sürede döşenen yol, Jöntürk devrimi patladığı sırada Medine'ye ulaşıyordu; demiryolunu, kendi kervanları için yasal olmayan bir rakip diye gören Bedevîlerin direnişiyle de karşılaşmıştı. Hicaz demiryolu, büyük bir dayanışma atılımına yol açtı İslam dünyasında ve imparatorluğun Müslüman yığınları üzerinde, onları tartışılmaz biçimde harekete geçirici bir etkisi oldu. Simgesel bir değeri de vardı ayrıca: Müslümanların, teknik bir alanda, Avrupalıların yardımına gerek duymadan bir şey gerçekleştirebileceklerini gösteriyordu bu!

Böylece, Abdülhamit'in panislamizmi, imparatorluğun Müslümanlarını Halifelik teması çevresinde harekete geçirmek ve Arap eyaletleriyle bağları sıkılaştırmaktan ibaret oldu. Onun dışında ise, İslam dini, görünüşte daha büyük bir yer tutmuş olsa da, Tanzimat'tan önceki durumunu elde edemedi. Tersine, reformlar döneminin dünyasallaşmasına eğilimler, örneğin 1879'da adli alanda güçlendi. Ulema, geleneksel iktidarına yeniden kavuşmadı ve sivil iktidarca yakından denetlenmesi sürdü. Abdülhamit'in atadığı şeyhülislamlar, sultanın iplerini kolayca elinde tutabileceği ikinci dereceden kişiler oldular. Birkaç istisnasıyla, tarikatlar çöküşlerine terk edildiler; reformuna ileride Jöntürkler zamanında girişilecek medreseler de öyle oldu. Aslında, çoğu kez kabına sığmaz durumda olan softalara, yani medrese öğrencilerine güven duymuyordu sultan. Abdülhamit döneminde İslamın yerinin bir başka göstergesi, din kitaplarıdır. Daha çok yayımlanır bu tür kitaplar; ne var ki, laik konuları inceleyen eserlerden daha azdır oranları. Din üstüne kitaplar, Abdülmecit zamanında basılan eserlerin % 38'ini, Abdülaziz zamanında % 22'sini, Abdülhamit döneminde ise yalnız % 14'ünü oluştururlar. Bütün bu öğeler, daha önce söylediğimiz "dinin dönüşü" olayının ayrıntıdaki inceliklerini belirtecek şeylerdir. Aslında İslam, devlette eski haline getirilmiş olmaktan uzaktı ve, sultanın hasımlarının ileri sürdükleri gibi, bir teokrasiye dönüş asla söz konusu değildi.

Bunun gibi, bir İslam reformu da bahis konusu olamazdı. Daha katıksız bir ilk İslama dönüşün yanı sıra onu modern dünyaya uyarlı hale getirmeyi hedefleyen büyük İslam reformizmi hareketi, özellikle XIX. yüzyılın sonlarında, Hindistan ve Mısır Müslümanları arasında etkin durumdaydı. Bununla beraber, büyük İslam reformcusu Cemalettin Afganî, 1892 yılından başlayarak, sultanın has konuğu oldu; ne var ki, 1870'te İstanbul'da ilk bulunuşu sırasında olduğu gibi, bir yenileme mesajı taşıyıcısı olarak gelmemişti, 1878'de Hindistan'da yayımlanan ve tanrıtanımazları, yasa ve ahlak yıkıcılarını kesip biçen *Materyalistlere Reddiye*'nin yazarı sıfatıyla bulunuyordu. İstanbul'da ya da Arap eyaletlerinde, İslamın modernleştirilmesi üzerine düşünen kim ki var, Mısır'a kaçırtmıştı Osmanlı sansürü. Sonucu da şu oldu bunun: Geleneksel ilahiyatta olduğu gibi reformcu düşünce alanında da, Kahire, Müslüman dünyanın dinsel başkenti olarak İstanbul'un yerine geçti artık.

Abdülhamit'in büyük panislamcı siyasetinin paradoksal sonucuydu bu en azından!

Batı'nın etkisi

Abdülhamit'in, imparatorluğun Müslüman halklarının saflarını Halifelik teması çevresinde sıklaştırmaya giriştiği bir dönemde, Batı da, Osmanlı Devleti üzerinde baskısını yoğunlaştırıyordu. Gerçekten, Abdülhamit'in iktidara gelişi, XIX. yüzyılın sonlarına doğru "dünyanın paylaşılması"na varacak olan emperyalizmin genel yükselişinin başlangıçlarına denk düşer. 1873 bunalımı, büyük iktisadî durgunluğun ilk etkileri, korumacılığa dönüş, uluslararası doymak bilmez rekabetlerin ortamında, mamul ürünler ve sermayeler için hammadde mahreç avına götürür büyük devletleri. Osmanlı İmparatorluğu ise, Avrupa'nın yayılışının ilk avlarından biri oldu. Bununla beraber, İngiltere'nin Mısır'a el koyuşunu İtalya'nın Libya'yı işgalinden (1911) ayıran otuz yıllık süre içinde, Osmanlı toprakları, sömürgeci fetihlerden uzak kalacaktır hemen hemen. Ne var ki, imparatorlukta mali, iktisadî ve kültürel çıkarlarını geliştirmek amacıyla, Kapitülasyonların kendilerine tanıdığı ayrıcalıklardan ve Babıâli ile yaptıkları ticaret anlaşmalarının sağladığı olanaklardan yararlanmaktan alıkoymaz Batılı devletleri bu.

Mali planda, 1875 iflasından beri, Osmanlı borçlarının ödenmesi sorunu bir çözüm bekliyordu. Osmanlı ordularının Ruslar önünde geri çekilişiyle, Osmanlı tahvil sahipleri, imparatorluğun çöküş tehlikesi karşısında alabildiğine kaygılar içine düştüler. Berlin antlaşmasından sonra, Osmanlı hükümeti, yeni borç koşullarını görüşmek üzere, Avrupalı alacaklıların temsilcileriyle doğrudan temasa geçti. 1881 Kasım'ında "Muharrem Kararnamesi"nin ilanına vardı bu görüşmeler. Kararname, Osmanlı borcunun azaltılması ve uzun vadelere bağlanmasını öngörüyordu önce; nitekim, 280 milyondan 116 milyon Türk Lirası'na inecektir borç. Bu borcun hizmetine, hükümet, tuz tekeli, alkollü içkiler üzerinde vergi, pul resmi, ipekliler üzerinde ondalık, avlanma harçları, tütün gelirleri, vb. kimi gelirleri ayırır. Söz konusu gelirleri toplayıp yönetmek üzere de, Osmanlı hukuku çerçevesinde, ancak Osmanlı Maliye Nazırlığı'ndan bütünüyle ayrı bir mali örgüt, *Düyunu Umumiye* (Kamu Borçları İdaresi) kuruldu. Bu kuruluş, Osmanlı tahvil sahiplerini temsil eden yedi üyeden (bir İngiliz, bir Fransız, bir İtalyan, bir Avusturyalı, bir Alman, bir Osmanlı, bir de Galata bankerlerinin temsilcisi) oluşan bir kurulca yönlendiriliyordu; ve başkanlığını da, sırayla İngiliz temsilci ile Fransız temsilci yapıyordu.

Düyûnu Umumiye'nin kurulmasıyla, Osmanlı Devleti, borçlarını ödeyemez hale geldikleri için her ikisi de Avrupa'nın siyasal denetimi altına girmiş Tunus'un ya da Mısır'ın durumuna düşmekten kaçınmış oluyordu. Öte yandan, kurulan sistemin iyi işlemesi, büyük Avrupa devletleri yanında saygınlığının giderek eski halini alması ve 1881'den sonra da, elverişli koşullarda yeni borçlar almada görüşmelere kalkması olanağını verdi kendisine. 1881'le 1908 arasındaki Osmanlı ödünçleri, ilk borçlanmalardakinden çok daha fazla tahvil oranına yol açtı (1854-1881 döneminin ortalama % 58'ine karşılık % 80 ile 90 arasında) ve daha az faizleri oldu bunların (% 5 ila 6'ya karşılık % 3 ila 4). Düyûnu Umumiye, kimi hallerde olumlu bir iktisadî rol de oynadı. Böylece, Uzakdoğu'nun rekabeti ve hastalık yüzünden çökmüş olan ipekböceği yetiştirilmesi konusunda, uluslararası kuruluşun aldığı yerinde önlemler, hızla eski durumuna kavuşmasını sağladı bu kazançlı etkinliğin.

Ne var ki, geri kalan konularda, Düyûnu Umumiye'nin kurulmasının, Osmanlı Devleti için, ağır bir egemenlik kaybını temsil ettiğini söylemek gerek. Söz konusu kuruluş, yıllar ilerledikçe, devlet içinde devlet gibi hareket etmeye kalktı. Abdülhamit'in saltanatının sonlarında, eyaletlerde vergi harçları toplamak için 720 şubesi vardı kuruluşun; 5.500 kişi –Maliye Nazırlığı'ndakinden fazla!– çalıştırıyordu ve devlet gelirlerinin % 30'unu denetliyordu. Düyûnu Umumiye'nin Kurulundaki –kendi hükümetlerince özenle seçilen– temsilciler, pek büyük çıkarların sorumluluğunu yüklenmiş temsilcilerdi aslında. (Daha çok Fransız sermayesine dayanan) Osmanlı Bankası ve (1888'den başlayarak Osmanlı İmparatorluğu'nda yerleşen) Deutsche Bank ile, Düyûnu Umumiye, Osmanlı iktisat ve maliyesinin denetimini şahdamarından yakalamıştı. Avrupa'da kimi Osmanlı ödünçlerinin güvencesi ve yatırımını sağlayan kuruluş, sanayi yatırımları için arabuluculuk da yapıyordu ayrıca. Düyûnu Umumiye'nin yanı sıra, esas olarak Fransız sermayesine dayanan Tütün Tekeli İdaresi *(La Régie des tabacs),* tütün gelirlerini yönetmek amacıyla, 1883'te kurulmuştu. Bu da dev bir girişimdi: Çünkü, 1900'de 9.000'e yakın görevlisi vardı ve tütün kaçakçılığını kovuşturmayı üstlenmiş bir tür özel silahlı güç oluşturuyordu bunlardan bir bölümü. Çoğunlukla Müslüman el emeği kullanan bu iki kuruluşun başındaki bütün yönetici kadro, yabancı idi. Avrupa kapitalizminin Osmanlı İmparatorluğu'ndaki simgeleri olan Düyûnu Umumiye ile Tütün Tekeli İdaresi'nin, sonunda Avrupa'ya karşı düşmanlığı üzerlerine çekip toplamış olmaları anlaşılır böylece.

Bu kurumsal görünüşün dışında, Abdülhamit'in dönemi, özellikle devlet borçlanmaları konusunda kendini belli ediyor değil. Bütçe açığı ve askerî giderler nedeniyle, Abdülhamitçi devlet, borç almayı sürdürdü; ne var ki, bu borçlanmalar, toplam olarak Abdülaziz dönemindekinden daha az çapta oldu ve, görüldüğü kadarıyla, daha iyi kullanıldı. Buna karşılık, yatırımlar söz konusu olduğunda, Abdülhamit'in saltanatı, yabancı sermayenin, imparatorluğa yağmur gibi yağmaya başladığı bir anı temsil ediyor. Yabancı yatırımların başında gelen Fransız sermayesine bakarak hüküm vermek gerekse, durum şöyle: 1881'de, Fransız sermayesinin tutarı 85 milyon franktı; 1895'te 292 milyona ve 1909'da 511 milyona yükseliyordu, yani otuz yılda altı misli artmıştı. Şimdi, 1914'ten önce imparatorluğa yatırılmış yabancı sermayenin bütününe bakıldığında, bunun % 40'ı, 1888 ile 1896 arasında olmuştu. İmparatorlukta demiryolları yapımının hızlandığı bir döneme denk düşen yıllarda, yabancı sermayenin gerçek bir saldırısından söz edilebilir.

Gerçekten, yabancı yatırımların yeğledikleri alan demiryolu yapımı oldu; Birinci Dünya Savaşı'ndan önce Osmanlı İmparatorluğu'nda yatırılmış sermayenin üçte ikisi bu alandadır. Yabancı yatırımcıları çeken, Osmanlı hükümetince ödenen kilometre garantisi idi ki, bir en az gelir sağlıyordu onlara. Böylece, Anadolu'nun batısında 1876'dan önce başlanmış hatlar uzatıldı. 1888'de, bir Alman grubu, Anadolu Demiryolları ayrıcalığını elde eder. Çalışmalar pek hızlı sürer ve, 1892'den başlayarak Ankara'ya ulaşır demiryolu; birkaç yıl sonra, Eskişehir üzerinden Konya'ya bir kolla tamamlanır hat. Arap eyaletlerinde de, demiryollarının ilerlemesi çok hızlı olur. Toplam olarak, 1878'de 1.800 kilometre demiryolu vardı, 1908'de 5.800 kilometreye çıkacaktır bu. Demiryollarından başka, yabancı sermaye, limanlarla rıhtımlar ve bu arada deniz fenerleri yapımına da verir kendini.

Gerçekten, bu yabancı yatırımların alanlara göre dağılımı incelendiğinde, taşıma altyapısına ya da ticarete bağlı kesime açık bir yeğleyiş içinde olduğu görülür. Demiryollarına, limanlara ve rıhtımlara yatırılmış meblağların bütünü, toplam yatırımların % 73'ünü temsil etmektedir. Sigorta kumpanyaları ile bankalar da eklendiğinde buna, % 81'e ulaşır rakam. Bir başka deyişle, üretim, sanayi ya da maden kesimine yapılan yatırımlar % 10'dan azdır. Böylece, şurası açıktır ki, bu yabancı yatırımlar, Osmanlı İmparatorluğu'nun sanayi gelişimine pek katkıda bulunmuyorlar; tersine, tarımsal ürünlerin dışarıya gönderilmesini kolaylaştırarak, hammadde sağlayıcısı ve Avrupa'nın mamul maddeleri için pazar olma durumunu daha da ağırlaştırmaktadırlar.

Yatırımların ülkelere göre dağılımı göz önünde tutulduğunda, dikkati çeken şu: Yüzyılın son yıllarından başlayarak, İngiltere'nin durumu zayıflıyor, 1888'de, yabancı sermayenin % 56,2'si İngiliz'dir; 1914'te, % 15,3'e iner bu

167

oran. Aynı zamanda, Fransız yatırımlarının payı, % 31,7'den 50,4'e ve Alman yatırımlarının payı ise, % 1,1'den 27,5'e yükselmiştir. Osmanlı İmparatorluğu'nun alacaklısı devletler arasında Londra'nın açık biçimde geriye çekildiği de eklenirse buna, 1878'den sonra İngiliz-Osmanlı diplomatik ilişkilerindeki soğumaya koşut olarak, Osmanlı İmparatorluğu karşısında İngiliz kapitalizminin belli bir soğukluk içine girdiği sonucuna varmamak güçleşir.

Batı'nın mali ve iktisadî etkisinin yanı sıra, bir kültürel etkiden de söz edilebilir. Yeni bir olay değildir aslında bu; Osmanlı İmparatorluğu'nun tarihinde yukarılara çıkıldıkça, Avrupa'nın kültürel etkisinin izleri görülür. Ne var ki, XIX. yüzyılın sonlarıyla XX. yüzyılın başlarında eskisinden farklı bir boyuta bürünür olay. İmparatorlukta Müslüman olmayan azınlıkların korunmasını aralarında tartışan ve kendi okullarına, kendi hayır kurumlarına, kendi gazetelerine, vb. sahip olmanın arkasında koşan devletler arasındaki sert rekabetlerin konusudur da kültürel alan. Amerikan Protestan misyonlarının tarihi, Osmanlı toprağında, Batı'nın bu kültürel yayılışının güzel bir örneğini sağladı.

1830 yılına doğrudur ki, American Board of Commissionneers for Foreign Missions'un öncülüğünde, Amerikan Protestan misyonları, Osmanlı İmparatorluğu'nda hayırsever ve eğitim çalışmalarına başladılar. Ancak, özellikle 1870'ten sonradır ki, eylemleri gelişir onların. Bu dönemde, toplam 5.500 öğrenciyi içine alan 205 Amerikan okulu vardı. 1885'te, bu rakamlar, 390 okulla 13.800 öğrenciye yükselir; 1913'te, 430 okula dağılmış 23.500 öğrenci bulunuyordu. Söz konusu kuruluşlar, eyaletlerde, özellikle de Doğu Anadolu'da kurulmuşlardı. Gerçekten, Amerikan misyoner okullarında okuyanların çoğunluğunu Ermeniler oluşturuyordu. Birinci Dünya Savaşı'nın arifesinde, Amerikan orta ve yüksek okullarına, 399 Rum'a ve yalnız 122 Türk'e karşılık, 4.385 Ermeni öğrenci devam ediyordu. 1908'de, İstanbul'un en ünlü Amerikan kuruluşu olan Robert Kolej'in sıralarında Türkler % 5'i aşmıyordu. Çoğu kez izinsiz açılan bu okullar, Amerikan usulü bir eğitim veriyorlardı ve Osmanlı eğitim sistemiyle hiçbir ilişkisi yoktu bunun.

Amerikan okullarının aldığı mesafe ne olursa olsun, yüzyılın dönemecinde, imparatorlukta kültürel varlığını en çok duyuran Fransa'dır. Fransız dili diplomaside başta gelir (Osmanlı Hariciye Nazırlığı'nın arşivleri büyük bölümüyle Fransızcadır); iş yaşamında (Düyûnu Umumiye'de, Osmanlı Bankası'nda, Tütün Tekeli İdaresi'nde Fransızcadır kullanılan dil) ve kültürel yaşamında da böyledir. *Stamboul* gibi, Fransızca yayımlanan birçok büyük gazete vardır. Osmanlı okullarında, eskiden beri en çok okutulan yabancı dil Fransızcadır. Beyoğlu'nda (Péra), Lövantenler ve yabancılar arasında olduğu gibi dışarıya en çok açık Osmanlılar arasında da, Fransızca İtalyancanın yerini almıştır. İmparatorlukta kurulmuş olan Fransız okullarına 90.000'e yakın öğrenci devam etmektedir 1914'te. Oralarda da, daha çok Müslüman olmayan azınlıkların çocuklarına, özellikle Suriye ve Lübnan'daki Hıristiyan Araplara yarayan bir eğitimdir söz konusu olan. 1914'te, Fransız okullarında okuyan öğrencilerin % 8,7'si Müslümandı sadece.

Batı'nın bu çok yönlü etkisi karşısında ne oldu Osmanlı Devleti'nin tepkileri?

Abdülhamit'te, imparatorluğun bütünlüğünü –ne pahasına olursa olsun– savunma kararı ile onu Avrupa çıkarlarına terk etme arasında bir çelişme olduğu düşünülür kimi zaman. Aslında, Avrupa'nın yayılışına cepheden karşı koyamayınca, imparatorlukta büyük çıkarları olan Avrupalı devletlerin onun yaşaması ile kendilerini ilgili hissedeceklerini düşünüyordu sultan. Onlar arasında bir ölçüde dengeyi sürdürmekten ibaretti her şey! Tarihin Abdülhamit'i bütünüyle haksız çıkardığı söylenemez: Örneğin, imparatorluğa mali bakımdan alabildiğine bağlı olan Fransa'nın, 1895-1896'da Ermeni sorununa müdahale tasarıları karşısında kaytardığı görülecektir. Öte yandan, şunu da unutmamak yerinde olur: XX. yüzyılın başlarında doğan emperyalizm kuramları, ancak 1910-1911 yıllarına doğru tanındı İstanbul'da. Abdülhamit'in döneminde, bir yabancı sermaye akınının Osmanlı Devleti için bir tehdit oluşturabileceği düşünülmüyordu. Hasan Fehmi Paşa'nın, 1880'de sultana sunduğu bayındırlık planı anlamlıdır bu bakımdan: Nafıa Nazırı'nın görüşüne göre, demiryolları yapımında, yabancı ortaklıklara tanınacak ayrıcalıklarda hiçbir sakınca yoktur.

Ne var ki, Osmanlı yöneticileri, Osmanlı Devleti ile büyük devletler arasındaki ilişkilerde var olan en belirgin eşitsizlikleri sınırlamayı deniyorlardı aynı zamanda. Daha 1856'da Paris Kongresi'nde, Âli Paşa'nın, Kapitülasyonların kaldırılmasını sağlama yolundaki çabaları boşa gitmişti. Abdülhamit, onların kapsamını sınırlandırmaya kalktı birçok kez. Böylece 1900'de, imparatorluğa dışardan gelen mallar üzerindeki gümrük haklarını % 3 artırmaya karar verdi; ne var ki, Kapitülasyonlar kaldırılıyor diye bağırmaya başlayan yabancı devletlerin şamataları karşısında vazgeçmek zorunda kaldı bundan. Ancak 1907'de, Büyük Britanya ile Rusya'ya verilen ödünler pahasınadır ki, bir artış elde edebildi. Adliye alanında da, karma mahkemelerinin örgütlenişi hakkındaki 1879 yılında çıkarılan kanunlar, yabancıların yararlandıkları adli ayrıcalıkları sınırlandırmayı istiyorlardı; ne var ki, yabancı misyonlar bunları tanımayı reddettiler ve sürüp gitti diplomatik dokunulmazlık.

Yitirilmiş bağımsızlığın kimi alanlarda yeniden kazanılması yolunda Abdülhamit döneminde girişilmiş bu çabaların anlamlı bir örneğini, imparatorlukta yabancı postalar sorunu verir. XVIII. yüzyıldan beri, yabancı postaneler vardı ülkede ve, Osmanlı Devleti'nde posta hizmeti örgütünün yolunda gitmediği bahanesiyle, her türlü denetimden kaçıyorlardı. 1865'te, Âli Paşa'nın, onları ortadan kaldırma konusundaki önerisi havaya gitmişti. Abdülhamit, 1881 ve 1884'te, yeni girişimlerde bulundu. Gerçekten, Osmanlı hükümetine göre, Osmanlı posta sisteminde yapılan reform sonucu yararsız hale gelmişti bu yabancı postalar; öte yandan, Osmanlı Devleti'nin de üyesi olduğu Posta Birliği hakkındaki Berne Sözleşmesi'ne de aykırı düşüyordu varlıkları. Ne var ki, büyük devletler, kulaklarını tıkadılar buna. Sürgünde Jöntürk muhalefetinin ortaya çıkışıyla, yabancı

170

postaneler, özellikle de Galata'daki Fransız postanesi, yasak broşür ve gazetelerin gizlice yayılmasında yardımcı olurlar. Bundan kaygıya düşen sultan, yeni bir girişimde bulunur: 1901'de, Sirkeci Garı'nda, yabancı postanelere ait posta torbalarına el koydurtur; ancak, elçiliklerin protestoları karşısında, çabucak yüz geri etmek zorunda kalır. Dahası, 1908 Nisan'ında, İtalya, yeni postaneler açılmasını sağlamak için, Türk sularında donanmasına bir gösteri bile yaptıracaktır; ve, bir kez daha geri çekilmek zorunda kalacaktır sultan. Kısacası, imparatorlukta, elli yedi kadar yabancı postane olacaktır.

Böylece, Kapitülasyonların ortadan kaldırılması ya da sınırlandırılması konusunda Osmanlı yöneticilerinin yaptığı bütün girişimler, büyük devletlerin, imparatorlukta ayrıcalıklarını sürdürme yolundaki sarsılmaz kararlarına çarpıyordu. Sistem, öylesine âdet olup çıkmıştı ki, 1907 yılında, Japonya ile Osmanlı Devleti arasında elçi alıp verme konusundaki bir tasarı, başarısızlıkla sonuçlandı; çünkü, Kapitülasyon ayrıcalıklarının kendilerine de tanınmasını istiyorlardı Japonlar!

Böylece, Osmanlı İmparatorluğu, tam bir yarı sömürgedir yüzyılın dönemecinde. Onu daha ağır bir yazgıdan koruyan şey, büyük devletlerin birbirlerine karşı savaşını verdikleri tutkulardır; bunların yanı sıra, devletin içinde, güçlü ve yasal olarak tanınmış bir merkezî iktidarın sürmesi ve Avrupalıların tutkuları karşısında –bütüne bakıldığında– bir direniş ruhuyla canlı bir bürokrasinin varlığıdır. Bütün zayıflıklarına karşın, imparatorluğun siyasal yapısı, özerkliğini koruyabildi. Babıâli nezdindeki İngiliz Elçisi Lord Dufferin'in şu sözleri onu gösteriyordu: "Gerçek odur ki, hiçbir elçi, sultanı alıp cebine atamayacaktır[1]." Ne var ki, Batı'nın nüfuzu, siyasal bakımdan bir el koyuşa varmasa da, Osmanlı toplumunun evriminde etkisiz de değildi.

---

1. Zikreden: Froze Abdullah Khan Yasamee, *The Ottoman Empire and the European Great Powers,* daktilolu tez, Londres, 1984.

YÜZYILIN DÖNEMECİNDE OSMANLI TOPLUMU

İnsanların sayısı ve hareketi

XIX. yüzyılın son çeyreğindedir ki, Osmanlı İmparatorluğu'nun nüfusu üzerine veriler çoğalmaya başlar. Gerçekten, Osmanlı Devleti, ilk kez Abdülhamit döneminde olmak üzere, modern türde nüfus sayımlarına girişir. İmparatorluğun kuruluşundan başlayarak, Osmanlılar, vergi ve askerlik nedenleriyle nüfus defterleri tutuyorlardı; ne var ki, düzensiz tutulan bu defterler, sadece bir sancağı ya da bir eyaleti alıyordu içine. İlk genel nüfus sayımına, 1831'de yeniçeriliğin kaldırılışından sonraki bir iki yıl içinde girişildi; sonuç da, 3,6 milyon erkek nüfustu. 1875-1878 yıllarının altüst oluşlarının arkasından, Osmanlı yöneticileri, ordu ve maliyeyi yeniden örgütlemek (özellikle askerlik hizmetinden bağışık tutulmak amacıyla, bir vergi, *bedel* ödeyen Müslüman olmayanların sayısını bilebilmek) ve sığınmacılar sorununu çözmeye kalkmak için, nüfusun durumunu saptamak gereksinmesini duydular. Genel olarak, 1878'den sonra güdülen merkeziyetçilik siyasetine, imparatorluğun istatistik yönden iyiden iyiye tanınması çabası eşlik etti; 1891'de, Babıâli'de bir İstatistikler Kurulu oluşturuldu ki, bu alanda en modern kurumları örnek olarak almıştı kendisine.

Kadınları da içine alan ilk genel nüfus sayımına 1881'de girişildi, ama ancak 1893'te bitirildi: İmparatorluğun toplam nüfusu, 17,4 milyon olarak kestirilmişti ki, kimi boşluklar nedeniyle, 19 ya da 20 milyona çıkarılmalıdır bu rakam. Birincisinin yanlışlarını düzeltmek ve Makedonya'daki nüfusu daha iyi değerlendirebilmek amacıyla, 1905-1906'da bir ikinci sayım yapıldı. Sonuç, 20,8 milyon kişiydi. Merkezî yönetimin gerçekleştirdiği bu istatistiklere, devletin resmî yıllıklarında *(salname)* düzenli olarak yayımlanan eyalet sayımları ile, çeşitli din cemaatlerinin (Rum Patrikliği, Ermeni Patrikliği) giriştikleri sayımları da eklemek yerinde olur; Batılı gezginlerin, uzman ya da diplomatların genel ya da yerel yığınla kestirmelerini de unutmamalı!

Bu nüfus malzemesinin birden çoğalışına bakıp Osmanlı İmparatorluğu'nun yüzyılın dönemecindeki durumu hakkında aydınlık bir görüşe sahip olunabileceği sanılır. Hiç de öyle değildir aslında. Gerçekten, milliyetçi önyargılar ve tutkular, şu ya da bu cemaatin Osmanlı ülkesinin bir bölümünde haklarını saydırma isteği, sayısız saptırma ve çarpıtmaya yol açtı. Berlin Kongresi'nden başlayarak, gerçek bir "istatistikler savaşı" başladı ki, Birinci Dünya Savaşı'nın ertesine değin sürecektir. Nüfusun etnik ya da dinsel dağılımı söz konusu olduğunda anlaşılır bir şeydir bu; çünkü, en ağır uyuşmazlıklar bu noktalardadır. Osmanlı İmparatorluğu'nda Ermeni nüfusu, güzel bir örneğidir bunun. Ermeni Patrikliğinin sağladığı rakamlar, 1882'de 2.660.000 Ermeni ve 1912'de de 2.100.000 Ermeni gösteriyor. Buna yakın tarihlerde, Osmanlı Devleti'nin resmî sayımları pek farklı sonuçlar veriyor. 1881-1893 sayımında 1.080.000 ve 1914'te de 1.170.000'dir rakamlar. Görüldüğü gibi, tam bir uyuşmazlık içindedir bu rakamlar: Yalnız nüfusun miktarı ile ilgili değildir bu, nüfusun gelişimi ile de ilgilidir farklılıklar.

Günümüzde çoğu tarihçinin eğilimi, ciddi düzeltmelere gitmek koşuluyla, Osmanlı sayımlarının sağladığı rakamlara dayanma yolunda daha çok ve iki nedenden ileri geliyor bu: Birincisi, bu Osmanlı istatistikleri, içerde kullanılma amacıyla ortaya çıkmış belgelerdi ve yayımlanma amacını taşımadıkları için, propagandanın saptırıcı etkilerinden daha iyi uzakta kalabilmişlerdi belki; öte yandan, Osmanlı Devleti, iktidarı elinde tuttuğundan, insanları sayabilecek tek güç durumunda idi[1]. Ne olursa olsun, şunu da hesapta tutmalı: Kötü bir idare, imparatorluğun özellikle kimi ücra yörelerinde, sayım işlerini güçleştirmiş olsa gerekir.

Ne var ki, nüfusun etnik ve dinsel dağılım sorunlarının dışında, kabul etmek gerekir ki, hâlâ iyi tanınabilmiş değil

---

1. Osmanlı nüfusu hakkında son çalışmalar şunlardır: Justin McCarthy, *Muslims and Minorities, The Population of Ottoman Anatolia and the End of the Empire,* New York, 1983, ve Kemal H. Karpat, *Ottoman Population, 1830-1914, Demographic and Social Characteristics,* Madison, 1985.

173

Osmanlı nüfusu. 3,4 milyon km² üzerinde bir yirmi milyon kadar insanıyla, km² başına 6 kişi düştüğüne göre, yoğunluk zayıf durumda. Avrupa'nın sanayi ülkelerinin eriştiği yoğunluklardan pek uzak bulunuluyor. 1897'de Anadolu için kullanılan veriler, binde 37,5 bir doğum oranı ve binde 21,2 ölüm oranı gösteriyor. Ölüm oranı hâlâ yüksek düzeyde; veba salgınları ortadan kalkmış ve kolera sık görülür olmaktan çıkmış bulunsa da, halkın sağlık durumu için yapılması gereken çok şey var. Bu rakamlar komşu bir imparatorluk, Rus İmparatorluğu ile karşılaştırıldığında görülen şudur: Rusya, yüzyılın sonlarında, pek yüksek bir doğum oranı (binde 50) ve hayli güçlü bir doğal artış oranıyla, 65 milyon nüfusa sahip olduğuna göre, Osmanlı İmparatorluğu gerçek bir nüfus hareketliliğinden uzakta bulunmaktadır.

Osmanlı nüfusundaki doğal artış, bilebildiğimiz kadarıyla –görece– zayıf görünse de, nüfus çoğalışının hatırı sayılır bir bölümü dışarıdan göç olayına bağlıdır. XVIII. yüzyılın sonlarından başlayarak, Karadeniz, Kafkas ve Orta Asya doğrultusundaki Rus yayılışının önünden kaçan Müslüman halkları karşılayıp kabul etmektedir Osmanlı Devleti. Nüfusça zayıflamada askerî ve iktisadî bir elverişsizlik gören ve elinde de ekilmemiş yığınla boş toprağı olan bir devletçe, olumlu bir katkı olarak görülüyordu dışarıdan göç. Söz konusu göç, Kırım Savaşı ve Rusların Kafkasya'daki fetihleri sırasında özellikle yoğun oldu.

1875-1876 Balkan bunalımı ile Rus-Türk savaşı, Müslümanların Türkiye'ye doğru yeni bir toptan göçüne yol açtı. Balkanlar'da, hemen her yandan, Romanya'dan, Karadağ'dan, Sırbistan'dan, Bulgaristan'dan, Tesalya'dan akın akın göçmenler gelmeye başladı. 1876 ve 1879 yılları arasında özellikle büyük oldu göç dalgası; sonra bir parça hafifledi, ama bütünüyle ortadan kalkmadı hiçbir zaman. Toplam olarak, 1876'dan sonra Balkan Müslümanlarının Anadolu'ya akını 1,5 milyon dolayında kestiriliyor. Rusların kendilerine kattıkları Kars ve Ardahan kökenli binlerce Müslümanı da eklemeli bu rakama; Kafkasya'dan gelmeyi sürdürenleri de katmalı bu sayıya: 1881 ile 1914 yılları arasında, 500.000'e yakın Çerkes de gelip yerleşecektir Osmanlı İmparatorluğu'na. Yüzyılın sonlarına doğru, III. Alexandr'ın şiddet politikasından yakasını sıyırmak için, Kırım Tatarlarından, Kazan Tatarlarından ve Azerîlerden küçük gruplar sığındılar Türkiye'ye. Bunun gibi, 1897'de Girit'e özerklik tanınmasının arkasından, on binlerce Müslüman adayı terk ederek, gelip Batı Anadolu kıyısına yerleşti.

Bu dışarıdan göç hareketlerinin genişliği karşısında Osmanlı hükümeti, 1878'de bir *Muhacirin Komisyonu* kurdu ki, göç edenlerin taşınmalarını kolaylaştırmak ve yerleşmelerini örgütlemekle uğraştı söz konusu kurul. Göçmenler, yeni demiryolları boyunca, eldeki boş topraklara yerleştirildiler. Doğu'da, Rusya'yla yeni sınırın yakınında, hükümet, Kafkasya kökenli ya da Rusya'nın kendisine kattığı yerlerden gelen Müslümanları oturtmaya çabaladı ve, bu hassas bölgede, nüfusun Müslüman öğesini çoğaltacak biçimde hareket etti.

Osmanlı İmparatorluğu'na bu göçmen akınının birçok sonucu oldu. Başta, nüfusun bileşimi bakımından, Berlin antlaşmasının ülkesel hükümleriyle –bir bakıma– mekanik biçimde zaten artmış bulunan Müslüman oran, daha da güçlendi. Gerçekten, Balkan ya da Rusya kökenli Müslümanların iki ila üç milyonluk katkısı karşısında, 1878 ile 1914 yılları arasında, özellikle Hıristiyan (Ermeni, Rum, Arap) olmak üzere, 300.000 insan Osmanlı İmparatorluğu'nu terk ederek, Rusya'ya (Ermeniler söz konusu olduğunda) sığındı, ya da Birleşik Devletler'e gidip talihlerini denemeye kalktılar. Böylece, dışardan göç hareketleri, Osmanlı İmparatorluğu'nu bir tür İslamlaştırmaya katkıda bulundu; Abdülhamit'in, sığınmacıları güler yüzle karşılayıp kabul etmesinin budur bir nedeni de.

Sığınmacıların ya da muhacirlerin gelişi, Anadolu'nun insansal coğrafyasıyla ekonomisine önemli değişiklikler getirdi. Kimi yöreler özellikle yararlandılar bundan: Bursa, bunlardan biridir; nüfus yoğunluğundaki zayıflık ve doğal zenginlikleri nedeniyle, çok sayıda göçmen çekti kendisine, o kadar ki 1876 ile 1906 yılları arasında iki kat arttı nüfusu. Önce kırsal bölgelere yerleştirilen *muhacirler,* tarım kesiminden göçü hızla artırdılar. 1878'den sonra, kentsel bölgelere yerleşme hakkını da elde ettiler; o andan başlayarak, kimi Anadolu kentlerinin çevresinde, planı ve konut biçimi farklı *muhacir* mahalleleri görünmeye başladı. Örneğin, 1881 ile 1882 yılları arasında yapılan Ankara'nın Boşnak mahallesi ya da Çorum'daki birçok mahalleler böyledir. Eskişehir gibi bir kent, hareketliliğinin büyük bir bölümünü, yığınla Çerkes sığınmacının varlığına borçludur. Balkan göçmenler de, beraberlerinde hünerleri, hatta kimi zaman kendilerine işyerleri açma olanağı sağlayan sermayeleri ile çıkıp geldiler. XIX. yüzyılın sonlarına doğru su yüzüne çıkmaya başlayan Müslüman orta sınıfta, yığınla *muhacir* bulunmaktadır. Düşün alanında da önemli oldu katkı; Rusya'dan İstanbul'a sığınmış kimi Müslümanlar, Rus jimnaslarında ya da üniversitelerinde edinilmiş ciddi bir eğitimin yanı sıra, popülizm ya da sosyalizm gibi, bir yeni düşünceler dağarcığını da alıp getirdiler beraberlerinde. Bu göçmenlerin hepsi Müslüman dininden de olsalar, etnik ve dilsel yönden büyük bir çeşitlilik getiriyorlardı imparatorluğa. Balkanlar'dan yalnız Türkler gelmedi; Boşnaklar, Tatarlar, Nogaylar da geldiler. Girit'ten gelen Müslümanlar Rumca, vb. konuşuyorlardı. Bu öğelerin özümsenmesi ağır yürüdü.

İmparatorluğun Cumhuriyet'e bırakacağı sorunlardan biridir bu!

Dışardan Yahudi göçü

İmparatorluğun tüm nüfusu göz önünde tutulduğunda, dışardan gelen Yahudi göçü, pek küçük bir azınlık oluşturur. 1880'e doğru, Filistin'e yerleşmiş Yahudi nüfus sınırlı idi: Alabildiğine düzensiz bir göç akımının alıp getirdiği 24.000 kişi dolayında bir topluluktu bu. Orta ve Doğu Avrupa'da, Yahudiler, kısıcı önlemlerle sıkboğaz edilip kıyım ve kırımlara da uğrayınca, 1880 yıllarının başlarında değişir durum. Binlerce Yahudi göç yollarına dökülür: Çoğu kez Batı Avrupa ve Birleşik Devletler doğrultusundadır bu; ancak, küçük bir bölümü, Karadeniz ve İstanbul yoluyla Kutsal Toprak'a varmak için çabalar. 1882'de, milliyetçi Yahu-

176

di örgütü, Sion'un Aşıkları, ilk tarım kolonisini kurarlar Filistin'de.

Yığınla başkası izleyecektir onu.

Yüzyılın sonuna doğru, Theodor Herzl, önce 1896'da *Yahudi Devleti* adlı kitabını yayımlayarak, ertesi yıl da Filistin'de Yahudiler için bir ulusal yurt kurulması düşüncesindeki ilk Siyonist Kongre'yi Basel'de toplayarak, Siyonist hareketi başlatınca, daha siyasal bir çehreye bürünür olay. Niyetlerini Osmanlı toprağında gerçekleştirebilmek için, sultanın onayını elde etmesi gerekiyordu Herzl'in. Bir Yahudi yurdunun kurulması karşılığında, imparatorluğun mali güçlüklerini hafifletme yolundaki önerilerine karşın, sultandan ancak tatlı söz elde eder Herzl.

Gerçekten, Osmanlı yöneticileri, Siyonist hareketin Osmanlı Devleti için temsil ettiği tehlikelerin bilincindeydiler hayli zamandır. Filistin'e kitlesel bir Yahudi göçü, Avrupalı devletlerin nüfuzu ve el atmasına bir başka kapı açma tehlikesini taşıyordu; Müslüman olmayan bir azınlığa yardım edip onu koruma yolunda yeni bir fırsat elde edeceklerdi bununla. Böylece, Osmanlı Devleti için, çözülemez nitelikte yeni bir sorun yaratılmış olacaktı. Ayrıca, Abdülhamit'in büyük Arap siyasetini geliştirdiği bir sırada, "Kudüs'ü Yahudilere teslim etmek", mümkün görünmüyordu pek. O dönemde, Siyonizm karşısında yerel ciddi bir muhalefetten pek bahsedilmez ise de, Filistin'deki Arap tacir ve eşraf, Yahudi göçmenlerin yerleştirilmesi karşısındaki korkularını Babıâli'ye ulaştırmışlardı daha önceden.

1881 Kasım'ından başlayarak, Yahudilerin Osmanlı İmparatorluğu'na girişleri ve yerleşmelerine ilk kısıtlayıcı önlemler getirilmişti. Yahudiler, Filistin dışında, Osmanlı İmparatorluğu'nun her yanında yerleşme hakkına sahiptiler ve bu da, devletin kanunlarına uymak ve Osmanlı uyruğu olmak koşuluyla mümkündü. Öte yandan, Filistin'de yerleşmiş Yahudilere toprak satımı yasaklandı. Bu koşullarda, sultandan, Filistin'deki tasarılarını gerçekleştirme olanağını elde etme şansı pek yoktu Herzl'in.

Aslında, bu kısıtlama siyaseti, başarısızlığa uğradı büyük bölümüyle. 1908'de, Filistin'de oturan 80.000 Yahudi vardı; bunun anlamı şu ki, otuz yılda, Filistin'in tüm nüfusu içinde Yahudi öğenin oranı, % 5'ten % 10'a çıkmıştı. Yahudiler, Yafa'ya ve Hayfa'ya değin, Kutsal Kentler'in dışına taşıp yerleşmişlerdi ve 10.000 kişiyi barındıran yirmi altı tarım kolonisi kurmuşlardı. Böylece, dışarıdan Yahudi göçünün önüne geçememişti Osmanlı Devleti. Bir başarısızlıktı Osmanlı hükümeti için bu: Kuşkusuz, yerel Osmanlı idaresinin zaaflarına bağlıydı söz konusu başarısızlık; ancak, daha da fazla olarak, Siyonist hareketi destekleyen özellikle Almanya ve Rusya olmak üzere büyük devletlerin siyasetinin bir sonucuydu. Büyük devletler, dışardan göçü ve toprak alımlarını kısıtlayan önlemlerin Kapitülasyonlara aykırı olduğunu ileri sürdüler: Yahudiler için, Filistin'e tek başına göç etmek iznini kopardılar sultandan; öte yandan, bu Yahudilerden çoğu, Avrupalı konsolosluklar nezdinde "korunan" statüsünü elde etmişlerdi.

Köylerde ve kentlerde değişmeler

XIX. yüzyılın sonlarında, esas olarak bir tarım devletidir Osmanlı İmparatorluğu. Kırsal yaşamın ve tarımsal etkinliklerin tuttuğu yerin kimi nitelikleri vardır. Böylece, tarımsal nüfus, imparatorluğun tüm nüfusu içinde, % 75'le % 85 arasında bir yerdedir. Dışarıya satımların içeriği de, bir tarım ekonomisinin önde gelen payını göstermektedir: 1914'te, Anadolu gibi bir bölgenin dışarıya gönderdiklerinin % 80 ile % 85'i, tarım ürünleri üstünedir. Aynı dönemde, bir kestirmeye inanmak gerekirse, imparatorluğun ulusal gelirine, sanayinin % 17'lik katkısına karşılık, tarımın katkısı % 56'dır. Son bir işaret de, tarım dünyasının ödediği vergilerin payıdır. Ürün üzerinden % 10 ile % 13 arasında değişen bir vergiyi temsil eden başlıca vergi olarak *öşür* (ondalık) ile, her hayvan başına alınan *agnam* vergisi hesaba katıldığında, toplam vergi % 40 dolayında bir rakama ulaşmaktadır; ve, tarımdaki nüfusun kişi başına ödediği vergiler de eklenirse, Osmanlı vergi hasılasının yarısını aşan bir rakam elde edilmiş olur.

Osmanlı tarım dünyasının sırtına binen başlıca elverişsizliklerden biri, vergilerin ağırlığıdır hiç kuşkusuz. Ama yalnız o değildir! Tarım araçlarının ilkel niteliği, köylüyü tefecinin insafına terk eden sermaye eksikliği, devletin süreğen ilgisizliği de söz konusudur; belki hepsinin de üstünde, köylülerin askere alınması gelmektedir ki, özellikle Anadolu Türk köylüleri, ordu mevcudunun en büyük bölümünü oluşturmaktadır. Erkek nüfusundaki azlık bunun sonucudur ki, XIX. yüzyılın sonlarında, Anadolu köylülerinin göze çarpan niteliklerinden biridir bu!

Bu engellere karşın, tartışılmaz ilerlemeler kaydeder Osmanlı tarımı. Sultan Abdülhamit dönemini bu bakımdan niteleyen, pazarlanabilecek tarım ürünlerindeki ilerlemedir. Böylece Anadolu'da, pazarlama amacıyla tarımda bulunan bölgeler, batı yöresinde sınırlı idi o tarihe değin (Bursa ve Aydın illeri). Artık, Avrupa'dan gelen istem, daha ileriye doğru uzanır: Samsun ve Adana gibi yeni kıyı yörelerinin yanı sıra, Konya ve Ankara olmak üzere Anadolu yaylasının içlerine doğrudur da bu. Ulaşımın düzene girmeşiyle, bu nüfuz kolaylaşır açıktır ki: Liman kuruluşları, limanları ait oldukları artbölgeye bağlayan demiryolları, geleneksel pazarlarla demiryolları arasındaki yolların gelişimidir bunlar.

Tarımdaki ilerlemelere başka öğeler de yardımcı olur. Böylece, ham ipek üzerinden alınan ondalık gibi, imparatorluğun kimi tarımsal gelirlerinin sorumluluğunu üstlenen Düyûnu Umumiye İdaresi, üretimin düzeltilmesine yakından göz kulak olur. Tütün konusunda Tekel İdaresi'nin (La Régie) rolü hakkında da aynı şey söylenebilir. Ne var ki, bütün olarak, Avrupa isteminin işin içine girdiği hallerin dışında, tarımsal ilerlemeye yüreklendirme özellikle devletten gelmektedir ve altı çizilmesi gereken –görece– yeni bir olaydır bu.

Devletin olumlu rolü birçok görünüşlere büründü: İncelemelerini dış ülkelerde sürdürsünler diye dışarıya yollayarak ya da tarım kuram ve uygulamasının öğretildiği tarım okulları kurarak tarım uzmanları yetiştirmek, bunlardan biridir. En tanınmış okul, İstanbul'da Halkalı Ziraat Mektebi oldu; ancak Bursa'da ve Selanik'te başkaları da kuruldu. Bunun gibi, gübre kullanımı ile tohumlardan yararlanmayı yaygınlaştırmak; ve, en çok aranan tarım ürünlerinin ekimi-

179

ne köylülerin kendilerini vermelerini yüreklendirmek amacıyla, örnek çiftlikler de açıldı. Yüzyılın sonlarında, bir Madenler, Limanlar ve Ziraat Nezareti kuruldu. Tarımsal atılımda sürekli bir rol oynamaya aday kuruluşlar arasında, Ziraat Bankası'nı zikretmeli: Çiftçi dünyasında sermaye eksikliğine çare bulmak ve aracılarla tefecilerin yerine geçmek amacıyla, 1888 yılında kuruldu bu banka. Aslında, söz konusu banka, özellikle hali vakti en çok yerinde olan köylülere kredi dağıtacak; ve, kırsal kesimde sosyal eşitsizlikleri çoğaltırken, pazarlanabilecek ürün ekimini de yüreklendirecektir böylece.

Tahıl, yüzyılın sonlarında, Osmanlı İmparatorluğu'nun başta gelen ürünüdür hep. Anadolu'da, bir yıldan ötekine iklimdeki değişikliklere bakarak ekilen yüzeyin % 75'i ile % 90'ı arasında bir yer tutar tahıl; ve, demiryollarının yapılmasıyla hatırı sayılır bir ilerleme gösterir. Çok daha üstün bir makineleşme koşullarında üretilen Rus ve Amerikan buğdayının sert rekabetine karşın, Anadolu buğdayıyla beslenmeye başlar İstanbul bu demiryolları sayesinde. Ne var ki, özellikle dışarıya satılan tarım ürünlerindedir ilerleme; 1900'den sonra, koşullardaki değişiklik ve fiyatlardaki yükseliş Osmanlı üreticilerinin üzerinde yüreklendirici bir rol oynadığında, özellikle böyledir bu. Pamuk örneği, dış istemin yerel üretimdeki değişiklikler üzerindeki etkisini pek iyi gösterir. İmparatorluğun, Amerikan Ayrılıkçı Savaşı sıralarında pamuk ekimine doğru yönelmiş kimi yöreleri, bu savaştan sonra yelkenleri suya indirir ve ekimi azaltırlar. Ne var ki, 1900'den sonra, dünya çapındaki istem yeniden öylesine güç kazanır ki, tekrar pamuk ekimine kendilerini vermeye kalkar üreticiler. Böylece, Adana yöresinde, on yılda üç katına çıkar üretim ve aynı süre içinde iki katını bulur Suriye'de. Hızla gelişen dışsatıma konu öteki ürünler arasında, kuru üzümü zikretmeli: Bu ürün, bir bağ hastalığına ve Fransız korumacılığına karşın, İzmir yöresinin dışarıya sattıklarında ön sırayı alır yüzyılın başlarında. Aynı artış, incir (dışsatımı, 1860 ile 1914 yılları arasında dört katına çıkmıştır) ve tütün (üretimi, 1880 ile savaş arasında iki katına ya da üç katına yükselmiştir) için de söz konusudur.

Tarımdaki gelişime, tarım dünyasındaki sosyal değişiklikler de eşlik eder; Abdülhamit döneminde daha şimdiden açıkça ortaya çıkmıştır bu. Bütüne bakıldığında, Osmanlı kırsal kesimine alabildiğine egemen olan, çoğu kez 5 hektara varmayan küçük aile işletmesi rejimidir. Toprak, devletindir ilke olarak; ancak uygulamada ve 1858 Arazi Kanunu da kabul etmiştir bunu, köylü işlediği topraktan yararlanmakta ve onu istediği gibi satmakta serbesttir. Bununla beraber, Tanzimat'tan beri kendini belli eden eğilim, sınırlı da olsa, modern türde büyük işletmelerin oluşumudur ki, tarım proletaryasının ortaya çıkışına da yol açmaktadır. İzmir artyöresi, Kilikya ovası gibi, dış pazarlara en çok dönük tarım yörelerinde özellikle güçlüdür bu eğilim. Kullanılabilir toprakların bolluğu ve, büyük toprak sahiplerine karşı güven beslemese de, pazar için tarımı vergisel ve iktisadî nedenlerle yüreklendiren devlet siyaseti de artırmadadır bu eğilimi. Zaten, bir parlamento kürsüsü olmadığından, bu büyük toprak sahiplerinin, Jöntürklerin iktidara gelişinden önce bir siyasal ağırlığı olmayacaktır pek.

Büyük işletmelerin gelişmesi, daha da özellikle Kilikya ile İzmir yöresinde görülür. Adana dolayında ise, yüzyılın ortalarına doğru büyük mülkiyetler ortaya çıkmaya başlar; kullanılır toprakların bolluğu, ulaşımdaki kolaylıklar ve yörenin pamuk tarımına olan yönelişi de destekler bunu. El emeğinin azlığı bir engeldir; ancak, *muhacir*lere ya da mevsimlik tarım işçilerine çağrıda bulunarak ve özellikle makineleşme geliştirilerek çare bulunur buna. Kilikya, 1914 savaşından önce, Osmanlı İmparatorluğu'nun en çok tarım makinesi kullanan bölgesidir.

İzmir yöresinde, büyük mülkiyetin oluşumu, yabancıların, özellikle de İngilizlerin eseri oldu. Yabancılara imparatorlukta toprak edinme iznini veren 1867 kanunundan yararlanan İzmirli kimi İngiliz tacirler, artülkede, tarım işçisi ile makine kullanan kapitalist türde büyük işletmeler kurdular. İzmir'de Londra, Liverpool, Marsilya, Hamburg, vb. ile ilişkileri olan ticaret evlerine sahip çiftlik sahibi tacir kişilerdi söz konusu olan daha çok. Ne var ki, büyük mülkiyet sahibi İngilizler, yüzyılın sonlarına doğru gerileme eğilimi içine girerler görüldüğü kadarıyla. Birçok nedenleri vardır

181

bunun: El emeğinin azlığı, tek başına ayaklanmalar biçiminde ortaya çıkan köylü hoşnutsuzluğu, yöreyi sürekli kasıp kavuran ancak devlet makamlarının da gevşekçe mücadele ettikleri eşkıyalık, yabancı tarım işletmeleri üzerinde cesaret kırıcı bir etkiye yol açar sonunda. Böylece, ünlü eşkıya Çakıcı, İzmir'den uzanan yollarda ve demiryollarında hemen hemen sürekli bir güvensizlik yaratarak, bir on yıl kadar sarsar durur yöreyi. Yüzyılın başlarında, bölgenin dışarıya yolladığı tarım ürünleri ticareti, Rum ve Ermeni burjuvazisinin eline geçmiş durumdadır çoğu kez.

Başka yerlerde de görülen bir olaydır bu. Örneğin Adana yöresinde, büyük toprak sahipleri, çoğunlukla Rumlar ve Ermenilerdir; Rumlar, pamuk tarımına egemendirler. Marunîlerin, dut üretimine baştan aşağı egemen oldukları Lübnan'da daha da açıktır söz konusu gelişme. Böylece, Orta Anadolu'da –daha çok Müslümanların elinde olan– tahıl tarımına ve çevre ile kıyı yörelerinde –daha çok azınlıkların elinde bulunan– dışarıya satılacak tarım ürünlerine genel olarak karşı çıkmak çekici olacaktı.

Yüzyılın dönemecinde, Osmanlı kentleri de, gitgide artan bir sosyal farklılaşma gösterirler. İçlerinden kimisi, XIX. yüzyıl boyunca göz alıcı bir gelişmeye tanık olurlar. En hızlı bir gelişme içine girenler, İstanbul, Selanik, İzmir gibi liman kentleri olur. Beyrut, bir yüzyılda 6.000'den 140.000'e çıkar nüfusça. Aynı süre içinde, İstanbul'la İzmir'in nüfusu üç kat artar; Selanik'in nüfusu iki misline yükselmiş olmalı. Buna karşılık, nüfusu bir yüzyılda on katına çıkmışa benzeyen Eskişehir gibi birkaç istisna bir yana bırakılırsa, İç Anadolu'nun orta çaplı çoğu kenti, durağan bir nüfusa sahip olmuşa benzer XIX. yüzyıl boyunca. Dikkat çekici bir sanayileşme olmadığından, tarım nüfusunun göçü diye bir olay da söz konusu olmadı.

İmparatorluğun büyük kentlerinin dışında sanayileşme yoktur; buna karşılık, zanaatçılığın çöküşü de hemen hemen geneldir. Ankara'da, yün dokuma atölyeleri aşağı yukarı kaybolmuş durumdadır ve kent elindeki ham yünü dışarıya satmaktadır. XIX. yüzyılın başlarında önemli bir gelir kaynağı oluşturan bakır kap kacak üretimi bakımından Tokat için de aynı şey söz konusudur. Bursa'da, ipekli dokuma tezgâhlarının sayısı binken 75'e düşer. Pamuklu do-

182

kumalar için de pek hızlı olursa da gerileyiş, yüzyılın sonuna doğru kararlılık kazanmışa benzer; dışarıdan getirilen Avrupa, özellikle de İngiliz pamukluları, içerdeki tüketimin % 80'ini temsil etmektedir o sıralar; ne var ki bu rakamı da aşmaz, çünkü Selanik ve Makedonya'da birkaç modern fabrika kurulmuştur ve pamuklu dokuma yüzyılın sonlarında çoğalır bile. İstisnai olarak, Anadolu'nun batısındaki halı üretimi gibi kimi zanaat etkinlikleri, yeniden canlılık bile kazanır; ne var ki, dış istemle ilişkisi olan birkaç büyük firmanın üretimi örgütlemesine ve pazar için üretim yapmasına bağlı bir istisnadır söz konusu olan.

Abdülhamit döneminde büyük Osmanlı kentlerinin sergilediği yeni sosyal görünüşlerden biri, bir proletaryanın ortaya çıkışıdır. İmparatorluğun, (İstanbul, Selanik, İzmir gibi) birkaç büyük kenti ile sınırlı kalır bu olay ve çapı daha da sınırlıdır. 1908'de, büyük yaz grevlerinin patlak verdiği sıralarda, imparatorluğun emekçi nüfusu, –70.000'i kadın olmak üzere– 250.000 işçi dolayındadır; ve, esas olarak, dokuma fabrikalarında, tütün imalathanelerinde ve besin sanayisinde toplaşmış durumdadır bu. Pek çetindir çalışma koşulları, günlük çalışma süresi uzun ve ücretler de düşüktür. İşçi örgütleri yoktur; ne var ki, işçilerin yazgısıyla uğraşan insansever kulüpler, 1894-1895'te İstanbul'da kurulan *Amele-i Osmanî Cemiyeti* gibi işçi dernekleri ve, 1880 yıllarından başlayarak, madenlerde, tersanelerde, demiryollarında ve denizcilik kumpanyalarında gelişmeye başlayan yardımlaşma ya da emeklilik sandıkları vardır. Bu işçi topluluğun –söz konusu dönemde "işçi sınıfı"ndan söz etmek güçtür– mücadeleciliği, grev silahına başvurmakta gösterir kendini; grev, yasaklanmış da olsa, 1872 ile 1908 arasında bir elli kadar iş durdurma eylemi görülecektir. Bu grevlerin çoğuna yol açan, ücretlerin ödenmesindeki alabildiğine gecikmelerdir. Yabancı işletmelerde olan grevler daha da sertlikle bastırılır: Kaygılandırmamak gerekir yabancı sermayeyi! Bu yabancı kuruluşlarda, –henüz tohum halinde– bir sınıf bilincinin ortaya çıkışı, etnik düşmanlıklarla astarlanır sık sık. Örneğin, Anadolu Demiryolları Kumpanyası'nda, Türk işçiler, Rum ve Ermeni uzman işçiler ya da ustabaşılara karşı, husumetlerini ortaya korlar birçok kez.

183

Bu yeni işçi topluluğu, henüz kentin gerçek görünüşüne damgasını vuramayacak denli sınırlı da olsa, başka iki sosyal olay vardır ki, aynı şey söz konusu değildir onlar için ve kent de, XIX. yüzyılın sonlarında sahnedir onlara: Bürokrasinin yükselişi ile, imparatorluğun Müslüman olmayan azınlıkları arasında bir burjuvazinin gelişmesidir bu iki sosyal olay. Devlet örgütündeki genişleme, belediye hizmetlerinin artışı, okulların çoğalması, yığınla insan çalıştıran Düyûnu Umumiye ya da Tütün Tekeli İdaresi (La Régie) gibi kuruluşların ortaya çıkması, memur ve müstahdemlerin sayısını kabarttı ve bir orta sınıfın oluşumuna götürdü.

İyi yaşama ve özgürlük isteğini açıklamakta gecikmeyecektir bu sınıf!

Bu olaya koşut olarak, imparatorlukta Avrupa'nın iktisadî ve kültürel yayılışına, Müslüman olmayan azınlıkların, özellikle Rum ve Ermenilerin yükselişi eşlik eder. XIX. yüzyılın sonu ile XX. yüzyılın başları, gerçekten bir altın çağdır bu yeni burjuvazi için. Müslüman olmayanların oranı, kentlerde eskisinden güçlüdür daha şimdiden. Gerçekten, kent halkının üçte birini temsil ederler ve imparatorluğun toplam nüfusunun ise beşte birini oluştururlar. Öyle de olsa, tacirler, işadamları, girişimciler, onlar arasından çıkar. İzmir'de, XIX. yüzyılın son çeyreğinde bu sosyal sınıfın oluştuğu görülür. Daha önceleri Rumlarla Ermeniler, İngiliz firmalarına aracı ve ajanlık göreviyle yetinirlerken, kendi ticaret evlerini kurmaya ve dışalım-dışsatım işlerine atılmaya başlarlar. 1893 yılından kalkarak, Rumlara ve Ermenilere ait 97 ticaret evi sayılır İzmir'de, 34 ticaret evi de Aydın'da. Ticari ve iktisadî etkinliklere bu el koyuş, kıyı yörelerinde değildir sadece: Aynı zamanda Ankara'da, Rumlar Ankara yününün ticaretini ellerine geçirmişler ve Ermeniler de transit ticareti denetlemektedirler. Kent nüfusunun üçte birini temsil eden bu insanlar, bütün ticaret etkinliklerini buyrukları altına almışlardır.

Rum ve Ermeniler, dış ticarette egemen durumdadırlar artık; banka ve sanayi etkinliklerinde de öyledirler. Osmanlı İmparatorluğu'nun, 1913-1915'te gerçekleştirilen ilk sanayi "sayım"ı, bu eğilimin altını çizecektir: Sayıma tabi tutulmuş sanayi kuruluşlarına yatırılmış sermayenin % 50'si, Rumların elindedir, % 20'si Ermenilere, % 5'i de Yahudilere aittir; geri kalanı, yabancılar (% 10) ve Türkler (% 15) arasında paylaşılmaktadır. Bir başka deyişle, Birinci Dünya Savaşı'nın eşiğinde, sanayi sermayesinin dörtte üçü, Müslüman olmayan Osmanlılarca denetlenmektedir.

İktisadî etkinliklerde tutulan bu yer, kültürel alandadır da: Her yanda, okulların ve öğrencilerin sayısı, nüfus sayılarına oranla, Rumlarda ve Ermenilerde daha yüksektir. Böylece, İzmir eyaletinde, 300.000 Hıristiyana karşılık 1,1 milyon Müslüman olduğu halde, ortaöğretime giden öğrenci sayısı, 7.300 Hıristiyana karşılık 3.500 Müslüman çocuğudur. Buna benzer oranları Ankara'da, Erzurum'da, Konya'da da vb. bulmak mümkündür. İmparatorluğun Yahudi nüfusuna gelince, Dünya Yahudi Birliği'nin kurduğu okullar sayesinde, onlarda da görece yüksektir okula gidenlerin sayısı.

Yüzyılın başlarında Osmanlı kentlerinin görünüşü, bu sosyal gelişmelerin damgasını taşır açıkça. Abdülhamit döneminde bürokrasinin ve merkeziyetçiliğin gelişmesi, kentin merkezinde "modern" devlet yapılarının kurulmasını da getirir beraberinde: Hükümet konakları ya da belediye binaları, hastaneler, okullar, kışlalar, demiryolu garlarıdır bunlar. Bu türden ilk yapılar, Ankara'da 1882'de, Afyon'da 1896'da, Çorum'da 1900'de ortaya çıkarlar. İnsanı çarpan, mimarlık yönünden bir örnek oluşlarıdır bu yapıların: Edirne'den Beyrut'a ya da Şam'a değin, saltanatını kuran aynı neo-klasik biçemdir. Dönemin, *Malümât* gibi resimli dergileri, bu binaların fotoğrafları ile doludur ve imparatorluğun yenilikle birliğine tanıklık etmek üzere alınıp konulmuşlardır dergiye.

Kent içindeki modernleşme, altyapının kurulmasında (kaldırımlı yollar, kent aydınlanması, lağımlar) ve ulaşım yollarının düzenlenişinde kendini gösterir. Ankara'daki İstasyon Caddesi gibi, geniş caddeler açılır; atlı arabalara açar bunlar kenti. Kentlerin çevresinde oturmak mümkündür artık; dış mahalleler ortaya çıkar. Kentte oturulan meskenler de, bu gelişimlerin damgasını taşır: Geleneksel Osmanlı evlerinin yanında birçok katlı modern evler kendini gösterir. 1860 yılından başlayarak İzmir'de ya da Afyon'da içine girilen bu süreç, 1900'e doğru konut biçiminde açık bir farklılaşmayı gösterir. Ankara'da, daha da geç olarak, yüzyılın sonlarından başlayarak olay kendisini gösterir; bununla beraber, kent, türdeşliğini büyük bir bölümüyle korumaktadır. Büyük kentlerin dolayında, yazlık bölgeler çıkar ortaya; Rum ve Ermeni burjuvazisi ile yüksek Osmanlı görevlileri, yazları oralara çekilirler. Foça gibi bir kentin durumu böyledir: İzmir'in zengin Rumları, yüzyılın sonlarında taştan güzel evler yaptırırlar orada. İstanbul'da, Boğaziçi ve Adalar, "ikinci ikametgâhlar"la donanırlar.

İstanbul ve Osmanlı kültürü

Şaka yollu şöyle denmiştir hep: Osmanlı İmparatorluğu, İstanbul ve imparatorluğun geri kalanı diye ikiye ayrılmıştır. Gerçekten de başkent, coğrafi durumu ve yaygınlığı, tarihinin zenginliği ve siyasal ve kültürel rolü bakımından, apayrı bir dünyadır kendi başına. Aynı zamanda, Osmanlı kentinde gözlemlenen sosyal gelişmenin eğilimleri İstanbul için de söz konusudur; ne var ki, kentin boyutları çapında irileşmiş ya da abartılmıştır bu eğilimler.

İstanbul, XIX. yüzyıl boyunca, hızlı bir nüfus artışına tanık oldu: 1844'te 391.000 olan nüfusu 1886'da 850.000'e çıktı ve 1900'e doğru da bir milyona erişti. Bu artış, nüfusun doğal çoğalışından çok, köyden kente göç ve, daha da fazla olarak, dışarıdan içeriye göç olayına bağlıdır kuşkusuz (1876'dan sonra artış pek çabuktur). Dışarıdan yabancı akını da bir rol oynamış olsa gerek bunda. 1886'da 130.000 olarak kestirilmiştir bu yabancılar ki, nüfusun % 15,3'ü demektir; pek yüksek görünmektedir bu rakam, ne var ki bir yabancı pasaportla beraber yabancı elçiliklerin korumasını elde etmiş yığınla Müslüman olmayan Osmanlı'yı da sokmalıdır bu sayıya. İstanbul kenti için 1886'da yapılmış bir Osmanlı istatistiği, şu etnik ve dinsel dağılımı veriyor: % 44 Müslümanlar, % 17,5 Rumlar, % 17,1 Ermeniler, % 5,1 Yahudiler. •Yüzyılın sonuna doğru, başkentin Osmanlı halkı, aşağı yukarı eşit biçimde Müslümanlar ve Müslüman olmayanlar arasında bölüşülmüştür böylece.

Başkentin coğrafi yayılışı, XIX. yüzyılın ikinci yarısında pek hızlı bir görünüşe büründü. Bu yayılış, Haliç'in güneyindeki kent bölümü, İstanbul için söz konusu olmayıp Bizans'ın surlarının dışına taşmamaktadır o bölge; yayılış, Beyoğlu'nun (Pera) ötesindeki kuzey dış mahalleleri almaktadır içine. Kentin genişlemesi, iki mihvere göre olmaktadır: Birincisi Taksim alanının kuzeyindedir ki, Şişli'nin mahalleleri kurulmuştur orada; ikincisi Boğaziçi doğrultusunda, Beşiktaş mahallesi dolayında ve Dolmabahçe ile Yıldız sarayları yakınındadır. Kıyıdan başlayarak, kent örgüsü, kuzeybatı doğrultusunda tepeleri tırmanmaya başlamış ve yeni mahallelere doğru gitmektedir.

Kent büyüdükçe, ulaşımdaki modernleşme, çeşitli mahalleleri birbirine yaklaştırmaktadır aynı zamanda. XIX. yüzyılın son otuz yılına damgasını vuran şunlar olur: Boğaziçi'nde gidiş-gelişin genişlemesi (1909'da otuz altı gemi hizmete konmuştur), at koşulu tramvayların ortaya çıkışı, 1875'te Haliç'te yeni bir köprünün hizmete açılışı, Galata ile Pera arasında kablolu bir metro hattının kurulması; 1888'de Orient Express'in gelişiyle, demiryolunun kente girişini ve ertesi yıl da, Sirkeci'de yeni garın yapılmasını unutmamalı. Bütün bu gelişmeler, bir örnekliğe varmamakla beraber, nüfusun günlük yaşamında bir karışmaya olanak sağlamaktadır.

Tam tersine, yeniliğin gelip çarpması, aslında Haliç'in her iki yakasında olmak üzere, İstanbul'un mahalleleri arasındaki farklılaşmayı da artırma eğilimindedir. Kuzey bölümü (Galata ile Pera), Tanzimat döneminde, özellikle azınlıkların önayak olmaları sonucu bir örnek belediyenin (VI. ilçe) kurulmasıyla, değişikliklerden yararlandı; ve, donanışta (gazla aydınlatma, su getirilmesi, lağımlar), kentçilik (parklar ve 1870'teki büyük Pera yangınının kolaylaştırdığı yeni doğrultular açma) ve hastaneler ya da belediye binaları gibi yeni yapılar yapma konusunda, kentin geri kalan bölümünden ileriye geçti bir tür. İstanbul camilerinin geleneksel görünümü karşısında, Beyoğlu, yeni yapıları, büroları, bankaları, tiyatroları, otelleri, mağazalarıyla, daha modern ve Batılı bir görünüş sergiler. Eski kent, daha az hareketli gibidir. Her yeni yangın, Haliç'in kuzeyine doğru adımlar atmaya yol açar ve, kendi haline terk edilmiş mahalleler ve boş arsalardan oluşan delikler açılır kentin örgüsünde.

187

Bununla beraber, Haliç'in iki yakasında, birinde Avrupalı ve Hıristiyan bir kentin ve ötekinde Türk ve Müslüman bir kentin karşı karşıya durduğunu sanmamalı. İstanbul, son bir eserde de hatırlatıldığı gibi, bir koloni kenti değil, karmaşık bir gelişmenin ürünüdür[1]. Kuzey mahallelerde (Galata, Pera, Tophane, vb.), Müslüman öğe, yüzyılın sonlarında nüfusun % 21'ini temsil ediyor. Bu öğenin varlığı, iş yaşamına katılmasının yanı sıra, Beşiktaş'la Rumeli Hisarı arasında büyük oranda Müslümanı bir araya getiren sultan saraylarının çekiciliğiyle açıklanır. Tersine, kentin eski bölümünde, Müslümanlar, nüfusun % 55'ini temsil ederler ve ezici bir çoğunluk oluşturmaktan uzaktırlar böylece. Ancak, gerçek olan şu ki, yüzyılın sonlarında belirginleşen eğilim, Rumların, Ermenilerin ve Yahudilerin modern mahallelere doğru göç etmeleriyle belirginleşiyor. Örneğin, Patrikhanenin bulunduğu Fener mahallesinin zengin Rumları, Beyoğlu'nun kuzeyinde ya da Adalarda yeni evlerde daha da isteyerek yerleşirler.

Böylece, Haliç'in iki yakasında ortaya çıkan farklılık, "uygarlık" planındadır daha çok. İstanbul'da hayli az sayıda olan yabancılar (nüfusun % 1,5'i), Beyoğlu'nda kendi dünyalarındadır ve önde gelen bir yer tutarlar. Kozmopolit seçkinler, Abdülhamit'in saltanatında, kendi "belle époque"larını yaşarlar. Kentin bağrında, diplomatik temsilciliklerin mutlak gücü, yaşamlarını tam bir güvenlik içinde sürdürme olanağını sağlar onlara. Her zaman alabildiğine canlılık içinde olan Pera'nın büyük caddesi *(İstiklâl Caddesi),* üzerinde lüks dükkânların, birahanelerin, kahvelerin, gözde pastanelerin açılıp serpildiği anayoldur. Tiyatroların, zarif lokantaların, kulüplerin devridir bu. Beyoğlu, o dönemde, başta ünlü Pera Palas olmak üzere, kimi büyük otellerin yapılmasının da gösterdiği gibi, uluslararası turizmin en çok ziyaret ettiği bir yer de olur. Her yanda Fransızcadır konuşulan. Âdetleriyle, eğlenceleriyle, giysi modalarıyla öykünülüp durulur Batı'ya.

İşte Haliç'in bu kuzey mahallelerinin arasındadır ki, İstanbul'un orta sınıfları yenilikle ilişkiye girerler; ve Beyoğ-

1. Zeynep Çelik, *The Remaking of İstanbul, Portrait of an Ottoman City in the Nineteenth Century,* Seattle et Londres, 1986, s. 160.

lu'nun prizmasına bakıp, hem büyüleniş hem redde giden bir ilişki kurulur Batı uygarlığı ile. Lüks, konfor, davranış özgürlüğü, kadının bağımsızlığı, eğlencelerdeki çeşitlilik, zevk alınacak yerlerin bolluğu karşısında bir büyüleniş vardır; ne var ki, aynı zamanda geleneksel ahlak, bu gösterişçi davranışlardan incinip altüst olmuş bir halde, sertleşip direnme eğilimi içine girer. O dönemde ortaya çıkan Türk romanı, bu çelişik duyguları dile getirir: Genellikle aşırı Batılılaşmış Türkleri hedef alıp onların gülünçlüklerini ve, geleneklerine ihanet etme pahasına, Batı'dan ne ki geliyor takılıp kaldıkları züppeliği sergiler.

1900 dolayında İstanbul'da kültürel yaşam, sansür de olsa yoğunluğunu sürdürür ve, egemen olan daha İslami havaya karşın, Batı'nın eskisinden çok daha fazla içine gelip girdiği bir yaşamdır bu. Selanik, İzmir, Beyrut gibi kentler, her biri kendi havasında olmak üzere, katılır bu kültürel atılıma; ne var ki yayın, sanat ve düşünceler planında en etkin merkez durumunu sürdüren İstanbul'dur.

Basın ve yayın, hatırı sayılır biçimde ilerler Abdülhamit döneminde. Bu ilerlemeleri, basım makinelerinin –ki 1883'te 54 iken 1908'de 99'a çıkar sayıları– ya da basılan kitapların sayısına bakarak ölçmek mümkündür: II. Mahmut döneminde, ortalama 11 eser yayımlanıyordu yılda; bu ortalama, Abdülmecit döneminde 43'e, Abdülaziz döneminde 116'ya ve Abdülhamit döneminde 285'e çıkar. Basına gelince, günlük gazete sayısı az da olsa, dönem için önemli baskı sayısına yükselirler: İkdam 15.000 basar, Sabah da 2.000. Siyasal ortam, her türlü eleştirici değerlendirmeden yoksun kılsa da onları, Osmanlı seçkinleri arasına, her gün bir gazete okuma alışkanlığını yaymada yardımcı olurlar yine de. Genel okuyucu için, l'illustration'un rolünü oynamaya soyunmuş, Malûmât gibi –alabildiğine– yarı resmî resimli dergiler vardır artık.

Bu dönemin kitap ve gazetelerinin içeriğine niteliğini veren, Batı dünyasına daha da fazla açılıştır. Tanzimat dönemindeki eğilim sürmektedir böylece; hatta sansür olayının etkisiyle daha da belirgindir bu durum belki de. İç siyaset konularına değinmekten korkan yazarlar, gazeteciler, Osmanlı siyaset ve devletinden uzak temaları daha da severek geliştirirler ve çok kez Avrupa'da ya da Amerika'da ararlar bunları. Örneğin, çeviri kitapların payının hissedilir derecede arttığı görülür. 1875'te, bir yabancı dilden Osmanlıcaya çevrilen eserlerin oranı, basımcılığın girişinden beri yayımlanmış eserlerin bütününe oranla % 6,4 idi; Abdülhamit döneminde ise, % 23'e yükselir bu oran. Çevrilen eserlerin türü de değişmiştir: Tanzimat döneminde az çeviri yapılıyordu, ancak Avrupa edebiyatının şaheserleriydi söz konusu olanlar; 1800'den sonra ise, daha çok Fransızcadan çevrilen eserler, geniş bir yaygınlıktan yararlanan halk kitapları, örf romanları, serüven öyküleri, bilimkurgu eserleridir. Resimli basında ise, Batı'dan aktarılan görüntüler, Sanayi Devrimi'nin, demiryollarının, büyük uğraşların dünyasını serer Osmanlı okuyucularının önüne. Böylece, sansüre karşın ya da belki bir bölümüyle onun yüzünden, Batılı yenilik, yolunu açmayı sürdürür kafalarda.

Genel olarak, sansür, Abdülhamit dönemindeki düşünce ve sanat yaşamının sırtındadır. Böylece, Osmanlı tiyatrosu, 1870'li yılların başlarında, bir Ermeni'nin, Güllü Agop'un önayak olmasıyla parlak bir dönemi tatmasının arkasından, 1884'ten sonra ciddi olarak denetlenir haldedir. Şimdi oynanan, Fransız güldürü oyunlarıdır sadece. Ne var ki, devlet, yalnız olumsuz eylemiyle görülmez. Abdülhamit, Yıldız'da bir tiyatro yaptırır, yabancı tiyatro topluluklarıyla orkestraları çeker oraya ve İtalyan operalarını temsil ettirir. Her şeyden önce Saray'ı da ilgilendirse bu, İstanbul da, bu yabancı sanatçıların gelişinden yararlanır. Öte yandan, 1883'te kurulup ünlü bir ressam ve arkeoloğun, Osman Hamdi Bey'in yönettiği *Sanayi-i Nefise Mektebi* (Güzel Sanatlar Okulu), özellikle Müslüman olmayan öğrencilere heykel, arkeoloji ve resim dersleri verir. Kültürel yaşamda azınlıkların ve yabancıların varlığı, çarpıcı özelliklerinden biridir bu dönemin. Böylece tiyatroda, topluluk yöneticilerinin, sahneye koyucuların ve oyuncuların çoğu Ermenilerdir. Çoğu mimar ya da müzikçiler, yabancıdır. Zaten, her alanda Batı'dan esinlenmenin aranışı vardır. Resimde, Gérôme ile Boulanger'nin öğrencisi olan Osman Hamdi Bey, çağdaş Avrupa ressamlarının "Doğulu" esininden alır esinini. Aynı zamanda, bu dönemden başlayarak, Batılılaşma eğilimine karşı bir tepki de palazlanır: Örneğin mimarlıkta, Abdülhamit dönemindedir ki, geleneksel değer ve anlayışlara belli bir yeri yeniden vermeye çalışan ilk girişimler çıkar ortaya.

Edebiyatta da kendini gösterir aynı olay.

Tanzimat edebiyatının içine işleyen Avrupa etkisi, "Yeni Edebiyat" *(Edebiyat-ı Cedide)* adı verilen, başında Tevfik Fikret'in bulunduğu *Servet-i Fünûn* dergisi çevresinde, belli sayıda şair ve yazarı bir araya getiren harekette doruğuna çıkar. Simgecilikten esinlenen bu şair ve yazarlar sanat için sanat anlayışındadırlar ve Arap ya da Acem kökenli yığınla terimin gelip girdiği yapmacıklı ve özentili bir biçemle yazarlar. Aynı dönemde, Batılılaşmanın bir başka akımı, ansiklopedik bir yazar, Ahmet Mithat'ça yaşama geçirilmişti. Batı uygarlığının belli başlı öğelerini, kolay erişilir bir biçem ve yalın bir dille, daha çok sayıda insana götürmenin aranışı içindeydi Ahmet Mithat; "dekadan" (karamsar)lıkla suçladığı *Servet-i Fünûn* şairlerinin seçkinci anlayışının karşısına, Avrupalı bilgileri halk kitlelerine yayan bir yazar anlayışını çıkarıyordu.

XIX. yüzyılın sonlarına doğru, bir grup bilgin ve yazar, kültürel yaşamı bir başka doğrultuya, Türklere has ulusal bir kültür aranışına doğru yönlendirecektir. Bu akımı etkileyen şunlar olmuştu: Bir yandan, XIX. yüzyılın sonlarında, özellikle Türk dilinin en eski anıtlarının, Orhon Yazıtlarının[1] okunmasıyla yoğunlaşan Avrupa Türkoloji araştırmaları; öte yandan da, beraberlerinde Türk halklarının dil ve kültür birliği düşüncesini alıp getiren Rusya Müslüman aydınlarının İstanbul'a göçü. Osmanlı dilinde arınma ve yalınlaşma sorunu, tartışmaların da ortasına gelip girmiş bulunuyordu artık. Birçok sözlüğün yazarı Arnavut kökenli bir yazar, Şemsettin Sami, konuşma diline yakın ve Arapça ya da Acemce yığınla alıntıdan arınmış yalın bir dilin savunucusu oldu. Bu dönemde doğan "ulusal edebiyat" akımının bir tür bildirisi, 1897'de, Yunanistan'a karşı kazanılan askerî zafe-

1. Orhon Yazıtları: VIII. yüzyılda, Baykal gölünün güneyinde, Orhon vadisinde dikme taşlar üstüne kazınan bu yazıtları, XIX. yüzyılın sonlarında, Thomsen ile Radloff okudular.

rin ertesinde, Mehmet Emin'in *Türkçe Şiirler*'inin yayımlanışıyla ortaya çıkmış olur. Türk edebiyat tarihinde önemli bir tarihtir bu: Yurtsever yüce duyguları dile getirmek için, halk diline yakın yalın bir dil kullanıyordu yazar; ayrıca, yüksek düzeyde Osmanlı şiirinde kullanılan Arap dize kurma tekniği (aruz) yerine, geleneksel Türk hece ölçüsünü uyguluyordu. Sonunda, bir başka önemli nokta olarak, Osmanlıların değil Türklerin büyüklüğünü yüceltiyor dizelerinde ve şöyle diyordu:

"Ben bir Türk'üm, dinim, cinsim uludur!"

TEHLİKE TEHLİKE ÜSTÜNE

Ulusal hareketler, Ermeni sorunu

Yüzyılın sonuna doğru, ulusal toplulukların hareketlenişinde bir artış görülür. Ermeni illerinde, kanayan bir yara halindeki şiddet, 1894 yılının sonunda birden ağırlaşır Sasun yöresinde. İki yıl boyunca, ayaklanma ve bastırma eylemleri, Doğu Anadolu'da ve İstanbul'da birbirini izler ve Ermeni milliyetçiliğinin gücünü serer gözler önüne. Aynı döneme doğru, devrimci komiteler harekete geçerler Balkanlar'da: Makedonya İçi Devrim Örgütü'nü (1893), bir dış örgüt izleyecektir çok geçmeden; aynı yöre için hak ileri süren Yunan *Etnike Hetairia* ile Sırp örgütlenişlerini de unutmamalı! 1868'den beri bir özerklik statüsünden yararlanan Girit'te, Girit komiteleri, adayı Yunanistan'a bağlamak amacıyla, *Etnike Hetairia* ile işbirliği içindedir: 1896 Mayıs'ında, genel bir ayaklanışın pençesindedir Girit. On beş yıllık kişisel ve merkeziyetçi bir iktidarla, Abdülhamit, imparatorluktaki ulusal toplulukların özerklik ve özgürlüğe olan özlemlerini dizginleyememiştir böylece.

1895'e doğru su yüzüne çıkan üç sorundan yalnız Girit sorunu çabucak çözümlenecektir. 1897'nin başlarında, Yunan yönetimi, Girit ve Makedonya üzerindeki özlemlerin coşkusuyla, Osmanlılara karşı bir savaşın içine sürüklenir ve Yunan orduları için hızla bir felakete dönüşür çarpışma

(Mayıs-Haziran 1897). Osmanlıların askerî zaferi, sultanın saygınlığına çok şey katar ve Alman askerî danışmanlarının başarısını ortaya koyarsa da, bir diplomatik başarıya dönüşemez; çünkü, büyük devletler, Avrupa denetiminde bir özerklik dayatırlar Girit için. Türk bayrağı simgesel olarak dalgalansa da, Girit yitirilmiştir Osmanlı İmparatorluğu için. Adanın Müslümanlarının Anadolu'nun batısına doğru büyük göçü başlar.

Makedonya'ya gelince, 1912 yılına değin Osmanlı kalacaktır, ne güçlükler pahasına ama! Makedonya mı? Balkanlar'da, Arnavutluk'tan Trakya'ya değin uzanan bir ülke ve üç ili alıyor içine: Kosova, Manastır ve Selanik bunlar. Yığınla etnik topluluğun da dirsek dirseğe yaşadığı bir ülkedir bu: Türkler, Arnavutlar, Yunanlılar, Sırplar, Bulgarlar, Yahudiler, Çingeneler, Eflaklar var; ve yalnız dinler, İslamla Hıristiyanlık değil, Ortodoksluğun bağrında da, Bulgar ruhani temsilciliği ile Rum Patrikliği çatışıp durur. Bir ülkedir ki bu, dört devlet, Sırbistan, Bulgaristan, Yunanistan ve Osmanlı İmparatorluğu ilgilenir kendisiyle; bu arada, Eflak azınlığı ile ilgilenen Romanya ile, bütün komşu devletlerin ileri sürdüklerini reddeden öz Makedonya milliyetçiliğinin ortaya çıkışını da unutmamalı. Her biri, aynı toprak parçası üzerinde tarihsel haklarını saydırmak istemektedir: Kimi, II. Philippos ile Büyük İskender'in Makedonya krallığını isterken, kimisi de Makedonya ülkesinin büyük bölümünü içine alan San Stefano antlaşmasının Büyük Bulgaristan'ını ileri sürmektedir.

XIX. yüzyılın sonlarından başlayarak, Makedonya, devrimci komitelerin üyeleri (komitacı) arasında, kanlı çarpışmalara sahne olur. Terörcülerin yöntemleri, köyleri baştan aşağıya kırıp geçirmekten, trenlere heyecan uyandırıcı saldırılara varıncaya değin değişecektir; arada, kurtulmalık karşılığında insan kaçırmak, camileri ya da kiliseleri ateşe vermek, hold-up'lar, vb. vardır. Uyuşmazlık, az çok gizli biçimde, Balkan savaşlarına değin sürecektir böylece; 1902-1903'te olduğu gibi, İç Örgüt'ün, Manastır kenti dolayında, gerçek bir ayaklanışı başlattığı sert patlayışlar olacaktır kimi zaman. Osmanlı egemenliği, bu üç eyalet üzerinde varlığını sürdürür; ne var ki, çatışma tehlikesini üzerlerine almak istemeyen büyük devletlerin Balkanlar'daki oyunu sonucu, gitgide daha eğreti bir durumdadır bu. Balkanlar'daki gelişmeyle doğrudan doğruya ilgili iki devlet, Avusturya-Macaristan ile Rusya, statükonun sürdürülmesi konusunda iki kez anlaşırlar: İlki, 1897'de Saint Petersburg'da olur; ikincisi ise, 1903'te Mürzsteg'de gerçekleşir ve François-Joseph ile II. Nicolas, Makedonya için, başka önlemlerin yanı sıra bir uluslararası jandarma gücü kurulmasını öngören bir reform programı hazırlarlar. Abdülhamit, Makedonya'yı, Osmanlı egemenliği altında tutmayı başaracaktır; ancak, şiddette taşkınlıklara giderek olacaktır bu ve Avrupalı devletler de –gitgide artan bir biçimde– işlere burunlarını sokup duracaklardır.

Ne var ki, XIX. yüzyılın sonunda, Osmanlı Devleti'ni kaygılandırır görünen, özellikle Ermeni ulusal hareketinin gelişimidir. Yüzyılın ortalarından beri, alabildiğine değişmiştir Ermeni toplumu. Bir modern okullar şebekesinin gelişmesi, Ermeni gençlerinin Avrupa'ya gönderilmesi, Ermenice basılan kitap ve gazetelerin çoğalmasıyla, belirgin bir kültürel uyanışı yaşamıştır toplum. Bu kültürel uyanış, 1860'ta, bir temel düzenlemeye, patrikliğin geleneksel yetkilerini burjuvazinin yararına azaltan bir Ermeni Ana Tüzüğü'nün kabulüne varır. Onu izleyen aşamaya damgasını vuran, 1860'lı yılların başlarında Ermeni ulusal hareketinin doğuşu olur. Anadolu'nun doğusunda, Ermeni halkı arasında toplu dilekçeler dolaşır; 1862'de Zeytun'da olduğu gibi, henüz yerel ayaklanmalar patlak verir. Bu kaynaşma, 1876'da Osmanlı Parlamentosunun toplanışına değin sürecektir; Parlamento ise, reformlar, güvenlik, vb. elde etmek için, cemaatlerinin özlemlerini sergileme olanağı sağlar Ermeni milletvekillere.

Ermeni milliyetçiliğinin kökeninde görülen bu öğeler (okulların gelişmesi, edebiyattaki yenileşme, hareketleniş), bütün ulusal hareketlerin çıkış noktasındadır imparatorlukta. Bununla beraber, Ermeniler söz konusu oldukta, kendine özgün kimi özellikler göze çarpar. Önce, Osmanlı İmparatorluğu'nda Ermeni halkın coğrafyası bakımından, Doğu Anadolu'da ve Kilikya'da, Ermeni nüfus, Müslüman nüfus örgüsü içinde alabildiğine iç içedir onunla. Ayrıca, Ermenilerin en çok oturdukları altı doğu ilinde, Ermeniler, yüzyılın sonlarında nüfusun çoğunluğunu oluşturmaz hiçbir yerde: Ermeniler, Türkler, Kürtler, Çerkesler, dirsek dirseğedirler aynı köylerde, aynı kentlerde.

Belirtilmesi gereken bir başka nokta da şu: Ermeniler, Müslüman olmayan başka bütün azınlıklardan kuşkusuz daha fazla olarak, devletin siyasal ve idari yapısıyla bütünleşmişlerdir. Rumların imparatorlukta siyasal nüfuzlarının çok azalması sonucuna varan Yunan başkaldırısından beri, Ermeniler, Saray'a ya da Babıâli'ye bağlı siyaset kadrosu içinde önemli bir yer tutmaktadırlar. 1864 kanunuyla kurulan yerel kurumlarda da sayıları haylidir. Belediye kurullarında, mahkemelerde yerleri vardır; mali konularda uzmanlar, çevirmenler, sağlık ve tarım hizmetlerinde teknisyenler sağlarlar. Böylece, ulusal kimliklerinin bilinci daha da keskinleştiği bir sırada, yerleri daha da büyük olur devlette.

Ermeni sorununa özgünlüğünü veren bir üçüncü nokta da, Ermeni nüfusun dışarısıyla kurduğu ilişkilerin türüdür. Ermenilerin, Avrupa'da bir bakıma eski sayılabilecek dağılışına bağlıdır bu ilişkiler; bu dağılıştan, Mekhitaristlerin Venedik'te kurdukları gibi, ulusal kültürün parlak merkezleri çıkmıştır ortaya. Öte yandan, Kafkasya ile ilişkiler ve Rusya Ermenileriyle bağlar sıkıdır. Kafkasya'dan yola çıkan insanlar ve düşünceler, hatta İstanbul'a erişmeden önce, Doğu Anadolu'da dolaşırlar. Son olarak, misyoner takımı, özellikle de Amerikan misyonerleri, alabildiğine sızarlar Ermeni cemaatine. Böylece, seçkinlerinin dış dünyaya açılmasıyla, Ermeni toplumu, özellikle de Doğu Anadolu'daki, kendisini çevreleyen Müslüman toplumdan farklılaşır gitgide.

1878 yılından başlayarak, Ermeni sorunu uluslararası bir nitelik kazanır ve ulusal hareket köktencileşir. San Stefano ve Berlin barış antlaşmalarının görüşmeleri sırasında, reformlar ve 1860'ta Lübnan'a verilen özerklik örneğine dayanan özerklik arzularını duyurmak üzere, temsilciler yollamışlardı. San Stefano'da, Türk Ermenistan'ında reformların uygulanmasına Rusya'nın göz kulak olması gerekiyordu; Berlin'de, Avrupalı devletlere düşer bu sorumluluk artık (madde 61). Arada, Kıbrıs sözleşmesiyle, reformları uygulatmayı ve Doğu Anadolu'yu her türlü saldırıya, böylece Rus saldırısına karşı savunmayı Büyük Britanya üstlenmiştir.

Artık, Ermeni illeri, İngiliz-Rus rekabetinin bir öğesi olmuştur. Rusya, Ermeni yaylası aracılığıyla, İngiliz Hindistan'ını tehdit etmektedir. Büyük Britanya, Kafkasya'dan başlayan Rus askerî bastırışından ve Rusya'nın Ermenileri koruma temasını kullanmasından kaygılanmaktadır. Ermeni halkının yazgısı hakkında alabildiğine duyarlı hale gelmiş kamuoyunun itişiyle, vaat edilen reformlara girişilmesi için Osmanlı hükümeti üzerinde baskıda bulunur; bu amaçla, 1879-1880'de, İngiliz askerî temsilcileri gönderilecektir Doğu Anadolu'ya. Reformlar adına bu mücadelenin, İngilizler için Doğu Anadolu'ya bir ayak basma aracı olmasından korkan Ruslar da, hemen hemen sürekli olarak karşı çıkarlar İngilizlerin tasarılarına.

1878'den sonra, Ermeni ulusal hareketinde köktencileşme, Ermeni aydınlarının Bulgar bağımsızlığına bakıp yaptıkları çözümlemeye bağlıdır büyük bölümüyle: Bulgar bağımsızlığı, Avrupa'nın müdahalesi sayesinde elde edilmişti kuşkusuz; ne var ki, özellikle Bulgar devrimci "komite"lerinin şiddet yöntemlerine dayanarak da olmuştu bu. Böylece, "Bulgar örneği", Ermeni militanlarının, özellikle de ilk örgütleri kuracak olanların kafalarını kurcalar durur. Gerçekten, 1880 yıllarının ortalarındadır ki, ilk devrimci partiler ortaya çıkmaya başlarlar: 1885'te, birkaç öğretmenin Van'da kurduğu Armenakan Partisi; arkasından iki büyük parti ki, birincisinden farklı olarak, Türk Ermenistan'ı ile pek az ilişkileri olan Kafkasya Ermenilerince kurulacaktır: 1887'de Cenevre'de kurulan *Hençak* (Çan) ile, 1890'da Tiflis'te kurulan *Daşnak*'tır (Ermeni Devrimci Federasyonu) bunlar.

Kimi farklılıklar olsa da aralarında (örneğin Hençak, bağımsızlıktan söz eden ve Türkiye, Rus ve İran Ermenilerinin birleşmesini isteyen tek kuruluştur), iki büyük partinin hayli ortak noktaları vardır: Yığınlardan kopmuş aydınlarca kurulmuş bu partiler, Rus popülizminden esinlenir ve

196

açıkça sosyalizmi savunurlar. Amaçlarına varmak için, terörizmi ve silahlı mücadeleyi göz önünde tutarlar ve Ermeni köylülüğünün savunmasını örgütlemek amacıyla, onu silahlandırmak gerektiğini düşünürler. Bunun gibi, davalarına katkıda bulunabilecek Batı yardımına çok bel bağlamışlardır ve etkinliklerinin bir bölümü, Batı kamuoyu ile ve siyaset adamları arasında yoğun bir propagandaya girişmek olacaktır. Devrimci eylemin ilk işareti olarak, Hençak, Doğu Anadolu Ermenilerinin sefaletini sergilemek amacıyla, 1890'da, İstanbul'da Kumkapı mahallesinde bir gösteri örgütler.

Ermeni milliyetçiliğinin yükselişi karşısında, ne olacaktır Abdülhamit'in tavrı?

Ermeni sorunu, bütününe bakıldığında, Yunan, Sırp, Bulgar sorunlarına eklenen bir başka milliyet sorunudur sultanın gözünde. Bir başka söyleyişle, imparatorluğun toprak bütünlüğüne yönelmiş yeni bir tehdidi temsil etmektedir o ve yeni müdahale fırsatları sunmaktadır Avrupalı devletlere. Böylece, geçmiş deneyimlere bakıp, Ermenilerde milliyetçiliğin ilk tohumlarını –fazla gecikmeden– boğmak yerinde olur. Ülkesel açıdan bakıldığında, Ermeni sorunu, genel olarak Anadolu ve daha özel olarak da, Doğu Anadolu sorunudur. Balkanlar'da her Osmanlı çekilişi, yüreklendirici bir şey olarak görülmüştür Ermenilerce ve Osmanlı yöneticileri içinse, Anadolu'daki egemenliklerini güçlendirme yolunda bir ek neden olarak. Doğu Anadolu, 1878'den sonra, dışarıdan Ruslar ve İngilizlerce, içerden de Ermenilerce tehdit edilmektedir.

Osmanlı Devleti, kendine özgü yapısal eksikliklerle yanıt verir bu tehditlere: Mali durumundaki düşüklük, yol ve iletişimdeki kötü hal, bozulup kokuşmuşluk, vb.'dir bu eksiklikler de. İlk yanıt, nüfus düzeninde olacaktır: Bu yanıt, özellikle çarların imparatorluğu ile olan sınırı Müslüman öğelerle güçlendirmek amacıyla, Rusya'dan gelen sığınmacılardan yararlanmaktan ibarettir. Siyasal-askerî nitelikteki bir başka yanıt, 1891'de, Rusya Kazakları örneğine dayanan Hamidiye Alaylarının kurulmasıdır. Kürt aşiretlerinden gelen öğelerden oluşan alaylardır söz konusu olan. İstanbul'da, sultanın koruyucu birliğini meydana getirirler;

Doğu Anadolu'da ise, asayişi sağlamak, aslında Ermenile-
rin devrimci eylemlerinin karşısında dikilmekle görevlidir-
ler. Ne var ki, Abdülhamit'in Kürt siyasetinde de yeri var-
dır Hamidiye Alaylarının kuruluşunun; ve bu siyaset de,
Müslümanların dayanışmasını güçlendirmeyi denemekten
ve Kürtlerle Ermeniler arasında her türlü gizli anlaşmayı
saf dışı etmekten ibarettir. Böylesi bir olasılık, Doğu Ana-
dolu'nun savunmasını pek güçleştirmiş olsa gerek.

Ne olursa olsun, bu yeni olaylar, devrimci mayalanışın,
1894-1896'da, iki karışıklık ve şiddet yılına gelip varmasını
da engelleyemezler yine de. 1894 yazında, Hençak militan-
ları, Sasun ilçesindeki hemşerilerini, Kürtlere karşı ayak-
lanmaya özendirirler. Bir başkaldırı söz konusu olduğu dü-
şüncesiyle, Osmanlı hükümeti asker yollar. Bastırma şid-
detli olur ve kırımlar büyük bir heyecan uyandırır Avru-
pa'da ve Ermenisever bir hareketin uyanışına katkıda bulu-
nur. Bir yıl sonra, Hençak, İstanbul'un ta orta yerinde, Ba-
bıâli'nin önünde, polisle kanlı çatışmalara dönüşen bir gös-
teri düzenler. 1895-1896 yıllarında, Doğu'da Zeytun yöresi,
hemen hemen sürekli ayaklanma halindedir. Ağustosta,
Osmanlı Bankası'nın İstanbul'daki merkezine karşı, Daş-
nak partisinin cesur bir el uzatışıyla doruğuna varır karşılık.
Avrupalı devletlerin çıkarlarına dokunmak ve onları Erme-
niler yararına harekete geçmeye itelemek amacıyla, bir yir-
mi kadar militan binayı işgal eder ve orada çalışanları, bü-
tün bir gün boyunca rehine olarak tutar elinde. Olay, İstan-
bul'daki Ermeni cemaatine karşı misillemelere yol açar; te-
röristlerin istekleri de yanıt bulmaz.

Gerçekten, Avrupa müdahale etmez. İçinde Gladsto-
ne'un sivrildiği Ermeniseverlik akımına karşın, İngiliz hü-
kümeti, öteki devletleri toplu bir eyleme sürükleyemez; ve,
Salisbury'nin, Ağrı dağına İngiliz donanmasını yollayama-
yacağını söylerken itiraf etmiş olduğu gibi, tek başına bir
şey yapabilecek durumda da değildir. Yüzyılın sonlarında,
bir Ruslaştırma siyaseti uygulayan ve kendi Ermenilerini
kovuşturup onlara zulmeden Rusya, Türkiye Ermenis-
tan'ında devrimci ve sosyalistlerin canlandırıp kızıştırdıkla-
rı hareket karşısında pek kuşkulu ve güvensizdir; Doğu
Anadolu'da yürütülmek istenen her türlü reform ya da

özerklik siyaseti karşısında da öyledir. Böylece, Londra'nın tasarılarına engel çıkarır. Fransa'ya gelince, Rusya'nın bağlaşığı, iktisadî ve kültürel alanda önemli çıkarlara sahip olduğu Osmanlı İmparatorluğu'nun alacaklısı olan bu ülke de, ihtiyatlıca elini çeker işten.

Bu kaynaşma ve kanlı karışıklık yıllarının sonuçları önemlidir. Ermeni ulusal hareketi derin bir bunalımdan geçer: Bir sosyalist ideolojiyi seçiş, terörizme ve şiddete başvurma, İstanbul Ermeni burjuvazisini soğutup uzaklaştırmıştır kendisinden. Hareket de, Osmanlı hükümetiyle istediği gibi oynayabileceği düşüncesiyle, Avrupa'nın yardımına bel bağlar. En ağır olanı ise şudur kuşkusuz: Ermeni ulusal hareketi, kısa bir dönem (1890-1891) dışında, birleşik olamaz; her iki büyük parti, ideolojiden çok kişi ve yandaş sorunları yüzünden bölünmüş olarak kalırlar. 1896 yılından başlayarak, Hençak'tan bir fraksiyon, sosyalizmden vazgeçerek ulusal kurtuluş üzerine yoğunlaştırır dikkatini. Ermeni devrimcileri stratejilerini gözden geçirirler: Anayasayı yeniden uygulamaya sokmak amacıyla, 1902'de ve 1907'de Jöntürk muhalefetiyle bağlaşıklığa gideceklerdir.

Abdülhamit'e gelince... Sertlikten de uzak durmayarak, Ermeni ulusal hareketini zayıflatmayı başarır. Birkaç yıl boyunca, hiçbir önemli karışıklık olmayacaktır Ermeni yaylasında. Ne var ki, 1894-1896 yıllarındaki çatışmalar derin yaralar bırakır: 100.000'e yakın Ermeni, Kafkas ötesine ya da Amerika'ya doğru göç yoluna düşerler. Doğu Anadolu'da, Hıristiyanlarla Müslümanları, bir güvensizlik ve düşmanlık uçurumu ayırmaktadır artık. Yığınla örneğin içinden biri şu: Sasun'daki ayaklanmayı bastırmanın sorumlusu Kürt şeyhlerinden biri, Mekke'ye hacca giderken, yolu üstünde Diyarbakır'dan geçtiğinde, kentin Müslüman halkınca bir kahraman olarak karşılanır.

Almanya sahneye çıkıyor: Bağdat demiryolu

1898 Ekim'inde, Alman İmparatoru II. Guillaume Osmanlı İmparatorluğu'na resmî bir ziyarette bulunuyordu. İstanbul'a bu ikinci ziyaretiydi onun; ve, Abdülhamit'in kabul ettiği Avrupalı tek devlet başkanı olarak kaldı. İmparator ve imparatoriçe, sultanın tantanalı bir ilgisiyle ağırlandıkları başkentte hayli kaldıktan sonra, Kutsal Toprağı ziyaret ettiler ve, II. Guillaume, hem Katolik hem Protestanların koruyucusu olarak kendini gösterdi orada. Bir hafta sonra Şam'da, panislamcı sazı çalıp, bütün dünyada yaşayan "300 milyon Müslüman"ı kendi koruyuculuğuna alıyordu. Bu siyasal ve dinsel görünüşlerden başka, başlarında Deutsche Bank'ın müdürü von Siemens olmak üzere, ciddi bir Alman işadamları heyeti imparatorun ziyaretinden önce İstanbul'a gelmiş ve pek kazançlı sözleşmeler elde etmişti Babıâli'den. Bağdat demiryolunun Almanlarca yapılması ilkesi kabul edildi.

II. Guillaume'un yolculuğu, Alman-Türk ilişkilerinde, ve daha da genel olarak Osmanlı İmparatorluğu'nun Avrupalı devletlerle olan ilişkilerinde bir dönüm noktasıdır hiç kuşkusuz. İngiltere, 1895-1896'da Ermeni sorununda, yarım kalan müdahale tasarılarının arkasından, Osmanlı İmparatorluğu'ndan vazgeçer; öte yandan, başka yerlerde, Mısır'da, Sudan'da, Güney Afrika'da önemli sorunları vardır. Rusya da, Balkan sorunlarını yüzüstü bırakıp, Sibirya ötesi demiryolunun yapılmasıyla yaklaştığı Uzakdoğu'da varlığını ortaya koymak ister. Osmanlı Devleti'nde siyasal ve iktisadî çıkarlarını geliştirmek için, fırsat uygun görünür Almanya'ya. Bismarck'ın bir köşeye çekilmesinden beri ve II. Guillaume'un yönlendirmesiyle, Weltpolitik'e, dünya siyasetine kararlı biçimde atılan ve Afrika'da, Latin Amerika'da ve Uzakdoğu'da "barışçı varlığı"nı ortaya koymaya başlayan bir Almanya'dır bu!

Aslında, yüzyılın sonlarında Osmanlı İmparatorluğu'nda Alman varlığı yeni bir şey değildir. Daha 1830'lu yıllarda, Prusyalı subaylar, Osmanlı ordusunda eğitici olarak hizmet görüyorlardı; ünlü von Moltke bunlardan biridir. Yüzyılın ortalarına doğru, Rodbertus ya da Roscher gibi Alman iktisatçıları, Alman girişimcileri için örnek bir etkinlik alanı olarak göstermişlerdi Küçük Asya'yı. O yıllarda, küçük bir Alman kolonisi Filistin'e yerleşmiş; ve, ilk demiryollarının yapımına yardım etmek amacıyla, Alman mühendis ve teknisyenleri gelmişti.

Hükümdarlığının ilk yıllarından başlayarak, Abdülhamit, İngiltere'ye dayanma konusundaki geleneksel siyasetin

200

yerine bir başka şeyi koyma aranışı içinde, Almanya'yı düşünmüştü. Bismarcak nezdinde yoklamalarda bulunulmuştu. Bismarck ise, Avrupa'nın hakemi idi o sıralar. Sadowa ile Sedan'dan beri uçsuz bucaksız bir saygınlıktan yararlanıyordu Alman ordusu. Almanya, Osmanlı İmparatorluğu'nda ülkesel tutkular besler görünmüyordu; toprak bütünlüğüne halel getirmeden imparatorluğu geliştirmek ve Küçük Asya'da Avrupalıların çıkarlarını çeşitlendirmek için örnek bir yardımcı olarak görünüyordu. Öyle de olsa, Osmanlıların önerileri karşısında pek çekingen görünmüştü Bismarck, ve Almanya, sultanın bekleyişine hemen yanıt vermemişti. Bununla beraber, 1882'de Türkiye'ye bir Alman subay heyetinin gönderilmesini; 1889'da, bir Alman grubunca, Ankara'dan Konya'ya doğru demiryolu yapma izninin elde edilmesini ve 1890'da, bir Alman-Türk ticaret anlaşmasının imzalanmasını belirtmeli. II. Guillaume'un 1898'deki ziyareti, yeni bir atılım ve yeni bir genişlik getirecektir bu etkinliklere. Artık, Osmanlı Devleti'nin diplomasi ile devleti geliştirme stratejisinin ana parçası olarak bakılmaktadır Almanya ile bağlaşıklığa.

Abdülhamit döneminde, Almanya'nın Osmanlı İmparatorluğu'ndaki ağırlığı, çeşitli düzeylerdedir: Osmanlı ticaretinde, Almanya'nın payı 1878'de % 2 iken, 1914'te, dışalımlarda % 12'ye ve dışsatımlarda da % 7'ye çıkacaktır. Sermaye yatırımı konusunda ise, göz alıcıdır ilerleme: 1881'de Osmanlı Düyûnu Umumiye'sinde, Almanya'nın payı % 7,5'tir; bu oran, 1898'de % 15'e çıkar ve Birinci Dünya Savaşı'nın arifesinde % 21'e ulaşır. Aynı dönemde, yabancı yatırımlarda Alman sermayesinin payı % 23,2'dir. Almanya, Deutsche Levant Linie gibi, Yakındoğu ile denizyolları ilişkisi de kurar; banka ilişkilerini geliştirir; dinsel ve kültürel kurumları da unutmamalı. Bununla beraber, Osmanlı İmparatorluğu'ndaki bu çıkarların ağırlığını da abartmamalı. Ticaret alanında, İngiltere'nin hayli gerisindedir Almanya ve sermaye yatırımı bakımından Fransa'nın da pek gerisindedir. Bunun gibi, kültürel alanda, Fransız etkisi ile yarışamaz. Ne var ki, kesin olmasa da, Osmanlı ülkesinde Alman yarma hareketi pek hızlı oldu ve Ortadoğu'daki dengeleri altüst etti.

Özellikle de iki konuda: Ordu ve demiryollarında!

1880 yıllarına değin, Osmanlı ordusu, donanımını ve yöntemlerini, çeşitli Avrupa devletlerinden, İngiltere, Fransa, Prusya vb.den alıyordu. Abdülhamit döneminde, II. Guillaume'un Almanya'sı, bir tür tekel elde etmişe benzer Osmanlı ordusu üzerinde: Türk subayların yetişmesini sağlar, askerî eğitmenler yollar, orduyu silah ve cephanece donatır. Stratejisi bakımından Osmanlı kurmayını bile etkiler: Osmanlı İmparatorluğu'nun, denizsel boyutlarından çok "karasal" değeri üzerinde duran, bir "Prusya", bir "kıtasal" stratejidir[1] bu! Buradan kalkarak, Osmanlı kara ordusu, deniz güçlerinden çok daha fazla dikkat konusu olacaktır; demir atmış çürüyen savaş gemileri, az buçuk karikatür de koksa, Abdülhamit'in saltanatının sonlarına doğru donanmanın görünümü budur! Herhalde, Osmanlı ordusunun bir tür "Cermenleştirilme"sidir tanık olunan.

Bu alanda başrol, 1882'de Türkiye'ye gönderilmiş bulunan, özellikle de 1885 yılından başlayarak Colmar von der Goltz'un yönetimine geçtiğinde, Alman subaylar heyetine düşmektedir. Alman subaylar, askerî eğitici rolü oynar, öğrencilerine pek canlı bir yurtseverlik ruhu aşılarlar; ve özellikle, silah ısmarlamalarını Alman sanayisine doğru yönlendirmekte güdücü bir durumda bulunurlar. Osmanlı ordusu, Mauser tüfekleri, Krupp toplarıyla donanır gitgide; öyle ki, Osmanlı silah pazarında, Fransızlarla İngilizler saf dışı edilir ve 1899 yılından başlayarak, Almanya bir tekel durumuna sahip olur çıkar. Osmanlı ordusunda bir Alman kadrosunun bulunuşunun ilk sonuçları, 1897'de Yunanistan'a karşı savaş sırasında kendisini hissettirecektir. Yüzyılın sonlarından başlayarak, Almanya, büyük bir yakınlıktan yararlanır Osmanlı kamuoyunda. Osmanlılar, öteki devletlerden farklı olarak, Almanya'nın, imparatorluğun bütünlüğünü savunduğuna inanırlar; "Alman askerî sanatı", Alman bilimi için sürekli bir hayranlık yayılır gençlik arasında.

Ne var ki, Abdülhamit döneminde, büyük Alman "iş"i, Bağdat demiryoludur. İstanbul'u demiryoluyla İran Körfe-

<hr>

1. İlber Ortaylı, *İkinci Abdülhamit Döneminde Osmanlı İmparatorluğu'nda Alman Nüfuzu,* Ankara, 1981, s. 57-72.

zi'ne bağlama tasarısı eskiydi; 1878'den sonra, imparatorluğun daha "Asyalı" olduğu bir sırada, Osmanlı yöneticilerine kendini dayattı bu. İngilizlerle Almanlar, birbiriyle yarışan bir dizi tasarı koydular ortaya; ne var ki Almanlar, 1888'de İzmit-Ankara demiryolu ayrıcalığını kazandıklarında ve ertesi yıl da Anadolu Demiryolu Kumpanyası kurulduğunda, ilk noktayı koydular.

Nasıl görülüyordu Osmanlı açısından böyle bir hattın kuruluşu?

Abdülhamit, imparatorlukta modern iletişim araçlarının gelişmesinden yana idi genel olarak. Anadolu'yu ilk kez kat edecek bir demiryolu, askerî yönden önemliydi önce. 1897'de Yunanistan'a karşı harekât, askerî stratejide demiryollarının önemini koymuştu ortaya: Uzakta da olsa, bir ayaklanmaya karşı birliklerine hızla yer değiştirmek, sultanın büyük kaygılarından biriydi kuşkusuz. Uzaktaki yöreler üzerinde siyasal iktidarını yerleştirmenin, başka bir deyişle merkeziyetçi siyasetin de bir aracı idi bu. Almanya'nın İstanbul'daki elçisi Marschall von Bieberstein şöyle diyordu: "Sultan, pek güçlü otorite duygusuyla görmektedir ki, geniş imparatorluğunda, başkentten uzaklaşıldıkça iktidarı azalmaktadır ve buna karşı da tek çare, uzak yöreleri, ulaşım araçlarıyla başkente yaklaştırmaktır."

Bu askerî ve siyasal gerekçelerin dışında, iktisadî nedenler de büyük bir yer tutuyor. İlk demiryolları, sömürge demiryolları gibi, büyük limanları artülkeye bağlamakla yetindikleri halde, Bağdat demiryolu bütün bir ülkeyi iktisadî gelişmeye açacaktı. *Muhacir*leri yol boyunca yerleştirerek, uzak bölgeleri değerlendirmek, kurak yöreleri sulamak, dışsatıma yarayacak ekimleri geliştirmek ve Anadolu yaylasında İstanbul'un beslenmesi için buğday ekimini destekleyip kolaylaştırmak mümkün olacaktı. Ne var ki, şunu da söylemek yerinde olur: Osmanlı yönetici sınıfında, böylesi bir girişimin iktisadî bakımdan yararı üzerinde kuşkular uyanmıştı.

Kalıyordu para sorunu!

Yabancı sermayeye başvurmak mümkündü. Ancak, kim getirecekti gerekli sermayeyi? Abdülhamit, Mısır'ı

Hindistan'a bağlamak istemesinden kuşkulandığı İngiltere'ye güven duymuyordu; Bağdat demiryolunu ona ısmarlamak, niyetlerini gerçekleştirmede ona yardım etmekti bir tür. Suriye ve Lübnan üzerindeki Fransız niyetlerinden de kaygılanıyordu sultan. Siyasal olduğu kadar teknik bakımdan da, Almanya en iyi çözümü sunuyordu. Ankara ve Konya'ya değin olan bölümler için, Almanlar, göz alıcı bir çabuklukla yürütmüşlerdi çalışmalarını. Ne var ki, Almanya'yı seçme direnişlerle karşılaşıyordu: Sultanın çevresinde, Damat Mahmut Paşa ya da Sait Paşa gibi İngiltere yandaşları vardı; ancak, görünüşe bakılırsa, sultan, Almanya'dan yana kendi ağırlığını koymuş durumda terazinin kefesine.

Demiryolu Anadolu'nun sınırlarını aşmadığı sürece, fazla güçlükle karşılaşmadı iş; Rusya'nın, Anadolu'da ve İran'daki ticari girişimlerinde kendini tehdit edilmiş hissetmesine karşın böyle oldu bu. Yüzyılın son yıllarında, demiryolunu İran Körfezi'ne doğru uzatmak söz konusu olduğunda, işler karıştı. 1899 ve 1903'te Almanlara tanınan ayrıcalıklar, mali bakımdan katılış ve nüfuz bölgeleri konusunda, büyük devletler arasında yığınla diplomatik soruna yol açtı. Fransa'nın ve İngiltere'nin karşısına çıkan soru şu idi: İşin Alman rengini azaltan kazançlı görünüşteki bir girişime katılmak gerekiyor muydu? Yoksa, yetersiz kalma tehlikesini taşıyan Alman sermayesiyle her türlü işbirliği reddedilip tasarının gerçekleşmesine engel olmaya mı kalkılmalıydı? Fransızlar, uzlaşma yolunu seçtiler: 1903 yılında kurulan Bağdat Demiryolu Şirketi'nin sermayesinin % 30'una katılacaklardı. Kumpanya, yol boyunca ormanları, madenleri ve taşocaklarını işletme hakkını da almıştı; arkeolojik kazılara girişme hakkını bile elde etmişti! Osmanlı İmparatorluğu'nda gerçek bir Alman "koridor"undan söz edilmişti pek yerinde olarak[1].

Sultanın ve Osmanlı yöneticilerinin bekleyişine denk düştü mü sonuçlar?

1908'de, bir yargıda bulunamayacak denli erkendir kuşkusuz; çünkü çalışmalar ağır yürüdü ve birbirine iyi

1. İlber Ortaylı- age., s. 73-103.

bağlanmamış parçalar vardır elde henüz. Öyle de olsa, Balkanlar'dan ya da Rusya'dan gelen sığınmacılara demiryolu boyunca topraklar verilmiştir daha şimdiden; yeni topraklar elde edilmiş, Konya ovası sulanmış ve Adana ovasında pamuk ekimi ilerlemiştir. Ne var ki, Osmanlı Devleti'ne pahalıya mal olur demiryolu ve nedeni de şudur: Devlet, yapılan her kilometre yol için, bir kilometre güvencesi vermektedir kumpanyaya; ve bunun ödenmesinde, uzak eyaletler için ondalıklar üstlenmek gerekmiştir. Demiryolunun yapımı ve işletilmesi iş alanı açsa da, sosyal güçlüklere ve Müslüman Türk demiryolu görevlileriyle Rum ve Ermeni ustabaşılar arasında gerginliklere neden olmuştur. 1907 yılından başlayarak, karışıklıklar çıkar yol boyunca ve 1908 Ağustos'undaki grevde doruğuna tırmanır bunlar.

Diplomatik alanda, Abdülhamit, Alman çıkarlarını imparatorluğun ta bağrına sokarken, Ruslarla İngilizleri etkisiz hale getirmeyi ve imparatorluğun parçalanışını olanaksız kılmayı istemişti. Oysa, Bağdat demiryolunun yapılması, emperyalist devletler arasında rekabetlere ve aynı zamanda uzlaşmalara yol açtı; henüz bulanık da olsa, az çok ihtiyatlı biçimde nüfuz bölgelerinin paylaşımına götürdü. Böylece 1900'de, Karadeniz anlaşması denen bir anlaşmayla, Rusya, Anadolu'nun kuzeydoğusunda demiryolları yapma hakkını elde eder tek başına; Fransızlar da, Suriye şebekesi üzerinde bir tür fiili bir tekel ileri sürerler ve Alman tasarılarıyla dürtülüp kamçılanmış olarak, 1892 ile 1902 yılları arasında 700 kilometreye yakın yol yaparlar. Öte yandan, Almanların Osmanlı İmparatorluğu'na sızmaları, İngiliz-Rus yakınlaşmasına yardım eden etkenlerden biri olur; söz konusu yaklaşma, Abdülhamit'in saltanatının sonlarına doğru oluşum halindedir ve pek tehlikeli gözükmektedir imparatorluğun ayakta kalması için!

Bir muhalefetin doğuşu: Jöntürkler

1902 Şubat'ında bir kongre toplanıyordu Paris'te. Abdülhamit'in siyasetine karşı çıkan bir elli kadar insanı bir araya getiren kongre Osmanlı liberallerinden oluşuyordu ve "Jöntürklerin ilk kongresi" diye adlandırılır. Abdülhamit'in despotluğuna karşı aynı hınçla birleşen bu liberaller, pek değişik kökenlerden geliyorlardı: Türkler, Araplar, Arnavutlar, Kürtler, Ermeniler dirsek dirseğeydiler ve imparatorluğun çok halklı yapısının küçük bir örneğini ortaya koyuyorlardı bir tür. Sultanın kişisel iktidarından, sansürden, Ermenilere karşı bastırmadan kaçmış ve Mısır'a, Balkanlar'a, Avrupa'ya sığınmış muhalif grupları örgütleyip birleştirmede ilk çabayı temsil ediyordu bu kongre. Bir ortak bildiride, kongrenin delegeleri, despotluğa olanca güçleriyle vuruyor ve imparatorluğun bütün yurttaşlarını birliğe çağırıyorlardı; imparatorluğun ülke bütünlüğünü sağlamak, iç barışı ve düzeni yeniden kurmak ve 1876 Anayasasını tekrar yaşama geçirmek olduğunu belirtiyorlardı amaçlarının.

1889'da, tam da Fransız Devrimi'nin yüzüncü yılında doğar Jöntürk hareketi. İstanbul Askerî Tıbbiye Mektebi'nin öğrencileri, Abdülhamit rejimine karşı gizli bir muhalefet grubu oluştururlar ve Osmanlı Birliği Komitesi diye de bir ad koyarlar ona. Karbonari, ya da belki de Rus Nihilistleri örneğine göre, hücreler halinde örgütlenir grup. İlk üyeler arasında, Hıristiyan Araplar, Arnavutlar, Kürtler ve Türkler görülür. Fransız Devrimi dile getirilir toplantılarda, Namık Kemal'den şiirler okunur, imparatorluğun durumu incelenir. Pek az deneyimi olan bu Jöntürk öğrenciler, okul sıralarında öğrendikleri düşünceleri uygulamaya geçirmenin özlemi içindedirler. Önemli olduğu için söyleyelim, Askerî Tıbbiye Mektebi'nin bağrında doğar hareket: Gerçekten, askerlik ve hekimlik mesleği, devletin iki kesimidir ki, modernleşme reformlarına –XVIII. yüzyıldan başlayarak– o alanlarda girişilmiştir ve, bunun sonucu olarak da, toplumun geri kalanı üzerinde daha ilerde bir durumdadırlar çoğu kez. Geleceğin subayları olan bu öğrenciler, imparatorluğu koruma yolunda ateşli bir yurttaşlık duygusuyla canlıdırlar; geleceğin hekimleri olarak da, imparatorluğun acısını çektiği dertlere tanı koyabilecek ve dermanları bulmaya girişebilecek iyi bir yere yerleşmişlerdir. Bütün bir Jöntürk hareketi tarihi boyunca, subaylar ve hekimler, önde gelen bir rol oynayacaklardır.

Komite, gösterişsiz başlangıçlardan sonra, imparatorlukta yayılmaya başlayacaktır ve önce de, başkentteki yüksekokulların öğrencileri arasında olacaktır bu: Askerî Akademi, Baytarlık Mektebi, Mülkiye Mektebi, Bahriye Akademisi, vb. Ne var ki, orduda daha o zamandan görev almış subaylarla ulema arasında da yandaşlar toplar. Bu okullarda hüküm süren devrim öncesi iklim hakkında yığınla tanıklıklar var: Baş eğmezlik gitgide çoğalmaktadır oralarda ve öğrencilerin daha da gönülden haykırdıkları, "yaşasın sultan"dan çok "yaşasın Anayasa"dır. Çoğu kez taşranın orta sınıflarından gelen bu gençler, değerleri ve sınavlardaki başarıları ne olursa olsun, kendilerini yerleşik güçlere saydırmayı başaramayacaklardır.

Jöntürk hareketi, imparatorluğun dışında, sansürden ya da uzak bir eyalet kentindeki sürgünden kaçmak zorunda kalmış yığınla sürgün arasında da yayılır. Böylece Kahire'de, Romanya'da, Londra'da ve özellikle Paris'le Cenevre'de oluşmuş çekirdekler vardır. Aslında, bir Jöntürk hareketi yoktur; birbirinden kopuk ve bir gazete ya da bir kişiliğin çevresinde az çok örgütlenmiş küçük gruplardan oluşan bir tür belirsiz yığındır söz konusu olan. 1895'te, iki Jöntürk aydını, sürgündeki muhalefetin liderleri gibi görünmeye başlarlar ki, Ahmet Rıza Bey (1859-1930) ile Mizancı Murat Bey (1853-1912)'dir bunlar. Galatasaray'ın eski öğrencilerinden olan birincisi, Fransa'da tarım konusunda yükseköğrenimini yaptıktan sonra, gider Bursa ilinde milli eğitim müdürü olur. Düşüncelerini uygulamaya geçirmenin olanaksızlığını görüp derinden derine hayal kırıklığına uğrayınca, 1889'da gelip Fransa'ya yerleşir. Auguste Comte'un öğretisinin ateşli bir çömezi olunca, 1895'te Paris'te *Meşveret* gazetesini çıkararak Abdülhamit rejimine açıktan açığa muhalefete geçer; gazetenin başlığında da, Pozitivist takvimin tarihi ile "Düzen ve İlerleme" formülü vardır. Mizancı Murat Bey'e gelince, Kafkasya kökenlidir; 1873'te Türkiye'ye gelmeden önce, Rusya'da yapmıştır yükseköğrenimini ve Türkiye'ye geldiğinde de, Mülkiye'de tarih hocası olmuştur. Çıkardığı *Mizan* adlı gazete büyük bir başarı kazanır; 1895'te Kahire'ye göç etmek zorunda kalır ve yeniden *Mizan*'ı yayımlamaya başlar orada. Murat Bey, sürgündeki Osmanlı çevrelerde alabildiğine tanınmıştır ve tutulup sevilmektedir. Abdülhamit'in özellikle çevresindekileri eleştiren ve İslam değerlerine büyük bir yer veren Murat Bey, Ahmet Rıza Bey'den daha ılımlı bir muhalif olarak görünmektedir.

1895-1897 yılları, imparatorluk içinde ve dışında, Jöntürk etkinliklerinde hızlı bir gelişmeye tanık olurlar. Avrupa'da, Ermenilere karşı bastırma siyaseti yüzünden Abdülhamit'e karşı pek kızgın hale gelen kamuoyu, Jöntürk muhalefetine elverişli idi. Paris'te ya da Cenevre'de yayımlanan devrimci edebiyat, gazeteler, kitapçıklar ve yergi eserleri, özellikle yabancı postanelerin aracılığıyla, imparatorluğa sızabiliyordu. İmparatorlukta da, sultanı gülünçleştiren yergi gazeteleri ya da, İstanbul üzerinde hüküm süren ve Abdülhamit despotluğunun simgesi olan *"Sis"*i canlandıran büyük şair Tevfik Fikret'inki gibi şiirler dolaşıyordu gizliden gizliye.

Muhalefetteki bu gelişmeler Abdülhamit'i kaygılandırmaya başlıyordu. Dışardaki imgesi, Jöntürk gazetelerinin yaptığı propaganda sonucu ciddi olarak solup kararma tehlikesi altındaydı. 1896 yılından başlayarak, sultan, dışardaki muhalefetin sesini boğmak için, her şeyi harekete geçirdi: Önce, Jöntürklerin etkinliklerine kol kanat gerdikleri töhmeti altında olan hükümetler (Fransa, İsviçre, Belçika) üzerinde, Osmanlı elçileri aracılığıyla baskılarda bulundu; sonra da, muhalifleri bölüp parçalamaya çabalayan –sultanın gizli polisinin başı– Ahmet Celâlettin Paşa gibi casuslar yolladı. Ne var ki, en etkili araç, muhalefettekilere makamlar ve ödüller sağlamak oldu: Kendilerini Osmanlı yöneticileri dünyasından çıkarılıp atılmış hissedenler dayanamayacaklardı böylesi önerilere! Hesap doğru çıktı: Mizancı Murat Bey, ihanet olarak karşılanacak bir yüz geri edişle, 1897'de Türkiye'ye döndü ve başka yığınla insan, kendilerini elçiliklerde buldular ve bu da korkunç bir saygınsızlık içine attı Jöntürk hareketini. Öte yandan, İstanbul'da Askerî Akademi'de bir komployu açığa çıkardı polis. Jöntürk subay öğrenciler bastırıldı ve aralarından bir yüz kadarı Trablusgarp'a sürgüne yollandı. Böylece, sultan 1897'de sessiz hale getirmeyi başardı muhalefeti. Bir yıl önce Ermenilerin hareketlenişini bastırmıştı ve aynı yıl orduları Yunanlıları bozguna uğratmıştı Tesalya'da. 1898'de, İmparator II. Guillaume'un ziyareti, bir büyük Avrupa devletinin güvencesini sağladı kendisine. Yüzyılın son yılları, Abdülhamit'in saltanatının doruğunu temsil eder hiç kuşkusuz.

Bununla beraber, muhalefet, yeniden doğmakta gecikmeyecektir. 1899'da, Avrupa'da açılan gedikte kalmış kimi Jöntürkler, Abdülhamit'in eniştesiyle oğullarından, beklenmedik bir güç alırlar: Damat Mahmut Paşa ile iki oğlu Sabahattin ve Lütfullah Beylerdir bunlar. Sultan için pek ağırdır darbe; muhalefetin, Saray'a varıncaya değin yandaş bulduğu anlamına gelmektedir bu! Gerçekten, Damat Mahmut Paşa, Bağdat demiryolu ayrıcalığının Almanya'ya verilmesi konusunda sultanla uyuşmazlığa düşmüştü; kendisi, İngiltere'yi yeğlemiş olsa gerekti, ancak sultana düşüncesini kabul ettiremeyince, oğullarıyla beraber yurdu terk etmeye karar vermiş ve gidip muhalefet cephesiyle birleşmişti. Jöntürklerin etkinliklerine kişisel olarak katılmasa da, hareketi destekler ve özellikle de, İngiltere'de önce Londra'da, sonra da Folkstone'da, muhalefetin en önemli gazetelerinden birinin, *Osmanlı*'nın yayımına omuz verir. İngiltere'nin, o sıralarda Jöntürklere konukseverlik göstermesi anlamsız değildir: "Bağdat" işinde başarısızlığa uğramış olmasından kızgın İngiliz hükümeti, rejimin hasımlarına karşı, alabildiğine iyi niyetli bir tavır takınmıştı ansızın.

Her şeye karşın Jöntürk etkinliklerinin merkezi olarak "kalan" Paris'tedir ki, 1902 Kongresi yapılır. Jöntürk hareketini birleştirmek amacıyla, Damat Mahmut Paşa'nın oğullarının girişimi üzerine toplanan kongre, aslında bölünüşe götürür hareketi. Sadece propaganda ile gerçekleştirilemeyecek görünen bir siyasal değişikliğin içine orduyu da çekme zorunluluğu üzerinde bütün delegeler uzlaşmış olsalar da, Anayasanın yeniden yerine oturtulmasını elde etmek için Avrupa'nın müdahalesi sorununda ayrılırlar birbirlerinden. Avrupalı devletlere –kuşkusuz Fransa ile İngiltere idi söz konusu olanlar!– başvurma, özellikle Ermeniler olmak üzere, Türk olmayan delegelerle, Sabahattin Bey ve dostlarınca arzu edilmişti. Ahmet Rıza Bey'le yandaşları korkunç biçimde karşı çıktılar buna ve gerekçeleri de, imparatorluk için alabildiğine tehlike yaratacağı idi bunun;

209

ancak, azınlıkta kalınca, çoğunluğun görüşüne katılmayı reddettiler. Jöntürk hareketi, iki parçaya bölünmüştü artık: Sabahattin Bey'le Ahmet Rıza Bey'in bölüngüleriydi bunlar.

Saray'da doğup yirmi iki yaşında Avrupa'ya göçen Prens Sabahattin (1877-1948), Türkiye'nin gerçekliklerini pek iyi tanımıyordu. Fransa'da sosyolojinin hayli etkisinde kalan Sabahattin Bey, çoğu Jöntürklerden farklı olarak, Abdülhamit'in despotluğuna son vermekle yetinilemeyeceğini ileri sürüyor; bu despotluğa yol açan sosyal nedenleri araştırmak gerektiğini söylüyordu. Le Play'in hayranı olan prens, onun çömezlerinden birinin, Edmond Demoulin'in düşüncelerini benimsemişti. Anglosaksonların üstünlüğünün nedenlerini arayan Demoulin, İngiliz toplumu gibi ilerlemeye özellikle yetenekli özerklikçi toplumları, ister istemez durgunluğa götüren cemaatçi toplumların karşısına çıkarıyordu. Bu ayırım, Osmanlı toplumundaki gecikmeyi onun cemaatçi görünüşüne bağlamaya götürmüştü Sabahattin Bey'i. Böylece, eğitim yoluyla özel girişimi geliştirmek ve siyasal bir reformla da yerinden yönetmeyi kurmak gerekiyordu. Bu son tema, Müslüman olmayanların, özellikle Ermenilerin yakınlığını üzerine çekmesine yol açtı prensin. Düşüncelerini yaymak amacıyla, Sabahattin Bey, 1906'da *Terakki* (ilerleme) adıyla bir gazete kurdu Paris'te ve bir de dernek: *Teşebbüs-i Şahsî* ve *Adem-i Merkeziyet Cemiyeti* (Özel girişim ve Yerinden Yönetim Derneği).

Bir yerinden yönetimci liberalizmin karşısına, Ahmet Rıza Bey, otoriter bir merkeziyetçilik düşüncesini koyuyordu. Avrupa'nın ve imparatorluğun Hıristiyan azınlıklarına güven duymadığı için, yerinden yönetimci bir sistemin, imparatorluğun parçalanışına bir başlangıç olacağını düşünüyordu; ve halklara özerklik verilmesi, gerçek bir ihanet demekti gözünde. İki düşüncenin, Anayasanın yeniden yaşama geçirilmesi ile imparatorluğun ülke bütünlüğünün sürdürülmesi düşüncelerinin saplantısı içinde, bir kestirmesi de şuydu: Devletin ayakta kalmasını sağlamak ve onu ilerletmek için dayanılması gereken öğe, Türk öğesiydi.

Jöntürklerin karşısında bulundukları temel sorunlardan biri, eyleme geçme sorunuydu: Bir avuç sürgün, ellerindeki devede kulak maddi araç ve Türkiye'den uzakta, nasıl olup da rejimi değiştirebilecek ve Anayasayı yerli yerine oturtacaktı? Avrupa'ya mı başvurulacaktı? Görüldüğü gibi, muhalefet saflarında oybirliği sağlanamamıştı bu konuda. Şiddet ve terörizme mi gidilecekti? Bu noktada da uyuşmazlık vardı. Sabahattin Bey, böylesi bir çözüme eğilim gösterdi bir an için; 1903'te benimsediği ve az çok İngiltere'nin omuz verdiği girişim, birdenbire başarısızlığa uğradı. Yasal yollara daha çok bağlı Ahmet Rıza Bey, Rus nihilistlerinin yöntemlerine doğru sürüklenişi reddediyordu. Kalıyordu ordu! Bu noktada hemfikir idi Jöntürkler: Orduyu devrimci davaya kazanmak zorunlu idi. 1906'da, Ahmet Rıza Bey, bu konuda bir kitapçık yayımlar Kahire'de ve adı da şudur: *Askerin Ödevi ve Sorumluluğu!* Osmanlı İmparatorluğu'nu savunmada ve ilerletmede, ordunun oynayacağı rolü açıklıyordu bu eserinde. Bu rol değişmişti: Fetihten ülkenin savunulmasına geçilmişti, gazadan da yurtseverliğe. Subaylar, ulusun en nitelikli ve en yurtsever öğeleri olduğundan, ülkenin siyasal yaşamına yön vermek onlara düşüyordu. Özellikle, imparatorluğu felakete götüren Abdülhamit despotluğu karşısında, Ahmet Rıza Bey, asker seçkinlerden devrimci görevlerine sahip çıkmalarını istiyordu. Bu kitapçığı yayımlarken, Ahmet Rıza Bey, gerçekleşmekte olan bir olayı dile getiriyordu: Bir nöbet değişikliği oluyor, sürgündeki Jöntürk muhalefetinin yerini Türk subayları alıyordu.

Devrime doğru

1905-1906 yıllarından başlayarak, Osmanlı İmparatorluğu'nun tarihi, birden hızlanmışa benzer. Dışarda bir dizi olay, derin yankılar yapar Türkiye'de. Önce 1905'te, Japonya'nın çarların imparatorluğuna karşı askerî zaferi, tüm Asya'da olduğu gibi, Osmanlı toplumunun da bütün tabakalarını sevince boğar: Geleneksel düşman aşağılanmış ve yenilmiştir, bir Asyalı ulus bir Avrupalı devleti yola getirmiştir. Osmanlı liberal ve yurtseverlerinin bir başka nedeni vardır sevinmelerinin: Zafer Japonya'nın, yani bir anayasalı devletin olmuştur; yenilgi, Rus mutlakıyetini öylesine

211

sarsmıştır ki, bir Anayasa yapmaya ve parlamentoyu, Duma'yı toplamaya götürmüştür onu. Ertesi yıl, İran'da bir anayasalı rejimin kuruluşu, bir tür tamamlayıcı kanıt olur: Despot rejimlerin günleri sayılıdır artık ve Jöntürkler de tarihin doğrultusunda kolları sıvarlar.

İçerdeki durum da kötüleşir aynı zamanda. 1905'te, bir Ermeni komando sultanı öldürmeye kalkar. Karışıklıklar yeniden başlar Doğu Anadolu'da. Ve özellikle Makedonya sorunu, tam bir çıkmazın içine gelip girer. 1902-1903 yıllarının kanlı olaylarından beri, Avrupa devletleri Osmanlı hükümeti üzerinde baskılarını artırmışlardır. 1904'te Ruslardan, Avusturyalılardan, Fransızlardan, İtalyan ve İngilizlerden oluşan bir uluslararası jandarma gücü yerleşir Makedonya'da; Osmanlı ordusunun yanı sıra, asayişi sağlamaktır görevi. Makedonya olayları, Avrupalı devletlere, mazgal siyaseti uygulama fırsatını verir gitgide. 1903'te Rusya, iki konsolosun öldürülmesini protesto etmek için birkaç savaş gemisi yollar; aynı yıl, Avusturyalılarla İtalyanlar, Selanik koyunda bir gösteride bulunurlar. 1905'te, beş devlet (Almanya, bu ortak çıkışlara katılmakta çekimser kalır), Osmanlı Bankası ve şubeleri aracılığıyla, Makedonya illeri için bir mali denetim sistemi önerirler. Uluslararası maliye komisyonunun kararları önünde eğilmeyi sultan reddedince, Midilli ve Lemnos adalarındaki gümrük ve postaneler işgal edilir ve sultan boyun eğmek zorunda kalır.

Makedonya sorununu çözmede ve Avrupalı devletleri işin dışında tutmada Abdülhamit yönetiminin güçsüzlüğünü, Balkanlar'daki karışıklıkları bastırmakla yükümlü Türk subaylar özellikle görüp duyarlar. 1903 ayaklanışı, bir dönüm noktası olur onlar için. Genellikle liberal düşüncelerle temas etmiş oldukları Harbiye'nin genç mezunları, bir despotun hesabına ulusal hareketlerle mücadele etmek için Makedonya'da bulunmaktadırlar. Çoğu insan için Makedonya, ulusal düşüncenin bir tür laboratuvarı olacaktır böylece. Öte yandan, uluslararası jandarma gücüne bakıp ellerindeki araçların yoksulluğunu görüp tanırlar. Subayların aylıkları düşüktür ve çoğu kez alabildiğine gecikerek ödenmektedir; Hazine, yılda altı aydan fazlasını veremez durumdadır. Ne var ki, orduda hoşnutsuzluk, Makedonya'nın ötesine de yayılıyordu. Böylece Şam'da, bir grup genç subay, bir gizli dernek kurmuşlardı 1906'da. Onlar arasında, Harbiye'den yeni mezun olmuş ve adı henüz duyulmamış genç bir subay, Mustafa Kemal, kendisinin de doğduğu Selanik kentindeki muhalefet çevresiyle temaslar kuracaktır.

Gerçekten Selanik, devrimci düşüncelerin yayılmasına elverişli bir yerdir. Makedonya'nın başkenti, imparatorluğun en modern kentlerinden biri olmuştu: Avrupa'ya açılan bir büyük limandı; zengin bir ticaret burjuvazisi ve daha şimdiden gelişmiş bir ticaret, taşıma ve idare kesimi vardı. Büyük bir etnik çeşitliliğe sahipti kent ve nüfusun % 40'ını temsil eden Yahudi öğe egemen durumdaydı; çeşitli cemaatler arasında pek canlı bir eğitim yarışmasının olduğu yerdi de Selanik. Dünya Yahudi Birliği sayesinde, Yahudiler başta geliyorlardı; ne var ki, okula giden çocukların sayısı Yunanlılarda, Bulgarlarda ve Türklerde de hayli fazlaydı. XIX. yüzyılın ikinci yarısında kentin iktisadî kalkınışı, içinde tacir ve bürokratların başı çektiği Müslüman cemaatin de göze çarpmasına katkıda bulunmuştu.

1906 Ağustos'unda Osmanlı Hürriyet Komitesi işte bu bağlamda kurulur. Başlarda on üyesi vardır komitenin ve, Talât gibi 1908'den sonra Jöntürk hareketinde önemli bir rol oynayacak militanlar göze çarpar aralarında; Talât da, Selanik posta idaresinde bir memurdur o sıralar. Hücreler halinde örgütlenen komite, Makedonya toplumunda hızla yandaşlar bulur. Militanlar subay ya da memurdur; gençtir çoğu, yüksekokulları bitirmişlerdir ekseriya ve özgürlük ve ilerleme düşüncelerine bağlıdırlar. 1889'daki Jöntürk hareketinin ilk çekirdeğine oranla, farklılıklar önemlidir: Makedonyalı militanlar, artık öğrenci değil, deneyimli insanlarla ve çevreyle ilişkisi olan kimselerdir. Aralarında Türk öğe, alabildiğine egemen durumdadır şimdi. Grup, sosyal yönden daha türdeştir: Saray'la ilişkisini koparmış paşalar yoktur artık, imparatorluğu çağdaşlaştırma tutkusu içindeki Müslüman orta sınıftan insanlardır üyeler. Avrupa'nın müdahalesine şiddetle karşıdır hepsi de. Liberallerden çok daha fazla olarak imparatorluğu kurtarmaya kararlı yurtseverlerdir bunlar.

213

Komitenin, bu Makedonya ortamında gelişmesi alabildiğine hızlı oldu. Önce Manastır, İşkodra, Serez gibi garnizon kentlerinde hücreler kuran subaylar aracılığıyla oldu gelişme. Öyle görünüyor ki, devrimci düşüncelerin yayılmasında, Bektaşi ve Melâmi gibi kimi halktan tarikatlar, tekkeleri genç aydınlar için birer toplantı yeri olduğu ölçüde, bir rol oynadılar. Ne var ki, Jöntürk ideolojisini yaymada en etkili araç, Selanik'teki Mason locaları oldu. Talât ya da Mithat Şükrü gibi, komitenin kimi üyeleri de Masonluğa girmişlerdi. Jöntürk militanlar ile Masonlar arasında, özellikle liberalizm ve despotluğa hınç olmak üzere, düşüncelerde belli bir ortaklık vardı. Kapitülasyonların az çok koruduğu özellikle yabancı localar, komite üyelerine güven verici bir ortam oluşturuyor ve onlar da, her türlü tehlikeden uzakta çalışabiliyorlardı oralarda. Böylece, Jöntürk hareketi üzerinde Masonluğun bir etkisinden söz edilebilir kuşkusuz; ancak Jöntürklerin, Selanik ortamına girmek için localardan yararlanmalarıdır daha çok söz konusu olan belki de. Şunu da eklemeli: Komite, Fransız eğilimli locaların aracılığıyla, Yahudi burjuvazisiyle temas halindeydi; bu Yahudi burjuvazisi de, Selanik'teki iktisadî etkinliklerinin mahreci durumundaki Makedonya'nın imparatorlukta kalmasını görme arzusunu paylaşıyordu Jöntürklerle. Komite, işte bütün bu araçlar sayesinde, pek hızlı olarak yaygınlaştı; 15.000'e yakın üyesi olacaktır iki yıl içinde.

1907'de, Paris'te Ahmet Rıza Bey'in yönettiği İttihat ve Terakki Komitesi ile Selanik Komitesi arasında temaslar başlar; eylül ayında, her iki örgüt birleşme kararı alırlar. Gerçekten, ("İttihat ve Terakki" adını kabul eden) Selanik Komitesi Jöntürk hareketine egemendir artık; hareketin çekim merkezi de, Avrupa başkentlerinden Selanik'e kaymıştır böylece. Öte yandan, aynı yıl, bir ikinci Jöntürk kongresi, Ahmet Rıza Bey'le Prens Sabahattin'in gruplarını ve Daşnak Ermeni militanlarını bir araya getiriyordu Paris'te.

Bir askerî zorlama düşüncesi gitgide dayatmaktadır kendini.

Bütün imparatorlukta, iktisadî ve sosyal durum hızla kötüleşir. Anadolu'nun doğusunda ayaklanmalar olur. Daha 1906'da, Erzurum kenti, gerçek bir başkaldırıya sahne olmuş ve yerel küçük burjuvazi, subaylar ve memurlar katılmıştı buna. Ayaklananlar, yeni vergilere son verilmesini, Hamidiye Alaylarının ortadan kaldırılmasını ve Anayasanın yeniden yaşama geçirilmesini istiyorlardı. Kent, haftalarca başkaldıranların elinde kaldı; üzerlerine yollanan ordu, yürümeyi reddetti. Ayaklanma, 1907'de son buldu; ne var ki, Kafkaslar yoluyla, 1905 Rus devriminden etkilenen Doğu Anadolu'da başka yerel ayaklanmalar oldu aynı yıl. Bu karışıklık, ne olursa olsun, Abdülhamit'in bölgede sürdürmeye kalktığı "İslam" siyasetinin başarısızlığını gösteriyor.

1906-1907 kışı pek sert geçer, fiyatlar yükselir, un, yakacak odun, kömür yetmez olur, ürün ortadan aşağıdadır. 1907-1908 kışı boyunca da sürer iktisadî bunalım. Yiyecek maddeleri, "dayanılmaz düzeye" varır. 3 Şubat günlü *Moniteur ottoman*'a bakılırsa, haziranda, Sivas'ta, dolaydaki köylerin kadınları ekmek istemek için bir araya gelirler; ve, toplantı ayaklanmaya dönüşür. Rejim için en ağır olanı da şudur: Kışlaları sarar hoşnutsuzluk! İmparatorluğun hemen hemen her yanında, askerler, ücretlerinin ödenmesindeki gecikme nedeniyle başkaldırırlar: 1906'da 4, 1907'de 13 ve 1908 yılının ilk altı ayında da 28 ayaklanma görülür. Başlarda halkın sevdiği bir rejimden, sonunda yığınların niçin koptuğunu, bir bölümüyle açıklar durumda bu iktisadî ve sosyal güçlükler; ileride niçin savunulamayacağını da açıklarlar.

Son diplomatik gelişmeler, genel kaygılara daha da eklemelerde bulunurlar. İran, Tibet ve Afganistan hakkında 1907'de tasarlanan İngiliz-Rus yakınlaşması, II. Nikola ile VII. Edouard 1908 Haziran'ında Reval'de buluştuklarında belirginleşir. Görüşmeleri gizli tutulmuştur, ne var ki imparatorluğun olası bir parçalanmasından heyecana gelir kamuoyu. Alman ve Avusturya propagandası, iki hükümdar arasında gerçekten de bir paylaşma söz konusu olduğunu yaymakla da, yağ döker ateşe. Jöntürkler, surun eteğindedirler. Kuşkusuz Anayasa'yı yeniden yürürlüğe koymak için, ancak özellikle devletin parçalanmasını önlemek amacıyla, hemen eyleme geçilmelidir. Jöntürk Devrimi'nin kahramanlarından biri, Niyazi Bey, anılarında, Reval görüşmesi haberini öğrendiğinde, üç gün üç gece gözüne uyku girmediğini söylüyor; ülkesinin yazgısı üstüne kaygı öylesine kemirip tüketiyordu onu.

3 Temmuz'da, yandaşlarıyla dağa çıkar Niyazi Bey. Jöntürk Devrimi yürüyüşe geçmiştir!

BÖLÜM XIV

BİR İMPARATORLUĞUN ÖLÜMÜ
(1908-1923)
Paul Dumont ve François Georgeon[*]

UMUTLAR VE DÜŞ KIRIKLIKLARI (1908-1912)

Devrim ve tepki

Niyazi Bey'in yandaşlarıyla dağa çıktığı günden beri, Makedonya'da karışıklık durmamış artmıştı. III. Ordu'nun öteki genç subayları, bu arada Hilmi Paşa'nın kurmay başkanlığına bağlı binbaşı Enver Bey de onun örneğini izlemişlerdî. Bu ayaklanma eylemlerinin çoğalması, bu söz dinlemezlik hareketinin başına geçmeye götürüyordu İttihat ve Terakki'yi. Elindeki hafiye şebekesiyle, söz konusu gelişmelerden haberdar olan Abdülhamit, gizli polisini harekete geçiriyor, soruşturma heyetleri yolluyordu; ne var ki, İttihat ve Terakki Komitesi, sultanın ajanlarının maskelerini çabucak indiriyor ve saf dışı ediyordu.

1908 Temmuz'unun başlarında, Saray'ın adamlarına karşı öldürmeler artınca, Abdülhamit, gitgide açıkça bir başkaldırıya dönüşen hareketi bastırmak amacıyla, bir ordu göndermeye karar verdi: Ayın ortalarına doğru, Anadolu'dan Makedonya'ya 18.000 asker yollandı. Ne var ki, ayak-

---

[*] Bu bölümdeki 217.-253. sayfaları François Georgeon ve 253.-310. sayfaları da Paul Dumont yazmıştır.

217

lanmayı bastıracak yerde, onunla birleşti gönderilenler. Devrimin dönüm noktası oldu bu: O tarihe değin, Jöntürk subayların ayaklanması, uzun yıllardan beri çetelerin eline düşmüş bir Makedonya için hemen hemen sıradan bir olaydı. Anadolulu askerlerin kopup ayrılmaları ise, durumun, Saray'ın denetiminden bütünüyle çıktığı anlamınaydı artık. 20 ve 23 Temmuz günleri arasında, İttihat ve Terakki Komitesi'nin çekip çevirdiği subayların ve Müslüman halktan sivil insanların önayak oldukları ayaklanmalar görüldü Manastır'da, Serez'de, Üsküp'te, Firzovik'te. Anayasa'nın yeniden yürürlüğe konmasını isteyen bir telgraf yağmuru boşandı Yıldız'ın üstüne; bu olurken, ordu da, sultanın uymaması halinde, İstanbul'a yürüyeceği tehdidinde bulunuyordu. Aslında, 23 Temmuz'da, Manastır'da ve Makedonya'nın öteki birçok kentinde Anayasa kendiliğinden ilan edilmişti.

Komite, 27 Temmuz günü, Makedonya'nın başkenti Selanik'te harekete geçmeyi öngörmüştü; ne var ki, Abdülhamit hazırlıksız yakaladı onu. Sultan, ayaklananlara karşı artık hiçbir olanağa sahip olmadığından, uzlaşmaya karar verdi onlarla. 22 Temmuz'da, Sait Paşa'yı sadrazam olarak atıyor ve ertesi günü de, 1876 Anayasasını imparatorlukta yeniden yürürlüğe koyduğunu belirten bir *irade* yayımlıyordu; yakında seçimlere gidileceğini ve Parlamentonun toplantıya çağrılacağını da haber veriyordu.

Otuz yıldan beri toplanmamış bir Parlamento idi bu! 24 Temmuz'da, İstanbul ve imparatorluğun büyük kentleri, Abdülhamit despotluğunun sona erdiğini öğreniyordu sevinç içinde. Yollarda, çarpıcı sahneler görülüyordu; bütün cemaatlerden insanlar, Ermeniler, Rumlar, Bulgarlar, Türkler, Arnavutlar birbirlerini kutluyor ve sarmaş dolaş oluyorlardı. Kimi Arap kentleri gibi, coşkunun görülmediği yerlerde, komitenin görevlileri, sevinç gösterilerine yol açmak için çabalıyorlardı. Bütün umutlar gerçekleşebilir görünüyordu; "Hasta adamı iyileştirdik" diyecektir Enver Bey.

Yeni bir seher doğuyordu Anayasa'nın geri gelişiyle! Böylece Jöntürkler, bir yirmi yıla yakındır saplantısı oldukları bir düşüncenin, Osmanlı Devleti'nin yeniden anayasalı bir devlet olması düşüncesinin gerçekleştiğini görüyorlardı. Savaş vermeden, şiddete başvurmadan, sıradan bir müdahale tehdidiyle elde ettikleri zaferin çabukluğu, isteklerine Abdülhamit'in kolayca uyması, hazırlıksız yakalamıştı onları. Aralarında en tutucu olanlar, programın esası gerçekleştiğine göre, komitenin dağılması gerektiğini düşünüyordu. Ne var ki çoğunluk, siyasal eylemin sürdürülmesi yolunu seçti.

Ne yapacaklardı bu ansızın kazandıkları zaferle Jöntürkler?

Anayasa'yı yeniden yürürlüğe soktuğu için, sultan, halkın muhabbetini yeniden kazanmıştı ve artık onu saf dışı etmek mümkün değildi pek. Öte yandan, başkaldıranların saflarında, siyasal deneyimi olan hiçbir siyaset adamı yoktu. Avukat, gazeteci, memur ve müstahdem olarak çoğu küçük burjuvaziden gelen, büyük bölümü yüksekokullardan gelse de yönetme sanatını bilmeyen bu insanlar, siyasal yaşam dünyasına karışma fırsatını elde edememişlerdi hiçbir zaman. Son olarak, İttihat ve Terakki Komitesi, Makedonya'da iyiden iyiye kök salmış olsa da, ağını Anadolu'ya yayamamıştı pek; ve, İstanbul'da sağlam bir örgüt yoktu elinde ve hareketin yöneticileri hemen hemen birer meçhul idiler orada. Osmanlı İmparatorluğu gibi geniş ve karmaşık bir devleti yönetmeye kalkmak olanaksızdı bu koşullarda. İktidardan gözü korkmuş darbeciler olarak, Jöntürkler, hiç olmazsa geçici bir süre, kurumların dışında kalmaya mahkûmdular.

Böylece, 1908 Temmuz'undan sonra, aynı siyaset kadrosunun devletin kumanda mevkilerinde görülmesi şaşırtmamalı insanı. Daraltılmış yetkilerle yerinde kalan sultanın yanı sıra, sadrazamların hepsi de eski rejimin adamlarıdırlar: Sait Paşa, arkasından 1908 Ağustos'unda birkaç aylığına hizmete gelen yaşlı Kâmil Paşa, Hüseyin Hilmi Paşa, Ahmet Tevfik Paşa vb. İdare de, eski rejimin Osmanlı bürokratlarının elinde kalır. Siyaset ve idarede nöbet değiştirme, gitgide artan bir ölçüde ve yavaş yavaş olacaktır ancak.

Öyle olunca, bir "Jöntürk Devrimi"nden söz edilebilir mi?

Aslında, gerçek bir iktidar değişimi olmadan Makedonya'da, subayların ve İttihat ve Terakki Komitesi'nin

219

yönlendirip başarıya ulaştırdıkları yasal olmayan bir şiddet eylemiydi söz konusu olan daha çok. Bir devrimden çok, sosyal alanda gerçek bir programı olmayan insanların, daha şimdiden otuzunu aşmış bir metni yeniden canlandırmalarıydı bu. Ancak, Fransız Devrimi nasıl Bastille'in alınışından ibaret değilse, Türk Devrimi de 24 Temmuz'dan ibaret değildi sadece. Gerçekten, söz konusu Jöntürk eylemi, on yıldan fazla bir zamana yayılacak –derinliğine– bir dizi değişikliğin yolunu açıyordu.

Hemen daha şimdiden önemliydi değişiklikler. Sultanın, İzzet Paşa ya da Ebülhûda gibi, despotizmle en çok uzlaşmış yakınları kaçmıştı ya da içeri atılmıştı. Yıldız'daki "gizli eller", dağıtılmış bulunuyordu. Gizli polis örgütüne son verilmişti ve hafiye şebekesi yok edilmişti. Bir genel af çıkarılmıştı 27 Temmuz günü: Keyfiliğin ve jurnalcıların kurbanlarından başka, adi suçlardan bir bin kadar mahkûm yararlanıyordu bundan. Yüzlerce siyasal mahkûm yurduna yuvasına dönüyordu; ve, Prens Sabahattin Bey gibi, kimi zaman pek büyük coşku gösterileriyle karşılanıyordu bunlar. Sansürden kurtulmuş gazeteler çoğalıyordu; kamuoyu, ülkenin siyasal yaşamına giriyordu.

Hava devrimciydi en azından!

Ne var ki, sonbahar için öngörülen seçimlerle Parlamentonun toplanmasını beklerken, kendini dayatan sorun şuydu: Kim yönetecekti? Saray zayıflamıştı. Anayasa üzerine ant içtikten sonra, Abdülhamit, bir gözlemci rolüne çekilmişti. Buna karşılık, Babıâli için, 1870'li yıllardan beri yitirdiği yeri yeniden kazanma fırsatını kendisine veriyordu devrim. Saray'la komite arasında herhalde ortaya çıkacak anlaşmazlıkları ustaca oynayarak, sadrazam, iktidarını tekrar dayatmanın umudu içindeydi. Sırayla Sait Paşa ve Kâmil Paşa, bu kartı oynamaya kalkacaklardır. İttihat ve Terakki Komitesi'ne gelince, Merkez Komitesi (Merkez-i Umumi) aracılığıyla hareket ediyordu: Selanik'te kalıp gizliliğini sürdüren Merkez Komitesi ise, bir tür gizli baskı grubu durumundaydı; eyaletlere görevlilerini yolluyor; Talât, Rahmi, Cavit, Doktor Nâzım, Bahaettin Şakir ya da Ahmet Rıza Bey gibi, en gözde üyelerinden ikisini ya da üçünü, görüşünü bildirmek, hatta dayatmak için, sultanın ya da sad-

220

razamın yanına gönderiyordu. Devrimden birkaç gün sonra, (içinde Talât, Cemal ve Cavit Beylerin de bulundukları) yedi kişilik bir komite, yeni rejimin yerleşmesine göz kulak olmak üzere başkente gelmişlerdi. Bu yeni rejim ise, siyasal, sosyal ve diplomatik bir dizi güçlüklerle karşılaşmakta gecikmeyecektir.

Birkaç gün sonra, Sait Paşa ile İttihatçılar arasında, bir siyasal bunalım patlak verdi önce. Anayasa, kabineyi bizzat kendisinin oluşturması hakkını veriyordu sadrazama; sonra da, sultanın iradesine sunması gerekiyordu sadrazamın bunu. Sait Paşa, komiteye daha iyi karşı çıkabilmek amacıyla, iki nazırlığın, Harbiye ve Bahriye nazırlıklarının seçimini sultana bıraktı. Pek büyük bir şey öne sürülmüştü kumarda: Orduyu denetleyecek olan, gücü hatırı sayılır ölçüde genç subaylara dayanan Jöntürk hareketini de, yola getirebilecekti aynı zamanda. Sait Paşa, güç denemesinde başarısızlığa uğradı ve görevden ayrılmak zorunda kaldı. Kâmil Paşa geçti yerine (6 Ağustos). Kâmil Paşa, imparatorluğu merkeziyetçi bir modern devlet haline getirmeyi öngören bir program önerdi ve Jöntürkler de uygun buldu bunu. İttihat ve Terakki Komitesi, artık siyasal yaşama müdahale etmeyeceğini; Anayasa'nın koruyucusu ve hakem rolü oynamakla yetineceğini açıkladı: Ülkenin üzerine haftalarca sürecek bir grev dalgası gelip çöktüğünde, 1908 Ağustos'undan başlayarak oynamaya çağrılacaktır bu rolü.

Ne var ki, yeni rejim için en ağır olanı şu gelendi: 5 Ekim'de, Bulgaristan, sultanın otoritesini reddederek, bağımsızlığını ilan eder; ertesi gün, Avusturya-Macaristan, Bosna-Hersek'i kendisine kattığını açıklar ve Girit, Yunanistan'a bağlandığı kararını haber verir. İmrenilecek bir fırsattı bu: Yeni rejim, istikrarsızdı henüz; bir kez yerine oturunca da, bu topraklar üzerinde otoritesini sağlamlaştırmayı aramayacak mıydı? Söz konusu yerler, sözde de olsa Osmanlı İmparatorluğu'na bağlıydılar kuşkusuz ve bu statü büyük devletlerce güvence altına alınmıştı; ancak şimdi birden Osmanlı egemenliğinden çekilip çıkmıyorlar mıydı? Türkiye güçsüz ve tek başınaydı; büyük devletler de istedikleri gibi hareket ediyorlardı. Komite, Avusturya mallarına karşı bir boykotu göz alıcı biçimde yönlendirirken, siyasal

221

makamlar da, bunalımı diplomatik yollarla çözüme ulaştırmaya çabalıyorlardı. 1909 Şubat'ı ile Nisan'ı arasında, Türkiye için mali ödünler öngören anlaşmalara gidildi ve bunlar, yitirilen yerlerdeki Müslümanların dinsel yaşamını denetleme hakkını da tanıyordu Halifeye.

Bu diplomatik bunalımın sonuçları pek büyük oldu. Jöntürk Devrimi'nden doğan rejim için, hoş görülmenin sonu idi bu. Söz konusu rejim, birkaç ay içinde, Abdülhamit'in saltanatının otuz bir yılı boyunca terk ettiği topraktan çok daha fazlasını çıkarmıştı elinden. Oysa, temmuz müdahalesi, imparatorluğun parçalanmasını önleyecek sanılmıştı. Jöntürklerin saygınlığı, ciddi olarak sarsıcı bir darbe yemiş bulunuyordu. Onların, yabancı saldırısını göğüslemekteki yeteneksizlikleri, hoşnutsuzluklara yol açmaya başlayacaktı hemen. İlk tepki işaretlerinin, bu bunalımın ertesi gününden başlayarak kendini göstermesi bir rastlantı değildir.

Böylece, Osmanlı Parlamentosu seçimleri (Kasım-Aralık 1908), işte bu az buçuk zehirlenmiş hava içinde yapıldı. Komiteye tek muhalefet, Sabahattin Bey eğilimindeki liberallerden geliyordu: Osmanlı Liberal Partisi *(Osmanlı Ahrar Fırkası)* içinde bir araya gelmişlerdi bu kimseler; Müslümanlarla Müslüman olmayanların eşitliğinin yanı sıra, yerinden yönetim üzerinde ısrar eden söz konusu partiyi, imparatorluğun Türk olmayan öğeleri tutuyordu. Ne var ki gecikerek, eylülün ortalarına doğru kurulmuştu parti ve hemen hemen sadece başkentte örgütlenmişti; öyle olunca da, İttihatçıların hegemonyasını ciddi olarak tehdit edemezdi. Seçimler, iki dereceli dolaylı oyla yapıldılar; oy hakkı da, yirmi beş yaşından fazla olan erkeklere tanınmıştı yalnız. Mecliste, Rumlar için çok daha fazla bir temsil isteyen Ortodoks Patrikliği ve Rum cemaati ile, büyük bir uyuşmazlığa yol açtı seçimler. Aşağı yukarı her yerde, İttihat ve Terakki etiketi altında ortaya çıkmış olan adaylar seçildiler; liberallerin İstanbul'daki adayı sadrazamın kendisi bile, yenilgiye uğradı.

Parlamento, 17 Aralık 1908 günü, büyük bir törenle açıldı. Açış söylevinde, Abdülhamit, Anayasa'ya bağlılığını yeniden belirtti: Halkın eğitim düzeyinin yükseldiği bugünkü durumda, Anayasa'nın tekrar yürürlüğe konmasına hiçbir engel kalmamıştı, diyordu konuşmasında. Birkaç gün sonra da, Ahmet Rıza Bey, Mebusan Meclisi'nin başkanlığına seçildi.

Komite ile Kâmil Paşa arasındaki ilişkiler bozulmakta gecikmedi. Eski rejim bürokrasinin simgesi olan ve liberallerle ilişkileri de bilinen sadrazam, pek denetlenemezdi. Parlamentonun açılışından birkaç hafta sonra, iktidarını artırmak üzere, siyasal güçlüklerden yararlanmaya kalktı. 10 Şubat 1909 günü, Harbiye ve Bahriye nazırlıklarının başına, kendi adamlarını atamaya karar veriyordu. Güç denemesi, ordu çevresinde dönüyordu yeniden. Mebusan Meclisi'nde bir tartışmanın sonunda, ezici bir çoğunlukla güvenoyu verilmedi kendisine ve Kâmil Paşa görevden ayrılmak zorunda kaldı. Sultan, onun yerine Hüseyin Hilmi Paşa'yı göreve çağırdı: Paşa, devrimden önce, Rumeli genel müfettişi idi ve Jöntürkler arasında olumlu bir şöhreti vardı. İttihat ve Terakki Komitesi için yeni bir zaferdi bu!

Birkaç ay içinde, hoşnutsuzluk eksilmedi, arttı; ve önce, açıkça dinsel bir renge büründü. 1908 Ekim'indeki diplomatik bunalım, tam da ramazan ayında, dinsel duyarlığın en canlı olduğu bir sırada ortaya çıkmıştı[1]. 7 Ekim'den başlayarak, Kör Ali adlı bir hocanın yönlendirdiği bir kalabalık, Saray'a gidip sultandan şeriatı geri getirmesini istedi. Jöntürklere karşı propaganda boşalıyordu. Şeyhülislam ile yüksek düzeyde ulema, başından beri rejimi desteklese de, dinsel kademenin –daha tutucu olan– aşağı sıralarında, imparatorluğun yeni felaketlerinden Anayasa sorumlu tutuluyor; özgürlük ve eşitlik, yabancı ve tehlikeli kavramlar olarak görülüyor; Jöntürklerden bilinen modern örfler horlanıp aşağılanıyordu. Eski yoldaşlarından daha da kopmuş olan Murat Bey, gazetesi *Mizan*'da, Müslüman olmayanlarla eşitliği ve kadının kurtuluşunu geleneklere zıt gösterip reddederek, dinsel tutkuları kışkırtıp ateşe yağ atıyordu. Softa ve dervişler olmak üzere, yalnız dinsel çevrelerde değil, bürokrasi ve ordu katlarıyla halk kitleleri arasında da gitgide daha fazla yandaş toplayan bir söylemdi bu!

1909 Şubat'ında Kâmil Paşa'nın uzaklaştırılması, gerginliği artırdı. Mebusan Meclisi'nde, Liberal Parti, siyasal

1. Sina Akşin, *Jöntürkler ve İttihat ve Terakki,* 1987, s. 93-94.

muhalefetin çekirdeği olmuştu; ve Rumlar, Ermeniler, Araplar ve Arnavutlar olmak üzere, özellikle Türk olmayan milliyetler arasından bir elli altmış arasında milletvekilini bir araya getiriyordu. Parti, İttihat ve Terakki Komitesi'ni, bir diktatörlük kurmakla, orduyu siyasete sokmakla, Osmanlılık ülküsünü Türkler yararına terk etmekle suçluyordu. Güvendikleri adamın işbaşından uzaklaştırılmış olmasına iyi gözle bakmayan İngilizler, bu şiddetli saldırıları destekliyorlardı. İngiliz Elçiliğinin baştercümanı Fitzmaurice, İstanbul'daki İngiliz gazetesi olan *Levant Herald* aracılığıyla, korkunç eleştirilerle yüklü bir kampanya sürdürüyordu İttihatçılara karşı. Komitenin yöntemleri, basında açıkça eleştiriliyordu. *Serbesti* gazetesinde, İttihatçılara karşı kampanyaya etkin olarak katılmış olan bir gazeteci, Hasan Fehmi, 7 Nisan'da öldürüldü; kamuoyu da, bizzat komitenin hesabına yazdı bu cinayeti.

Nisan ayının başlarında, gericiliğin güçleri örgütlendiler. Kıbrıs kökenli bir Bektaşi dervişinin, Vahdeti'nin aylar öncesi kurduğu *İttihad-ı Muhammedi Cemiyeti* (İslam Birliği Derneği), ikinci sıradan ulemayı yeniden bir araya getiriyordu. "Enternasyonalist" havalı, bir tür misyoner örgütlenişti bu ve halka seslenen bir İslamı dile getiriyordu. *Volkan* adlı gazetesi, ülkeyi uçuruma götürmekte olan "bir avuç Allahsız"a karşı korkunç eleştirilerde bulunuyordu aylardır. Dernek, programını açıklamak için, Peygamberin doğum günü olan 5 Nisan'ı seçti; program, İttihatçıların laik ve Batıcı eğilimlerinin tersine, İslam ülküsüne çağrıda bulunuyordu.

12 Nisan 1909'u 13 Nisan'a bağlayan gece, Türkiye'de *"Otuz Bir Mart Vakası"* diye adlandırılan ayaklanma patlak verdi[1]. İstanbul'da yerleşen ve derneğin propagandasının alabildiğine işlediği I. Ordu'nun askerleri, çoğu diplomalı *(mektepli)* subaylarının silahlarını ellerinden alırlar; kente yayılarak, Galata Köprüsü'nü aşıp, Parlamentonun karşısındaki Sultan Ahmet alanında toplaşırlar. 13 Nisan günü boyunca, başka birliklerden olanlar, din adamları ve medrese öğrencileri gelip katılırlar kendilerine. Osmanlı tari-

1. Julien takvimindeki 31 Mart'tır bu.

hinde, askerle din adamları, iktidara karşı ayaklanmada dirsek dirseğedirler bir kez daha: Şeriata sıkı sıkıya uyulmasını; Harbiye Nazırı'nın ve Jöntürklerin dinsizliğinin simgesi olan Mebusan Meclisi Başkanı Ahmet Rıza Bey'in görevden ayrılmasını isterler.

Ağır bir siyasal bunalıma yol açtı ayaklanma. Bir bölümüyle başıboş askerin işgal ettiği Parlamento çalışamaz durumdaydı. İttihatçı milletvekilleri kaçmışlardı ya da saklanıyorlardı. Harbiye Nazırı Ahmet Muhtar Paşa, ayaklanmanın karşısına çıkmaya karar veremiyordu. Hilmi Paşa'nın felce uğramış hükümeti, çok geçmeden görevden ayrılacaktır. Sultana gelince, öcünü almanın bir fırsatı olarak bakıyordu bunalıma. Başkaldıranların çoğu isteklerine baş eğip, şeriata uyulması emrini verdi Meclise ve Ahmet Tevfik Paşa'yı sadrazam olarak atadı. İttihatçıların arkalarında bıraktıkları boşluğu liberaller doldurdular hemen.

İstanbul'da kimi şiddet olayları oldu: Diplomalı genç subaylar, meşrutiyet hareketinin yandaşları, birçok milletvekilleri, ayaklanma sırasında öldürüldüler. *Tanin ve Şurayı Ümmet* gibi ittihatçı gazetelerin merkezleri basılıp yağmalandı. Bununla beraber, Adana'da olup bitenler çok daha korkunçtur. İstanbul'daki ayaklanma haberi, alabildiğine kışkırtmıştı insanları; Ermenilerin başkaldırmaya hazırlandıkları söylentisi yayılıyordu Müslümanlar arasında. 14 Nisan'dan başlayarak, Ermeni mahallesi, şiddet ve kıyım olaylarına sahne oldu: Günlerce sürecektir bu ve binlerce insanın canına mal olacaktır Ermeni halktan.

13 Nisan olaylarının anlamı üzerine, bol bol yorumlara gidildi uzun süre. Müslüman bağnazlığının birden tutuşması mıydı bu? Ancak, başta Rumlar olmak üzere, Hıristiyan azınlıklar alkışlamışlardı bunu ve Anayasa'ya saygı gösterilmişti. Ayaklananların arkasındaki ipleri kim çekmişti? Abdülhamit mi? Gerçekten, görünüşe bakılırsa, sultan ayaklanmanın kışkırtıcısı değildi; ancak, bir kez patlak verdiğinde de, ondan bir şeyler elde etmeye kalktı ve buna bakıp, Jöntürkler onu sorumlu tutacaklardır olaydan ve Yıldız'daki despottan sonunda yakalarını sıyırabilmenin alabildiğine hoşnutluğunu duyacaklardır. İngiltere miydi perde arkasındaki? Jöntürklerle arası soğuk olan İngilizler, muhalefeti

desteklemişlerdi hiç kuşkusuz. Ne var ki, muhalefet cephesinde aramalı gerçek sorumluları! Liberal Parti'nin arkasında, yeni rejime düşman ya da ondan hayal kırıklığına düşmüş bir topluluk bulunuyordu: Bir kenara itilmiş eski Jöntürkler (Prens Sabahattin Bey gibi), iktidardan uzaklaştırılmış liberaller (Kâmil Paşa gibi), gitgide kuşkulu ve güven duymaz hale gelen azınlıklar, İttihatçıların merkeziyetçi ve milliyetçi eğilimlerinden öfkeli Arnavutlar, sultana bağlılığını sürdüren alaydan yetişme küçük rütbeli askerler *(alaylı)*, temmuzdan beri kapı dışarı edilmiş eski rejimin subayları, idarenin yeniden örgütlenişinin *(tensikat)* kurbanı bürokratlardan oluşuyordu bu topluluk. Muhalefet, İttihatçılara karşı İslamdan yararlanmış ve bu da, İstanbul halkını alabildiğine seferber etme olanağı vermişti kendisine.

Ne var ki, kısa süreli oldu İttihat ve Terakki Komitesi'ne hasım kesilenlerin zaferi. 24 Temmuz 1908'de kurulan siyasal yapının ciddi olarak tehdit edildiğini gören Makedonya ordusu, harekete geçmeye karar verdi. "Hareket Ordusu", Mahmut Şevket Paşa'nın yöneticiliğinde İstanbul üzerine yürüyüp 24 Nisan'da ele geçirdi onu. Sıkıyönetim ilan edildi ve ayaklanmacıları yargılamak üzere olağanüstü mahkemeler kuruldu. Birkaç gün sonra da, Mebusan Meclisi ile Ayan Meclisi, ortak toplantı yaparak, sultanın tahtından indirildiğini ilan ettiler; karar, şeyhülislamın bir fetvası ile yaptırım kazanmıştı. Abdülhamit Selanik'e sürgüne yollandı ve kardeşi Mehmet Reşat geçirildi yerine.

Osmanlı İmparatorluğu tarihinin bir sayfası çevrilmişti.

Sosyal ve fikrî coşku

Yüzyılın başlarından beri, Osmanlı İmparatorluğu, hızlı bir iktisadî gelişme içine girmişti; büyük devletler arasındaki rekabetlerin gitgide keskinleştiği bir bağlamda, yabancı sermayeye çağrı siyaseti desteklemişti bu gelişmeyi. Fiyatlar yükselmişti. İstanbul'da, 1900 ile 1908 yılları arasında, bir okka (1,3 kg.) buğday 34 paradan 54 paraya (40 para = 1 kuruş); bir kile (37 litre) arpa 12 kuruştan 19 kuruşa çıkmıştı. Bu enflasyon, ücretlilerin, memur ve müstahdemlerle aşağı halktan insanların durumunu daha kararsız ve güvensiz kılarken, ticaret ve alışverişi de destekliyordu. Aynı zamanda, Batılılaşma tam yolundaydı: Sansüre karşın, Batı basını, Batılı düşünceler, moda, son teknikler, (bisiklet ya da sinema gibi) oyunlar ve eğlenceler, imparatorluğun büyük kentlerini istila edip duruyordu. İmparatorluğun –en azından– küçük bir bölümüne de olsa, bir bakıma *Belle Epoque*'du bu giren.

Bu hızlı değişmeler ortamına ansızın çıkıp geliveren Jöntürk Devrimi, Osmanlı toplumunda bir tür patlayışa yol açtı. Pek uzun süre Abdülhamit cenderesi içinde kalmış sosyal güçler özgürlüğe kavuşmuşlardı birden. Osmanlı toplumu, tarihinde ilk kez olarak, söz, basın, toplantı özgürlüğünü keşfediyordu. "Hürriyet", bütün sorunları çözecek ve bütün arzuları doyuracak, bir büyülü kelime olmuştu. "Hürriyet sarhoşluğu", taşkınlıklara, disiplinsizlik ve anarşi gösterilerinè, vergi ödemeyi reddetmeye yol açtı. Görevliler, dairenin yolunu tutmak istemiyorlardı artık, öğrenciler de okulun...

Bu sosyal patlayışın en göz alıcı görünüşlerinden biri, basındaki gelişme oldu. 24 Temmuz'un ertesinden başlayarak, İstanbul'da günlük gazetelerin baskı sayısı, anlamlı biçimde tırmandı: *İkdam* 60.000 basıyordu, *Sabah* da 40.000. Nüshalar kapışılıyordu. 1908 yılının sonlarına değin, bir yüz kadar yeni ad çıktı imparatorlukta. Onlar arasında, taşlama gazeteleri önemli bir yer tutuyor: Abdülhamit döneminde, uzun süre içe atılmıştı gülme! 1908-1909'da, 350'den fazla adda gazete ve süreli yayın dolaşıyordu imparatorlukta; tek başına bu rakam, Türkiye'yi sarmış olan fikrî coşku ve taşkınlığı belirtir. Bu hız, daha sonra yavaşlayacaktır: 1910'da 130, 1911'de de 124 olacaktır rakam.

Devrimin atılımında, Osmanlı İmparatorluğu'nda o tarihe değin kendilerinden pek bahsettirememiş üç sosyal grup su yüzüne çıkar o sıralar: Kadınlar, işçiler ve aydınlardır bunlar!

1900 yılı dolayında, Osmanlı kadınının durumu değişmekteydi. Toplumun yukarı katlarında, Müslüman kadınlar, Batılı davranışlar içine giriyorlardı gitgide; okudukları magazinlerin etkisi ya da Ermeni ve Rum hemcinslerine öykünmenin sonucuydu bu. Fransızca öğrenmeye, evlerini Avrupa biçiminde dayayıp döşemeye, piyano dersleri almaya, Avrupalılar gibi giyinmeye, sokağa yalnız başlarına çıkmaya başlıyorlardı. Ne var ki, Abdülhamit döneminin ahlakçılığı, daha dar davranış kurallarını dayatmanın arkasındaydı onlara. Böylece, 1901 tarihli bir nizamname, kadınların, Avrupalı dükkânlara uğramalarını önlüyor ve arabada bile peçe takmaya zorluyordu onları; çarşafların uzunluğu ve kalınlığı ile giyecekleri ayakkabıların tipi ayrıntılı biçimde düzenleniyordu; sokağa, yanında biri olmadan çıkmayı göze alan kadınlar, tutuklanacaklardı.

Avrupa'daki sürgün yıllarında, Jöntürkler, Avrupa âdetlerini görüp tanıdıktan sonra, kendi toplumlarındaki kadının durumu üzerinde çok düşünmüşlerdi: İçlerinden kimileri, kadının kurtuluşunun, Osmanlı Devleti'nin ilerlemesinde bir anahtar olduğu görüşündeydiler; bir bütün olarak ise, Osmanlı kadınının, eğitimin ilerlemesi sayesinde, Batılı kadının örneğine göre gelişmesini görme dileğindeydiler.

1908 Temmuz'unun havası, özlemlerini ortaya koyma fırsatını veriyordu Müslüman kadınlara. Devrim günlerinde kadınların tuttukları yer, Jöntürk Devrimi'ne tanık olanların dikkatini çekmişti: Kadınlar, ilk sevinç gösterilerine katılmışlardı; 27 Temmuz günü, Jöntürk sloganlarıyla süslü arabalarda, kentin sokaklarında dolaşmışlardı. Böylece, peçeye ve eve kapatılmaya karşı oluşlarını, eğitilme isteklerini, kamu yaşamına katılma iradelerini ortaya koyuyorlardı. Daha da fazla olarak, çağdaş bir giyiniş içinde, topluluğun önüne çıkıp konferanslar veren, miting düzenleyen kadınlar görüldü. Kadın dernekleri kuruldu: İçlerinden kimisi, daha çok insancıl amaçlar taşıyordu; ancak ötekiler, Halide Edip'in 1908 yılından başlayarak kurduğu *Teali-i Nisvan Cemiyeti* (Kadınları Yükseltme Derneği) gibi, daha "feminist" amaçlara sahip olanlar da vardı. İngiltere'de seçme ve seçilme hakkı isteyen kadınlar hareketi (Suffragettes) ile ilişkili olarak, söz konusu dernek, "kadınların kültürel düzeyini yükseltme"nin arkasındaydı ve üyelerine eğitim kolaylıkları sağlama çabasındaydı. Öte yandan, İttihat ve Terakki Komitesi, İstanbul'da ve Selanik'te,

İttihat ve Terakki'nin kadın kollarını (*İttihat ve Terakki Kadınlar Şubesi*) kurmuştu. Daha da köklü olarak, Balkan Savaşı'nın başlarında kurulmuş olan *Müdafaa-ı Hukuk-ı Nisvan Cemiyeti* (Kadın Haklarını Savunma Derneği), devlette ya da kuruluşlarda görev edinmek üzere, kadınların iktisadî kurtuluşunu istiyordu. Dernek, ilk başarı olarak, kadınların Telefon Kumpanyası'na girmelerini sağladı. Bu kuruluşların yanı sıra, bir kadın edebiyatı ve basını vardı; yığınla kadının yazdığı gazeteler arasında şunları söyleyelim: *Demet, Millet Gazetesi, Kadın Mecmuası, Mehasin, Kadınlar Dünyası.*

Bu kurtuluş hareketi, sınırlı kalıyordu her şeye karşın. Halide Edip ya da Nakiye Hanım gibi önde gelen kimi kadınların canlandırdığı hareket, Osmanlı seçkin kadınlarına ve kentlerin orta sınıflarının küçük bir bölümüne ulaşabiliyordu ancak; Kadın Haklarını Savunma Derneği'nin üye sayısı bir elli kadardı ve onu aşmıyordu. Kadınların eğitilmesinde birkaç adım atıldı; 1911'de, kızlar için ilk lise açıldı. Ne var ki, bu alanda bile, değişiklik öyle ahım şahım değildi; ve bütüne bakıldığında, kadının durumu, fazla gelişmiş izlenimini vermiyordu. Kadınlar, tramvaylarda ve Boğaz'da işleyen gemilerde ayrı bölümlerde yolculuk etmeyi sürdürüyorlardı; yanlarında kocaları bile olsa, denize girmeleri ve lokantada yemek yemeleri yasaktı kadınlara.

Öyle de olsa, ilk kez olarak, bir bilince varılmış, kadının durumu sorunu bizzat kadınlarca ortaya konmuş bulunuyordu; ve kadın-erkek ayrılığı, evlenme, boşanma, çokkarılılık olmak üzere, İslamın "duyarlı alanlar"ına giren bir sorundu bu. O yüzden, ılımlı da olsa, kadının kurtuluşundaki bu başlangıç, yığınla hoşnutsuzluğu belirgin hale getirmeyi de başarmıştı daha şimdiden. Birkaç kadının sokaklarda peçesiz dolaşması, karışıklığa ve sert tepkilere yol açmaya yetiyordu; sokakta kendilerine saldırıp hırpalanan kadınlar oldu; eve kapatılma ve peçe takma zorunluluğu, dinci muhalefetin istekleri arasında başta yer alıyordu. Allahsızlıkla suçlanan İttihat ve Terakki Komitesi sorumlu tutuluyordu bu genel töredışılıktan. 1911 yılında, şeyhülislam, ı'ların üstüne noktayı koydu: Peçe takma ve eve kapanma zorunluluğunu hatırlatıyordu; Avrupalı kadın gibi giyinme ve sokakta yalnız dolaşma yasaklanmıştı kadınlara. Anlaşmazlık tohumları öylesine atılmıştı ki, Balkan Savaşı sıralarında, Osmanlıların yenilgilerinde kadınların kurtuluşu hareketinin sorumluluğu üstüne bir tartışma bile açılacaktır...

Jöntürk Devrimi, işçi hareketinin bir belirtisi olarak da kendini belli etti. 1908 Ağustos'undan başlayarak, Osmanlı tarihinde daha önce görülmemiş boyutlarda ve sürede, bir grev dalgasına (110 grev sayılmıştır) tanık olundu. Çoğu "kendiliğinden" olan bu grevler, doğrudan doğruya gelip devrime ekleniyordu. 24 Temmuz'un ertesinde, emekçiler yürüyüşler düzenlemişlerdi; ve, el ilanları dağıtmışlar ve üzerinde "Özgürlük, eşitlik, adalet, kardeşlik" gibi, Jöntürk sloganlarının yazılı olduğu bayraklar taşımışlardı bu yürüyüşlerde. Daha sonra, işçiler "Anayasa olduğu için" greve gitmişlerdi ve, bu Anayasa'nın, kendi durumlarını düzeltme olanağını sağlayacağının düşüncesi içindeydiler.

İlk grevler, İstanbul'da, ağustos ortalarında, tramvay görevlileri ve dok işçileri arasında patladı; çok geçmedi, öteki sanayi dallarına, Paşabahçe fabrikası cam üfleyicilerine, Tütün Tekeli (La Régie) müstahdemlerine yayıldı hareket; İzmir'de ve Selanik'te, dok işçileri İstanbul'daki yoldaşlarının örneğini izlediler. Küçük kentler de etkilenmeye başlıyordu bundan. Kısa bir süre sonra, iktisadî yaşamın hemen hemen bütün kesimlerini içine almıştı hareket: Ulaşım (demiryolları, tramvaylar, denizyolları), madenler (örneğin Ereğli madenkömürü işletmeleri), dokuma atölyeleri, tütün imalathaneleri, ticaret işletmeleri (Orozdi Back kuruluşları). Sadece ücretler üzerine değildi istemler, daha da genişliğine olarak, emekçi yığınların çalışma ve yaşam koşullarını da kapsıyordu: On beş-on altı saat olan çalışma gününün duruma göre ya da sekiz saate indirilmesi, haftalık zorunlu dinlenme, işletme yöneticilerince sendikal tanıma, bir iş müfettişliğinin kurulması idi bunlar.

Eylül ortalarına doğru, on binlerce işçi çalışmalarını durdurmuşlardı, hemen hemen geneldi felç oluş. Şaşkına dönen patronlar, devlet makamlarına başvurarak zor kullanmaya çağırdılar onları. Yabancı sermayenin denetlediği işletmelerde, gerginlik büyüktü. Böylece, Deutsche Bank'ın denetimindeki Anadolu Demiryolları Kumpanyası'nda, ağustos ayından başlayarak, özellikle Hıristiyan Osmanlılarla yabancılardan oluşan müstahdemler bir birlik kurdular; daha iyi çalışma koşulları istiyordu birlik ve kumpanyanın müdürü Huguenin'i eleştiriyordu. Alman elçisi ve yönetim, "devrimciler" ve "anarşistler"e karşı sert önlemler alması için Babıâli nezdinde girişimlerini artırıyordu. Hareket, greve varacaktır sonunda. Haydarpaşa Garı ve hattın son durağını grevciler işgal eder ve çalışamaz hale getirirler günlerce.

Durum, nazik bir hal alıyordu hükümet için. 8 Eylül'den başlayarak, hükümet, grevler hakkında, sosyal hareketi frenlemeye yönelik bir geçici kanun çıkarır. İttihat ve Terakki Komitesi de, iş uyuşmazlıklarında bir hakem rolünü benimsemişti başlarda ve yabancı işletmeler söz konusu olduğunda, yurttaşlık duygusuyla, sosyal harekete daha yatkın görünüyordu; ne var ki, özellikle demiryolları gibi stratejik bir kesimde, iş bırakmalarının genişlemesinden kaygılanıyordu şimdi ve sosyal hareket, sürdükçe, kapitalistlerin güvenini yok etmesinden korkuyordu.

Bununla beraber, ekim ayının ortalarına doğru, durum yatıştı. İşçi hareketi, başta Jöntürklerin yürürlüğe soktukları yasalardan dolayı, hızını yeniden yitirdi. Sadece kamu kesimini öngören, Grevler Hakkındaki Kanun *(Tatil-i Eşgal Kanunu)* (1909), grev hakkını tanıyordu; ancak uygulanma alanını ciddi olarak sınırlandırıyor ve işçi derneklerinin ya da sendikalarının kurulmasını yasaklıyordu *(Cemiyetler Kanunu)* (1909), kamu hizmeti için çalışan işletmeler dışında bu tür işçi dernekleşmelerine ise izin veriyordu.

İşçi hareketindeki bu düşüş, hareketin içindeki zayıflığa da bağlıydı. 1908 yazındaki grevler, kendiliğinden hareketlerdi özellikle. Bunlar, çoğu kez etnik ya da dinsel ayrışıklıklara göre bölünmüş bir proletaryayı çıkarmıştı ortaya; bu ayrışıklıklar ise, işçi dayanışmasını zayıflatıyor, bir sınıf bilincinin doğuşunu frenliyor ve işçi örgütlenişini daha da zorlaştırıyordu. Bununla beraber, söz konusu ayrışıklıkları aşma yolunda bir çaba görüldü: 1909'da, Sosyalist İşçi Federasyonu kuruldu Selanik'te. Özellikle Yahudi öğelerin egemen oldukları federasyon, Selanik'teki emekçi insanların dinsel ve etnik farklılıklarını aşan bir sınıf bilinci oluşturmanın arkasındaydı.

Öte yandan, siyasal yaşamla hiç ya da hemen hemen hiçbir ilişkisi yoktu Osmanlı işçi hareketinin. 1908 seçimlerinde, tek bir sosyalist milletvekili seçilmişti. 1910 Eylül'ünde, ilk Osmanlı Sosyalist Partisi kurulmuştu İstanbul'da: Jean Jaurès'in sosyalizm anlayışından etkilenen parti, programında ve *İştirak* adını taşıyan gazetesinde, işçi sınıfının sorunlarıyla ilgileniyordu; ne var ki, özellikle aydınlardan oluştuğu için, hemen hemen bir etkisi olmadı Osmanlı proletaryası üzerinde.

Bütün bu zaaflara karşın, işçi hareketi sürüyordu. Osmanlı İmparatorluğu'nda sosyal sorun, yani işçilerin çalışma koşulları sorunu, kadın ve çocukların çalışması sorunu ortaya konmuş bulunuyordu; 1910'da, sosyal mevzuat adına ilk taslak kesinleşememiş de olsa, böyleydi. Sonraki yıllarda, grevler, yer yer ve zaman zaman ortaya çıkan hareketler olarak, sürdü ve içlerinden kimisi, binlerce işçiyi seferber etti: İstanbul gümrüklerinde çalışan hamalların grevi (1909), Bursa ipek işçilerinin grevi (1910), İzmir-Kasaba demiryolu görevlilerinin grevi (1911), örnekleridir bunun.

Son olarak, Jöntürk Devrimi, "aydınlar"ı sahnenin önüne getiriyordu. Ne var ki, bir yarım yüzyıl önce, despotluğa karşı mücadeleye girişmiş bir avuç seçkin muhalifle hemen hemen hiçbir benzerliği yoktu bu aydınların. Gerçekten, Jöntürk Devrimi, insanların ve düşüncelerin yenileşmesine yol açıyordu: Avrupa'dan ve Mısır'dan Jöntürk militanları geliyordu akın akın; Kafkasya'dan ya da Balkanlar'dan, Ermeni ve Bulgar siyasal sığınmacıları dönüyorlardı evlerine. Ancak, Müslüman dünyanın öteki bölümlerinden, imparatorluğun Arap eyaletlerinden, Mısır'dan, İran'dan da aydınları çekiyordu kendine devrim; özellikle Rusya Türkleri (Kazan Tatarları, Kırım Tatarları, Azerîler), Rusya'da gitgide daha saldırıya uğrar hale gelen bir özgürlüğü buluyorlardı Türkiye'de. İstanbul'da yerleşen Parvus gibi bir sosyal demokratın daha da özel durumunu saymıyoruz. Bir yeni düşünceler birikimi idi gelip Osmanlı İmparatorluğu'na giren bu insanlarla: Müslüman çağdaşlaşması, halkçılık, milliyetçilik, dayanışmacılık, sosyalizm idi bu yeni düşünceler. Sosyoloji gibi yeni bilim dalları ortaya çıkıyordu; nitekim sosyoloji için, 1912'de, üniversitede bir kürsü kuruldu. İstanbul, birkaç yıl içinde, Müslüman dünyanın düşün merkezi oluyordu yeniden.

1908'de imparatorluğu saran bu büyük "düşünceler çalkantısı"nda, iki ana akım da su yüzüne çıkıyordu: Biri, yüzünü İslama çevirenleri temsil ediyordu bu akımların, öteki "Batı'nın ayartması[1]"na uğrayanları. Bu iki eğilim çevresinde toplaşıyordu bütün düşün yaşamı.

İslamcı akımın başlıca sözcülerinden biri, Mehmet Akif'ti. O yıllarda, İstanbul'da, İslam kültürünün başlıca merkezi olan Fatih Mahallesi medresesinde hocalık eden bir babanın oğlu olarak, 1873'te doğan Akif, orta halli bir Müslüman çevrede geçen çocukluğunun etkisini taşıdı hep. Baytarlık Mektebi'ni bitirdikten sonra, yazarlık mesleği ile Ziraat Nezareti'ndeki görevini birlikte sürdürdü. 1908'de, İstanbul Üniversitesi'ne edebiyat profesörü olarak atandı. Mehmet Akif, kitlelerin pek sevip tuttuğu bir kişiydi ve o da, uzun lirik şiirlerinde, şaşkınlık ve özlemlerini dile getiriyordu yığınların; şair, Batı'ya öykünmeye hazır ve din deyince sadece ilerlemeye engel bir şey gören Osmanlı aydınlarıyla, İslamdaki çöküşü Batılı âdetlerin hesabına yazmaya kalkma alışkanlığındaki kitleler arasındaki uçurumdan kaygılanıyordu. Mehmet Akif'e göre, İslamın ilerici ruhu üzerine dayanılmalıydı. Neydi izlenecek örnek? Batı bilim ve tekniğini almayı başarmış, ama yine de kendi ruhunu yitirmemiş olan Japonya!

Cemalettin Afganî ile çömezi Muhammet Abduh'un düşüncelerinden etkilenmiş kimi ulema, yazar ve şairler, Akif'in çevresinde toplanarak, 1908 yılından başlamak üzere, "yenilikçi" bir dergi, *Sırat-ı Müstakim*'i yayımlamaya başladılar. Büyük bir başarı sağlayacaktır dergi. Anayasa'dan yana olan, İslam "danışma"sına inanan, 1909 Nisan darbesine karşı çıkan yenilikçilerin düşüncesine göre, Müslüman ülkelerin gerileyişi, İslamın kendisinden değil, bozul-

1. Bkz. Bernard Lewis, *Islam et Laïcité, la naissance de la Turquie moderne,* Paris, 1988, s. 202 vd.

muş biçiminden geliyordu; bu bozuluş da, yeniliklerden *(bidat)*, kısır öykünme anlayışından *(taklit)*, mistik tarikatların etkisinden doğuyordu. Sonuç da şu idi: Bilimsel anlayışa kapalı, ilerleme ve çağdaş dünyaya uyma yeteneğine sahip olmayan bir İslam! Gecikmeye uğramış Müslüman toplumları kurtarmak için, arınmış bir İslama, "özgür araştırma ruhu"na *(içtihat)* dönmek gerekiyordu; akla uygun, Avrupa'nın aslında Ortaçağ Müslümanlarından aldığı yeni bilimleri kabul etme yeteneğine sahip bir dini yeniden bulmak böyle mümkündü. Seyirci her türlü anlayıştan uzak duran *Sırat-ı Müstakim* yazarları, ticarette, sanayide, bankacılıkta, yeni bir girişim ruhunu salık veriyorlardı.

Akif ve *Sırat-ı Müstakim,* İslamcı akımın en liberal ve en modern kanadını temsil ettiler uzun yıllar. Ne var ki, onların yanı sıra, başka eğilimler de vardı elbette: *İttihad-ı Muhammedi Cemiyeti*'nin (İslam Birliği Derneği) sapkın ya da tarikatçı görüşlerinin derinden derine etkisi altında kalmış bir "halkçı" İslamdan, Mustafa Sabri'nin *Beyan-ül Hak*'ta savunduğu gelenekçi ve tutucu İslamına değin değişiyordu bunlar.

İdeolojik yelpazenin öteki ucunda, özellikle Abdullah Cevdet'in temsil ettiği "Batıcılar" bulunuyordu. 1869'da doğan –Kürt kökenli– Abdullah Cevdet, Jöntürk hareketinin kurucularından biriydi. Askerî Tıbbiye'yi bitirdikten sonra, hekimlik mesleğinde bulundu; bir yandan da, yazdı ve çevirdi (özellikle Shakespeare'in eserleri). Sürgün edildiğinde, önce Cenevre'de, sonra da Kahire'de *İçtihat* gazetesini çıkardı. 1910'da Türkiye'ye döndü; ertesi yıl da, bu kez İstanbul'da, başlıca yardımcıları Celal Nuri ve Kılıçzade Hakkı olmak üzere, dergisini yeniden çıkarmaya başlıyordu. Abdullah Cevdet'e göre, Batılılaşma, mutlak bir zorunluluktu Osmanlı İmparatorluğu için. Şöyle yazıyordu: "Tek bir uygarlık var, o da Avrupa uygarlığıdır ve onu, gülü ve dikeniyle getirmek gerek." Batılılaşmanın, bir zihniyet değişikliği işi olduğu düşüncesindeydi. Engeller mi? Devrini tamamlamış geleneksel değerlere bağlanmaydı; yobaz ve bağnaz din adamlarınca kitlelerin cehalet içinde tutulmasıydı. Mehmet Akif gibi, Abdullah Cevdet de, aydınlarla kitleler arasındaki uçuruma esef ediyordu; ancak, ondan farklı olarak, yığınları, gerçekdışı inanışlar ve boş inançlardan kurtararak bu uçurumun doldurulmasını öneriyordu ve bu da, eğitimle, Batı'nın düşünce temelleriyle, özgürlük, akıl, bilimsel anlayışla mümkün olacaktı. *İçtihat*'ın tam bir Batılılaşma programı vardı: Bu program, kadın haklarının savunulmasından Latin alfabesinin kabulüne değin uzanıyor; ailenin çağdaşlaştırılmasını, medreselere karşı mücadeleyi, laikleşmeyi, metre sisteminden yararlanmayı içine alıyordu.

Abdullah Cevdet, Batılılaşmanın gözü kara bir yandaşı da olsa, Avrupa'nın, Osmanlı İmparatorluğu'nun işlerine siyasal bakımdan müdahalelerine karşı çıkan bir yurtseverdi yine de. Batı'nın değerlerini kabul etmek, emperyalizme karşı kendini savunmaktı bütün açıklığıyla. Sömürgeleşmenin tehlikelerine yollamada bulunarak, "ya biz Avrupa'ya gideceğiz, ya o gelecek bize" diyordu. Böylece, Osmanlı Devleti için, bir hayat memat sorunuydu Batılılaşma. Abdullah Cevdet'e göre, Osmanlılar, kendi güçlerine dayanmalıydılar ve ancak bu güçlerle mümkündü selamet. İtalyanlar Trablusgarp'a saldırdıklarında, İngiltere'nin yardımını isteyenlere olduğu kadar, okullarda dua edilmesini emreden şeyhülislama karşı da şiddetle çatıyordu: "Bizim en azılı düşmanımız," diye yazıyordu, "bizim donup kalmışlığımız, bizim cehaletimiz, bizim bağnazlığımız, geleneğin arkasına takılmaktaki körlüğümüzdür. (...) Batı, ustamızdır bizim. Onu sevmek, bilimi, ilerlemeyi, maddi ve manevi gelişmeyi sevmektir."

1908'de, düşünce sahnesine egemen olan İslamcı ve Batıcı bu iki eğilimin arasında, bir tür "üçüncü yol"un yavaş yavaş belirdiği görülür: Türk milliyetçiliğidir bu! İki akımın karşılaşmasından doğmuştu milliyetçilik: Biri Rusya Müslümanlarının hareketi idi ki, yüzyılın dönümünde, İsmail Gasprinski ile *Tercüman*'ın öncülüğünde, panslavizm tehlikesine karşı direnebilmek için gerekli gücü, Rusya'nın Türk halklarının birliğinde arıyordu. Ötekisi, aynı yıllarda İstanbul'da doğmuş, yüksek düzeyde ve kültürel bir hareketti; Batılı Türkologların buluşlarından etkilenmiş olarak, Türklerin geçmişi ve kimliğinin aranışı içindeydi. Bu iki akımın karşılaşması, 1908 Devrimi'nden sonra Türkiye'de oldu. O yılın sonlarında, İstanbul'da, ilk milliyetçi kulüp olan *Türk Derneği* kurulmuştu ve Rusya'nın Türk aydınlarıyla Os-

235

manlı bilginlerini topluyordu çatısı altında. Dernek, 1911 yılında, özellikle Osmanlı dilinin yalınlaştırılması ve arınması sorunlarıyla uğraşan bir dergi yayımladı. Aynı yıl, Jöntürk hareketinin bağrında, Selanik'te, bir başka dergi, *Genç Kalemler,* Ali Canip, Ömer Seyfettin gibi yazar ve şairleri bir araya getiriyordu ve, bir "yeni dil"in, Arapça-Farsça sözlükten bir bölümüyle yakasını sıyırıp yalınlaşmış bir Türkçenin aranışı içindeydi. Tam da, İttihat ve Terakki Komitesi'nin, Selanik'ten başlayarak imparatorluğun bütün milliyetlerine Türkçenin kullanılmasını dayatmanın aranışı içinde olduğu bir dönemdi bu.

Derginin yazarı, Osmanlı Devleti'nin yazgısına bağlı, ama kendi kimliklerini araştırmanın kaygısını duyan yurtseverlerdi. Onlar arasında, Ziya Gökalp'in ayrı bir yeri vardı; aynı zamanda, İttihat ve Terakki'nin Merkez Komitesi üyesi olmasından da ileri geliyordu bu. 1876'da Diyarbakır'da doğan Ziya Gökalp, Jöntürk hareketiyle temas içindeydi. Fransızca öğrenmişti, sosyolojiye karşı büyük bir ilgi duyuyordu. 1909'da, İttihat ve Terakki kongresine, Diyarbakır temsilcisi olarak, İstanbul'a geldi; ertesi yıl da orada yerleşti; Durkheim'i "keşfetti" ve bir tür ideoloğu oldu komitenin. Önemli bir rolü vardı; çünkü, İttihat ve Terakki Komitesi, bir ölçüde onun aracılığıyladır ki, Türk milliyetçiliğine gelip girecektir yavaş yavaş.

Osmanlı devlet kadrosuna saygılı olan Ziya Gökalp'in "milliyetçilik"i, kendine özgü iki nitelik taşıyor o dönemde. Bir "sosyal devrim" zorunluluğunun altını çiziyor önce: "Kozmopolit değil ulusal" olan bir yeni yaşamın araştırılması; Avrupa'ya sıradan bir öykünme değil, ulusal kültürle uygarlık arasında bir bireşimin ürünü olarak tanımlıyor bu devrimi. Öte yandan, Ziya Gökalp, dizelerinde, söylencesel bir biçimde, yurtsever bir "pantürk" ülküsünü dile getirir ki, büyük bir yankıya yol açacaktır gençlik arasında: "Vatan, ne Türkiye'dir Türklere, ne Türkistan; vatan, geniş ve ebedi bir ülkedir, Turan!" diyordu. Ziya Gökalp, bu konuda bir kurama varmadan önce, Türk milliyetçiliği bahsinde romantik bir görüşün temellerini atıyordu. Ne var ki, o sıralarda, Selanik ve İstanbul'daki dar çevrelerin dışında, bu düşüncelere kulak verecek insanlar yoktu pek.

Genel olarak, Jöntürk Devrimi'nin yol açtığı sosyal ve fikrî coşku, sınırlı kalıyordu bir an için. Hakları yolunda mücadele eden bir avuç kadın, kimlik sorunlarını tartışan birkaç yüz aydın, yaşam koşullarına karşı protestolarını yükselten birkaç bin işçi: O kadar! Söz konusu oyuncuların sayısı bu denli sınırlı olunca, etki de öyle olacaktı haliyle. Kitle, yığınlar kımıldamıyordu ve eskisinden daha fazla yaptıkları bir şey yoktu pek. Ayrıca, direnişlerle karşılaşıyordu bu sosyal hareket: Dinsel, iktisadî ya da siyasal da olsa, yerleşik güçlerin direnişiydi bu. Hareketi tutup durdurmak üzere, fetvalar ve bastırıcı kanunlar iş başındaydılar; sıkıyönetim sürüyordu, sansür alttan alta yürüyordu. Jöntürkler, karşı çıkmadıklarında, sosyal hareketi derleyip toparlıyorlar ve çok geçmeden sosyal olarak "büyük amaç" diye belleyecekleri noktaya doğru yönlendirmeye çabalıyorlardı onu.

Bir Türk burjuvazisi yaratma idi bu amaç!

Jöntürkler iş başında

İttihatçılar için, 1909 Nisan'ındaki uyarı tavındaydı. Jöntürk örgütü, silinip gitmişti bir bakıma. Dahası, asayişin sağlanmasında, komite değil, Makedonya ordusunun yaşlı subayları oynamışlardı asıl rolü. Bununla beraber, İttihat ve Terakki Komitesi'nin kendini toparlamasına ve yeniden devletin egemen siyasal gücü olmasına birkaç ay yetecektir.

Gerçekten, devletin başında birbirine rakip insanlar yoktur artık. Önce, iktidardaki kişiler bakımından böyledir bu. Bütün ömrü dışarıya kapalı biçimde geçip yaşlı haliyle tahta çıkmış olan yeni sultan, Abdülmecit'in oğlu V. Mehmet'in, İttihatçıları korkutacak bir durumu yoktur hiç de; bir figüranlık rolü oynamak, kişiliğinde Osmanlı birliğini simgeleştirmekle yetinir. 1909 Nisan darbesinin ertesinde yeniden sadrazam olan Hüseyin Hilmi Paşa, Sait ya da Kâmil gibi eski paşalardan daha uysaldır her şeye karşın. 1910 yılının başlarında onun yerine geçen –eski Roma elçisi– İbrahim Hakkı Paşa'ya gelince, namuslu da olsa büyük çaplı bir insan değildir; kendi kartını oynamaya kalmada fazla eğilimi yoktur. Anayasal nedenler de gelip eklenir bunlara:

Anayasa'da 1909 Ağustos'unda yapılmış bir dizi değişiklik, sultanın olduğu gibi sadrazamın yetkilerini de azaltmıştır: Sultan, ayrıcalıklarının bir bölümünden yoksun bulunmaktadır, nazırlarla devletin yüksek görevlilerini atama da bunlar arasındadır; sadrazamın ise, artık Parlamentoya karşı sorumlu olan bir kabine üzerinde fazla bir otoritesi yoktur.

Kabinede, kendi adamlarını yerleştirmişti komite ve kilit noktalarda bulunuyorlardı: 1909 Haziran'ında Maliye Nazırı olacak olan Cavit Bey ile, onu izleyen Dahiliye Nazırı olacak olan Talât Paşa böyledir. Anayasa değişikliklerinin artık ön plana geçirdiği Mebusan Meclisi'nde, milletvekillerinin pek büyük bir çoğunluğunu elinde tutmaktadır komite ve temsilciler de, Halil Menteşe'nin asası altında yeniden toplaşmışlardır İttihat ve Terakki Partisi'nde. 1909 Mayıs'ından beri aşağı yukarı silinip gitmiş olan parlamento muhalefetine gelince, az çok örgütlü küçük gruplar halinde su yüzüne çıkmaya başlarlar yeniden: 1910 Şubat'ında kurulan *Ahali Fırkası* (Halk Partisi) ile *Hizb-i Cedit* (Yeni Parti) böyledir. Ne var ki, İttihatçıların egemenliğini tartışmayacak denli zayıftır bu muhalefet.

Kalıyordu ordu sorunu.

Ayaklanmayı bastıran *Hareket Ordusu* komutanı Mahmut Şevket Paşa, günün güçlü insanı da olsa, siyasal iktidarı kullanmayı canı çekmez. Önce üç ordu için müfettiş olarak atanan ve İstanbul sıkıyönetim –ki 1912 Temmuz'una değin yürürlükte kalacaktır– komutanı olan paşa, 1910 yılının başlarında İbrahim Hakkı Paşa'nın kabinesine Harbiye Nazırı olarak girer; siyasal rolü, bir tür resmîleştirilmiştir böylece. Bu katı ve uzlaşmaz askerle İttihat ve Terakki Komitesi arasında sürtüşmeler eksik olmayacaktır. Orduda siyasetin yeri ile ilişkilidir bunlar: Mahmut Şevket Paşa, orduyu siyasetten arındırmak istediği halde, İttihatçılar, genç subaylara dayanmayı sürdürürler. Bunun gibi, kabinede de bir nüfuz mücadelesi sürer gider: Bütçe sorunu, Harbiye Nazırı'nı, onun aşırı isteklerine direnen İttihatçı Maliye Nazırı Cavit Bey'in karşısına çıkarır şiddetle.

Öyle de olsa, bu kimi çatışmaların dışında, Mahmut Şevket Paşa ile Jöntürkler, aynı amacı güderler: İmparatorluğun bütünlüğü ve birliğini sürdürmektir bu. Paşa, siyasetten çok, ordunun sağlamlaştırılmasına ve imparatorluğun savunmasının sağlanmasına verir kendini. Böylece uygulamada, komite ile subaylar heyeti arasında, özellikle taşra düzeyinde sıkı ilişkiler olacaktır; söz konusu *military connection,* kasıtlı olarak belli belirsiz kalsa da böyledir.

Bu durumda, ordunun gölgesinde yeniden örgütlenecektir komite. Yönetici organ, asıl anlamıyla Merkez Komitesi *(Merkez-i Umumi)*'dir; hep gizli kalan bu organ, Selanik'ten başlayarak, imparatorluğun başkentine taşınacağı tarih olan 1912 yazına değin, imparatorluğun siyasal yaşamını yönlendirmeyi sürdürür. Siyasetinin ana çizgilerini belirleyen bir kongre toplar. Komitenin en etkin üyeleri arasında, Talât Bey'i, Doktor Nâzım'ı, Ömer Naci ve Mithat Şükrü beyleri belirtmeli; ne var ki, 1913 yılından önce, içlerinde gerçekten bir lider sivrilmez. Hareketin tarihsel büyük kişilikleri, Ahmet Rıza Bey gibi, onursal mevkilerdedir ya da İbrahim Temo gibi muhalefete geçmişlerdir. 1908 Temmuz'unun kahramanları, sahnenin önünde değildirler artık: Niyazi Bey kışlasına dönmüştür ve Enver Bey de, askerî görevli olarak Almanya'ya gönderilmiştir.

Komite, eyaletlere nüfuzunu yaymak amacıyla, büyük bir çabaya girişir. Selanik'teki Merkez Komitesinden başlayıp –taşra kentlerindeki şubelerden geçerek– yerel kulüplere değin uzanan bir mertebeli örgütlenişe gidilir. Çoğu kez, valiler, mutasarrıflar ve kaymakamlardan oluşan eyalet hiyerarşisi ile "astarlanmış" bir yapıdır bu. Ayrıca, İttihat ve Terakki Komitesi, aile, dostluk, eğitim, koruma bağlarına dayanan –resmî olmayan– bir ilişkiler ağının da desteğini alır ki, örgütleniş pek etkili olur bununla[1]. Eyaletlerde, okullar açan, propaganda eser ve gazeteleri yayımlayan, iktisadî etkinlikleri yüreklendiren ilerleme merkezleri olmakla görevlidir şubeler. Aslında Jöntürkler, Türkler ve Müslümanlar için, Rumlar, Ermeniler ya da Yahudilerde görüldü-

1. Bkz. E. J. Zurcher, *The Unionist Factor, The Role of the Committee Union and Progress in the Turkish National Movement, 1905-1926,* Leyde, 1984, s. 47 vd.

ğü gibi, bir cemaat yapısı, bir dayanışma sistemi kurmak isterler; Fransız sosyolojisinden alınan bu dayanışma terimi de, İttihatçı çevrelerde revaç bulacaktır çok geçmeden.

Komite, büyük toprak sahiplerine dayanır kırsal kesimde. Parlamentoda, gerçek bir siyasal güçtür böylesi insanlar ve başlarında da, Halil Menteşe, Ali Cenanî ya da Mustafa Rahmi gibi, her biri Ege'nin, Suriye'nin ve Rumeli'nin büyük toprak sahibi ailelerinden gelen nüfuzlu Jöntürk milletvekilleri bulunmaktadır. İmparatorluğun bu borçlanma yıllarında, toprak –öşürle beraber– Hazine'nin başlıca kaynağı olup, sermaye birikiminde de temel kaynaklar durumundadır; yabancıların müdahalesinden hemen hemen bütünüyle yakasını kurtarabilecek tek zenginliktir de o. Komite, toprak ağalarının siyasal ve iktisadî egemenliğine son vermeyi düşünemez pek; tersine, tarım siyaseti, onları destekleme eğilimindedir. Cavit Bey, liberal iktisatçılardan esinlenerek, Osmanlı İmparatorluğu'nun gelişme yolunun, tarım alanında uzmanlaşmadan geçtiği görüşündedir. Bunun için de, dışarıya mal satımını kolaylaştırmak amacıyla, ülkeyi yollar, demiryolları ile donatmak ve pazar için mal üretebilecek tarıma doğru yönelmiş büyük işletmeleri de desteklemek gerekir.

Bununla beraber, Makedonya kentlerinden doğmuş bir hareket olarak, İttihat ve Terakki'nin, bir kent tabanı vardır her şeyden önce. Özellikle üyelerini, büyük kentlerin küçük burjuvazisinden, avukatlar, öğretmenler, hekimler, gazeteciler, memur ya da müstahdemler arasından ve Anadolu kentlerinin Müslüman Türk tacir ve zanaatçıları arasından toplamaktadır. Onlara, askerî okulları bitiren genç subaylar eklenir: Eski rejimin yaşlı rütbelilerine genellikle karşıdır bu insanlar ve komitenin aşırılıktan yana eylemci kanadı da bu genç subaylar arasından çıkar. Böylece komite, yükselmekte olan Türk orta sınıfını temsil etmektedir; ve çağdaşlaşmış bir Osmanlı Devleti'nin temeli yapmak istemektedir onları.

Komite, kitleleri çevreleyip seferber etmeye çabalar ayrıca. İstanbul'da, liman işçilerinin ya da tayfaların güçlü korporasyonlarını denetler. Büyük mitingler düzenler: Başlarında da, çoğu kez gazeteci Hüseyin Cahit, "filozof" Rıza Tevfik ya da romancı Halide Edip vardır ve, örneğin savaş gemileri satın alınması amacıyla, halk arasında yardım kampanyaları açar. Bu kentteki yığınları kullanma siyasetinin örneği, Bosna-Hersek'i kendine katmış olmasına misilleme olarak, komitenin, Avusturya'dan gelen mallara (özellikle şeker, fes) karşı, 1908 Ekim'inde düzenlediği boykottur. Avusturya'yı hiç kuşkusuz rahatsız eden bu ilk eylemin başarısı, (Girit sorunu nedeniyle) Rum tacirlere, arkasından da Trablusgarp'ı işgal etmesi sırasında İtalyanlara karşı aynı silaha başvurmaya götürür Jöntürkleri. Daha çok dış ticarete yönelmiş Hıristiyan tacirleri özellikle sendeleten bu boykotları örgütlemenin arkasında, Jöntürklerin çok geçmeden kullanacakları bir tema belirir: Bir "millî iktisat" yaratmaktır bu!

Böylece, İttihat ve Terakki Komitesi, karmaşık bir örgüttür: Hem Mason locasına benzer, hem devrimci hücreye, hem komitacı çetesine, hem de terimin çağdaş anlamıyla siyasal partiye. Liberal ve demokratik laf kalabalığı altında, Jöntürkler, eski alışkanlıklarını yitirmemişlerdir: Gizlilik zevki, birbirine koşut şebekeler sistemi, özellikle Hüseyin Cahit'in *Tanin*'de büyük ustalıkla yönlendirdiği kullanma ve propaganda sanatı, baskılara ya da gerektiğinde şiddet araçlarına başvurmadır bunlar. Yerel gazetelerin kiminin adları anlamlıdır: *Silâh, Süngü, Kurşun, Bıçak, Bomba!*

Jöntürkler, tehlikeli biçimde tehdit edilen imparatorluğun birliğini kurtarmak için, 1908 Temmuz'unda devrim yapmışlardı. İmparatorluğun bir kez dizginlerini ele geçirince de, sloganlarındaki ilk terimi, "birlik" terimini uygulamaya geçirmek gerekiyordu. Milliyetler sorunu karşısında hangi siyaseti izleyeceklerdi? Birlik, imparatorluğun bütün etnik öğelerinin birliği *(ittihad-ı anasır)* idi onlar için, yani Müslüman olsun olmasın, imparatorluktaki milliyetlerin özerklikçi ya da ayrılıkçı eğilimlerinin sona ermesiydi. Müslüman olmayanlar konusunda, Jöntürkler, yarı özerk etnik-dinsel cemaatler olan *millet*'leri başlarından atıp kurtulmak istiyorlardı: Çağını yitirmiş olarak bakıyorlardı onlara ve devlet hakkında kafalarında oluşturdukları görüşe gerçekten bir meydan okuma idi bunlar. Böylece Rumlar, Yahudiler, Ermeniler, Araplar, Türkler yoktu; kanun önünde hepsi bir olan, aynı haklara sahip ve aynı görevlerle yüküm-

241

lü Osmanlı yurttaşları vardı artık. Fransız Devrimi Jakobinizminin, "tek ve bölünmez devlet" temasının damgasını vurduğu Jöntürkler, merkezîleştirmek, tekbiçimleştirmek, eşitleştirmek, aklîleştirmek istiyorlardı.

Ne var ki, bir başka birlik anlayışına sahipti imparatorluğun milliyetleri. Müslüman olmayanlar için, birlik, *millet*'ler arasında eşitlik anlamına idi; bir başka deyişle, kültürel özerklik sisteminin sürmesi, hatta daha da açılıp serpilmesi idi bu; ona bağlı olarak, Müslüman olmayanlar da, önce Rum ya da Ermeni, sonra imparatorluğun uyrukları olarak Osmanlı olmayı sürdüreceklerdi. Seçkinler, despotluğa karşı mücadeleye katılmalarının ödülü olarak, devlet işlerinde daha çok yer tutmak, daha fazla özerklik istiyorlardı; ve bu özerklik terimiyle, bağımsızlığı düşlüyordu çoğu. Türk olmayan Müslüman milliyetler söz konusu olduğunda, bütüne bakıldığında, Temmuz Devrimi, Abdülhamit'in üzerlerine titrediği Arap, Arnavut ya da Kürt eşrafınca iyi karşılanmamış da olsa, orta sınıflar, başta da gazeteciler ve aydınlar, adalete, yerinden yönetime olan özlemlerini gerçekleştirme fırsatı olarak bakıyorlardı ona. Onlar için söz konusu olan –(bir ölçüde Arnavutlar bir yana bırakılırsa) sahip olmadıkları– ayrıcalıkları savunmak değil, İstanbul'dan reformlar ve daha fazla özerklik elde etmekti.

Osmanlı birliğini anlayış biçimleri arasındaki bu farklılıklar, devrimin coşkusu içinde bir anlığına silinmiş de olsalar, temmuzun ertesinde ortaya çıkacaklardı. Özgürlük iklimi, milliyetlerin özlemlerine, yeni açıklama araçları sunuyordu ve silah ya da bombadan başka türlü idi bunlar: İmparatorluğun bütün dillerindeki gazeteleriyle basının olağanüstü gelişmesi, etnik ya da dinsel temelde kültür kulüplerinin ya da derneklerin çoğalması idi bu yeni açıklama araçları. Ulusal uyanışları geç olmuş Kürtlerin bile, İstanbul'da gazeteleri oldu ve derneklerini, *Kürt Teavün ve Terakki Cemiyeti*'ni kurdular.

Parlamento da, seslerini işittirme konusunda bir kürsü oluyordu milliyetlere. 1908 seçimlerinde, 147 Türk milletvekilinin yanı sıra, 60 Arap, 27 Arnavut, 26 Rum, 14 Ermeni, 10 Slav ve 4 Yahudi seçilmişti. Böylesine değişik öğelerden oluşan bir meclis, Halide Edip'in kibarca "ahenk yokluğu" diye adlandırdığı[1] şeyi sergileyecektir hızla. Azınlıklar, *Ahrar Fırkası*'nın birkaç milletvekili ile yeniden gruplaşırlar; Prens Sabahattin Bey'in yerinden yönetim hakkındaki düşüncelerinin mirasçısı olan bu parti de, ulusal soruna, İttihat ve Terakki Komitesi'nden daha liberal bir yaklaşım içindeydi. Ulusal kıpırdanış, yasal araçların dışında, 1909 kışı boyunca tekrar başlıyordu: Rum ve Bulgar komitacı çeteleri yeniden eyleme geçiyor, Doğu'da Kürtlerle Ermeniler arasında çatışmalar bir kez daha kendini gösteriyor, Arnavutluk'ta karışıklıklar patlak veriyordu. Böylece, Anayasa'nın yeniden yürürlüğe konuluşu, ulusal sorunları yatıştırmak şöyle dursun, genişletip çoğaltmıştı olsa olsa.

Jöntürkler, görüşme yoluna başvurmaya kalktılar önce. Seçim dönemi boyunca, Daşnak Ermenileri ya da Rum Patrikliği ile böyle yaptılar. Ne var ki, azınlıkların bir rol oynadıkları (Arnavutlar) ya da destekledikleri (Rumlar) 1909 Nisan darbesinden sonra, Ermeniler arasında alabildiğine bir güvensizlik ve kuşku havası yaratan Adana kıyımlarından sonra, birlik konusunda merkeziyetçilik anlayışlarını uygulamaya gayret ettiler ve bu yolda aldıkları bir dizi önlem de şunlar oldu: 1909 Ağustos'unda çıkardıkları *Cemiyetler Kanunu* ile dernek ve kulüplerin kapatılması (bu kanunun 4. maddesi, "amaç ya adını bir ırk ya da bir milliyetten alan siyasal dernekleri" yasaklıyordu); Rumeli'nde çetelerin yok edilmesi hakkında bir kanunla, eşkıyalık üstüne bir kanuna dayanıp Makedonya'daki çeteleri dağıtma; Müslüman olmayanlar için askerlik hizmeti zorunluluğu. Son olarak, Jöntürkler, eğitim sistemini merkezîleştirerek, azınlık okulları için bir müfettişlik kurarak, okullarda ve mahkemelerde Türkçeyi dayatmayı arayarak; bir başka deyişle, bir kültürel Osmanlılaştırma siyaseti güderek, ülkede birliği ilerletmeyi düşündüler. Bütün bu önlemlerin tek bir sonucu oldu: Hoşnutsuzluklara yol açmak! Arnavutlarla Suriye Arapları arasında öyle oldu, başkentteki Rumlarla Ermeniler arasında da öyle.

Bir başka hedefleri Jöntürklerin, Makedonya'ya büyük devletlerin müdahalesini saf dışı etmekti; imparatorluğun

---

1. *Memoirs of Halide Edib*, New York et Londres, tarihsiz, s. 271.

dağılıp parçalanmasının başlangıç noktası bu idi çünkü. Ateşli yurtseverler olarak, emperyalizmler karşısında devletin ülke bütünlüğünü korumayı ve imparatorlukta yabancıların ayrıcalıkları ile onların işlere burunlarını sokmalarına son vermek istiyorlardı. Sonunda, tek istekleri, imparatorluğu büyük devletlerin sömürdükleri bir yarı sömürge durumundan çıkarıp, kendi kaynaklarına sahip bir hükümran devlet yapmaktı. Tutkulu bir programdı bu! "Yakındoğu'nun Japonyası" olabilmek için, Avrupa'ya elini uzatmakla beraber, devletin egemenliğini sürdürmek gerekiyordu: Avrupa'nın sermaye ve uzmanlarına çağrıda bulunmakla beraber, Kapitülasyonları ortadan kaldırmaya kalkışılacaktı. Aslında, Abdülhamit'inkinden öyle uzak bir program değildi söz konusu olan; hedefe ulaşmak için uygulanacak araçlardaydı farklılık.

Jöntürkler, Anayasa'yı yürürlüğe sokarak, yolun hatırı sayılır bir bölümünü aldıkları düşüncesindeydiler. Onlara göre, Avrupa'nın saygı duymasına yol açacaktı Anayasa; onun müdahalesini önleyecek, devletin saygınlığını sağlayacak, yabancı sermayeyi akıtacaktı; Cavit Bey, *Sabah* gazetesindeki bir dizi makalesiyle, ülkenin gelişmesi için önemini belirtmişti bu sermayenin. Bu açıdan, bir soğuk duş olarak algılandı 1908 Ekim'indeki olaylar.

Bunun gibi, Avrupalılar nezdinde, yeni rejimin görünümünü savunmak, liberal yönünü onlara açıklamak, çıkarları konusunda güvenlerini sağlamak da gerekiyordu. İşte bu amaçladır ki, Paris'te kalmış kimi Jöntürkler, 1908 Ağustos'undan başlayarak, bir propaganda gazetesi, *Yeni Türkiye*'yi yayımlamaya başladılar: Gazete, yeni rejimin savunucusu olarak ortaya çıkıyor, Fransız-Osmanlı dostluğunun havariliğine soyunuyor; ve, Kapitülasyonların ortadan kaldırılmalarını isterken, Osmanlı Devleti'nin Üçlü Anlaşmaya katılması gerektiği düşüncesini savunuyordu. Jöntürkler, önemli Avrupa başkentleri nezdinde bilgilendirme ve propaganda gezilerine de giriştiler: Ahmet Rıza Bey'le Doktor Nâzım, Jöntürk Devrimi'nin anlamını ve İttihat ve Terakki Komitesi'nin rolünü açıklamak için, 1908 Ekim'iyle Kasım'ında Paris'e ve Londra'ya gittiler.

Abdülhamit, Almanya üzerine oynamış, ona bel bağlamıştı. Jöntürkler, bu tekele son vermek ve büyük devletler arasında bir denge siyaseti uygulamak istiyorlardı. Bu denge isteği, örneğin Avrupalı uzmanların seçiminde kendini gösterdi: Kara ordusunun eğitimi Alman subaylarca yürütülürken (Von der Goltz 1910 yılında yeniden hizmete başlayacaktır), deniz güçlerinin kalkınışı bir İngiliz'in, Amiral Gamble'in yönetimindeki bir ekibe emanet edilmişti; jandarma gücünün yeniden örgütlenişi de Fransızlara bırakılmıştı.

Ne var ki, Jöntürklerin dış siyaseti, büyük güçlüklerle karşı karşıyaydı. Blokların oluşumu, Üçlü Bağlaşıklığa karşı Üçlü Anlaşma, emperyalist zorlamaların vahimleşmesi, işlerini özellikle çetinleştiriyordu onların. Birkaç yıl içinde, Yakındoğu'daki durum değişmişti: Balkanlar'daki Avusturya siyaseti, daha saldırgan olmuştu. Rusya, Uzakdoğu'daki sıkıntılarından sonra, yeniden Osmanlı İmparatorluğu'na doğru çeviriyordu yüzünü: Kendi ekonomisi için yaşamsal bir duruma gelmiş buğday dışalımını Boğazlar yolundan sağlama kaygısındaydı; ve, Ermeni reformları sorununun yeniden uyanışını beklerken, Küçük Asya'da bir demiryolu şebekesi kurma arzusundaydı. Anadolu'da ve Arap eyaletlerinde, Almanlar, İngilizler ve Fransızlar, Bağdat demiryolu çevresinde çekişip duruyorlardı ve çok geçmeden Musul petrolleri katılacaktır buna. Yeni gelenler de vardı: Doğu Anadolu'da bir demiryolu şebekesi kurmak için olası yardımcılar olarak ortaya atılan (Chester tasarısı) Amerikalılardı bunlar. Öte yandan, çıkarları çatıştığında, birbirinin karşısına dikilmeye hazır olan büyük devletler, ayrıcalıkları söz konusu olduğunda ya da Kapitülasyonlara karşı çıkıldığında, aynı çizginin üstünde gelip buluşuyorlardı.

Jöntürkler de aralarında bölünmüştü dış siyasetin yürütülmesinde. Özgürlük ve ilerleme düşüncesiyle dolu sivillerin çoğu, daha çok İngiltere ile Fransa'ya yakın hissediyorlardı kendilerini: İngiltere'ye yakınlık, ideolojik ("Parlamentoların anası") ve pratik nedenler yüzündendi ve imparatorluğun iktisadî bakımdan sömürülmesine –görece– daha az el atmıştı İngiltere. Fransa'ya yakınlık ise, hem duygusal nedenlerle idi, çünkü Jöntürklerin ço-

245

ğu Avrupa'daki sürgünlük yıllarında orada kalmışlardı; hem de kültürel nedenlerle, çünkü esinlerinin büyük bir bölümü, Fransız tarihinden (Devrim) ve düşüncesinden (pozitivizm) geliyordu. Ne var ki, özellikle orduda, Almanya'nın kararlı yandaşları bulunuyordu; Mahmut Şevket Paşa ya da Ahmet Muhtar Paşa gibi, hele hele Almanya'da yetişmiş yaşlı subaylar böyleydi. Bir bölünüş, çeşitli stratejileri kesip ayırıyordu: Birinciler, ülkenin iktisadî bakımdan ilerlemesini düşünüyorlardı, ikincilerse savunmasını. Gelişmek ya da savunmak? Bütçe konusunda, Cavit Bey'le Mahmut Şevket Paşa arasındaki çatışmada simgeleşen ikilem buydu. Bu seçim, dış siyasette bir seçimdi.

Temmuz devrimini izleyen aylarda, Büyük Britanya, sonsuz bir saygınlık gördü İstanbul'da[1]; ne var ki kendisine bağlanan umutlar hayal kırıklığına götürdü çok geçmeden. 1908 Ekim'inde, Jöntürkler, bir bağlaşıklık önerisinde bulunuyorlardı ona boş yere. Oysa İstanbul'daki İngiliz Elçiliği gibi Foreign Office (İngiltere Dışişleri Bakanlığı) da, alabildiğine Türk karşıtı duygular besliyorlardı; Osmanlı Anayasasının, Mısır ile Hindistan üzerinde bulaşıcı bir etkide bulunması kuşkusu içindeydiler. İngiliz yandaşı Kâmil Paşa'nın görevden uzaklaştırılması işleri düzeltmedi. İstanbul'da anayasalı bir hükümdarlık olsa bile, İngiliz, İttihatçılar gibi Jakobenlerin ellerinde olmaktan çok, liberallerin ellerinde görmeyi yeğlerlerdi onu. 1909 kışı içinde, liberal muhalefete gösterilen desteğin kaynağında bu vardır. Öte yandan, Büyük Britanya, Üçlü Anlaşma'daki bağlaşıklarını, özellikle de Rusya'yı gözetip kollamak ve Hindistan'ın kuzeybatı yamacını korumak dileğindeydi. 1909 yılında, Dicle ile Fırat üzerindeki Lynch denizcilik kumpanyasının sözleşmesini yeniletmek istediğinde, Arap eşraf ve milletvekillerinin sert bir direnişiyle karşılaştı. İki ateş arasında kalan Sadrazam Hüseyin Hilmi Paşa görevden ayrılmak zorunda kaldı.

1789'un ilkelerine bağlılıklarını açıkça dile getiren devrimcilerin başlangıçta yararlandıkları sevgi sermayesine

1. Bkz. Joseph Heller, *British Policy towards the Ottoman Empire,* 1908-1914, Londres, 1983.

karşın, Fransa ile de güçleşiyordu ilişkiler. Ne var ki, Fas sorunu ile uğraşıyordu Fransa. İmparatorlukta edinip yığdığı dev mali, iktisadî ve kültürel çıkarların kaygısında olarak, Jöntürklerin milliyetçiliğine güven duymuyordu; onların, Düyûn-u Umumiye ya da Tütün Tekeli (La Régie) gibi işletmeler karşısındaki kuşku verici tutumlarına da güvensizlik besliyordu. 1910'da, özellikle artan askerî giderleri göğüslemek amacıyla, Cavit Bey, yeni bir borçlanma için görüşmek üzere, Paris'e gelmişti; ne var ki, elleri boş döndü; Fransız hükümetinin, işletme güvenceleri ve –özellikle askerî gereçlerin satın alınmasında– istediği siyasal güvenceler kabul edilemez görünmüştü ona. Hüseyin Cahit, *Tanin*'de, Fransızların tavrına karşı ateş püskürüyor, "Türkiye'nin saygınlık ve bağımsızlığına gerçekten hakarettir bu" diye yazıyordu.

Lynch sorunu ile Fransa'dan borç almanın başarısızlığa uğraması: Mali bakımdan zor durumda, ama bağımsızlığı konusunda kıskanç bir devletle, vereceği desteği ödetmeye iyiden iyiye kararlı bir Avrupa arasındaki ilişkilerin güçlüğünü gösteren iki olaydı bunlar. Birbiriyle çelişen iki zorunluluk arasında kalmış Osmanlı İmparatorluğu, bir çıkmazda bulunuyordu. İtalya, Trablusgarp'a saldırdığında, eskisinden çok daha fazla yalnızdı!

İlk yenilgiler: Trablusgarp, Arnavutluk

İtalya, gözlerini Trablusgarp'a dikmişti uzun zamandan beri. Fransızlarla İngilizlerin Kuzey Afrika'da bulunuşlarına, Avusturya'nın Balkanlar'da zorlayıp bastırmasına bir karşılık bulma arzusu; "vaat edilmiş toprak" görünüşüne sahip bir ülkenin yakınlığı; Roma'nın vaktiyle oradaki egemenliğinin anıları; o topraklarda umulan zenginlik; "yemişin olgunlaştığı" düşüncesinin ağır basması: Milliyetçi ve emperyalist ateşin pençesindeki bir İtalya'da, işte bunlardı imgelemleri uyarıp kışkırtan! Bürokratlar, politikacılar, gazeteciler, işadamları onunla ilgileniyorlardı. Amerika'ya boşalan Güney İtalya'daki alabildiğine nüfus artışına karşı bir kurtuluş çaresi olabildi Trablusgarp. Banco di Roma, İstanbul'da bir şube açmadan önce de, oraya yerleşmişti; ve, toprak satın alma da içinde olmak üzere, demiryolları, deniz taşımacılığı, limanlar, tarımı (zeytinyağı üretimini) modernleştirme alanlarında, tutkularla dolu bir yatırım programına vermişti kendisini; böylece, siyasal bakımdan el koymaya zemin hazırlıyordu. Ne var ki, İtalya'yı eyleme geçmeye götüren, Fas sorunu oldu: Almanya'nın edindiklerine karşı Fransa'yı serbest hale getiren Fransız-Alman anlaşmaları nedeniyle, İtalya'nın harekete geçmesinin zamanıydı.

Jöntürkler, son Afrika eyaletlerini tehdit eden tehlikenin bilincindeydiler. İtalyanların bir türlü iktisadî tekelini, başka ülkelerden yatırımlar çekerek kırmayı denemişlerdi. Böylece, 1910 yılı Mart'ında, Trablusgarp'ın yeni valisi İbrahim Paşa, Amerikan sermayesini, fosfatları işletmeye çağırmıştı. Ne var ki, bunları yaparken, eyaletin savunmasını da savsaklamışlardı. Abdülhamit zamanındaki milis, 1908'den sonra dağıtılmıştı ve, Yemen'deki karışıklıkları bastırmak amacıyla askerî birlikler çekilmişti.

29 Eylül 1911'de, İtalyan makamlarının verdiği ültimatom sona erdiğinden, savaş ilan edilmişti. 4 Ekim'de, İtalyan birlikleri Trablusgarp'ta karaya ayak basıyorlar ve, birkaç hafta içinde, ciddi bir muhalefetle karşılaşmadan kıyı bölgesini ele geçiriyorlardı. Kasım başlarında, İtalya, Trablus'la Bingazi'yi, topraklarına kattığını resmî olarak ilan ediyordu.

Ne var ki, Osmanlı direnişi hızla örgütlenecektir. Gerçekten kazanılması umulan şey, büyük çaptaydı: Türklerin Trablusgarp'ı savunmakta yetersiz oldukları ortaya çıkarsa, Ortadoğu eyaletlerindeki Arapların, İstanbul'un koruyuculuğuna olan güvenleri yok olma tehlikesi içine girecekti; İstanbul ise, Batı emperyalizmine karşı böylesi bir koruyuculukta bulunduğunu ileri sürüyordu onlara. Türk-İtalyan savaşı, Müslüman dünyada panislamist duyguları uyandırıyordu; geniş bir dayanışma atılımına yol açıyor ve Türkiye'de bile, düşünceleri *cihad*'a kışkırtıyordu; o kadar ki, Hüseyin Cahit, *Tanin*'de, yurttaşlarını sakin olmaya çağırıyor ve bunalımı çözmede desteği gerekli olan İngiltere kaygılandırıp ürkütülmemeli, diyordu. Osmanlı garnizonlarının kalıntılarını bir araya getirerek ve Sunusîlerle bağlaşıklık kurarak, içerde direnişi örgütlemek amacıyla, Enver Bey, bir avuç askerle Trablusgarp'a gönderildi. Böylece, bir gerilla savaşı başlıyordu ki, uzun yıllar sürecektir. Egemenliğini oturtmak için, Trablusgarp'ın içlerine doğru sızmakta güçsüz kalan İtalya, bir şaşırtma hareketine başvurarak, Çanakkale'yi bombardıman etti ve Oniki Ada'yı ele geçirdi (1912 Nisan'ı).

Bunlar olurken, imparatorluğun öteki ucunda, Makedonya'da ve özellikle Arnavutluk'ta, günden güne kötüye gidiyordu durum. Arnavutlar, Osmanlı Devleti'nin sütunlarından biri olmuşlardı uzun bir tarihten beri; ve, yeğlemeli bir işlem görmüşlerdi sultanlarca. Abdülhamit, Arnavut şeflerin dostluğunu kazanmasını bilmişti. Arnavutlar, Jöntürk hareketinde (örneğin İbrahim Temo) ve devrimin kendisine (Niyazi) önde gelen bir rol oynamışlardı çoğu kez; bunla da, Berlin Kongresi zamanında ortaya konmuş özerklik istemlerine yeni rejimin güler yüzle bakacağının umudu içindeydiler. 1908 Kasım'ında, Manastır'da Müslümanları, Ortodoksları ve Katolikleri bir araya getiren bir kongre toplanmıştı ve Jöntürklere desteğini yeniden belirtmişti. Ne var ki, Jöntürklerin merkeziyetçi eğilimleri, Arnavutluk dağlarında bir kaynaşmaya yol açmıştı.

Mebusan Meclisi'nde, İsmail Kemal başta olmak üzere, Arnavut milletvekilleri Jöntürklerin güttüğü siyasete karşı çıkarken, kaynaşma açıkça başkaldırmaya dönüşüyordu 1910'da Kosova'da. Osmanlı döneminde, devlet, Arnavutluk dağlarında gücünü pek hissettirmezken, Jöntürklerin merkeziyetçi siyaseti orada da uygulanmaya kalkıldı. Arnavutlar, yeni vergileri, nüfus sayımını, Türk okullarını, Osmanlıca uygulamasını ve kendi dilleri için Arap alfabesini dayatmayı hedefleyen girişimlere karşı protestoda bulundular. Sivil halkın silahsızlandırılmasını emreden, çetelere karşı kanun, kan gütmenin bir tür ulusal âdet olduğu bir ülkede, sertlikle karşılandı. Katolik Arnavutlar, sultanın ordusunda hizmet etme yükümlülüğünden hoşnut değildiler.

Arnavut ayaklanması karşısında, Jöntürkler, bir sert bastırmayı (Cevat Paşa'nın, Turgut Paşa'nın seferleri), bir uzlaşmayı denediler sırayla. 1911'de, komşu Karadağ'ın kaçakçı silahlarıyla beslenen bir gerilla hareketi yeniden başlıyordu; her şeyden önce, kendi Arnavut kimlikleriyle ortaya çıkan Hıristiyan ve Müslümanlarca canlandırılmıştı hareket. Vlora'da oluşan bir Arnavut ulusal komitesi, Arnavut eyaletlerin bir birleşik Arnavutluk'ta birleşmesini istiyordu; bu Arnavutluk'un, kendi parlamentosu, kendi idaresi ve kendi ordusu olacaktı. 1911 Ağustos'unda, Osmanlı hükümeti boyun eğer gibi oldu, ne var ki durum belirsizliğini sürdürüyordu: 1912 ilkbaharında, Arnavutluk, açıkça ayaklanış içindeydi yeniden.

İmparatorluğun bir kıyısında gelişen bu olayların derin yankıları oluyordu İstanbul'da ve bir dizi siyasal bunalıma yol açıyordu. Trablusgarp'ın İtalyanlarca işgal edilmesinin arkasından, Sadrazam İbrahim Hakkı Paşa, bir hortlağa, Sait Paşa'ya bırakmak zorunda kalmıştı yerini. Muhalefet, güçleniyordu. 1911 Kasım'ında, Mebusan Meclisi'nde, rejimden hoşnut olmayan kim ki var bir araya getiren yeni bir parti, *Hürriyet ve İtilaf Fırkası* ortaya çıkıyordu. Damat Ferit Paşa'nın, Kâmil Paşa'nın ve Prens Sabahattin Bey'in canlandırdıkları ve daha baştan başlayarak Mebusan Meclisi'ndeki milletvekillerinin belli bir bölümünü yeniden toplayan parti, bir parlamento muhalefetinin yuvası oldu hızla; Jöntürklerin merkeziyetçiliğini, sıkıyönetimin uzatılmasını, komitenin hemen hemen kılık değiştirmiş diktatörlüğünü, utanması olmayan bir oligarşi yönetimini, şiddete başvurmayı eleştiriyordu bu muhalefet. Kasım ayından başlayarak, İstanbul'daki bir kısmi seçimde, yeni partinin adayı Tahir Hayrettin seçilmişti.

Dışardaki ve içerdeki bu gelişmelerle zayıflayan komite, Mebusan Meclisi'nin feshini sağlayarak, durumunu onarmak istedi aceleyle (Ocak 1912). Bütün imparatorlukta gerçekten örgütlü tek parti olan, rakiplerinin ve özellikle de Hürriyet ve İtilaf Fırkası'nın elinde olmayan araçlara sahip bulunan, basın, toplantı ve dernekler hakkındaki kanunları kendi yararına kullanan, baskıya ve hatta şiddete başvuran –o yüzden nisan seçimlerine "sopalı seçim" adı verildi– Jöntürkler, ezici bir çoğunluk sağladılar yeni Mebusan Meclisi'nde; muhalefetten sadece altı milletvekili seçilmişti meclise. Komite, doruk noktasındaydı böylece; İtalyan tehdidi, tek çare olarak gösteriyordu kendisini. Sait Paşa'nın yeni kabinesinde, İttihatçılar daha da temsil ediliyordu ve Cavit Bey yeniden Maliye Nazırı olmuştu. Ne var ki, dayanıksızdı Jöntürklerin zaferi. Gücünün doruğunda olan komite, 1912 yazında paldır küldür düşmek zorunda kalacaktı. Yazgının acı bir cilvesiyle, komiteye en başta sadık kalmış bir yöre olan Makedonya'dan geldi darbe. Subaylar arasında, İttihatçılara karşı kulüpler kurulmuştu orada. 1912 ilkbaharında, onlarla ilişki içinde, İstanbul'da, *Halaskâr Zabitan* (Kurtarıcı Subaylar) grubu kuruldu; komitenin baskısına son vermek ve orduyu siyasetten temizlemekti amaçları da. Askerî müdahale tehditleri ve baskılar, 17 Temmuz'da Sait Paşa'nın görevinden ayrılmasıyla sonuçlandı. Birkaç gün sonra, sultan, Gazi Ahmet Muhtar Paşa'yı, yeni bir hükümet kurmaya çağırıyordu; "Büyük Kabine" adını alacak olan hükümette, bütün İttihatçılar saf dışı edilmişlerdi. 5 Ağustos'ta Parlamento feshedildi; bununla, Jöntürkler, son siyasal durumlarını yitirmiş oluyorlardı. Komite, bu denli düşkün halde olmamıştı hiçbir zaman.

Ülke, derin bir manevi bunalımdan geçiyordu aynı zamanda. Siyasal yönelişler ve ideolojilerin önüne yeniden birer soru işareti konmaya başlanıyordu. İtalyan saldırısı, büyük devletlerin hareketsizliği, Arnavut ayrılıkçılığı, İslamcı aydınlar arasında Batı karşıtı eğilimi artırıyor ve, İslam dayanışması bağlarına daha çok önem vermeye ve Müslüman ülkelerde milliyetçiliğin kötü sonuçlarına sert biçimde karşı çıkmaya itiyordu onları. 1911 yılı sonlarında ve 1912'nin başlarında, *Sırat-ı Müstakim* dergisinin "liberal" anlayışı, dinin daha gelenekçi bir görüşü doğrultusunda siliniyordu gitgide. "Yenilikçi" aydınlar, hemen hemen yazmaz oldular dergiye ve dergi, tutucu bir İslamın sözcüsü olup çıktı.

Batıcı akım da hızından yitirmekteydi. Dönemin genç bir gazetecisinin şu itirafından anlıyoruz bunu: "Batılılaşma, çok yönden çekmişti bizi. Ne var ki, Batı emperyalizmdi. Ülke, emperyalistlerin elinde bir yarı sömürge oldukça ve Kapitülasyonlar kaldığı sürece, Batı'nın savunuculuğunu yapmak güçtü.[1]" *İçtihat*'ta, Celâl Nuri, çok geçmeden şarabına su katacak ve Abdullah Cevdet'in savunduğundan çok daha ılımlı ve seçmeli bir Batılılaşmayı salık verip öğütleyecektir.

Bu "geleneksel" ideolojilerin bunalımı karşısında, Türk milliyetçiliği, 1911-1912'de yeniden güçlenmeye başlıyordu. Yusuf Akçura ya da Ahmet Ağaoğlu gibi Rusya'dan göçenlerin, Mehmet Emin gibi Türk aydınların ortak çabalarıyla örgütleniyordu akım: 1911 Ağustos'unda, *Türk Yurdu Cemiyeti* kurulmuştu ve kasım ayında da, milliyetçi hareketin başlıca organı olan *Türk Yurdu* dergisini yayımlamaya başlıyordu. Sadece Türk dilini arılaştırmak ve "ulusal" bir edebiyat yapmak değildi söz konusu olan; tarihsel, kültürel, sosyal ve iktisadî bütün alanlarda, imparatorluğun içinde ve dışında, bütün Türklerin birliği için çalışmaktı. Pantürkizmin aracı olan *Türk Yurdu* dergisi, pek büyük bir başarı sağladı çabucak. Birkaç ay sonra, 1912 Mart'ında, İstanbul'da, bir "milliyetçi" kulüp, *Türk Ocağı* kurulmuştu ve bütün Türklerin kültürel, sosyal ve iktisadî kalkınışı için çalışmaktı amacı da. Türk Ocağı da, (Ahmet Ağaoğlu, Yusuf Akçura gibi) Rusya'dan göçen Türklerle, Mehmet Emin, Ziya Gökalp, Hamdullah Suphi gibi Türk aydınlarını yeniden bir araya getiriyordu. İlginçtir: Bu ocağın kurulmasına, birkaç ay önce Tıbbiye Mektebi öğrencileri girişmişlerdi.

Gerçekten, yeni düşünceler için olgunlaşmıştı gençlik. Jöntürk Devrimi'nin sarhoşluğu içinde yetişen bir gençlik, bir hayal kırıklığından ötekine gidiyordu. Devletin güçsüzlüğü karşısında eli böğründe kalan, siyasal örf ve âdetlerden tiksinen gençliğe, hareket edebileceği ve düşleyebileceği başka alanlar gerekiyordu. Ne gitgide tutucu bir İslamda, ne de gitgide saldırgan bir Batı'da kendini göremeyen gençlik, kimliğini arama içindeydi. İçlerinden kimileri, aşırı çözümlere eğilim duyuyorlardı: Bir avuç fedaiyi, Enver'in arkasında, Libya çöllerine atacak bir yurtsever kahramanlıktı bu; ya da, imgelemleri Kafkas ötesi bozkırlara, Ziya Gökalp'in canlandırdığı söylencesel Turan'a

---

1. Zekeriya Sertel, *Hatırladıklarım,* İstanbul, 1977, s. 73.

doğru şaha kaldırıp dörtnala koşturacak bir pantürk ütopyası. Ne var ki, çoğunun gözünde, Osmanlı Devleti'ni kurtarmak için bir yeni yol bulmaktı özellikle söz konusu olan.

Makedonya'da felaketlerin birbirini izlemesi, Ahmet Muhtar Paşa'nın yeni kabinesini, Trablusgarp savaşı gibi Arnavutluk sorununu da hızla çözmeye götürdü. 4 Eylül 1912'de, hükümet Arnavut milliyetçilerin bütün istemlerine razı oluyordu; Arnavutluk, hemen hemen bağımsızdı artık. Babıâli, 15 Ekim'de de, İtalya ile antlaşma yapmayı kabul ediyordu. Ouchy antlaşmasıyla (15 Ekim 1912), barış imzalanmıştı: Osmanlı hükümeti, Trablusgarp'la Cyrénaïque'in İtalya'ya katılmış olmasını tanıyordu; sultan, halife olarak, Müslümanlar üzerinde manevi otoritesini koruyordu. Öte yandan, İtalyanlar, Oniki Ada'yı boşaltmayı üstleniyorlardı; ne var ki, Balkan savaşlarının patlaması, o adalarda varlıklarını sürdürme olanağını sağlayacaktır onlara. Osmanlı İmparatorluğu'nun Afrika'daki varlığı sona ermişti; Avrupa'dan silinip yok oluşunun da eli kulağındaydı.

İMPARATORLUK SAVAŞTA (1912-1918)

Balkan savaşları

Osmanlı hükümeti, İtalya ile, onun bütün istemlerine razı olarak, sonunda barış imzalamayı kabul etmiş olsa da, bir başka türlü ağırlıkta yeni bir tehlike gitgide beliriyordu ufukta: Balkanlar'da genel bir tutuşmanın pek yakın oluşuydu bu tehlike.

Uzun yıllardan beri, için için oluşuyordu yangın. Avusturya'nın Bosna-Hersek'i kendi topraklarına katması, Bulgar bağımsızlığının ilanı, Girit'te anayurda katılma kaynaşmasının yeniden başlaması, bütün bunlar, 1908 sonbaharından başlayarak, Balkan devletlerinin iştahını tekrar uyandırmıştı. Türkiye, bu saldırılar karşısında öylesine güçsüzlük örnekleri koymuştu ki ortaya, Avrupa'daki bu topraklarından er geç vazgeçmesi gerektiği açık görünüyordu. Sofya'da,

Osmanlı İmparatorluğu'nun parçalanışı (XX. yüzyılın başları)

Harita No: 2

Açıklama / Lejant:
- Yunanistan
- Yunanlıların kazanımları
- Bulgaristan
- Bulgar kazanımları
- 1818'de yitirilen kazanımlar
- 1878'de Sırbistan
- 1818'deki kazanımlar
- 1919'daki kazanımlar
- ·········· Sevr antlaşmasına göre Osmanlı İmparatorluğu (1920)
- ▬▬▬ Lozan antlaşmasından sonra Türkiye (1923)

Harita üzerindeki yer adları:

Hazar Denizi

Rusya (1878–1921)

ERMENİSTAN (1918–1921)

Erzurum

Trabzon

Karadeniz

Ankara

ANADOLU

Antakya

Halep

SURİYE — Fransız mandası 1920

Şam

Bağdat

IRAK — İngiliz mandası 1920

Basra

Beyrut

FİLİSTİN — İngiliz mandası 1920

Kudüs

ÜRDÜN

HİCAZ (1916'da bağımsız)

Kıbrıs (İngiltere 1878)

MISIR (İngiliz işgali 1882) — İngiliz korumacılığı (1914–1921)

Kahire

İskenderiye

ROMANYA

Bükreş

DOĞU RUMELİ

BULGARİSTAN (Bulgaristan 1885)

Sofya

DOĞU TRAKYA

Yunanistan (1920–1921)

İzmir

TRAKYA

Selanik

Girit (Yunanistan 1908)

Atina

YUNANİSTAN

TESALYA (Yunanistan 1881)

MAKEDONYA (Yunanistan 1913)

ARNAVUTLUK — Bağımsız (1913)

AKDENİZ

SIRBİSTAN

Niş

HERSEK (Avusturya 1878)

BOSNA

Saraybosna

HIRVATİSTAN

SLOVENYA

Zagreb

Ljubljana

LİBYA (İtalya 1912)

Trablus

TUNUS (FRANSA 1881)

Tunus

CEZAYİR (Fransa 1830)

"Bulgarların çarı" diye tacı başına koymaya gelen Ferdinand, kendi yararına olarak Bizans İmparatorluğu'nu yeniden diriltmek düşünü daha o zamandan görüyor ve Bizans imparatoru giysileriyle portresini yaptırmakta duraksamıyordu. Avusturya'nın Bosna'ya el koymasını kabul etmek zorunda kalmasından çılgına dönen Sırbistan, Makedonya üzerinde amaçlar besleyip avutuyordu kendini. Bir Giritlinin, Elefterios Venizelos'un yönetimi altındaki Yunanistan, bütün "Yunan toprakları"nı birleştirmeyi hedef diye saptamıştı kendisine.

Daha İtalyan-Türk savaşı patlamadan önce, belirginleşmeye başlamıştı tehdit. 1911 Nisan'ından başlayarak, Venizelos, Rusya'nın da desteğiyle, Bulgar Başbakanı Gueşof'a, iki ülke arasında bir anlaşma önermişti. Kısa bir süre sonra, bir Sırp-Bulgar anlaşmasının yandaşları, Rum patriğinden, bir Balkan gümrük birliği düşüncesi lehinde bir demeç elde ederek (1911 Kasım'ı), büyük bir zafer kazanmışlardı. 1912 yılının başlarında, tahta mirasçı Prens Boris'in erginliğini kutlamak amacıyla Sofya'da düzenlenen şenlikler de, Osmanlı İmparatorluğu düşmanları arasında bir yakınlaşmanın işareti olarak görünmüşlerdi.

Türkiye'nin hiç de hayrına yorulmayacak bu ilk kucaklaşıp öpüşmelerin arkasından, birden bir anlaşmalar yarışıdır sökün etmişti. 1912 Mart'ında, İtalya-Türk bunalımı tam kıvamındayken, Sırbistan'la Bulgaristan bir antlaşma imzalamışlardı: Bu antlaşma, Makedonya'nın özerkliğini, –uygulanamaz olduğunun anlaşılması halinde de– Osmanlılara karşı bir zafer olasılığına dayanmak üzere, oranın paylaşılmasını öngörüyordu. İki ay sonra (29 Mayıs 1912), ilk antlaşmayı bir Yunan-Bulgar bağlaşıklığı izlemişti: Söz konusu bağlaşıklığa göre, her iki ülke, Makedonya sorununu bir yana bırakarak, Osmanlı saldırısı halinde, bir karşılıklı yardımlaşma vaat ediyorlardı birbirlerine. Son olarak, sonbaharın başlarında, Karadağ da, önce Bulgaristan'la (27 Eylül), arkasından Sırbistan'la (6 Ekim) bir askerî sözleşme imzalayarak, Balkan koalisyonuna katıldı.

Bu tertibatın, olsa olsa Osmanlı İmparatorluğu'na karşı tasarlanmış bir saldırıya varacağı gün gibi aşikârdı. Tehlikenin pek çabuk farkına varılmıştı İstanbul'da. Ancak, nasıl göğüslenmeliydi bu? 1911 yılının sonlarından beri, Türkiye'nin, hükümetin eylemini, –bir bölümüyle– felce uğratan yoğun siyasal çalkantılar içinde olduğu göz önünde tutulursa, daha da vahim görünüyordu durum. Fazla olarak, Osmanlı ordusu, alabildiğine yara alabilir görünüşteydi: II. Abdülhamit'in saltanatının son yıllarında içine düşmüş olduğu uyuşukluktan henüz çıkıyordu ordu ve –kadroların gençleştirilmesi, silahlanmanın modernleştirilmesi, strateji anlayışlarında değişiklik, vb. olmak üzere– bir yenileşme süreci içine girmiş bulunuyordu ve sona ermiş olmaktan uzaktı bu süreç. Felaketlerin üst üste gelişi karşısında, Babıâli, en sıkışık olanına çare aramıştı: Elindeki bütün güçleri Makedonya'da bir araya getirebilmek amacıyla, İtalya ile barış görüşmelerine girişmişti; iki yıldan beri, imparatorluğun Batı sınırlarını tutuşturup yakan Arnavut ayaklanmasına son vermeye de çalışmıştı; son olarak, büyük devletler nezdinde girişimlerini çoğaltarak, daha az savaşçı duygular içine girmeleri için, Balkan devletleri üzerinde baskıda bulunmalarını istemişti onlardan. Ne var ki, çok geçti vakit; savaş arabası, yola koyulmuştu daha şimdiden.

Senaryo, her zamanki senaryodur: Osmanlı İmparatorluğu'nun hasımları, 30 Eylül 1912'de seferberlik ilan ederler; ertesi gün de, Türkler aynı önleme başvururlar. Hemen arkasından, Balkanlıların ültimatomu gelir: Babıâli'den, Makedonya'ya, İsviçreli ya da Belçikalı bir vali ataması; yerel yasama meclisleri kurması; bir Avrupalı komutanın emri altında jandarma güçleri oluşturması; büyük devletlerin elçileriyle büyük Balkan devletleri temsilcilerinin denetiminde olmak üzere, Berlin antlaşmasıyla vaat edilen reformların uygulanması istenmektedir. Dolambaçlı yollara başvurma denenir İstanbul'da: Gerekli reformları gerçekleştirmeye hazır olduğu söylenir hükümetin, ancak Osmanlı Parlamentosu toplanmadığı sürece, güvenceler verme reddedilir.

Davanın reddi midir bu?

Ne olursa olsun, bir araya gelmiş Balkanlılar, böyle yorumlarlar Türk yanıtını. Artık çatışmaları başlatmak için bir bahane bulmak kalır kendilerine sadece. 8 Ekim'de, bu bahane de bulunur: Karadağ, sınırdaki karışıklıkları kanıt olarak gösterip, Kuzey Arnavutluk'la, Novipazar sancağına asker yollama girişiminde bulunur. Notalar, karşı notalar alınıp verilir. Büyük devletlerin temsilcilerinin katıldıkları bir diplomatik bale sergilenir; ne var ki, olaylarca aşılmış gibi görünen bir dilsiz oyunudur bu. Londra'da olduğu gibi Berlin'de de, beklemenin yeğlenmesi gerektiği düşünülür. Prusya yönetimi, bir müdahaleden önce, Balkanlar'ı savaşın içine batmaya bırakmayı, İngiliz hükümetine nobranca önermeye kadar gidecektir. Ne var ki, tek başına kalmış da olsa, Osmanlı İmparatorluğu, kendini aşağılatıp horlatmamaya kararlıdır. 17 Ekim'de, Sırp ve Bulgaristan elçileri, İstanbul'u terk etmek zorunda kalırlar. Aynı gün, savaş da resmî olarak ilan edilmiştir.

Osmanlılar için pek çabuk felakete dönüşür gelişmeler. Doğu Trakya'yı ele geçirip Edirne'yi kuşatan (ekimin sonları) Bulgarlar, kasımın ilk günlerinden başlayarak, Çatalca siperlerine ulaşırlar; orası ise, Osmanlı savunmasının İstanbul'dan önce son hattıdır. Yunanlılar da, Girit'i kendi topraklarına kattıklarını ilan ettikten ve öteki çeşitli adalara el koyduktan sonra, Epeiros ile Güney Makedonya'yı işgal edip, Selanik'i kıl payı Bulgarların elinden alırlar (8 Kasım). Son olarak, Sırplar, Kuzey Makedonya ile Kosova'da iyiden iyiye yerleşirken, bağlaşıkları Karadağlılar da, Arnavutluk'ta İşkodra'yı kuşatırlar. Osmanlı İmparatorluğu, Avrupa'daki topraklarının hemen hemen tümünü yitirmiştir birkaç hafta içinde.

Öylesine umut kırıcıdır ki durum, 1912 Haziran'ında "Halaskâr Zabitan"ın müdahalesinden beri iktidarda olan Hürriyet ve İtilaf, Sadrazam Ahmet Muhtar Paşa'nın yerine Osmanlı siyasetinin eski kurtlarından birini, İngiliz yandaşlığı ile tanınan Kâmil Paşa'yı geçirmeye karar verecektir. Bunalımın çözümü, büyük devletlerin ellerinde değil midir her zaman olduğu gibi? Yeni sadrazam, İngiliz dostları ile ilişkiye geçme ve onlarla, Üçlü Anlaşma'nın Türkiye lehine bir müdahalede bulunmasını görüşmek çabası ile yüz yüze kaldığını görür birden. Bu girişiminden, İstanbul limanına birkaç savaş gemisinin yollanması ve işler barış görüşmelerine vardığında Britanya'nın bir aracılıkta bulunacağı vaadini elde edecektir.

Vaat tutulur. 3 Aralık 1912 günü, Türklerle Bulgarlar, bir ateşkes imzalarlar Çatalca'da. İki hafta sonra da, bütün savaşanlar, Londra'da, İngiliz Dışişleri Bakanlığı'nın koruyuculuğunda, bir konferansta bir araya gelirler. Ne var ki, Balkanlıların istekleri öylesine ölçüsüzdür ki, bu arabuluculuk pek etkili olmayacaktır. Yenenler, fethettikleri bütün toprakları olduğu gibi, Ege'deki adaları, Arnavutluk'u ve Edirne kentini isterler. Osmanlılar ise, ödünlerde bulunmaya hazırdırlar: Bir özerk Arnavutluk'un tanınması, Edirne ilinin batısındaki bütün toprakların terki, Girit'in Yunan Cumhuriyeti'ne katılmasına razı oluştur bunlar. Ne var ki, kimi noktalarda, kesin bir tavır takınılır: Edirne kenti, Ege adaları Türklere kalmalıdır; bu toprakların, özellikle de Osmanlı İmparatorluğu'nun ikinci başkenti olmuş olan Edirne'nin terk edilmesi konu dışıdır.

Elde ettikleri üstünlüğün gücüyle, iddialarından hiçbir noktada vazgeçmek istemez Balkanlılar. Çatışmaların geçici olarak durdurulmasından beri az buçuk umuda kapılan Osmanlılar ise, sert ve inatçı biçimde görüşmelerde bulunurlar. Bir çıkmazdır bu! Ne var ki Kâmil Paşa, Britanya diplomasisinin yapmacıklarıyla uyutulup aldatılmayacak mıdır sonunda? Görüşmeler uzayıp giderken, İstanbul'da da kaygı ve kızgınlık artar günden güne. Kâmil Paşa, iktidara gelişinden beri, İttihatçı muhalefeti susturmak için elinden geleni yapmış olsa da, gitgide daha şiddetli görünür bu muhalefet; Edirne'yi Bulgarlara teslim etmeyi istemekle suçlar hükümeti ve direnişi savunur hararetle. Aslında, hiç de nedensiz değildir bu kaynaşma; nitekim, özenle hazırlanmış bir hükümet darbesiyle sonuçlanacaktır. Gerçekten, 23 Ocak 1913 günü, "Babıâli Baskını" denen şey olur: 1908 Devrimi kahramanlarından biri ve İttihat ve Terakki Komitesi'nin seçkin insanı Enver Bey, bir askerî birliğin başında olarak Nazırlar Heyeti salonuna girer ve, elinde tabancası, Kâmil Paşa'yı görevinden ayrılmak zorunda bırakır.

Yeniden iktidardadır İttihatçılar; Birinci Dünya Savaşı'nın sonuna değin de orada kalacaklardır. Ancak altı ay sürmüş olan liberal parantez kapanmıştır. Bununla beraber, öyle pek şenliğe olanak sağlayacak bir an değildir an. İttihat ve Terakki Komitesi'nin zaferi orta halli olur. Yeni hükümette, sadece üç İttihatçı vardır ve ılımlılıklarıyla tanınmıştır üçü de. Sadrazamlık, partiler üstü bir kişiliğe, Mahmut Şevket Paşa'ya verilir; paşa, Harbiye Nazırlığı görevini de üstlenir. Hürriyet ve İtilaf'ın üyeleri, "her türlü yersiz muhalefet düşüncesini terk etmeleri" koşuluyla, serbest bırakılmışlardır. Dış tehlike karşısında, İttihat ve Terakki Komitesi. kutsal birliği yeğlemiştir sonuçta.

İttihatçı darbenin asıl hedefi, Kâmil Paşa hükümetinin, Balkan koalisyonunun baskılarına boyun eğmesini önlemekti. Ne var ki, İttihat ve Terakki Komitesi'nin iktidara gelişi, durumu düzeltmek yerine, daha da ağırlaştıracaktır. Gerçekten, Londra Konferansı'nda, olaylar duyulur duyulmaz, temsilciler görüşmeleri askıya alır, kendi hükümetlerinin yeni talimatını beklemeye koyulurlar. Birkaç gün sonra da, özellikle Edirne'nin kimi mahallelerini terk etmeye ilişkin son Türk ödünlerine karşın, görüşmeler kesilir, 3 Şubat'ta, onca korkulan şey olur: Bulgarlar, Edirne'yi bombardımana başlarlar yeniden ve Çatalca'da, Osmanlı savunmasının son hattını altüst etmeye çabalarlar.

Birkaç haftalık ateşkes, kendine gelme olanağı sağladı Türk ordusuna; bozgun, direnişe dönüşür. Ne var ki, Balkan koalisyonunun üstünlüğü pek açıktır yine de. Türk basını, martın ikinci yarısında, Çatalca'nın kahramanca savunulması üzerine başlıklar atsa da, kötü haberler çok daha ağır basar terazinin kefesinde: 6 Mart'ta, Yunanlılar Yanya'yı almışlardır; 28 Mart'ta, Bulgar bombardımanlarıyla büyük bölümü yanıp yıkılan Edirne teslim olur; nisanın ortalarında, Karadağlılar, Arnavutluk'ta İşkodra'ya girerler. Sonuçta, yeni sadrazam Mahmut Şevket Paşa, gerçeği kabul etmek zorunda kalacaktır: Balkanlıların istekleri karşısında yerin dibine geçmek pahasına da olsa, barışı imzalamak gerekmektedir.

Mayısın sonlarından başlayarak, bu gerçekleşecektir. Yeniden Londra'da, *Foreign Office*'in yol göstericiliğinde olmak üzere, toplanır görüşmeciler. Ne var ki, bu kez uzamaz görüşmeler; görüşülecek büyük bir şey kalmamıştır çünkü. 30 Mayıs'ta, Türk temsilciler, İstanbul dolayında dar bir tampon bölge bir yana bırakılırsa, Osmanlı İmparatorluğu'nu, Avrupa'daki bütün topraklarından yoksun kılan

259

bir antlaşmayı imzalarlar. Üç aylık bir savaştan sonra, Mahmut Şevket Paşa hükümeti, Balkan devletlerinin bütün isteklerini kabul etmek zorunda kalmıştır.

Hasılı, işin içinden sıyrılınmıştı. Gerçekten, aynı günlerde, Avrupa diplomasisinin aklı fikri, imparatorluğun Asya eyaletlerini bölüşmekti. Şimdilik, savuşturulabilmiştir bu. Öyle de olsa, Osmanlı kamuoyunun gözünde, Londra antlaşmasının imzalanması, ağır bir başarısızlıktan başka bir şey değildi. Hürriyet ve İtilaf için bir fırsattır bu: Nitekim İtilaf, Kâmil Paşa'nın öncülüğünde, görünüşe göre İngilizlerin desteğiyle, bir karşı darbe hazırlıyordu bir süreden beri.

Komplo önceden sezilip önlenmiş ve eski sadrazam, sürgünde bulunduğu Kahire'den dönüşünde gözaltına alınmış da olsa, liberaller, tasarılarını gerçekleştirmeyi denemek için, durumdan yararlanmakta geri kalmayacaklardır yine de. 11 Haziran'da, Londra antlaşmasının imzalanmasından birkaç gün sonra ve kamuoyundaki kızgınlığın doruğunda olduğu bir dönemde, Mahmut Şevket Paşa, Babıâli'ye gitmek üzere Harbiye Nazırlığı'ndan çıktığı bir sırada, yol ortasında öldürülür. Birkaç ay önce İttihatçılara iktidarı ele geçirme olanağını sağlamış olan hükümet darbesinin öcünü alma arzusundaki darbecilerin programında, bir dizi başka cinayetler de vardır. Ancak, İttihat ve Terakki Komitesi'nin kumanda mevkilerinde tutunma yolundaki kararlılığını göz önüne almadan yapılmıştır hesaplar. Sır, sıkı sıkıya gizlenmediği için, darbe girişimini ezmek kolaylaşacaktır o ölçüde de. Sadrazama karşı saldırı duyulur duyulmaz, şu bir dizi bastırıcı ve cezalandırıcı önlemler alınır: Sıkıyönetim ilanı, muhalefet liderlerinden çoğunu tutuklama ve sürgüne yollama, hükümetin siyasetine hasım gazetelerin yayımını yasaklama, on altı kişinin ölüme mahkûm edilmesi, ki bunlardan biri, sultanın –evlilik yoluyla– yeğenlerinden biri olan Salih Paşa'dır, öteki de liberal akımın ünlü düşünürü Prens Sabahattin Bey'dir ve prens ele geçirilemez. Muhalefetin önüne böylece geçilince, İttihat ve Terakki Komitesi için, iktidardaki durumunu sağlamlaştırmada, olan bitenden yararlanmadan başka hiçbir şey kalmıyordu geriye. Öldürülen sadrazamın yerine, komitenin içinden gelen ve Mısır Hıdivi Muhammed Ali'nin torunlarından biri olan Sait Halim Paşa getirilir; öteki birçok ittihatçıya da nazırlıklar verilir. Hürriyet ve İtilaf, etkinliklerini sürdürmede –kuramsal bakımdan– serbest kalmış olsa da, bütün muhalefet partilerinin fiilen ortadan silinmiş bulunması, rejime rengini veriyordu daha şimdiden.

Türkiye, bir diktatörlükle donanmıştı!

Ülkede siyasal yaşamın bu yeni dönemi, oldukça elverişli koşullarda başlayacaktır. Gerçekten Balkanlar'da, Osmanlı İmparatorluğu'ndan yana esmeye başlamıştı rüzgâr. Londra antlaşmasının imzalanmasının hemen ertesinde, Balkan koalisyonuna katılmış olanlar, fethedilmiş toprakların bölüşülmesinde anlaşamayıp birbirlerini yiyorlardı. Bulgarlar, Selanik'in Yunanlılarca alınmasını bir türlü kabullenemez durumdaydılar; Yunanlılar ise, askerî çabalarının yeterince ödüllendirilmediği düşüncesindeydiler ve vardıkları noktadan daha ileriye, Epeiros'la Batı Trakya'ya yayılmayı istemişlerdi. Daha da sert bir uyuşmazlık, Bulgarlarla Sırpları karşı karşıya getiriyordu: Sırplar, bağlaşıkları Karadağlılarla birlikte, Arnavutluk'un bir bölümüne el koymayı ummuşlardı. Ne var ki, büyük devletler, farklı bir karara varmışlar, Arnavut milliyetçilerini tatmin etmeyi yeğlemişlerdi: Bu milliyetçiler, ülkelerinin kurtuluşu için mücadele ediyorlardı yıllardan beri ve, Londra Konferansı'nda bağımsız Arnavutluk'un ilanını (12 Aralık 1912) desteklemişler, barış kurulduğunda da, Sırbistan ile Karadağ'ı, bölgeden askerlerini çekmeye zorlamışlardı. Bu koşullarda, başka yerlerde karşılık arayıp bulma söz konusu idi Sırplar için. Belgrad hükümeti, Yunanlıların desteğiyle, Makedonya'nın büyük bir bölümünü ele geçirmeyi düşünüyordu. Bu ise, Bulgarları zıvanadan çıkaracak bir şeydi; çünkü Bulgarlar, Sırbistan'ın istediği toprakların, hukuk bakımından kendilerine düştüğü görüşündeydiler. Romanya, savaşın dışında kalmış olsa da, dile getirdiği birtakım istekler vardı: Bulgaristan öylesi büyüdüğüne göre, o da Tuna üzerindeki Silistre yöresini, karşılık olarak alma düşüncesindeydi.

Bütün bu anlaşmazlıklar, Balkanlar'daki güçler dengesini iyiden iyiye değiştiriyor ve bir öç alma umudunu veriyordu Osmanlılara. Gerçekten, pek çabuk somutlaşacaktır gelişmeler. Haziran ayının sonlarından başlayarak, Bulgarlar, elde ettikleri toprak kazanımlarının her yandan tartışılır olduğunu görmekten kızmış bir halde, dünkü bağlaşıkları Sırbistan ile Yunanistan'a karşı birden saldırıya geçiyorlardı; diplomatik görüşmelerle elde edemediklerini zorla söküp almanın umudu içindeydiler bunu yaparken.

İkinci Balkan savaşı, birincisinden çok daha kısa olacaktır; sadece bir on beş gün kadar sürecek ve girişiminin tehlikelerini hiç de iyi hesaplayamamış olan Bulgaristan'ın yenilgisi ile sonuçlanacaktır. Türkiye, daha önce yitirdiği toprakların bir bölümünü geri almak için durumundan yararlanabilecek miydi? İstanbul hükümeti duraksamalı idi başlarda; sonucu belirsiz bir serüvene sürüklenmenin korkusunu taşıyordu. Ne var ki, kamuoyunun bağırtı ve çağırtısına dikkat eden İttihat ve Terakki Komitesi'nin baskısıyla, Babıâli, ordusuna ilerleme emri verdi sonunda; 22 Temmuz 1913'te, simge kent durumundaki Edirne geri alındı.

Oturup barışı görüşmek kalıyordu şimdi. 10 Ağustos 1913'te imzalanan –ve daha sonra bir dizi başka anlaşmalarla tamamlanan– Bükreş antlaşması, Balkan topraklarında yeni bir bölümlemenin temellerini atıyordu: Yunanistan, bütün bir Epeiros'u elde ediyor ve, Ege çevresinde, Kavala yöresini de içine alan geniş bir kıyı şeridi boyunca genişliyordu; Sırbistan, Kuzey Makedonya'nın büyük bir bölümünü kendine ayırıyordu; Karadağ, Novipazar ilçesine el koyuyordu; fethettiklerinin çoğundan yoksun kalan Bulgaristan, Doğu Makedonya'nın kimi bölümlerini elinde tutuyordu yine de; Osmanlı İmparatorluğu da, Edirne'nin ve Meriç'in doğusundaki toprakların kendisine tanındığını görecektir çok geçmeden (29 Eylül 1913 tarihli Türk-Bulgar antlaşması). Bütünüyle bakıldığında, taraflardan hiçbirinin gözü iyice doymuş değildi; ancak, Makedonya sorunu geçici olarak kapanmıştı yine de. Avrupa'daki topraklarının çoğunu yitirmiş olan Türkiye, uyuşmazlığın asıl kaybedicisi durumundaydı doğaldır ki. Bununla beraber Edirne ile Doğu Trakya'yı geri alarak, esaslı bir avuntu payı elde edebilmişti en son anda.

Bir savaştan ötekine; İttihat ve Terakki Komitesi'nin eylemi

Ağustos 1913-Ağustos 1914: Dramatik kısalıkta iki savaş arası bir dönemdir bu. Bu birkaç ay boyunca, Osmanlı İmparatorluğu, yaralarını sarmakla uğraşacaktır özellikle. Bununla beraber, İttihatçılar, artık liberal muhalefetten yakalarını sıyırmış ve iktidarın tam sahibi olarak, ülkeye yeni yaşam yollarını açmak için durumlardan yararlanacaklardır da. İmparatorluk, Balkan uzlaşmazlığından, kolu kanadı kırılmış, bitkin ve kansız, insan ve mali kaynaklarının önemli bir bölümünden yoksun bir halde çıkmıştı. Şimdi, onu yeniden kurmak söz konusuydu; ancak, çatışmalar başlamadan önceki temellerden iyiden iyiye farklı temeller üzerinde olacaktı bu kuruluş.

Jöntürk Devrimi, atılıma geçiyordu sonunda.

Bu dönem boyunca, o tarihe değin İttihat ve Terakki Komitesi'nin siyasal eylemine yön vermiş olan Osmanlıcılık ideolojisinin ıskartaya ayrıldığı görülecektir özellikle. İmparatorluk, Balkan eyaletlerinden yoksun kaldığı günden beri, etnik ve dinsel bakımdan, geçmişte olduğundan çok daha az ayrışık bir bütün oluşturuyordu. Osmanlı toprağının birçok noktasında, hele hele İstanbul'da, İzmir yöresinde, Karadeniz kıyıları boyunca ve Anadolu'nun doğu illerinde, Yahudi ve Hıristiyan olmak üzere, önemli "azınlık" toplulukları bulunuyordu hâlâ. Ne var ki, Müslüman öğeler, özellikle de Türkler ve Araplar, nüfusun öteki öğelerine oranla, alabildiğine baskın durumdaydılar artık. Bu koşullarda, İttihatçıların, bütün stratejilerini yeni baştan düşünmeye gitmeleri doğaldı.

Doğrusunu söylemek gerekirse, oldukça uzun bir süredir, Osmanlıcılık, çırpınıp durmaya başlamıştı. 1908 yılının son aylarında, Jöntürk rejiminin uğradığı ilk yenilgilerden başlayarak, imparatorluktaki bütün halkların kardeşçe bir arada yaşamalarını savunanların, bu düşünceye sırt çevirip Türk ulusunu yüceltmeye doğru yöneldikleri görülmüştü. Balkan savaşının ertesinde, daha yoğunlaşacaktır bu eğilim. Milliyetçi kulüpler ve dergiler artan bir rağbet kazanacaklardır. Özellikle *Halka Doğru* dergisinin yaydığı halkçılık, hele hele aydınlar arasında, gitgide daha çok yandaş toplayacaktır; bu aydınlar, gitgide daha büyük bir heyecanla pantürkizme doğru da çevireceklerdir yüzlerini. O günlerin felaketlerine çare olsun diye, İttihat ve Terakki Komitesi'nin yöneticileri, *Müdafaa-i Mülkiye Cemiyeti* ve *Türk Gücü* gibi, ordu disiplini ve yapılanışına sahip çeşitli kuruluşların ortaya çıkışını destekleyeceklerdir. Hükümet de, eğitimde "Türkleştirme"ye büyük bir önem verecektir; bunda, ulusal uyanışın temel koşullarından birinin söz konusu olduğu görüşündedir çünkü.

Tam bir ilerleme içindeki bu milliyetçiliğin, iktisadî bir yanı da vardır. Türkiye'nin, bağımsızlığını sağlamak için, Avrupa kapitalizminin boyunduruğunu kırması ve ekonomisinin çarklarına egemen olmanın araçlarını elde etmesi, öyle yeni bir düşünce değildir pek. Bununla beraber, 1912-1913 yıllarındaki olayların yol açtığı çarpıcı iklimdedir ki, bilinçlerde kökleşecektir bu tema. Ziya Gökalp, Yusuf Akçura ya da Tekin Alp gibi, İttihatçı rejimin ideologları, Kapitülasyonların ve imparatorluğa Batı nüfuzunun kötülüklerine karşı çıkmakla yetinmeyeceklerdir; yüksek Avrupa maliyesinin bir parçası olabilecek ve ülkenin iktisadî yazgısını eline alabilecek yetenekte bir "ulusal burjuvazi"nin oluşumu davasını savunacaklardır. Örneğin, 1914 Nisan'ında Akçura'nın kaleminden şunlar okunacaktır: "Çağdaş devletlerin temeli, burjuvazidir; modern büyük devletler, sanayi, ticaret ve banka burjuvazisine dayanarak oluştular. Türk ulusal uyanışının, Osmanlı Devleti'nde Türk burjuvazisinin doğuşuyla aynı zamana rastladığı söylenebilir; eğer, bu Türk burjuvazisi, doğal kalkınışında büyük engellerle karşılaşmazsa, Osmanlı Devleti, sağlam ve kararlı bir gelişme sağlayacaktır."

Bu ulusal burjuvazi için, aynı Akçura daha sonra şunları yazacaktır: Söz konusu burjuvazi, "en azından Türk olmayan Osmanlılarla rekabet etmelidir". Ancak, nasıl yaratmalı bu ulusal burjuvaziyi? Geleceğin girişimcilerini çoğu kez kendi safları arasından seçen İttihat ve Terakki Komitesi, hareketsiz sermayeyi iş alanlarına çekmek, taşınmaz eşyanın değerini artırmak ve, genel olarak, ticaret ve sanayi etkinliğini yüreklendirmek amacıyla, kanunlar çıkarmaya çalışacaktır. Böylece hükümet, Birinci Dünya Savaşı'nın başlamasından az önce, yerli üreticiler yararına, özellikle devlet siparişlerinde öncelik kazanmaları için, bir dizi önlem getiren bir sanayiyi yüreklendirme kanunu yayımlayacaktır.

Ne var ki, ekonominin bu "millîleştirilme"si, hemen ertesi günü gerçekleşecek değildir. İktisadî kalkınma yolunda umutsuz bir çabanın –Balkan savaşları pahalıya mal olmuştu ve için için oluşan yeni bir uyuşmazlığı göğüslemeye de hazırlanmak gerekiyordu– içine giren İttihatçılar, bağımsızlık heveslerine karşın, eskisi gibi borç alma ve ülkeyi yabancı yatırımlara açma yollarına başvurmayı sürdürürler. 1913 ve 1914 yılları, birçok borç alımına sahne olur böylece; bunlardan birinin tutarı yirmi iki milyon Türk Lirası'dır ki, Avrupa maliyesinin, 1875 iflasından beri Osmanlı İmparatorluğu'na vermediği en büyük meblağdır. Aynı dönemde, Babıâli, İtalya, İngiltere, Fransa, Rusya ve Almanya ile iki yanlı bir dizi görüşmelere de girişir: Demiryolları ve öteki ayrıcalıklar (limanlar, bayındırlık işleri, belediye hizmetleri, vb.), yabancı girişimcilere ucuz fiyata –güle oynaya– satılır ve imparatorluğun, büyük devletlerin sızmasına terk edilmiş iktisadî etkinlik alanları halinde paylaşılması –umursanmadan– kabul edilir ve karşılığında da, Kapitülasyonlar rejiminde, özellikle de vergi alanında hafif düzeltmelere gidilir (gümrük haklarında % 4 bir artırma olurken, *temettü,* pul ve giriş vergisi olmak üzere, üç vergiyle ilgili Osmanlı kanunu, yabancı uyruk ve mallara tam olarak uygulanır).

Fransa ile 9 Nisan 1914'te imzalanan bir anlaşma, emperyalist dinamik karşısında Osmanlı güçsüzlüğünün pek anlamlı bir örneğidir: Fransa, özellikle Suriye'de olmak üzere, birçok demiryolu dalını kurma hakkını elde eder bununla; Karadeniz'de ve Suriye kıyılarında birçok limanlar (Yafa, Trablus, Ereğli, İnebolu, Hayfa) kendisine bırakılır; Babıâli, Fransa'nın özel bir paya sahip olduğu bütün alanlarda onu yeğleyeceğini garanti eder. Buna karşılık, Türkiye, gümrük haklarını artırabilecek ve Fransız tacirlerini çeşitli vergi ve harçlara tabi tutabilecektir; "Kapitülasyonlar rejiminin gözden geçirilmesi olasılığı" konusunda bir vaat bile koparır Fransa'dan; son olarak, anlaşma metni, birçok borç almaları öngörmektedir ve içlerinde biri de büyük bir istikrar borç alımıdır (22 milyon Türk Lirası tutarında bir borç alma söz konusudur ki, az sonra Osmanlı Bankası aracılığıyla gerçekleşecektir bu). Bu anlaşmanın imzalanması sırasında, kimi Fransız gazeteleri, geleneksel Fransız-Türk dostluğunu kutlayacaklardır ayak çabukluğuyla. Ne var ki ötekiler, daha nobranca şeyler söyleyeceklerdir: *l'Humanité,* "Avrupa kapitalistleri, Asya Türkiye'sini paylaşmayı görüşüyorlar" derken, *l'Action Française* şöyle konuşacaktır: "İktisadî ve demiryolları ile ilgili sorunlar görünüşü altında, Asya Türkiye'sinin nüfuz bölgeleri halinde gerçek bir paylaşımı söz konusu aslında."

Osmanlı İmparatorluğu'nun büyük devletlere gitgide artan bu bağlanışı karşısında, İttihat ve Terakki Komitesi'nin milliyetçiliğinin kıymeti harbiyesi nedir? Kuşkusuz, fazla değil! Ne var ki, Türkiye'nin sarılabileceğini düşündüğü nadir cankurtaran simitlerinden biri olarak görünmektedir en azından.

Bu iki savaş arası yıllarda, İttihatçı hükümetin önünde açılmışa benzer bir başka kurtuluş çaresi de, İslam dayanışmasına başvurmadır. Balkan savaşları, Bizans'ın yıkıntıları üzerinde sultanların kurdukları çok dinli imparatorluğa son vermişti hemen hemen. Bu koşullarda, Osmanlı Devleti'nden kalan ne ki var kurtarmak için, İslamın yeşil sancağını açmak ne diye düşünülmeyecekti? Pragmatik düşüncede olan İttihatçılar, bu doğrultuda harekete geçmekten geri durmayacak; vaktiyle, ama oldukça benzer nedenlerle, Sultan II. Abdülhamit'in yaptığı gibi, Türk-Arap yakınlaşması kartını oynayacaklardır özellikle.

Bununla beraber, Arap eyaletlerini Osmanlı davasına bağlamak için, bütün Müslümanların birliğine çağrıda bulunup durmak yetmiyordu. Bir yarım yüzyıldan fazla bir zamandan beri, gitgide artan bir şiddetle, oralarda kendini gösteren idari, mali ve kültürel özerklik özlemlerini yansızlaştırıp etkileri azaltarak işe girişmek gerekiyordu. Bir başka deyişle, Arap milliyetçiliğine ödünlerde bulunmak yerinde olurdu; Jöntürk Devrimi'nin ertesinde kurulan yığınla derneğin yaydığı bu milliyetçiliğin sloganları, gitgide daha tehdit edici oluyordu.

Osmanlı hükümetinin Araplar yararına en anlamlı hareketi, 1913 Mart'ında geçici iki kanun yayımlamak olacaktır ki, eyalet idaresine önemli değişiklikler getirmektedir ikisi de. 9 Mart tarihli olan ilki, karmaşık yerel mali mekanizmayı yeniden örgütlüyor ve eyalet bütçelerine geniş ölçüde bağımsızlık sağlıyordu; milliyetçilerin temel isteklerinden biri de yerine getirilmiş oluyordu böylece. 26 Mart'ta çıkarılan ikinci kanun ise, yerel olarak seçilenlerden oluşan ve pek geniş yetkilerle donanan bir genel meclis kuruyordu her eyalet düzeyinde. Bu eyalet meclislerinin başında, Dahiliye Nazırlığı'na bağlı bir yönetici de geçirilmiş olsa, yerel idare, özerklik benzeri bir durumdan yararlanıyordu artık. Bunun sonucu olarak, 1912 yılında Kahire'de kurulan Yerel İdare Partisi (*Hizb al-Lamarkaziyyah al İdariyyah al-Uthani*) militanları gibi, hükümetten, Arap eyaletlerine *self-government* hakkını tanımasını isteyenlerin ayaklarının altına karpuz kabuğu konmuş oluyordu hiç kuşkusuz.

Bu el uzatma siyasetinin kültürel görünüşleri de olacaktır. Böylece hükümet, özellikle yeni ortaöğretim kurumları açarak ve, Medine ile Kudüs'te Arap-İslam üniversiteleri kurulmasını Suriye ve Mısır'da isteyenlere kulak vererek, Arap eyaletlerinin eğitim düzeyini sağlamlaştırmaya çalışacaktır. Buna koşut olarak, dil alanında, Türkleştirme çabasına pek aykırı da düşse, okullara ve kimi devlet dairelerine Arap dilinin –hissedilir ölçüde– sokuluşu eşlik eder. İttihat ve Terakki Komitesi'nin sözcüsü *Tanin*'de, 1913 Nisan'ında, bu sorun üzerine yayımlanan bir yazı, dönemin iklimi hakkında iyi bir fikir veriyor. Babanzâde İsmail Hakkı Bey'in kaleminden şunlar okunuyor orada: "Türkiye, Müslüman bir ülkedir; kendi dinsel dili olan Arapça için, nasıl olur da bir tiksinti duyabilir? Arapçaya olan düşmanlığın İslama karşı düşmanlıkla at başı gideceği anlaşılmış değil mi? Arapçayı seviyoruz, çünkü Kuran'ın ve Peygamberin dilidir o. Arapçayı seviyoruz, çünkü İslam uygarlığı bu dilden ayrılamaz durumdadır (...) Osmanlı hükümeti, iyi yönde bir adım attı; ancak atılması gereken daha başka adımlar da var. Arapçayla, yalnız konuşulduğu yörelerde değil, başka her yerde de ilgilenmeli. Hükümet, imparatorluk içindeki milyonlarca Arap uyruğu nedeniyle değil, o imparatorluğun bir Müslüman devlet olması nedeniyle de yapmalıdır bunu."

Son olarak, şunu düşünmenin de haklı nedenleri vardır: İttihat ve Terakki Komitesi, Mahmut Şevket Paşa'nın öldürülmesinden sonra, büyük ölçüde Arap kamuoyunu kazanmak amacıyladır ki, sadrazamlığa Sait Halim Paşa'yı getirdi. Ünlü Muhammet Ali'nin torunlarından olan Sait Halim, ateşli bir İslamcı idi ve Arap dünyası ile sıkı ilişkiler içindeydi. Jöntürk döneminin en uzunu olan bütün sadrazamlık süresi boyunca, İttihatçı hareketin Arap siyasetini yönlendirdiği görülecektir onun; İttihat ve Terakki Komitesi ile uzak eyaletlerde bağımsızlık düşü görenler arasındaki gerginliği giderme girişiminde, kişisel saygınlığını kullanarak yapacaktır bunu.

Babıâli'nin girişimleri, Araplarca alabildiğine iyi karşılandı genellikle. Böylece, 1913 yılı Haziran'ında, Paris'te, Arap Cemaati'nin *(al-Djamiyah al-Arabiyyah)*, Yerel İdare Partisi'nin desteğiyle düzenlediği önemli bir kongre sırasında, söz konusu partinin başkan yardımcısı İskandar Ammun, şunları belirtecektir: "Arap ulusu, Osmanlı İmparatorluğu'ndan ayrılmak istemiyor (...). Tek istediği onun, bugünkü yönetim biçiminin, imparatorluğun çeşitli öğelerinin gereksinmeleriyle daha bağdaşır bir sisteme yerini bırakmasıdır." Birkaç hafta sonra, Fransız başkenti, İttihat ve Terakki Komitesi'nin genel kâtibi Mithat Şükrü ile, en gözde Arap milliyetçi yöneticilerinden birinin, Yerel İdare Partisi Başkanı Rafîk al-Azîm arasında göz alıcı kardeşlik gösterilerine sahne olacaktır. Bu yeni kavuşmalardan, Araplar karşısındaki el açıklıklarını bir araya getiren bir anlaşma tutanağı çıkacaktır: İttihat ve Terakki Komitesi, *self-government* ilkesine dayanan reformlara girişeceğini vaat ediyordu orada; Arap eyaletlerindeki ilk ve orta öğretimde, eğitim, yerel dilde olacaktı artık; askere çağrılanlar, askerlik hizmetlerini yerinde yapacaklardı; hükümette, en azından üç Arap nazır bulunacaktı; çeşitli nazırlıklarda, kimi mevkiler Araplara ayrılacaktı; son olarak, devlet yönetiminin bütün resmî belgeleri, Arapça yazılacaktı.

Tam bir balayına dönüşen bu Türk-Arap dostluk ve kardeşlik gösterileri çoğalırken, birkaç olay karışık bir geleceğin belirtisi durumundaydı yine de. Bu pürüzlerden en ciddisi, Basra ve Bağdat eşrafının, 1913 Ağustos'unun sonlarına doğru, yerel idareye ilişkin yeni hükümet kararlarına karşı yürüttükleri şiddetli kampanya olacaktır. Basra Reform Komitesi Başkanı Şeyyit Tâlip Bey'in yönlendirdiği karşıcılar, telgraflar çekerek, kanunun değiştirilmesini ve eyaletlerin daha da geniş özerkliği yararına önlemler alınmasını isteyeceklerdir. 1914 yılı başlarında, bir başka ciddi olay olan Aziz Ali Mısrî'nin tutuklanışı, bir kez daha gösterecektir ki, çözülmüş olmaktan uzaktı Arap sorunu, *Al-Ahd* (Bağlaşma) diye adlandırılan milliyetçi bir derneğin kurucusu olan Aziz Ali, Türk karşıtı çeşitli ayaklanma hareketlerinin örgütüne –görünüşe bakılırsa– Hıdiv'in desteğiyle karışmıştı. Çok daha bayağı bir bahaneyle –Libya savaşı süresince 20.000 Türk Lirası'nı zimmetine geçirmekten– tutuklandıktan sonra, sadece birkaç hafta kalacaktır hapishanede. İttihat ve Terakki Komitesi'ne karşı kimi Arap milliyetçilerinin güvensizliğini beslemeye hayli yetecektir bu.

Bu güvensizlik, oldukça yerindeydi aslında; çünkü, İttihat ve Terakki Komitesi, davasına kazanmak istediği insanlara liberal bir çehre göstermeye gayret ederken, Jakobinizmle yoğrulu otoriter ve merkeziyetçi bir kuruluş olarak ortaya çıkıyordu gitgide. Mahmut Şevket Paşa'nın öldürülmesinin hemen arkasından bütün muhalefet güçlerinin ortadan kaldırılması, iktidarın çoğu iplerini çeken bir tek parti haline getirmişti onu. Örgütün yıllık beşinci kongresi, 1913 Eylül'ünde İstanbul'da toplandığında, biraz daha belirginleşecektir gelişmeler. Gerçekten, bu kongre ile, İttihat ve Terakki Komitesi, karmaşık bir yapıya bürünecektir: Alabildiğine mertebeli, dallarını kırsal kesimde kasabalara değin uzatan bir yapıdır bu. Bu örümcek ağının merkezinde, yirmi üyeden oluşan bir Genel Meclis *(meclis-i umumi)* bulunuyordu ve partinin başkanı da o üyeler arasındaydı; bir de, bir genel kâtibin otoritesi altındaki on üyeden oluşan bir Merkez Komitesi *(merkez-i umumi)* ile bir yarım düzine üyeden meydana gelen sekreterlik *(kalem-i umumi)* vardı. Bu üç makamın görevleri arasında, partinin parolalarını hazırlayıp, onları ittihatçıların kurmayı başardıkları –her yöne doğru genişleyen– bütün örgüt çarkları arasında dolaştırmanın yanı sıra, Parlamentoyla Babıâli'nin etkinliklerini yakından denetlemek de vardır.

Bir bakıma kolay bir iştir bu. Rejime karşı olanlar sessizliğe mahkûm edildiklerinden, İttihat ve Terakki Komitesi, ülkenin siyasal yaşamını istediği gibi yönetmekte serbestti hemen hemen. Böylece, 1914 ilkbaharından başlayarak, 1913-1914 kışında seçilmiş ve aşağı yukarı hepsi de İttihatçı hareketin içindeki milletvekillerinden oluşmuş bir döküntü Parlamento bulunacaktır elinin altında. Pek kısa bir süre sonra da, bütün nazırlıkların ve özellikle, önemli bir görev olan şeyhülislamlığın denetimini ele geçirecektir ve bu sonuncu görev, 1914 Mart'ında, Ürgüplü Mustafa Hayri Bey'e verilecektir; yeni şeyhülislam ise, dinsel sorunlar hakkında kimi bilgilere sahip olsa da, ön sırada bulunan Müslümanları geleneksel kökenli olan tutucu çevreden pek uzak bir kişiliğe sahiptir. O dönemde İstanbul'da görevli İngiliz elçisinin bir tanıklığına inanmak gerekirse, İttihat ve Terakki Komitesi, 1913 yılının sonlarına doğru ya da 1914'ün başlarında, bütün hoşnutsuzların gelip buluştukları bir yer olan sultanın sarayındaki etkinlikleri düzenlemekle görevli bir gizli komisyon kurmuş olmalı.

Her yerde hazır ve nazır tek partisiyle, muhalefet sıralarının olmadığı parlamentosuyla, tek renkli hükümetiyle, susturulmuş kamuoyuyla, İttihatçı rejim gerçek bir diktatörlüğün çoğu niteliklerini sergiliyordu. Ne var ki, diktatörsüz bir diktatörlüktü bu. Kimi insanların, iktidarın büyük bir bölümünü yavaş yavaş tek elde topladıkları görülüyordu kuşkusuz. Birinci Dünya Savaşı başladıktan sonra, Avrupa basını, Dahiliye Nazırı ve geleceğin sadrazamı Talât, Harbiye Nazırı Enver Paşa ve Bahriye Nazırı Cemal Paşa'dan oluşan bir Jöntürk "üçlü yönetim"in *(triumvira)* bile sözünü etmekten hoşlanacaktır. Bununla beraber, ne İtilaf Devletlerinin propaganda servislerinin alabildiğine düşledikleri bu "üçlü yönetim", ne İttihat ve Terakki Komitesi'nin yönetici çekirdeğini oluşturan bir yirmi kadar insanın arasındaki –önde gelen– herhangi bir başka kişilik, devlet işleri üzerinde, denetimsiz bir egemenlik kurmayı asla başaramayacaktır. İttihatçı hareketin işleri yönlendiren başlıca güçlü adamı olan Talât, dönemin en göze çarpan siyasal kişiliği ve otoritesi, İttihat ve Terakki Komitesi'nde olduğu kadar hükümet çevrelerinde de en az tartışılır insanı olarak sivrilir. Bununla beraber, o bile, rejimin öteki güçlü adamlarıyla iktidarı paylaşmak zorunda kalacaktır.

Bir parti diktatörlüğü müdür bu?

Bir yâran topluluğunun diktatörlüğü demek daha doğru olacak kuşkusuz. Bu topluluğa katılanlar, oldukça değişik ufuklardan çıkıp gelmişlerdir ve komite ile hükümette çeşitli kilit mevkileri aralarında bölüşmektedirler. Onların arasında, "üçlü yönetim"in sahiplerinin yanı sıra, ancak 1918 yılında gölgeden sıyrılıp Maarif Nazırı olacak olan, bir tür perde arkasındaki gizli el durumundaki Doktor Nâzım; İttihatçıların casusluk, propaganda ve karışıklık amacıyla kurdukları siyasal nitelikteki bir "özel örgüt"ün *(Teşkilat-ı Mahsusa)* başına 1914'te geçecek bir başka hekim, Doktor Bahaeddin Şakir; çeşitli konuların yetenekli yazarı olup pek çabuk hareketin başta gelen ideoloğu sırasına yükselen Ziyâ; 1906'da Selanik şubesinin de kuruluşunda emeği geçen, İttihat ve Terakki Merkez Komitesi'nin yerinden oynatılmaz sütunlarından biri durumundaki Mithat Şükrü; savaş sırasında, kendisine, o nazik –ve pek de kazançlı!– İaşe Nazırlığı makamı bırakılmış olan, İstanbul milletvekili Kara Kemal gibi insanlar; *Tanin*'in başyazarı Hüseyin Cahit, İttihatçı kabinelerin çoğunda Maliye Nazırlığı'na getirilmiş Mehmet Cavid, komitenin içinde –kulislerde– belli bir rol oynayacak olan nadir azınlıklardan biri, Emmanuel Karasu gibi daha başkaları da vardır.

Öyle de olsa, bu oldukça dar grubun arkasında, dinamik ve güçlü bir parti vardı; onun da arkasında sağlam bir halk tabanı. Bütün tek partiler gibi, İttihat ve Terakki Komitesi, birbirinden farklı eğilimleri barındırıyordu bağrında: Parolalarının toplayıcı ve görece bulanık niteliği buradan gelir; kitleler nezdinde büyüyen başarısı da bunun sonucudur. İttihatçılık, siyaset sahnesinde göründüğü andan başlayarak, seferber edici değerlere bel bağlayabildi. Başlarda, Osmanlıcılık atına sarıldı dört elle; sonra ulusu, halkı, İslam kardeşliğini yüceltmeye çevirdi yüzünü. Osmanlı İmparatorluğu'nun 1908'den beri arka arkaya uğradığı durumlardan, ulusal birlik için bir maya ortaya çıkarmayı başardı. Bu İttihatçılık çevresinde geniş bir anlaşma yaratma hedefine dönüktü bütün stratejisi; 1914'te, alabildiğine ulaşılmıştı bu amaca.

Bununla beraber, Türk olmayanlar, hemen hemen dışında bırakılmışlardı bu anlaşmanın artık. İttihat ve Terakki Komitesi, Araplarla flört etse ve saygın üyeleri arasında imparatorluğun doğu eyaletlerinden gelen birçok kişilik bulunsa; Hıristiyan azınlıklarla, özerklik, hatta bağımsızlık özlemi, Osmanlı Devleti'nin bundan böyle göğüsleyeceği başlıca sorunlardan birini oluşturan özellikle Ermenilerle olan teması sürdürmeye çalışsa da, komitede kendisini gerçekten bulan tek millet Türk milleti idi. Anlamı şu idi bunun: Osmanlı aydınlarının yarım yüzyıla yakın bir süredir onca coşkuyla savundukları, imparatorluğun çeşitli toplulukları arasındaki birlik ve kardeşlik ülküsü, Birinci Dünya Savaşı'nın eşiğinde, resmî söylevleri süslemeye has, kof bir dogmadan başka bir şey değildi artık. Türkiye, tam anlamıyla bilincine varmadan bu gerçeğin, İttihat ve Terakki Komitesi'nin yönetiminde, ulusal devrim yoluna gelip girmiş bulunuyordu daha şimdiden. Öyle de olsa, bir devrimdi ki bu, kıvamını bulması için, savaşın acı ve dehşetlerini de görüp tatması gerekiyordu.

Birinci Dünya Savaşı: Olayların çarkı

1914 yılının Temmuz'u!

Ültimatomlara dönüşen diplomatik notaların, seferberlik emirlerine dönüşen öç alma demeçlerinin arkasından, bir savaş sarhoşluğuna bırakır Avrupa kendini; Saraybosna'da patlayıp Arşidük Franz-Ferdinand ile eşinin ölümüne mal olan birkaç tabanca kurşunu, barutluğu havaya uçurmaya yeter. Büyük devletlerin koşar adım gittikleri genel yangında, Babıâli'nin tutumu ne olacaktır? Soru, bütün dışişleri çevrelerinin kafalarına takılıp kalır; çünkü, Osmanlı İmparatorluğu, kısa bir süre önce Balkanlar'da uğradığı başarısızlıklardan alabildiğine zayıflamış da olsa, güçler dengesinde önemli ağırlığıyla etkili olabilir hâlâ. Geniş topraklara yayılmaktadır, Boğazları denetlemektedir ve bir gençleşme süreci içinde olan ordusu, hiç de savsaklanacak şeyler değildir. Öte yandan, halife sultanın önemli bir koz vardır elinde: Müslüman dünyada –dinsel bir öz taşıyan– bir

272

manevi saygınlığa sahiptir; büyük sömürgeci devletlere bağımlı hale gelmiş topraklar da içindedir bunun.

İstanbul'da, kamuoyunun hatırı sayılır bir bölümü ile İttihat ve Terakki Komitesi üyelerinin çoğu, İtilaf Devletleri'yle bir yakınlaşmaya yatkın görünürler. Hareketin liderlerinden biri olan Cemal, Fransızlara, kurallara uygun bir bağlaşma önermeye kadar gitmiştir; Paris ve Londra da, bir Osmanlı yansızlığıyla seve seve yetineceklerdir ve bunu elde etmek için de girişimlerini artırırlar. Bununla beraber, ağustosun ilk günlerinde, Avrupa'nın daha şimdiden savaşa girdiği bir sırada, bir haber sızıp duracaktır: Ayın 2'sinde imzalanan, ancak haftalardır süren görüşmelerin sonucunda imzalanan gizli bir antlaşmayla, Osmanlı İmparatorluğu Almanya'nın bağlaşığı olmuştur. İlke olarak, Rusya'ya karşı yönelmiş bir savunma bağlaşmasıdır söz konusu olan; ne var ki Babıâli, uyuşmazlığın içine sürüklenmekten, kuşkusuz pek kaçınamaz artık.

Türkiye yönünden, böyle bir katılışın kararı, çerçevesi alabildiğine dar bir grup insanca alınmıştı. Başlangıçta, sadece Sadrazam Sait Halim ile, rejimin kilit durumundaki kişilikleri Talât'la Enver, Alman elçisi Von Wangenheim ile sürdürülen görüşmelere katılmışlardı.

Nedir anlamı bunun?

Türk-Alman bağlaşıklığı, olsa olsa tarihin bir tür kazası, Prusya militarizmi içinde yüzen bir avuç serüvencinin sözleştiği doğal olmayan bir anlaşma mı demektir? Osmanlı İmparatorluğu'nu savaşa sokmuş olanlardan Müslüman kamuoyunu uzaklaştırmaya kalktığında, İtilaf Devletlerinin propagandası bu temaya sarılmakta gecikmeyecektir. Ne var ki, Babıâli'nin –Sultan V. Mehmet'in rızasıyla– yaptığı seçim, pek mantıklıdır gerçekte. Uçsuz bucaksız bir savaş alanına dönen bir Avrupa'da, Türkiye'yi geleneksel düşmanı Rusya'nın korkunç terslemeleriyle bir kez daha karşı karşıya getirecek olasılıklar yok mudur? Böylesi bir tehlike ortaya çıktığında, İttifak Devletleriyle bağlaşıklık, mümkün tek kale değil midir? Öte yandan, Osmanlıların, alacakları sayısız öç yok mu? Bir kırk yıldan beri, imparatorluk, yenilgileri, toprak kayıplarını, çatlakları biriktirip durmadı mı? Onun da Alsace-Lorraine'leri vardır: 1878'de

273

Rusya'ya terk edilmiş Doğu Anadolu illeri, Ege ve Akdeniz'deki adalar, Trablusgarp, Rumeli'nin zengin toprakları... Bu mülkün hiç olmazsa bir bölümünü geri almaya kalkmak için, ne diye atılınmayacakmış savaşa yeniden? Ruslara karşı kazanılacak bir zafer, Kafkas ötesi ve Orta Asya'daki ecdattan kalma toprakları yeniden fethetme olanağını sağlamayacak mıydı? Son olarak, bir başka açıdan, çatışmaya katılmak, Batılı güçlerin Türkiye üzerindeki siyasal ve mali boyunduruğunu kırıp parçalamak için onun karşısına çıkardığı tek çıkış yolu değil miydi?

Babıâli, savaş yolunu seçmiş de olsa, uyuşmazlığın ilk haftalarında, İtilaf Devletlerine, yansız kalabileceği umudunu hâlâ verdirebilecek bir ihtiyatlılığı sürdürür yine de. Askerî hazırlıklarını bitirmek için zaman önemlidir ona; Almanlarla son görüşmeleri doğru dürüst sürdürmek için de önemlidir zaman, çünkü silahlara, yeni tekniklerin ustası subaylara, hele hele paraya gereksinmesi vardır. Ne var ki, bu süre içinde tehlikesini göze aldığı kimi girişimler, niyetleri konusunda çok şey anlatır durumdadır daha şimdiden. Ağustosun ilk yarısından başlayarak, *Goeben* ve *Breslau* olayı kendini gösterir: Akdeniz'deki Alman donanmasının bu iki zırhlısı, Kuzey Afrika'daki Fransız üslerini bombardıman ettikten sonra (3 Ağustos), Osmanlı sularına sığınmışlardır; İngiltere, bu gemileri, savaş hukukuna uygun olarak, açık denize yollamayı ya da onları gözaltına almayı hatırlattığında, İstanbul hükümeti, söz konusu gemileri satın aldığını ve, *Yavuz Sultan Selim* ve *Midilli* adıyla Osmanlı donanmasına kattığını belirtmekte duraksamaz ve onların komutanı Amiral Souchon da, Karadeniz'deki imparatorluk donanmasının başına geçirilmiştir denir (11 Ağustos). 8 Eylül'de, sadrazam, Kapitülasyonların kaldırıldığını duyurur ve Osmanlı milliyetçilerinin başta gelen isteklerinden birine yanıt vermiş olur böylece. İmparatorluğun Batı'ya hayır deme iradesini dile getiren bu simgesel tavır, İtilaf Devletlerini iktisadî çıkarları bakımından çarpan –etkisi sert– bir eylemdir aynı zamanda. Yine o ayın 27'sinde, Babıâli, meydan okuma yolunda bir adım daha atar ve Boğazları ticaret gemilerine kapar. Aradan birkaç gün geçtikten sonra, Kapitülasyonlar rejimini ıskartaya çıkartacak bir

274

doğrudan önleme başvurularak, Osmanlı gümrük hakları, tek yanlı olmak üzere, % 4 yükseltilir; aynı zamanda, yabancı postaneler kapatılmıştır ve Osmanlı olmayan bütün yargı mercilerine son verilmiştir.

Ne var ki, onarılmaz olan şey yapılmamıştır henüz. İstanbul hükümeti, işin içine kesin olarak girmekte ayak sürter; çünkü, İttifak Devletleri, La Marne'da ve Galiçya'da ciddi yenilgilere uğramışlardır az önce. Sıkboğaz edip, Türk ordusunu doğrudan cepheye yollamak için, fazladan bir neden de bulur Almanlar bununla: Osmanlı İmparatorluğu ateş açarsa, Ruslar birliklerini Kafkasya'ya yollamak zorunda kalacak, İngiltere Süveyş Kanalı ile Mısır'ı korumak gereğini duyacak, Batı cephesi üzerindeki baskı azalacaktır. Eylülün sonlarından başlayarak, Babıâli ile Berlin arasındaki pazarlıklar –Von Wangenheim aracılığıyla– hızlanmıştır. Sonunda, Kayser'in hükümeti, asıl kartını oynayarak sorunu çözecektir: 21 Ekim'de, ilk Alman altın kasaları İstanbul'a ulaşır. Umulan etki hemen gösterecektir kendisini. Gerçekten, 22 Ekim'den başlayarak, Enver, Karadeniz'deki Rus limanlarına saldırma emrini verecektir Amiral Souchon'a. Kimi üyeleri savaşa girmeye karşı olan Osmanlı kabinesinin son duraksamaları görülür. Ne var ki, 29 Ekim'de zarlar atılmıştır: Aldığı emirlere uygun olarak, Türk donanması, Odessa, Sivastopol ve Nevorossisk'i topa tutacaktır.

Savaşın gündemini akışına bırakmaktan başka yapacak bir şey yoktur. 2 Kasım'da, Rusya, "tarihsel yükümlülükler"ini ileri sürüp, Osmanlı İmparatorluğu'na savaş ilan eder; 5 Kasım'da, Fransa ile İngiltere de seslerini çarınkine katarlar. 11 Kasım'da, sıra sultana gelir ve V. Mehmet savaş kararını açıklar. Çok geçmeden, en büyük tehdidine başvurmaya değin gidecek, cihada çağıracaktır: Ulemanın imparatorluğun dört bucağına götürüp yaydığı 23 Kasım tarihli bir bildiri, "ulusal kibri, binlerce Müslümanı köleleştirmekten sonsuz zevk duyan, Üçlü Müttefik adlı zorba toplaşmaya" karşı dikilmeyi ve "bedence ve malca cihada katılmayı en yüce din görevi olarak görmeyi", Osmanlı uyruğunda olsun olmasın, bütün müminlere buyurmaktadır.

275

Bu "cihad"ı sürdürmek amacıyla, Alman usulü donanıp talim görmüş bir ordu vardır Türkiye'nin elinde. Berlin hükümeti de, yüksek düzeyde subaylardan oluşan bir heyet yollamıştır ona: Liman von Sanders, von Seeckt, von der Goltz, von Falkenhayn ve başkalarıdır bunlar. Değişik orduların ve en önemli nazırlık dairelerinin (haber alıp verme, taşıma, iaşe ve levazım, vb.) başına geçen bu insanların emrinde genç Osmanlı subayları bulunmaktadır; bu subaylar, üzerlerindeki Alman vesayetine iyi gözle bakmamaktadır hep, ne var ki kendilerini uydurmaktadırlar o an için. Almanya'nın titizlikle koruduğu bu askerî güçlerin yanı sıra, korkunç bir *Teşkilat-ı Mahsusa* (Özel Örgüt) da vardır 1914 Ağustos'undan beri; Enver Paşa kurmuştur onu ve çok bahsettirecektir kendisinden. Propaganda, casusluk ve sabotaj etkinliklerine adanan, bir tür "beşinci kol"dur söz konusu olan ve şimdilik temel görevlerinden biri, Babıâli'nin ilan ettiği cihat parolasını yaymaktır Müslüman dünyada. Savaşın ilerdeki aşamalarında, örgütün bir 30 bin kadar ajanı, başka görevler alacaklardır: Sıradan küçük siyasal gruplar oluşturmaktan, Osmanlı ülkesinde olduğu kadar Afganistan, Hindistan ya da Habeşistan gibi uzak ülkelerde de, İttihatçı rejimin dışarda ve içerdeki düşmanlarına karşı silahlı seferler örgütlemeye değin uzanacaktır bu görevler.

Bununla beraber, Alman kadrosuna karşın, Berlin'den gelen altın ve cephane kasalarına karşın, *Teşkilat-ı Mahsusa* propagandalarının Müslümanlar arasında İtilaf Devletlerine düşmanlık duygularını körüklemek amacıyla harcadıkları çabalara karşın, Osmanlı İmparatorluğu için kötü başlayacaktır savaş ve kötü sonuçlanacaktır. Alman savaş uzmanları, öncelikle çarın ordusunun bir bölümünü Kafkasya'da hareketsiz hale getirmek görevini, Türklere bırakmışlardı. 1914 Aralık'ının ortalarına doğru, bizzat Enver Paşa'nın kendisi, Osmanlı orduları başkomutanı rütbelerini takmış olarak, Erzurum'da üslenmiş üçüncü orduyu Rus hedeflerine karşı saldırıya geçirir; Kafkasya topraklarının bütününü imparatorluğa kazandırmadan önce, ilk atılışta Kars, Ardahan ve Batum illerini yeniden fethedeceği umudu içindedir bununla. Ne var ki, Sarıkamış felaketiyle sonuçlanacaktır bu: Askerler kara gömülecek, soğuktan donacak, salgınlarla kırılıp geçirilecektir; birkaç hafta içinde, iki ordu, hemen hemen bütünüyle yok olup gitmiştir.

Öteki cephelerde de, işler pek iç açıcı değildir. Kasımda İngilizler, İran Körfezi üzerindeki Fao'ya çıkarma yapmışlardır; ve, Basra'yı ele geçirerek (21 Kasım), arkasından da, son bir amaç olarak Musul petrolüne el koymak için, kuzeye doğru sabırlı bir yürüyüşe girişerek, Irak'ı azar azar kemirmeye başlamışlardır. Aynı tarihlerde, İngilizlerin Mısır'a el koymaları –ki 18 Aralık'ta bağımsızlığı ilan edilecektir– akla karayı seçtirir Osmanlılara. Savaşın başlamasından pek az sonra, Suriye valisi olarak atanan Cemal Paşa, Şam'a varır varmaz, İngiliz güçlerini Mısır'dan kovmak amacıyla bir sefer heyeti örgütlemeye vermiştir kendisini. Tasarladığı saldırı, 1915 Ocak'ında olacaktır. 80.000 kadar askeriyle Sina Çölü'nü aşar ve Süveyş Kanalı'na ulaşır. Ne var ki, yarı yoldan geri dönmekte gecikmeyecektir: Kanal geçilemediği gibi, Türklerin giriştikleri işte bel bağladıkları Arap ayaklanması da gerçekleşmeyecektir.

Onca düş kırıklığına karşı hatırda kalan bir tek başarı vardır: Türklerin kahramanca direnişi Çanakkale'de! Ne pahasına ama! 1915 yılının başlarında, Boğazlara karşı bir saldırıya geçen İtilaf Devletleri için, "fazla umut veren bir harekât hayal etmek güçtür": Lord Balfour'un sözleridir bunlar. Bu cephede kazanılacak bir zafer, Osmanlı başkentini denetlemek ve, pek büyük bir olasılıkla, Babıâli'yi barışa zorlamak olanağını verecektir İtilaf Devletlerine; Boğazların açılışı, Fransa ile İngiltere'ye, Rus ordusuna top ve cephane sağlama olanağı vereceği gibi, İngilizler de Mısır'daki durumlarını güçlendirebilecek ve daha da kolaylıkla ele geçirebileceklerdir Irak'ı...

Ne var ki, başka türlü olacaktır gerçek. Bir yıla yakın bir süre, İtilaf Devletleri orduları, birbirini izleyen dalgalar halinde gelip Gelibolu istihkâmlarının eşiğinde ölecek, ancak tek bir kilidi bile söküp atamayacaklardır. Türk birliklerinin başında, genç bir albay canla başla savaşır; adı da Mustafa Kemal'dir onun. Gelişmeler, harekâtı terk etmekle sonuçlanacaktır. Ne var ki, Osmanlılar için olduğu kadar İtilaf Devletleri için de, "Çanakkale cehennemi", savaşın en pahalı bölümlerinden biri olacaktır: İtilaf Devletleri, ölü ya da yaralı 200.000'den fazla savaşçı yitirmişlerdir; hasım cephenin verdiği kurban sayısı ise, 120.000'dir.

Türkiye, savaşa böylece batıp gömülürken, onun kısa süreceğini ve İttifak Devletlerinin imparatorluğa külleri içinden yeniden doğma olanağını sağlayacağını düşünen insanlar da vardır İstanbul'da. Alman propagandası, büyük bir başarı gösterir bu bakımdan. Öyle de olsa, ne hükümet ne de ordunun başlarında bulunanlar, ülkenin, çıkış yolunu kimsenin önceden söyleyemeyeceği bir süreç içine gelip girdiğini bilmez değillerdir artık.

Yakılıp yıkılış yılları

Yıkım ve perişanlıktır her savaş!

Osmanlı İmparatorluğu'nun gelip girdiği savaş da bu kuralın dışında değildir; acılar, yakıp yıkılışlar, tutulacak yanı olmayan tüyler ürpertici şeylerle dokundu o. Çatışmaların sürdüğü dört yıl boyunca, dehşet ve ölüm, siperlerde kol gezmez yalnız; köyleri, kasabaları, kentleri de dolaşıp duracak ve sivil halkları da kırıp geçirecektir.

Savaşın faciaları içinde, en çok heyecan uyandıranı ve üzerinde en çok mürekkep harcananı, Doğu Anadolu'daki Ermeni cemaatlerin yok edilişleridir. Bugün bile, bu acı olay bütünüyle aydınlığa çıkarılmış olmaktan uzaktır ve iki tez, örneği az görülür bir şiddetle çarpışıp duruyor.

Olan biteni mi soruyorsunuz?

1915 Mayıs'ının ortalarına doğru, Osmanlı hükümeti, Doğu illerinde yerleşmiş bütün Ermenilerin "tehcir"ini emreder; aynı şeyi, daha önce Ruslar yapmıştır cephenin öte yanında. Söz konusu olan, savaşın sürdüğü bölgeleri boşaltmaktır ilke olarak: Bununla, sivil halkın "güvenliğini sağlamak" kadar, Rusya'ya yüzü dönük birtakım insanların olası bir ihanetinden de korumaktır silahlı güçleri. Bununla beraber, çok geçmeden Kilikya ve Batı Anadolu Ermenilerini de içine alacak harekât, korkunç koşullar içinde akışını sürdürür: Yağmalar, yangınlar, işkenceler, kıyımlar olur. Suriye ve Mezopotamya toplama kamplarına doğru gönderilen sürgün kitleleri, Teşkilat-ı Mahsusa'nın ve başıbozuk takımının oluşturduğu çetelerin darbeleri altında erir tükenir günden güne. Onların hayatta kalan sadece bir 120.000 kadarı Hama, Humus ve Şam kamplarına ulaşabilecektir; Dair-ez-zor'da 200.000 ve Halep'te de bir 50.000 kişi sayılacaktır. Öte yandan, görünüşe bakılırsa, 300.000 dolayında insan, Rus işgali sayesinde Kafkasya'ya dönmeyi başardı. Ya ötekiler? Kurbanların sayısını doğrulukla saptama olanağı yok! Kimine göre 300.000 ile 600.000 arasında bu sayı, kimine göre de 1 milyonu aşıyor. Öyle ya da böyle, işte bunun sonucudur ki, İstanbul'daki Amerikan elçisi Henri Morgenthau, "bir milletin öldürülmesi" olarak değerlendirecektir olan biteni.

Karşılıklı tezler mi?

Yığınla çarpıcı tanıklıkla tarihsel araştırmaya dayanan Ermeni tezi –birçok bağımsız düşünceli insanındır da bu tez!– hiçbir uzlaşma kabul etmiyor: İstanbul'da iktidarda bulunan İttihatçılar, bütün bir halkı yok etmek istemişlerdir açıkça. Bu yok etme planlıdır ve sistemli bir biçimde uygulanmıştır. Kırımlar, ya yerinde olmuş, ya da sürgünlerin Suriye ve Mezopotamya çöllerine doğru gönderildikleri yollar boyunca olmuştur. Yapılanın amacı da şudur: Ermenilerin sesini kesinlikle boğmak; bütün Türk halklarının, bir büyük Turan devleti çerçevesinde birleşmesine engel oluşturan bir etnik öğeyi Kafkasya'dan söküp atmak! Türk tezi, daha da inceliklere dikkat eder durumda değildir pek: Reddedilmesi güç bir yığın belgeye dayanan bu tez ise, İstanbul hükümetinin Ermeni ulusunu yok etmeyi hiçbir zaman aramadığını, savaş zamanında geçerli bir uygulamaya uygun olarak, sadece Ermenileri "tehcir" zorunda kaldığını ileri sürer. Ermenilerin düşman hizmetinde milisler oluşturdukları; Rusların Doğu Anadolu'ya girmelerinden yararlanıp, 1915 Nisan'ında, Van ilinde Müslüman halkı kesip doğradıkları ölçüde, daha da zorunlu görünüyor bu "tehcirler". Sürgünler ve onlara eşlik eden olaylar, yığınla insanın kurban olmasına yol açmıştır kuşkusuz; ne var ki, ölenlerin sayısı, 300.000'i aşmamıştır yine de; bu rakam ise, aynı dönem boyunca yok olup giden bir 3 milyon Türk ile orantılıdır.

Bir tarafın ve ötekinin soruna ayırdıkları belgelerin çokluğu içinde, yanlışlıkları, tartışılabilir noktaları, hatta değiştirip çarpıtmaları bulup ortaya koymak, öyle güçlük çıkarmıyor pek. Özellikle, bugün şu nokta iyice anlaşılmış görünüyor: Suçlama amacıyla, dosyaya konmuş kimi önemli belgelerin –örneğin Bryce ile Toynbee'nin İngiliz hükümeti hesabına hazırladıkları *Mavi Kitap,* ya da Aram Andonyan'ın önayak olmasıyla yayımlanan *Naim Bey'in Anılar'ı,* reddedilemez nitelikte belgeler olarak görülmemeli hiç de. *Mavi Kitap'ın* "savaş propagandası olarak yayımlanıp dağıtıldığını", Toynbee'nin kendisi de itiraf etmedi mi? Bunun gibi, Jöntürk hükümetinin, Ermenilerin yok edilmelerini emretme yolunda, 1915 yılının ilkbaharında çektiği söylenen telgraflar, ciddi olarak tartışılıyor bugün. Ancak, bunu söyledikten sonra, Batılı arşivlerin depolarında korunmuş ve, her biri kendine göre olmak üzere, acılı gerçeği dile getiren sayısız tanıklıklara nasıl girişilmez hemen? Bir saptama: Birinci Dünya Savaşı'nın arifesinde, Türkiye'de, bir olasılıkla 1.500.000'den fazla Ermeni yaşıyordu; kıyımların, tehcirlerin, sürgünlerin arkasından, olsa olsa 70.000 Ermeni kalacaktır geriye birkaç yıl sonra. Özellikle bu sıradan saptamaya nasıl olur da dikkat kesilmez insan?

Bununla beraber, şunun da altını çizmek önemlidir: Savaşın felaketleri altında ezilen tek halk değildir Ermeni halkı. 1915 yılının ilkbaharında, çar ordusu, Van Gölü yöresinde ilerlerken, Kafkas ve Türkiye Ermenilerinin oluşturdukları gönüllü taburları da geliyordu arkasından. Osmanlılar, ancak temmuz başlarına doğru püskürtebilecektir bu Rus-Ermeni karışımı güçleri. Bu arada, on binlerce Müslüman, –aynı zamanda, askerî harekâttaki dalgalanmalara tabi olarak, pek büyük sayıda Hıristiyan!– öldürüldü ya da kaçmakta buldular selameti. Birkaç ay sonra, Ruslar Erzurum'u alıp (1916 Şubat'ı) Doğu Anadolu'nun hatırı sayılır bir bölümünü gitgide işgal ederek, birliklerini güneyde Muş'a ve kuzeyde Trabzon'a (alınışı nisanda) ve Erzincan'a (alınışı temmuzda) değin sürdüklerinde, aynı senaryodur görülen. Bu kez de, cemaatler arası çatışmada Müslüman halk ağır bir vergi ödeyecektir. Savaş sonrası istatistikleri, Rus işgaline ve Ermeni milislerin öç eylemlerine uğrayan illerden her birinde, önemli bir nüfus açığı koyuyorlar ortaya; yüz binlerce insan yok olup gitmiştir ki, bunun hatırı sayılır bir bölümü düşmanın işlediği kıyımlar sonucudur.

1915, 1916, 1917: Yakılıp yıkılış yıllarıdır bunlar! Bu acımasız olaylar kuzeydoğu cephesinde olurken, öteki cepheler de ağırlıklarını koyarlar faciaya. Çanakkale'de ölünür. Mezopotamya'da ölünür: Orada İngilizler, 1916 Nisan'ında Kut el-Amara'da uğradıkları ağır bir yenilgiye karşın, kuzeye doğru, kimsenin gözünün yaşına bakmadan ilerleyişlerini sürdürmektedirler. Sina'da ve Süveyş Kanalı'nın kıyılarında ölünür: Orada, Bavyeralı albay Friedrich Kress von Kressenstein, Mısır'daki İngiliz güçlerine karşı akınlarını sürdürmekte ayak diremektedir. Son olarak Arap yarımadasında, Suriye'de ve Filistin'de ölünür. Bu bölgelerde Osmanlılar, yalnız İtilaf Devletlerine çarpmazlar, Mekke Şerifi Hüseyin'i de bulurlar karşılarında; Hüseyin, 1916 Haziran'ında, sultanın egemenliğine karşı ayaklanmaya çağırmıştır Arapları.

İstanbul'da, sırta saplanmış gerçek bir hançer darbesi gibi karşılanan Arap başkaldırısı, Babıâli'nin en temel uğraşlarından biri olacaktır çok geçmeden. Nedeni de şu: Tek başına hareket etmemektedir Şerif Hüseyin, 1916 Ocak'ında, bir karşılıklı yardım anlaşması yapmıştır İngilizlerle ve etkin desteğini görmektedir onların. Mısır'daki Büyük Britanya Yüksek Komiseri Sir Henry McMahon'la görüşmeler sonucu ortaya çıkan bu anlaşmaya göre, Londra hükümeti, Suriye'nin kuzey sınırlarından doğuda İran Körfezi'ne, (Suriye kıyılarında geniş bir sahil şeridi bir yana bırakılırsa) batıda Akdeniz'e ve güneyde Arap yarımadasına değin, Arap ülkelerinin büyük bir bölümünün bağımsızlığını tanımayı üstlenmiştir; "bu çeşitli yörelerde kendilerine en uygun hükümet biçimlerinin yerleşmesi amacıyla, Araplara gerekli öğüt ve destek sağlamayı" vaat etmiştir; buna karşılık, Mekke Şerifi de, önemli bir silah ve para yardımı karşılığında, "Arap halkları Türk boyunduruğundan kurtarmak için" savaşmayı kabul etmiştir; McMahon'un bir mektubunun açıkladığına göre, "Arapların, yalnız ve yalnız Britanyalıların öğütlerine başvuracakları konusunda anlaşılmış", başka herhangi bir Avrupa ülkesinin yardımı bir yana bırakılmıştır.

Sultanın, Arap vasallerinden birine çarpması, ilk kez oluyor değil kuşkusuz. Ne var ki, arkasındaki Büyük Britanya ile, korkutucu bir düşmandır Hüseyin. İngilizler, Necid emiri Abdülaziz İbn Sa'ud ile de anlaştıkları için, durum daha da tehlikelidir o ölçüde. İbn Sa'ud, ayda 5.000 sterlin ve Suudi "bağımsızlığı"nın tanınması karşılığında, dostluğunu ve yansızlığını vaat etmiştir Britanya hükümetine. Etkin bir bağlaşıklık bulunmadığından, bu anlaşma, kendisi hakkında iyi düşünmeyen bir komşuca rahatsız edilmekten korkmaksızın eyleme geçme olanağını vermektedir Mekke Şerifi'ne.

Gelişmeler, alabildiğine kötü başlar birden Osmanlılar için. Başlarında, Hüseyin'in oğullarından birinin, Emir Faysal'ın bulunduğu Bedevîler, Hicaz demiryoluna atılırlar ve çok geçmeden de, Mekke ile Cidde'deki Türk garnizonlarını dize getireceklerdir (12 ve 16 Haziran 1916). Harekât, birçok İngiliz subayının yardımıyla, ustaca yürütülür; aralarında, anlaşılmaz bir kişiliğe sahip Thomas Edward Lawrence de vardır bu subayların ve Arap başkaldırısının başlıca esinleticilerinden biri olduğunu söyleyip övünecektir sonradan.

İngiliz desteği sayesinde, Hicaz'ın büyük bir bölümünü denetimi altına almak ve Yemen'deki Osmanlı ordusunun imparatorluğun geri kalan yanıyla her türlü ilişkisini kesmek için, sadece birkaç hafta yetmiştir Faysal'a. Ekimin sonlarında, Hüseyin kendisini "Arapların kralı" olarak ilan ettiğinde, bir adım daha atılmış olacaktır. Kuşkusuz, simgesel bir davranıştır bu; çünkü, yeni hükümdar, sadece Hicaz'ın Bedevî kabileleri üzerinde hüküm sürmektedir o sıralar. Öyle de olsa, çöldeki rüzgâr, açıktır ki hemen dinecek gibi değildir artık.

McMahon'la yapılan anlaşmanın ruhuna uygun olarak, Şerif Hüseyin'in yönettiği başkaldırı, bütün Arapları içine alan bir niteliğe bürünür ve Suriye'yi kapsar özellikle. 1917 ilkbaharından başlayarak, Faysal'ın birlikleri kuzeye doğru harekete geçerler: Akabe'yi alırlar (6 Temmuz); akınlara ve Suriye kentlerini Medine'ye bağlayan demiryolu boyunca sabotajlara girişerek, Osmanlıları hırpalayıp tedirgin ederler. Aynı döneme doğru, Mısır'daki İngiliz birlikleri de yürüyüşe geçmiş ve, Kutsal Yerler doğrultusunda olmak üzere, Sina üzerinde ağır ağır ilerlemektedirler. Araziyi iyi bilen ve iletişim yollarına egemen bu çifte saldırı karşısında, Türkiye, en yetkin güçlerini harekete geçirmek zorunda kalır: Cemal Paşa'nın Dördüncü Ordu'su ve özellikle, yeni kurulmuş olup, bir altmış kadar Alman subayının görev aldığı ve General von Falkenhayn'ın komutasına verilen Yıldırım Ordusu'dur bunlar. Ancak nafile! General Allenby'nin yönettiği İngiliz tugayları, Gazze, Akkâ ve Yafa'yı aldıktan sonra, 9 Aralık'ta ele geçirdikleri Kudüs'te kutlayacaklardır Noel'i. Aynı kış, Faysal'ın adamları, Ölü Deniz ve Ürdün kıyılarında karargâh kuracak, Kerak'taki Türk filotillasını da yok edeceklerdir. Şam, öyle pek de uzakta değildir artık. Her şeye karşın, aşağı yukarı daha bir on aylık harekât vardır ilerde.

Adım adım direnmektedir Osmanlılar!

Ölesiye savaşıyorlarsa eğer, kaybedecekleri büyüktür de ondan. Hüseyin'in oyalandığı büyük Arap krallığı düşünü başarısızlığa uğratmak değildir sadece söz konusu olan onlar için; İtilaf Devletlerinin imparatorluğu bölüp parçalama tasarılarının gerçekleşmesine engel olmaları gerekmektedir özellikle. Gerçekten, İtilaf Devletlerinin, sultanın Asya'daki topraklarını daha şimdiden –güle oynaya– paylaştıkları, İstanbul'da bilinmez bir şey değildir; nitekim, çarlık arşivlerindeki gizli belgelerin bir bölümü ele geçirildikten sonra durum açığa vurulmuştur ve Rus devrimcileri yapmıştır bunu. 1916 Mayıs'ında, İngiliz tarafından Sir Mark Sykes ve Fransız tarafından da Georges Picot'nun yürüttükleri görüşmeler, daha sonra Saint Petersburg'un da onayıyla, üç ilgili tarafın iştahlarını alabildiğine doyurmuştur: Erzurum, Trabzon, Van ve Bitlis illerinin yanı sıra, Dicle vadisine değin Muş ve Siirt yöreleri Ruslara; Suriye ve Kilikya kıyıları, Suriye'nin geri kalan bölümüyle Irak'ın kuzeyini içine alan bir nüfuz bölgesi Fransızlara; Hayfa ve Akkâ limanları, Bağdat'tan İran Körfezi'ne değin bütün bir güney Mezopotamya ve son olarak da, Filistin'den İran'a uzanan geniş bir nüfuz bölgesi İngilizlere bırakılmıştır. Birkaç ay sonra, Saint-Jean-de-Maurienne'de yapılan bir başka anlaşma (19 Nisan 1917) da, İtalya için terekeden bir pay öngör-

283

müştür: Batı Anadolu boyunca ayrılan ve imparatorluğun en zengin yörelerinden birkaçını, bu arada İzmir, Antalya ve Mersin'i içine alan bir işgal bölgesidir bu. Son olarak, bu kesip biçmeleri yaparken, İtilaf Devletleri, her rüzgâra bir vaat ekmekten de geri durmamışlardır: Araplara, etkili bir Avrupa vesayeti beraberliğinde bağımsızlık; Yahudilere, Filistin'de bir "ulusal yuva" (2 Kasım 1917 tarihli Balfour açıklaması); Yunanlılara da, onların *meghali idea* –"büyük düşünce"–lerinin gerçekleşmesi yolunda, Trakya ile Küçük Asya'daki Ege illerini içine alan bir Büyük Yunanistan'ın yaratılmasıdır bunlar. Bütün bunlara bakıp da, nasıl kaygılanmaz olurdu imparatorluk ve umutsuzluğun gücüyle karşı koymazdı? Savaşın bu son aylarında, sadece İtilaf Devletlerine karşı savaşılmaz, kendi ölümüne karşı da savaşmaktadır imparatorluk!

Öyle de olsa, bu can çekişme içinde, bir anlığına bir iyileşme görülür. 1917 Mart'ında Petrograd'da patlayan devrim, çatışmaları sürdürmenin dışına atmıştır Rusya'yı. Kuzeydoğu cephesinde, Rus birlikleri, bozguna uğrayıp dağılmakta gecikmezler. Türkiye, sonunda bir nefes alabilir durumdadır bu yönden. Bolşevikler, birkaç ay sonra, Brest-Litovsk antlaşmasıyla (3 Mart 1918), işgal edilen toprakları boşaltmayı, çarın 1877'de aldığı Kars, Ardahan ve Batum illerini imparatorluğa geri vermeyi ve gönüllü Ermeni çetelerini silahsızlandırmayı vaat ettiklerinde, daha da rahat bir nefes alacaktır Türkiye.

Ülkedeki seferberlik

Savaş, sadece silahlarla vuruşmak ve topun ağzında olmak değil yalnız. Bütün savaşan ülkeler gibi, Türkiye de, manevi güçlerini seferber etmek, iktisadî cephede mücadele etmek, durumlara kendini uyarlayabilecek bir sosyal yapı oluşturmak zorundadır. Saat de, olağanüstü önlemlere, cesur yeniliklere elverişli bir saattir. Durum, şu bakımdan da uygundur değişmelere: İstanbul hükümeti, İtilaf Devletlerine karşı savaşa girmekle, Osmanlı İmparatorluğu'nun, XIX. yüzyılın başlarından beri sürüklenmiş olduğu Batı'ya bağlanma sürecine de sırtını çevirmiştir aynı zamanda.

Savaşı kazanmak için, zafere inanmak gereklidir, ama yeterli değildir. Uyuşmazlığın ilk günlerinden başlayarak, İttihatçı rejimin propagandacıları, Türkiye'nin yenilmezliğine olan inançlarını adım başında haykırarak, işe koyulmuşlardır. Başlanacak sesi verenlerden biri, Almanya'dan gelip Wilhelmstrasse'nin onayıyla, Osmanlı davasının hizmetine girmiş –sosyal demokrat doğrultuda– ünlü bir politika yazarıdır: Daha çok Parvus adıyla şöhret yapmış Alexander Israel Helphand'dır bu! Türk dilinde yayımladığı kitapçıklarında, büyük bir inandırma gücüyle şunu söylemektedir: Avrupa emperyalizminin dayanılmaz boyunduruğunu kırıp atmak için, savaş tek araçtır Osmanlıların elinde; ve Türkiye, Almanya'nın yardımıyla, zaferle çıkacaktır hengâmeden ve, daha önce yitirmiş olduğu topraklarını ve zenginlikerini olduğu gibi, geçmişteki tüm büyüklüğünü de yeniden elde edecektir bu yolda. Hemen arkasından, gazetecilerin, romancıların, şairlerin çoğu da, savaş propagandasının hizmetine vermişlerdir kalemlerini. Dönemin en önde gelen yazarlarından birkaçı onlar arasındadır: Ziya Gökalp, Mehmet Emin, Ömer Seyfettin, Halide Edip ve başkaları. Yazarları, savaşçı çabadaki sözcü rollerine daha da ısındırabilmek amacıyla, hükümet, savaş alanlarında bir gezi bile düzenlemiştir onlar onuruna. Sonucu da şudur bu gezinin: Bir yığın kahramanlık öyküsü, militarist şiir!

Dönemin anlayışını en iyi dile getiren, Ziya Gökalp'in yazdıklarıdır belki. Gökalp, savaş öncesi yazılarında gösterdiği gibi, belleklere kazınacak ve ruhları yönlendirecek bir slogan, bir formüllendirme anlayışına sahiptir. Şiirleri, askerî mertebelenmeye saygıyı yüceltir ("sıradan bir askerim ben, o komutanım; gözümü kırpmadan uyarım emirlerine, gözlerimi kaparım ve vazifemi yaparım"); Türklerin düşmanları üzerindeki üstünlüğünü ilan eder; ülkenin başında bulunanların (özellikle de Talât'la Enver'in) dehasını dile getirir ve millet, din ve doğulan toprakların aşkını şakır. Nesir yazılarında da aynı temalar işlenir: Türk, savaşı kazanacaktır, çünkü yüce bir ırktandır, çünkü zenginliklerle doludur ruhu, çünkü hukuk ve adalet ondan yanadır, çünkü manevi dünyası Müslüman dinine dayanmaktadır, çünkü yurdunu sever o, dilini, kültürünü sever çünkü...

Savaşa katılmış bütün ülkelerdekine benzeyen sıradan bir propaganda edebiyatıdır bu. Öyle de olsa, Gökalp'in yazdıkları, Türkiye'nin ayakta kalma mücadelesine katılmayı kabul etmiş olan öteki yazarların yazdıkları gibi, incelikleri olmayan, ama dönemin gereklerine alabildiğine uygun bir çarpıcılık ve dinamizm taşıyan militan bir milliyetçiliğin oluşmasına etkili biçimde katkıda bulunacaktır.

Bir milliyetçilik özellikle. Oldukça da yaratıcı görünecektir bu! Jöntürk Devrimi'nin ilk günlerinden başlayarak, Gökalp ve rejimin öteki ideologları, ataların değerlerine bir dönüş olarak sunulan şeye dayanan bir sosyal ve kültürel yenilenişin temellerini atma gayreti içine girmişlerdi: Laik eğitim, belli bir ölçüde kadının kurtuluşu, bir bilimsel anlayışın kabulü, çağdaş dünyanın teknik yeniliklerine açıklık; meslek, aile ve yurttaşlık ahlakında yüksek bir düzey, boş inançlardan sıyrılmış ve ilerleme düşüncesine açık bir dindir bu değerler. Türkiye'nin savaşa girişiyle, olanakların kapısı alabildiğine açılmıştır artık. İlhama gelmiş bir *intelligentsia*'nın formüllendirdiği tasarıların itişiyle, İttihatçı hükümet, bir parlamento muhalefetinin yokluğundan ve savaş halinin ortaya çıkardığı anlaşma ikliminden yararlanarak, yenilikçi girişimlerini artıracak, –bir bakıma kâğıt üstünde de kalsa– tezgâhlayacağı reformlara gitgide daha köktenci bir görünüm kazandıracaktır.

O dönemde en göz alıcı önlemler arasında, kadının belli bir ölçüde kurtuluşunu hedef tutan önlemleri zikretmeli. Bir uzun zamandan beri, peçeli ve hareme kapatılmış, ailenin başında bulunanın keyfine –edilgin biçimde– boyun eğen kadın imgesi, en azından toplumun hali vakti yerinde tabakalarında, dikkat çekici bir çağdışılık oluşturuyordu. Osmanlı İmparatorluğu'nun büyük kentlerinde, Avrupalı kadın örneği, XIX. yüzyılın son otuzlu yılında kendi denklerini ortaya koymaya başlamıştı ve, hatta 1900 yılına doğru, kimi aydınların kaleminde açıkça feminizm rengini taşıyan istemler dile geliyordu. Jöntürk Devrimi'nden sonra, kimi somut eylemler –kızlara özgü ilk ve orta öğretimde gelişme, 1911'de ilk kız lisesinin açılışı, çıraklık okullarının çoğalması– İttihat ve Terakki Komitesi'nin kadınların durumuna dikkatlerini çevirdiğinin tanıklarıydılar.

Bununla beraber, 1914'te, yapılacak çok şey vardı hâlâ. En çarpıcı yenilik, en nazik bir konuda, evlilik konusunda olacaktır. Bu bahiste, şeriat, hemen hemen bütün hakları erkeklere tanıyordu ve kadınlara tanıdığı ise boyun eğme yükümlülüğüydü aşağı yukarı. 1916'da, Batılılaşmış seçkin çevrenin, özellikle Ziya Gökalp ya da romancı Halide Edip gibi gözde kişiliklerin sık sık ileri sürdükleri istemlerden birini yerine getirerek, hükümet, evli kadına, kocası zina etmişse ya da evlilik sözleşmesine aykırı harekette bulunmuşsa, dahası eşinin rızası olmadan bir başka kadın almışsa, boşanmayı isteme olanağını tanıyan bir kanun çıkaracaktır. Bir yıl sonra kabul edilecek yeni bir kanun, *Aile Kararnamesi*, aynı doğrultuda hareket edecektir. İslamın, Yahudi dininin ve Hıristiyanlığın buyruklarına geniş bir yer veren bu metin, evliliğe, boşanmaya ve öteki aile ilişkilerine, sadece ve sadece dünyasal makamların yetkisine giren sorunlar olarak bakacak ve bu alanda dinsel mahkemelerin yargılama yetkisine son verecektir. Bu yasal düzenlemelerin kabul edilmesinin yanı sıra, Babıâli, kadınlara eğitimin kapısını daha da genişliğine açmak için, elinden geldiğince çalışacaktır. Savaş yıllarında, okul şebekesinin, kadınlara değin yayıldığı görülecektir; daha da çarpıcı olanı, yüksek eğitimi izlemeye kadar giden bir yüreklilik gösterecektir dikkati çekecek sayıda kadın.

Bununla beraber, boyun eğme yüzyıllarını ortadan kaldırmak için, okullar açmak ya da kanunlar çıkarmak yetmez açıktır ki. Devrimin ertesinde bir yılmazlık içine gelip girmiş de olsalar, erkekle eşitliği gerçek anlamıyla yeni yeni öğrenebildikleri alan, sadece kadın gazeteleri değildir. Gerçekten, bütün sağlam erkeklerin cepheye gittikleri o yıllarda, kadının kurtuluşu çalışmaktan geçmektedir özellikle. Savaş, olsa olsa hareme kapatılacak kadının imgesini alabildiğine silip atmıştır. Erkek el emeğinin birden düşüşünü göğüslemek zorunda kalan kadınlar her yandadır: Tarlalarda, esnaf atölyelerinde, fabrikalarda, hastabakıcı olarak çalıştıkları hastanelerde, postanelerde, devlet dairelerinde, temizleme ya da onarımda görev aldıkları caddelerde, bahçelerinin ürünlerini ya da ürettikleri nesneleri sattıkları pazarlardadır bu kadınlar.

287

Hemen hemen sadece erkek olan bir toplumun yaşamını –pek kısa bir süre içinde– üstlenmek zorunda kalmış bu kadın toplumunun, gerçek bir kurtuluşa ulaşabilmesi için yürüyeceği uzun yollar vardır daha. Ama en azından, kadınlar, istemeksizin (kendilerine bırakılan yığınla iş, bir tür zorunlu hizmet getiren 1915 tarihli bir kanuna dayanmaktadır aslında), –cepheye gitmemiş– erkeklerle aynı işyerini paylaşma hakkını kazanmışlardır artık; bunun yanı sıra, sokağa yüzü açık çıkmak ve meraklı bakışların rahatsız ediciliğinden korkmaksızın işlerine kendilerini verme hakkı da vardır. Savaşın ilk günlerinden başlayarak, çeşitli insansever kuruluşlar, kadınları çalışmaya çağırmayı iş edinmişlerdir kendilerine. Dayandıkları düşünce basittir gerçi, ama çarpıcıdır: Kadınlar, ulusal çabaya emekleriyle katkıda bulunmakla, yalnız yurtseverce bir iş yapmış olmayacaklardır; iktisadî özerkliklerini de kazanacaklardır ve, daha da çarpıcı olanı, belli bir eylem ve düşünce özgürlüğüne kavuşacaklardır.

Olayların baskısı altında, kadının kurtuluşu böylece yer kazanırken, bir başka büyük dava, laiklik davası da ilerlemeler kaydeder.

1913 yılından başlayarak, hükümet yeni bir düzenlemeye giderek, din mahkemelerinin müdahale alanını alabildiğine sınırlamış ve kadılarla öteki yorumcuları, mülki makamların denetimi altına sokmuştu. Ciddi bir laikleşme siyasetinde bir başlama vuruşu olacaktır bu ve, birkaç yıl içinde, Osmanlı kurumlarındaki görünümü iyiden iyiye değiştirecektir. Böylece, en başta, 1915 tarihli bir kararname, din mahkemeleri de içinde olmak üzere, bütün adliye örgütünü yeniden birleştirip Adliye Nezareti'nin tek sultası altına sokar. Aynı yolda, hükümet, ulemayı merkezî idareye bağlayarak ve devletin öteki görevlileri gibi kendilerine aylık vererek, "memurlaştırma"ya çabalayacaktır onları. Öte yandan, din okulları da, Maarif Nazırlığı'nın vesayetini kabul etmek zorunda kalacak; ve, vakıflar da, Maliye Nazırlığı'nın gitgide artan gözetimine uyacaklardır. En önemli önlemlerden biri, Tanzimat'ın eski bir kurumu, *Meclis-i Meşayih* (Şeyhler Meclisi) ile ilgilidir. 1916'da, yeni bir yapıya kavuşturulacaktır bu örgüt ve Babıâli, şeyhülislamın otoritesi altında, ülkedeki bütün tarikat ve tekkeleri bir araya getirme görevini yükleyecektir ona. Son olarak, aynı yıl, ruhban piramidinin tepe noktası reforma tabi olacaktır: Şeyhülislam, nazırlık yetkilerinden büyük bir bölümünü yitirerek, kabine içindeki yerini yitirecek ve ilke olarak sadece din işlerinin yönetimi ile uğraşan sıradan bir daire olacaktır artık.

Özetle, merkezîleştirme ve devlet denetiminin alabildiğine kaynaştırıldığı bir laikleştirmedir bu. Ziya Gökalp ile İttihat ve Terakki Komitesi'nin öteki ideologlarından esinlenen bu siyasetin hedefi, sivil toplumun etkinliklerine müdahale konusunda İslamın elindeki olanakları sınırlandırmaktan çok, hükümet iradesini aktaran kolan kayışlarından biri haline getirmektir dinsel kurumları. Dönemin koşullarında, dinin vesayeti altına girme, hiç de şaşılacak bir şey değildir aslında. İttihatçı yönetim, dinsel güçlerin büyük nüfuzunu kendisine sağlamak gereksinmesi içindedir: İslam, İtilaf Devletlerine karşı propagandada bir mızrak ve ulusal dayanışmada en etkili bir bağ oluşturduğu için değil yalnız; ayrıca hükümet, –yenileştirilmiş ve günün zevkine uygun hale gelmiş– dine, imparatorluğun yeniden canlanıp kalkınması amacıyla, insanları seferber etmede en önde gelen bir rol tanımaktadır da ondan.

Pek farklı bir alanda, İttihat ve Terakki Komitesi'nin, bir "millî iktisat" yaratma konusunda harcadığı çabalar, bu dinsel güçleri sırtlanmada yankılarını yapacaktır. Savaş içindeki Türkiye'nin karşılaştığı üretim, iaşe ve dağıtım gibi ağır sorunları göğüsleyecek yetenekte olacaktı bu ekonomi. Milliyetçi ideologların öğretisel düşüncelerine ortak edilen İslam, bir manevi kalkan hizmeti görecektir ülkede. Yeni iktisadî reçetelerin amacına gelince, şudur: Maddi, dayanıklı bir temel sağlamak İslama!

Bu "millî iktisat" düşüncesinin savunucularının başında da, yine Ziya Gökalp gelmektedir. Onun, hatırı sayılır bir bölümü Friedrich List'den ve Alman iktisat okulundan alınmış tezleri, yığınla yazarca ele alınacaktır; onların içinde, Türk milliyetçiliğinin en ateşli propagandacılarından biri vardır özellikle: Yahudi dinindeki bir Osmanlı olan, daha çok Tekin Alp adıyla tanınmış, Moiz Cohen'dir bu! Kanıt-

289

ları basittir bu yazarların: Saygınlık ve bağımsızlık içinde kalkınmak için, yalnız kendi iktisadî güçlerine güvenmelidir Türkiye; Avrupa kapitalizminin boyunduruğunu kırmalı, azınlıkların, ticarette ve doğan Osmanlı sanayisinde ellerinde tuttukları tekel benzeri olan şeye son vermeli, ekonominin her alanında ülkenin yazgısını eline alabilecek yetenekte bir ulusal ticaret burjuvazisi yaratmalıdır. Ve şunu da belirtmeli ki, böylesi bir siyaseti tezgâhlamak için alabildiğine elverişlidir koşullar. Her türlü rekabetin uzağında ulusal üretimin gelişmesini sağlarken, Kapitülasyonların ortadan kaldırılması ve, savaşa girmenin doğrudan bir sonucu olarak, İtilaf Devletleriyle ticari alışverişin kesilmesi, yerli girişimcilerden oluşan bir sınıfın gelişmesini destekleyecektir olsa olsa; savaşa katılmanın yol açtığı sınırsız gereksinmeler, özellikle askerî donanımla ilgili olanlar, ama onun yanı sıra başka alanlarda (taşıma, iaşe, maden üretimi, vb.) bir dizi gereksinme de, ulusal renkte bir kapitalizmin oluşumunu yüreklendirici nedenlerdir.

Ancak, o tarihe değin azınlık öğelerin üstünlüğünün damgasını vurduğu bir iktisadî bağlamda, türdeş olmayan parçalardan nasıl yaratılacaktır bir Türk burjuvazisi?

İttihat ve Terakki Komitesi ideologlarının yanıtı basittir.

Bizzat devlet almalıdır işleri ele; ulusal girişimlerin kuruluşuna uygun önlemlerle katkıda bulunmalıdır; Müslüman işadamlarının zenginleşmelerine ve sermayelerini verimli etkinliklere yatırmalarına yardımcı olmalıdır!

Aslında, hükümetin gerçekleştirmeye çabalayacağı da budur. 1914 ile 1918 yılları arasında, bir ulusal ekonomiyi yörüngesine yerleştirmeyi hedef alan önlemler, gitgide artan bir hızla birbirini izleyecektir: İç üretim ve pazarı, dışardan getirilmiş mallara karşı koruma amacıyla yeni gümrük tarifeleri hazırlamak; Ziraat Bankası'nı yeniden örgütlemek; yeni ticaret ve sanayi girişimleri için gerekli sermayeyi sağlamakla yükümlü bir mali örgüt, *İtibar-ı Millî Bankası*'nı yaratmak; ulusal çıkarlarca uygun bir görünüm içinde olan ortaklıklara, –özellikle devlet arazisi üzerinde bedava yer verme gibi– çeşitli ayrıcalıklar tanıyan "sermayeyi yüreklendirme" hakkındaki 1909 tarihli bir kanunu esaslı biçimde yeniden düzenlemek; bir üretim, tüketim ve kredi kooperatifleri şebekesi kurmak; önde gelen gereksinme maddelerinin (un, şeker, petrol, vb.) taşınması ve dağıtımını düzenleme ve göz kulak olma ile görevli komiteler oluşturmak ülke çapında; ortaklıkların yazışmalarında Türkçeden başka bir dilin kullanılmasını yasaklayan bir kanun çıkarmak; teknik eğitimde bulunacak okulları çoğaltmaktır bu önlemler.

Ne oldu sonuçları bunların?

1914 ile 1918 yılları arasında, banka, taşımacılık, tarım ürünlerinin dağılımı, madenler, bina yapımı, orman işletmesi, kâğıt üretimi ya da perakende ticaret gibi değişik alanlarda, bir yüzden fazla ulusal ortaklık. Dışardan getirilen malların rekabetinden geçici olarak kurtulmuş zanaat kesiminde misli görülmemiş bir atılım. Anadolu kırsalında, tahıl ve öteki temel yiyecek maddelerinin ticaretinden zenginleşmiş bir toprak sahipleri ile tacirler tabakasının ortaya çıkışı. Spekülasyona, devlet parasını aşırmaya, karaborsaya dayanan dev servetler. Bütün savaşan ülkeler gibi, Türkiye'de de, savaştan çıkar sağlayanlar oldu: Ordu ve kamu kuruluşları ile ilgili sözleşmelerin asıl bölüştürüp dağıtıcısı ve iaşeye ilişkin bütün pazarların zorunlu aracısı durumundaki İttihat ve Terakki Komitesi'nin koruduğu kimseler arasından çıkıyordu bunların çoğu. Ne var ki, kimi insanlar savaştan çıkar sağlamayı becerirken, başkaları –büyük halk kitlesi– o savaşın arkasından sürüp getirdiği güçlükler ve acılarla baş başa idi: Kıtlıklar, karneye bağlama, kimi ürünlerin gitgide artan vergilendirilişi, perakende fiyatlarının başını alıp gitmesi ve yılda % 300'ü aşan bir enflasyon oranı idi bunlar. İstanbul gibi bir büyük kentte, birbirine alabildiğine zıt iki yaşam biçemi yan yana bulunuyordu: Bir yanda, utanıp sıkılmadan saçılıp yayılan bir zenginlik, kendini kumara, alkole, işret ve sefahate vermiş yeni zenginler; öte yanda, her yerde göze çarpan sefalet, karaborsanın ve enflasyonun silip süpürdüğü bir alım gücüne sahip memurlar, yoksulluğa ve dilenciliğe itilmiş bütün bir aşağı halk tabakası!

Bir avuç insanın, koşullardan en iyi biçimde yararlanmasını bilmesi, Türkiye'nin, birkaç yıl içinde, gerçek bir "millî iktisat" yaratmayı başarmış olması demek değildi açıktır ki. Savaş, bir başkasının yerine geçen uyduruk bir ekonominin kurulmasına olanak sağladı; geçici çarelerden oluşan ve ancak en ivedi gereksinmeleri karşılayabilecek yetenekte bir ekonomi idi bu. Öyle de olsa, bu deneyimi bir başarısızlık olarak görmek, yerinde olmaz. Türkler, bir oradan bir buradan, yeni maliye, ticaret ve sanayi temelleri atmaya çabalarken, hiç olmazsa bir cephede de kazanmışlardı: Bağımsızlıkta çıraklık cephesi idi bu!

BİR DÜNYANIN SONU (1918-1923)

Osmanlı İmparatorluğu için, savaşın son eylemi iyi başlar. Güneyde, Mezopotamya ile Suriye'de, düşman güçler ilerlemelerini sürdürürler gerçi; ancak, Türk orduları direnirler ve durumda bir değişme olmasa da en azından cephelerde bir kararlılık umudunu verebilecek durumdadırlar hatta. Kuzeyde, 1917 yılındaki siyasal altüst oluşların arkasından Rus ordularının bozulup dağılışı, yepyeni ufuklar açar: 1876 yılından beri yitirilmiş toprakların geri alınışı, onların yanı sıra, çar imparatorluğunun yüzyıllar boyunca ağır ağır yiyip gövdeye indirdiği bütün "Türk toprakları"nın yeniden fethedilmesidir de bu ufuklar. Enver Paşa'nın askerleri şöyle şakırlar: "Kalk ayağa! Bizi bekliyor Turan. Kahire'den Batum'a, Hindistan'dan Afganistan'a, biziz beklenen!" Türkiye'nin ufukları, Kafkaslar'ın dorukları değildir şimdi; bakışları, Hazar Denizi'nin ötesindeki sonsuzluklarda kaybolmaktadır artık!

Uzun görüşmelerden sonra imzalanan Brest-Litovsk antlaşması, Türklerin temel istemlerinden birine, 1876'dan önceki sınırlara dönülmesi arzusuna olumlu yanıt vererek Rus-Osmanlı uyuşmazlığına son vermiştir. Ne var ki, yırtılıp atılmak için yapılır antlaşmalar. Kafkasya'da yollar açık olduğuna göre şimdi, niçin Bakû'ya ya da daha uzaklara kadar gitmeyecekmiş Osmanlı orduları? Türkiye, devrimci kaynaşmanın yıktığı eski Rus İmparatorluğu'ndaki Müslüman halkları neden almayacakmış kucağına? Bakû petrol yataklarına ve Kafkas ötesi başka maden zenginliklerine el koyma arzusundaki Almanlar kadar, İstanbul hükümeti de, ordularını, yeni fetihlere doğru atmak eğilimindedir; bütün bunlar, Almanların, bölgede bir Osmanlı yarma hareketine kötü gözle bakmayacaklarını düşündürtür Enver Paşa'ya. Bununla beraber, Türkiye, tasarılarını gerçekleştirmek için, kısa bir süre önce Kafkas ötesi bir cumhuriyetin bağrında, –Azerbaycan'la beraber– bir araya gelmiş (Aralık 1917) olan Gürcistan'la Ermenistan'ın direnişini kırmakla işe başlamalıdır. Önce söz konusu olan, askerî harekâtın desteğinde olmak üzere, gencecik cumhuriyetten, Brest-Litovsk antlaşmasını tanıması, özellikle de onun öngördüğü geri verilecek topraklar konusundaki hükümleri kabul etmesini sağlamaktır. Bir ikinci aşamada, Babıâli, ordusunun elde ettiği başarılarla da güçlenmiş olarak, yeni istemler sürer ileriye: Kafkas ötesi birliklerin hatırı sayılır ölçüde azaltılması, Cumhuriyet'in topraklarından Osmanlı tacirleri için geçiş serbestliği ve özellikle, Alexandropol, Eşmiadzin ve kimi Gürcü ilçelerin terk edilmesidir bu yeni istemler. Bu amaçla, 1918 Mayıs'ında Batum'da başlatılan görüşmelerin başarısızlığa uğraması, askerî baskısını artırmak ve Müslüman Azerbaycan'a girişi kösteklyen en son engel olarak Rus Ermenistan'ının üstüne çullanmak için gereksindiği bahaneyi verir Osmanlılara.

İlkbaharın sonlarına doğru, Brest-Litovsk antlaşmasından hemen hemen üç ay sonra, Türk birlikleri, Hazar Denizi'ne doğru harekete geçmek üzeredir. Ne var ki, Enver Paşa, Osmanlıların Kafkasya'ya el koymasında, bölgede kendi iktisadî ve siyasal hedefleri için bir tehlike gören bir Alman vetosunu göz önünde bulundurmak zorundadır şimdi. Kayzer, Irak ve Filistin'deki İngiliz ilerleyişine karşı olanca çabayı harcama konusundaki ivedi zorunluluğu kanıt olarak gösterip, askerî harekâtın askıya alınmasını istemekle başlar işe. Aynı tarihlere doğru öğrenilecektir ki, Almanya, Kafkas ötesi Cumhuriyet'in kaçınılmaz yıkılışından (26 Mayıs 1918) doğan yeni Gürcistan Devleti'ni koruması altına almaya karar vermiştir. Kısa bir süre sonra da, özellikle petrol teslimi karşılığında, olası bir Türk müdahalesine karşı bir Alman güvencesini öngören bir Alman-Sovyet sözleşmesinin (27 Ağustos) sonunda, Azerbaycan'ın kapısı kapanacaktır Osmanlı İmparatorluğu'na.

293

Bununla beraber, Türkler kendi kendilerini yemeyeceklerdir uzun zaman. General L. C. Dunsterville komutasında bir İngiliz gücünün ağustos ayı içinde Bakû'ya gelişi, bağlaşıklarına, beklenen yeşil ışığı yakmaya zorlayacaktır Alman yöneticileri. Eylülün ilk günlerinden başlayarak, Enver Paşa'nın kardeşi Nuri Paşa'nın komutasına verilmiş bir "İslam ordusu", Azerbaycan'la kuzey arasındaki ilişkilerin kilidi durumundaki Derbent'i alacaktır. Onun açtığı yolda, Osmanlı birlikleri Dağıstan'a doğru yönelir ve daha da uzak fetihlere hazırlanmaya başlarlar o günden.

16 Eylül'de, Babıâli, bir zafer telgrafı alacaktır cepheden: Bakû fethedilmiş ve Dunsterville de silahları ve ağırlıklarıyla yola koyulmuştur, Osmanlı korumasında bir Azerbaycan Cumhuriyeti gün ışığına çıkmaktadır! İstanbul'da, bir sarhoşluk yaşanır. Birkaç gün içinde, sadrazam Talât Paşa'nın, Rus Asya'sının dağılıp parçalanması konusunda geniş bir tasarıyı Almanlarla hale yola koyması için, sadece birkaç gün yetecektir: Sovyetlere verilen kimi ödünler karşılığında, Kafkaslar'daki iktisadî kaynakların paylaşılması; Kırım'da bir Tatar Cumhuriyeti'nin kurulması, Kuzey Kafkasya'da ve Türkistan'da bağımsız devletlerin yaratılması, nüfuz bölgelerinin çizilmesi yazılıdır bu tasarıda.

Büyük düşler... Daha da sert olacaktır gerçeklere dönüş!

Çünkü, 1918 sonbaharının bu başlarında, nasıl olur da gün gibi aşikâr şeylere uyulmaz: İttifak Devletleri ve onların bağlaşıkları, savaşı kaybetmektedirler. Batı cephesinde, Fransız ve Amerikan tümenleri, güçlü İngiliz ve Belçika birliklerinin de desteğiyle, Alman savunmasını çökertmişlerdir; Filistin'de, bir ani gayretle, General Allenby'nin orduları, Yıldırım Ordusu'nu –hemen hemen bütünüyle– yok etmişlerdir ve Arap milliyetçilerinin de yardımıyla, Şam'ı (1 Ekim), Halep'le Humus'u ele geçirirken, Fransızlar da, Beyrut'a esker çıkarmışlardır (6 Ekim); Irak'ta, İngiliz tugayları, Musul doğrultusunda hareket halindedirler; son olarak, Balkanlar'da, General Franchet d'Esperey'in komutasındaki Selanik ordusu, Bulgar güçlerinin direnişini kırmış ve ivedilikle ateşkes isteğini belirlemeye zorlamıştır Sofya hükümetini (26 Eylül).

294

Özellikle bu son olaydır ki, durumun ağırlığının bilincine varmaya götürmüştür Babıâli'yi. İmparatorluğun çevre eyaletlerinde askerî harekât sürüp durdukça, savaş satrancında başarılı bir manevra umudu Osmanlı yöneticilerinin iyimserliğini beslemeye yetiyordu. Ne var ki, Bulgaristan'ın çöküşüyle, tehlike, korkunç biçimde yakın görünür birden. Gerçekten, düşman, Doğu Trakya'ya –elini kolunu sallaya sallaya– girebilir artık ve İstanbul kapılarına değin ilerleyebilir. Uzaktaki şu ya da bu toprak değildir tehdit edilen şimdi, ta kalbidir imparatorluğun!

Beklenmedik garip bir değişme olur gelişmelerde: Bulgarların teslim oluşundan üç gün önce, Berlin'de ziyarette bulunan Talât Paşa, Alman görüşmecilerle, eski Rus İmparatorluğu'ndaki Müslüman ülkelerin yazgısını hale yola koymaya çalışıyordu. Ekim başlarında, Osmanlı hükümetinin, Bulgaristan'a ayak uydurmaktan ve çatışmaların askıya alınmasını istemekten başka düşüneceği hiçbir şey yoktur.

Görüşmeleri kolaylaştırmak amacıyla, Talât Paşa hükümeti, ayın 8'inden başlayarak, birkaç ay önce ölmüş bulunan sultan V. Mehmet Reşat'ın mutsuz halefi VI. Mehmet Vahdettin'e istifasını verir. Türkiye için bundan böyle felaketli olacağı belli bir ateşkesin sorumluluğunu sırtlanmayı akıldan geçirilen insanlardan hiçbiri istemediğinden, yeni bir sadrazam bulmak için belli bir zaman gerekecektir. Bununla beraber, 14 Ekim'de, o da olup bitmiştir. Doğu'daki Osmanlı ordularının bir eski komutanı, Ahmet İzzet Paşa sadrazamlığı kabul etmiştir ve, İtilaf Devletleriyle hemen görüşmelere gidildiğinde onların hoşgörülü olacakları umuduyla, –1916'da Kut el-Amara'da Türklere esir düşmüş ve o tarihten beri de hapiste tutulan– İngiliz generali Townshend'e, Ege'deki İngiliz donanmasının amirali Calthorpe'a, Osmanlı hükümetinin önerilerini ulaştırma görevini verir çabucak. Ne var ki, İngilizler, çatışmalara son vermekte, öyle aceleci değildirler: Görüşmelere gitmeden önce, Irak ve Suriye'deki durumlarını güçlendirmek isterler; daha da özel olarak, Mezopotamya'nın kuzeyinde, artık pek uzakta da olmayan Musul petrol kuyularını hedef edinmişlerdir. Ancak 27 Ekim'de, Türklerin ilk yoklayışlarından bir üç hafta kadar sonra, ateşkes görüşmeleri başlayacaktır; Mondros koyunda demirlemiş bulunan İngiliz zırhlısı *Superb*'de yapılacaktır bu görüşmeler.

Dört gün sürecek görüşmelerde; Bahriye Nazırı Hüseyin Rauf Bey'in yönetimindeki Osmanlı temsilcisi heyeti, İtilaf Devletlerinin sertliğini gidermeyi başaramayacaktır. Zafer sarhoşluğu içindeki bu güçler, sultanın topraklarına el koymayı hedef tutan –onca zamandır özene bezene hazırlanmış– tasarılarından nasıl olup da vazgeçebilirlerdi? 30 Ekim 1918'de imzalanan Mondros anlaşması, pek sert koşullar içeriyor. Anlaşma, özellikle Türk ordusunun hemen salıverilmesini, bütün savaş gemilerinin gözaltına alınmasını; Suriye, Trablus ve Mezopotamya'daki Osmanlı birliklerinin teslimini, (yeni bir anlaşmaya değin Türk askeri idaresinde kalan güneybatı bölümü dışında) Kafkas ötesi bölgelerin boşaltılmasını dayatmaktadır. Birinci madde, Çanakkale ve İstanbul Boğazlarında gidiş-gelişin serbest olmasını şart koşuyor ve İtilaf Devletlerine, boğazlarda askerî birlikler bulundurma hakkını tanıyor. İtilaf Devletleri gerek gördüklerinde, Doğu Anadolu'da, Ermeni nüfusun yaşadığı illeri işgal edebileceklerdir aynı zamanda. Anlaşma, onlara ayrıca, Toros tünellerine el koyma, liman kuruluşlarına sahip çıkma, Osmanlı demiryollarından ve ticaret gemilerinden serbestçe yararlanma iznini de vermektedir. Türk hükümeti, İtilaf Devletleri garnizonlarına, karşılık beklemeksizin, kömür, yiyecek ve genel olarak, isteyecekleri her ürünü sağlayacaktır. İtilaf Devletleri, 7. maddeyle, yeğleyecekleri kimi stratejik noktaları işgal etme hakkını saklı tutmuşlardır kendileri için. Özellikle kaygılandırıcıdır bu koşul. Alabildiğine belirsiz olan madde, her türlü kötüye kullanmalara kapıları açmıştır. Tek başına o, anlaşmaya, kayıtsız şartsız teslim niteliğini vermeye yeter durumdadır.

Batış

Osmanlı İmparatorluğu'nun yitirdiği sadece savaş değildi; İtilaf Devletlerinin işgaline boyun eğmek zorunda kaldığı için, varlığı da sona ermişti aslında; bağımsız devlet olduğu kâğıt üzerinde sürse de böyleydi gerçek. Felaket o boyutlardaydı ki, Türkiye'nin dünya çapındaki uyuşmazlığa katılmasının belli başlı sorumluları –Talât, Cemal, Enver paşalar ve kimi başkaları– halkın öcünden yakalarını sıyırabilmek amacıyla, dışarda sığınacak bir yer aramaya karar vereceklerdir: 1 Kasım'ı 2 Kasım'a bağlayan gece, bir Alman gemisine binip Odesa'ya doğru yola çıkacaklardır; oradan Berlin'e geçeceklerdir, Türkiye'nin kurtuluşu yolundaki mücadeleyi o kentte sürdürmek umudu içindedirler.

İttihat ve Terakki Partisi'nin belli başlı yöneticilerinin kaçışı, bu kuruluşun sonunun geldiğini haber verir. Büyük felaketin acılar içine attığı kamuoyu, İttihatçıların cezalandırılmasını istemekte gecikmedi. İttihatçılar ise, savaşın bütün felaketlerinden sorumlu görülürler: Savaş meydanlarında ölmüş yüz binlerce asker, kurbanlarının sivil halk ve özellikle de Ermeni halkının olduğu kıyımlar, can alıcı salgınlar, iaşe sorumlularının ceplerini doldurmaları, kıtlıklar, karaborsa, sefalet... Böylesi bir ortamda, tek bir yol vardır İttihat ve Terakki Partisi'ne kalan: Gölgeye çekilmek, kendini unutturmayı denemek! Üçlünün arkasından kaçıp gitmemiş olanlar, olağanüstü bir kongre halinde toplaşıp, kasımın ilk günlerinde örgütlerinin dağılışına karar verecekler ve böylece, İttihat ve Terakki Partisi'nin eski rakibi Hürriyet ve İtilaf'a terk edeceklerdir meydanı; bu sonuncusunun başında bulunanlar ise, boş kalan yerleri ele geçirmeye başlamışlardır.

İttihatçıların, siyaset sahnesini terk ediyormuş gibi göründükleri bir sırada –aslında, eylemlerini perde arkasında sürdürmeye karar vermişlerdi iyiden iyiye– Türkiye'nin, Mondros mütarekesince öngörülen işgali daha şimdiden başlamıştı. 1 Kasım'dan başlayarak, Mezopotamya'daki İngiliz güçlerinin komutanı olan General Marshall, Musul'un savunulmasıyla görevli birliklerini çekmelerini istedi Türklerden. Aynı günlerde, General Allenby'nin askerleri İskenderun'u işgal ettiler; Yunanistan'dan gelen Fransız alayları, Batı Trakya'ya yerleşmeye başladılar; Amiral Calthorpe'un donanması Çanakkale Boğazı'nı aştı. İtilaf Devletleri, ellerini çabuk tutmaya kararlı idiler: Çatışmaların resmî olarak duruşundan sonra daha on beş gün geçmeden, İtilaf Devletlerinin savaş gemileri İstanbul önünde demirlemişlerdi ve, karaya çıkan birlikler, kentin denetimini ele geçirmişlerdi (13 Kasım).

Sadece bir başlangıçtı bu!

Haftalar boyunca, acımasızca bir ölüme götürmek üzere, daha da daralacaktır çember. Fransızlar, 1918'in Aralık'ında, savaş sürecinde İtilaf Devletlerinin yaptıkları gizli antlaşmalara uygun olarak, Kilikya'ya el koyacaklardır; 1919 yılının başlarında, Yunanlılar, Doğu Trakya'da çeşitli stratejik noktaları işgal edeceklerdir; o tarihe doğru, İtilaf Devletlerinin alayları, Karadeniz kıyıları ile Orta Anadolu'yu denetim altına alarak arayıp tarayacaklardır; mart ayında, İtalyanlar, Saint-Jean-de-Maurienne anlaşmasıyla kendilerine vaat edilen bölgelerden birini, Antalya ilini ele geçireceklerdir.

Bunlar olurken, 8 Şubat 1919'da, General Franchet d'Esperey, birliklerinin başında –âlâyı vâlâ ile– girer İstanbul'a. Beş yüz yıl kadar önce, Doğu Roma İmparatorluğu'na son verdiğinde Fatih Sultan Mehmet'in yaptığı gibi, beyaz bir atın üstüne kurulmuş bir halde kenti dolaşır Hıristiyanların alkışları arasında. Bizans'a dönüş müdür bu? Şaşaalı bir at gezintisi, tarihin beş yüzyılını silip atmış mıdır? İmparatorluğun çeşitli azınlık halkları, kendilerine yapılan vaatlere güvenip, büyük devletlerin bir yarım yüzyıla yakın bir süreden beri düşündükleri büyük paylaşmaya hazırlanırlar en azından. Kafalarda, daha şimdiden çizilmiştir sınırlar: Doğu Trakya'yı, İstanbul'u ve Batı Anadolu'yu içine alan bir Büyük Yunanistan; Karadeniz'de, Hıristiyan halkın oturduğu geniş bir kıyı şeridinden oluşan bir Pontus Cumhuriyeti; kimilerinin, Trabzon'dan Akdeniz'e uzanmasını görmeyi arzuladıkları bir Ermeni Devleti; Küçük Asya'nın bağrında, Toros'la Zagros dağları arasında yayılan bir özerk Kürdistan; Musul, Harput, Diyarbakır ve Urfa illerini içeren bir Hıristiyan Asur; Filistin'de bir ulusal Yahudi yurdu; İtilaf Devletlerinin kıskanç korumaları altına alınmış Arap toprakları...

Peki ya Türkiye?

1919 yılının başlarından beri barış konferansının toplandığı Paris'te, büyük devletlerin temsilcileri, sultana bağımlı halklar adına konuşan çeşitli delegelerin kendilerine sundukları istemlere uyup, Doğu'nun haritasını boşuna kesip biçmektedirler arka arkaya; ama sonuç aynıdır hep: Türkiye, Ermenilere ya da Yunanlılara bırakılmamış Anadolu illeriyle yetinecek ve İngilizlerin, Fransızların ve İtalyanların seve seve denetimlerinde tutacakları nüfuz bölgelerine razı olmak zorunda kalacaktır sonunda.

Açıktır ki, pek de iyi gözle bakmazlar bu tasarılara Türkler. Ancak, ne yapmalı? VI. Mehmet Vahdettin ve hükümeti –bu hükümeti, 1919 Mart'ından başlayarak, Hürriyet ve İtilaf'ın başlıca liderlerinden biri, Damat Ferit Paşa yönetecektir– olacağa boyun eğme yolunu seçmişlerdir. Kamuoyunun büyük bir bölümünün seçtiği de budur. Yüzyılın başından beri imparatorluğun göğüslemek zorunda kaldığı arka arkaya savaşlardan bitkin hale gelen Türklerin istedikleri tek şey, barıştır artık. Kimi insanlar, bu barışı, pek pahalıya ödemeye bile hazırdırlar. Bazıları, İngiliz koruması kartını oynarlar; bazıları, bir Amerikan mandası yararına mücadele ederler; Fransa'ya ya da İtalya'ya çağrıda bulunmayı önerenler de vardır. Umutsuzluk ve usanç kol gezer tartışmasız olarak.

Ne var ki, direniş yavaş yavaş örgütlenir her şeye karşın. İstanbul'da ve ülkenin belli başlı kentlerinde, yurtsever dernekler hızla çoğalmaya başlarlar. Yergi yazıları, el ilanları, telgraflarla yürütürler mücadelelerini; işgal edilen ya da işgal tehdidi altında bulunan bölgelerde, silahlı mücadele de girer işin içine. Kilikya'da, Doğu Anadolu'da, Karadeniz kıyılarında, dağınık çeteler gitgide daha çoktur, gitgide daha cesur. 1919 Mayıs'ında, Lloyd Georges, Clemenceau ve Birleşik Amerika Başkanı Wilson'u bir araya getiren İtilaf Devletleri Yüksek Kurulu, İzmir ve yöresini işgal etme iznini verir Yunanlılara. Kamuoyunun, Türkiye'nin suratına indirilen bir şamar olarak karşıladığı Yunan çıkarması (15 Mayıs), ülke çapında yoğun bir heyecana yol açar ve Türk yurdunu savunma için oluşmuş çeşitli grupların etkinliğine alabildiğine canlılık getirip yüreklendirir.

Öyle de olsa, bu dağınık girişimlere, gerçek bir ulusal direniş hareketinin atılım ve çapı nasıl kazandırılacaktır? Yanıt bulabilmesi için bu sorunun, olağanüstü bir insanın yazgısıyla karşılaşması gerekecektir.

Bir devrimden ötekine

"19 Mayıs 1919'da Samsun'a çıktım. O tarihte, durumun genel görünüşü şöyleydi:

"Osmanlı İmparatorluğu'nun da içinde bulunduğu güçler kümesi, genel savaşta yenilmişti. Osmanlı ordusu, ne yapacağını bilemez durumdaydı her yanda. Çetin koşulları içeren bir mütareke imzalanmıştı. Büyük Savaş'ın uzun yılları, ulusu bitkin, yoksul bırakmıştı. Halkı genel savaşın içine sürükleyenler, sadece kendi selametlerini düşündüklerinden, kaçmışlardı (...). Ordunun elinden silah ve cephaneleri alınmıştı (...). İtilaf Devletleri donanma ve birlikleri İstanbul'dadır. Adana ilini Fransızlar işgal etmiştir; Urfa, Maraş, Antep'i İngilizler. Antalya'da ve Konya'da, İtalyan güçleri vardır. Yabancı subaylar, görevlilerle onların yardımcıları, etkinliklerini her yana yaymaktadırlar. Son olarak, 15 Mayıs 1919'da, yani bu açıklamamıza başlangıç noktası olarak aldığımız tarihten dört gün önce, Yunan ordusu, İtilaf Devletlerinin rızasıyla, İzmir'de karaya çıkarlar. Dahası, ülkenin her yanında, Hıristiyan öğeler, açıkça ya da gizli olarak, kendi çıkarları için çalışmakta, devletin çöküşünü hızlandırmaktadırlar böylece."

Mustafa Kemal'in, 1927'de, Cumhuriyet Halk Partisi'nin ilk kongresinde okuduğu büyük *Söylev,* bu satırlarla başlar. Okunuşu altı gün sürecek olan bir ırmak söylevdir bu; ve Türkiye Cumhuriyeti'nin 1919-1922 yıllarını, bu pek önemli dört yılın tarihini dile getiren bir tür geniş bir bilanço ortaya koyar onunla; Anadolu Devrimi'nin, çağdaş Türkiye'nin temellerini atma yolunda gelişmesi de, işte bu yıllarda oldu.

Samsun'a çıktığında, otuz dokuz yaşında olan Mustafa Kemal'in parlak bir subaylık dönemi vardır arkasında. İstanbul Askerî Okulu'nu kurmay yüzbaşı diploması ile bitirdiğinde (1904), tugay komutanlığı rütbesine götüren (1916) bütün kademeleri tırmanmak için sadece birkaç yıl gerekti kendisine. Bu arada, Osmanlı İmparatorluğu'nun içine gelip girdiği çeşitli savaşlara katıldı. 1911'deki İtalyan-Türk savaşında, Trablusgarp'ta çarpıştı. 1912'de, Balkan ateşinin tam ortasında, Gelibolu yarımadasında bir ileri tümenin komutanlığını üstlendi. Büyük Savaş'ın başlarında, Çanakkale savunmasında, insanları yönlendirmede üstün nitelikleriyle belli etti kendisini. Arkasından, Ruslara karşı savaşmak üzere Kafkas cephesine gönderildi; paşalık rütbesini de orada elde etti. Kısa bir süre sonra, Yıldırım Orduları grubunun komutanı General von Falkenhayn'ın emrine verildiğinde, Filistin'le Suriye'nin savunulmasında, 7. Ordu'nun başında önemli bir rol oynadı.

Peki, şu 19 Mayıs 1919'da, ne yapmaya gelmiştir Samsun'a bu parlak subay?

Üçüncü Ordu'ya müfettiş olarak atanan ve pek büyük yetkilerle donatılan Mustafa Kemal'i, VI. Mehmet, Anadolu'da asayişi yeniden sağlamakla görevlendirmiştir; çünkü, İtilaf Devletlerinin işgaline karşı kafalardaki mayalaşma, tehlikeli boyutlara varmıştır orada. Sultanın elçisi, ünlü *Söylev*'inde sonradan yazacağı gibi, kafasında bir "millî sır" taşımaktadır gerçekte. İtilaf Devletlerine hasım öğelerin kaynaşmasını sınırlayıp önlemek için, Anadolu toprağına ayak basmış değildir. Tam tersine, belli etmekte gecikmeyeceği amacı, yenilgi sonucu morali derinden derine sarsılmış bulunan Osmanlı ordusuna güvenini yeniden kazandırmaktır; bütün direniş hareketlerini, tek bir otorite altında toplamayı denemektir de hedefi. Alt edilecek düşman, yabancı işgalci değildir sadece. Daha sonra şunlar okunacaktır Mustafa Kemal'in kaleminden: "Her ne pahasına olursa olsun, Osmanlı hükümetine karşı, sultana karşı, bütün Müslümanların halifesine karşı ayaklanmak ve orduyla bütün milleti başkaldırıya götürmek gerekiyordu." İlerici ve laik bir cumhuriyet kurmayı düşünüyor muydu daha o tarihte? Şu sözleriyle, bunu anlatır gibidir: "Millî mücadele, başta yurdu yabancı işgalinden kurtarma amacıyla geliştiği ve başarılar kazandığı ölçüde, millî egemenliğe dayanan bir yönetimin bütün ilke ve güçlerini gitgide seferber etmesi doğaldı."

Mustafa Kemal, Anadolu'ya gelir gelmez, usta bir manevracı olarak, kimi askerî şeflerin desteğini aramaya girişti. Gözde kişilikler, özellikle Kâzım Karabekir Paşa ile eski Bahriye Nazırı Hüseyin Rauf Bey, onun safına geçtiler çabucak. Mustafa Kemal, kimi adamlarını çevresinde toplamaya da büyük dikkat gösterdi ve Anadolu'nun doğusunda hareket halinde bulunan Kürt şeflerinin güvenini de kazanmaya gayret etti. Resmî görevinin kendisine sağladığı telgraf aracını bol bol kullanarak, ulusal güçlerin hatırı sayılır bir bölümünü kendi çevresinde toplamak için, sadece birkaç hafta yetti. 22 Haziran 1919'dan başlayarak, Amasya'dan yollanan ve Türkiye'nin bütün yurtsever örgütlerine seslenen bir genelge ile, milletin tehlikede olduğunu ilan edecek ve ülkenin içinde bulunduğu feci duruma bir çare bulmakla yükümlü bir millî kongrenin çağrıldığını haber verecek durumdadır.

Kuşkusuz, telaşa düşülür İstanbul'da. Mustafa Kemal'in yönetimindeki hareket kaygılandırıcı görülür; çünkü, İstanbul'daki rejimin karşısında olanlar, yalnız taşrada bulunmamaktadır. Bu muhalifler merkezde, siyasal çevrelerin ve idari hizmetlerin içine de sızarlar propaganda amacıyla. Özellikle Harbiye Nezareti'nde, görevlilerin hatırı sayılır bir bölümü, gitgide gerçek bir devrimci girişim görünümü kazanacak olan şeye daha şimdiden kazanılmıştır. Tehdidin yükselişi karşısında, Babıâli, Üçüncü Ordu Müfettişliği'ne kesin bir emir yollayacaktır sonunda: "Sultan Hazretleri, hemen İstanbul'a dönmenizi buyuruyorlar size." Bu gözdağı verici emre yanıt, birkaç kelimeyledir: "Milletin tam bağımsızlığını elde edeceği güne değin, Anadolu'da kalacağım" (8 Temmuz 1919).

Mustafa Kemal, İstanbul hükümetinin buyruklarına boyun eğmeyi reddetmedi yalnız; onu yaparken, sadece müfettişlik görevlerinden değil, ordudan ayrılmaya da karar verdi. Artık, resmî durumunun gerektirdiği bağlılıklardan sıyrılmış bir halde, daha büyük bir eylem özgürlüğüne sahiptir; üniformaya bağlı saygınlığı yitirme tehlikesini taşısa da, böyledir.

Merkezî iktidarla bağlarını kopardığı şu anda, ilk büyük siyasal kavgasını vermek tehlikesini göze alabilir. 1919 Temmuz'unun sonlarına doğru, Türkiye'nin doğu illerinden gelen elli dört temsilcinin katılacağı bir kongre örgütleyecektir Erzurum'da. İlk savaştır bu, ilk de zafer! Fırtınalı tartışmalarla bir on dört gün yaşanır; ve Mustafa Kemal, onlar olurken, "halkın iradesine dayanan bir Millî Meclis'in yaratılmasını ve gücünü yine aynı iradeden alan bir hükümetin kurulmasını" isteyip durur; delegeler de, onun isteklerine tamı tamına uygun bir önerge kabul ederler: "Vatan tektir ve bölünemez. Doğu illeri, ortak bir anlaşma içinde, her türlü yabancı işgal ya da müdahaleye karşı duracaklardır. Sultanın hükümeti, milletin bağımsızlığını ve yurdun bütünlüğünü korumakta yetersiz görünürse, devlet işlerinin yürütülmesini ele almak üzere, bir geçici hükümet kurulacaktır."

Bir ay sonra, bu kez yalnız doğu illerinin değil, bütün ülkenin temsilcilerini bir araya getiren bir ikinci kongre toplanacaktır Sivas'ta (4-11 Eylül 1919). Orada hazır bulunanlar, birkaç hafta önce Erzurum'da kabul edilmiş olan kararları onaylayacaklar ve, oylanmış metinlerde, sultanın ve hükümetinin izlediği siyasete karşı eleştirileri daha da ağırlaştıracaklardır. Türkiye'nin geleceğini böylece kesin çözüme bağlayan bu insanlar, bir kırk kadardır. Ama fazla bir önemi yoktur bunun. Mustafa Kemal'in gözünde, milletin bütününü temsil eder onlar ve görevine, kutsal bir nitelik verir destekleri.

İstanbul'da hükümet, derin üzüntü ile korku arasında sallanır durur. Taşrada gelişen direniş hareketi, ülkenin parçalanmasını hızlandırma tehlikesini taşımıyor mu? Babıâli, Kemalist hareketi, kan ve yağmaya susamış İttihatçılar taifesi diye kamuoyuna sunarak başarısızlığa uğratmaya kalkacaktır onu. Bu iftiralara Batılı basın da sahip çıkacaktır hemen ve Mustafa Kemal'le arkadaşlarını, gelecek Ermeni kıyımcıları ve, daha da tehlikelisi, militan Alman hayranları olarak nitelendirecektir bol bol. İttihat ve Terakki Partisi'nin serüvenci girişimlerinden ağzı yanmış halkı korkutmak içindir bunlar kuşkusuz. Ancak, işin aslı şudur ki, hiç kimse, Anadolu'da, yelkenlerini açmış bir Türk milliyetçiliğinin varlığını bilmez değildir artık.

1919'un sonlarında, Osmanlı hükümeti, genel seçimleri örgütler ve Mustafa Kemal'in ayağını kaydırmak umudundadır böylece. Seçim, Hürriyet ve İtilaf'ın pek beklemediği bir sonuç verir. Yeni meclis, İtilaf Devletlerinin Türkiye'ye el koymasına şiddetle karşı milliyetçilerden oluşur esas olarak. İstanbul'da toplanan milletvekilleri, 28 Ocak 1920 günü, doğrudan doğruya Erzurum ve Sivas bildirilerine dayanan bir metin kabul edeceklerdir görkemli bir biçimde. "Millî Misak" diye adlandırılan bu belge, Mondros ateşkesi sırasında düşmanca işgal edilmemiş Türk topraklarının bölünmezliğini ilan eder; imparatorluğun Arap eyaletlerinin yazgısının, yerel halkın serbestçe dile getireceği arzuya göre düzenlenmesini ister ve, adil ve sürekli bir barış amacıyla çeşitli başka koşullar ileri sürer: Kapitülasyonların kaldırılmasının tanınması; Kars, Ardahan ve Batum illerinin Türkiye'ye geri verilmesi; İstanbul'un güvensizliğini sağlayan kayıtlar göz önünde tutulmak koşuluyla, Boğazlarda serbestçe gidiş-geliş; son olarak, büyük devletlerce, Türk milletinin tam egemenliği ile bağımsızlığının kabul edilmesidir bunlar.

Daha sonraki haftalarda, milliyetçi milletvekillerinin gözü pekliği artar eksilmez. İtilaf Devletleri de, gitgide daha kaygılıdırlar; çünkü, parlamentodaki kaynaşmaya, ülke çapında gitgide yayılan gerilla eylemleri eklenmiştir. Sonunda İngilizler, Meclis'e girip birçok siyasetçiyi tutuklayarak, bir büyük darbe vurmaya karar vereceklerdir (16 Mart 1920). Zarlar atılmıştır o andan başlayarak! Milletvekilleri, protesto olarak, Osmanlı Parlamentosu'nun feshedildiğini ilan edeceklerdir; içlerinden çoğu, Ankara'ya gitmeyi yeğleyeceklerdir. Orta Anadolu'da bir küçük kenttir Ankara: Mustafa Kemal, kurmayını oraya yerleştirmiştir ve, kendi girişimiyle, "olağanüstü yetkilerle donanmış bir meclis" toplanacaktır orada çok geçmeden.

23 Nisan 1920, tarihsel bir gündür: Türkiye Büyük Millet Meclisi, ilk toplantısını yapar o gün; Kemalistler, bir yıldan beri, bütün gönülleriyle arzuladıkları bu millet egemenliği deyimini koymuşlardır meclisin adına. Çok geçmeden, Anadolu Devrimi'nin şefinin çevresinde, çeşitli ufuklardan gelen 400'e yakın insan bir araya gelecektir orada. Ankara'da toplanmış temsilcilerin hepsinin tek bir amacı vardır: İşgalciyi kovmak ve Türk yurdunun parçalanmasını –ne pahasına olursa olsun– savuşturmaktır bu. Ne var ki, bu amaca erişmek için kullanacakları araçlarda anlaşmış olmaktan uzaktırlar. İçlerinde büyük bir bölümü, Mustafa Kemal'in sancağı altında toplaşmayı –gönülden– kabul ederler. An-

cak kimileri, onun yerini, ya eski sadrazam Talât Paşa'nın, ya da eski Harbiye Nazırı Enver Paşa'nın almasının düşü içindedirler; İttihatçı liderlerin sürgün yaşamının kısa süreceğini ve yakında âlâyı vâlâ ile yurda döneceklerini umarlar. Başkalarının tek düşündükleri, Halifeliğin ve Sultanlığın kurtarılmasıdır ve Kemalist hareketin bu amaç için çalıştığına inanıp dururlar. Onların yanında, sayıları oldukça fazla başkaları da vardır: Bunlar, ulusal iktidarı, Anadolu'da, Bolşevik rejim modeli üzerine biçilmiş ve belirsiz uluslararası devrimci çevrenin desteğinde bir Sovyetler yönetiminin kurulmasına yol açabilir göründüğü ölçüde tutarlar; ama aynı zamanda, panislamizmle pantürkizme, hatta panasiatizme de bel bağlarlar.

Gerçekten, Ankara'daki Büyük Meclis, güçlükle yönetilir durumdadır kuruluş biçimiyle: Yürütmenin kararlarını sürekli tartışır; yürütme de, muhalefetleri etkisiz hale getirmek ve ulusal harekete –ne pahasına olursa olsun– belli bir birlik sağlamak için –soluk almadan– manevra yapmak zorunda kalır.

Bu iç siyasal bölünmeler değildir yalnız Anadolu hükümetinin varlığını tehdit eden, 1919 yılının sonlarından başlayarak, milliyetçiler, İtilaf Devletleriyle Babıâli'nin uzaktan yönlendirdikleri bir dizi padişahçı başkaldırıyı da göğüslemek zorundadırlar. Hemen bütün Türk yurdunu kaplamış olan, ama en korkutucu ateşleri Batı ve Orta Anadolu'da tutuşturan bu ayaklanmalar, 1921 yılının başlarına değin birbirini izleyecektir. Kemalistler, ellerindeki güçlerin büyük bir bölümünü mücadeleye sokarak ve başkaldıranları şiddetle cezalandırarak ezebileceklerdir bu hareketleri.

Sevr antlaşmasından Lozan antlaşmasına:
Türkiye'nin ölüşü ve yeniden dirilişi

İçerdeki mücadelelere, dışardaki hasma karşı savaş eklenir. Ülkenin güneydoğusunda, milliyetçi örgütler, Kilikya'ya yerleşmiş Fransızlarla çarpışırlar: Batı'da, 20 Haziran 1920'de, işgal bölgesini belirleyen Milne hattını aşmış Yunanlılarla karşı karşıyadırlar. Kuzeydoğuda, Kâzım Karabekir komutasındaki 15. Kolordu, Ermenistan sınırlarında nöbete girer ve, Erivan hükümetinin, imparatorluğun çöküşünden yararlanıp ele geçirdiği toprakları geri almak için uygun anı bekler.

Öyle de, nasıl giderleri karşılanacak bütün bu askerî etkinliklerin?

İtilaf Devletlerine ve kuyruklarına mücadeleyi sürdürebilmek için, ulusal hareketin elindeki kaynaklar pek yetersizdir. Kuşkusuz, Ankara hükümeti, kendisini tek yasal iktidar olarak görüp, sultanınkine benzeyen bir vergi mekanizması kurmuştur. Ne var ki, vergi tahsildarlarının sıkıp suyunu çıkardıkları köylüler, Anadolu toprağında çatışmaları sürdürmeye oldukça kötü gözle de baktıklarından, ellerinden geldiğince kaçarlar yükümlülüklerinden. Öyle olduğu içindir ki, Mustafa Kemal, dış yardımlara başvurmakta gecikmez: Hindistan'dan Kuzey Afrika'ya, Kahire'den Buhara'ya değin, bütün İslam dünyasına propagandacılar yollayarak, Müslümanlardan –manevi olduğu kadar mali– kardeşçe yardımlaşmaya çağrıda bulunmaya başlar. Bunun gibi, Türkiye'nin savaştığı aynı düşmanlara karşı mücadele eden Sovyetler Cumhuriyeti'nin desteğini de ister pek çabuk.

Anadolu'nun Bolşevikleştirilmesi gibi –hiç de savsaklanamayacak– bir tehlikeyi taşısa da, Ankara ile Moskova arasındaki yakınlaşma, pek yararlı olacağa benziyordu. İlk Rus altın kasaları, 1920 Ağustos'unda geldi Anadolu başkentine. Silahlar, cephane ve altın rubleler, Türk-Sovyet bağlaşıklığının yolu üzerine dikilen yığınla soruna karşın, akıp duracaktır artık. Koşulların baskısı altında doğmuş bu zoraki evlilik, Türkiye'yle Sovyetler Cumhuriyeti arasındaki sınır anlaşmazlıklarının çoğunu düzenleyen bir "dostluk ve kardeşlik" antlaşmasıyla, 1921 Mart'ında onaylanacaktır da. Kendisine, Kafkas ötesinde istikrarlı bir sınır ve büyük bir Bolşevik yardımı sağlayan bu anlaşmaya varabilmek için, Ankara hükümeti –görece– düşük bir fiyat ödemek zorunda kalır: Eli kulağında bir Sovyetleştirmeye aday olan Gürcistan'a Batum'u geri verir.

Kemalistler, Anadolu'da işgalciye karşı mücadele için her çabaya başvururken, İstanbul hükümeti, İtilaf Devletleriyle uzun barış görüşmelerinin içine gömülüp kalır ve Avrupa diplomasininin kendisine dayattığı diktanın önünde eğilir sonunda. 10 Ağustos 1920'de imzalanan Sevr antlaşması, Osmanlı İmparatorluğu'nun parçalanışını onaylar. Kürdistan'dan, Ermeni nüfusun oturduğu illerden, Trakya'dan, İzmir bölgesinden, Suriye'den, Arabistan'dan ve Mezopotamya'dan yoksun bırakılan Türkiye, sınırları hâlâ belirsiz iki devlet, Ermenistan'la Yunanistan arasında sıkışıp kalmış küçük bir Anadolu devletine getirilip indirgenir.

Ulusun zinde güçlerinin tanımayı reddedecekleri bir belgenin altına, Babıâli'nin temsilcilerinin attıkları imzanın kıymeti harbiyesi nedir? İtilaf Devletlerinde, özellikle Fransa'da, Sevr barışının ölü doğmuş bir barış olduğu bilinir. Batılı kamuoyunun hatırı sayılır bir bölümü, Türkiye'de dayatılan koşulları haksız, uygulanamaz, hatta İtilaf Devletlerinin çıkarlarına zararlı olarak görür. Türklere gelince, en azından şimdi bilmektedirler ki, başkaldırı bayrağını açmakta haklıdır Mustafa Kemal ve kendilerine düşen, savaşı sürdürmektir. Sevr antlaşmasının büyük değeri şu olmuştur: Olan biteni aydınlığa çıkarmıştır; bütün açıklığıyla göstermiştir ki, Büyük Savaş'ta yenilenlere hiçbir ödünde bulunmamak kararındadır İtilaf Devletleri.

Mademki savaşmaktan başka yol yoktur, savaşacaktır Türkler de!

Çarpışmalar, daha iki yıldan fazla sürecektir. Başarılar vardır onların arasında: Kâzım Karabekir'in 1920 kışının başlarında Ermeni güçlerine karşı kazandığı zaferle, Kilikya'daki Fransız işgaline karşı girişilmiş çeşitli gerilla hareketleri özellikle böyledir; umutsuzluk anları da yaşanır onlar kadar. Böylesi anlar, Yunanlıların kralı Konstantinos'un ordularına karşı batı cephesinde sürdürülen seferlerde doludur özellikle; Yunanlılar karşısında, Kemalistler, tükenişin iki parmak berisinde olurlar birçok kez. Ancak, 20 Ekim 1920'de imzalanan ve Kilikya'nın boşaltılmasını şart koşan Ankara antlaşması ile Fransız-Türk uyuşmazlığına son verilip de Fransız hükümetini kendi lehine çevirdikten sonra, 1922 Ağustos'undadır ki, Mustafa Kemal, artık zaferden emin bir halde, ünlü emrini verebilecektir: "Ordular, ilk hedefiniz Akdeniz'dir, ileri!"

İşgalciye karşı, uzun uzun hazırlanan bu son saldırı, iki hafta sürecektir sadece. Gerçekten, 9 Eylül'den başlayarak İzmir yeniden fethedilmiştir. Ulusal hareketin başkanının ordularına gösterdiği hedefe ulaşılmıştır: Anadolu ordusu, Ege'nin başkentinin rıhtımında geçit resmi yapar ve deniz, kaçanların gemileriyle doludur ufka değin; savaş bitmiştir. Mondros'tan üç yıl sonra, 11 Ekim 1922'de, Türkler, Mudanya'da, Marmara'nın bu küçük limanında, İtilaf Devletleriyle yeni bir ateşkes imzalayacaklardır. Ne var ki, şart koşan bu kez onlardır: Yunanlılar, on beş gün içinde, son birliklerini de boşaltacaklardır; Müttefikler, İstanbul'da ve Boğazlarda –geçici olarak– birkaç alay bulunduracaklardır, ancak bu bölgelerin mülki idaresiAnadolu hükümetine bırakılacaktır.

Savaşın kazanıldığı şu anda, barış savaşını kazanmak kalmıştır Kemalistlere. Bu iş, en hünerli stratejilerinden birine, büyük bir asker –1921'de, İnönü'de Yunanlılara karşı parlak bir zafer kazanmıştır– olduğu kadar, inatçı ve kıvrak zekâlı bir diplomat da olan, İnönü'ye bırakılır. Yeni harekât alanı onun, Lozan'da toplanan konferansın yeşil çuhalı masasıdır. 20 Kasım 1922'de başlayan görüşmeler uzun sürecektir orada ve sekiz ay sonra bitecektir ancak; güç de yürüyecektir işler, çünkü ne Paris ne de Londra, açgözlülüklerini bütün bütüne terk etmiş değillerdir henüz. Bununla beraber, İsmet Paşa, sağırlığını her yönde ustaca kullanarak, davasını kazanacaktır sonunda.

24 Temmuz 1923'te Lozan'da imzalanan belge, Sevr antlaşmasının alçaltıcı durumunu siler. Bu antlaşma, Türk milletvekillerin 1920 Ocak'ında "Millî Misak"ta dile getirdikleri dileklere alabildiğine uygundur. Antlaşma, Doğu Trakya ile Anadolu'nun çekişmeli yörelerini (İzmir bölgesi, Kilikya, Karadeniz kıyıları, doğu illeri) içine alan sürekli sınırlar tanımaktadır Türkiye'ye; azınlıklar sorununa, tam doyurucu olmasa da, en azından kabul edilebilir bir çözüm –halkların değiş tokuşu– getirir; Türkiye'nin Boğazlar üzerindeki egemenliğini tanır; son olarak, delegelerin andıcında yazılı –en kılçıklı– uyuşmazlıklardan birinin, Osmanlı "düyun-u umumiye"sini gidermenin esaslarını koyar. Ankara hükümeti kimi ödünler vermek zorunda kalmıştır kuş-

kusuz: Kilikya'dan çekilmek zorunda bırakılan Fransızlar, İskenderun sancağını ellerinde tutarlar yine de; yeni bir emre kadar, İngilizler Musul'da kalırlar; Boğazlar, Türkiye'ye geri verilmiştir, ne var ki uluslararası bir komisyon bir denetleme hakkını saklı tutar orası için; Kapitülasyonların ortadan kaldırılmasında bile, Batı sonunda resmî olarak tanımış da olsa bunu, devletler arasındaki ilişkilerde böylesine köklü bir değişikliğin etkilerini birkaç yıl için sınırlayan geçici hükümler eklenmiştir. Öyle de olsa, bir yerde ayrıntıdır bütün bunlar. Razı olunan özverilere karşın, Lozan barışı, bir büyük başarıdır hiç kuşkusuz; öteki devletlerle eşitlik temeli üzerinde hareket edecek, bağımsız, özgür bir millet olarak kendini ortaya koyma olanağını sağlamıştır Kemalist Türkiye'ye.

Açıktır ki, barış antlaşması, sultanların imparatorluğuna, Balkanlar'dan Hint Okyanusu'na değin yayılan bu yamalı bohçaya öldürücü bir darbe vurdu. Kimin ağırına gidebilirdi bu şimdi? Yeniden doğuşunun bayramını yapan Türkiye'nin, geçmişteki büyüklüğünün hayaletlerine dökecek gözyaşları yoktur pek. Hem sonra, imparatorluk, bir süredir, yalnız fiili olarak değil, hukuk bakımından da varlığını yitirmiştir. Gerçekten, Yunanlılar üzerinde kazandığı zaferin doğurduğu canlılıktan yararlanan Mustafa Kemal, Mudanya ateşkesinin imzalanmasının arkasından, Büyük Meclis'i sultanlığı kaldırmaya (Kasım 1922) zorlamak için, birkaç hafta bekledi sadece. Diş gıcırdatmaları, duraksamalar oldu kuşkusuz. Ne var ki, son direnişleri silip süpürmek için, bir sert çıkış yetti Ankara hükümetinin başına. Gerçekten, özellikle şöyle konuşmuştu milletvekillerine karşı: "Kimsenin karşı koyamayacağı bir olup bittidir söz konusu olan. Bu meclisin üyelerinden her birinin, doğal hukuka dayanan bu görüşe gelip katılması yerinde olacak. Tersi olursa, kaçınılmaz gerçekliğin olayları değişmeyecektir; ancak, kimi kafaların koparıldığı görülecektir." Şurası bir gerçektir ki, kullanılan kanıt, "kimi kafaların koparıldığını görme", ağırlıktan yoksun bir kanıt değildi öyle.

Ne var ki, Lozan antlaşması sırasında, sultanlık artık yok idiyse de, Türkiye, kesin siyasal temelini de bulamamıştı henüz. Gerçi cumhuriyet, uzun bir süredir kafalardadır;

ancak, 29 Ekim 1923'te resmî olarak ilan edilecektir. Birkaç ay sonra, 3 Mart 1924'te de, Ankara'nın Büyük Meclis'i, sultanlığın kaldırıldığı sırada ondan ayrı tutulan bir din görevi olarak Halifeliğe son vermeyi kararlaştırmakla, eski rejimin son izlerini de silecektir.

Yeni bir çağın başlangıcı mıdır bu olup bitenler?

Bağımsızlık savaşının sona ermesi ile Halifelik görevinin ortadan kaldırılması arasında art arda sıralanan çeşitli siyasal değişiklikler, Türkiye'nin tarihinde kesin bir dönemecin işaretidirler hiç kuşkusuz. Kemalist Devrim, çağını doldurmuş kurumların engeline takılıp kalmadan açılıp serpilebilirdi artık. Laikliğe, ilericiliğe, bilimsel anlayışa ve Batı'ya açılışa olduğu kadar, ulusal değerler ve geleneklere saygıya da güvenip bel bağlayan genç Cumhuriyet, esinlenmiş kurucusunun itişiyle, gerçekten şaşkınlığa düşen bir dünyaya, "uygar uluslar" topluluğu içinde örnek bir rol oynamaya yetenekli bir ülke izlenimini vererek, deri değiştirecektir birkaç yılda. Bununla beraber, Türkiye'nin, Mustafa Kemal'le Batılı çağdaşlığa doğru yürüyüşü birden hızlanmış olsa bile, şunun hakkını tanımak yerinde olur her şeye karşın: Tarihin bu hızlanışı, daha önceki uzun ve derin yol açışlara çok şey borçludur. Kemalist Devrim, –1930'lara doğru– ulaştığı doruk noktasında, Jöntürk Devrimi'nin başarılı bir tekrarı olarak görünecektir hatırı sayılır bir bölümüyle. Ve, çağdaş Türkiye'nin derin kökleri aramaya kalkıldığında, zamanın akışı daha da gerilere götürülürse, Tanzimat'ın zengin humuslu toprağına gelip varılır.

BÖLÜM XV

OSMANLI SANATI

Fas'taki, Mısır ya da İran'daki sanattan, hatta o denli borçlu olduğu Anadolu'daki Selçuklu sanatından, kendisini öylesine farklı kılan güçlü kişiliğine karşın, bir İslam sanatıdır Osmanlı sanatı. Öyledir, çünkü bir Müslüman devletidir Osmanlı Devleti ve yarattıkları, hiç olmazsa esasta, dinsel buyruklara ve İslam ideolojisine uyarlar; bunun gibi, yaratıcı ruhuna ve uğradığı çeşitli etkilere karşın, Müslüman dünyadadır kökleri onun; son olarak, öteki İslam sanatlarıyla, zorunlu olarak dinden kaynaklanmayan ortak birtakım nitelikler gösterdiği için böyledir bu.

TÜRK ÜLKELERİNDE OSMANLI SANATI
Jean-Paul Roux

İSLAM SANATI VE OSMANLI SANATI

İslam sanatında[1] çoğu kez olduğu gibi, Osmanlı sanatı da bir imparatorluk sanatıdır. Ayrıklar bir yana bırakılırsa, en önemli anıtlar, hükümdarın oturduğu yerde, Bursa'da, Edirne'de, İstanbul'da yükseltilir; sanatsal gelişme de oralarda görülür en iyi. Bununla beraber, görüldüğü kadarıyla,

---

1. "İslam sanatı" derken, genelde olanları dile getiriyoruz açıktır ki. Söylediklerimizin doğru olmadığını gösteren yığınla özel durum bulunabilir.

Osmanlı sanatı, uzaktaki eyaletlerde, Arap İmparatorluğu sanatından çok daha az izlendi. Ancak eyaletlerin, başkentte olan bitenin dışında kaldığı anlamına da gelmez bu: Birçok bölgesel merkezler, hatta küçük kentler, kültürel açılış ve serpilişe katılır ya da yararlanırlar ondan. Saray'dan mimarlar gelir oralara ya da az çok körü körüne öykünürler onlara. Gerçekten, gecikerek de olsa, Mısır Hıdivi Mehmet Ali, kaymaktaşından ünlü camisini yaptıracaktır Kahire'de (1824-1857); ondan çok daha erken tarihlerde, Magrip, Halep ya da Şam'ın (1571'de yapılan Takkiye Süleymaniye) arkasından, başka örneklerin yanı sıra, Cezayir'de Pêcherî Camisi (1660) ya da Tunus'ta Sidi Mehrez Camisi'nin (1700) tanıtladığı gibi, İstanbul sanatını yansıtacaktır. Ne var ki, Orta ve Doğu Anadolu'da olduğu gibi Arap ülkelerinde de, bin yıllık bir geçmişle Osmanlı katkıları arasında gizli bir uzlaşma olacaktır; o geçmişe gitgide bağlanılırken, İslamın henüz yerleşmediği Avrupa ile Küçük Asya'nın en uç batısında da hiçbir şey durduramayacaktır bu katkıları da.

Her İslam uygarlığı gibi Osmanlı uygarlığı da, mimarlığa verir önceliği. Zorunlu teknik bilgilere dayanan; mekânı düzenleme, kitlelerin dengelendirilmesi duygusuna sahip olup kendine özgü bir değer taşıyan ve, çoğu kez söylenenin tersine, sadece süslemeye dayanak olmayan bir mimarlıktır bu: Her türlü bezemeden yoksun olsa da, hayranlık uyandıracaktır. Bununla beraber, şu da bir gerçektir: Elle yapılan nesnelerde olduğu gibi yapıların süslenmesi de, eseri ortaya koyanın başta gelen kaygısıdır. Her zaman zengin, kimi zaman alabildiğine göze çarpan Müslüman süslemesi gibi Osmanlı süslemesi de, bir renk ustasının elinden çıkar; öyledir çünkü, İslam sanatı Doğulu bir sanat, kabartmadan çok bir çizgi sanatıdır. Yüksek kabartmayı mahkûm eder bu sanat; ve, İslamın –belki de Samî eğilimlerinden başka bir şey olmayan– köklü eğilimlerine uyarak, en azından mimarlıkta, insan suretlerinden, yasaklardan kaçınır. Minyatürde ve seramik nesnelerde, Osmanlılar, insanlara ve hayvanlara pek az bir yer verseler de, başkalarından, özellikle Selçuklulardan daha bağnaz oldular; bununla beraber, bitki dünyasını ele aldıklarında, doğaya daha sadık kalmak gibi bir zevki yansıttıklarından, daha az bağnazdılar.

312

Öteki İslam uygarlıkları gibi, Osmanlınınki de, bir kent uygarlığı idi aslında. Nüfusun çoğunluğunu barındıran köyler, mimarlığa uygun olarak kurulmamışlardır genel olarak. Bununla beraber, kervansaraylardan, köprülerden, hisarlardan ve mezarlardan oluşan bir kırsal kesim mimarlığı vardır. Bu sonuncuları, yani mezarlar, sıradan bir taş yığınıdır kimi zaman; kimi zaman yazılı ve başları süslenmiş mezar taşları görülür, anıt-kabirlerdir kimi zaman; çoğu kez unutulsa da gücünü koruyan, ölünün "çöl"e gömülmesini isteyen –o pek eski– öğüde uyarak, serpiştirilip kalmışlardır doğada.

Müslüman kentin merkezi, büyük camidir: Cemaatin namaz kılmak, vaaz dinlemek, düşünceye dalmak için toplandığı bir yerdir orası; çocuklara Kuran'ın öğretildiği ve ortak sorunların tartışıldığı bir yer de. Yanı başında onun, hükümdarın ya da yöneticinin sarayı yükselir genellikle. İktisadî yaşam, ambarlarla, insanların ve hayvanların barınabildikleri kervansaraylarla çevrili, kapalı çarşı ya da "sûk" denen ticaret merkezinden doğar. Kentliye kolaylık ve rahatlık sağlamak adına, ibadet yerleri ya da –mescit adı verilen– küçük camiler, hamamlar, çeşmeler yapılmıştır hemen her yerde. Büyük kent merkezlerinde, kentin aşırı genişliğinin doğurduğu güçlükleri gidermek üzere, birçok cami ve birçok kapalı çarşı vardır. Sanatsal yaratışın özü kentten yayılır ve bu yaratış, kırsal ya da göçebe bir çevrede ortaya çıktığında, piyasaya sürülüp pazarlanması kente bağlıdır yine.

Cami

Tanrı'nın aşkınlığına karşın onun bir tür evi olan cami, yüzyılları aşmaya aday tek anıttır. Bunun gibi, hem tanrısal büyüklüğü, hem de İslamın yengin varlığını gösteren cami, çeşitli Müslüman mimarlık okullarının en hatırı sayılır ve en temsil edici yapısıdır genel olarak. XI. yüzyıla değin her yanda ve çok daha ileri tarihlerde de kimi yerlerde, caminin "Arap" denen planına ve yerden yükselişine, bu temsili nitelik dayattı kendisini ya da gerekçe oldu ona; Osmanlılar, farklı ve daha evrensel bir plan, bir kozmik dağtapınak planıyla değiştirdiler onu, ancak ibadetin gerektirdiği öğeleri saklı tutabildiler. Olsa olsa, merkezî planın yararına olmak üzere uzunluğuna plandan vazgeçerken, müminlerin birbirine koşut uzun saflar halinde ibadet etmelerini güçleştirmiş oldular.

Her cami gibi, Mekke'ye yüzünü çevirmiştir Osmanlı camisi de. Bu yöneliş, *kıble,* kabaca güneye bakan –ve *kıblî* denen– duvarda *mihrap* adı verilen bir girinti ile gösterilmiştir. Mihraba doğru bakıldığında, onun sağında, *minber* denen vaaz kürsüsü bulunur; dik bir merdiveni vardır onun ve en yüksek basamağının üzerinde bir sayvan, en altta da kapalı bir kapısı görülür merdivenin. Camide kurban sunma âdeti olmadığı için, sunak bulunmaz. Kandiller ve halılar dışında, tek döşemelik, yırlayıcılar ya da Kuran okuyucuları için sıralar *(dekke)*; kapalı bölümler *(maksure)*; üzerine Kuran konulan *rahle*'ler ve duvarlardaki gömme dolaplardır. İbadet mahallinin *(haram)* dışında, eklentiler yer alır: Sütunlarla çevrili bir avlu *(sahn)*; onun orta yerinde bir havuz ya da bir çeşme *(şadırvan)*, helalar, aptes almak için yığınla musluk; müezzinin ezan okuyarak ibadete çağırdığı, *minare* adı verilen bir kuledir bunlar. Minarenin bilinmediği pek az Müslüman ülke vardır; avluya hemen hemen genel bir rağbet gösterilmişse de, Anadolu Selçuklularınca terk edilmiştir.

Selçuklu sanatı ve Osmanlı sanatı

Osmanlı sanatı, daha oluşumunun başlarında, sonra da bütün bir gelişmesi boyunca, çeşitli etkilere uğradı: Bizans, İtalyan, İran, Suriye, kuşkusuz daha başkalarından gelen etkilerdir bunlar. Onlardan her birinin rolünü kesinlikle belirtmek güç; hepsi de, bir bütünün içinde eridi çünkü ve bu bütün, melez nitelikler göstermek şöyle dursun, alabildiğine yekparelik içindedir; Türk olmayanlar, Selçuklu sanatından kaynağını alan kesin bir atılım içine sokarak bu bütüne bir katkıda bulunmuş olsalar bile, Türklerdir yaratıcıları bu sanatın.

Malzemenin seçimiyle hazırlanıp süslenmesinde, Anadolu'da kendilerinden önce gelenlerin geleneğine bağlı kaldı Osmanlılar. Güzel, iyi işlenmiş taşı severler; ve, Bizanslı-

314

ların etkisiyle, taş yerine zaman zaman tuğla kullanmaya kendilerini kaptırdıkları olsa da, hemen hemen tek başına taşta karar kılarlar sonunda. Duvarları resimle süslemeye başvurmalarına karşın, kaplamada çiniye başköşeyi verirler; XIII. yüzyılda, Karatay Medresesi'yle Konya'da Alâeddin Camisi'nin cephelerinde görüldüğü gibi, Osmanlılardan önce bilinen –o güzel– mermer kaplamalar çiniyle yarışamamışlardır pek. Bursa'da, duvar çinileri, örneğin Yeşil Cami'ninkiler, Konya anıtlarındaki duvar çinileriyle oldukça sıkı bir yakınlık gösterirler. İlerde göreceğimiz üzere, bu yapıların, kemerlerdeki biçim, tonozlar, köşe bingisine dayanan kubbeler, petek gözlü mihraplarda izlenen birçok yapım yöntemlerinde olduğu gibi, planları da, XII.-XIII. yüzyıllarda kullanılmış olanlardan gelmektedir açıkça.

Bununla beraber, başkalarında olduğu gibi Osman'ın beyliğinde de, XIV. yüzyıldan başlayarak, esinde ve tekniklerde köklü bir yeniliğe tanık olunur; her yanda gözle görülür ve verimli olan bu yenileşme, "Bursa Okulu" denen yerde, bu ilk Osmanlı okulunda, ve onun aracılığıyla da 1550 yıllarının klasik sanatında, tam bir açılıp serpiliş içine girecektir. Bunun sonucu olarak, alınan mesafe öylesine büyük olacaktır ki, elimizde güvenilir işaretler olmasaydı, Ortaçağ'la XVI. yüzyıl arasında her türlü bağın yokluğunu düşünebilirdik. Estetik, ortak noktalar göstermez pek; çeşitli anıt tiplerine gösterilen ilgi bile değişmiştir hatta.

Başta gelen kaygıları ticari olan Anadolu Selçukluları için asıl anıt, *kervansaraydı*; süsü, hemen hemen "cistercien" görünüşte sahınları olan girişlerde biriktirilmiş, gerçek birer ticaret bazilikaları durumundaki –alabildiğine yalın– görkemli yapılardı bunlar. *Türbe* ile *medrese* izliyordu onu; XI. yüzyılda İran'da doğan medrese, İslamda oldukça yeni bir yapıydı ve bir görev yüklenmiş bir kurumdu aynı zamanda: Dar anlamda bir ilahiyat okulu, daha genel olarak da bir eğitim ve araştırma kuruluşu idi bu ve bütün bir Yakındoğu'da –o güne değin işitilmemiş– başarı kazanarak ta Atlantik kıyılarına değin götürmüştü bunu. *Saray*'a gelince, dikkate değer olmadı o da; şatafatlı olduğu pek kuşkulu olmasa da, ancak kalıntılarından tanıyabiliyoruz onu. Camilerin, uğraşlar içinde son sırayı tutmuş olduğunu söylemek, öyle pek de abartma değildir: Sayısı görece fazla olmayan, incelikten uzak, kimi zaman yoksul, hatta kaba saba olan camiler, çoğu kez üstüne fazla düşmeden, "Arap" adı verilen çok sahınlı bir plan üzerine yükseltiliyorlardı. En azından bu konuda, kötü birer Müslüman olarak görülürler Selçuklular ve tapınağın şanından olan en sağlam geleneklerle bağlarını koparmışlardır.

Osmanlılar, her şeyi yerli yerine oturttular: Ne sadece çıkar sağlayan bir yapıya dönüştürdükleri kervansarayı terk ettiler; ne hastane (imaret), kütüphane ya da mutfaklar gibi, caminin bir tür eklentisi olarak gördükleri medreseyi; ne de statüsü aynı kalan türbeyi. Ancak, camiyi mutlak üstünlüğü olan bir sıraya getirip yerleştirdiler. Caminin yükseklik kazanmasına, kubbelerinin genişletilmesine, kitlelerin eklemlenip kaynaşmasına, hacimlerinin yalınlaşmasına, bir piramit etkisi uyandırmasına çalışarak, görkemli yapılar ortaya koyup çıkmışlardır; dünyanın daha önce tanımış olduklarından ve o dönemde tanıdıklarından bütünüyle farklı yapılardır bunlar.

Süsleme

Selçuklular, süslemeyi mimarlığın içine yerleştirmeyi her zaman bilmiyorlardı. Osmanlılar ise, tam bir ustalıkla gerçekleştirdiler bunu; ve, bol olduğunda da, anıtın çizgilerine asla yarar vermez durumdadır. Süsleme, yontmadan çok renkleri yeğleyerek, "assise"lerde ve özellikle de kemerlerde nöbetleşe yerleştirilmiş olan renkli taşlara, mermer kaplamalara, resme, ve –doğallıkla– seramik örtüye yakınlık gösterir. Söz konusu çini örtü, sahnenin önünde yer almakta gecikmez. İstanbul'un alınmasından önce, Selçuklu seramiklerinden hoşlananları –bir çırpıda– saf dışı eden –Bursa'da Muradiye Camisi'nde gördüğümüz– çoğu kez altın lekelerle belirginleştirilmiş çıplak yani nakışsız karolar aracılığıyla, tekrenl lilik ya da çokrenklilik yeğlenir başlarda; çok geçmeden, sürekli el üstünde tutulan yazı terk edilmeksizin, geometri yerine bitki örtüsü yeğlenir. İran'da görüldüğü gibi, çininin, geniş yüzeyleri devamlı bir motif ile kaplanması seyrek değilse de, çini, geniş kenar süsleriyle birbirinden ayrılmış, biri ötekinden açıktan açığa farklı tablolar oluşturur; öyle ki, bunların duvarlara asılmış halılar olduğunu sanabilir insan: Bu modanın kökenini, çadırların iç çeperlerine halılar asma biçimindeki eski göçebe Türk âdetinde aramalı (XVII. yüzyıl sonu Yeni Cami'nin hünkâr mahalli, Topkapı'da sünnet odası, XVI. yüzyıl ortalarında Şehzade Mehmet Türbesi'nde görüldüğü gibi).

Anıtları süslemek için seçilen konular, mamul nesneler, özellikle de dokumalar üzerinde görülenlerden az farklıdır genel olarak. Çiçekler, başta gelen bir yer tutarlar: Doğal örneğe pek yakındırlar kimi zaman, kimi zaman hafifçe biçim değiştirmişlerdir; çok daha seyrek olarak da, Müslüman sanatındaki üstünlüğünü yitirmiş bir arabeskin içine yerleştirilmişlerdir. Başta biçemleştirilmeye elverişli gülle karanfil gelir ki, tezhipçilikte olduğu kadar yontuda da, bütün ara aşamalardan geçerek altı ya da sekiz taçyapraklı rozet olup çıkarlar sonunda; sonra düğünçiçeği, nar çiçeği, sümbül, hanımeli, özellikle de lale gelir ve alabildiğine sevilen lale, soyut bir motife dönüştüğü zaman bile, –belki halılar bir yana– ilk bakışta tanınır haldedir. Uzun dallı çiçek açmış ağaç seyrek değildir (Rüstem Paşa Camisi, Hurrem Sultan Türbesi); serviler de öyle (Topkapı'da III. Murat'ın odası, Yeni Cami). Çin, bileşimlerin biçemini etkiler çoğu kez ve kendisinden kimi motifler de verir: Ejderhalardan kopup gelen dalgalı sargılar; *çintimati*'ler (üçgen biçiminde dizilmiş üç inci) ya da içlerinde daha çok bulutların görülebildiği "Budha dudakları" böyledir. Mimarlıkta (Topkapı'daki Kutsal Emanetler Hazinesi'nin girişi ve Rüstem Paşa Camisi) asla eksik olmayan *çintimati*'lerle "Budha dudakları", özellikle görkemli kumaşlarda daha sık görülür: I. Selim'in, II. Bayezit'in ve III. Murat'ın kaftanları, durup dinlenmeden tekrarlanan *çintimati*'lerden başka bir şeyle süslenmemiştir; çoğu, her iki motifi karışık olarak kullanır (II. Mehmet'in kaftanları, Kanuni Sultan Süleyman'dan kalan parçalar); ötekiler nar, lale ve karanfille çevrelenmiş "Budha dudakları"nı kullanırlar ki, seramiklerde (Rüstem Paşa Camisi) olduğu gibi yelpaze biçiminde ele alınırlar.

Resim ve seramik, yontuya öldürücü bir darbe indirerek, Selçuklulardaki insan ya da hayvan figürleri terk edilir; kabartmalar azalır, nakış canlılığını yitirir, taşçı kalemiyle işlenmiş yüzeyler küçülür. Çıkıntıları bölüştürüp dağıtmak için bulunmuş olan ve kemerlerde, kubbelerde, pandantiflerde, cumbalarda ve sütun başlıklarında pek önemli bir rol oynamış bulunan mukarnaslar, petek gözler, sarkıtlar ya da arı yuvaları gitgide yumuşar ve tekrarlandıklarında da tekdüzeliğe varırlar.

Yontunun ortadan çekilişinin gösterdiği gibi, çoğu alanda bir yoksullaşma vardır Osmanlı devrinde; ancak, kimi alanlarda kararlılık görülürken, daha başka alanlarda bir zenginliğe tanık olunur. Kesinti olduğunda da, XV. yüzyılda kendini gösterir bu. XV. yüzyıl, daha sonra savsaklanacak ve doğacak olana da bir itiş hizmetini gören alanlarda güzel eserler ortaya koyar hâlâ.

İşlenmiş nesneler

Büyük sanayi geleneklerinden çoğu, özellikle doğramacılarla maden ustalarınınki kaybolacaktır. Bronz, bakır ya da demir üzerinde çalışılmıyor değil: Kapı ya da pencere boşluğunu kapayan parmaklıklar, kilitler ve özellikle silahlar (yatağanlar, palalar, tolgalar, tabancalar, tüfekler, at başlıkları, kalkanlar); bu silahlar üzerinde şatafatlı biçimde çalışılmıştır ve değerli taşlarla zenginleştirilmiş ya da gümüş ve altın kakılmış en güzelleri göstermektedir ki, hüner ve zevk kaybolmamıştır; ne var ki, hiçbir mefruşat, örneğin Suriye-Mısır okulunun binlercesini sağladığı leğen ve şamdanlarla boy ölçüşemez. Ahşap, bir yana bırakılmış değildir; ancak, onu yontmadan çok, oyma ve kakma yeğlenir. Bursa döneminden başlayarak, sanatçının kalemi gücünü yitirmiştir artık, nakşı incelip zayıflamıştır. Buna karşılık, nakışlardaki bu minyatürleştirme, fildişini yontmaya (XVI.-XVII. yüzyıllar ve daha da sonraları), ayna, kalemlik, çakı, kalem yontma tablası, kaşık gibi ince ürünler vermeye yol açmıştır.

Kitaba verilen önem, cilt yapımını yüreklendirerek deri üzerine çalışmayı kurtarmıştır kuşkusuz. Ne var ki, Os-

manlılar, hemen hemen bütünüyle, Safevî İran'a bağımlı-
dırlar bu konuda; Osmanlılar, Venediklilerin aracılığıyla,
bu sanatı Avrupa'ya sokmak yeteneğini göstereceklerdir.
İslamın gerçek soyut sanatı diyebileceğimiz yazı sanatını
uyarıp yüreklendiren de bu sanattır yine. Yazı sanatı, II.
Bayezit'in hükümdarlığından başlayarak dev bir gelişim içi-
ne girer; usta hattat Amasyalı Şeyh Hamdullah'a (XV. yüz-
yıl) borçluyuz bu köklü yeniliği. Dokuma sanayisi, büyük
bir etkinliğe kavuşur. İstanbul'daki imalathaneler, kesinti-
siz biçimde, sultan kaftanları için geniş ve güçlü desenli ku-
maşlar üretirken, Bursa imalathaneleri de, kadifeler ve sır-
malı Çin ipeklileri çıkarırlar; bu sonuncusu, İtalyan mamul-
lerinde rol oynayacaktır ilerde.

Yeryüzünde bir eşi hemen hemen gösterilemeyecek
olan İslamın seramik sanatı, yüzyıllar boyu işitilmemiş bir
bereket ve çeşitlilikte sürdükten sonra, Osmanlılar saye-
sindedir ki, başka her yerde çöküp öldüğü halde, modern
zamanlarda da kaybolmamıştır. Duvar kaplamalarında öy-
lesi yaygın biçimde görülen seramik, tepsi, tabak, fincan,
vazo, içki testisi, şişe, maşrapa, hatta kalemlik gibi el işi
eserlerde de daha az yaygın değildir. Şam, Rodos, İstanbul,
İznik gibi, kurulmuş oldukları yerler tartışılmalı bulunan
Osmanlı İmparatorluğu'nun büyük imalathanelerinde kul-
lanılan toprak pek silisli idi; bu da, minenin ileri ölçüde
camlaşmasını sağlıyor ve süslemeyi pek hoşa gider kılıyor-
du böylece. Seramikler, önce beyaz bir zemin üzerinde ma-
vi olarak, turkuvaz mavisi lekelerle, sonra da ıhlamur yeşi-
li ve pek tatlı patlıcan yeşili lekelerle süslenir ("Şam işi"
denen parçalar). XVI. yüzyılın ortalarında domates kırmı-
zısının işin içine sokulmasıyla, doruğuna ulaşır üretim. Ne
var ki, çok geçmeden süsleme duyarsızlaşır, azalır, çizgiler
daha az hünerli olur ve renkler soluklaşıp donuklaşır. Av-
rupa'nın gitgide artan etkisi, çöküşü hızlandırır; bir parça
naif ve Ermeni geleneklerinden etkilenmiş Kütahya ima-
lathaneleri, bu Avrupa etkisinden kendilerini korurlar bir
süre için. Sadece Tunus'ta yapılanlar, özellikle de XVIII.
yüzyılda, Osmanlı geleneklerinden çoğunu sürdürecekler-
dir.

Halılar

Sanayileşmiş sanatlarda, halıyla yarışacak hiçbir sanat yoktur. Orta Asya'dan göçebelerle gelen ve Türk-İran dünyasına özgü olan bu ayrıcalık, daha sonra yeryüzünün geri kalan bölümüne yayılıp durmuştur gitgide. Kökeni ne olursa olsun –anlamı da yok bunu aramanın!– bize ulaşan en eski Müslüman halı örnekleri, Anadolu kökenlidir ve XIII. yüzyıla çıkmaktadır. Onlarda, Osmanlı halılarına geçecek bir nitelik, XV. yüzyılın sonlarında bitkisel öğelerin girişinin yumuşatıp hafiflettiği geometrik süsleme için belli bir zevk görülür daha o zamandan. Aynı motifi tekrarlamaya ve bunu yaparken de, süslenen alanın sınırlarını aşma izlenimini vermeye dayanan pek eski eğilimler, gelip Müslüman sanat anlayışıyla kucaklaşırlar: Sonluya hasımdır bu anlayış, söz konusu eğilimler ister ondan çıkıp gelmiş olsunlar, ister bir rastlantı sonucu karşılaşmış olsunlar onunla, böyledir. Kabilelerin onca kullandıkları *kilim*lerin ve *sumak*ların (örülmüş ama düğümlenmemiş halılar) yanı sıra, has yün denen ve düğümlenmiş bir halı olan bir halı da gelişti. *Gördes* diye adlanan (çoğu kez *ghiordès* diye yazılan) Türk düğümü, İran düğümünden *(seneh)* şu noktada ayrılır: Türk düğümünde, yün ya da ipek iplikler zincire bitişik iplerin her birinin çevresine sarılır; oysa İran düğümü, o ikisinden birine sarılır. Daha sonra, kalınlık, yontma kalemiyle sağlanır ve bu da, kadife görünüşünü verir halıya.

Hiç olmazsa, bize örneği pek az kalmış bulunan en eski halılar bakımından, onların yaşını kesin olarak belirlemede ve sınıflandırmada sanat tarihçilerinin karşılaştıkları güçlük, bu halılarla, Avrupalı ressamların resimlerini yeniden yapmaktan zevk duydukları halı resimlerini karşılaştırmaya götürmüştür: Holbein, Bellini, Lotto gibi diziler işte böyle çıktı ortaya. En yeni halılara ilişkin adlar, imalathanelerden çok, ticaret merkezlerini belirliyorlar daha çok: Kula, Ladik, Milas, Bergama, vb. halıları böyledir. Kimisinin Holbein geleneğini sürdürdüğü ve imalathaneleri de henüz kaybolmamış (Bergama) bu halılar, duygulandırıcı renkler (Milas) ve bir mihrap nakşı (Kula, Ladik, vb.) taşırlar çoğu kez ve o yüzden de, "dua halıları" *(seccade)* denir bunlara.

En ünlülerinden biri olan, soyut nakışlı ve renkleri sınırlı Holbein halısı, pek dengeli ve pek çizgisel bir bileşime yol açan sekizgen yuvarlaklı ve sert girişik süslü kıvrımdallardan oluşur. Daha az ünlü olmayan Uşak halısı, XVI. yüzyıldan XVIII. yüzyıla değin, tam üç yüzyıl dokundu; bu halı, girişik süslü baklava biçiminde ağlardan hoşlanır ve süsünü öylesine yayar ki, sonunda öne çıkan merkezdeki yuvarlaktır.

Türk geleneğinde derinden derine kök salmış bulunan ve devletçe durmadan yüreklendirilen halı sanatı, belli bir gelişimle beraber, pek canlı kalmıştır günümüze değin. O, son iki yüzyılı topyekûn bir gerilemeye uğramadan aşabilmiş İslam sanatının kendine özgü tek dile geliş biçimidir belki.

OSMANLI CAMİSİ

Tek kubbeli cami

Selçuklular, mahalle ya da küçük kent camileri için, dördül bir plan üzerine, genellikle –yedi sekiz metre gibi– küçük çapta tek bir kubbenin örttüğü (Konya'daki Taş Mescit, 1215), kimi zaman ama seyrekçe, bir sahanlıkla bir revaklı kapıdan (Konya'da Sırçalı Mescit, 1275'e doğru), ya da sadece bir revaklı kapıdan girilen (XIII. yüzyıl Harput camileri ile, 1302'de yapılan Ermenak camileri) salonlar yapmışlardı.

Bu tür yapılar, beylikler döneminde pek yaygındı: Onların birçok örnekleri İznik'te, Balat'ta, Kastamonu'da, Karaman'da, Antalya'da ve başka yerlerde bugün de görülür. Ne var ki, çok daha anıtsal bir görünüm kazanır bunlar: Duvarların yüksekliği artar, iki sütunlu ve üç küçük kubbeli bir ana giriş kapısı yaygınlaşır, bodur ve kesik koni biçiminde bir minare kesinleşir. Özellikle kubbenin çapı gitgide büyür: Selçukluların sağladığı yedi ya da sekiz metreyi geçip İznik'te on bir metreye, Balat'ta on dört metreye, Üsküp'te on altı metre otuz santime varır; 1382'de Mudurnu'da yapılan Bayezidiye Camisi'nde on dokuz metreyi aşar. Seramiğin daha şimdiden egemen olduğu süslemede –daha da sistemli olarak– mermer kaplamalar kullanılır: 1404'te Balat'ta (Milet) ve, Mimar Hacı Murat'ın 1378'de başladığı, 1392'de biten İznik'teki Yeşil Cami de böyledir. Bu pek güzel yapı, dönemin kimi başka yapılarında olduğu gibi, doğrudan izleyicisi olmayacak özgün çözümler koyar ortaya: Ortasında hemen hemen sivri, ama dar, silindir biçiminde bir kubbe bulunan –birbirine koşut– iki sahınlı bir revaklı kapı; bu, Konya'da Sırçalı Medrese'de olduğu gibi, giriş sahnının Müslüman karşılığı demek olan *haram*'ın önüne yerleştirilmiş enine bir sahınla astarlanmıştır. Böylece, daha çok sayıda müminden oluşan bir cemaati kucaklaması bakımından, camiye dönüşmekte olan bir mescitten başka bir şey değildir bu.

Çabucak yeni bir öğe çıkar ortaya ya da yeniden kendini gösterir ki, Selçukluların bir yana bıraktıkları, salona götüren avludur bu. Aydınoğullarınca, 1375'te, Selçuk'ta (Efes) yapılan İsa Bey Camisi'yle mimarlığa yeniden sokulduğu andan başlayarak, bir zorunluluk olarak kendini dayatır söz konusu avlu. İsa Bey Camisi, bu anıt, hem çok güzeldir, hem oldukça ilginç ve pek de yenilikçidir. Çapraz sahnı, ama sadece iki sahınlı olarak Şam'daki Emevî Camisi'nin[1] planına uyan bu cami bir yenilik getirir: Duvarların olağanüstü yüksekliği, duvarlarda açılan bol pencere, camiye açıkça egemen iki kubbe, pek yerinde kullanılmış dış süsleme, henüz iyi dile getirilememiş de olsa yüzyılın zevkine yanıt veren her şey bunu gösterir. Avluya gelince, üç yandan –ileride âdet olacağı gibi dört yandan değil– kubbelerin altındaki galerilerle çevrilidir o.

Gitgide büyük kubbeler yapmak, temel dairenin yarıçapı on metreyi, hatta biraz daha fazlasını aşmadıkça çözülmesi oldukça kolay tek bir sorun yaratır olsa olsa. Este-

1. 714 yılında yapılan, Şam'daki Emevî Camisi, Medine Camisi ile beraber, Müslüman dünyanın ilk büyük camisidir. Bu yapı, üç galerili avlunun ötesinde, mihraba götüren geniş ve yüksek bir çapraz sahnın kestiği *kıblî* duvarına koşut üç sahın içerir.

tik sorun ise, bambaşkadır. Yarımküre ve küp biçiminde hacimlerin birbirine yaklaştırılması uyumlu değildir; oysa sanat ister bu uyumu. Osmanlı mimarları, kendilerini bütünüyle doyuran sonuçlara varmamış da olsalar, salonlarının duvar yüksekliklerini çoğaltarak ya da azaltarak ve hafifçe üst üste binmiş ya da alt alta girmiş olan kubbelerin eğimleri üzerinde biraz oynayarak, bir çözüm bulmaya çalıştılar; bütün bu yaptıkları da, kitlelerin pek güzel dengelenişini sağlamak ve kimi zaman da, dingin bir güçlülük izlenimini uyandırmak olanağını verdi onlara. Ne var ki, Osmanlı mimarları, Timuroğullarının, Safevîlerin ya da Büyük Moğolların[1] ve çoğu kez de Avrupalıların yaptıkları ve yapacakları gibi, ne kubbe kasnağının yüksekliğini artırmayı aradılar; ne de, koni, elips, piramit biçiminde ya da karınlı kubbeler düşündüler. Osmanlı mimarları kubbelerin biçimine dokunduklarında ise, onların daha az belirgin kavisleri yatay çizgilere daha yaklaşacak biçimde, bu kubbeleri yassılaştırmak içindi. Özetle, Osmanlı mimarlarının, dikine bir atılımı gerçekleştirmek ve ağırlığı hafifletmekteki ana kaynakları, göğe doğru, gitgide daha ince ve daha yüksek minareleri birer ok gibi atmak oldu; tepelerinde külahtan bir taç bulunan bu taş gövdeli incecik minareler, görünüşte pek narin de olsalar, sık sık ortaya çıkan depremlere karşı alabildiğine direnmesini de bildiler. Söz konusu mimarlar, bu arada, *külliye* adı verilen, mimari bütünlüklerin uzun ve altta bulunan kitleleri üzerinde oynadılar; büyük camileri çevreleyen ve küçük kubbeleri –avlunun revaklarında olduğu gibi– tapınağın büyük kubbesini hazırlayan ve onların omuzlarında sanki yükselir gibi olan bütünlüklerdi bunlar. Ya da, eskiden delik bırakmaksızın örülen duvarların içine, yalnız *haram*'ı aydınlatmakla kalmayan, aynı zamanda yapıyı da hafifleten kapı ya da pencereler serpiştirme üzerinde de oynadılar bu mimarlar ve

1. Timuroğulları: Timur'dan (1336-1405) gelen ve Orta Asya'da (Semerkant, Herat, vb.) 1506 yılına değin hüküm süren Türk hükümdarlar ailesi; Safevîler, 1502'den 1736'ya değin tahtta kalan İran hanedanı; Büyük Moğollar, 1526'dan 1858'e değin Hindistan'da hüküm süren Türk (Timuroğulları) kökenli hanedan. Kubbe biçimleri için, özellikle Semerkant'taki Gur-e-Mir'e, İsfahan'daki Şah Camisi'ne (bugün İmam Camisi), Delhi'deki Cuma Camisi'ne bakınız.

bu serpiştirme işindeki hüner, yapıya yukarıya doğru bir hareket vermektedir; Edirne'deki Bayezidiye Camisi'nde olduğu gibi, klasik dönemin piramit biçiminin uzaktaki bir habercisidir bu.

Kubbeler altına yerleştirilmiş cami

Müslümanlar, cami yapmaya başlar başlamaz, *mihrap*'ın önüne bir küçük kubbe yerleştirmeyi zevk edindiler; ve, kimi zaman, girişin önünde, çapraz sahnın öteki ucunda, birincisine bakışacak biçimde bir ikinci kubbe daha yaptılar. Bu moda, onunla beraber olmak üzere, *kıblî* denen duvara koşut ya da dikine, ya da (1150'de Bitlis, 1156 tarihine doğru Harput, 1178'de Erzurum, 1228'de Divrik, vb. camilerinde olduğu gibi) çapraz olan sahınlarıyla, "Arap" planı denen –tavanı sütunlar üstünde– camiler planı da, Anadolu Türklerince kabul edildi pek doğal olarak. Bununla beraber, 1150 yıllarında, yani çok erkenden, Artukoğulları[1] zamanında yapılan Mayyafarikin (bugünkü Silvan) camisinde kubbe, üç sahın ve üç kiriş arasının çaprazlanmasıyla sınırlanmış yüzeyini kapayacak biçimde genişletilmiştir; bu, İslamın en güzel anıtlarından birinde, İsfahan'daki Cuma Camisi'nde, ancak bambaşka bir deha ile kabul edilmiş formüle göre olmuştur.

Sahnın kubbesinden çok daha büyük boyda bir kubbe oturtmak, tek kubbeli cami ile tavanı sütunlar üstünde bir caminin –birincisi ikincisinin içinde olmak üzere– bileşimi olarak görülebilir. 1376'da Manisa'da, Saruhanoğullarının hükümdarı İshak Bey'in daha da gözü peklikle yeniden ele aldığı formül, dev bir tapınağa yol açacaktır: Bu tapınağın geniş kubbesi, cephe duvarının arkasında uzun bir sahınla, her biri iki kiriş arasına bölünmüş, birbirine koşut dört sahınla yedi kiriş arasında kalan iki alt yanın varlığını sürdürür ancak. Öyle de olsa, Manisa'nın güzellikleri ve yenilikleri, kemerlerin ve kubbeyi tutan ayakların sekizgen biçimindeki o yepyeni durumuna oranla, daha az sonuçlara

1. Artukoğulları: XI. yüzyılın sonundan XV. yüzyılın başlarına değin, Ortadoğu'da birçok kenti (Diyarbakır, Mardin, Mayyafarikin) yönetmiş olan Türk ailesi.

ulaştı: Bu durum, daha Büyük Osmanlı şaheserlerinin bir bölümünde yeniden ele alınacaktır.

Aynı dönemde, Selçuklularla Anadolu'daki öteki Türk hanedanlar, özellikle eksensel ve enlemesine sahınlar üzerine kurulu kubbeleri –önemlerini vurgulamak amacıyla– çoğaltmaya başladılar (XIII. yüzyıl başlarında Kayseri'deki İplikçi Camisi, 1223'te Niğde'deki Alaeddin Camisi, 1244'te Amasya'daki Burmalı Minare Camisi).

Buradan kalkarak, *haram*'ın tümünü, önceleri daha da hasisçe yapılmış örneklerde olduğu gibi, kemerlerin rastlaştıkları noktalar üzerine dayanan kubbelerle örtmek, bu ilk denemelerden çıkarılan mantıksal bir sonuç elde etmekten başka bir şey değildi. Söylediğimiz yanlış değilse, ilk kez 1276'da, Amasya'da Gök Medrese'de gerçekleştirildi bu; ancak, Osmanlıların ortaya çıkışından önce, daha da kesin olarak belirtmek gerekirse, kuşkusuz 1389'da bitirilen Bursa'daki Ulu Cami'nin yapılışından önceki camilerde uygulanmamışa benzer. Bir ululuk ve yücelik duygusuyla yapılmış olan bu anıt, kenarları 68 ile 56 metre olan bir dikdörtgeni örter: Bu dikdörtgen ise, dört kırık kemere bağlanmış ve, genel olarak pandantif üzerinde, çapı 6,5 metre olan bir o kadar kubbeyi taşıyan on iki ayakla yirmi kareye bölünmüştür; merkezdeki kubbesi, çok köşeli zarif bir havuzun üstünde yükselen bir göz oluşturur. Artık kabul edilmiş bir olgu olarak, duvarların alabildiğine yükselmiş oluşu, pencereleri çevreleyen kırık kemerlerle süslenmiş olması, cepheye bitişik iki –kesik koni biçiminde– minare, yapının özgün güçlülüğüne katkıda bulunur.

Birkaç yıl sonra, Edirne'deki Eski Cami (1403-1413), aynı ilkelere uyacaktır: Ne var ki kubbeler, Bursa'dakilerin iki misli boyutta, 13 metre olacaktır; bu da, hemen hemen aynı boydaki bir yapı için kubbeleri dokuza indirmek demek oluyordu. Desteklerin ortadan kaldırılması, iç mekânı baştan aşağıya değiştirecektir; bunun gibi, merkez sahnın üç kubbesinin daha da yükseltilmesi, dış görünüşü değiştirecektir. Tapınağın üçe bölünüşü, bazilikada olduğu gibi, İslamda da hoşa giden bir şemaya da götürse, rastlantısaldır kuşkusuz.

Aynı kentte, 1437 ve 1447 yılları arasında yapılan Üç Şerefeli Cami'nin, Manisa'nın Ulu Cami'si ile ilişkisi yok değildir. Ona da, iki planın, tek kubbeli cami ile kubbelerin altına yerleştirilmiş cami planlarının bir bileşimi olarak bakılabilir. 24 metrelik çapıyla zaten pek gösterişli olan ana kubbe, bir altıgen –Manisa'daki sekizgendi– üzerine oturur ve *mihrap*'ın önünde bütün bir merkezî alanı kaplar. İki yan kubbe ile berkitilmiştir ve onların her biri de, daha küçük iki kubbe ile korunmuştur; Eski Cami'deki üçlü bölünüşün doyuruculuğunu gösterir bu da. Boyu eninden uzun büyük avlu, değişik boyutlarda yirmi kubbeli dört galeri ile çevrilidir ve dört ince uzun minare ile berkitilmiştir ilk kez; bu minareler, değişik yükseklik ve farklı biçimlerde olup, en yükseği yerden 67 metre yüksekliktedir. Büyük kubbenin güçlü payandaları ile, dam çatısının dört bir açısına yerleştirilmiş küçük öğeler, unutulmayacak bir ders verirler. Aynı zamanda girişleriyle de göz alıcı olan gelenekler ve yeniliklerin ortaya çıkardığı anıt, güzel bir birliğe, içte belli bir yerleştirme anlayışına ve, ağırlığına karşın, yetkin bir anıtsallığa tanıklık eder.

Kubbeler altına yerleştirilmiş olan plan, rahatsız edici ayakları sürdürme sakıncasını taşımakla beraber, İstanbul'un fethinden sonra da kaybolmayacaktır; ve (XV. yüzyılın sonundaki Zincirlikuyu Camisi ile 1573'teki Piyale Paşa Camisi gibi) çok daha yenilikçi ve cesur çözümler kabul edilse de böyle olacaktır.

Camilerde bir istisna olan bu planın, başka yapılarda birçok uygulaması olacaktır: Kimi hamamlarda (Bayezit Hamamı, Çinili Hamam, Kızlarağası Hamamı); birçok hastanelerle (İstanbul'da Bayezit Camisi *imareti*) ve özellikle kapalı çarşılarda *(bedesten)* görüyoruz bunu; özellikle bu sonuncu örnekte sıkı sıkıya uyulacaktır plana. İki güzel örneği bunların, II. Mehmet'in kurdurduğu İstanbul Kapalıçarşı'sının, her biri on beş ve yirmi kubbe taşıyan iki bedesteni; onlarla aşağı yukarı çağdaş Ankara Bedesteni (bugün Anadolu Uygarlıkları Müzesi), ya da Saraybosna Bedesteni'dir (1551). Kuşkusuz, bu anıtlar, kullanılma alanları, yapıları, iç ve dış düzenlenişleri, daha az yükseklikleri ile, farklı bir çehre gösterir gibidirler; bir ölçüde, camilerin cephesini oluşturan ya da çok geçmeden avlularını çevirecek olan küçük kubbeli revaklarla oldukça sıkı bir yakınlıkları vardır; bunun gibi, onlar, bir küçük bahçenin çevresinde yer alan ve o bahçeye daha yalın, ama camilerinkine benzeyen bir kapı ile bağlanmış kubbe biçiminde çatılar altında bulunan hücrelerin mirası demek olan medreselerle de yakınlık içindedirler. Bununla beraber, onların incelenmesi şunu gösteriyor: Bu yapılar, ayaklar üzerine oturmuş ve her biri bir kubbe taşıyan kemerlerle birbirinden ayrılan –küçük evlekli– bir alanın bölünüşü gibi, aynı ilkeler üzerine kurulmuşlardır.

Bursa Okulu'nun medresesi

XIV. yüzyılla XV. yüzyılın başlarında, Selçukluların gelenekleri içinde birçok medrese yapılmıştı; ne varki, yok olmuştur büyük bir bölümü bunların. Bursa'da ayakta kalabilenler ise, Yıldırım'da (1339), Yeşil'de (1415) ve Muradiye'de (1426) olduğu gibi, az buçuk özgünlük gösterirler: İran medresesindeki bakışık eyvanların kaybolması, kubbeli bir ders salonunun eklenmesi, bir pencere ile dışarıya bakan hücreler, Bizans modasına uygun biçimde taşla tuğlanın aynı anda kullanılması, giriş kapısının yalınlaştırılması gibi.

Bereket versin, öğrettikleriyle olduğu kadar güzellikleriyle de zengin olan, Bursa'daki I. Murat Hüdavendigâr'ın (1363-1385) cami-medresesini koruyup saklamışız. İbadet yeriyle eğitim-öğretim yapılan yerin tek bir yapının içinde bir araya getirilmesi, Müslüman dünyada hiç de istisna olmayan bu bileşim, iki düzeyde gerçekleşmiştir burada: Zemin katta, cami ile okuyup çalışma odaları, onun üstündeki katta ise, öğrenci hücreleri bulunmaktadır. Plan, bütün açıklığıyla, dört eyvanlı haç biçimindeki medreselerin anısını taşımaktadır hâlâ (*eyvan*, üç yanı kapalı ve dördüncü yanı olduğu gibi açık bırakılmış kırık beşik biçiminde büyük bir salondur); eyvanlar, ikişer ikişer birbirine karşı konumdadır ve İran dayatmıştır bu planı; ne var ki, söz konusu plan, o dönemde İran dışı Müslüman dünyanın hemen hemen her yanından kalkıp gelen derin değişikliklerin çoğuna uğramıştır ve bir Avrupa etkisi bile fark edilmektedir bunda: Dört eyvandan üçü küçültülmüştür; o üç eyvandan giriş hizmeti göreni, yanlardakinden daha da fazla küçültülmüştür; ve dördüncü eyvan ise, tersine, alabildiğine genişletilmiştir.

Merkezî salon, kubbe altında salona dönüştürülmüştür; nitekim, vaktiyle Selçuklular zamanında, Konya'da Karatay Medresesi'nde (1251) ve İnce Minareli Medrese'de (1260) böyle yapılmıştı. Daracık bir eyvanın önüne gerçek bir giriş sahnı, onun önüne de bir dış sahın yerleştirilmiştir; bu dış sahın, yapının cephesindeki kapıyı hatırlatır, ne var ki, üzerine bir kat galerisi yapılmıştır. Giriş eyvanına karşı olan ve kubbede olduğu gibi büyük bir derinliğe sahip bulunan eyvan, her iki düzeyi de kavrar ve ibadet salonunu oluşturur. Bu eyvan, dikdörtgen biçiminde bir kirizma ile sona erer ki, içine mihrabın yerleştirildiği ve kiliselerde görülen sunak arkası bölümün küçültülmüş bir biçimidir. İki yan eyvan orta büyüklüktedir; ve, sağdan ve soldan –dershane oldukları kuşkusuz olan– iki odayla payandalanmışlardır ve eyvanların çıkıntılarının bir bölümünü giderirler. İlk katta, bir dehliz kubbenin çevresini dolanır; bu dehliz, duvara yerleştirilmiş dar bir geçitle uzatılmış olup, ne için kullanıldığı bilinmeyen ve kuşkusuz dua yeri olan pek küçük bir odaya götürür. Bu dehlize, –pencereleri dışarıya bakan– sağlı sollu on iki hücre açılır. Ön bölümünde, iki merdiven, iki dehliz ve boyu eninden fazla –kubbeli– beş salon vardır. Katın dehlizi, kırık beş büyük kemerin –hayranlık verici– bir bileşimi sonucu cepheden aydınlatılmıştır; bu kemerler de, Bizans başlıklı sütunlara dayanan kırık ve çifte kemerleri kapsarlar: Bunlar, daha sonra Niğde'nin Akmedrese'sinde yeniden görülecektir (1409). Bir İtalyan etkisi açıktır burada; ama kimi zaman ileri sürüldüğü gibi, bir "frenk" sanatçısının işe karışmış olduğu anlamına hiç de gelmez bu.

Ters döndürülmüş T planlı denen camiler

"Bursa Okulu'ndan" denen ya da tersine çevrilmiş T planlı camiler, alabildiğine güzel, pek göz alıcı, İslam sanatında mutlak olarak tek başına kalmış ve hiçbir izleyicisi de olmayacak olan bu anıtlar, Hüdavendigâr cami-medresesininkine benzeyen bir egemen plana göre yapılmışlardır. Onların güçlü kişiliklerinin kaynağı şudur aslında: Dört eyvanlı haç biçiminde medreseden gelirler; görevleri de, bir *zaviye*'nin, yani bir ya da birçok din adamı için yapılmış kuruluşların gördüğü işi görmeleridir. Gerçekten, asıl anlamıyla cami, dört köşe bir alanın üzerine kuruludur: Bu alan, bir beşik tonozun değil, bir kubbenin altındadır artık; bu kubbe de, giriş kapısının karşısında ve yapının bütününde bir çıkıntı oluşturacak biçimde yerleştirilmiştir. Yapı, bir merkezî bölüm çevresinde örgütlenir; bu merkezî bölüm, bir kubbeyle örtülmüş eski avludur; söz konusu avlu da, daha alçak tavanlıdır ve ortasında bir çeşme ile süslenmiştir. İki yan eyvan, onlar da kubbe altında salonlara dönüştürülmüştür; bu salonlar, öteki salonlara ya da dar geçitlerle varılan ve –ocakların gösterdiği gibi– oturma ya da çalışma odaları hizmetini gören giriş bölümlerine bağlantılı idi ya da değildi. Öndeki bölüm, büyük ana kapıya açılan bir sahanlık biçiminde yapılmıştır. Merkezî salonun ve ibadet salonlarının kubbeleri, eşit büyüklükte olsun ya da olmasınlar, onları taşıyan duvarlar gibi, komşu kubbelerden, kimi zaman da eğik çatılar altında bulunan bölümlerden çok daha yüksektirler hep. Böylece yapı, dışardan bakıldığında, üç parçalı bir bölünüş halindedir; bu da, kendisine iki yan taraf eklenmiş bir merkezî sahın varmış gibi bir düşünceye götürür insanı; doğaldır ki, içerdeki gerçekliği hiçbir yönden yansıtmaz bu.

Bu yeni mimarlık uğraşının hem en eski, hem de en yalın örneği, Bursa'daki Orhan Camisi'dir (1339); ancak, aynı kentte, bunun daha yeni başka örnekleri de vardır: Yıldırım Bayezit Camisi (1395), Yeşil Cami (1424), Muradiye Camisi (1426); başka yerlerden örnekler de, Bulgaristan'da Plovdiv'dedir (1389): Oradaki I. Murat Camisi, 1398'de Bergama'da –tam tamına– tekrarlanmıştır ve üç kubbeli sahnı ile üstü örtülü yan eklemlerin bir arada ortaya koydukları ahenkle göze çarpar. Yeşil Cami, göz kamaştırıcı süslemesi ile, en başarılı bir örneğidir bunun. Bu

329

cami için öngörülmüş olan büyük ana kapı, hiçbir zaman yapılmadı; bu da, yapının cephesinin, büyük silmelerle, sarkıtlı anıtsal girişi, pencereleri ve duvar oyukları üzerindeki süslemelerle tantanalı biçimde işlenmesine yol açmıştır. *Haram*'ın seramik karoları, özellikle de Tebrizli bir ustanın imzasını taşıyan yüksek mihrabınkiler, sultan mahfelinin, mahfellerin ve kimi yan salonların karoları, beyazla, sarıyla, siyahla karışmış ve altınla yaldızlanmış olarak, yazı ya da içinde Çin kökenli temaların göründüğü bitki nakışlarında, yeşille mavinin bütün çeşitleri üzerinde oynarlar.

BÜYÜK DEVRE GİRİŞ

Fatih Sultan Mehmet döneminde sanat

İstanbul'un alınışından sonra, Osmanlı İmparatorluğu'nun kaynakları pek çoğalır ve gelirleri de sınırsız olur hemen hemen. Bizans'a yeniden yaşam vermek, İslama ait büyük bir başkent kurmak zorunluluğu, bir mimarlık etkinliğini de yüreklendirir; en azından XVI. yüzyılda, yoğun olacaktır bu etkinlik. Kuşkusuz, Selçuk geleneği hafifler, ne var ki, Bursa Okulu aracılığıyla varlığını sürdürür; öte yandan, birbirinden pek farklı etkiler, bir noktaya doğru yönelir. Yıkılan imparatorluktan gelir bu etkiler; ancak, onun kadar, belki –İran'dan Çin'e– Asya'dan, hatta İtalya aracılığıyla Avrupa'dan gelen etkilerdir de bunlar. Eksiksiz olarak benimsenen bu etkiler, seyrek görülür bir güçlülükte ve olanaklarına tamı tamına sahip özgün bir okulun yaratılmasına katkıda bulunacaktır. En azından Çaldıran savaşına değin, Şam ve Tebriz sağlar sanatları ve sanatçıları; sanatçılar, en uzak kentlerde, Semerkant ya da Herat gibi, özellikle Timuroğullarının rönesansını yaşayan kentlerde de bulunmaktadır. Büyük ressam Mehmet Siyah Kalem'in eseri, hemen hemen kesin olarak Orta Asya'dan gelmektedir; "Fatih Albümü"nde *(murakka)* korunmuş olan bu eser, hep söylendiği gibi Şaman nitelikler göstermeyip bir Uygur kökene[1] işaret eder. Bu eser, Osmanlıların Uzakdoğu'ya gösterdikleri ilgiyi de tanıtlar; imparatorluğun Çin seladon ve porselenlerinden oluşan büyük koleksiyonunun da gösterdiği gibi, canlılığını hep sürdürecektir bu ilgi. II. Mehmet, Batı'da, İtalya ile kültürel alışverişi destekler. Fatih, 1465'te ressam Matteo di Pasti'yi ve 1478 ile 1481 yılları arasında ressam Costenzo di Ferrare'yi çağırır; Gentile Bellini, 1479 Eylül'ünden 1480 sonlarına değin, bir yıldan fazla kalır sultanın başkentinde ve bugün Londra'da National Gallery'de saklı tutulan portresini yapar. Osmanlı sanatçıları da Venedik'e giderler: Nakkaş Sinan Bey, bunlardan biridir ve gerçekten inandırıcı bir güçle, "Elinde Gül Tutan Fatih" adıyla bilinen bir portresini yapmıştır sultanın.

XV. yüzyılın ikinci yarısında, kendisinden ilerde yeniden söz edeceğimiz Çinili Köşk örneğini kimi anıtlar, "Elinde Gül Tutan Fatih"in İtalyan kaynaklarını göstermesi gibi, İran'dan gelen köklerini belli eder de olsalar, Bursa Okulu'nun formülleri yürürlükte kalır uzun süre. Avlulu olsun olmasın, tek kubbeli camiler, kuşkusuz en çok rastlanandır o yıllar. XVI. yüzyılın ikinci yarısına değin, Balkanlar'da tümen tümendir bunlar: 1507, 1526, 1561, 1565'te Saraybosna'da, 1549'da Trovnik'te, 1550'de Foça'da, 1557'de Mostar'da, 1562'de Bitola'da görüldükleri gibi. Anadolu'da, hatta İstanbul'da hiç de bilinmez değildirler: 1491'de yapılan Firûz Ağa Camisi ile 1485'te yapılan Davut Paşa Camisi, birer örnektirler; daha ilerde inceleyeceğimiz sultani camileri hesaba katmadık. Kubbelerin altına yerleştirilmiş camiler unutulmamıştır.

Ne var ki, en anlamlı anıtlar, yenileyememiş de olsa, tersine çevrilmiş T planını sürdüren anıtlardır kuşkusuz. Taşrada rastladıklarımız, işte bu tip camilerdir: Afyon'da Gedik Ahmet Paşa Camisi (1472), Üsküp'te İsa Bey Camisi (1475) böyledir; başkentte Mahmut Paşa Camisi (1462) ile Murat Paşa Camisi (1465) de böyledir. Üsküp'teki cami, yapısı yalınlaştırılmış bir halde, birbirine benzeyen kubbeli

1. Uygurlar, Sinkiang (Çin Türkistan'ı) Türklerindir; Budizm, Manikeizm, Nesturilik gibi çeşitli dinleri kabul etmişlerdir; özellikle resimler ve elyazmalarıyla ünlüdürler.

iki salona indirgenmiştir; bu salonları, derinliğinin yarısından biraz daha fazla uzunlukta –pek alçak – iki yan tonoz uzatır. Mahmut Paşa Camisi'nde, kubbe altındaki iki salon, yan sahınlarından (aslında küçük kubbeler altında üç salondan), kalın bir duvar ve bir koridorla ayrılmıştır; dış sahna pek yakın bulunan beş kubbeli büyük ana kapının iç bölümünde gerçek giriş sahnı vardır. Taş dizisi, çoğu kez bir sıra taş ve bir sıra tuğla olarak dizilmiş de olsa, yeni hiçbir şey yoktur ortada.

Bizim, Fatih döneminde sanat üstüne hakkaniyete uygun bir hükme varmamıza olanak sağlayabilecek temel eser, Fatih'in, İstanbul'u fethedişinden kısa bir süre sonra yaptırdığı büyük cami, avlusu ve eklentileri dışında, bir depremde yıkılmıştır; sonra 1771'de, yeni bir plana dayanılarak tekrar yapılmıştır. *Haram*'ı taçlandıran kubbe, Osmanlılarda o güne değin görülmemiş bir çapta olup 25 metre idi; yandaki alçak bölümlerin her biri ise, iki kubbe ile örtülmüştü. Bu durumun Edirne'dekinden farkı şu idi olsa olsa: Merkezdeki kubbe, altı kemere değil, dört kemere dayanıyordu ve ibadet salonu da, Bursa'da olduğu gibi, derinlik doğrultusunda, bir başka solanla uzatılmıştı; bu son salon da, yan sahınlarla desteklenmiş ve bir yarı kubbeyle korunmuştu. Oldukça esrarlı bir durumda kalan bu yarı kubbe, Ayasofya Kilisesi'nden esinlenmiş olabilir; ne var ki, XIV. yüzyılın başlarında, Tire'de, bir küçük kilisede bu da kullanılmıştı ki, onun da tanıtlayabileceği hiçbir şey yoktur.

Tapınağın çevresinde, aydınlık ve düzen adına yepyeni bir kaygı ile, Bursa'daki anıtlarda görülen dağınıklıkla açıkça zıtlaşacak biçimde, dev bir *külliye* yayılıyordu; bu *külliye,* avlulara açılan ve bir beş yüz kadar küçük kubbeyle örtülmüş bulunan salonlar ve galeriler halinde uzar gider. Böylece, hiç kuşkusuz ilk kez ve en azından alabildiğine tam bir anıtsal bütün konmuş oluyordu ortaya: Bu bütün, tüm dinsel, sosyal ve kültürel hizmetleri bir araya getiriyordu; ve görevi, caminin değerini öne çıkarmak olan –daha alçak anıtlardan oluşan– gerçek bir mimarlık mücevher kutusunun içinde camiyi sarıp sarmalıyordu.

II. Bayezit'in camileri

II. Bayezit'in ilk büyük eseri, Amasya Külliyesi'dir: 1486'da sultanın oğlunca tamamlanan bu külliyeden, sadece cami ve medrese kalmış durumda. Caminin planı, tersine çevrilmiş T planına bağlıdır hâlâ: Kalın ayaklara dayanan bir kubbesi, üç küçük kubbeyle örtülü yan sahınlar ve beş kubbeli bir ana kapı bulunuyor. Ne var ki, yeni bir yaklaşımla ele alınmıştır bütün bunlar: Başlarda ayrı ayrı duran salonlar, ibadet gereksinmeleri için iç mekânı birleştirmek amacıyla, birbiriyle alabildiğine bağlantılı kılınmıştır.

Mimar Hayrettin'in, 1484 ile 1488 yılları arasında Edirne Külliyesi için kabul etmiş olduğu çözüm pek farklıdır: Bu çözümde, büyük cami-medrese çevresinde, ardiye, mutfak, fırın, yemekhane, hastane ve şifahane gibi bölümler toplanmıştır. Burada ek yapılar, bir yüz kadar kubbe ile, dikkate değer bir bütünlük oluştururlar. Bu bütünde, özentisiz, hatta ciddi görünüşlü ve alabildiğine güzel bir *mukarnas*lar dizisiyle süslenmiş hastane ile, ona bir avluyla bağlanmış olan şifahane, en başarılı bölümlerdir. Yapının altıgen planı, Amasya Medresesi (1488) ile, İstanbul'daki Rüstem Paşa Medresesi'ni (1550) haber verir bize. Cami, taştan dev bir küptür: Bu küpün üstünde, 21 metre genişliğinde ve 19 metre yüksekliğinde geniş bir kubbe bulunmaktadır; fazla becerikli olmayan, ama ırmakta yansımasını gören bir yapı bu! Caminin *kıblî* denen duvarının yanında pek alçak iki medrese yer alır; medreselerin planı da, hem dört eyvanlı plana, hem de kubbeler altına yerleştirilmiş camilerin planına uymaktadır.

Ayasofya'nın etkisi

Dev ve görkemli Ayasofya Kilisesi'nin, görece geç de olsa, bir etkide bulunmuş olduğunu yadsımak güçtür; büyük Sinan bile, özenle inceleyecektir onu. Bir eşi daha olmayan hacmi ve güzelliği; Osmanlıların bir yüzyıldan fazla bir süredir inceleyip durdukları kubbenin onca cesaret ve ustalıkla ele alınışı; yeni başkentlerinin ta orta yerinde, yapacakları camilerden kimi zaman birkaç yüz metre ilerdeki yeriyle, Türklerin gözünde, Hıristiyanlığın ve Bizans İmparatorluğu'nun simgesi durumundaki bu anıt, kayıtsız bırakamazdı onları. Ona erişmek ya da aşmak onu, söylensin ya da söylenmesin bir amaç olup çıkmıştı. Gerçekten, Osmanlıların yetişmesi, ideolojisi ve zevkleri, hazırlıyordu buna onları. Onların, en eski Türk geleneklerinden miras aldıkları düşünce şu idi: Yetkin biçim, bir kare içine çizilmiş bir dairedir, uzayda onu temsil eden bir küp üzerine oturtulmuş kubbedir ve evren de böyle kurulmuştur; zaman ise, bir *imago mundi*'dir, bir küçük evrendir yani. Bunun yanı sıra, Osmanlılar, Bizanslılar gibi, Tanrı'nın ululuğunu ve yine tıpkı *basileus*'un Tanrı'nın temsilcisi olması gibi, O'nun "yeryüzündeki gölgesi" olan hükümdarın büyüklüğünü onaylayan tapınaklar kurmak kararındaydılar. Böylece, cemaati bir araya toplayabilecek, iç planda yekpare ve her türlü dayanaktan da sıyrılmış camiler yapmanın arkasındaydılar.

Öyle de olsa, klasik dönemin büyük camisi, Bizans'ın bazilikasına bir yanıt değildir yine de. Aralarındaki farklılıklar benzerliklerden çoktur. 27 Aralık 537'de açılan Ayasofya, benzersiz bir anıt olarak görünüyor tarihte: Hiç yoktan yaratılmışa benzer hemen hemen ve Doğu Hıristiyanlığında hiçbir izleyicisi olmayacaktır. Mimarları Trallesli Anthemius ile Miletoslu İsidorus'un kabul ettikleri çözüm şudur: Yapının, 31 metre çapında olup yerden de 54 metre yükseklikte olan pek büyük kubbesini,[1] doğudan ve batıdan iki yarım kubbe, kuzeyden ve güneyden de –kubbe mihverinde– iki kemer omuzlar; bu kemerler, dev tribünler üzerine kuruludur ye pencereleri olan bir alınlık tablası içerir. Ne var ki, bu çözüm biçimi tekrarlanmayacaktır. Öte yandan, Justinianus'un dileği, bir yetkin örnek yaratmak

1. Bu kubbe, dünyanın en büyük kubbeleriyle karşılaştırılabilir: Londra'daki Saint-Paul (kubbesinin çapı 46 metre), Agrippa Panteonu (çapı 43,50 metre), Roma'da San Pietro (çapı 42 metre, yerden yüksekliği de 123 metre). En güzel Fransız kubbesi olan Invalides'inki 25 metre çapındadır. En büyük kubbe, Bijapur'daki bir mezarın (Hindistan), 1.600 m²'lik bir alana yayılan Gol Gumbad'ın kubbesidir.

değildi; dünyanın Adem'den beri asla görmediği ve bir daha da göremeyeceği bir anıt ortaya koymaktı. O, gerçekleştirdi bunu ve varını yoğunu harcadı bu uğurda. Ondan sonra, ya kubbe altına yerleştirilmiş bazilika planına dönüldü, ya da Rum haçı planı kabul edildi. Bu sonuncu planda, 10 metrelik bir çapı hiçbir zaman aşmayan kubbe, dik mihverli –beşik biçiminde– tonozlarla payandalanmıştır dört bir yandan; dört eyvanlı cami planını da hatırlatmıyor değil bu.

Ayasofya'nın uzaktan bütün Bizans kiliselerini aşıp geride bırakması gibi, tüm öteki camileri gölgede bırakan bir cami yoktur Osmanlı mimarlığında. Tersine, bütün olası değişimleriyle birçok kez tekrarlanmaya elverişli bir anıt tipinin yaratılması söz konusudur; devletin mali olanakları doğar doğmaz ve yettiği sürece böyle olmuştur.

Bu tipin nitelikleri şunlardır özellikle: Büyük bir kubbe, hacmin tek bir bütün halinde kullanılması, iç ve dış organlar arasında tutarlılık ve ulaşım, hafiflik etkisi ve bir piramit istiflenişi. Osmanlı kubbesi, genel biçimi bakımından, ama özellikle mimarlık teknikleri yönünden, Bizans kubbesine benzer. Bununla beraber, şu noktayı da belirtmeli: Osmanlılar, Bizans'ın artık yapmayı bilmediği ya da istemediği bir dönemde, gitgide büyük kubbeler kondurmayı başardılar. Hatırlatmış olalım: Üç Şerefeli Cami'nin kubbesi, 24 metreyi geçer; bu ise, Ayasofya'nın kubbesinin çapından 7 metre daha azdır ve aşılması için hayli çaba harcanması gereken bir mesafe söz konusudur. Ne var ki, büyük caminin genel görünümü, bazilikanınkinden oldukça farklıdır. Ayasofya'nın dışı –görece– sevimsizdir ve iç düzenlenişini hiçbir noktada haber vermez: İslamın eklediği minarelere karşın ve sağlamlaştırılmasının zorunlu kıldığı payandalar olmasa bile, kitlesel bir görünüştedir; fazla belirgin olmayan piramit biçimi, ancak yandan bakıldıkça gösterir kendini.

Ayasofya'nın çekiciliğine kapılan ve onun etkisine giren XVI. yüzyıl mimarları, kopyacı olmadılar. Bu mimarlar, Selçuklulara çıkan gelenekleri yorumladılar ve bağlılıklarını sürdürdüler onlara: Daha önce de söylediğimiz gibi, ke-

335

merlerin ve tonozların çizgisi, *mukarnas*'ların süslenişi, geometrik ve bitkisel bileşimler, görkemli kapıların durumu söz konusu olduğunda bunu görüyoruz; yontuca süslemelerindeki yoksulluğa karşın, XIII. yüzyılın büyük kervansaraylarının kapılarını hatırlatır bu kapılar. Bu mimarlar, hiçbir zaman camdan mozaik kullanmadılar; çünkü, duvarları seramik karolarla kaplama geleneği vardı. Hem, babadan oğula geçen bir mesleki eğitime bağlı ve loncalar halinde alabildiğine örgütlenmiş Türk işçiler, nasıl olur da Bizanslılaşabilirlerdi? Türk olmayan bir el emeğinin işin içine girdiği varsayımı, ne denli çekici olursa olsun, yalnızca yardımcıların Hıristiyan kökenli olduklarını gösteren kanıtlara karşı koyamaz durumdadır: Süleymaniye Camisi'nin şantiyesi ile ilgili ödeme defterleri, tartışmaya yer bırakmıyor bu konuda.

İstanbul'daki II. Bayezit ve I. Selim camileri

1505 yılında tamamlanan İstanbul'daki II. Bayezit Camisi, Ayasofya'nın etkisinin açıkça görülebilir olduğu ilk yapıdır; ve bu camidir ki, Justinianus'un bazilikasının Osmanlılarca kopya edilmiş olduğu yolundaki tezin ortaya atılmasına neden oldu. Gerçekten, söz konusu yapının kubbesi, 18 metrelik çapıyla, kilisenin kubbesinden çok daha küçük olsa da, kuzeyden ve güneyden iki yarım kubbeyle uzatılmış durumdadır; bunun gibi, mekânın düzenlenişi, Türk sanatında yeni bir anlayışla ele alınmıştır ve hiç olmazsa bir bölümüyle, Bizans'ı izler. Ne var ki, bu noktada durur karşılaştırma! Kubbeyi taşıyan merkezdeki küp ile, sağlamlığını ve bütünle uyumunu sağlayan –Ayasofya'dakinden daha az başarılı– güçlü payandalar, Edirne'deki Bayezidiye'ninkilere yakındırlar hâlâ. Kubbe, yukarıya doğru yükselişin yararına ama genel görünüşteki birliğin zararına olarak, yapının aslından bütünüyle ayrılmışa benzer; daha da aşağıda tutulmuş yarı kubbeler, kubbeye bağlanmamışlardır, duvara dayanırlar. Fazla yüksek olmayan yan sahınları, her birini dört kubbenin örttüğü iki sahın oluşturur hâlâ. *Haram*la aynı boyutlarda revaklı bir avlu vardır yapının önünde; bu avlu, iki kanatla *haram*dan ayrılmış görünür: O iki kanat da, yine kubbeler altında olmak üzere, doğuda ve batıda ibadet salonunu sürdürürler ve son buldukları noktalarda da, yapının bütününü genişleten –birbirine simetrik– iki minare yaslanır onlara.

Bu kanatlar, pek şaşırtıcı bir şey, Edirne'deki Bayezidiye'nin, *kıblî* duvar üzerine yerleştirilmiş iki medresesini hatırlatır. Hacimleri bölmek amacıyla, özellikle köşelerdeki küçük kulelerde fark edilen, fazla hünerli olmayan bir çaba harcanmıştır. Süslemede, büyük özen gösterilmiştir. Avlunun duvarında, iki sıra pencere ve hâlâ Selçuklu biçemine yakın yanal oyuklu üç kapı açılmıştır. İçerde yeşil breşten, kırmızı mermerden ya da granitten sütunlar, sırayla kırmızı ve beyaz ya da siyah ve beyaz olan ve Fatih Camisi'nde daha önce kullanılmış bulunan mermerlerle kemer taşlarının çokrenkliliğini zenginleştirir durur.

Tartışılmaz niteliklerine ve yığınla yeniliğine karşın, bir geçiş dönemi eseri olan Bayezit Camisi, en azından görece bir başarısızlık eseri olarak görülmelidir: Çünkü, 1522'de oğlu Kanuni Sultan Süleyman'ın tamamlattığı I. Selim'in büyük camisi, Edirne'deki Bayezidiye'nin tek kubbeli planına dönmüştür. Aklı fikri bir tek örtüde olan mimar, 24 metre çapındaki büyük kubbe ile salonun duvarlarını ve bu arada, *haram*la avluyu ahenkleştirmeyi başarmıştır; ancak, bunu yaparken, yapının yüksekliğinden fedakârlıkta bulunmak zorunda kalmıştır; aşırı yükseklikte görülebilecek minarelerle bu fedakârlığı gidermeyi aramış olsa bile böyledir. Bu bile, bir yarı başarısızlıktı. Bir çıkmaza girmişe benziyordu mimarlık; onu oradan çekip çıkarabilecek dâhi bir mimar gerekiyordu.

Sinan

Osmanlılar, Mimar Sinan'ın kişiliğinde bulacaklardır o mimarı: Sinan'dır ki, sanatçı kuşakların sürdürdükleri araştırmaların en son sonuçlarını ortaya koyacak ve klasik sanatı kuracaktır. Sinan, 1489 yılında, Kayseri yakınlarında bir yerde, kuşkusuz Hıristiyan bir ailede dünyaya gelir. Türk kanı taşımamış olması, onun Türk dehasını dile getirmiş olmasından ve, kelimenin tam anlamıyla, bir Osmanlı olmasından, hiçbir şey alıp götürmez aslında. Söylendiğine göre 1512'de, *devşirme* olarak ailesinden alınmış ve, asker olarak da, 1512'de Belgrad seferine katılmıştı; arkasından da, imparatorluğun öteki yörelerinde, özellikle Arap Ortadoğu'da hizmette bulunmuştur. 1538'de Prut üzerine bir köprü·atmak fırsatını buldu; arkasından Tuna üzerinde bir başka köprü kurdu ve hükümdarın dikkatini çekti çalışmaları. O andan başlayarak, mimarlığa adadı kendini; camiler olduğu kadar türbeler, hamamlar olduğu kadar mutfaklar, yekûn olarak bir 360 kadar anıt dikti. Kendi söylediklerine bakılırsa, üç eser, mesleğindeki aşamalara işaret eder: İstanbul'daki Şehzade ve Süleymaniye camileri ile Edirne'deki Selimiye Camisi; bu son yapı, şaheseridir onun ve dünya mimarlığının da ustaca gerçekleştirmelerinden biridir. Onu bitirdiğinde, seksen yaşını aşmıştı Mimar Sinan.

Her şeyden önce yaratıcı bir deha olan Sinan, ne pahasına olursa olsun özgünlük arkasından koşmadı; kimi şeyleri gelenekten almaktan ve değerlerini ortaya koymuş formülleri uygulamaktan korkmadı: Örneğin, Kırım'da Gözleven Camisi'nde (1552), çok daha küçük çapta olmak üzere, Fatih Camisi'nin planını alıp uygulamıştır. Bununla beraber, Sinan, derinden derine yeniledi sanatı, Osmanlı klasisizmini başlattı ve öylesine büyük bir atılım getirdi ki mimarlığa, her alanda belirginleşen gerilemeye karşın, ölümünden sonra da yaşama olanağını sağladı bu ona. Ancak, verdiği ders öylesine dev boyutlarda olacaktır ki, ondan sıyrılıp ayrılma yeteneğini gösteremeyen eserler, her türlü yaratıcı gücü yitirip çıkacaklardır sonunda.

Şehzade Camisi

1548'de yaptığı ilk büyük camisinde, Sinan, Ayasofya'nınki de içinde olmak üzere, geçmişten ders alarak, tek bir atılımda, klasik mimarlığı ve hemen hemen yetkin bir anıtı yaratır. Artık ondan yararlanmak, işleyip düzeltmek, daha ileriye adımlar atmak için onu destek olarak kullanmak, onda elde ettiği çözümleri daha görkemli anıtlarda uygulamak kalır geriye. Gerçekten, Şehzade Camisi, orta halli bir camidir bir bakıma; 19 metre çapındaki kubbesi, I. Selim'inki göz önünde tutulursa, bir gerileyiştir; bir deneme[1] deyim yerindeyse. Yarım kubbelere dayanan kubbe örtünüşünü kabul eden Sinan, küresel iki büyük duvar oyuğu yerine bir haç oluşturacak biçimde dört ayaktan yararlanarak, tam mantığına eriştirmiştir bu örtünüş tarzını; ve, merkezî plana dönmüştür böylece. Bütün sistem, temelde sekizgen ve en yukarıda oyuklu silindir biçimindeki dört ayağa; bunların yanı sıra, sağlam ve belirgin eklenişlere sahip bir iç mekân oluşturan dört büyük kemere dayanır. Birbirleriyle bağlantıları hayranlık uyandıracak biçimde kurulmuş olan dış hacimler, tutarlı bir bütün oluştururlar. Anıt, yandan 38 metre yüksekliği de aynı olduğuna göre, kesinlikle küp biçiminde olmakla beraber, aracı kubbeler, özellikle görevi kemerlerin basıncını dengelemek olan köşelerin silindir biçimindeki kulelerinin kubbeleri sayesinde, bir piramit görünüşündedir. Çifte şerefeli iki minaresinin eşsiz narinlikleri, yığınla penceresi ve zarif bir süs oluşturan uzun yan koridorları, bu göz dolduran yapının hantal bir eser olmasını önlerler.

Başarı sağlamış da olsa, Sinan, dört yarım kubbeli merkezî plandan vazgeçti. Nedeni, kesin olarak bilinmiyor bunun; ancak, dört bir yana yaslanan merkezî kubbenin çekiciliğini yitirdiğine ve yükseltmeyi istediği bir anıta bir basıklık izlenimi verdiğine hükmetmiş olsa gerek. Bu bir eksiklikti ve düzeltilmesi de mümkündü. Ne var ki, o yapmayacaktır bu düzeltmeyi; Şehzade Camisi'nin planı, Yeni Cami'de, Sultan Ahmet Camisi'nde yeniden ele alındığında gerçekleşecektir bu; Fatih Camisi'nin –oldukça hünersiz– yeniden yapılışındaki uygulamayı bir yana bırakmalı.

---

1. Bununla beraber, daha önce bir "deneme" vardır: Diyarbakır'daki Fatih Paşa Camisi'dir bu. 1516-1520 yıllarında yapılan bu eserde, bir merkezî kubbenin çevresinde dört yarım kubbe bulunmaktadır.

Süleymaniye Camisi

1550 ile 1557 yılları arasında yaptığı, İstanbul'un en güzel camisi Süleymaniye'de, Sinan, Bayezidiye Camisi'nin çözümlerine –Ayasofya'nınkilere diyelim isterseniz– dönmeyi istemişe benzer: 26,5 metre çaplı bir kubbeyle, 53 metrelik bir kubbe yüksekliğini iki yarım kubbeye dayandırmakla bunu arzulamış görünür; ve girişimin vaktiyle başarısızlığa uğramış olduğu noktada, o başarıya ulaşır. Süleymaniye, ışık geçirmez donuk bir bütün ve gerçek bir birlikten uzakta olmak şöyle dursun, aydınlık ve yalınlık içindedir ve altında derin bir bilgi gizlidir bunların. İç olanakları, içerdeki düzenin Ayasofya'dakinden çok daha fazla karmaşıklıklarına alabildiğine denk düşer. Merkezdeki iç genişlik, tam bir serbestlik içinde, iki kızıl somakiden sütunun tuttuğu üç kemerle yan boşluklara ve beyaz ve siyah mermerden kemer kovanlarına bağlanmıştır. Oraya, yan cephelerin sonunda yer alan dört kapıdan ve ortada da –avluyla ilişkisi kurulmuş– bir ana kapıdan girilir. Avlunun dört köşesinde üzerleri oluklu dört minare görülür; bunlardan ikisi pek yüksek olup üç şerefelidir ve ikisi daha az yükseklikte olup iki şerefelidir. Tonozların basıncını etkisiz hale getiren payandalar, içerde tribünlere, dışarda da iki katlı galeriye katılmıştır; bu galerilerin durumları çok güçlü ve çeşitli de olsa, dinginlik ve rahatlık verir insana.

Süleymaniye, duvarları pencereli ve en azından Abbasiler zamanından (IX. yüzyıl) beri bilinen bir konumda bütün bir çevre duvarı *(ziyade)* içine alınmıştır; ve alçak boylarıyla uzayıp giden, üzerleri küçük kubbeler ve yüksek bacalarla dolu yapılardan oluşan görkemli bir *külliye* ile çevrilmiştir; bu yapıların kapıları, manastırları hatırlatan iç bahçelere açılırlar. Bu yalın ve dengeli ve gerçekten güzel bileşim, hiçbir yenilik taşımaz o sıralar ve daha uzun bir zaman, hayranlık uyandırmayı sürdürecektir. Ayrıntılarında uğrayacağı ince değişiklikler olmasaydı, kimi yeknesaklıklara yol açabilirdi bu; ne var ki, pek İslami bir sanat anlayışına hakkıyla yanıt veren şeyleri fark edebilmek için, bir parça dikkat etmelidir. Konya'da Mevlevîlerin ya da sema

340

yapan dervişlerin dergâhı, dervişlerin toplantı salonu ile, tarikatın kurucusu Mevlâna Celâlettin Rumî'nin türbesinin çiniden yapılmış Selçuklu yüksek kulesi, güzel bir örneğini oluşturur bunun.

Süleymaniye'nin arkasında, tapınağın sadece açıktaki payandalarının sıralandığı duvarına dayanmış bir başka duvarlı çevre vardır ki, mezarlığa ayrılmıştır ve camilerin yakınında hemen hemen her vakit ve uzun bir süreden beri rastlanmaktadır buna. Gömüt taşlı mezarlar arasında, Sinan'ın Kanuni Sultan Süleyman'la eşi Hurrem Sultan için yaptığı türbeler yükselir.

Edirne'deki Selimiye

Süleymaniye Camisi'nde, genel görünümdeki uyum ve dışarıyla içerisi arasındaki yakın iletişim, iç mekânın zararına gerçekleşmişti biraz; Sinan, yaşamının sonlarında, yüce bir anıtta, Edirne'deki Selimiye'de (1569-1574) gidermeye çalışacaktır bu eksiklikleri.

Âdet olanın tersine, Selimiye'ye bir *külliye* eklenmedi. Tek eklenti olarak, aynı kentteki Bayezidiye'de olduğu gibi, ibadet salonunun arkasına yerleştirilmiş iki küçük medrese vardı başlarda. Yapının tamamlanmasından birkaç yıl sonra, 1580'e doğru, kuruluşa para sağlamak amacıyla, bir kapalı çarşı yapmak gerekti; Sinan'ın öğrencisi Davut Ağa, genel bileşime hiçbir zarar vermeden ustaca gerçekleştirdi bunu.

Böylece, küçük bir tepenin üzerine tek başına yükselen, alabildiğine yetkin biçimde dengelenmiş olan bu eser, bakışları en son noktasına doğru çeken çizgileriyle, başka hiçbir yerde görülmedik biçimde kozmik dağ imgesini gerçekleştirir; ve kubbelere, göğe doğru süzülüyormuş izlenimini vermek isteyen mimarların ülküsüne bir yanıt oluşturur. Hiç de o izlenimi vermeden dev boyutlar taşıyan ve şaşırtıcı bir hafifliğe sahip, avluya değil de yapının dört köşesine yerleştirilmiş dört minare, dayanak hizmetini görür ve simgesel temsillerdeki evrenin dört sütununu canlandırırlar. Galerilerin kubbelerinin iyice ölçülüp biçilmiş olduğu avlu, hem *harama* iyiden iyiye bağlanmıştır, hem de genel görünümü bozmamak için yeterince ayrılmıştır ondan.

Coşkulu çabalarla dolu bir yaşamın ürünü olan bu benzersiz şahesere, daha önceden birtakım incelemeler yapılmaksızın girişilmiş değildi. Gerçekten Sinan, İstanbul'daki iki tapınak için kabul etmiş olduğu planı denemişti: Bu iki tapınak, süslemeleriyle ün kazanmış olan iki küçük cami, Rüstem Paşa Camisi (1560) ile, Sokollu Mehmet Paşa Camisi (1571)'dir; ve söz konusu plan, onlara, alabildiğine hünerle uygulanmıştır; aynı plan, 1575 yılından başlayarak, İstanbul'daki Azapkapı Camisi için yeniden ele alınacaktır.

Haliç'ten bir parça uzakta, bir tacir ve gemici mahallesinde, –o sevimli– Rüstem Paşa Camisi, dükkânlara da yer verilsin diye, oldukça yüksek (6 metre) bir zeminde yapılmıştır. Pek yalın küçük bir terasla bir kemeraltı bulunmaktadır caminin önünde; XVI. yüzyılın en güzel seramikleriyle donanmış cami, kentin gürültüsünden sıyrılmış bir sessizlik adacığı gibi görünür. Renklerdeki ışıldama, seçilmiş süsleme temalarının çeşitliliğindeki birlik, alabildiğine içtenlik vermektedir ona; ve, hiçbir zaman böylesine güzel düzenlenmemiş hacimlerle mimari çizgileri, tam bir ahenk içinde birleştirmeye yardımcı olmaktadır.

İşte Rüstem Paşa Camisi'nin bu böylesine duru ve akli planıdır ki, Sinan, bir başka kavrayışla ve sonunda Ayasofya'yı aşma kararlılığı ile, Selimiye'de yeniden ele alınmıştır: Ayasofya'nın –aslında tekrar yapılmış– 31 metrelik kubbesinden bir parça büyük olan 31 metre 28 santimetre çapındaki kubbesi bunu tanıtlar. Bu dev kubbe, yarım kubbelere değil, sekiz ayak üstüne oturmaktadır artık; ve kubbenin ağırlığı, bir yandan art arda kemerler ve köşe bingileriyle, öte yandan bileşime denk düşen zarif payandalarla dengelenmiştir. Birer piramitle örtülü pinyonları, kubbe bileziğinin üstünde çıkıntı yaparlar ve terk edilmesi konusunda onca çaba harcanan dik çizgileri yeniden sokarlar işin içine. Merkezîleştirilmiş bir anıtta kıbleyi daha belirgin hale getirmek amacıyla, mihrap, küçük bir absidin içine yerleştirilmiştir; Bursa'da daha önce görülmüş de olsa, İslam sanatında seyrek rastlanan bir çözümdür bu, ancak pek de mutlu sonuçlar vermektedir: Müslüman tapınağına bir derinlik kazandırabilecek tek şey odur; çekin aradan onu, kaybolur derinlik.

Sinan'ın mirası

Sinan'dan daha ileriye gitmek mümkün değildi pek. Ne var ki, kendinden sonra geleceklere, üzerinde çalışabilecekleri oldukça çok sayıda mimarlık modelleri bırakıyordu o. Mirasçıları, seve seve yaptılar bu çalışmaları; yeni yollar açmayı ise aramadılar.

Selimiye'nin sekiz ayağı ile sunulmuş, ancak daha önce de görülmüş olan çokgenli kuruluş, kimi zaman olduğu gibi sekizgen biçiminde, kimi zaman altıgene dönerek, ama hep dört köşeli, köşe bingisi ya da yarım kubbe demekte duraksayacağımız organlarıyla beraber, yeniden ele alınmıştır çoğu kez: 1583'te yapılan Eski Valide Camisi'nde, 1710'da yapılan Üsküdar'daki Yeni Valide Camisi'nde ve 1800'de yapılan Eyüp Sultan Camisi'nde böyledir; bu sonuncusu, aslında eski bir tapınak olup, Peygamberin sehabesi arasında bulunan ve vaktiyle Bizans surlarının eteklerinde öldürülen Ayyûb'un (Türkçede Eyyup) mezarının yanında yeniden yapılmıştır. Bu son iki yapıda, rakipsiz hüküm sürdüğü bir dönemde, hiç olmazsa süslemede, pek belirgindir Avrupa etkisi. Yine Selimiye'den esinlenen birçok küçük tapınakta, yarım kubbeler ve kemerler, hünerli ve yaşam dolu bileşimleri nöbetleşe kullanılmıştır; onlardan ortaya çıkan da, değişik hacimler ve mekânın, çoğu kez beklenmedik düzenlenişler olmuştur.

Şehzade Camisi'nin planının, birçok büyük camide, Sultan Ahmet Camisi'nde, Yeni Cami'de ve II. Fatih Camisi'nde yeniden ele alındığını söyledik. Gerçekten ve ustaca olmuştur bu ele alış. Mavi Cami ya da Sultan Ahmet Camisi, İstanbul'un en ünlü Müslüman yapısıdır ve en güzeli değilse de, en göz alıcı olanıdır en azından. En büyük camisidir de İstanbul'un: Bizans'ın At Meydanı'nda kurulan, Marmara'ya egemen olan eserin genişliği 64, uzunluğu 72 metredir; yüzeyi iki katına çıkaran avlu dışındadır bu ölçünün; ve 43 metreye yükselir cami. Mimarı Mehmet Ağa,

1609 ile 1617 yılları arasında yaptı eserini: Çapı 23 metreyi biraz aşan kubbe, büyük kemerlerin aracılığıyla, dört dev ayak üzerine oturtulmuştur; kubbeyi dört yarım kubbe payandalar ve, bu yarım kubbeler de, daha aşağı çaplarda olmak üzere üç köşe bingisi ile desteklenir ve obruk mekânlar çoğaltılmış olur. Böylece, kat kat dizmede ve bir piramit etkisi sağlamada bir adım daha atılır. Altı minare, İslam sanatında hemen hemen mutlak sayılabilecek bir yeniliktir ve ancak Mekke'de rastlanır böylesi büyük bir sayıya; iç eğmeçli beş sıra pencereler, kubbeli kulecikler, caminin atılımını belirginleştirir. Bir ışık seliyle yıkanan caminin içi, yukarı bölümlerde –son zamanlarda yeniden elden geçirilmiş– resimlerle; ve mavi, yeşil, kırmızı, siyah bir 21.000 kadar biçemlenmiş çiçekli karo çini ve sarmaşık dallarla süslenmiştir.

Yapılışı 1597'den 1663 yılına değin süren, Haliç'in hemen kıyıcığındaki Yeni Cami, oldukça az bir yaratıcı nitelik gösterir; ama yine de, daha küçük çapta da olsa, görkemli bir görünüşü sürdürür. Ötekilerden daha yüksek bir *külliye* ile çevrili idi: O külliyeden bugün, iki katlı ve birbirine dikey iki yola sahip tonozlu güzel bir yapı olan Mısır Çarşısı ile, camiye bir galeri ile bağlı olan, dikkate değer bir seramik takımının süslediği özgün ve zarif bir eser, Hünkâr Mahalli kalmıştır sadece.

İşte, tek kubbe altındaki caminin bu eski ve hep gözde olan şemasıdır ki, Osmanlı mimarlarının kubbe sanatında kazanmış oldukları ustalığı ortaya koyup değerlendirir belki de. Onu XVI. yüzyılda değiştirip dönüştüren devrim de, Sinan'ın eseridir yine. Kubbenin yarımküre biçimindeki hacmini salonun dikdörtgen hacmiyle uzlaştıramayacağının bilincinde olan Sinan, kaldır koy etmeden vazgeçti bundan; ve, kendi yarımkümsi kubbesinin, yapının sadece köşe ayaklarını payanda edinip dört büyük kemer üzerine oturtulabileceğini koydu kafasına. Duvarlar, üzerinde sayısız pencere açılmış bir tür perde olup çıktılar böylece ve hiçbir taşıyıcı görevleri de kalmadı artık. 1557'de, İstanbul'daki Edirnekapı semtinde, Mihrimah Sultan Camisi'nden başlayarak, tasarısında bütünüyle başarıya ulaştı: Mümkün olduğu kadar belirsiz ve merkezdeki sahna alabildiğine açılan yanlar, onunla beraber geniş bir iç mekân oluştururlar ve dışta da, kemerleri serbest bırakırlar. Pek çok cami bu formüle göre yapılacaktır: Çoğu kez, cephe gibi asalak organlar yardıma çağrılarak olacaktır bu; "Empire" denen biçemin en güzel örneklerinden biri olan Tophane'deki Nusretiye Camisi (1826) ile, 1854'te yapılan –pek ünlü– Dolmabahçe Camisi'nde olduğu gibi, modern devre değin sürecektir söz konusu formül.

Osmanlı dinsel mimarlığının son büyük eseri olan Nur-u Osmaniye Camisi de, 1748 ile 1756 yılları arasında, yine tek kubbe altında cami olarak yükselecektir. Bu XVII. yüzyıl ortamında, Avrupa etkisi pek büyük olup çıkmıştır; ne var ki, onun özümsenebilir olduğu da hissedilmektedir; ve bundan, Osmanlı sanatında –çok zorunlu hale gelmiş bulunan– bir yenileşmeyi beklemeye hakkı vardır insanların. Süsleme, açıktan açığa "barok"tur; ancak, İslamlaşmış bir baroktur bu. Mimarların elinde gerçek teknik bilgiler vardır hep: 25,70 metre çaplı bir daireyi örten kubbenin genişliği; kemerlerin ağırlığının köşe payandalarıyla giderilmesi ve güneydoğu ile güneybatı köşelere yerleştirilmiş iki dikdörtgen kanat, tanıtlar bunu. Yeni formüller ararken, yaratıcı bir ruhu da sürdürür bunlar: Düzensiz, bir parça dar, ama alabildiğine şairane avlu, bir örneğidir bu yeni formüllerin; ya da, Selimiye Camisi'nden beri ortadan çekilmiş olan –mihrabı içeren– absidde olduğu gibi, yenileştirilmiş formüller görülür. Nitelikli olmak, pek küçük eksiklikleri unutturabilmektedir hâlâ: Avlunun yapının bütünüyle kötü biçimde bütünleşmesi; doğu ya da batıdaki dış galeriler üzerindeki sütunların alabildiğine cılız tutulması, birer örnektir bu eksikliklere.

İstanbul'da Mimar Tahir Ağa'nın yaptığı Laleli Camisi (1759-1763), daha az başarılı, ama yine de ilginç bir eserdir: Bir depremde yıkılıp 1783'te yeniden yapılan, kubbesi –Selimiye'de olduğu gibi– sekizgen ayaklar üzerine yerleştirilmiş olan bu cami, kötü biçimde sürdürür baroku; nitekim, aynı mimarın elinden çıkan yeni Fatih (II. Fatih) Camisi, alabildiğine hantal ve ne diklemesine ne de piramit biçiminde atılımı olmayan yapısıyla, "rokoko"nun kötü bir kopyasıdır.

ÖTEKİ SANAT BİÇİMLERİ

Osmanlı evi

Eski Osmanlı kenti hakkında bir görüş verebilecek nitelikte, el değmemiş kentsel bütünlüklerden fazla bir şey kalmış değil bugün. Büyük camiler bile, modern yüksek yapılarla ezildiklerinde, özgünlük ve çekiciliklerinden bir bölümünü kaybediyorlar. Vaktiyle olduğu gibi, pek az bir süre önce de, camiler, yükseklikten çok uzunlamasına yayılan bir kente alabildiğine egemen durumda idiler; çünkü, surların içinde hapsolmuş halde değildi kent çoğu kez.

Göründüğü kadarıyla, evler, duvarla çevrili, ağaçlı küçük bahçeler içinde, eğri büğrü yollar boyunca sıralanmış cepheleriyle, rastlantıyla yerden bitmişe benziyordu. Sağlam bir oturtmalık üzerine, iki kat halinde, ahşap olarak, ya da çeşitli malzeme ile doldurulmuş odundan kalıplarla yapılmış, canlı ya da yumuşak renklerle boyanmış, saçaklı bir çatı ile örtülmüş, cumbalı ve dışarıya bakan yığınla pencereli hacimleriyle, bu evler, şu bildiğimiz konut tipini oluştururlar; örneğin bir Roma evi ya da Çin evi kadar ayırt edici niteliklere sahiptir ve İslam mimarlığında baştan aşağıya kuraldışıdırlar. Yetkinliğine, ağır ağır ancak XVIII. yüzyılda ulaşmış görünen bu mesken tipinin yayılma alanı, imparatorluğun Avrupa topraklarıyla, –İzmir'den Erzurum'a uzanan bir çizginin kuzeyinde olmak üzere– Anadolu'nun bir bölümünü kapsar. Şöyle tanımlanabilir bu konut tipi: İki düzeyde hizmet ve dairelerin üst üste konması; bir tür hol ya da karşılaşma ve ortak yaşam yeri hizmetini gören salon niteliğindeki merkezî *sofa* çevresinde dağılış. Bu zorunlu niteliklerine karşın, tek bir modele saplanıp kalmaz bu tip; büyük bir görünüş özgürlüğünden yararlanır ki, güzelliğinin ve çekicilikle özgünlüğünün büyük bir bölümünü sağlayan budur. Deniz kıyısında, özellikle de Boğaziçi'nin kıyılarında yapılan, gerçek birer saray yavrusu niteliğinde, *yalı* adı verilen görkemli evler de vardır ki, ikinci derecede birer konut hizmetini görürler genel olarak.

Bu evlerde süsleme, halı serili zeminde ve alabildiğine işlenmiş tavandadır özellikle; oyuklarla süslü duvarlar boyalıdır çoğu kez. Yakıp yok eden yangınlara karşın, bu evlerden, yukarıda belirttiğimiz bölgede, İstanbul'da, Edirne'de, Bursa'da, belki de daha fazla olarak küçük kentlerde, Balkanlar'da Plovdiv, Ohrid, Kastoria, Saraybosna, Berat'ta, Anadolu'da Afyon, Kula, Birgi, Safranbolu'da ve bu bölgenin dışında örneğin Antalya'da sayısız örnekler bulunmaktadır bugün de.

Sivil mimarlık

Çeşmeler, bol bol bulunuyordu kentlerde: Bunlar, camilerin avlularında *(şadırvan)*, meydanlarda ve sokakların şurasında burasında *(çeşme)*, ya da kamusal anıtların duvarlarına yaslanmış mimarlık eserleri *(sebil)* halinde, başlı başına bir varlığı olan yapılardır. IV. Murat zamanında (1623-1640), on binden fazla bulunuyordu bunlardan İstanbul'da; XVIII. yüzyılın başlarında, III. Ahmet'in saltanatı döneminde, sayıları daha da artmışa benzer bu tür eserlerin. En güzelleri ve en anıtsal olanları, işte bu devirden kalmıştır onların: Piramit çatılı ve kubbeli ufacık kuleleri olan, pek çekici ve alabildiğine şirin süslemelere sahip bir tür köşklerdir bunlar (1728'de yapılan, Ayasofya'nın yakınındaki III. Ahmet Çeşmesi en başarılı olanıdır içlerinde; 1731'de yapılan Tophane Çeşmesi ile 1773'te yapılan Azapkapı Çeşmesi de, birer örnektir bunlara).

Her mahallenin, erkekler ve kadınlar için olmak üzere, kendi *hamamı* ya da hamamları vardır: Dinlenmek ve konuşmak amacıyla uzun saatlerin geçirildiği buluşma yerleridir bunlar. Sosyal görevleri, özen gösterilmelerine ve çoğu kez de lüks olmalarına neden oluyordu. En büyük mimarlar, bu arada Sinan, böylesi hamamlar yapmaya sırt çevirmiyorlardı (İstanbul'da 1553'te yapılan Haseki Hamamı, hacimleri yerli yerinde bölüştürülmüş 75 metrelik bu uzun yapı onundur örneğin). Müslüman dünyanın –çoğu kaybolup gitmiş– öteki hamamları gibi, bu hamamlar da, soyunma yerleri, halvet ve serinlikleri *(apoditarium, calda-*

rium, tepidarium) ile, Roma hamamlarının geleneğini sürdürüyorlardı. Mermer levhalarla kaplanan bu hamamlar, üzerleri aydınlatmayı sağlayan cam kabarcıklarla donanmış çoğu kez geniş kubbelerle örtülü idiler (Kuşkusuz II. Bayezit döneminden kalan Bursa'daki Demirtaş *tepidarium*'unun, 16 metre çapındaki bir kubbesi vardır). En ünlü hamamlar, çoğu kez gözden geçirilmiş olan Bursa hamamlarıdır (Bizans *spolia*'lı eski Kaplıca, I. Murat zamanında yapılmıştır; Yeni Kaplıca, 1533 tarihlidir); onları izleyenler, Sinan'ın daha önce zikrettiğimiz Haseki Hamamı bir yana, Tokat'ın 1420 yılından ve Budapeşte'nin de 1506 yılından kalma hamamlarıdır belki; bu sonuncusunu Evliya Çelebi de görüp hayran oldu ve havuzunu çeviren porfir taşından yapılmış sekiz sütuna bakıp "yeşil sütunlu hamam" adını verdi.

Kentlerdeki kervansaraylar *(han)*, yollarda, özellikle Avrupa'ya giden yollarda rastlananlarda (Küçük Çeşme, Lüleburgaz, Harmanlı'da) olduğu gibi, dev yapılardı çoğu kez (1468'de yapılıp 1896'daki depremde yıkılan kocaman Kürkçüler Hanı'nın, iki geniş avlu dolayında, iki kata bölünmüş 176 odası vardı). Bu hanlar, sanatsaldan çok pratik bir amaç güttükleri için, Selçuklu hanlarında görülen yüksek mimarlık niteliklerine sahip değillerdir; üstlerinin örtülmelerinde sık sık rastlanan üstün niteliğe, sıra sıra kemerlerdeki sadeliğe, katlardaki direklerin zemindeki kemerlerin sırtlarına dayanmasına karşın, gerçek budur. Zamanın etkisine pek uğramış hanlardır bunlar; ne var ki, içlerinde en güzeli olarak gösterilen İstanbul'daki Valide Hanı (XVII. yüzyılın başları), Tokat'la Sivas arasında ortada bir yerde kurulmuş Yeni Han'dan (XVI. yüzyılın sonu, XVII. yüzyılın başı), Üsküp'teki Kursamili Hanı'ndan (XVI. yüzyıl) ya da 1619'da yapılmış olan Ulukışla Hanı'ndan daha az çekicidir yine de.

Hemen hemen bütün köprüler görkemlidir. O kadar ki, Türk mimarların, ortaya koydukları eserlerde hep gösterdikleri bereketli yetenek ve imgelemi, hiçbir dinsel ya da kültürel dayatma dizginlemedi de mi, işler böyle gelişti diye soruyor insan kendi kendine. Salt teknik sorunlarla karşılaştıklarında, sağlamlığı zarafetle birleştirerek, tam bir ustalıkla çözmesini becerdiler onları: Hayrettin'in XVI. yüzyıl ortalarında yaptığı Mostar köprüsü, Sinan'ın yaptığı Visegrad'daki Prisna köprüsü, Üsküp'teki Vardar, Saraybosna'daki Kozja, Büyükçekmece köprüleri örnektir bunlara.

Yüzlerce kale yaptılar Osmanlılar: Fazla özgün değildir bu yapılar; her yerde aynı gereksinmelere yanıt veren tahkimat sanatı, Batı'da olduğu kadar Bizans ve Müslüman Doğu'sunda da –hissedilir derecede– aynı çözüm biçimlerinden esinlenmiştir. İçlerinde de ünlüleri ve dikkate değer olanları, 1395'te (sonradan genişletilerek) ve 1452'de, Boğaz'ın Asya ve Avrupa yakasında yükseltilen Anadolu Hisarı ile Rumeli Hisarı oldu kuşkusuz. İstanbul'daki Yedikule de zikredilebilir: II. Mehmet'in, 1458'de Bizans surlarına dayalı olarak yaptırdığı bu kalenin başlarda hangi işe ayrıldığı iyice bilinmiyor.

Türbe sanatı

Pek geniş mezarlıklar olsa da, mezarlar, canlıların bulundukları alana aldırış etmezler ve yol dönemeçlerinde böyle mezarlarla karşılaşılır. Bununla beraber kentte, türbeler, camilerin çevresinde toplaşmış haldedirler daha çok. Bu türbeler, oldukça anıtsal iseler de, birinci binin sonlarında başlayarak saptanmış olan boyutları göz önünde tutulduğunda, Orta Asya'da, dahası Büyük Moğolların Hindistan'ının onlara biçtiği genişliğe varamadılar hiçbir zaman.

Osmanlı türbeleri, hele bu alanda da gücünü ortaya koyup şöhret kazanan Sinan'ın müdahalesinden sonra, herkeste bir hayranlık uyandırsa da, çıkıp geldikleri Selçuklu türbelerine gösterilen ilgiyi toplayamadılar. Selçuklu türbelerindeki canlılığı, imgelem gücünü ve süsleme zenginliğini taşımayan Osmanlı türbeleri, tiplerinde büyük bir çeşitlilik de göstermezler. Gerçekten, ilgi uyandırmaktan uzak olmasa da, içlerinden bir bölümü bir yana bırakılabilir: Bunlar duvarsız, üzerini kırık ya da sepet sapı biçimindeki kemerlerle bağlanmış dayanaklar üzerine yaslanan bir kubbenin örttüğü –oldukça kuraldışı– kulübeciklerdir; XIV. yüzyılın ilk yarısından başlayarak İznik'te bilinen bu türbeler (Hacı Hamza ve Yakup Çelebi Türbesi), XIV. ve XV. yüzyıllarda, özellikle de Balkanlar'da (Travnik ve Saraybosna türbeleri) oldukça yaygın haldeydiler.

Bursa Okulu'ndan başlayarak, mezar sanatındaki gelişme kendisini hissettirir durumdadır. Bu gelişme, Selçuklular döneminde, piramit ya da koni biçimindeki bir başlık altına yerleştirilmiş kubbe olarak çatıdadır önce; sonra sekizgene ve onikigene, daha da seyrek olarak daire ve kareye ayrıcalık tanıyan plandadır; onu, dar pencerelerle elde edilmiş pek hafif aydınlatma izler; ve son olarak da, kapı ve pencere boşluklarına yapılan süslemede görülür bu gelişme. Kubbeler dayatmaya başlamıştır kendini; dairesel ve onikigensel planlar, dikdörtgensel, altıgensel ya da sekizgensel planlara terk etmişlerdir yerlerini; yığınla geniş pencere açılmıştır; yontuyla süsleme seyrekleşirken, duvarlarda, özellikle de içerdeki duvarlarda, resim ve seramik açılıp serpilmektedir. Bursa'da, Muradiye'de, gölgeli bir bahçe içinde, sultanların, bir sıra taş ve bir sıra tuğladan yapılmış türbeleri, Osmanlıların ilk aranışları hakkında tam bir fikir veren bir örnektir. Bununla beraber, en ünlü anıt-kabir, XV. yüzyılda, Bursa'daki Yeşil Türbe'dir (1421): Sekizgen bir plana sahip bu eser, son derece yüksek (4,57 metre) bir kasnak üzerine oturtulmuş neredeyse sivri bir kubbe olan çatısıyla, geçmişten bir anıdır hâlâ, iç ve dış yüzeyleri kaplayan –o hayranlık uyandıran– çini süsleme, yeni bir süsleme anlayışını dile getirir. Bir Tebrizli ustanın elinden çıkma –geometrik nakışlı– pek güzel bir ceviz kapı, gerektiğinde, İran müdahalesini koyar ortaya.

Sinan'ın gerçekleştirdiği biçimiyle klasik dönemin Osmanlı türbesi, kendisinden öncekilerden bir parça daha geniştir genellikle; ve kubbesi, kavun dilimlidir çoğu kez. Mimarlık sanatı bakımından hiçbir şeye yanıt vermeyecek biçimde iki kata bölünmüş, ya da genel görünüşü bozan meyilli tavanları taşıyan sütunlu bir gezinti yeri ile çevrili (Kanuni Süleyman Türbesi) türbe, geniş bir kapıyla bir sundurmaya açılır. Pek çok sayıda örnekleri bulunan türbe, seramik süslemesiyle büyük ilgi çeker özellikle (II. Selim ve II. Murat'ın türbeleri); bununla beraber, silme oyunlarıyla, görünmez oyuklarla (Mahmut Paşa Türbesi, 1463), tonoz kaburgaları, saklı köşe sütunlarıyla ya da akroterlerle (Sinan'ın 1545'te yaptığı Hüsrev Paşa Türbesi), tekdüzeliği bozmaya kalktığı da olur. Mimarlık açısından söylemek gerekirse, en başarılı türbe, Şehzade Mehmet Türbesi'dir: Yine Sinan'ın aynı adı taşıyan caminin avlusunda yaptığı bu eserin hacmi ahenkli, dengesi yetkindir ve sekizgen yapının her bir yüzeyinin her bir katındaki ikişer pencere, bir yoğunluk ve bütünlük vermektedir ona.

Saray

Eserin sürekli olmadığı hakkındaki temel İslam düşüncesi, sanat alanında tam boyutlarına, ancak saraylarla erişir. Çok sayıda ve çoğu kez sözle anlatılamayacak bir lüksün debdebesini taşıyan bu eserler, sağlamlık kaygısı olmadan ve kendilerinden çabucak yararlanılması arzusuyla yapılmışlardır. Her hükümdar, saltanatının büyüklüğünü, kendisinden öncekilerin oturduğu yeri bırakıp bir yenisini yaptırarak ortaya koymayı düşünür. Öyle olduğu içindir ki, arkeoloji alanına girmeyen eski Müslüman saraylarından pek azı var elimizde. XVI. yüzyıl öncesine ait olup bugün de varlığını sürdüren tek büyük şato, Gırnata'daki Elhamra'dır; o da, yaşamını sürdürmesini, İspanya'daki Müslüman sanata karşı ne denli yıkıcı olmuş olursa olsun, tarihin bir aykırılığı olarak Hıristiyan fethine borçludur. Bursa ve Edirne'deki saraylardan ya da İstanbul'daki ilk imparatorluk sarayından hiçbir şey kalmamış olmasına şaşmamalı. Böylece, XV. yüzyıl Osmanlı döneminden, göz ardı edilemeyecek tanıklıkların korunup saklanmış olmasının büyük değeri vardır.

1472'de yapılmış olan Çinili Köşk, İran kökenli işaretleri –alabildiğine derinden– taşır durumdadır hâlâ. Bir kareye yakın dikdörtgen biçimindeki köşk, her iki katında, birbirinin hemen hemen aynı niteliklere sahiptir: Bir kubbenin altındaki haç biçimindeki merkezî bölüm, eski eyvan-

351

lardan kalan üç salon ve bir girişle sürer; dipte olanın köşeleri kesilmiş olup dışarıya doğru çıkıntılıdır; öteki dört bölüm, dört köşede bulunur. Her biri, zeminden üç metre yüksekliğe kadar çinilerle kaplanmıştır ki, adını buradan almaktadır yapı. Alçak kırık kemerli olan sahanlık, sekizgen incecik sütunlara dayanmaktadır ve Orta Asya'nın ahşap mimarlığının taştan kopyalarıdır sütunlar; söz konusu sahanlık, sonradan XVIII. yüzyıldaki bir eklemedir bir olasılıkla.

Topkapı

Kuşkusuz, Haliç'le Marmara Denizi'ne egemen bir tepedeki eski Bizans akropolünün bulunduğu olağanüstü yerdir ki, hükümdarların gözlerini büyüleyip –Topkapı Sarayı adıyla bilinen– dev bir saray bütünlüğünün sürekli gelişmesine ve ayakta kalmasına olanak sağlamıştır (kitabın sonundaki plana bakınız).

700.000 metrekarelik bir yer kaplayan Topkapı Sarayı'nın yapılmasına XV. yüzyılda başlandı ve XIX. yüzyıla kadar da çalışmalar sürdü durdu. Böylece, bu saray, Osmanlı sivil mimarlığı ile süsleme sanatındaki dört yüzyıllık bir gelişmeyi izleme olanağı sağlıyor. Söz konusu saray, deniz kıyısından Bizans surlarıyla, kentten de Türklerin yaptıkları bir surla ayrılır; 1.400 metre uzunluğundaki bu sonuncusu, Bizans surlarına dayanır ve yirmi sekiz kule ile güçlendirilmiştir. Yedi büyük kapıdan girilir saraya: Asıl kapı, *Bab-ı Hümayun* adını taşır ki, II. Mehmet'in yaptırdığı bir tür zafer takıdır, birçok kez elden geçirilmiş ve bugün ilk çehresini yitirmiştir; Ayasofya'ya açılır. Bu kapı, üç yüz metre uzunluğunda ve üstünde yalnız Aya İrini Kilisesi'nin bulunduğu bir dolma toprak alana açılır ve sonunda da bir ikinci kapı bulunur. Kanuni Sultan Süleyman'ın yaptırdığı *Ortakapı* ya da *Bab üs-Selam* (Selamet Kapısı) adını taşıyan bu kapı, bir Ortaçağ görünümündedir ve üzerinde Macar etkilerini fark edebileceğimiz –alabildiğine dikkat çekici bir özgünlüktedir. Onun egemen olduğu ikinci avlu, soldan –sarayda ölenlerin çıkarıldığı– Mevta Kapısı ile, 1942'de yeniden yapılan ahırların önündeki Baltacılar Avlusu ile çevrilidir; aynı avluyu, sağdan saray mimarlığının en güzel eseri olan Sinan'ın mutfakları çevirir: Yirmi kubbenin ve yüksek bacaların örttüğü bu büyük mutfaklar topluluğunda, sarayda bulunan bir beş bin kadar kişiyi doyurmakla görevli binden fazla insan çalışıyordu. Kuzeybatıdaki bir köşede, kuşkusuz XVI. yüzyılda yapılan ve en azından 1527'de süslenen *Kubbealtı* salonu yer almaktadır: Geniş sundurmalıklarıyla kare bir plan üzerine oturan yüksek kuleli iki bölümden oluşur bu salon; bu bölümlerden biri tartışmalara öteki de yazı işlerine ayrılmıştı. *Bab üs-Sa'ade* (Mutluluk Kapısı) adı verilen bir üçüncü kapı, sarayda asıl oturulan bölüme götürür. Bugün de hayranlık uyandıran yığınla köşk, işte burada bulunmaktadır: Teraslar ve bahçeler içine kurulu bu köşkler, belli bir düzensizlik gösterirler ve çeşitli biçemler taşırlar. Onların arasında en eskisi, Fatih Köşkü'dür (bugünkü Hazine Dairesi): 1468'de yapılan, sade ama ahenkli bir yapıdaki dört tonozlu salondan oluşan bu köşk, bir *loggia* ve kuşkusuz XV. yüzyıldan kalma Ağa Camisi ile uzatılmıştır. En ilginç olanlar şunlardır: 1517'de I. Selim'in getirdiği *Mukaddes Emanetler Dairesi* ki, çinilerden oluşan bir periler âlemidir; 1585'te Davut Ağa'nın yaptığı ve durmadan elden geçirilen *Arz Odası* ki, pek dar bir salonun çevrelediği görkemli bir sahanlığı vardır; Bağdat (1638) ve Revan (1653) köşkleri; 1641'de yapılan *Sünnet Odası*; III. Ahmet kütüphanesi (1718) ve, 1640'ta bronzdan yapılan ve saraydan en güzel görünümlerin seyredildiği zarif tavanlık belki. Bu köşklerin güzellikleri, mimarlık niteliklerinden çok, mermer ve özellikle de seramik süslemelerinden gelmektedir. Bununla beraber, zarafetten de yoksun değildirler: Aralarında en ünlüsü olan Bağdat Köşkü, mermer sütunlar üstüne oturan bir galerinin –geniş bir sundurma ile– çevrelediği, yirmi iki pencereli, beyaz zemin üstüne mavi ve yeşil çinilerle pırıldayan bir örtü ile örtülü, kubbeli sekizgen bir yapıdır.

Bir kenarda, harem, yani kadınlar dairesi bulunmaktadır: İçinden çıkılmaz bir koridorlar, merdivenler, daracık avlular labirenti, iki yüzden fazla odayı birbirine bağlar; genellikle orta halli büyüklükte olan bu odalar, birinden ötekine değişen hacimde de olsa uyumludurlar aralarında ve pek zengince süslenmişlerdir (1578'de Sinan elinden çıkmış diye bilinen III. Murat'ın odası). Güzel İznik seramikleri ve Osmanlı barok biçeminin en güzel örneklerini sergileyen duvar resimleri ile, klasikten Ampir'e değin bütün biçemler yan yanadır orada (Sofa Köşkü, III. Selim ve Mihrişah Valide'nin odaları). Pencereler, camidekilerde olduğu gibi, –genellikle elden geçirilmiş– alçı çerçeveli renkli camlarla kaplanmıştır. Rahatlık düşüncesi, oralarda, helalarda, lavabolarda, hamamlarda, yaldızlı bronzdan ya da çiniden yapılmış, işlemeli ve köşeleri kesilmiş eteklikleri pek uzun bir koni biçimini alan güzel ocaklarda kendisini gösterir. Yığınla duvar oyuğu, taşınır nesneleri koymaya ayrılmıştır. İslamda nadir olan mobilya, en azından Avrupalı ya da Avrupa'dan esinlenmiş mobilya sarayı istila etmediği sürece, kakmalı alçak masalar, küçük raflı etajerler, sandıklar ve çekmeceler, yer yatakları ya da sekilerdir. XVIII. yüzyılın resim sanatı, o yüzyılın özel büyük konutlarında (Mudanya'daki Tahir Paşa Konağı) olduğu gibi, yeni yeni kendisini göstermeye başlamıştır orada da: İçlerinde şaheser olanı, III. Ahmet'in yemek odasındaki (1710), duvarları süsleyen yemiş tabakları ile çiçek vazolarıdır hiç kuşkusuz.

Elyazmalarındaki resim

Nakkaş Sinan Bey'in yaptığı Fatih Sultan Mehmet'in portresi, bilinen tek eseridir bu sanatçının ve XV. yüzyılda Osmanlı İmparatorluğu'na –duraksamasız– mal edilebilecek yegâne resimdir de. Tek olması mümkün değildir onun ve birçok "Fatih Albümü"ndeki yığınla İtalyanvari eser, kuşkusuz çağdaşlarıdır onun. Amasya'da bir nakkaşlar okulu vardı. 1416 yılında tamamlanmış bir *İskendername*'deki, ustası bilinmeyen ve Sin Kiang Türk Uygur sanatından pek esinlenmiş yirmi minyatür ile, 1463'te II. Mehmet'e sunulmuş bir *Cerrahname*'deki –öğretici nitelikte– 140 adet resmi, bu okula borçluyuz. Ancak Topkapı Sarayı'ndaki koleksiyonlarda, kimin olduğu ve hangi tarihte yapıldığı bugün de tartışılan başka eserler de bulunmaktadır.

Genellikle üstünde anlaşılan şu: Kelimenin dar anlamıyla, Osmanlı resim okulu, I. Selim'in Tebriz'den, beraberinde birtakım ressamlar getirdikten sonra doğdu. Kanuni Sultan Süleyman döneminde, ürünler pek aza benzer hâlâ. Sadece, hükümdarın askerî seferlerine katılmış olan Matrakçı Nasuh, –çoğu kez taslak halinde de olsa– bol miktarda eser bıraktı. Onun *Sefer-i Irakeyn*'deki (iki Irak Seferi) resimleri, bir betimleme kaygısı gösterirler; bununla beraber belli bir imgelem, süsleme, yoğun renk zevkini ve gerçek bir doğa aşkını ortaya koymayı engellemez bu kaygı. Buna karşılık, görünümler boştur; o da, hiçbir canlı varlığı resmetmediğinden, İslam yasasını en dar anlamda yorumlama kaygısından ileri geliyordu kuşkusuz. Kanuni Süleyman'ın Macaristan'daki zaferlerini, Akdeniz'deki donanmalarının seferlerini dile getiren, *Süleymanname* gibi son eserlerini oluşturan 32 minyatür, cansızdır hep ve belgeye yakındır, ancak daha sıcak bir dekor içinde verilmişlerdir (Marsilya, Toulon, Antibes ve Nice limanları).

O yılların gerçek sanatçısı, Nigârî diye adlandırılan Reis Haydar'dır. Bir deniz subayı olan Nigârî, 1492 yılına doğru İstanbul'da doğmuş ve 1572'de ölmüştür. Bütün eseri, üç küçük şaheserin içindedir: Kaptanıderya Barbaros'un, Kanuni Sultan Süleyman'ın ve II. Selim'in portreleridir bunlar. Üstün bir zarafet içinde ve birbirinden alabildiğine farklı biçimde ele alınan bu üç kişiden her biri, alabildiğine yoğunlukla dile getirirler kendi kişiliklerini. Hükümdarlar, küçük bir maiyet grubu ile resmedilmişlerdir ve daha o zamandan eskimiş –kimisi kaybolmakta olan– hükümranlık simgelerini taşırlar hâlâ: Kanuni Süleyman'ın sol elinde tuttuğu ve törene, giderek IX. yüzyılda Abbasiler döneminde dağara girmiş bulunan mendil ya da peşkir; Fatih'in gülünü hatırlatan Selim'in çiçeği. Barbaros da, büst halinde ve karşıtlıklarla bile bile oynama amacıyla ele alınmıştır: Renklerdeki karşıtlıklar, kırış kırış bir yüzle düz ve parlak dokumaların karşıtlığı, bir eldeki kılıçla öteki elin tuttuğu karanfil arasındaki karşıtlıklardır bunlar.

II. Selim'in hükümdarlığı döneminden kalan tek büyük elyazmasında, *Zigetvar Seferi* (1569) adlı eserdeki yirmi minyatür iledir ki, Osmanlı resmi, İran'a olan borcunu tanısa da, onu körü körüne izlemek istemediğini ortaya koyar ilk kez. Aynı ilkelere dayanan bu resim, düşe, insanların ve görünümlerin sistemli olarak ülküleştirilmesine, salt güzelliğe, İran resminde olduğundan daha az eğilimlidir. Onun gözünde, gerçeklik, bütün önemini korumaktadır ve Matrakçı Nasuh'taki öyküleme zevkini de yitirmemiştir. Ne var ki, taşıdığı çözümleme kaygısı, belli bir kuruluğa da götürecektir kendisini ve en azından XVII. yüzyıla değin sürecektir bu kuruluk.

1569'da fark edilen ayrılış, III. Murat'ın saltanatı zamanındaki (1574-1595) birçok eserde, özellikle 1579'daki *Süleymanname*'de, 1581'deki *Surname*'de, 1583'teki *Silsilename* ile 1584-1588'deki *Hünername*'de, belki de *Surname* ile *Hünername*'yi yapan Nakkaş Osman'ın güçlü kişiliğinin arkasından apaçık gösterir kendini.

Surname (Şenlikler Kitabı), 437 minyatürü ile, büyük şehzadenin sünnetini izleyen elli iki gün boyunca yapılmış şenlikleri, hokkabazlarla, eserlerini ya da eserlerinin maketlerini sunan çeşitli lonca üyelerini gösterir. Pek önemli bir tarihsel belge olan eser, gerçekten bir sanat eseridir de. Nakkaş Osman'ın, bir çizgi filme ya da bir filme yakın olan tekniği, tekdüzedir biraz: Sanatçı, aynı yerden geçerken yakalar her grubu ve dekor da aynıdır; aşağıda, Dikilitaş'ı ve Yılanlı Sütun'u ile Bizans'ın At Meydanı vardır, yukarıda da Hünkâr Mahalli. Sahnelerdeki değişikliği, oyunculardaki canlılığı, kuklaların yüzlerinin değil de el ve kollarının hareketliliğini en iyi belirtmek böyle olabilirdi ancak; *minai* biçemindeki kimi Selçuk seramikleri (XIII. yüzyıl) ya da Siyah Kalem'in eserlerindeki insan dekorlarında dikkate değer örnekleri ortaya konmuş olan eski bir gelenektir bu. Buna oldukça benzeyen, ilgiyi hükümdara doğru yönelten düz ya da kavisli çizgilerle ele alış, *Hünername*'deki 90 minyatüre canlılık getirir: Saray, av, savaş ve oyun sahnelerini açık ve neşeli renklerle bezeyen bir derlemedir bu. Nakkaş Osman'ın, uzun da sürecek o dev etkisini en iyi ortaya koyan eserler de bunlardır belki. Bununla beraber, onun eserini niteleyen şey, çağdaşı olan bir eserde, *Tarihlerin Alâsı*'nda (1583) daha önceden sezilir durumdadır: Yaradılıştan başlayarak insan soyunun tarihini anlatan bu

356

eserde, birçok minyatür daha tatlı çizgiler gösterir ve durukluk da en az derecededir. Belki de Sunî adındaki bir sanatçı, Kutsal Kitap'tan pek hoş imgeleri canlandırır orada (Adem'le Havva, Nuh'un Gemisi, Sodom'un yerle bir edilişi). XVI. yüzyılın sonundaki dev bir eseri, *Peygamberin Yaşamı*'nı da zikredelim: XIV. yüzyıldan gelen bu metin, 1594'te yeniden kopya edilip resmedilmiştir; elyazması ise İstanbul, Dublin ve New York arasında dağılmış durumdadır. Eserdeki bir 600 kadar minyatürün hepsi, derlemeye adını vermiş olan Lütfi Abdullah'ın elinden değil, çoğu kez öğrencilerinin elinden çıkmıştır ve hepsi de aynı ayarda değildirler.

XVII. yüzyılın ilk onyılları çeşitli yenileşme girişimlerine tanık olur. 1622'de ölen Hasan Paşa, eserlerine birbirinden farklı boyutlar vererek, yığınla değişiklik sokmaya çalışır elyazmalarına. II. Osman'ın *Şahname*'sinde, yeni konular, özellikle güzel kompozisyonlar halinde, deniz savaşları ortaya konur. Ve daha çok bir renk ustası ve gerçek bir sanatçı olan Ahmet Nakşî, 49 resminde, yüz elli yıldan beri terk edilmiş olan yüz incelemelerini yeniden ele alır; ne var ki, bunu, bir portreci olarak değil, çizgilerin gerçekliğini derinden derine değiştiren bir şair olarak yapar o.

Nakkaş Sinan Bey ile Nigârî'nin yanında, minyatürcü değil de ressam adını taşımaya değer son –belki de tek– büyük Osmanlı ressamı, 1732'de ölen Levnî'dir. Onun *Surname*'sini süsleyen 137 eser, Osman'ınkilerle karşıtlık içindedir: Şenliklerin sürüp gidişi aynı değildir; kompozisyon daha gevşek, daha çeşitlidir ve farklı açılardan bakılmıştır görünümlere. Gözlem duygusu hâlâ keskindir onda; ne var ki, çoğu kez düşle dolu bir hava yaratmayı ön plana alır. Mavi, leylak rengi, açık mor gibi ılık renklerin âşığı olan Levnî, kadınların resmini yapmaya eğilimlidir ve büyük bir başarı gösterir bu konuda. Ünlü gruplarında *(Müzikçiler)* ya da erkek portrelerinde olduğundan daha da fazla olarak, kadınlarıyla, ama oldukça uzaktan, gölge ve ışık oyunlarının yanı sıra, perspektif haber verir kendini. Anatomi üstüne bilgisi hiç yoktur kuşkusuz; renkleri ve fırçası kendisini kurtarmasaydı ve zariflik hakkında süzülmüş bir duyguya sahip olmasaydı, *(Sarığını Dolayan Genç, Uyuyan Kadın, Güllü Kadın)*, zayıf pozları, zevksizliğin ya da gülünçlüğün sınırlarına gelip varabilirdi.

Ressamın, özel yaşama ve kadınların kapalı dünyasına girmesi, XVIII. yüzyılın başlarında, resmin büyük olayıdır. Bu, başka yerlerde olduğu gibi Osmanlı İmparatorluğu'nda da, Müslüman minyatür okullarının ölümünü haber vermektedir. I. Ahmed'in albümlerinde bulunan *Hamamdaki Kadınlar, Kırda Öğle Yemeği, Hanımefendiler ve Halayıklar*, tanıklarıdır bunun. Bunun gibi, en azından 1735 ve 1745 yılları arasında çalışmış olan Abdullah Buharî'nin eseri de böyledir. Zarif kadınların ince bir zevkle yapılmış portrelerinden başka, yığınla hafifmeşrep, hatta açık saçık sahneleri de ona borçluyuz. Nereden geliyor bu açık saçık konular? İran'dan mı esinleniyorlar? Yoksa, aynı dönemde bu türlü çalışan Moğollar Hindistan'ından mı esinlenmişlerdir? Kuşkulu bu noktalar! İslam uygarlığında, bir cinsî hazlar geleneği vardı ki gizli kalmayı sürdürmüştür. Osmanlılar için, en azından II. Mehmet'ten başlayarak kanıtlanmıştır bu: A. Sakisian'ın işaret ettiği gibi, Fatih Sultan Mehmet'tir ki, "kendi özel daireleri için yığınla erotik konunun" resmini yaptırmıştır Bellini'ye.

OSMANLI DEVRİNDE
ARAP ÜLKELERİNDE MİMARLIK
André Raymond

Osmanlı dönemi, Arap ülkelerinde, genel olarak toptan bir küçümsemenin, dahası aşağılayıcı değerlendirmelerin konusu olmuşsa, en şiddetli hükümler, düşünce ve sanat alanındaki yetersizlikler karşısında verilmiştir:[1] "Vaktiyle onca parlaklık içinde ışıldamış olan edebiyat-

---

1. Benim, *The Great Arab Cities in the 16th-18th Centuries. An Introduction* (New York) University Press, 1984) adlı kitabımın dördüncü bölümünde (s. 91-136) geliştirilmiş olan temaları burada yeniden ele alıyorum.

lar, bilimler ve sanatlar, XVI, XVII ve XVIII. yüzyılların Kahire'sinde paslanıp köreldi: Az düşünülüyor, az yazılıyor, arada bir yapı yapılıyordu ve kimi zaman onarmaya gidiliyorsa da, yıkıntılar çoğalıp duruyordu (...), Mısır derin bir uykuya dalmışa benziyordu", diye yazar Marcel Colombe. Ve E. Pauty, bu dönemi yeniden gün ışığına çıkarmak için çok şeyler yapmış olmakla beraber, Mısır'daki Osmanlı anıtları için ilgi göstermekte özür diler: "Kabul etmeli ki, yerelliği az diye görülen bu sanata bir çaptan düşüş eşlik eder bir tür; estetik güzelliği de tartışılır durumdadır[1]."

Osmanlı devrinde, mimarlık etkinliğinin içinde bulunduğu bu saygınlık kaybının nesnel nedenleri vardır. Ancak, bu dönemle ilgili olarak bilgilerimizin sürüp giden kısırlığının payı da hatırı sayılır ölçüdedir böylesi bir açıklamada. Görece son zamanlara rastlayan Osmanlı anıtları, çeşitli Arap ülkelerinde, son yüzyılın bitiminden başlayarak, az çok bir savsaklamanın kurbanı olmuşlardır. Öyle olunca da, kaybolup gitmiştir çoğu. Ayakta kalanlar ise, pek az incelenmişlerdir ve, halin büyük çoğunluğunda, en sıradan mimarlık ölçülemeleri bile yoktur elde. Türk sanatının uzmanları, ister istemez fazla yenilikçi olmayan bir eyalet sanatının bu tanıklarına ikinci derecede bir ilgi göstermişlerdir olsa olsa. Arap ülkelerinin mimarlık uzmanlarından konuyla ilgilenenler ise, bu dönemi, fazla temsil edici, fazla özgün bulmamışlardır; az ilgi göstermişler bu döneme ve, başkentin etkilerine fazla bir borcu olmayan yapılara –alelacele– "Osmanlı" diye ad koyma eğiliminde olmuşlardır çoğu kez.

Osmanlı döneminin, kentin dekorunun kuruluşunda büyük bir önem taşıdığı gerçeği göz önünde tutulursa, o oranda vahimleşiyor durum. O devir, büyük anıtlar bıraktı bize ve, miktar bakımından, şuna dikkati çekmek yeter: Bu yapıların, ilgili kuruluşlar açısından büyük bir ilgi konusu olmadığı bir kentte, Kahire'de, sınıflandırılmış Osmanlı devrinin anıtlarının sayısı, 199'a yükseliyor ki, aşağı yukarı

1. Marcel Colombe, *La Vie au Caire au XVIIIᵉ siècle,* Le Caire, 1951, 1. Edmond Pauty, "Etude sur les monuments de l'Egypte de la période ottomane", *Comité de conservation,* 37, Le Caire, 1933-1935, s. 275.

daha uzun bir dönem, Memlûkler döneminin (257 yıla karşı 281 yıl) anıtlarıyla (233 adet) karşılaştırılabilecek bir sayıdır bu. Genel olarak bakıldığında, tanıdığımız "geleneksel" Arap kentleri, Osmanlı döneminin bize miras bıraktığı kentlerdir; duruma göre üç ya da dört yüzyıl süren bu devir, böylece, kaçınılmaz olarak, kentin yapısına damgasını vurmuştur pek güçlü biçimde. Son olarak, bu mimarlıkla ilgili dikkatli bir inceleme, dışardan gelen etkilerle yerel geleneklerin payını göz önünde tutacağından, Osmanlı egemenliğinin niteliği ile, bu egemenliğin, sultası altındaki ülkelerin kültür ve sanat etkinliğini etkileme biçimi hakkında da birtakım sonuçlar çıkarılmasına olanak sağlayacak.

İMPARATORLUK SANATI

Sayısı pek büyük ve önemli bir ürün (Kahire'de kayda geçmiş iki yüze yakın yapı, Halep'te korunmuş bir yüzden fazla anıt, bir elli kadarı da Bağdat'ta) göz önünde tutulduğunda, ilk ağızda insanı çarpan olay şu: "Osmanlı" biçeminde diye adlandırılabilen anıtların sayısı, son bir çözümlemede, oldukça azdır. İmparatorluğun başkentinin önerdiği modellere bağlanabilecek "cami" türündeki büyük anıtların, topu topu bir on beş kadar olduğunu saptamış bulunuyoruz. Bu anıtları, tarihlere göre bir sınıflandırma pek anlamlıdır bu açıdan:

– Kahire Kalesi'nde, bu kentin valisi olan Süleyman Paşa'nın 1528'de yaptırdığı, Süleyman Paşa Camisi;

– Husrû (Hüsrev) Paşa'nın, 1544'te, büyük mimar Sinan'a, mesleğinin başlarındayken Halep'te yaptırdığı, en eski "Osmanlı" anıtı olarak Husraviyya Camisi;

– Yine Halep'te, Muhammad Paşa'nın 1555'te yaptırdığı Adilliyya Camisi;

– Kanuni Sultan Süleyman'ın emirleri üzerine, 1554 ile 1566 yılları arasında yapılmış *Tekiyye* ve *madrasa*;

– Daha sonra Muhammad Bey'in tıpı tıpına yeniden yaptırdığı, Bulak'taki Sinan Paşa Camisi (1571);

– Murad ve Darviş paşaların Şam'da aynı yıllarda (1572 ve 1574) yaptırdıkları camiler;

– Bahram Paşa'nın, 1583'e doğru yaptırdığı Halep'teki Bahramiyya Camisi;

– Şam'daki Sinan Paşa Camisi (1590);

– Dar al-Sa'âda Uthmân Ağa'nın, 1610'da Kahire'de yaptırdığı ve sonra sahibi, III. Murat'ın eşi ve III. Mehmet'in annesi, Safiye Sultan'a mal edilen Malika Safiya Camisi;

– 1660'ta, Cezayir *ocak*'ının girişimiyle, Hanefi inancına hizmet etmek üzere yapılan al-Cadid ("Pêcherie") Camisi;

– Muhammad Bey'in, 1692 ile 1696 yılları arasında Tunus'ta yaptırdığı, Sidi Mehrez Camisi;

– Uthmân Paşa al-Dûrakî'nin, 1730'da Halep'te yaptırttığı Uthmâniyya Medresesi;

– Bir eşraf ailesinden olan *daftardâr* Fathî Efendi'nin 1743'te Şam'da yaptırdığı Kaymariyya Camisi;

– Muhammad Bey Abû Dhahab'ın, 1774'te, Kahire'nin tam merkezinde, al-Azhar Camisi karşısında yaptırdığı ve Bûlâk'taki Sinan Paşa Camisi'nin tam bir kopyası olan cami.

Yok olup gitmiş anıtlar hesaba katılsa bile, bu "Osmanlı" ürünü, XVI. ile XVIII. yüzyıllar arasında yapılmış olan yüzlerce dinsel anıtın pek zayıf bir bölümünü temsil edebilir ancak. Şaşırtmamalı bu olay bizi. Osmanlı İmparatorluğu'nda, Türk kökenli halk egemen bir rol oynasa da, imparatorluk yönetimi, kendisine tabi kıldığı topluluklara oldukça geniş bir özerklik bıraktı ve, özellikle kültürel planda, Arapların oturdukları yörelerde hiçbir "Türkleştirme" girişiminde bulunulmamış görünüyor. İslam dinine sıkı sıkıya bağlı Arap kültür ve diline karşı Türklerin besledikleri saygı, bu "kültürel sömürgecilik"in yokluğunu açıklar durumda. Böylece, başkent sanatının Arap eyaletlerindeki etkisi, tek bir noktaya yöneliktir ve bu alanda sistemli bir özümseme siyasetini içermiyor hiç kuşkusuz.

Görece sınırlı sayıları gibi, "Osmanlı" biçimindeki mimarlık eserlerinin tarihsel sıralanışı ile yapıldıkları yerler de anlamlı görünüyor. Belirtilen on beş anıttan dokuzu XVI. yüzyılla ilgili, sadece üçü XVII. ve XVIII. yüzyıla ait; bu da, imparatorluk yönetimi ile onun yerel temsilcilerinin –tam bir gelişme içindeki– Osmanlı gücünün varlığını belirtmek istedikleri bir dönemle, imparatorluğun gerileme halinde olduğu bir dönem arasındaki zıtlığa denk düşüyor. Yerlere gelince, Suriye'nin (Halep'te 4, Şam'da 5) ve Mısır'ın (Kahire'de 3) başta geldiği görülüyor; Magrip zayıf bir yer tutuyor (Tunus'ta 1, Cezayir'de 1). "Osmanlı" yapılarının sayısı, açıktır ki, iktidarın merkezine oranla yakınlığa ve Osmanlının kendini saydırmadaki sertliğe bağlı: Uzaktaki Magrip'e, bir yapılandırma hareketinden az pay düşüyor; oysa Suriye'de pek belirgin durumdadır bu. Irak'ın işin içinde hiç olmayışı şaşırtıcı: Osmanlılarla İranlılar arasında uzun zaman tartışılıp durmuş olan bu topraklarda, İstanbul'un ve temsilcilerinin, varlıklarını, "Osmanlı" biçemindeki saygınlık yapılarıyla göstermek isteyecekleri düşünülebilirdi. Hiçbir şey yok ortada ve buna neden diye olsa olsa şu söylenebilir: Yerel geleneklerle yerel korumanın sertliğinin yanı sıra, Osmanlı egemenliğinin Irak'ta ancak XVII. yüzyılda (İran'ın Bağdat'ı yeniden işgal ettiği bir dönemden sonra) kesin olarak yerli yerine oturabilmesi olayıdır rol oynayan belki; ne var ki, öyle bir dönemdir ki bu, "Osmanlı" biçemindeki yapıların en etkin aşaması hemen hemen devrini tamamlamış bulunuyordu o sırada.

Yaptığımız işaretler, bu yapıların, "imparatorluk biçemi" diye adlandırılabilecek bir biçemde yapılışlarının nasıl belirgin bir siyasal nitelik taşıdığını bize gösterir durumda. Biçemleri bile Osmanlının varlığını hatırlatan bu büyük dinsel yapıların, hemen hemen hepsinin Babıâli'nin temsilcilerinin (15'te 9'u), hatta kimi zaman sultanın ve çevresinin (2 anıt) eseri olması hiç de şaşırtmamalı bizi. Bu yorum, XVI. yüzyılda Halep'te yapılan üç büyük cami için de geçerli görünüyor bize; kentin en merkezî yerinde, hatta tam Mdîneh'in ("Kent") bağrında dikilen bu camiler, Osmanlı egemenliğinin elde tutulur örnekleridirler. Şam'da, XVI. yüzyılın ikinci yarısında (1554-1590), surların dışındaki bölgede, kentin batısında yapılmış olan büyük "imparatorluk" yapılarına da aynı gözle bakılmalı. *Tekiyye* ve *madrasa*, Kahire ile beraber Şam'ın birer toplaşma yeri olduğu hacca sultanın gösterdiği ilgiyi dile getirirler görkemli biçimde. Her üçü de paşa olan Murat, Darviş ve Sinan'a ait üç büyük cami de, hacca giden yol üzerindeki Osmanlı gücünü somutlaştırırlar. Kahire'de, Kale'de, –yenilmiş Memlûk iktidarını simgeleyen– Sultan Hasan Camisi'nin karşısında kente egemen bir tepede, 1528 yılında yapılmış Sulayman Paşa Camisi'nin de tanıtlayıcı bir değeri var kuşkusuz. Bûlâk'ta, özellikle Akdeniz'le, yani Türkiye ve imparatorluk ülkeleriyle ilişkilerde önemli bir yeri olan, Kahire'nin bu başlıca limanındaki Sinan Paşa Camisi, Kahire'ye gelişte Osmanlı varlığının ilk görünür işaretiydi.

Osmanlı iktidarının yerleştiği ve imparatorluk yönetimi ile eyaletlerdeki temsilcilerinin eserleriyle varlığını belli etmeyi istediği XVI. yüzyılda dikilen anıtlarda açık ve seçik olan siyasal niyet, hemen hemen özerk hale gelmiş yerel iktidarların bağlılık gösterileri olarak yorumlanabilecek daha sonraki eserlerde de yok değil. 1660'ta, 1659 devriminden az sonra, Cezayir *ocak*'ının emri üzerine, imparatorluk biçeminde yapılan al-Cadid Camisi, Cezayir'de, Osmanlı egemenliğinin tanınmasının anıtsal yeni bir kanıtını oluşturuyordu. Tunus'taki Sidi Mehrez Camisi, Cezayir *ocak*'ının az önce tahta çıkardığı (1686) ve sultanın, beylik üzerinde otoritesini 1691'de tanıdığı Muhammad Bey'in yaptırdığı bir eserdi: Osmanlı havasını pek taşıyan bir anıt, bir tür bağlılık ilanı idi; Cezayir *ocak*'ı ile biriken güçlükler –ki 1694'te Tunus'a karşı yeni bir sefere yol açacaktır bunlar– oranında daha da yerinde idi bu ve Osmanlı sultanından, imparatorluk yönetiminin desteğini ya da yansızlığını dilemeye götürüyordu bu güçlükler. Muhammad Bey Abû Dhabhâb'in Kahire'de yaptırdığı ve Bûlâk'taki Sinan Paşa Camisi'ne bir öykünme olan cami de aynı biçimde yorumlanmalı: Ali Bey'in az önce yerine geçmiş olan ve onun gibi bütün Mısır'ın denetimini eline geçirme tutkusundaki Mısır emiri, Babıâli'ye –en azından biçimsel– bir bağlılığın dış görünüşlerine saygı gösterme durumundaydı. Görkemli bir noktada, Osmanlı biçeminde bir caminin yapılması, bağlılığın simgesel bir kanıtıydı.

Osmanlı biçemindeki bu anıtların çapları, kimi yorumları da haklı gösteriyor. Aynı dönemde İstanbul'da boy atan dev yapılarla karşılaştırıldığında, orta halli boyutlarda eserler bunlar. Eyalet merkezlerinde, genellikle kısa süren bir görevin sonunda, orada gözle görülür bir anı bırakmaktan çok, olabildiğince çıkar sağlamanın arkasındaki sıradan yöneticilerin ellerindeki olanakların sınırlılığı, sultani yapılarla olduğu kadar, güçlü hanedanların hükümdarlarının –özellikle de Kahire'deki Memlûklerin– kendi onurlarına vaktiyle yükseltmiş oldukları daha eski anıtlarla da karşılaştırıldıklarında ortaya çıkan bu çaplardaki küçüklüğü oldukça açıklar durumda. İmparatorluk Hazinesi yararına para çekmeler de aynı anlamda rol oynuyordu. Kahire'de, Osmanlı döneminde, orta çaplı bir anıtın tanık olduğu başarıyı, M. Rogers, para biriktirme kaygısıyla açıklıyor: Söz konusu anıt bir çeşmeydi *(sabilkutab)* ve kentin görünümünde sürekli bir iz bırakan bir dinsel eserin –pek az parayla– gerçekleştirilmesine olanak sağlıyordu.[1]

Teknik nedenler de, anıtların sayıca azlığını ve çaplarını açıklar durumda. İktisadî gelişme, kent merkezlerindeki kan akımını öylesine artırmıştı ki, büyük çapta yeni yapılar için pek yer kalmıyordu: Ancak oldukça geniş arsalarda –düzenli biçimde– gelişebilen Osmanlı biçemindeki dinsel yapılar için, bu etken özel olarak rol oynayacaktı. Tersine, örneğin Mısır'da, uzun süren bir mimarlık geleneği, Memlûk biçeminde anıtları, aşırı yüklü bir kent bağlamında yerine oturtmanın olanaklarını öğretmişti yapıcılara; XVI.-XVIII. yüzyıllarda, bu tip yapıların sürekli gözde oluşunu bu açıklayabilir[2]. Böylece, toprak rezervlerinin *Mdîneh*'in güney bölümünde bulunduğu Halep bir yana bırakılırsa, "Osmanlı" anıtlarının niçin merkezlerin dışında yapılmış oldukları anlaşılır.

Bu eyalet anıtlarının, mimarlık bakımından büyük bir özgünlüğe tanıklık etmeleri beklenmeyecektir; yenilikçi bir nitelik taşımaları, bu özgünlükten de geridedir. Genellikle başka yerlerde, çoğu kez İstanbul'da ve imparatorluğun bü-

1. Michel Rogers, "Kahira" maddesi, *Encyclopédie de l'İslam,* ikinci basım, Leyde-Paris, 1978, IV. s. 455-458.
2. J. A. Williams, "The Monuments of Ottoman Cairo", *Colloque international sur l'histoire du Caire,* içinde, D.D.R., tarihsiz, s. 458.

yük Türk kentlerinde daha önce denenmiş olan tiplerdeydi bu anıtlar ve temel nitelikleri iyiden iyiye saptanmış bir geleneğin içinde yer alıyorlardı. Böylece, şu çıkar bundan: Söz konusu anıtlar, Osmanlı mimarlığının eyalet alanı içinde görülebilir; öyle olduğu içindir ki, kimi zaman, öteki eyalet anıtlarıyla karşılaştırmalara gidilmektedir. Bununla beraber, başka kentlerde yapılmış anıtların olduğu gibi kopya edilmesi söz konusu değildir genellikle ve öte yandan, kimi hallerde, Sinan gibi özgün yaratıcılar işin içine karışmış görünüyorlar[1].

Son olarak, dikkati çeken şu: Yapıcılar, öylesine tipik anıtların içine, yerel geleneklerin canlılığını gösteren ayrıntıları sokma eğilimindeler; bunun gibi, yerli girişimcilerle ustalar, bu ayrıntıları, farklı bir mimarlık bağlamında kaynaştırıp yedirme yeteneğini de gösteriyorlar. Adlarını belirttiğimiz yapıların çoğunda, bu gelenekler, az çok belli belirsiz dokunuşlar halinde görünmektedir: Halep'teki Uthmâniyya Medresesi'nin Suriyeli eyvanları, Tunus'taki Mehrez Camisi'ni çevreleyen revaklar, Cezayir'deki al-Cedit Camisi'nin ya da Kahire'deki Muhammad Bey Camisi'nin yerel gelenekteki minareleri, Şam camilerinin ve Bûlâk'taki Sinan Paşa Camisi'nin "ulusal" biçemde ele alınmış bütünlüğüne cepheleri birer örnektir bunlara. En resmî sanat, yöresel biçemlere bir yer ayırıyordu; bu biçemlerin, dört yüzyıllık Osmanlı egemenliği boyunca direnişleri ise, pek çarpıcı bir olaydır.

YEREL SANAT GELENEKLERİNİN SÜREKLİLİĞİ

"Resmî" biçemde yapılan yapılarda bile kedini hissettiren yerli geleneklerin sürekliliği, özellikle "yerel" biçemdeki anıtlarda ortaya çıkar ki, imparatorluğun Arap eyaletlerindeki mimarlık üretiminin en büyük bölümünü oluşturur bunlar. Söz konusu ulusal geleneklerin dile geldiği anıtların sayıca baskın oluşu, imparatorluk biçeminin

1. Bu sorunlarla ilgili olarak bkz. G. Goodwin, *A History of Ottoman Architecture,* Londres, 1971; A. Gabriel, "Les Mosquées de Constantinople", *Syria,* 1926.

alabildiğine yayılış içinde olduğu yörelerde bile açık seçiktir: Halep'te "Osmanlı" yapıları, XVI ve XVIII. yüzyıllar arasında yapılan camilerin küçük bir bölümünü –bir otuz kadarını saptayabildik!– oluşturur ancak. Kahire'de yukarıda belirttiğimiz dört cami, 1517 ile 1798 yılları arasında yapılmış ve bugün sınıflandırılmış toplam otuz dört cami ile karşılaştırılabilir. Yerel geleneklerin bu baskınlığı, imparatorluk merkezine daha uzak eyaletlerde daha da çarpıcıdır.

"Resmî" mimarlığın izlerinin fark edilir olmadığı Irak örneğinde özellikle böyledir: Gerçekten Irak'ta, dinsel sanat, iki yüzyıldan fazla bir süre boyunca, yerli geleneklere göre gelişip durmuştur; öte yandan, Musul ve Bağdat gibi merkezlerde ise, birbirine alabildiğine zıtlıklar gösterir bu gelişme ve öyle ki, Musul'da olanı Kuzey Mezopotamya, Bağdat'ta olanı da İranlı gelenekler diye nitelendirmek mümkündür. Musul'da, mimarlık üretimi, Calîlîler döneminde bile, özel girişime dayandı geniş biçimde: Bu oldukça istisnai durum, baskın niteliği, pek eski bir geleneğe uyarak, minarelerde –süsleme amacıyla– tuğla kullanma olan bir dinsel mimarlığın sürekliliğini açıklayabilir; büyük Nûriyya Camisi (1770) bu geleneğin bir örneğidir. Bütün bir Osmanlı dönemi boyunca, yapılardaki nöbetleşe silme süslemeler, daha gösterişsiz boyutlarda yeniden ortaya çıkarlar: Al-Umariyya (1562), Khăzâm (1577'den önce) ve Şahrsûk (1682) camilerinde, tuğla motifler, turkuvaz seramiklerle daha da belirgin hale getirilip daha da süslenmişlerdir; XVIII. yüzyılda, bu gelenek, belki belli bir tekdüzelik eğilimi içinde sürer, al-Aghawât (1702) ve son olarak Bâb al-Bayd (1779) camilerinde görülen budur.

Bu Yukarı Mezopotamya sanatından pek farklı olan, Bağdat'ta iki yüzyıl boyunca yürürlükte kalan sanattır: Bu sanatta, kubbeleri ve minareleri süslemek amacıyla çini karoların kullanılması, yapıcılar hemen hep paşalar da olsa, İran etkilerini sermektedir gözler önüne. Bu süslemenin sürekliliği ve özgünlüğü, XVI. yüzyılın sonlarından XIX. yüzyılın başlarına değin çarpıcıdır da: Örnek olarak, Murâdiyya (1570), Wazîr (1599), Hâsikî (1658), Hasan Paşa (1704), Ali Efendi (1711), Adiliyya (1754), Nu'mâniyya (1711), Ahmadiyya (1796) ve son olarak da, Haydarkhâna (1826) camilerini söylemiş olalım. Biçimlerde, çini tekniği, yazıdan yararlanma, süreklilik dikkat çekicidir; iktidarın niteliği ne olursa olsun (Osmanlı valiler ya da Memlûk paşalar) ve İran'la sürekli gergin siyasal ilişkilere karşın, Bağdat, İran mimarlığının bir bölümü olarak ortaya çıkıyor[1].

Bu yerel geleneklerin Kahire'de sürüşü üzerinde daha da uzunca duruyorsak, nedeni şudur doğallıkla: Orada Memlûk devrinde iyiden iyiye kök salmış olan sanatın özgünlüğüdür ki, Osmanlı fatihlere kendini dayatmıştır[2].

Üç yüzyıl boyunca, Memlûk devrinde kenti görkemli anıtlarla donatmış olan mimarlık geleneğine uyan bir dinsel sanat gelişip durdu Kahire'de. Birkaç istisna dışında, yönetici paşalar ve emirler, "Yeni Memlûk" diye nitelendirilebilecek bir biçemde anıtlar diktirdiler. Memlûk planları, XVIII. yüzyılın sonlarına değin kullanılmayı sürdürdü ve süsleme, baskın biçimde Memlûk niteliğiyle kaldı; nedeni de şudur kuşkusuz bunun: Kahire'deki ustalar, bu teknikleri ve bu malzemeyi kullanmaya alışkındılar; ancak, kuşkusuz bunun yanı sıra, söz konusu sanata gerçekten ulusal olarak bakılıyor ve öyle olduğu için de değer veriliyordu ona.

Böyle yeğlemenin ve Memlûk mimarlığına bu dikkate değer bağlılığın anlamlı örneklerini sergilemede bir seçim yapma söz konusu olduğunda, ilk akla gelenler şunlar:

– Kahire Kalesi ile Sultan Hasan Medresesi arasında, Mahmûd Paşa'nın 1568'de yaptırttığı Mahmûdiyya Cami-

1. Trablus'un durumu da ilginçtir: Orada, üç buçuk yüzyıl sürmüş olan Osmanlı varlığı, dinsel mimarlığın planı üzerinde hissedilir hiçbir etkisiyle damgalanmadı. Bütün bu dönem boyunca, Trablus'un dinsel anıtları, çok kubbeli cami gibi, tipik "Libyalı" bir modele uyarak kuruldular. Bkz. Gaspare Messana, *Originalité de l'architecture musulmane libyenne*, Libye-Tunisie, 1977; Ali Mas'ûd El-Ballush, *A History of Libyan Mosque Architecture, during the Ottoman and Karamanli Period*, Tripoli, 1984.

2. Kahire anıtları hakkında temel eser olarak kalan şudur: L. Haute-Coeur ve G. Wiet, *Les Mosquées du Caire*, 2 cilt, Paris, 1932. Daha yukarıda zikrettiğimiz E. Pauty, J. A. Williams ile M. Rogers'in makalelerine de bakınız.

si, –1356'da yapılmış komşu bir büyük medreseninkini andıran– planı bakımından olduğu kadar, süslemelerindeki bütün ayrıntılar bakımından da, baştan aşağıya Memlûk biçemindedir, sadece minare dışındadır öykünmenin.

– 1616-1629 yılları arasında yapılan al-Burdaynî Camisi, komşuluğundaki ve hemen hemen aynı yıllarda dikilmiş ve baştan aşağıya "Osmanlı" olan Malika Safiya Camisi (1610) ile şaşırtıcı bir zıtlık içindedir: Bu XVII. yüzyıl camisi, çarpıcı bir biçimde, Kahire'deki Memlûk geleneğinin sağlamlığını gösterir; özellikle minare, Çerkez dönemi anıtlarına alabildiğine başarılı bir naziredir.

– 1734'te, Azbakiyya yakınlarında Uthmân Katkhudâ Qâzdughlî'nin yaptırdığı cami, kıble duvarına koşut üç sıralı sütunları içeren geleneksel ibadet salonuyla, açık avlulu Memlûk tipi camilerdendir. Oldukça ağırbaşlı bir sadelik taşıyan cephe, Memlûk temalarını tekrarlar. Tipik Osmanlı minaresi ve kimi süslemelerdeki ayrıntılar (çiniler ve kirişli ve tekneli ahşap tavan), bu anıtı, tarih bakımından gerçekten önemli kılıyor.

– Yusuf Şurbagî (al-Hayâtım) Camisi (1763), haç biçiminde planlar geleneğini yeniden ele alan bir anıttır. Cephe ile ana kapının ele alınışı Memlûk biçemindedir; ancak sonraki modellere oranla hissedilir bir evrimi dile getiren süsleme zenginliği içindedir.

Bu Memlûk esini, XVIII. yüzyılın son yıllarına değin sürdü; ve öylesine titiz bir bağlılık içinde yaptı ki bunu, bir anıtta, yeni bir yapım mı yoksa sıradan bir restorasyon mu söz konusudur, kestirmek güçleşir kimi zaman: Mahmûd Muharram Camisi, bu açıdan gerçekten tipiktir; onun Memlûk görünüşü, büyük tacirin, onu, Kahire'deki geleneksel bir tipe uyarak, 1792'de baştan aşağıya yeniden yaptırdığı konusunda bir kanıt oluşturmuyor. Memlûk modellerin sürekliliği, Kahire'de, Osmanlı döneminde en sık görülen bir eser biçimi olan genel çeşmeler (sabîl) konusunda, özellikle dikkat çekicidir. Bu çeşmelerin en eski örneklerinden biri olan Khusrû Paşa'nın 1535'te yaptırdığı çeşme, biraz daha küçük boyutlarda da olsa, hiç de çok eski olmayan (1503-1504) ve fazla uzakta bulunmayan al-Ghurî

Çeşmesi'ne bir öykünmedir. Khusrû Paşa'nın çeşmesi, uzun sürecek bir çeşme serisine kapı açacak pek güzel bir anıttır yine de; bu seride yer alan çeşmeler, biçim ve boyutlarındaki çeşitliliklerine karşın, 1750 yılına değin –kesintisiz olarak– bu Memlûk etkisini sürdüreceklerdir: Abd al-Rahman Katkhuda Çeşmesi (1744), süslemelerindeki özgünlüğüne karşın, "zarif bir Memlûk naziresi" olarak zikredilebilir hâlâ[1].

YENİLİKLER

Geleneksel mimarlık tiplerindeki bu süreklilik, dışardan getirilmiş bir "Osmanlı" sanatına terk edilmiş bir küçük alanın dışında, ulusal biçimlerde tam bir durağanlığın bulunduğu anlamına gelmemeli. Yukarıda da belirttik ki, mimarlar ve ustalar, biçim ve süslemelerde ulusal dağardan alınmış birtakım öğeleri, "Osmanlı" anıtlarının içine sokup onunla bütünleştirmeyi becermişlerdi. Buna karşılık, Arap kentlerindeki mimarlık, Osmanlı modellerinden alınma öğelerden yararlandı ve onunla yerel sanatı zenginleştirdi; son olarak, bir tür iç evrim, mimarlığı ve süslemeyi yeni biçimlere doğru ilerletti. Bu karşılıklı ilişkilerin vardığı sonuçların niteliği tartışılabilir kimi hallerde; ancak, ulusal bir gelenekten alınan öğelerle dışardan gelme öğeler arasındaki görece bir kaynaşmaya doğru bir evrimin yararı yadsınamaz.

Osmanlı öğelerin özümsenmesi, oldukça genel bir biçimde, Osmanlı minaresinin kabul edilişindeki kadar açıklığı hiçbir yerde göstermemiştir; bu minare tipinin yayılışı, Arap kentlerinin panoramasına, karakteristik görünüşlerinden birini verip çıkmıştır. Bu başarının estetik, kültürel ve kuşkusuz psikolojik nedenlerini anlamak güzel olurdu[2]. Yukarıda belirttiğimiz tipik olarak Memlûk esinli dört Kahire çamisinden ikisinin (Mahmûd Paşa, Uthman Katkhudâ) Osmanlı minaresi taşımaları, pek çarpıcıdır. Olay, öylesine yaygındır ki Kahire'de, örnekleri

1. M. Rogers, age., s. 455.
2. Williams, age., s. 456-457.

çoğaltmak yerine, bu kuralın istisnalarını belirtmek daha kolay olacaktır: Muhammad Bey Camisi (1774), en hatırı sayılır örnektir. Öteki büyük Arap kentlerinde de, aynı şey görülecektir.

Ulusal mimarlıkların Osmanlı dağarından öğeler aldığı bir ikinci alan, süsleme alanıdır ve özellikle panolar biçiminde seramik kullanmadır; ya dışarıdan getirtiliyordu bu panolar, ya da İstanbul çinisine öykünüp yerel olarak yapılıyordu. Bu konuda da örnekler vermek fazla uzun sürer. Dış etkinin, pek zengin bir yerel gelenekle bileştiği Tunus'u zikredelim; orada, yerli zanaat, kendisini dayatan bir biçimde ürünler sağlayabilmiştir: Bir dinsel yapı olarak, Sulaymâniya medresesinin (1754) girişine bakınız; ev mimarlığının sağladığı sayısız örnekler arasında da, Dâr Uthmân (1611'den önce) ile Dâr Husayn (XVIII. yüzyıl sonu). Kahire'de, seramik süslemeden bol bol yararlanılmıştır: Bu, çeşmelerin cephelerinde küçük panolar halinde olmuş, ya da daha genişliğine yapılarda su dağıtım salonlarının duvarlarında görülmüştür. En göze çarpan örnek, Aksungur Camisi'dir (1347): Orada, İbrahim Ağa'nın 1652 yılında giriştiği önemli bir restorasyonda, kıble duvarı, sıradan bir nitelikte de olsa, baştan aşağıya Şam karolarıyla kaplandı; yine orada, restorasyonu yaptıranın türbesi, daha zevkli bir biçimde süslendi.

Osmanlı döneminde, kimi zaman belli bir aşırılığı da sergileyen, daha bezenmiş bir süsleme biçimi de gelişti: Kuşkusuz, İstanbul'dan alınma pek çeşitli etkilere çok şey borçluydu bu; ancak Avrupa'ya ve İtalya'ya da borçları çoktu (bu sonuncusundan, Arap ülkeleri, bol miktarda süsleme eşyası, züccaciye, kereste, mermer satın alıyorlardı). Bu çeşitli etkiler, "lövanten" diye nitelendirilebilecek bir dekor oluşturur ve bunun değişik görünüşleri, Arap dünyasının pek farklı yörelerinde kendisini gösterir. Örneğin Halep'te, XVII. yüzyıldan başlayarak büyük bir başarı kazanmış olan taştan süsleme öğeleri (Aşıkbaş Evi) ya da Havran'daki Barbier Camisi'nin –açıkça Barok– süslemesini zikretmek yetecek. Süslemelere boğulmuş bir dekor tipindeki bu yaygınlık, Kahire'de, Yeni Memlûk mihraplarda, kimi zaman kuşkulu bir zevkle çıkarlardı ortaya; bunun da nedeni, kullanılan malzemenin oldukça sıradan oluşu ve kullanılışlarındaki beceriksizliktir. Cephelerde, bu gelişme, sonradan öykünülen Ali Bey al-Dimiyâti'nin çeşmesinde *(sabîl)* oldukça kaba aşırı bir bolluk içindedir. Ancak, daha doyurucu örnekler de vardır: Örneğin, Yusuf Şurbagî Camisi'nin (1763) cephesindeki süslemelerin ayrıntılarında bu görülür; orada, Memlûk öğelerden başlayarak bir dengeye kavuşmuştur süsleme. Abd al-Rahman Katkhudâ'nın yaptırdığı yapılarda ve özellikle Nahhâsin mahallesindeki *sabil-kuttâb*'ında (1744) da görürüz bunu. Bu sonuncu anıtta, Memlûke öykünme, bir fon öğesidir ve içinde, o dönemde Kahire bakımından pek özgün bir süsleme boy atar ve ayrıntılarında da, Osmanlı etkisi kendisini gösterir. Bir bütün olarak, bu anıt, yalnız Osmanlı dönemi ile ilgili değil, Kahire'deki büyük mimarlık başarılarından biridir hiç kuşkusuz.

Bununla beraber, Osmanlı döneminde mimarlık alanındaki yenilik, süsleme öğeleriyle sınırlı değildir; gerçekten yeni yapı tipleri çıkmıştır ortaya. Bunlarla ilgili iki örnek vereceğiz ki, bilgilerimiz daha da arttığında hiç kuşkusuz çoğalacaktır bu örnekler.

Tunus'ta, cami-anıt türbenin yeni bir modelinin ortaya çıkışı, XVII. yüzyılda Tunus'un kozmopolitizmi ile ilişkisiz değil elbette; yönetici sınıfı oluşturan pek değişik etnik öğeler, kültürel etkileri de taşıyıp getirdiler beraberlerinde: Bu etkiler, İfrıkî temele (Hafsîler), Doğu öğelerini (Türk), Batılı öğeleri (Endülüs), Akdeniz öğelerini (özellikle İtalyan kökenli din değiştirenler) eklediler; bu eklenip toplanma, temelde karma ve alabildiğine özgün bir sanata yol açabildi ancak.

Yusuf Dayı cami-türbesini, 1616'da, Endülüs kökenli bir mimar (İbn Galib) yaptı. Bu asma cami, tartışılmaz bir Magrip niteliği gösteren, daha geniş merkezî bir sahna sahip olmak üzere, altı sütunlu sekiz sıralı bir ibadet salonu içeriyor; kuzey yönündeki bir galerisiyle, üç yanından çevrili avlusu, Hafsî anıtlardaki planın geliştirilmesi olarak ortaya çıkmaktadır. Temelde kare, yukarıya doğru sekizgen biçiminde olan minare, Osmanlı minarelerini andırmaktadır; ancak, kubbe fenerinin biçimi özgündür. Kare bir plan üzerine yapılan türbeyi, yeşil tuğlalarla kaplı piramit biçiminde bir dam örter ve hispanomauresque (Elhamra) bir mimarlığı hatırlatır bu; ne var ki, süslemeleri, kendisinden kısa bir süre önce yapılmış olan bir anıtın, Dayı Uthman'ın sarayındakileri düşündürür[1].

Hammûda Paşa'nın 1655'te yapılmış camisi, Dayı Yusuf Camisi'nin geliştirilmişidir: İbadet salonu –9 yerine 7 sahnıyla– Magrip niteliğini sürdürür; galeri, üç yandan camiyi sarar; hatırı sayılır ölçüde uzatılmış da olsa, minare, Dayı Yusuf Camisi'nin minaresindeki nitelikleri korur; türbe, süslemelerinde, İtalyanvari özellikler koyar ortaya.

Pek özgün ve pek ahenkli olan bu iki anıt, karma niteliklerine karşın, Tunus'taki dinsel mimarlığı sürekli etkilemişlerdir: Hammûda Paşa Camisi'ni çevreleyen revaklar, daha önce gördüğümüz gibi, tipik bir Osmanlı anıtı olan Sidi Mehrez Camisi'nin (1692-1696) çevresinde yeniden görülür; kubbe feneriyle sekizgen minare, al-Cedit Camisi'nde (1727) de tekrarlanmıştır olduğu gibi. Son olarak, 1814 yılında yapılan Sahib al-Tâbi Camisi, Hammûda Camisi'nin aşağı yukarı tam bir kopyası olacaktır.

1750'den sonra Kahire'de de, bu kentin ilginç anıt tiplerinden biri olan çeşmelerden (sabîl)[2] başlayarak, benzer bir gelişmeye tanık olunur. İki yüzyıldan fazla bir süre boyunca, Kahire'deki çeşmeler, Memlûk örneklerden –derinden derine– etkilendiler. Bu gelenek, XVIII. yüzyılın ortalarında, kökeni belki de imparatorluğun merkezinde aranabilecek –yuvarlak biçimde– yeni bir çeşme tipinin ortaya çıkışıyla kesintiye uğradı. Bu açıdan ve daha kesin kanıtlar olmadığından, Kahire'de yuvarlak çeşmenin ilk örneğinin, biçim olarak bir sultana mal edilen bir vakıf eseri olması, anlamlı görünüyor bize: 1750'de, Beşir Ağa Dar al-Sa'âda, Sultan Mahmut adına bir çeşme yaptırdı: Bu çeşme, planındaki yeniliğiyle (üstünde çok köşeli bir okulun bulunduğu, üç pencereli yuvarlak çeşme), süsleyici öğelerdeki özgünlüğüyle (sütunlar, demir parmaklıklar, çiçekle ilgili öğeler),

1. Bu anıtlar, layık oldukları incelemelerin konusu olmuş değiller henüz. Bkz. G. Marçais, *L'Architecture musulmane d'Occident,* Paris, 1954.
2. A. Raymond, "Les fontaines publiques *(sabil)* du Caire", *Annales islamologiques,* 15 (1979).

sundurmalarının geliştirilmesiyle (kıvrımları İstanbul'daki-
lerin damlarını andırıyor) dikkat çekici.

Bu yeni çeşme *(sabîl)* tipi, açık bir başarı kazandı;
XVIII. yüzyılın ikinci yarısında, başka yığınla örnekler izle-
di kendisini ve Kahire'nin en ilginç anıtları arasında yer alır
bunlar (1750 ile 1798 yılları arasında yapılan 33 çeşmeden
yeni biçemdeki 7 çeşme): İbrahim Katkhuda Mustahfizân
Çeşmesi (1753); Sultan Mustafa Çeşmesi (1759); Rukayya
Dûdû Çeşmesi (1760); Nafîsa al-Baydâ Çeşmesi (1796);
Ganbalât Camisi Çeşmesi (1797); Husayn al Şu'aybî Çeş-
mesi (XVIII. yüzyıl sonu). Bu çeşmeler *(sabîl)* örneği gös-
teriyor ki, yerel geleneklerin güçlülüğüne karşın, Kahire
mimarlığı, yenilik yapmak, yeni biçimler geliştirmek ve gi-
derek onları ulusal dağara sokmak yeteneğindeydi.

BÖLÜM XVI

OSMANLI İMPARATORLUĞU'NDA
FİKİR VE KÜLTÜR YAŞAMI
Louis Bazin

Son gününe değin, kendisini, hep *Devlet-i Osmaniye,* "Osmanlı Devleti" diye adlandırmış olan Akdeniz'deki büyük güce, "imparatorluk" adını veriyoruz biz; bunu da, söz konusu gücün, dilleri, dinleri ve kültürleri birbirinden farklı yığınla halkı, bir Türk yönetiminde bir araya getirmiş olmasını yeterince dile getirebilmek için yapıyoruz; gerçekten de, farklı mezhepten Müslümanlar, Hıristiyanlar, Yahudiler... olarak bu halklar, Türkler, Araplar, Kürtler, Rumlar, Ermeniler, Slavlar, Latinler, Arnavutlar, vb. diye, yüzyıllar boyunca yan yana yaşadılar bu imparatorlukta ve birbirlerine karıştılar çoğu kez de.

Bütün bu halkların kültür tarihini incelemeye kalkmak, alabildiğine karmaşık bir işe girişmek olurdu; bu ise, yığınla insanın harcıdır olsa olsa. İşte, buradan kalkarak, Osmanlı düşünce ve kültür tarihi hakkında, toplu bir bilgi vermekle sınırlamak zorunda kalacağız kendimizi; bu bilgi de, o tarihin, Türk diline ve İslam düşüncesine bağlı görünüşleriyle ilgilenirken, ister istemez eksik olacak ve temel olayları canlandıracak sadece.

Bu tarihi bir nitelendiren de şu: Bütün büyük imparatorluklarda olduğu gibi, kuruculara has bir kültürle, onların yönetiminde birleşen halklar arasında gelişmiş çeşitli kültürel değerler birbiriyle birleşip kaynaştı. Eski ya da yeni çağların bütün büyük çokuluslu devletlerinde olduğu gibi, pek büyük bir sentez söz konusudur bu konuda; bu sentez, kendisini oluşturanların sıradan bir toplamı olmayıp özgün bir kültürün yaratılmasıyla sonuçlanmıştır artık; bu kültür de, büyük bir zenginliğe sahip olduğu gibi, daha önce birbirinden ayrı duran öğeleri bağdaştırmıştır ve, buradan hareketle, güçlü bir yayılma yeteneği vardır onun.

İSLAM ÖNCESİ TÜRK KÜLTÜRÜNÜN BİLEŞTİRENLERİ

Bu Osmanlı-Türk kültürünün tarihini anlayabilmek için, kendisini daha başlarda oluşturan iki kültürün temel niteliklerini yakalayabilmek amacıyla, gerilere gitmek gerekir: Bunlardan biri, Türklerin Anadolu'ya gelmelerinden önce sahip oldukları İslam öncesi kültürdür; öteki de, daha önce sentezini yapmış, sadece Arap değil, Arap-İran İslam kültürüdür. Türkler, bu sonuncusunu, toptan alarak değil, Müslüman olduklarında, ağır bir uyarlanışla, yavaş yavaş artan bir ölçüde özümsediler. Bir ikinci aşamada –ki sonuncusu olmayacaktır–, Doğu Roma İmparatorluğu'nun Bizans kültürünü de göz önünde tutmak gerekir: Bu kültür ise, Türklerin yayılışından önce, Küçük Asya'da ve Balkanlar'da egemen durumdaydı; Osmanlıların küçük beyliği de, 1453'te İstanbul'un alınışına değin işte bu yörelerde yayıldı ve başlarda çokuluslu bir devletken bir imparatorluk olup çıkacaktır çok geçmeden.

Orta Asya'da, Hazar Denizi'nin doğusunda yaşayıp da, Hıristiyan Küçük Asya'nın fethini –İslam adına– sağlayan askerî birlik ve kadroların hemen hemen bütününü oluşturmuş olan Türk göçebe kabileler, Oğuz konfederasyonundan idiler. Oldukça dağınık bir yapısı olan bu konfederasyon, eski "Dokuz Oğuz" (Tokuz Oğuz) konfederasyonundan geliyordu: Söz konusu konfederasyon ise, VII. yüzyılın başlarında Moğolistan'ın kuzeyinde oluşmuştu ve Türk adını taşıyan ilk göçebe imparatorluğun vasali olmuştu çeşitli vesilelerle; bu sonuncusu, Doğu Türklerinin

376

(Kök-Türk) imparatorluğu idi ve etki alanı, VI. yüzyılın ortalarından başlayarak, Çin Seddi'nden –güçlerinin beşiği– Altay dağlarına değin yayılıyordu. Daha batıda, bu imparatorluğu kuranın küçük kardeşince yönetilen kabileler, Orta Asya'da, Amu-Derya'nın yukarı havzasına kadar, üstünlüklerini çabucak yerleştirdiler. Kendilerine özgü bir yazıları olan ve Çin'i İran'a ve Bizans İmparatorluğu'na bağlayan kervan yollarını denetimlerine almış bu Doğu ve Batı Türklerinin saygınlığı öylesine büyük oldu ki, aynı dil bütünlüğüne giren halkların çoğu, Türk adını aldılar ya da kabul ettiler.

Oğuzların ve onların eski kabilelerinden birinin, Uygurların durumu böyle oldu. Türklerin arkasından Moğolistan'da hüküm süren (744-840) Uygurlar, sonra bugünkü Sin-Kiang vahalarına doğru yöneldiler ve orada, yerel Hint-Avrupalı halklarla bir ortak yaşam halinde, yerleşik parlak bir uygarlık kurulup gelişti; Maniheizmin, –çoğunluktaki– Budizmin ve Nasturî Hıristiyanlığın barış içinde bir arada yaşadığı uygarlığın çeşitli kültürel etkileri, pek güçlü biçimde, Çin uygarlığına ekleniyordu.

Anadolu'ya kitleler halinde girişlerinden bir yüzyıl önce, Oğuzlar, içlerinde pek kademelenmiş görece özerk kabileler biçiminde örgütlenmişlerdi ve İran'ın kuzeyindeki Orta Asya bozkırlarında göçebelik ediyor ve etkinlikleri de, onların doğrudan mirasçıları, Türkmenlerin etkinlikleri gibi çobanlık ve savaşçılıktı esas olarak. Gelenekleri, Doğu Türkleriyle Moğolistan'ın eski Oğuzlarının geleneklerine yakın bulunuyordu; onların yaşam biçimi ile, –yiğitliği başköşeye oturtan– ahlak değerlerini ve "pagan" inanışlarının çoğunu sürdürüyorlardı: Tanrılaştırılmış bir gök, iktidarın ve zaferin bölüştürüp dağıtıcısı bir Tengri'nin temsil ettiği bir dinle bir arada bulunan Şaman tipte bir animizm idi bu inanışlar. Dindaşlarının sevgisini paylaşmış olan dinler (Maniheizm, Budizm, Nasturî Hıristiyanlık), Uygurların kültürüne, tek tük kimi izler bırakmıştı sadece. İslam, her ne olursa olsun, yalnız seyrek ve yüzeysel biçimde sızmıştı aralarına henüz.

Arap-İranlı kılığıyla kendilerine ulaşan bu İslam, onların arasında, çeşitli Müslüman devletlerin ordularında paralı asker olarak hizmet görenleri avucuna aldı önce; bu ordularda, yiğitlikleri ve süvari güçleriyle pek beğenilen bu kimseler, XI. yüzyıl boyunca gitgide artan bir sayıda idiler. Böylesi bir askerî başarı ve yetenek, iktidarı ele geçirme olanağını sağladı aralarından kimine. Bağdat Halifesi'nin, 1058'de, elindeki cismani iktidarı, İran'la Irak'ı egemenliği altına almış ve Selçuklular hanedanını kurmuş olan, Kınık kabilesinin şefi Tuğrul Beg'e devretmesi işte böyle olmuştur. Selçuklular da, buna karşılık, kendi Oğuzlarıyla, Şiîliğe karşı Sünnî İslamın şampiyonluğunu yapıyorlardı; çok geçmeden de, *cihat* adıyla bunu yayacaklardır Hıristiyan Küçük Asya'da. Sünnî İslamın, resmî din olarak, geleceğin Osmanlı İmparatorluğu'nda egemenlik kurmasının tarihsel kökeni budur işte.

İran Selçukluları, İslamla İran gelenekleri arasında bir sentez olan Arap-İran kültürünce pek çabuk özümsendiler. Bu kültür, daha sonraki yüzyıllarda, Anadolu'da Türk yönetimindeki devletlerin, arkasından da Osmanlı Devleti'nin düşünce ve kültür gelişmesinde, başta gelen bir rol oynayacaktır ister istemez. "Rum" Selçuklularında, sonra da beyliklerde, en azından yönetici ve aydın çevrelerde bu Arap-İran kültürünün kazandığı pek büyük öneme göz atmak yerinde olur burada. Az çok İslamlaşmış gerçekten Türk gelenekler, artık Türkmen diye adlandırılan Oğuz kabilelerinde canlıdır sadece. Arapça, din, hukuk, bilim dilidir; Farsça ise, mülki yönetimin, Saray'ın ve daha da önemlisi, edebiyatın, özellikle de şiirin dilidir. Türkçe, halkın gitgide artan bir bölümünce konuşulsa da, göçebe ya da yerleşmiş Oğuzlara has sözlü dil aşamasında kalır; kentlerde henüz az yayılmıştır bu dil ve bir atasözü de bunu tanıtlamaktadır: "Türk'ün köpeği, kente vardığında Farsça havlar." Türkçenin bir edebi dil olarak ortaya çıkmaya başlaması için, Moğol istilası ile İranlılaşmış Selçuklu Devleti'nin yıkılışını, arkasından da Orta Asya Türklerinin yeni bir akınından sonra, XIII. yüzyılın sonlarını beklemek gerekecektir. Bu edebiyatın sanatsal ürünleri, Oğuz folkloru alanında kalmaktadır: Onun da bize ulaşabilen tek örneği, *Dede Korkut Kitabı*'nda bir araya getirilmiş bulunan –içine dizelerin de ka-

rışmış olduğu bir nesirle yazılmış– destansal öykülerdir
ki, dikkate değer bir nitelik taşırlar; söz konusu eserde,
içinde Kiklop'un efsanesinin de bulunduğu efsanelerin
yanı sıra, İslam adına savaşan Oğuz savaşçılarının kahra-
manlık öyküleri anlatılmıştır, ancak hepsi de, XIV. yüz-
yılda bile, İslam öncesi kabile geleneklerine bağlılıklarını
sürdürmektedir hep.

İslam öncesi Türk kültürünün Bizans-Anadolu kalıntı-
sına gelince... Mimarlıkta oldukça belirgin olsa da bu, dü-
şünce yaşamında daha da az ölçüde kendisini göstermekte-
dir; bu düşünce yaşamına ise, içinde Yunan etkilerinin de
olduğu, Arap-İran İslam geleneği vurmuştur damgasını as-
lında. Bununla beraber, kimi dağınık belirtilere bakıp orta-
ya çıkarılabilir bu Bizans-Anadolu kalıntısı: "Rum diya-
rı"nın (yani Anadolu'nun) büyük mistik şairi, 1273'te ölen
Mevlânâ Celâlettin Rumî'den, –kimi Türkçe dizelerin yanı
sıra– birkaç Yunanca dize kalmıştır bize; bunun gibi, Ho-
meros'un Polyphêmos üstüne öyküsünün, *Dede Korkut Ki-
tabı*'nda anlatılan Kiklop efsanesiyle, yığınla anlamlı ayrın-
tıda birbirine uygun düşüşü, bir Oğuz ortamında, eski Yu-
nan öyküsünün uzaktan uzağa kalkıp gelişini sezip anlama-
mıza olanak sağlıyor.

BİR İSLAM KÜLTÜRÜNÜN TÜRKLEŞTİRİLMESİ

Türk dilinin yayılışı

XII. yüzyılın ortalarında, İran Selçuklu Devleti'ni
ele geçirip Anadolu Selçuklularına da boyun eğdiren
Moğol baskını, derin sosyal-kültürel değişikliklerin kapı-
sını açar. Alabildiğine İranlılaşmış bir iktidarın zayıflayı-
şı, sonra da yıkılışı; Moğolların arkasından, yeni Türk gö-
çebe topluluklarının gelişi; çok geçmeden birbirine rakip
beyliklere bölünecek olan bölgenin –bitip tükenmez– ka-
rışıklıklarla sarsılıp durması, bütün bunların sonucu şu
oldu: Müslüman Anadolu'nun bütününde, halk ya da ya-
rı halk, Türkçede dile gelen yeni bir kültür lehine olmak
üzere, Arap-İranlı yüksek kültürde bir gerileyiş! Öte

379

yandan, dönemin kararsızlığı ve belirsizliği, Orta Asya kökenli göçebe Türk dervişlerinin gelişiyle, çoğu kez hak-mezhep dışı bir renge boyanmış bir mistisizm kaynaşmasına yol açtı.

Böyle olunca, kentler de içinde olmak üzere, Türk dilinin yayılışı kendisini gösterdi ve bu da, yazma gereksinmesini doğurdu sonunda. Selçukluların açıp alabildiğine de geliştirdikleri *medrese* adı verilen –bir tür İslam üniversitesi durumundaki– kurumlarda, öğretilen dil, Arapça ile Farsça idi; bu dillerin ciddi olarak öğrenilmesi, yalnız çeşitli uzmanlık alanlarındaki (Kuran'a dayanan hukuk ve mahkeme içtihatları) ilahiyat bilgisini değil, Müslüman dünyada gözde olan bütün bilimlerdeki bilgileri edinmede de, zorunlu olduğu kadar yeterli de görülüyordu. İster dinsel, ister edebi ya da bilimsel olsun, aydınların dili, Arapça ve Farsça idi. Düşünceye yararı olmayan bir avam dili olarak bakılan Türkçe, hiçbir eğitimin konusu değildi.

Bu bakımdan, Müslüman Anadolu, Orta Asya Türk aydınlarının –XI. yüzyıldan başlayarak– açtıkları yolu izlemiyordu henüz; söz konusu aydınlar ise, o yüzyıllarda, Kaşkar'da –Semerkant'a ve Buhara'ya değin– hüküm süren Karahanlılar hanedanı yönetiminde, Arap harfleriyle Türkçe yazmaya başlamışlar ve önemli eserler koymuşlardı ortaya. XIII. yüzyılın ikinci yarısında, Anadolu'da, bir Türk edebiyat dilinin yaratılmasında Karahanlı Türkçesinin doğrudan bir etkisinin olup olmadığını söylememize yardımcı olabilecek hiçbir tarihsel kanıt elimizde olmasa da, birinin ötekisi üzerinde dolaylı ve kısmi kimi etkilerde bulunduğu düşünülebilir: Nedeni de, mistisizme alabildiğine boyanmış dinsel propagandanın birbirinin aynı temalarının Türkçede geliştirilme biçiminde büyük bir benzerlik oluşudur; dahası, dilbilimsel bir karşılaştırmanın aydınlığında baktığımızda böyle düşünebiliyoruz.

Ne olursa olsun, Anadolu'nun ilk Türk yazarlarının dili gibi, düşünce düzeyi bakımından gelişmiş olarak hemen kendisini gösteren yazılı bir dil, Oğuz kabilelerinin ağızlarından mucize yoluyla ortaya çıkamaz; ve böylece, Arap-İran kültüründen gelen pek açık bir zenginleşmeye ek olarak, Karahanlılarınki gibi, Türkçede dile gelmiş ve düşüncesi İslamlaşmış kimi edebi gelenekleri göz önünde tutmak gerekir.

Mistik edebiyat

Farsçanın, hemen her yanda hâlâ aydınların ve yönetimin dili olduğu bir dönemde, Anadolu'da yazılı bir Türk dilinin kullanılışı, önce dinsel amaçlarla olmuştur aslında. Türkçenin, bir yönetim dili olarak, 1277'de, Konya'da hüküm süren Karamanoğlu Mehmet'in beyliğine girişinden, dikkate değer bir yenilik diye söz edilir. İlk yazarların, halkın büyük bir bölümünün dili olma yolundaki bir dilde yazmaları, bir Türk ortamında din yayma çabası ve İslam inancında derinleşme amacıyla olmuştur.

Babası Mevlânâ Celâleddin Rumî, bütün büyük eserlerini Farsça ya da Arapça yazdığı halde, Mevlevî tarikatının manevi başı olarak onun yerine geçen oğlu Sultan Veled (1226-1312), bir çabada bulundu, Farsça yazdığı metinlere, bir yüz kadar Türkçe dize serpiştirdi (Mevlânâ'dan bize ulaşmış olan metinlerde 35 Türkçe dize görüyoruz ancak); Sultan Veled'in bu dizelerindeki esin de, İran şiirinden gelmekte zaten.

Daha aşağı sıradan bir derviş olan Ahmed Fakîh, 1230 yılına doğru, bu dünya yaşamının kararsızlığı üstüne, oldukça emek isteyen, *Çarhname* adlı Türkçe lirik bir şiir yazmıştı Sultan Veled'den de önce. Daha kapsamlı olanı, oldukça yavan da görünse, –belki Ahmet Fakîh'e çömezlik etmiş– Şeyyad Hamza'nın eseridir.

Osmanlı öncesi Anadolu'da, dil ve edebiyat kültürünün daha sonraki bir aşamasındadır ki, bu devrin tek büyük şairi, Yunus Emre parlar. Yunus Emre, zamanla ilgili en olası verilere göre, 1240 yılına doğru doğmuş ve seksen yaşında olarak, 1320'de ölmüş olmalı. Doğduğu yer bilinmiyor; ancak, Ankara'yla Eskişehir'e –aşağı yukarı– aynı mesafede, Sakarya Irmağı yöresinde oturan Derviş Tapduk Emre'nin çömezi olduğu biliniyor. Böylece, Yunus Emre, mistik dünyaya giriş dönemini, Orta Anadolu'nun kuzeybatısında, alabildiğine batınî bir Müslüman ortamda yaşadı. Daha sonra, Anadolu'da, özellikle Konya ve Kayseri yörelerinde, bir gezgin derviş yaşamı sürdü. Kendisini, –nerdeyse okuryazar olmayan– dâhi bir köylü yapmak isteyen (modern) efsanenin tersine, eserine egemen pek yüksek düzeydeki dinsel şiir, büyük bir ilahiyat ve edebiyat kültürünü gösteriyor açıkça; uzaktan bakıldığında, örneğin Şeyyad Hamza'nınkinden üstün bir kültürdür bu. Yunus Emre, Arap-Fars sözlüğünü bol bol ve gerçekten de bilerek kullanır şiirinde; ve bu şiirde, esinlendiği başka kişiler arasında, Konya'da tanıdığı Mevlânâ'yı da zikreder. Ne var ki, Yunus Emre, gündelik konuşulan bir Türk dilinde, halktan insanların dinleyip anlayabilecekleri şiirler de yazdı; Türkiye'de bugün de anlaşılan bu şiirler, hiçbir şey yitirmiş değillerdir şöhretlerinden.

Bu esinli şairin büyük meziyetlerinden biri, kendiliğinden oluşan özgünlüğüdür. Türkçede yeni imgeler yaratmak amacıyla, kendi zamanındaki sufîliğin edebi basmakalıp düşüncelerini ılımlı bir biçimde kullanır. Dinsel mesajına, Moğol istilasının sonucu olan çetin deneyimlere uğramış bir halkın derin duygularını, acılarını ve umutlarını dile getiren içten bir lirizmi de sokarak, günlük yaşamın olaylarını, köylülerin çetin yaşantısını doğal olarak canlandırır. Gerektiğinde, ölçülü şiirin bilgiççe biçimini terk edip halkın kullandığı heceli şiire başvurur. Dine ya da etniğe takılıp kalmadan, Tanrı aşkıyla insanlık aşkının gelip kavuştuğu ve kimi zaman panteist vurgulamaları içeren mistisizmi, bildik terimlerle ve somut simgelerle dile getirilir.

Türk edebiyatında, çağdaşlarının eserleri, kimi aydınlardan başkasını ilgilendirmezken, Yunus Emre'ninkiler –hiç olmazsa en anlaşılır olanlar–, Türkiye'nin ulusal bilincinde yaşamaya devam ediyorlar. Halk arasında, yüzyıllar boyunca gitgide artıp durmuş olan şöhreti, bir efsane insanı yapıp çıkmıştır onu; ve şiirlerinin tomarı, –çoğu kez başarılı– yığınla düzmece şiirlerle kabarmıştır. Yunus Emre, halk dininin ermişlerinden biri oldu; ve, Anadolu'da, dokuz ayrı yer, mezarına sahip olmanın onurunu tartışmaktadır. Osmanlı İmparatorluğu'nda, Ortodoks ya da hak-mezhep dışı, birçok mistik tarikatların derinden derine saygı duyduğu Yunus Emre, günümüzde, cumhuriyetçi ve laik Türkiye'de de övülüp yüceltilir.

Yunus Emre'nin şöhreti, çağdaşlarının ve doğrudan izleyicilerinin ününü hızla gölgeleyip silmiş de olsa, onu devrinin tek ışığı olarak görmek doğru olmaz. Gerçekten, XIII. yüzyılın sonu ile XIV. yüzyılın başlarında, Anadolu Türk edebiyatında, bir açılıp serpilişe tanık olunur. 1300 yılına doğru İran Moğollarının İslamı kabul edişleri ve Küçük Asya'da, Rum Selçuk Devleti'nin yıkıntıları üzerinde, çoğunun gerçek bir düşünce ve kültür rönesansına sahne olduğu Türk beyliklerinin kuruluşu, artık derinden derine Türkleşmiş bir jeopolitik bütünlükte, düşünce etkinliklerinin gelişmesine uygun etkenlerdir.

O yıllarda Gülşehir denen Kırşehir'de, Ahîlerin mistik ve yiğitlik tarikatına bağlı şair Gülşehrî, 1317'de, İranlı Attar'ın *Mantıku't-Tayr* (Kuşların Dili) adlı eserini Türkçeye uyarlar; ve kitaba, Ahîlerin örgüt ve ahlak kuralları üstüne sosyal-tarihsel nitelikte ilginç bir parça ekler. Kısa lirik şiirlerin de yazarıdır o.

Hak-mezhep dışı Babaîliğin kurucusunun yeğeni olan ve yine Kırşehir'de yaşamış Aşık Paşa (1271-1322), *Garipnâme* adlı –15.000 beyitlik– derin bir bilgiye dayanan bir poemin yazarıdır; yazar, tektanrılı dinlerin birliği üstünde ısrar eden felsefi bir mistisizm hakkıdaki öğretileri açıklar orada.

İlk nesir eserleri. Kültürün genişlemesi

Aynı zamanda, Türk nesri gelişmeye başlar Anadolu'da; Farsça –daha da nadir olarak Arapça– metinlerden yapılan az çok özgür çeviriler biçimindedir bu aslında. Böylece, Kul Mes'ûd, Hint kökenli öyküler tomarı olan *Kalila ve Dimna Kitabı*'nı, Farsçasından yola çıkarak çevirip Aydın beyi Umur Bey'e (1339-1348) ithaf eder. Anadolu Türk nesrinin bu ilk döneminden elde kalan nadir örnekler, özellikle Peygamberlerin yaşamına ilişkin, öyküleme türünden şeylerdir. Konuların çeşitlenişini görebilmek için, Osmanlı devrinin başlarını beklemek gerekir.

Osman'ın, Anadolu'nun kuzeybatısında kurduğu beylik, Bursa (1326) ile İznik'in (1330-1331) ardı ardına alınıp da sağlam bir temele oturur oturmaz, yığınla aydın, gelip Osmanlı hükümdarlarına bağlanırlar. Artık Osmanlı edebiyatı diye adlandırılabilecek şeyin başlangıcı böyle oldu.

Böylelikledir ki, Ahmedî (1335-1413), Germiyan beyi için hazırladığı *İskendername*'yi, 1390'da bitirdikten sonra, I. Bayezit'in 1402'de ölümünü izleyen fetret döneminde tahtta hak ileri süren Osmanlı Süleyman'a sundu. İranlı Nizamî'ninkinden esinlenir bu eser; ne var ki, hem romanesk anlamda bir değişikliğe uğramıştır, hem de tarihsel anlamda değiştirilerek –300 dizesi Osmanlılara ayrılan– bir evrensel tarih sokulmuştur kitaba. Osmanlı tarihçiliğinde de, bir tür ilk denemedir bu.

Süleyman Çelebi, 1409'da, Osmanlı başkenti olan Bursa'da, –Peygamber Muhammed'in– Doğuş'u üstüne yazdığı büyük poemini, *Mevlûd*'ünü bitirdi; bu eser, yüzyıllardan beri, Peygamberin her doğum yıldönümünde (Müslüman takvimine göre 12 Rebîülevvel) ve bir Müslümanın ölümünden kırk gün sonra olmak üzere, bugün de okunur Türkiye'de. Bir yaşamöyküsünden çok, Peygamberin doğaüstü kişiliğini yüceltme, kutsalın somutlaşmasıdır bu eser; Sünnî Ortodoksluğun sınırları içinde kalmakla beraber, sufîlikten esinlenmiştir.

Fikir yaşamı üstüne bir hatırlatma, edebiyatla sınırlı kalmamalı. Ancak, Osmanlı öncesi Anadolu'da Türk bilimsel düşüncesi ile ilgili etkinlikler hakkında pek az bilgi var elimizde ne yazık ki; ve öyle olduğu için de, anlamlı birkaç hareket noktası ile yetinmek zorundayız.

İlk Osmanlı medresesinin, Orhan Bey'ce 1330'a doğru kurulduğu söylenir. Selçuklu medreselerinde olduğu gibi, orada da, Arapça ve belki de Farsçadan başka, ilahiyat, İslam hukuku, mantık, metafizik, astronomi, matematik ve tıp okutulmuş olsa gerek. Bir ikinci medrese, az sonra Bursa'da kuruldu. Öte yandan, Müslüman aydınlar, öteki İslam ülkelerinde de okuyup inceleme olanağına sahiptiler. Böylelikledir ki, İznik Medresesi'nin ilk başkanı Kayserili Dâvûd, Kahire'de öğrenimini tamamlamıştı. Bilginler, istedikleri gibi yolculuğa çıkıyorlardı; ve, astronom Kadızâde (1357-1412), Bursa Medresesi'nde bulunduktan sonra, mesleğinin geri kalan yıllarını Semerkant Medresesi'nin başkanı olarak geçirdi ve orada, Uluğ Beg'in ünlü astronomi cetvellerinin yapılmasına yardım etti; Arapça geometri kitapları da yazdı. Konyalı Hacı Paşa, tıp öğrenimini Mısır'da yaptı ve orada hekimlik etti; sonra Anadolu'ya, Aydın Beyliği'ne döndü ve orada, 1380 yılında, ünlü eserini, Arapça *Hastalıkların İyileştirilmesi ve Ağrıya Karşı Dermanlar*'ı yazdı; bir süre sonra da, Türkçe bir elkitabı izledi onu.

Böylece Anadolu'da, Osmanlıların büyük yayılışından önce, canlı bir düşünce ve kültür etkinliği vardı; henüz yeterince bilmesek de bunu, sufîliğin etkisiyle liberal yönde gelişmeye yönelik bir dinsel hava içinde, Arap-Fars İslam geleneği ile Türk dehasının bir sentezi idi bu.

OSMANLI KLASİĞİ

Bir Türk kültürünün sürekliliği

Anadolu'da yeni bir İslam-Türk kültürünün gelişip durulmakta olduğu o XIV. yüzyılın ortalarında, Osmanlılar Boğazları aşarlar ve Avrupa'ya geçerler. I. Murat, 1365 yılından başlayarak, Edirne'de kurar başkentini; çok geçmeden de "sultan" unvanını alır. Küçük beylik, karşılıklı uyum halinde, Avrupa'da ve Küçük Asya'da yayılan bir imparatorluk olacaktır. Birçok kez kuşatılmış olan Konstantinopolis'i, II. Mehmet 1453'te fethedecek ve, otuz yıl sonra da, Osmanlılar, Eflak'tan Peloponnesos'a ve Karadeniz'den Adriyatik'e değin, hemen hemen tüm Balkan yarımadasını işgal edeceklerdir. Osmanlı İmparatorluğu, XVI. ve XVII. yüzyıllar boyunca, Avrupa'da, Macaristan'a kadar yayılır; Asya'da Irak'ı, Suriye'yi ve Filistin'i alır; Afrika'da Mısır, Libya, Tunus ve Cezayir'in kuzeyi egemenliği altındadır.

Alabildiğine geniş bir jeopolitik bütünlük içinde bir arada yaşayan halkların, dinlerin, dillerin ve kültürlerin çeşitliliği demektir bu. İçinde Türk öğesinin derinden derine değiştiği ya da tersine, kendisini iyiden iyiye dayattığı bir tür kaynaşmaya varan bir büyük düşünce ve kültür karışımı beklenebilirdi bundan. Ne var ki, hiç de böyle olmadı. Kuşkusuz, günlük yaşamın çeşitli alanlarında, barınmada, giyimde kuşamda, mutfakta, zanaatta, mimarlıkta, süsleme sanatlarında, müzikte, vb., karşılıklı etkilenmelerle, belli bir birleşmeye gidildi; dilde yığınla alışveriş sonucu, Türkçe sözlük, imparatorluktaki dillerin çoğuna alabildiğine girdi ve Arapça sözlük de, Türk yazı dilini istila etti. Bunun gibi, yerel olarak, örneğin Bosna'da ve Arnavutluk'ta, İslama dönüş dalgaları ve, hemen her yanda da, Türk kolonileşmesinin adacıkları görüldü. Öyle de olsa, esasta, Osmanlı İmparatorluğu'nun çeşitli halkları dillerini, kültürel geleneklerini, çoğu kez dinlerini, ve belli bir ulusal duyguyu korudular; nitekim, XIX. yüzyıl boyunca, Hıristiyan halklar arasında canlanan bu ulusal duygu, sonunda imparatorluğun çözülüp parçalanışının başlıca nedenlerinden biri oldu.

Türklere gelince... Anadolu'da, başka halklar ve başka kültürlerle temasa yüzyıllardır zaten alışık olduklarından, bütünün içinde, geleneklerine, dinlerine ve dillerine derinden derine bağlı kaldılar. Türklerin, maddi yaşamlarında, o başka halklar ve kültürlerin tekniklerini, kimi sanatlarını, iktisadî gelişmelerini, idarelerinin bir bölümünü, yerli olmayan birçok öğeyi kabul ettikleri bir gerçekse de; ve atalarından kalma bir eğilime uyup, dışarıdan evlenme yoluyla, yerel halklarla –ancak hep aynı doğrultuda, yani dışarıdan kız alarak– etnik bakımdan karışıp gitmenin sürdüğü de bir gerçek olsa; ta XIX. yüzyılın ilk onyıllarına varıncaya değin, düşünce biçimlerini derinden derine değiştirmediler yine de: İnançları, dünya ve toplum görüşleri, düşünce eğilimleri, edebi ve sanatsal zevkleri, duyarlılıkları, XV. yüzyılın başlarında Anadolu'daki atalarında görülenlere oranla, kimi bireysel istisnaların dışında, pek az değişikliğe uğrayıp gelişti. Şurada burada, Hıristiyan Avrupa'nın üzerlerindeki etkisi, yüzeysel oldu; ve öte yandan, imparatorluğun Arap halklarıyla, –Müslüman olarak– derin dayanışma duyguları, Arap kültürü özgünlüğünü sürdürse de, –zengin bir kelime dağarcığının dışında– İslam-Türk kültürünün Araplaştırılmasına götürmedi.

386

Osmanlı İmparatorluğu'nun fikir ve kültür gelişiminde sürekliliktir baskın olan; ve Selçuklu ve Osmanlı öncesi Anadolu'da oluşmuş sentez uygarlığına başvurulmadan da hakkıyla anlaşılamaz bu süreklilik.

Bir imparatorluk kültür yaşamının başlangıçları

Fetih'ten sonra, sultanların sarayının –İstanbul adını alan– Konstantinopolis'te yerleşmesiyle, Osmanlı kültürel yaşamı yeni bir boyuta bürünür: Bursa'da, arkasından da Edirne'de az çok taşralı olan bu yaşam, imparatorluk çapındadır artık ve Avrupa ile Asya arasında hayran olunacak bir konumdaki görkemli bir merkezin çevresinde örgütlenir.

Kendisi de alabildiğine kültürlü, şair, Arapça ile Farsçayı iyi bilen, ilahiyata ve bilimlere çok ilgi duyan Fatih Sultan Mehmet, başkentini bir büyük kültür merkezi haline getirmek amacıyla sistemli olarak çalıştı. İlk çabalarından biri, medreseleri düzeltmek oldu: Bilginin iki düzeyini karşılamak üzere, iki okula ayırdı onları. Arapça, Farsça, ilahiyatla İslam hukuku, mantık, aritmetik, astronomi ve tıp öğretiliyordu medreselerde. Ayrıca, sekiz okullu bir büyük üniversite kurdu İstanbul'da: En gözde Müslüman bilginleri çağırdı bu üniversiteye; tıp eğitimini, her dinden, özellikle Yahudi pratisyenlere de açtı. Tıp okuluna bir hastane bağlandı. Türkçe olarak, minyatürlerle süslü bir büyük cerrahi kitabı yazılıp 1465'te sultana sunuldu; Zahravî'nin Arapça ünlü eserini tekrarlıyordu bu eser. Rumcadan, bilimsel ya da tarihsel çeşitli eserler Arapçaya ya da Farsçaya çevrildi. II. Mehmet, iyi bir Müslüman olarak kalmakla beraber, Hıristiyanlığa ve Batı uygarlığına –iyiden iyiye– ilgi gösteriyordu: Birçok İtalyan aydın ve sanatçılarını çağırdı sarayına; onlardan ressam Gentile Bellini, Fatih'in dikkate değer bir portresini bıraktı bize.

Ağır bestelerde, açıktan açığa Arap ve Fars dünyasının müziğine benzeyen Türk müzik geleneğine, çalgı aletlerinin yapımında ve çeşitlendirilmesinde Avrupalıların katkıları kuşkusuz olmuşsa da, Osmanlı müziğinin gitgide arınıp inceleşen gelişmesinde Batı'nın etkisini ortaya koymak mümkün değil pek; saraydaki eğlencelere ya da resmî törenlere ve kutlamalara iyiden iyiye bağlı orkestra müziğinde böyledir. Mevlevîlik gibi mistik tarikatların kimi dinsel törenlerinde müzik eşliği de, gelenekteki sürekliliği gösteriyor.

Aynı süreklilik, edebiyatın gelişmesinde de kendisini bütün açıklığıyla ortaya koyuyor; bu edebiyatın türleri ve biçimleri, geçmiş yüzyıllardan miras kalmıştır esas olarak ve söz konusu alanda, Türk olmayan tek etki Arap-Fars etkisidir hep ve gitgide de öyle olmaktadır. En dünyasal eserlerine varıncaya değin, tipik olarak İslami bir edebiyattır bu geçmişte olduğu gibi. Egemen esinleniş dinsel olmasa da, dile getirilişte sürekli İslama yollamada bulunulur bu edebiyatta. Genellikle eşcinsel olarak erotik şiir bile, mistik şiir kılığına girer; bu şiirde dünyasal aşk, Tanrı'nın sinesinde bir birleşme olarak ortaya çıkar ve meyhane şiiri, sarhoşluğu, dinsel olarak kendinden geçme ile bir tutar. İran şiirinin nitelikleri kendini gösterir bu konuda; söz konusu şiir ise, Osmanlı şairlerine esin verip durmaktadır.

Osmanlı şairleri. Bâkî ve Fuzûlî

Bu şairlerin sayıları ve aydın aristokrasinin düşünce yaşamındaki rolleri, imparatorluk genişledikçe artar. Sultanlar ve yüksek mevki sahiplerince korunmakta ve hatta beslenip bakılmaktadırlar; estetik zevklerinin yanı sıra, saygınlıklarını yüceltmektir beklenen kendilerinden. İçlerinden kimisi, dinsel inançlarındaki doğallıkla başkalarından ayrılır ve imparatorluğun bütün yaşamı boyunca serpilip durmuş olan mistik eğilimli tarikatların –her gün biraz daha artan– üyeleri arasında büyük başarı sağlarlar.

Saray, şiirin ayrıcalıklı ortamıdır. Hemen bütün sultanlar, kendilerini şiir yazmaya adamışlardır ve kimi zaman büyük bir yetenekle yaparlar bunu. Şiir, sultanın haremiyle aristokrasi arasında da gözdedir; onlardan da bu işe kendini verenler vardır. Eyaletlerdeki büyük kentlerde, Bursa ve Edirne gibi eski başkentlerde, ya da 1534'te fethedilen Bağdat'ta bile, başka türlere de şiir egemendir.

Osmanlı sarayının şairlerinin hepsi de, medreselerde verilen –yüksek düzeydeki– klasik eğitimden geçmişlerdir gençliklerinde. Arapçayı ve Farsçayı iyi bilirler ve Arap-Fars edebiyat kültürüyle iç içedirler. Zengin Arap ve Fars sözlüklerinden yola çıkarak ve klasik İran şiirinin anlayışı içinde, düzeyi gitgide yükselen bir şiir dili geliştirirler; bu dil, temelde Türkçenin yapısını ve gramerini saklı tutsa da, Türkçe kelimelerin kullanışılını özellikle azaltır.

Bu şairler, temalarında ve imgelerinde, Fars geleneğinden alabildiğine esinlenirler; ancak simgelerin, (kutsalla dünyasal arasında gidip gelerek bir belirsizlik yaratan ya da üç anlamlı) kelime oyunlarının ve dizelerin aheng inin yenileştirilmesinde büyük bir hayal gücüne erişirler genellikle. İçlerinden çoğu, daha da ileri gidip, kullandıkları dilin ahengi kadar düşüncelerinin içeriği bakımından da, aşırı bir inceliş, hatta bir özentiye, bir yapmacılığa giderler yazdıklarında. Arap-Fars vezninin en ustalıklı örneklerine, iç ve dış kafiyelere ya da en özentili ses tekrarlarına başvururlar. Bu şairler, kimi istisnalar bir yana bırakılırsa, kuramını yapmasalar da, sanat için sanat anlayışının arkasındadırlar.

İçlerinden çoğu, bıkıp usanmadan ama ustalıkla, İran şiirinin klasik temalarını geliştirirler: Bu dünyada her şeyin kararsız olduğundan bahsedip öte dünyayı düşünmeye çağıran dinsel temalar; oğlan ve şarap aşkını, ayrılık acılarını, yaşlılığın mutsuzluklarını dile getiren –az çok kapalı– dünyasal temalardır bunlar. Kimi zaman dizelerine kayıp giren doğa duygusu, kentli seçkinlerin duygusudur: Bahçeleri ve çiçekleri, kuşları ve parklardaki su birikintilerini şakır bunlar; bülbüllerle güllere başköşeyi verir, mehtabı güneşin ışınlarına ve baharın gelişini de bütün öteki mevsimlere yeğlerler.

Osmanlı İmparatorluğu'nun, XV. yüzyıl ortalarından XIX. yüzyıl ortalarına, yani Avrupa'nın etkisinde yenileşmeye doğru bir hareketin kendisini haber verdiği bir tarihe değin ün salmış bütün şairlerini burada zikretmek mümkün değil bizim için. Öyle olduğu için de, içlerinden en büyüklerine değineceğiz.

Onlar arasında Ahmet Paşa'yı anmak, ölçüyü kaçırmak olur kuşkusuz. Ahmet Paşa, II. Mehmet'in gözdelerinden

389

biri oldu ve 1497 yılına, II. Bayezit'in saltanatına değin yaşadı. Eseri, büyük bölümüyle İran şairlerine, bu arada Hafız'a bir öykünmedir ve iki hükümdarı övmeyi, tumturaklılığın en aşırı noktalarına kadar götürmüştür. Bununla beraber, Osmanlı saray şiirinin yenileştiricisi olarak, önemli bir tarihsel rol tanınır kendisine; Ahmet Paşa, kuşkusuz abartmalı bir davranış içindedir, ancak dünyasına iyice girdiği İran şiirinin dilini, veznini ve simgeciliğini alabildiğine ustalıkla kullanmıştır. Böylece, içlerinden kimisinin daha büyük bir görkemle kendilerini gösterecekleri bir saray şairleri kuşağının öncüsü olarak görülmüştür.

Onların arasında, Ahmet Paşa'dan bir yüzyıl sonra, Kanuni Sultan Süleyman'ın saltanatı döneminde gelen Bâkî'dir (1526-1600) en parlak olanı. Kanuni, pek erkenden fark etti yeteneğini onun ve kendi edebi çevresine çekip aldı; o da, hem de daha yaşarken, "sultan-üs şuara" (şairlerin sultanı) diye adlandırıldı. Bir müezzinin oğluydu Bâkî; derinliğine bir kültür edinmişti ve sultanın koruması altında, ulema sınıfı içinde hızlı bir ilerleyişi oldu ve hiyerarşinin sondan bir önceki derecesine, Rumeli kadıaskerliğine değin yükseldi. En yüksek makam olan şeyhülislamlığa adaylığının başarısızlığa uğramasından duyduğu üzüntünün ölümünü çabuklaştırdığı söylenir. Dinsel mesleği, katıksız İslam geleneği yolunda eserler vermeye götürdü onu; ne var ki, şöhretini sağlayan, lirik şiirleri olmuştur özellikle. Bir ilahiyatçı, konuşması zevkle dinlenen bir dünya adamıydı aynı zamanda; Arap-Fars yüksek kültüründen anlayan bir çevrenin içindeydi ve en azından o çevrenin eğilimlerine uyar gibiydi. Şarap ve oğlanlar, kuşkusuz görece ve moda gereği, önemli bir yer tutar lirizminde; ne var ki, dinsel ve mistik temaları, başkalarından çok daha fazla geliştirir. Alabildiğine incelmiş ve süzülmüş biçemi, güçle zarafeti, neşeyle ağırbaşlılığı birleştirir ve bir parça akademik bir yetkinlik içindedir. Kimi zaman hafif dizelerindeki müziksellik, Kanuni'nin ölümü üzerine yazdığı ünlü mersiyesinde olduğu gibi, bir senfoninin görkemli vurgulamalarına gelip varır.

İmparatorluğun altın çağı olan XVI. yüzyıl, "Süleyman'ın yüzyılı", bir başka Türk şairinin, Osmanlılara gelip katıldığı bir yüzyıl oldu: Zamanının –belki– en büyük şairi Fuzûlî'dir (1494-1555) bu. Şiî inançtaki Iraklı Türkmen Bayat kabilesinden olan Fuzûlî, Şah İsmail'e ithaf etti ilk eserlerini; İran Safevîlerinin manevi ve cismani temsilcisi Şah İsmail ise, Şiîlik adına, İstanbul'daki sultanların Sünnîliğine karşı savaşıyordu ve Osmanlıların başlıca hasmıydı. Alabildiğine bilgili bir kişiydi Fuzûlî: Arapça ve Farsçada kolaylıkla şiir yazabiliyordu ve İran lirik şiiri ile beslenmişti: Azerî şivesinde –ama Türkiye'de pek anlaşılır olan– bir Türk ağzı olan kendi anadiline çeşitli türler aldı bu şiirden. Osmanlı İmparatorluğu'nun derin bilgili şairleri gibi, üç dilli bir sözlükten yararlanır; bu sözlükte, Arapça ve Farsçanın payı, Türkçenin payından üstündür, öte yandan Türkçenin de yapısını ve gramerini sürdürür. Mistik aşkın şairi, daha sonraki yıllarda katıksız bir sufî olarak görülen Fuzûlî, sadece öteki dünyada birbirlerine kavuşan *Leylâ ile Mecnun*'un platonik aşkı üzerine yazdığı –klasik temadaki– büyük poeminde olduğu gibi, yüksek bir İslam maneviliği doğrultusundaki eserlerinin yanı sıra, oğlanların onuruna birçok hafif parçalar da yazdı; imgelerle simgelerin birbirine karışıp anlamlarının belirsizleştiği bu son türdeki eserlerinde, erotiko-mistik bir cinsellik göze çarpar. İran şiirinin bu geleneksel türünü, renkli ve neşeli bir biçemle yeniler; aşkın fırtınalarını dile getirmek için, kimi parçalarda yapmacık da görülse, içten vurgulamalar bütün belirginlikleriyle ortaya çıkar onlarda ve –şaheseri olarak görülen– *Leylâ ile Mecnun* adlı eserindeki romanesk lirizminde, mistik esini bir güç ve büyüklük kazanır. Bununla beraber, dinsel inançlarının ne ölçüde köklü olduğu konusu üzerinde durulabilir; çünkü, Sünnî inançtaki Kanuni Sultan Süleyman 1534'te Bağdat'ı fethettiğinde, Fuzûlî, Irak'ın yeni sahibinin lütfunu diledi ve Osmanlıların sadık bir uyruğu olarak davrandı artık. Öyle de olsa, İstanbul'daki saraya kabul edilmedi ve Bağdat'ta 1555 yılındaki vebadan öldü. Şöhreti, ancak ölümünden sonra arttı: Türkiye, Irak, İran ve Azerbaycan, bugün bile, kendi şiir geleneklerinin kahramanlarından biri olarak sahip çıkarlar ona.

Bununla beraber, yüksek düzeyde Osmanlı şiirine sesini veren, Bağdat'ta kalmış Fuzûlî değil, Osmanlı sarayının şairi Bâkî oldu ve ölümünü izleyen yüzyıl boyunca ondan gelir bu ses. XVII. yüzyıldaki temsilcilerinden hiçbiri, Bâkî'nin kâbına varamamışlardır bir bakıma. Bu dönemin bir parça sivrilmiş ilk şairi olarak, Ataî, İran şairlerine öykünür; nitekim, *Sakiname* adlı uzun kitabında, –o bitip tükenmez– oğlan ve şarap temalarını bir araya getirir, ayrıca mistik ve ahlaki şiirler de yazar. Daha da çarpıcı olan, Nef'î'nin (1582?-1635) coşku ve esini oldu: Sultan IV. Murat'ın çevresindeki Nef'î, türünün örnekleri olarak gösterilen görkemli kasideler yazdı onun için; kendisi için yaptığı övgüleri de unutmamalı. Devrinin zevkine uyup hafif bir müziksellik taşıyan şiirler de yazdı; ısırıp yaralayan yergileri ise, hem başarısını gösterir, hem de felaketine yol açtı: Sultan, onlarla kendisinin hedef alındığını sanıp öldürttü şairi ve cesedi de denize atıldı.

XVII. yüzyılın son onlu yıllarında, Nabî'yi (1642?-1712) görüyoruz. Viyana kuşatmasının başarısızlığa uğramasının arkasından boynu vurulan veziriazam Kara Mustafa Paşa'nın gözdesi olduktan sonra Halep'e çekilen şair, oğlu için manzum küçük bir kitap yazdı; *Hayriye* adını taşıyan bu kitap, –hep neo Fars doğrultusundaki– biçiminden çok içeriğiyle, Osmanlı şiirinin en ilginç eserlerinden biridir: Şair, mümkün meslekleri gözden geçirir birer birer ve sonunda edebiyatta karar kılar; rüşvetin başını alıp gittiği döneminin yaşam koşullarını –hatır gönül dinlemeden– sergiler ve alabildiğine canlı tablolar çizer ortamla ilgili. Klasik "çapkınlık" temalarının kendisini gösterdiği hafif şiirleri, yeni bir havada kaba güldürü öğeler taşırlar.

Edebiyatın gençleşmesi

Bununla beraber, Osmanlı edebiyatının derinden derine gençleşmesi, III. Ahmet'in saltanatı döneminde (1703-1730) gerçekleşti. Veziriazam İbrahim Paşa'nın zamanında, Osmanlı İmparatorluğu, Avusturya ve Venedik arasında yapılan 1718 tarihli antlaşmayı izleyen –o pek seyrek görülen bir durum olarak!– on iki yıllık sürekli barış yıllarında oldu bu gençleşme. Yaşamın sessizliğe ve tatlılığa büründüğü bu döneme, Saray'da ve başkentte damgasını vuran, bayramlar ve eğlencelerin yanı sıra, yeni bahçeler ve modaların ortaya çıkışıdır. İşte o yıllardadır ki, Saray'da ve aristokraside, Anadolu'nun bir yaban çiçeğinden kaynaklanıp Hollanda'da yetiştirilerek çoğaltılan çeşitli ve pahalı çiçekler için –olağanüstü– bir hayranlık kendini gösterir.

Bu havai dönemin sözcüsü Nedim oldu. Bir İstanbul kadısının oğlu ve kendisi de medresede hoca olan Nedim, İbrahim Paşa'nın gözdesi idi. Bu saray şairinin özgünlüğü, –sultanla veziriazamın onuruna yazdığı ve kendisinden öncekilerin kaleme aldıklarından daha az sıkıcı ve daha zarif– bir otuz kadar kasidede olmaktan çok, şenliklerde ve müzik eşliğinde söylenmek için yazdığı kısa parçalardadır. Kuşkusuz, o kaçınılmaz oğlan aşkı teması onlarda da görülmektedir; ne var ki, neşeli ve hafif biçemle ele alınmıştır bu ve kendisinden önceki geleneğin acılı ve tumturaklı işleyişinden pek farklı olduğu gibi, sözde mistik ve ikiyüzlülükten de sakınır. Dahası, Nedim'in güzele olan tutkunluğu, çok daha az uzlaşmacı bir haldedir bunlarda: Bahçeler, giysiler ve sahneler için söyledikleri, şiirlerinin zarif kahramanlarını anlatırken de yaptığı gibi, kendiliğinden bir içtenlik izlenimi verirler. İran şairlerinden miras kalan yapma anlatış ve betimlemelere sırtını olduğu gibi dönmese de, aşırı derecede ince ve anlaşılması güç biçemden uzak tutar kendisini ve anlamlı bir sadelik taşıyan imgeler yaratır. Ne bir ahlakçı vaaz görülür onda, ne de din cilası taşıyan açık saçık günah bir söz.

Böylesi bir düşünce özgürlüğü ve kutsal karşısında bu tür bir kayıtsızlık, başkentin yoksul tabakalarının yanı sıra, barış nedeniyle işsiz güçsüz kalıp cepleri boşalan yeniçeriler üzerinde de pek etkili köktendinci çevreleri ifrit edecekti elbette; bu yoksul tabakalar, Saray'ın dizginsiz lüksü karşısında çarpılmış durumdaydılar zaten. Öyle olunca, yeniçeriler 1730'da ayaklanıp da III. Ahmet'i tahtından indirdiklerinde, saray şairi de, bu başkaldırının kurbanları arasına katıldı; ayaklanma sırasında, koruyucusu İbrahim Paşa da öldürülmüştü.

Nedim'in izleyicisi olmadı ve kendisinden sonra, çöküş içine girdi saray şiiri. Bununla beraber, XVIII. yüzyılın son onyıllarına, bir başka gerçek, ama farklı bir çevreden gelen ve farklı bir esine sahip bir şairin başarısı damgasını vurdu: Galib Dede, ya da Şeyh Galib'tir bu. O da, Nedim gibi, İstanbul'da doğdu ve öldü; inanmış bir Mevlevî dervişi idi. Galata Mevlevî Dergâhı'nın postnişini oldu ve 1799 yılının başlarında, kırk bir yaşındayken öldü. Şaheseri olan *Hüsnü Aşk* (Güzellik ve Aşk), istiareli uzun bir poemdir; bir mucize sonucu dünyaya gelmiş düşsel kahramanları, Aşk (erkek) ile Güzellik (kız), Arabistan'da iki Bedevî gencidir. Tutku, Utanma, Alçakgönüllülük... gibi öteki önemli kahramanlar da soyut kişiliklerdir. Cin ve peri hayal eden, acayip serüvenler yaratan, içtenlikli bir mistisizmden esinlenen şairin taşkın imgelemi olmasaydı, bu fazla özgün olmayan seçimler can sıkıcı olabilirlerdi. İran sufîleriyle Mevlânâ'yı alabildiğine yakından tanıyan Galib Dede, büyük bir edebi ustalık gösteriyor öte yandan; ve dinsel dünyası, duygusal yeni soyut biçemler yaratıyor ve romanesk bir çerçeve içinde tuhaf bir kılığa bürünüyor bunlar.

Şeyh Galib, XVIII. yüzyılın tam bitiminde, Osmanlı İmparatorluğu'nun geleneksel son büyük şairidir. XX. yüzyılın ilk yıllarına değin, klasik türlere ve temalara, özellikle ulema ve derviş çevrelerinde başvurulup duracaktır; başarı derecesi farklı biçimde, büyük öncülere az çok güncelleştirilmiş bir halde öykünülecektir ve fazla özgün fikirler getirmek de mümkün olmayacaktır bunlarla. Mistik simgecilik, oğlanlar ve şarap, gül ve bülbül, efsanevi âşık çiftler, XIX. yüzyıl boyunca da ilgilendirecektir Osmanlı aydınlarını; ne var ki, gitgide sayıları azalacaktır bunların. 1839 yılında ilan edilen Tanzimat'tan başlayarak, kurumların Avrupalılaştırılması ve eğitimdeki modernleşme, Osmanlı seçkinlerini, geçmişin kültürel kalıntılarından koparıp uzaklaştırdı gitgide; ve Avrupa'nın edebi etkisi, –en başta da romantizm–, biçimlerde olmasa da, hiç olmazsa Osmanlı şiirinin içeriğinde, bir değişime ve dönüşüme yol açtı.

Halk şiiri

Bir aydınlar çevresine sığışmış bu yüksek düzeydeki şiirin aristokratik saygınlığı, imparatorluğun Türk eyaletlerindeki pek çok sayıdaki halk ya da yarı halk şairinin varlığını unutturmamalı; onların seslendiği çevre, saray şairlerininkinden çok daha genişti kuşkusuz. Bu şairlerin, özellikle sözlü yoldan iletildikleri için sadece pek azı korunabilmiş olan eserlerine gösterilen ilgi, Cumhuriyet'in kuruluşundan başlayarak çok arttı Türkiye'de; bu eserlerin, gerçekten daha ulusal bir nitelik taşımalarından ileri gelir bu özellikle. Söz konusu şairlerden, bazıları üzerinde durabileceğiz sadece: Yeni incelemelerin konusu olmuştur bu şairler; ancak, yaşamları üstüne pek fazla bir şey bilmiyoruz ve eserleri de, kuşaktan kuşağa geçerken, değişikliklere ya da –gerçekliği su götürür– eklemelere uğramıştır pek çok kez.

Bektaşilerin –az çok hak-mezhep dışı bir nitelik taşıyan– mistik halk tarikatı, alabildiğine bol şair yetiştirdi: Bunların içinde en ünlüleri, Kaygusuz Abdal'la (XV. yüzyıl), Pir Sultan Abdal'dır (XVI. yüzyıl). Genel olarak şakacı bir kişidir Kaygusuz ve dogmalar karşısında da saygısızdır. Pir Sultan, dinde ve toplumda basmakalıp inanç ve törelere aldırmamasının sonucu olarak, İran Safevîlerinin Şiî hükümdarı Şah Tahmasp'la uzlaşmaya gitti ve Osmanlı iktidarına karşı, Doğu Anadolu köylülerinin bir başkaldırısını yönetti; ele geçirilip Sivas'ta asılınca da, Alevîlerce pek saygı duyulan efsanevi bir kahraman olup çıktı. (Türkiye'de pek tutulan ve kalabalık Alevîler, Şah İsmail'in İran Şiîliğinden doğmuş bir mezheptendirler; ne var ki, bu mezhep, İran'ın bugünkü On İki İmam Şiîliğinden bağımsızdır ve gnostik ve hümanist eğilimleriyle ayrılır ondan.) Şah İsmail'in, görece halka yakın Türk dilinde kendi dinsel propagandası için dile getirdiği şiirlerinin sözlü geleneği, işte bu Alevî Türk ortamında varlığını sürdürdü. Bununla beraber, bu gelenekte, gerçek olanla düzmece olanı birbirinden ayırmak güçtür; çünkü, bu hükümdar da efsaneleştiğinden, olağanüstü serüvenlerle iç içedir ve bu arada, kimisi görece yeni bir tarihte söylenmiş şiirler de ondan bilinir. Mistik Bektaşi ve Alevî şiiri, Türkiye'de, gezici halk şairleri olan *âşık*lar arasında bugün de canlıdır.

Şiirlerini *saz* (telleri mandallı bir çalgı) eşliğinde söyleyen bu Türk "ozan"larına, Anadolu'nun göçebe kabilelerinde, Yörükler ya da Türkmenlerde de rastlanıyordu;

aralarından en az ikisi geleceğe kaldı ki, Karacaoğlan'la Dadaloğlu'dur bunlar. Kadınlara karşı aşkını, mistiğe en ufak bir yollamada bulunmadan, somut ve ahenkli yalın bir dilde, şehvetli terimlerle ve doğrudan doğruya şakıyan Karacaoğlan (ölümü 1679'da?), pek canlı kaldı; Türklerde egemen duyguları, saray şairlerinin yaptığından çok daha güzel dile getiriyordu çünkü. Dadaloğlu (XIX. yüzyıl), şiirlerinin epik soluğuna borçludur şöhretini özellikle; bu şiirler ise, Osmanlı yönetiminin dayattığı yerleşik yaşam girişimlerine karşı Türkmenlerin başkaldırılarını dile getirirler. Karacaoğlan olsun Dadaloğlu olsun, âşıklar gibi, klasik şairlerin üçdilli söyleyişini değil, esasta canlı Türk dilini kullanırlar ikisi de; şiirlerini, kendiliğinden Türk şiirinin doğal biçimi olan hece vezninde söylerler.

Bu kendiliğinden Türk şiiri, adı bilinmeyen ve rastlantıya bağlı binlerce yaratıcısıyla, halkın bağrında serpilip durdu: Onların içinde, erkek ve kadın, doğaçtan şiir söyleme oyunlarına katılanlar vardı özellikle; en yaygın biçim de *mâni* idi ki, yedi heceli bir dörtlükte, tek bir uyak egemen oluyor, üçüncü serbest dizeye bağlı kalıyordu şiir. Folklorcular, bu iddiasız küçük parçalardan yığınla örnek toplamışlardır: Gözde teması aşktı bunların ve duyguların doğrudan doğruya dile getirilmesinin pek kabul edilmediği bir toplumda, oğlanlarla kızlar arasında duygu alışverişine yarayabiliyordu. Sadece, modern biçimlerini tanıyoruz bunların; ne var ki, kimi tarihçiler, XIV. yüzyıldan başlayarak, fırsat düştüğünde, onlardan örnekler zikretmişlerdir kimi zaman.

Efsanevi ya da destansal-efsanevi uzun şiirler de, bu yaratıcısı belli olmayan halk edebiyatına girerler; bu eserlerin –başlangıçta çoğu kez tarihsel kişiler olan– kahramanlarına, o eserlerin yaratıcısı olarak bakılmıştır kimi zaman. Birçok halkın efsanelerinde yer alan bir tip olarak, Köroğlu'nun durumu böyledir; destan çevresi Türkiye'de ve Azerbaycan'da gelişmiş olan Köroğlu, *âşık*ların dağarında önemli bir yer tutar. Dünyayı düzeltecek yiğit bir savaşçı olan bu "onurlu haydut", başlarda bir askerdi: 1577-1590 yıllarındaki Türk-İran savaşına katılmıştı ve Osmanlılara karşı o büyük ayaklanışlarında, *Celalî'*lerin çetebaşısı olmuştu. Efsanesi, imparatorluğun son zamanlarına değin sürüp gelmiştir.

İster halk ister aristokratik biçimlerde olsun, şiirin, Türk ve Osmanlı kültür yaşamında ayrıcalıklı bir yeri olduğu gerçekse de, nesir de yok değildir. Sözlü gelenekler, pek çok örneğini koruyup getirmiştir onun: Öyküler, efsaneler, (bir olasılıkla usta kişilerin, meddahların düzenleyip söyledikleri) romanesk parçalar, nesirle şiir karmaşığı metinler böyledir. Yüksek düzeyde ya da yarı yüksek düzeyde yazılı nesre gelince, Osmanlı İmparatorluğu'nun Türk edebiyatında alabildiğine temsil edildi bu.

Bunun bilinen ilk ürünleri (XIV. yüzyılda), orta hallidir. Arap-Fars örneklerinin çevirilerinden ya da uyarlamalarından ibarettirler özellikle: Dünyanın yaratılışı, Peygamberlerin ya da cihat kahramanlarının yaşamı üstüne öyküler ve efsaneler böyledir; ne var ki, *Bin Bir Gece'*yi haber veren eğlendirici öyküler de vardır aralarında. Bunların dili, görece yalındır ve konuşulan Türkçeye yakındır.

Tarih yazarlığı

XV. ve XVI. yüzyıllarda, aynı efsanevi türde, sözlü geleneğin pek ilginç yazılı öyküleri ortaya çıkıyor özellikle. Bunlar, Battal Gazi, Melik Danişmend ya da Ebu Müslim gibi İslamın yiğit savaşçılarını ya da Sarı Saltuk gibi olağanüstü serüvenleri olan keramet sahibi dervişleri sahneye çıkaran –İslam şövalyeliğinin romanları türünden– eserlerdir özellikle. İster Osmanlı ya da Selçuklu hükümdarları söz konusu olsun, gerçek olayla, şanlı mitoslarını birbirine karıp karıştıran ya da Oğuznamelerde olduğu gibi, bu hanedanların içinden çıktıkları Oğuzların efsanevi geleneklerini işin içine sokan tarih yazıcılığı da ortaya çıkıyor. İstanbul'un alınmasından önce Gelibolu'da, II. Murat'ın saltanatı zamanında (1421-1451) yaşamış olan Yazıcıoğlu'nun tarihleri, bu edebiyat türünün ilginç örnekleridir. Tarihlerin yanı sıra, *menakıpname'*leri zikretmeli: Bunlar, hem dinsel hem kahramanlık üstüne eserlerdir ki, Türk epik öykülerine ve *maghazî* ve *menâkıb-ı evliyâ'*ların oluşturdukları

397

Müslüman geleneğe çıkar kökenleri. Balkanlar Avrupa'sının fethi, bu *menakıpname*'lerde anlatıldı ki, *gazi* ruhunu kutlayıp yüceltmek amacıyla halka açık yerlerde ve orduda okunmak üzere yazılıyordu.

Ne var ki, Osmanlı tarihçiliğinin gerçek anlamda başlaması, İstanbul'un alınışından sonra, II. Mehmet (1451-1481) ile II. Bayezit (1481-1512) saltanatları dönemindedir. O sıralarda yazılan Türk tarihleri, resmî bir tarih anlayışını dile getirirler; kendi seferleriyle atalarınınkileri yüceltmek niyetiyle, sultanların isteği üzerine kaleme alınmışlardır. Bu resmî tarih, özellikle ilk Osmanlılar zamanındaki olaylar söz konusu oldukta, tam gerçeği dile getirmekten uzaktır; o eylemler, Küçük Asya'daki öteki beylerin eylemleri aleyhine olmak üzere, Osmanlılardan yana yorumlanırlar ve imparatorluğun yayılışının ve örgütlenişinin mimarları olan II. Mehmet'le II. Bayezit döneminde doruğuna varır bu yan tutuş. Bununla beraber, söz konusu metinler, o yıllardaki Rum ya da Arap kaynaklarıyla denetlenmek koşuluyla, gerçeğe uygun öğeler içerirler; ne var ki, birbirlerinin kopyasıdırlar büyük bir bölümüyle ve özgünlük de harçları değildir.

Öyle de olsa, Aşıkpaşazade'ninki (1400-1484) gibi, hesapta olmayan kimi tarihler de görülür. Onun yazdığı, doğrudan tanıklıkların ürünüdür çoğu kez ve, yan tutmuş olsa da, esaslı bir belgedir. Enverî'nin *Düsturname*'si de (1464) aynı döneme aittir: XIV. yüzyılın ortalarında, Aydın beylerinin önemli olaylarını, nazımla anlatır bu eser. XV. yüzyılın sonu ile XVI. yüzyılın başlarında, İran etkisi önem kazanır; çünkü Farsça, gözde bir edebiyat dilidir İstanbul sarayında. Böylece, sultanların onuruna, Farsça *şahname*'ler yazılmaya başlanır ve *Şehnameci* mesleği yaratılmıştır; Şükrüllah'ın *Evrensel Tarihi* ve özellikle de İdris Bitlisî'nin –ilk sekiz Osmanlı sultanının tarihini sekiz bölümde anlattığı– *Heşt Behişt*'i (Sekiz Cennet) (1501), o dönemdendir. Dursun Bey'in, felsefi bir savla kaleme aldığı *Tarih-i Abu'l-Fath* (Fatih'in Tarihi), Türkçedir, ancak pek Farsça kokan bir dildir bu. Bir parça daha sonra, I. Selim'e ya da Kanuni Sultan Süleyman'a, özel bir olaya, askerî seferlere (Suriye, Mısır, Rodos, Macaristan, Irak) ayrılan eserler ortaya çıkar. Doğrudan tanıklıklara ya da belgelere dayanan, gerçekten sapmayan anlatılardır çoğu kez bunlar. Böylece, *Selimname*'ler, *Süleymanname*'ler, *Fetihname*'ler, yerel tarihler kendini gösterir. Sadece III. Mehmet'in (1595-1603) zamanından başlayaraktır ki, *şahname*'ler Türkçe yazılmışlardır: Nesnellikleri, yine de su götürür onların.

O dönemde bir yenilik ortaya çıkar: Deniz seferlerini anlatan eserler bunlar. XVI. yüzyılın büyük korsanlarının seferleri ünlüdür; *Gazavatname*'de Barbaros Hayrettin'in anlattıkları bir örnektir ve romanesk eğilimde halk öyküsü biçimindedir. Veziriazam Lütfi Paşa'nın *Asafname*'sini de belirtmeli: Devletin yüksek görevlilerinin yapmaları gereken şeylerle ödevleri sıralanır bu kitapta.

Bu dönemin büyük tarihçileri şunlardır: (1534'te ölen) Kemal Paşazade, renkli ve yapmacıklı bir dille *Tevarih-i Al-î Osman*'ı (Osmanlı Hanedanı Tarihleri) yazmıştır ki, Kanuni Sultan Süleyman'ın 1526'daki Mohaç zaferini yüceltir eseri; (1599'da ölen) şeyhülislam Sadeddin Efendi, başlangıcından I. Selim'in ölümüne değin Osmanlıların tarihini anlatan *Tac üt-Tevarih*'i (Tarihlerin Tacı) yazmıştır ki, oğlu Mehmet Efendi'nin tamamladığı bu kitap, uzun süre bir başvuru eseri oldu; (1599 yılına doğru ölen) Selanikli Mustafa Efendi, 1563'ten 1599 yılına değin olan biteni anlatan bir *Tarih* bıraktı arkaya: Bu eser şu bakımdan önemlidir ki, anlattığı olayların doğrudan tanığı olan yazar, Osmanlı İmparatorluğu idaresinin XVI. yüzyılın sonunda nasıl çapından düşmeye başladığını gösterir ve daha o zamandan, kişisel bir eleştiri çabası ve sistemli övgüye karşı çıkış hissedilir eserinde.

XVII. yüzyılda, tarih yazıcılığında bir yenilik kendisini gösterir; yazarların içinde en ilginç olanları, İslam dinini kabul etmiş kimi Batılı kişilerin aracılığıyla, Avrupa kaynaklarını göz önünde tutmaya başlarlar: 1657'de ölen –Kâtip Çelebi diye de adlandırılan– Hacı Halife, (1650 yılına doğru ölen) İbrahim Peçevî, ya da (1691'de ölen) Hüseyin Hezarfen böyledir. Bu dönemin öteki tarihçileri arasında, (1650 yılına doğru ölen) Koçi Beg'i zikretmek yerinde olur: Yazdığı *Risale*'sinde, imparatorluğun acısını çektiği hastalıkların açık ve aydınlık bir çözümlemesiyle, onlara karşı mümkün çareler görülür; sultan IV. Murat'ın (1623-1640) danışmanı olan yazar, etkili olarak yöneltmeye yönlendirmiştir onu. Mustafa Alî (1541-1600), *Künh ül Ahbar*'ın (Olayların Özü) yazarıdır: II. Mehmet'e değin bir evrensel tarihtir bu; bir bölümüyle, bugün bilinmeyen kaynaklara dayanan eser, yöneticiler için açıklayıcı bilgileri içeren bir elkitabı niteliğindedir aynı zamanda ve yazar, hanedanların çöküşünün nedenleri üzerine düşüncelerini dile getirir orada. Hacı Halife, imparatorlukta yapılması gereken reformlar üzerine –başarı sağlayamamış– şu iki eserin yazarıdır: *Mizah ül-hakk* ile *Düstûr ül-amal*'dir bunlar. Macaristanlı bir Türk olan İbrahim Peçevî, Batılı, özellikle de Macar kaynaklarından yararlanan bir tarih bıraktı. Hazine'de görevli Hüseyin Hezarfen yabancı dilleri biliyordu belki; ne olursa olsun, elçi Nointel, Antoine Galland ve Marsigli ile ilişkisi vardı. Osmanlı İmparatorluğu'nun askerî durumu üstüne bir eserin yazarı olan bu sonuncusu, Hezarfen'in bir kitabından çekip almıştı bunu. Hezarfen'in, *Talhis ül-beyan fi kavanin-i Al-i Osman* adını taşıyan bu eser, imparatorluğun örgütü üzerine en önemli kitaplardan biridir: Lütfi Paşa ile Hacı Halife'nin düşüncelerini yeniden ele alan yazar, özellikle maliyede olmak üzere, devletin çöküşünün nedenlerini ve olası çareleri gösterir. Hezarfen, evrensel bir tarih olan *Tenkih tevarih al-mülûk*'u da yazdı ki, daha sonra Dimitri Kantemir'e, *Osmanlı İmparatorluğu'nun Yükselişi ve Çöküşü* adlı eserini kaleme almada yaradı bu eser; Hezarfen, Saray'ın çevirmenlerinden birinin kendisine çevirdiği Yunan ve Latin kaynaklardan yararlandı söz konusu eserinde.

Osmanlı İmparatorluğu'nun resmî tarihçileri içinde en dikkate değer olanı, Naima'dır (1655-1716) kuşkusuz. Yazdığı tarih eseri, 1591'den 1659'a değin süren dönemi içine alır. Sultanlar için övgücü davranan tarihi anlatma biçimi kendisinden öncekilerden pek farklı olmasa da, dili daha az süslüdür ve öyle olduğu için de, daha aydınlık ve güçlüdür. Kaynakların doğruluk derecesini denetlemeye ve eleştirmeye başvuran –hemen hemen– ilk tarihçidir özellikle. Naima, olayları sıralayıp anlatmanın yanı sıra, imparatorluğun idaresi üstüne bilgiler de verir ilk kez ve bu konuda kişisel yorumlara giderken reformlar bile önerir.

Öteki edebi türler

Ne var ki, imparatorluktaki yaşam üstüne bizi bilgilendirenlerin en özgün olanı, Evliya Çelebi'dir (1611-1683) kuşkusuz. Onun zengin ve hacimli *Seyahatname*'si, içinde gerçekten gidip görmediği yerler de söz konusu olsa, bir anılar eseri olarak görülmüştür ve başta gelen bir tarihsel kaynaktır bugün de. İstanbul'da doğan Evliya Çelebi, veziriazam ve IV. Mehmet'in damadı Melek Ahmet Paşa'nın kaynı idi; öyle olduğu için de, Saray'a pek kolay girebildi ve imparatorluğun çeşitli yörelerinde görevlendirildi; o da, gördüğü yerleri anlattı ve oraların tarihini, kurumlarını, sosyal ve iktisadî yaşamını, –bir olasılıkla efsanevi– geleneklerini –en canlı biçimde– dile getirdi. Abartmalarının ya da övünmelerinin payını göz önünde tutmalı kuşkusuz; ancak, bütüne bakıldığında, her şeye merak duyan iyi bir gözlemcidir Evliya Çelebi ve –bir bilginin olmayan– dili, Saray'ın onuruna Arap-Fars sözlüğünün etkisinde kalsa da, alabildiğine doğaldır.

Daha sonraki dönemin tarihsel bakımdan en dikkat çekici eserleri, Batı'ya giden elçilerin anlattıklarıdır. Yirmisekiz Mehmet Efendi (ölümü 1732'de), yüksek rütbeli bir yeniçeri idi –yirmi sekiz, askerî öğrenim yıllarında numarasıydı–; 1720'de, XV. Louis'nin küçüklüğü süresince olmak üzere, III. Ahmet, Fransa'ya elçilik göreviyle yolladı kendisini. O da, uyanık bir gözlemci olarak, naiplik zamanındaki Saray yaşamını ustalıkla anlattı. Görevi sırasında kendisine katılmış olan oğlu Sait Mehmet de, Fransa hakkındaki gözlemlerini kaleme aldı; oralarda, özellikle bilimsel kurumlara ve teknik yeniliklere, bu arada basımcılığa ilgi gösterdi. Daha sonra, 1757'de Viyana'ya ve 1763'te de Berlin'e elçi olarak gönderilecek olan Resmî Ahmet, elçiliği sırasında gördüklerini anlattı. Seçkinlerin merakını kamçılayacak olan bu eserler, Avrupa kültürünün –Osmanlıların gözünde çoğu kez garip– çeşitli görünüşleri üstüne, gitgide artan bir ilginin kaynağını oluşturacaklardır.

Osmanlı İmparatorluğu'nda, Türkiye'nin dışındaki dünyanın bilgisi, XVI. yüzyıldan, toprakça hızlı bir genişlemenin olduğu bu dönemden başlayarak, gelişir. Denizcilerin payı büyüktür bu gelişmede: (1554 yılında ölen) Kaptanıderya Pîrî Reis'in *Bahriye Kitabı,* Akdeniz üstüne zengin bilgiler veren bir eserdir ve bu alanda Avrupalıların yaptıkları çalışmalar hakkında hatırı sayılır bir bilgiye sahip olduğunu gösteren bilimsel bir harita tekniğine dayanır kitap. Kendisini izleyen ve Hint Okyanusu'nda Portekizlilere karşı savaşan Seyyit Ali (ölümü 1562'de), *Muhit* (Okyanus) adıyla, dünyanın bu bölgesi hakkında, bir deniz coğrafyası ve astronomisi kitabı bıraktı arkaya.

Genel coğrafya üstüne ilk Osmanlı özetlemesi, bilim dili olan Arapçada yazıldı önce. Eseri yazan Hacı Halife (öteki adıyla Kâtip Çelebi, 1609-1657), bir ansiklopedicidir; Türkçedeki eserleri tarih, coğrafya, kesin bilimler hakkındadır özellikle; –dikkate değer bir olaydır!– Müslüman köktendincilerin saldırılarına karşı, hem İslam hem Batılı kaynaklardan yararlanarak savunur onları. Bilimsel ve eleştirici bir düşüncenin kanıtlarını koyar ortaya; başkent İstanbul'un akademizmine reddiyede bulunur, kimi kurumlar da içinde olmak üzere, hatır gönül dinlemeden hükümler verir.

XVII. yüzyılın en büyük Osmanlı bilginidir o!

Kâtip Çelebi'nin ölümünden yetmiş yıl sonra, imparatorlukta bilimin ve kültürün yayılışı bakımından sonuçları büyük bir olay oldu: III. Ahmet'in veziriazamı İbrahim Paşa'nın desteklemesiyle, ilk Türk basımevi kuruldu İstanbul'da. Ustabaşı da, İslamı kabul etmiş olan bir Macar, İbrahim Müteferrika (1674-1745) idi. Basımevi, Osmanlı İmparatorluğu'nda, XV. yüzyılın sonlarından başlayarak biliniyordu; çünkü, İbrani dili için, İspanyol kökenli Yahudilerce, daha o sıralarda getirilmişti İstanbul'a. Ne var ki, (Arap-Türk) Osmanlı yazısı gibi birleşik bir yazıyı hareketli harflerle çoğaltma güçlüğü bir yana, İslamcı köktendincilik, Kuran yazısı gibi kutsal olarak görülen bir yazının mekanikleştirilmesine karşı çıkıyordu. İbrahim Müteferrika'ya 1726'da verilen izne, dinsel ya da hukuksal eserleri basma yasağı eklenmişti. Bunun sonucu, ilk Osmanlı basımcılığının, bilimsel, teknik, tarihsel ya da filolojik kitapların yayımında uzmanlaşması oldu. Kâtip Çelebi'nin büyük coğrafya eseri *Cihannüma* ile, Mehmet Efendi'nin Fransa üstüne "röportaj"ı, 1729 yılından başlayarak, ilk basılan eserler oldular. Bu basımevinin etkinlikleri, yeniçerilerin ayaklanması ve III. Ahmet'in tahtından indirilmesiyle bir süre için kesintiye uğradıysa da, I. Mahmut döneminde, 1732'ye doğru –bu kez devlet statüsü dışında olmak üzere– yeniden başladı.

Şimdiye kadar uzattığımız ünlü Osmanlı yazarlarının –kuşkusuz eksiksiz olmayan– bu listesinde, hiçbir kadın adına rastlanmamış olmasına şaşılacaktır kuşkusuz. Osmanlılarda bir kadın edebiyatının bulunmadığı anlamına gelmez bu; ancak, harem çevresiyle sınırlı kalan bu edebiyat, dışarıya, aslında erkek olan bir edebiyat izleyicisi çevresine yayılmadı pek. Bize kadar ulaşmış klasik dönemin nadir metinleri, lirik şiir alanındadır. Amasya kadısının kızı olup 1506'da ölen ve II. Bayezit'in sarayında edebi yeteneği takdirle karşılanmış Mihrî Hatun'un –geleneğe uyup platonik– aşka adadığı şiirler tomarını zikredelim. Onun yanı sıra, XVIII. yüzyılda, bir şeyhülislamın kızı ve Rumeli kazaskerinin –söylendiği kadarıyla mutsuz– eşi olup 1780'de ölen, Osmanlı kadın şairlerinin en ünlüsü, Zübeyde Fıtnat Hanım'ı da zikredelim. Dinsel hiyerarşinin en yüksek kademesiyle olan aile bağlantıları, onun, zamanın şairleriyle, doğaçtan şiir yarışmalarına katılmasına engel olmadı ya da daha güzeli belki, buna olanak sağladı; söylendiğine göre, yığınla nükte de yapıyordu bu vesilelerle. Fıtnat Hanım'ın, ne yazık ki öyle fazla olmayan şiirlerinden elde kalan parçalar, canlı ve neşeli bir biçemde, doğal ve yalın bir dilde yazılmışlardır. Avrupa biçiminde güzel bir portre de kalmıştır ondan. Mihrî Hatun'dan farklı olarak, ileri bir yaşa değin yaşadı Fıtnat Hanım.

Klasik Osmanlı devrinin sosyal-kültürel koşulları, bir kadın edebiyatının gelecek kuşaklara kalmasında hasislik göstermesi bir yana, aydın çevrelerce avami olarak görülen, ancak Türk halkının kültürel yaşamında belli bir rol oynayan yan edebiyat türlerinin de geleceğe kalışını engelledi. Bereket versin, pek ciddi bir aydın, İran şairi Câmî'nin usta çevirmeni –Lamiî de denen– (1531 yılında ölmüş) Mahmut Çelebi, çoğu günümüzdeki Türkleri de güldüren eğlendirici fıkraları ve hoş sözleri toplayıp bir araya getirmek gibi güzel bir düşünceye vardı. Halkın sevip saydığı Nasrettin Hoca'dan bize ilk bahseden o oldu özellikle. Nasrettin Hoca, efsaneleşmiş tarihsel bir kişilikti kuşkusuz; Anadolu'da, XIII. yüzyılın sonlarında ve XIV. yüzyıl boyunca, Eskişehir yöresinde yaşamış bir köy imamıydı. Kahramanı olduğu fıkralar, tuhaf bir nitelik taşır, ama herkesçe tanınan inanç ve törelere aldırmayan başına buyruk şeylerdir de; sözlü geleneğin bir yüzyıldan ötekine çoğalttığı bu fıkralar, Afrika'dan Orta Asya'ya değin bütün İslam dünyasını dolaşıp durmuşlardır. Nasrettin Hoca, yalancıktan çocuksu ve sapına kadar umursamaz, bir "halk filozofu" tipidir.

Tam ve kimi zaman açık saçık bir mizaha sahip bir başka efsanevi kişilik, XIX. yüzyılın sonlarına değin, Osmanlı İmparatorluğu'nun çeşitli yörelerinde halkın ilgisini çekişip durdu Nasrettin Hoca'yla: Karagöz'dür bu! Tekniği, belki I. Selim'in 1517'de fethedişinin arkasından Mısır'dan getirilmiş gölge tiyatrosunun kahramanı olan Karagöz, alaycı halk adamını temsil eder; ve, okuryazar iddialı kişinin bir karikatürü olan komşusu Hacivat'la ve çeşitli sosyal tipleri temsil eden başka kişiliklerle, acayip diyaloglar içine girer; tuhaflık dolu bu diyaloglarda, toplumun bir eleştirisini de yapar açıktan açığa.

Buraya kadar, Osmanlı İmparatorluğu'nun, klasik dönemindeki düşünce ve kültür tarihi hakkında bir fikir vermeye çalıştık; bunu yaparken, bize en ilginç ve belirgin görünen olaylardan –kaçınılmaz olarak keyfî– bir seçmeye gittik. Ve bir kez daha söyleyelim: Türk ve İslam topluluğunun tarihi ile sınırladık kendimizi.

YENİLİĞE DOĞRU

Batı etkisi

İçindeki bölünmüşlüklere karşın gücü gitgide artmış bir Avrupa karşısında, Osmanlı İmparatorluğu'nun XIX. yüzyıl boyunca gerilemesi, yöneticilerini, kendilerinin de bir çöküş olarak görmeye başladıkları şeyin nedenleri üzerinde düşünmeye götürdü. Bu yöneticiler, imparatorluğun içerden bağlılığını sağlayan İslamı tartışma konusu yapmadan, şunu gördüler: Kötüye gidişin kaynağı, kendilerinin bilim ve teknikte –özellikle de askerî alanda– çaplarından düşmesiydi gitgide; ve içlerinden daha cesur olanları, kimi kurumların, hızla ilerlemiş bir dünyaya uyum sağlayamamış olmasını düşünmeye kadar gittiler.

Böylesi bir düşünüş, yenilik kavramının ortaya çıkmasına yol açtı onlar arasında; söz konusu kavram ise, daha önce egemen olan, ilke olarak değişmez bir toplum kavramı ile zıtlık içindeydi. Bu sonuncu kavram, ilahiyat kaynaklı bir yasağa dayanıyordu esas olarak; bu yasaklama, Arapça "bid'at" teriminin dile getirdiği bir şeydi ki, genel olarak "yenilik" diye çevrilse de, bugün yerleşik inanca ters düşme anlamına, "revizyonizm" kavramına daha uygun durumdaydı.

Yönetici çevrelerin bir bölümünde ortaya çıktı düşünce; dinsel konularda yenilik iyiden iyiye yasaklanmış olsa da, hiç olmazsa Kuran'ın ya da hadislerin düzenlemediği dünyasal konularda mümkündü yenilikler ve böylece, bu alanda reformlara gitmek meşru idi.

Reformların zorunluluğu, askerî alanda öncelik kazandı; bu alanda, modern Avrupa'nın ordularını örnek almak söz konusu idi. Her türlü "yenileşme"nin karşısına köktendincilerin dikilmeleri sonucu, birçok kısır denemelerden sonra, bu anlamda kesin davranışı 1826 yılında Sultan II. Mahmut gösterdi; yeniçerilerin son bir ayaklanışına tepkide bulunup acımasızca kıyıma gitti onları. Yeniçeri ve sipahi ordusu dağıtıldı ve yabancı eğiticiler eşliğinde Avrupa biçiminde örgütlendi ordu.

Bu başarıdan cesaret bulan II. Mahmut, başka alanlara da yaydı çağdaşlaşmayı: Devlet görevlileri için, Avrupa giysisi ile fesi kabul etti ve Avrupa'dakilere benzer, bir Dahiliye Nazırlığı ile Hariciye Nazırlığı kurdu. Yerine geçen oğlu Abdülmecit (1839-1861), daha ileriye gidecektir. 1839'da, Osmanlı yüksek görevlileri ile yabancı elçiliklerin bulunduğu görkemli bir toplantıda, ilk büyük reformları (*Tanzimat*) ilan eden Hattı Hümayûn'unu okuttu; bu Hat'ın temel hükmü, imparatorluğun bütün uyruklarının, din ya da milliyet ayrımı yapılmaksızın, hukuksal eşitliğini ilan etmekti.

İlginçtir, Hat'ın metni, aynı anda Türkçe ve Fransızca olarak yayımlandı. Arkasından, seçkinler arasına derinden derine zaten gelip girmiş olan Fransızca, uluslararası kimi sonuçları olan bütün belgeler için, ikinci resmî dili oldu imparatorluğun ve Fransız kültür, düşünce ve biçimlerini taşıyan dilin bilgisi de, Osmanlı aristokrasisi ile aydın dünyasında hızla yayıldı.

Batı bilimlerinin Osmanlılar arasında gitgide yayılışını anlatmak, uzun sürer. Şunu söylemekle yetinelim biz: İmparatorluk için doğrudan doğruya en yararlı olarak görülen bilimlerle başladı bu yayılış; (topçuluk için matematik gibi) askerlik sanatına bağlı ya da (tıp gibi) kamu sağlığına bağlı bilimlerdi bunlar. Onları, ülkenin çağdaşlaştırılmasında zorunlu yeni tekniklere uygulanan bilimlerin gelişi izledi yavaş yavaş; (bu çağdaşlaşmaya bir örnek, İstanbul'da denizde yolcu taşımak amacıyla, 1851'de bir buharlı gemi kumpanyasının kuruluşudur). Rusya'ya karşı açılan Kırım Savaşı'nda (1854-1856), Fransız-İngiliz-Türk askerî işbirliğinin bir uzantısı oldu: Bilim ve tekniği öğrenmeleri için, Osmanlı gençleri yollanmaya başlandı Batı'ya.

Sultan Abdülmecit (1839-1861), Türk kurumlarının ve kültürünün Batılılaştırılmasının yürekten yandaşıydı. Onun hükümdarlığı zamanındadır ki, İstanbul'da ilk modern üniversite kuruldu ve bilimlerin öğretimi Avrupa örneğini izliyordu bu üniversitede. 1850 yılında, Osmanlı Bilimler Akademisi'ni (*Encümen-i Daniş*) kurduran da yine odur. İşte, o zamandan başlayarak, aydın seçkinler –tek işlevi din adamlarını yetiştirmek olan– geleneksel *medreseleri* bırakarak, modern bilimsel yaşama katıldılar.

Bu konuda Saray'ın örneğini izleyen Osmanlı aristokrasisi, Avrupa yaşam biçimini kabul etti çabucak ve Fransızca, bu aristokrasinin çoğu üyeleri için, ikinci dil oldu. Fransızca eserlerin çevirileri çoğaldı. Giyim kuşam, dayayıp döşeme, süsleme, mimarlık, bahçelerin düzenlenişi, Batı modalarının etkisi altına girdi gitgide.

Bu Batı etkisi ve özellikle de Fransa'nın etkisi, siyasal düşünce üzerinde de kendisini gösterdi: Fransız Devrimi'nin fikirleri, Napoléon'un saygınlığı, anayasalı monarşi kavramı ve özellikle de özgürlük kavramı, yönetici çevrelerin ideolojisine damgasını vurdu ve, romantik hareket, yeni bir kuşak yarattı çok geçmeden.

Tarihçilik alanında, Tanzimat döneminin ilk tarihsel eseri, Ahmet Cevdet Paşa'nın *Tarih-î Devlet-i Osmaniye* (Osmanlı Devleti Tarihi)'dir: Resmî tarihçi olan Ahmet Cevdet Paşa, 1774 ile 1826 yılları arasındaki olayları anlatır ve yıllıkçıların geleneklerine göre yazmıştır eserini. Yerine geçen Ahmet Lütfi (1815-1907), onun eserini 1826 ile 1861 yılları arasındaki dönem için sürdürdü. (1909'da ölen) Mehmet Süreyya, Osmanlı tarihinin –şu ya da bu önemdeki– bütün kişiliklerinin yaşamöykülerini bir araya getiren bir çalışma olarak, *Sicill-i Osmanî*'yi yazdı. Aynı türden bir çalışma, İbnülemin Mahmut Kemal İnal'ındır (1870-1957): *Osmanlı Devrinde Son Sadrazamlar,* 1852'den 1920'ye değin görev yapmış sadrazamların –pek ayrıntılı– yaşamöykülerini içerir. Ancak, özellikle Ahmet Vefik Paşa'dır ki (1823-1891), *Fezleke-i Tarih-i Osmanî* (Osmanlı Tarihi Özeti) adlı eseriyle, sultanlara değil, Osmanlı tarihinin büyük evrelerine dayanan yeni tarih kavramlarını getirdi. Onun örneğini, Abdurrahman Şeref'le Mustafa Nuri Paşa (1824-1890) sürdürdü; bu sonuncusunun *Netaiç ül-vukuat*'ı (Olayların Sonuçları), Osmanlı tarihinin bir bireşimidir ve yanlışları olsa da, olayların nedenleri ile sonuçlarına, kurumlarla iktisadî sorunların incelenmesine bir yaklaşımda bulunulmuştur eserde.

Osmanlı tarihçiliğinin gerçekten modern bir çağının doğması için, 1911'de *Tarih-i Osmanî Encümeni*'nin kuruluşunu ve dergisi, *Tarih-i Osmanî Encümeni Mecmuası*'nın yayımlanışını beklemek gerekir.

Belli başlı devlet adamlarının desteklediği Batılılaşma akımının karşısında, İslam geleneğinin değişmezliğinden yana olanlar, hem sıradan halkın, hem de çoğu ulemanın desteklediği bir mücadeleyi sürdürürler; sık sık ama geçici başarılar kazanan bir mücadeledir bu (Üniversitenin geçici olarak kapatılması, gazetelerin yasaklanması, hak-mezhep dışı düşüncelerin gözden düşürülmesi). İktidar da, düşünceleri kendisine yıkıcı görünen reformistlere karşı sert davranmaktan geri durmadı. Ne var ki, her bastırma, tepki olarak, yenilikçi hareketlerin güçlenişine yol açtı; ve, II. Abdülhamit'in uzun süren mutlakıyet dönemi, devrimci Genç Osmanlılar (ya da Jöntürkler) hareketinin doğuşuna neden oldu; bu hareket, 1908'de iktidarı alacak ve 1914-1918 savaşı boyunca da elinde tutacaktır onu.

Basının doğuşu. Okullar ve edebiyat dergileri

Basın, düşünce ve siyasetin yenileşmesinde, temel bir rol oynar. İlk Osmanlı gazetesi (1831) resmî bir organdı, ikincisi ise (1840) yarı resmî bir organ. 1860'ta ilk özel gazeteyi kurma onuru Şinasî (1826-1871)'nindir; 1862 yılından başlayarak, edebi ve siyasal ilk bağımsız büyük gazete olan *Tasvir-i Efkâr*'ı da, yine o kurmuş ve başyazarı olmuştur. Bu gazete, tam anlamıyla bir ilerici, ancak ılımlı idi ve Fransız kültürünün etkisi altındaydı. (Şinasî, 1849 ile 1855 yılları arasında Fransa'da bulunmuştu.) Bu dikkate değer yenilik, Sultan Abdülaziz'in saltanatına (1861-1876) damgasını vuran yeni bir çağdaşlık atılımı sayesinde mümkün olabilmişti. Bir Avrupalı kafası taşıyan bir hükümdardı Abdülaziz: Osmanlı sultanları içinde ilk kez olmak üzere, 1867'de III. Napoléon'a resmî bir ziyarette bulunmuş, arkasından da Londra'ya, Berlin'e ve Viyana'ya gitmişti; büyük yankıları olmuştu bu yeniliğin ve, dinsel çevreler de içinde olmak üzere, kafaları açıp düşünceleri geliştirmede katkıda bulunmuştu.

Türkiye'de, geniş çapta bir kamu eğitiminin yaratılması, öğretmenlerin de devlet memuru olmaları, Abdülaziz zamanında başlar: İlke olarak, altı yaşından başlamak üzere çocuklar için ilköğretim; daha yüksek okullar; kolejler. İlk lise, 1868'de Galatasaray'da kuruldu; Fransızca eğitim yapılan bu okul, aydınların ve devlet görevlilerinin yetiştiği bir ocak olacaktır. (Çoğunluğu Fransız ve Katolik tarikatlarca yönetilen) yabancı okullar ve kolejlere izin verildi çok geçmeden; ve buralarda azınlıklarla, hali vakti yerinde Türk ailelerinin çocukları okumaya başladı. Kızlar, ilk kez modern bir eğitime kavuştular. Bu önlemler, o tarihe değin ilk eğitimi ellerinde tutan ve etkileri köylerde bütünüyle süren din çevrelerinin direnişine yol açar doğallıkla. Din öğretimi, Müslüman çocuklar için kural olarak kalır; ancak, yeni okullar, Avrupa türünde bir eğitim verirler öte yandan.

Aydınlar arasında modern kültürün yayılışı, 1891 yılından başlayarak, Ahmet İhsan'ın yönetiminde, –"Bilimlerin Zenginliği" anlamına– *Servet-i Fünûn* dergisinin kurulmasıyla desteklenmiş olur. Başlangıçta, bilimi avamileştirip halk arasında yaymak isteyen bir organdı bu. Ancak, 1896'da, çıkaranların ortak düşünce ustaları olarak Recaizade Ekrem'in (1846-1914) tavsiyesiyle, başyazarı Tevfik Fikret oldu derginin ve o da, çağdaşlaşma yanlısı bir edebiyat ve sanat dergisi haline getirdi onu; Abdülhamit'in emriyle, basımının yasaklanacağı 1901 tarihine değin pek büyük olacaktır etkisi.

XIX. yüzyılın ikinci yarısında hızla gelişen, Jöntürklerin 1908'de iktidara gelişinden sonra gelişmesinin hızı daha da artan Osmanlı basınının hareketli tarihinden burada bahsedemeyiz; ancak, daha önce zikrettiğimiz iki organın, *Tasvir-i Efkâr*'la, edebi yaşamda *Servet-i Fünûn*'un, pek özel önemleri üzerinde ısrarla durmalıyız.

Bugün bile bir ulusal kahraman olarak görülen, Türk edebiyatının en büyük romantik şairi Namık Kemal (1840-1888), çoğu kez Victor Hugo ile karşılaştırılan bu şair, dram yazarı ve romancı, *Tasvir-i Efkâr*'daki yazılarıyla ün kazandı önce, Jöntürklere pek bağlı, imparatorluğun iç politikasındaki dalgalanışlarına göre, yaşamı sırasıyla –1867 ile 1870 yılları arasında, özellikle Paris'te, Londra'da, Brüksel'de, sonra da Viyana'da olmak üzere– bir sürgünde geçen bir onurlandırılan, son olarak da Rodos'ta, arkasından da Sakız'da mutasarrıflık verilerek –bu sonuncusunda görevli iken öldü!– İstanbul'dan uzaklaştırılan Namık Kemal, ateşli siyaset yazıları, yurtsever ya da duygusal dramlar, ilk Türk romanı olarak gösterilen trajik uzun bir aşk öyküsü ve onların yanı sıra, lirik bir esinle şiirler yazdı. Nesri ve nazmı, pek yüksek düzeyde Arap-Fars sözlüğünün karmaşıklığını alabildiğine ileri götürerek, klasik Osmanlı edebiyatının biçimlerini sürdürür aslında; öyle de olsa, bu nesir ve nazım, kimi zaman aşırı bir abartmayla, Batı romantizminin yeni düşüncelerini taşırlar.

Dili ve biçemiyle ona oldukça yakın, kendisi de Fransız romantiklerinin etkisinde kalmış Abdülhak Hamit (1851-1937), –Türkçe-Osmanlıca metinde Fransızca!– *Liberté*'nin (Özgürlük) bu ünlü şairi de, bir muhalifin horlanışlarını tanıyıp tattı; ne var ki, 1908'de Jöntürklerin iktidarı ele alışlarından başlayarak, şan ve şeref içinde sona erdi uzun ömrü. Nesir ve nazım olarak, siyasal düşünceler uyandıran tarihsel-yurtsever esinli trajediler ya da aşk ve ölüm dramlarını ele alan trajediler yazdı. Sözlüğünde geleneksel olsa da, kimi zaman şiirde, hece –ve ölçülü olmayan– biçimlere başvurarak yenilik yaptı. Batı eleştirileri karşısında, –tıpkı Namık Kemal gibi– hem Osmanlı –sonra Türk– milliyetçisi, hem de İslam kültürünün savunucusu olan Abdülhak Hamit, Victor Hugo gibi yaradancı ve hümanist bir metafizik yoluyla, Müslüman Ortodokslukla kendisi arasında bir mesafe koyar.

Servet-i Fünûn okulunun yazarlar topluluğuna gelince... Bu yazarlar da, romantik duygusallık, yenilikçilik ve mutlakıyete karşı düşmanlık ile dolu olsalar da, başlarındaki Recaizade'nin kuramsal yazılarının etkisi altındadırlar esas olarak; Parnasçılar gibi, "sanat için sanat"a eğilim duyan estetik kavramlardır kendilerini etkileyen. Başkalarından çok daha fazla olarak, Fransız edebiyat türlerine öykünmenin arkasındadırlar. Cenap Şahabettin (1870-1934), bu eğilimlerin başta gelen temsilcisidir; özellikle doğa ve aşk temalarına adanmış şiirsel eseri –1908'den sonra bunu terk edip siyaset mesleğini izleyecektir– üzerinde simgecilerin ve Parnasçıların etkisi, onlar gibi alışılmamış ve özentili imgeler yaratmaya götürür onu; ilk okuyucularını şaşkınlığa götürse de bu, daha sonra beğenilecek bir sanatsal nitelik olacaktır. Tevfik Fikret, *Servet-i Fünûn* dergisinin başında –1901 yılının başlarına değin– kaldığı sürece, aynı estetik anlayışı içinde, aynı türde şiirler yazdı; ne var ki, arkasından, büyük bir güç taşıyan yerici dizeleriyle, siyaset kavgasına katılacak, sosyal düzen için eleştirici görüşler ileri sürecek ve onların yanı sıra, barışçı, antimilitarist ve bilinemezci (agnostik) eğilimler içine girecektir. Yaşamının, eğitime adadığı son yıllarında –Galatasaray Lisesi'nin müdürü olmuştu–, bu basmakalıp inanç ve törelere aldırmayan adam, yöneticileri umursamadı; o yöneticiler ise, Enver Paşa'nın güdümünde, İttifak Devletleriyle bir bağlaşıklık süreci içine girecek ve böylece, Birinci Dünya Savaşı'nda Osmanlıların yenilgisini, giderek devletlerinin yıkılışını hazırlayacaklardır.

Servet-i Fünûn dergisi, 1896 yılından başlayarak, büyük romancı Halit Ziya'nın (1867-1945) ilk tefrikalarıyla şöhret kazandı. Anadolu'da Uşaklı bir halı tacirinin oğluydu Halit Ziya; aile adı olan "Uşaklıgil" de buradan gelir. Bu yenilikçi tacir, oğluna, zamanının bir özelliği olarak, sağlam bir Fransız eğitimi gördürdü. Halit Ziya, örf romanını ve sosyal temalı öyküyü soktu Türkiye'ye. Hem gerçekçilik, hem de psikolojik açıklama eğilimindedir o; ve konunun akışını kentlerin yoksul mahallelerine yerleştirir çoğu kez. Pek verimli ve başarılı bir yazar olarak, eserlerini, Cumhuriyet dönemindeki yeni basımlarında dilini gözden geçirip yenileştirdi.

Servet-i Fünûn'un daha çok aydınlara seslenir bir esindeki tefrikaları yenilikçi okumuş yazmış tabakalara ulaşırken, halk türünde roman, çok daha geniş bir izleyici yığınına seslenir. Bu tür romanın öncüsü, Ahmet Mithat (1844-1912) oldu. Çok çalışıp çok yazan, konusunu halkın düzeyine indiren, –her iki Dumas'nın, Jules Verne ve yığınla başkasının– serüven romanlarını uyarlayıp onlara öykünen, lafı alabildiğine uzatan, ahlak dersi veren, sosyal ilerlemeye açık, yenilikçi, ama Batıcı belli bir züppelik anlayışı karşısında da eleştirici bir yazardı Ahmet Mithat. Fransız doğalcılığının etkilediği Hüseyin Rahmi –Gürpınar– (1846-1844), halk romanı türünü yetkinleştirir: İçine, –gelenek ve yenilik arasındaki çelişmelerle beraber– toplum üstüne düşünceyi sokarak; cinselliği bir yana bırakmadan, psikolojik çözümlemelerle inceltip geliştirerek; serüvenle aşkın iç içe olduğu entrikayı daha iyi yapılandırarak; ve, trajiğin içine belli bir miktar mizah katarak gerçekleştirir bu yetkinleşmeyi.

Bu halk romanları, Avrupa'da ve Afrika'da daha önceden çözülüp dağılmış. Batı'nın büyük devletlerince iktisadî bakımdan sömürgeleştirilmiş ve tam bir siyasal kaynaşma içinde son yıllarını yaşayan Osmanlı İmparatorluğu'nda bir "uygarlık bunalımı"nı yaymaktadırlar. Bitip tükenmek bilmeyen yerel savaşlarıyla, aşağılanıp horlanmalarıyla, bu acıklı gelişme, yeni bir ulusal duygunun doğmasına yol açar: Çokuluslu Osmanlı yurtseverliğinden farklı, "Türkçülük" üstüne kurulu ve Avrupa milliyetçiliklerine pek benzeyen bir ulusal duygudur bu. İlk sözcüsü bunun Mehmet Emin (1869-1944) olur: Ateşli, özentisiz söyleyen, her türlü edebi okuldan bağımsız bir şair olan Mehmet Emin, 1897 Yunan-Türk savaşının arkasından yayımladığı *Türkçe Şiirler* –"Osmanlı" değil, Türkçe şiirler!– kitabı ile, birden ün kazanır. "Türkçü" milliyetçi hareket, hızla gelişecek ve İttihat ve Terakki Komitesi'nin yönlendirdiği Jöntürklerin iktidarı ele almasından (1908) sonra, örgütlenecektir; bu komite, 1918 yılına değin Türkiye'ye egemen olacaktır.

Söz konusu komite, kozmopolit bir kent ve büyük bir kültürel merkez olan Selanik'te kuruldu. "Türkçü" ideolojinin belirginleştiği *Genç Kalemler* dergisi de, 1911'de, orada kuruldu. Derginin kuramcısı da, Ziya Gökalp'ti (1876-1924): Ziya Gökalp, komitenin sosyoloğu olup bir bölümüyle Durkheim'den esinlenmişti; bir İran destanı olan *Şehname*'den aldığı, o eserde göçebe Orta Asya'yı gösteren *Turan* adlı şiiri (1911), İslam öncesi Türklerin anısını yüceltiyordu. Turancılık, Türkçe konuşan Asya'nın halk ve dil kaynaklarına kültürel bir dönüşü amaç edinse de, İslamla, ama Arap olmayan "ulusal" bir İslamla bileşip karışmalıydı; bunun gibi, Ulus'un gücünü sağlamak için, bilimsel ve teknik bir yenileşme içine girmek zorundaydı. Ziya Gökalp, "Türkçeleşmek, İslamlaşmak, Muasırlaşmak" sloganıyla özetlediği ve büyük bir başarı kazanan bu üçyüzlü öğretiyi, nesirli yığınla eserinde geliştirdi.

Genç Kalemler topluluğunun bir başka önemli simgesi olan Ömer Seyfettin (1844-1920), büyük yetenekte bir öykücü oldu. Yeni ulusal Türk edebiyatının en temel amaçlarından birini, içten gelen dehasıyla, tamı tamına ilk gerçekleştiren o oldu: Arap-Fars, her türlü bilgiçlikten sıyrılmış, geniş yığınların anlayabileceği, kültürlü kişilerin konuştuğu Türkçeye olabildiğince yakın, doğal bir Türkçeyi –zarafetle– yazmaktır bu amaç. Örneğin, düşmanın işlediği tüyler ürpertici cinayetler gibi, ilk döneminde sık sık üstünde durduğu milliyetçi temaların yanı sıra, toplumun eksikliklerini (boş inançları, dinsel ikiyüzlülüğü, rüşveti, çıkarcılığı, sahte yurtseverliği), büyük bir mizahla sergiler; bunu yaparken, Türk halkının manevi niteliklerini de belirtir ve bütün bunları, tumturaklı söyleyişlere gitmeden, incelik içinde dile getirir.

Bugün de zevkle okunur Ömer Seyfettin.

Genç Kalemler'in rakibi, ama izleyicisi daha az bir dergi olan Fecr-i Ati (Geleceğin Seheri), biraz daha önce kurulmuştu (1909); –"ulusal" olsa da– daha az politikti ve edebi güzelliklere daha eğilimliydi. Bu dergiyi, özellikle Ahmet Haşim (1885-1933) ünlendirdi; simgeci ve içtenci bir şair olan Ahmet Haşim, alabildiğine ahenkli dizeleriyle, pek yeni bir söyleyişi temsil ediyordu Türk edebiyatında.

Osmanlı İmparatorluğu'nun son dönemindeki kadın şairlerin eserleri de içtencidir: Aralarında en tanınmış olan Nigâr Hanım (1856-1918), klasik bir hava içinde, yaşamın hayal kırıklıklarını dile getirir özellikle. Ne var ki, imparatorluğun tam sonlarında, bütünüyle farklı bir ruh ve anlayışta bir kadın romancı, Halide Edip –Adıvar– (1883-1964) çıkar ortaya: Feminist ve milliyetçi bir militan olan bu romancı, Handan adlı romanıyla şöhret kazanır önce; söz konusu romanın kadın kahramanı, aslında Halide Edip'in özlemlerini dile getirmektedir. Halide Edip'in eserinin devamı, Cumhuriyet dönemine aittir.

Öteki büyük Türk yazarları da, imparatorluğun son yıllarında duyururlar ilk seslerini; ancak, asıl' yeteneklerini Cumhuriyet döneminde ortaya koyacaklardır.

XIX. yüzyılda kültürel yaşamın öteki biçimleri

İmparatorluğun modernleşmesinin çeşitli evrelerinde, tiyatronun tarihi üstüne söylenecek çok şey var. Gelenek, –daha önce sözünü ettiğimiz ve iktidara çatmasa da sosyal yergide yetkinleşmiş– Karagöz gölge tiyatrosu ile, konuları birbirine benzeyen ve soytarılığa kaçan, çoğu kez amatör (erkek) oyuncuların oynadıkları, XIX. yüzyılda *ortaoyunu* adı altında tanınan açık hava halk temsillerini içine alıyordu sadece. Batılı türde ilk tiyatrolar, 1839'da, kendi dağarlarını oynayan Fransız ve İtalyan kumpanyaları ile ortaya çıktılar. Rum ya da Ermeni topluluklar da, bir bölümüyle doğaçtan diyaloglu *(tuluat)* komediler oynadılar tiyatrolarda; ancak, Saray'da verilen İtalyan opera temsilleri de oldu. 1867'de, Güllü Agop'un yönetiminde Osmanlı Tiyatrosu kuruldu; Avrupalı piyesleri Türkçe oynayan ve kimi ilk Türk operetlerini temsil eden bir Ermeni tiyatro topluluğu idi bu. Sultan II. Abdülhamit, yıkıcılık yapıyor diye, 1882'de kapattırdı onu, arkasından da yıktırdı. 1908'deki Jöntürk Devrimi'nden sonra, modern tiyatro, çeşitli biçimleriyle, telif ya da çeviri bir dağarla gelişti ve Avrupa tiyatrolarının benzeri olup çıktı. Doğaçtan tiyatro toplulukları, taşra illerini dolaşıp Batılı piyeslerden, hatta Yunan trajedilerinden uyarlamalar... oynadılar oralarda. Türk oyuncuların sayısı gitgide çoğaldı; ne var ki, artık Ermeni ya da Rum değil, Türk kadın oyuncularıyla beraber baştan aşağıya Türklerden oluşan tiyatro topluluklarının ortaya çıkışını görmek için, Cumhuriyet'i beklemek gerekecektir.

Genel olarak, Avrupa edebiyatının çeşitli türleri, Osmanlı İmparatorluğu'nun sonlarında, Türkiye'de temsil ediliyordu; ve, insan ve toplum bilimleri de içinde olmak

414

üzere, modern bilimlerin tilmizleri daha şimdiden vardı ve içlerinden çoğu, başarılı eğitim ve öğretim etkinlikleri için deydiler.

XIX. yüzyılda, Avrupa orkestralarının gelişi, Avrupa'dan müzik aletlerinin getirtilişi, aristokrasinin kadınları arasında piyanonun revaç kazanışıyla, müzik sanatlarını da içine aldı Batılılaşma. Dahası, geleneksel müzik de, Avrupa melodilerinin etkisine uğruyordu: Mevlevî dervişi Hammamîzade İsmail Dede (1777-1845), dinsel müzik bestelerinde bu uyarlamanın öncüsü oldu, söylendiğine göre. İmparatorluğun sonlarında, "modern" Türk bestecileri ve orkestraları bulunuyordu.

"Modern" yağlıboya resim, Saray'da ve yüksek sosyetede revaçtaydı (bununla beraber, heykele, dinsel nedenlerle kuşkulu gözlerle bakılıyordu; heykel, Cumhuriyet döneminde gelişecektir alabildiğine). Batılı süsleme ve mimarlık, hızla yayılır ve kimi zaman, sonuç diye, "kolonyal" tipte karma bir sanatla olur bu yayılış.

Kısacası, kültürün bütün alanlarında, Osmanlı İmparatorluğu'nun modernleşmesi, kentlerde, canlı bir görünüş altında gerçekleşiyordu; ve yönetici sınıfların Avrupalılaşması pek ilerlemişti. Ne var ki, köyler ve kentlerin halk mahalleleri, tutucu İslam yüzyıllarının biçimlendirdiği geleneksel bir kültür dünyasının içinde kalmışlardı hâlâ.

Mustafa Kemal Atatürk ve yandaşlarının, Türkiye'de, yüzünü kararlı biçimde Avrupa'ya çevirmiş laik ve çağdaş bir cumhuriyet kurmada karşılaştıkları güçlükler içinde, öyle az buz şey değildir bu kültür ikiliği.

EKLENTİLER

KARŞILAŞTIRMALI BAŞLICA TARİHLER

OSMANLILAR

1290'a doğru-1320'ye doğru: Osman

1320'ye doğru-1362: Orhan
1326: Bursa'nın alınışı
1337: İzmit'in alınışı

1354: Gelibolu'nun alınışı
1362-1389: I. Murat
1371-1375: Sırbistan'ın istilası

1389: Kosova Savaşı
1389-1402: I. Bayezit
1394: Bulgaristan'ın işgali
1396: Niğbolu'da Hıristiyanların
yenilgisi

1402: Osmanlıların Ankara'da
Timur'a yenilmeleri
1402-1413: I. Bayezit'in oğulları
arasında mücadele
1413-1421: I. Mehmet
1421-1451: II. Murat

1444: Varna'da Macarların yenilgisi
1451-1481: Fatih Sultan Mehmet
1453: Konstantinopolis'in alınışı
1461: Trabzon Rum
İmparatorluğu'nun sonu
1462: Bosna'nın katılması

1474: Kırım Hanlığı'nın Osmanlı
metbuluğuna girişi
1481-1512: II. Bayezit
1485-1491: Memlûklerle savaş

1499-1502: Venedik'le savaş

1501: Şah İsmail, İran'da Safevîler
Hanedanını kuruyor
1512-1520: I. Selim
1514: Safevîlere karşı Çaldıran zaferi

BATI AVRUPA

1285-1314: IV. Güzel Philippe

1309: Papalık Avignon'da

1337: Yüz Yıl Savaşı'nın başlaması
1346: Crécy Savaşı
1347-1348: Büyük Veba

1377: Papalığın Roma'ya dönüşü
1378-1417: Batı'da Kilise'de Büyük
Uzlaşmazlık

1414-1418: Costance Konsili. Büyük
Uzlaşmazlık'ın sonu
1415: Azincourt savaşı
1429: Jeanne d'Arc Chinon'da
1431: Jeanne d'Arc'ın mahkûm
edilişi ve yakılışı

1453: Castillon savaşı. Yüz Yıl
Savaşı'nın sonu

1461-1483: XI. Louis
1467-1477: Cesur Charles
1469-1492: Laurent de Médicis
Floransa'da
1492: Christophe Colomb Antiller'de
'492: İspanyolların Gırnata'yı almaları
1494-1517: Fransızların İtalya'ya
seferleri
1498: Vasco da Gama'nın Hint
yolunu bulması

1509-1547: İngiltere kralı VIII. Henri

1516-1517: Suriye ve Mısır'ın fethi
1516: Cezayir'in işgali
1520-1556: Kanuni Sultan Süleyman

1522: Rodos'un alınması
1526: Mohaç savaşı. Macaristan'ın
istilası
1529: Viyana kuşatmasının başarısızlığı
1534: Bağdat'ın alınışı
1536: Fransa ile Kapitülasyonlar
1539: Aden'in alınışı
1541: Macaristan'ın katılışı

1548-1557-1567: Sinan'ın, İstanbul'la
Edirne'de büyük camiler dikmesi
1566: Zigetvar savaşı. Süleyman'ın
ölümü
1566-1574: II. Selim
1570-1571: Kıbrıs'ın işgali
1571: İnebahtı yenilgisi
1574: Tunus'un alınışı
1574-1595: III. Murat
1595-1604: III. Mehmet

1604-1617: I. Ahmet
1612: Hollandalılarla Kapitülasyonlar
1617-1618: I. Mustafa
1618-1622: II. Osman
1622-1623: I. Mustafa (2. saltanat)
1629-1640: IV. Murat

1639: Bağdat'ın yeniden alınışı
1640-1648: I. İbrahim
1644: Köprülü Mehmet Paşa'nın
sadrazamlığı
1648-1687: IV. Mehmet

1656-1661: Köprülü Mehmet
Paşa'nın sadrazamlığı
1661-1676: Fazıl Ahmet Paşa'nın
sadrazamlığı
1664: Saint-Gothard yenilgisi
1669: Fransa'da Türk elçiliğinin açılışı
1676-1683: Kara Mustafa Paşa'nın
sadrazamlığı
1683: Viyana kuşatmasının
başarısızlığı

1687: Osmanlılara karşı Kutsal
Bağlaşıklık
1687-1691: II. Süleyman
1691-1695: II. Ahmet
1695-1703: II. Mustafa
1699: Karlofça antlaşması

1703-1730: III. Ahmet

1515-1547: I. François

1519-1556: Şarlken
1521: Luther'in aforoz edilişi

1534: VIII. Henri'nin Roma'yla
bağlarını koparması
1540: İsa Topluluğu'nun kuruluşu
1541: Calvin'in, reform geçirmiş
Kilise'yi kuruşu

1558-1603: İngiltere kraliçesi I.
Elisabeth
1562-1598: Fransa'da din savaşları

1572: Saint-Barthélemy kıyımı
1589-1610: IV. Henri
1598: Nantes Fermanı

1610-1643: XIII. Louis
1618: Prag'da pencereden atma olayı
1618-1648: Otuz Yıl Savaşı

1624-1642: Richelieu'nun göreve gelişi
1625-1649: İngiltere kralı I. Charles

1642-1661: Mazarin'in göreve gelişi
1643-1715: XIV. Louis
1648: Westifalya antlaşması
1653-1658: Olivier Cromwell'in dik-
tatörlüğü
1659: Pireneler antlaşması

1660-1685: İngiltere kralı II. Charles

1665-1683: Colbert
1670: Doğu Kumpanyası'nın kuruluşu

1685: Nantes Fermanı'nın geri alınışı
1685-1688: İngiltere kralı II. Jacques

1689-1725: Rusya Çarı Büyük Petro

1697: Ryswick barışı

1703: Saint-Petersburg'un kuruluşu
1709: Poltava savaşı

1712-1713: İstanbul ve Edirne antlaşmaları

1718: Pasarofça antlaşması
1720-1721: Mehmet Efendi'nin Fransa'daki elçiliği
1727-1729: Arap harfleriyle ilk Türk basımevi
1730-1754: I. Mahmut
1739: Belgrad Savaşı

1754-1757: III. Osman
1757-1774: III. Mustafa

1768-1774: Rusya'yla savaş

1770: Çeşme deniz savaşında yenilgi
1774: Küçük Kaynarca antlaşması
1774-1789: I. Abdülhamit

1783: Kırım'ın Ruslara katılması
1787-1792: Rusya ve Avusturya'yla savaş
1789-1807: III. Selim
1792: Yaş Barışı

1793: Nizam-ı Cedit'in ilanı

1798-1801: Fransızların Mısır seferi

1803: Vahhabilerin Mekke ile Medine'yi işgali
1803-1812: Sırbistan'ın başkaldırısı
1803-1822: Yanyalı Ali Paşa'nın başkaldırısı

1807: III. Selim'in tahttan indirilmesi
1807-1809: IV. Mustafa
1808: III. Selim'in öldürülmesi
1809-1839: II. Mahmut
1812: Bükreş Antlaşması
1812-1820: Mısır valisi Mehmet Ali'nin Vahhabileri yenmesi

1821-1829: Yunan bağımsızlık savaşı

1713: Utrecht antlaşması
1714: Rastatt antlaşması

1727-1760: İngiltere kralı II. George

1733-1738: Polonya mirasçılık savaşı
1740-1780: Avusturya imparatoriçesi Maria-Thereza
1740-1786: Prusya kralı Büyük Friedrich
1756-1763: Yedi Yıl Savaşı
1760-1820: İngiltere kralı II. George
1762-1796: Rusya çariçesi II. Katerina
1763: Paris antlaşması
1768: Korsika'nın Cenevizlilerden satın alınması
1772: Polonya'nın ilk bölüşümü
1774-1792: XVI. Louis
1775-1783: Amerika Bağımsızlık Savaşı
1776: Birleşik Devletler Bağımsızlık Bildirisi
1780-1790: Avusturya imparatoru III. Joseph
1783: Versailles antlaşması

1789: Fransız Devrimi'nin başlaması
1792: Walmy savaşı
1792: Fransız Cumhuriyeti'nin ilanı
1793: Polonya'nın ikinci paylaşımı
1793-1794: Terör
1795: Polonya'nın üçüncü paylaşımı
1795-1799: Direktuvar yönetimi
1799: 18 Brumaire hükümet darbesi
1799: Konsüllük, Konsül I. Bonaparte

1802: Amiens Barışı

1804-1814: Birinci İmparatorluk. İmparator Napoléon
1805: Ulm. Trafalgar. Austerlitz
1807: Tilsit antlaşması

1812: Rusya seferi
1814: I. Napoléon'un tahtından vazgeçmesi
1814-1824: XVIII. Louis
1815: Waterloo
1815: Viyana Kongresi. Kutsal Bağlaşıklık
1824-1830: X. Clarles

421

1827: Navarin yenilgisi
1830: Edirne Antlaşması
1830-1839: İlk büyük reformlar
1832-1837: Mehmet Ali'nin Suriye'yi
ve Güney Anadolu'yu işgal etmesi
1833: Hünkâr İskelesi antlaşması
1833: Kütahya antlaşması
1839: İngilizlerin Aden'i alması
1839-1861: I. Abdülmecit
1839: Gülhane Hatt-ı Şerif'i
1841: Mısır'la anlaşma
1853-1855: Rusya'yla savaş

1856: Paris Kongresi ve Antlaşması
1860: Lübnan'da başkaldırı. Fransız
müdahalesi
1861-1876: Abdülaziz
1862: Moldavya ile Eflak'ın birleşmesi
1863: Osmanlı Bankası'nın kuruluşu

1869: Süveyş Kanalı'nın açılışı

1876: V. Murat
1876-1909: II. Abdülhamit
1876-1878: Sırbistan ve Rusya'yla
savaş
1876: 1878'de askıya alınacak olan
Anayasa
1878: San Stefano antlaşması
1878: Kıbrıs'ın İngiltere'ye
bırakılması
1878: Berlin Kongresi. Sırbistan'ın,
Romanya'nın, Bulgaristan'ın
bağımsızlığı. Bosna-Hersek'in
Avusturyalılarca, Doğu Anadolu'nun
Ruslarca işgali
1881: Muharrem Kararnamesi

1894-1896: Ermenilerin
başkaldırmaları ve bastırılması
1894-1895: İttihat ve Terakki
Komitesi'nin kuruluşu

1897: Yunanistan'la savaş. Girit'in
özerkliği

1908: Jöntürklerin Devrimi

1830: Fransa'nın Cezayir'e ayak bas-
ması
1830-1848: I. Louis-Philippe

1837-1901: İngiltere kraliçesi Victoria

1848-1852: Fransa'da II. Cumhuriyet
1852-1870: İkinci İmparatorluk. III.
Napoléon
1854-1855: Kırım savaşı

1862-1876: Meksika seferi

1866: Sadowa savaşı
1870-1871: Fransa-Prusya savaşı
1871: Frankfurt antlaşması
1871: Thiers, Fransız
Cumhuriyeti'nin başkanı oluyor
1871-1918: Almanya İmparatorluğu
1873-1879: Mac Mahon'un
cumhurbaşkanlığı
1875: Wallon'un Cumhuriyet
hakkındaki değişikliği

1881: Fransızların Tunus'u işgal
etmeleri
1882: İngilizlerin Mısır'ı işgal etmeleri
1882: Üçlü Bağlaşıklık (Almanya,
Avusturya, İtalya)
1894: Sadi Carnot'nun öldürülmesi

1894-1906: Dreyfus davası
1894-1917: Rusya çarı II. Nikola

1904: İçtenlikli anlaşma

1909-1918: V. Mehmet
1911: Trablus'un İtalyanlarca ele
geçirilmesi
1912: I. Balkan savaşı
1913: II. Balkan savaşı
1914: Almanya ile bağlaşıklık.
Fransa'ya, İngiltere'ye ve Rusya'ya   1914-1918: Birinci Dünya Savaşı
karşı savaş
1914-1915: Anadolu'da Rus istilası
1915: Türklerin yeni fetihleri.   1914: La Marne savaşı
Ermeni kıyım ve sürgünü
1915-1916: Çanakkale Savaşı
1916: Türklere karşı "Arap
başkaldırısı"
1917: İngilizlerin Bağdat'ı alışı   1916: Verdun Savaşı
                                         1917: Birleşik Devletler'in savaşa girişi
1918: Filistin'le Suriye'nin terk edilişi
1918: Ermenilere karşı saldırı   1917: Rus Devrimi
1918-1922: Son Osmanlı sultanı VI.   1918: Rethondes ateşkesi
Mehmet Vahdettin
1919: Yunanlıların İzmir'e, Mustafa   1919: Versailles antlaşması
Kemal'in Samsun'a çıkışı. Erzurum
Kongresi ile Sivas Kongresi
1920: Ankara'da, Türkiye Büyük   1920: Cenevre'de Milletler
Millet Meclisi'nin toplanması.   Cemiyeti'nin kuruluşu
Bağımsızlık Savaşı'nın başlaması   1920: Sevrès antlaşması
1920-1921: Fransa ile anlaşma
1922: İzmir'in alınışı
1922: Mudanya ateşkesi   1922: Mussolini'nin iktidara geçişi
1922-1924: Son Halife Abdülmecit
1923: Lozan antlaşması   1923: Hitler'in Münih'teki hükümet
1923: Türklerin İstanbul'a girişi   darbesi
1923: Türkiye Cumhuriyeti'nin ilanı
(29 Ekim). Ankara'nın başkent
oluşu. Mustafa Kemal'in
cumhurbaşkanı seçilişi
1924: Halifeliğin kaldırılışı   1924: Lenin'in ölümü

OSMANLI SULTANLARININ LİSTESİ

Osman I, 1280'e doğru-1324'e doğru.
Orhan, Gazi, 1324'e doğru-1362'ye doğru.
Murat I, Hüdavendigâr, 1362'ye doğru-1389.
Bayezit I, Yıldırım, 1389-1402.
Mehmet I, Çelebi, 1413-1421.
Murat II, Koca, 1421-1444, 1466-1451.
Mehmet II, Fatih, 1444-1446, 1451-1481.
Bayezit II, Veli, 1481-1512.
Selim I, Yavuz, 1512-1520.
Süleyman I, Kanuni, 1520-1566.
Selim II, Sarhoş, 1566-1574.
Murat III, 1574-1595.
Mehmet III, Adli, 1595-1603.
Ahmet I, Bahtî, 1603-1617.
Mustafa I, Deli, 1617-1618, 1622-1623.
Osman II, Genç, 1618-1622.
Murat IV, Gazi, 1623-1640.
İbrahim I, Deli, 1640-1648.
Mehmet IV, Avcı, 1648-1687.
Süleyman II, 1687-1691.
Ahmet II, 1691-1695.
Mustafa II, Gazi, 1695-1703.
Ahmet III, 1703-1730.
Mahmut I, Kambur, 1730-1754.
Osman III, 1754-1757.
Mustafa III, 1757-1774.
Abdülhamit I, 1774-1789.
Selim III, Cihandar, 1789-1807.
Mustafa IV, 1807-1808.
Mahmut II, Adli, 1808-1839.
Abdülmecit I, Gazi, 1839-1861.
Abdülaziz, 1861-1876.
Murat V, 1876.

Abdülhamit II, 1876-1909.
Mehmet V, Reşat, 1909-1918.
Mehmet VI, Vahdettin, 1918-1922.
Abdülmecit II (sadece halife), 1922-1924.

KAYNAKÇA

Genel kaynaklar

BRICE (W. C.), *An Historical Atlas of Islam,* Leyde, 1981.
Encyclopédie de l'Islam, 1re éd., 4 vol. + suppl., Leyde, 1913-1943; 2e éd., 5 vol. parus (lettres A à M), Leyde, 1960-1989.
HAMMER (J. von), *Geschichte des Osmanischen Reiches,* 10 vol., Budapest, 1827-1835, trad. fr. par J.-J. Hellert, *Histoire de l'Empire ottoman,* 18 vol., Paris, 1835-1843.
INALCIK (H.), *The Ottoman Empire. The Classical Age, 1300-1600,* Londres, 1973.
IORGA (N.), *Geschichte des Osmanischen Reiches,* 5 vol., Gotha, 1908-1913.
İslam Ansiklopedisi'nin 1. basımının Türkçe çevirisi; Türk ve Osmanlı dünyasına ilişkin konular güncelleştirilmiştir, İstanbul, 1940-1986.
LA JONQUIÉRE (A. de), *Histoire de l'Empire ottoman,* 3e éd., Paris, 1914.
LAMOUCHE (L.), *Histoire de la Turquie,* 2e éd., revue par J.-P. Roux, Paris, 1953.
Osmanlı Tarihi, Türk Tarih Kurumu yayını, UZUNÇARŞILI (I. H.) (c. 1 à 4), ve KARAL (E. Z.) (c. 5 à 8), Ankara, 1947-1938.
PITCHER (D. E.), *An Historical Geography of the Ottoman Empire,* Leyde, 1972.
SHAW (S. J.) et SHAW (E.K.), 1976-1977.
WERNER (E.) et MARKOV (W.), *Geschichte der Türken von den Anfängen bis zur Gegenwart,* Berlin, 1978.
ZINKEISEN (J. W.), *Geschichte des Osmanischen Reiches in Europa,* 7 vol., Hambourg, 1845-1863, réimpr. Darmstadt, 1963.

I. Başlangıçlar: Osman ve Orhan

AŞIKPAŞAZADE, *Wom Hirtenzeit zur Hohen Pforte; Frühzeit und Aufstieg des Osmanenreiches nach der Chronik*

"Denkwürdigkeiten und Zeitläufe des Hauses 'Osman" vom Derwish Ahmet, genant 'Aşık-Paşa-Sohn, trad. R. F. Kreutel, Graz-Vienne-Cologne, 1959.

ARNAKIS (G. G.), PALAMAS (G.), "the Xtoveç and the fall of Gallipoli", dans Byzantion, t. XXII, 1952, Bruxelles, 1953, pp. 305-321.

BALLARD (M.) "A propos de la bataille du Bosphore", dans Travaux et Mémoires, Centre de recherche d'histoire et civilisation byzantines, t. IV, Paris, 1970, pp. 431-469.

BELDICEANU-STEINHERR (I.), Recherches sur les actes des règnes des sultans Osmân, Orkhân et Murâd Ier, coll. Societas Academica Dacoromana, Acta Historica, t. VII, Munich, 1967.

–, "La conquête d'Andrinople par les Turcs: la pénération turque en Thrace et la váleur des chroniques ottomanes", dans Travaux et Mémoires, Centre de recherche d'histoire et civilisation byzantines, t. I, 1965, Paris, 1966, pp. 439-461.

CANTACUZÈNE (J.), Kantakuzenos, Geschichte, trad. G. Fatouros et T. Krischer, éd. A. Hirsemann, t. I-II, Stuttgart, 1982-1986.

CHARANIS (P.), "On the date of the occupation of Gallipoli by the Turks", dans Byzantinoslavica, t. XVI. Prague, 1955, pp. 113-117.

CHIHABEDDÍN AL-UMARI, "Notice de l'ouvrage qui a pour titre Mesalik ' alabsar fi memalik alamsar, Voyages des yeux dans, les royaumes des différentes contrées", trad. M. Quatremère, dans Notices et extraits des manuscrits de la Bibliothèque du roi, t. XIII, Paris, 1838, pp. 151-384.

GRÉGORAS, livre XXXVII de l'Histoire romaine de Nicéphore Grégoras, ed. V. Monteil, Paris. 1968.

IBN BATTÚTA Voyages d'Ibn Battûta, trad. C. Defremery, B.R. Sanguinetti, éd. V. Monteil, Paris, 1968.

INALCIK (H.), "The question of the emergence of the otto-man state", dans International Journal of Turkish Studies, t. II, n° 2, 1981-1982, Madison-Wisconsin, 1982, pp. 71-79.

JENNINGS (R. C.), "Some thoughts on the Gazi-Thesis", dan Wiener Zeitschrift für die Kunde des Morgenlandes, t. 76, Vienne, 1986, pp. 151-161.

KISSLING (H. J.), "Das Menâqybnâme des Scheich Bedr ed-Dîn's, der Sohne des Richters von Samavna", dans Zeitschrift der deutschen morgenländischen Gesellschaft, t. 100, Wiesbaden, 1950, pp. 112-176.

428

LAIOU, Angeliki (E.), *Constantinople and the Latins. The Foreign Policy of Andronicus* II (1282-1328), Cambridge-Massachusetts, 1972y.

LEMERLE (R.), *L'Emirat d'Aydin, Byzance et l'Occident; recherches sur "La Geste d'Umur Pacha"*, Paris, 1957.

LINDNER (R. P.), "Stimulus and justification in early ottoman history", dans *The Greek Orthodox Theological Review*, t. 27, pp. 207-224.

MANTRAN (R.), "Les inscriptions arabes de Brousse", dans *Bulletin d'études orientales*, t. XIV. 1952-1954, pp. 87-114.

MENZEL, (T.) et TAESCHNER (F.), *Die Altosmanische Chronik des mevlânâ Mehmed Neschri*, 2 vol., Leipzig, 1951-1995.

NICOL (D.), "The byzantine family of Kantakuzenos (Cantacuzenus), ca. 1100-1460. A genealogical and prosographical study", dans *Dumbarton Oaks Studies*, t. XI. Washington, 1968.

–, "The byzantine family of Kantakuzenos, some addenda and corrigenda", dans *Dumbarton Oaks Papers*, t. XXVII, 1973, pp. 3096-315.

PACHYMÈRE (G.), *Reltions historiques*, trad. et éd. A. feiller, Paris 1984.

PHILIPPIDIS-BRAAT (A.), "La captivité de Palamas chez les Turcs: dossier et commentaire", dans *Travaux et Mémoires*, Centre de recherche d'histoire et civilisation byzantines, t. VII, Paris, 1979, pp. 109-211.

SCHREINER (P.), *Die byzantinischen Kleinchroniken*, t. I-III, Vienne, 1975-1977.

STRABON, *The Geography of Strabo*, trad. et éd. H. L. Jones, t. VI, 13, 1944.

TINNEFELD (F.), KAISER JOANNES (V.), "Palaiologos und der Gouverneur von Phokaia 1356-1358: ein Beispiel für den Verfall der byzantinischen Zentralgewalt um die Mitte des 14. Jahrhunderts", dans *Misellanea in memoria di Agostino Pertusi*, t. I, Rivista di Studi Bizantini e Slavi, I, Bologne, 1981.

VRYONIS (S.), *The Decline of Medieval Hellenism in Asia Minor and the Process of Islamization from the Eleventh through the Fifteenth Century*, Berkeley-Los Angeles, Londres, 1971.

WITTEK (P.), "The Rise of the Ottoman Empire", Royal Asiatic Society Monographs, t. XXIII, Londres, 1938.

–, "Von der byzantinischen zur türkischen Toponymie", dans *Byzantion,* t. X, Bruxelles, 1935, pp. 11-64.

–, "Yazıjıoghlu 'Ali on the christian turks of the Dobruja", dans *Bulletin of teh School of Oriental and African Studies,* t. XIV, Londres, 1952, pp. 639-668.

ZACHARIADOU, (E. A.), *Trade and Crusade; Venetian Crete and the Emirates of Menteshe and Aydın* (1300-1415), Venise, 1983.

II ve III. Osmanlıların Yükselişi (1362-1512)

ALEXANDRU-DERSCA (M.-M.), *La Campagne de Timur en Anatolie (1402),* Londres, Variorum Reprints, 1982.

ALLOUCHE (A.), *The Origins and Development of the Ottoman-Safavid Conflict* (1500-1555), Berlin, 1983.

BABINGER (F.), *Mahomet II le Conquérant et son temps,* Paris, 1954; INALCIK (H.), "Mehmed the Conqueror and his time" dans *Speculum,* 1960, pp. 408-427.

BACQUÉ-GRAMMONT (J.-L.), *Les Ottomans, Les Safavides et leurs voisins. Contribution à l'étude des relations internationales dans le Moyen-Orient de 1514 à 1524,* nederlands Historich-Archeologish Instituut te Istanbul, 1987.

BARKER (J. W.), *Manuel II Palaeologus (1391-1425): A Study in late Byzantine Statesmanship,* New Brunswick, 1969.

BELDICEANU (N.), *Le Monde ottoman des Balkans (1402-1566). Institutions, société, économie,* Londres, Variorum Reprints, 1976.

–, "La conquête d'Andrinople par les Turcs: la pénétration turque en Thrace et la valeur des chroniques ottomanes", dans *Traveaux et Mémoires,* Centre d'histoire et de civilisation byzantines, t. I, 1965, pp. 439-461.

INALCIK (H.), *The Ottoman Empire, the Classical Age, 1300-1600,* Londres, 1973.

–, *The Ottoman Empire. Conquest, Organization and Economy,* Londres, Variorum Reprints, 1978.

KISSLING (H.-J.) "Das Menâqybnâme des schiech Bedr ed-Dîns, der Sohne des Richters von samavna", dans *Zeitschrift der deutschen morgenlândischen Gesellschaft,* 1950, pp. 112-176.

OSTROGORSKY (G.), Histoire de l'Etat byzantin, trad. J. Gouillard, Paris, 1956, repr. 1983.

RUNCIMAN (S.), *La Chute de Constantinople,* 1453, Paris, 1965.

SETTON (K.-M.), *The Papacy and the Levant*, Philadelphie, 1976-1978.

SHAW (S. J.), *History of teh Ottoman Empire and Modern Turkey*, vol. I, *Empire of the Gazis*, Cambridge, 1976.

WERNER (E.), *Die Geburt einer Grossmacht. Die Osmanen (1300-1481). Ein Beitrag zur Genesis des türkischen Feudalismus*, Berlin, 1966.

WITTEK (P.), *La Formation de l'Empire ottoman*, Londres, Variorum Reprints, 1982; C. IMBER, "Paul Wittek's' De la défaite d'Ankara à la prise de Constantinople", dans *Osmanlı Araştırmaları*, V, 1986, pp. 65-81.

ZACHARIADOU (E. A.), *Romania and the Turks* (c. 1300-c. 1500), Londres, Variorum Reprints, 1985.

IV. Osmanlı İmparatorluğu'nun örgütü (XIV-XV. yüzyıllar)

ARTUK (I. et C.), *İstanbul arkeoloji müzeleri teşhirdeki islâmî sikkeler kataloğu*, gcilt, İstanbul, 1970, 1974.

BARKAN (Ö. L.), "XV. ve XVI.-ıncı asırlarda Osmanlı İmparatorluğunda toprak işçiliğinin organizasyonu şekilleri", *İktisat Fakültesi Mecmuası*, c. I, 1939-1940, İstanbul, s. 29-74, 198-245, 397-447.

–, *"XV. ve XVII.-ıncı asırlarda Osmanlı İmparatorluğunda ziraî ekonominin hukukî ve malî esasları; kanunlar"*, İstanbul, 1945.

BELDICEANU (N.), *Les Actes des premiers sultans conservés dans les manuscrits de la Bibliothèque nationale à Paris, t. II: Règlements miniers, 1390-1512*, Paris-La Haye, 1964.

–, *Le Monde ottoman des Balkans (1402-1566), Institutions, société, économie*, Londres, 1975.

–, *Recherche sur la ville ottomane au XVe siècle, études et actes*, Paris, 1973.

–, *Le Timâr dans l'Etat ottoman (débul XIVe-début XVIe siècle)*, Wiesbaden, 1980.

–, "Sur les Valaques des Balkans slaves à l'époque ottomane (1450-1550", dans *Revue des études islamiques*, t. XXXIV, Paris, 1967, pp. 85-132.

BELDICEANU-STEINHERR (I.), "Fiscalité et formes de possesion de la terre arable dans l'Anatolie préottomane", dans *Fournal of the Economic and Social History of the Orient*, t. XIX/3, Leyde, 1976, pp. 233-332.

CVETKOVA (B.), "Influence exerceée par certaines instituti-
ons de Byzance et des Balkans du Moyen Age sur le systè-
me féodal ottoman", dans *Byzantinobulgarica,* t. I, Sofia,
1952, pp. 237-257.
HAMMER (J. von), *Des osmanischen Reichs Staatsverfassung
und Staatsverwaltung,* 2 vol., Vienne, 1815.
HEYD (U.), *Studies in Old Ottoman Criminal Law* éd. V. Me-
nage, Oxford, 1973.

V. *Osmanlı İmparatorluğu'nun doruğu*

BUSBECQ (O. G. DE), *Ambassades et Voyages en Turquie et
Amasie de Mr. Busbequius, Nouvellement traduites en fran-
çais par S. G.,* Paris, 1646.
CHARRIÉRE (E.), *Négociations de la France dans le Levant,*
II, Paris, 1850.
CHESNEAU (J.), *Le Voyage de Monsieur d'Aramon, Ambas-
sadeur pour le Roy en Levant, Paris,* C. Schefer, 1887.
FORRER (L.), *Die osmanische Chronik des Rustem Paschas,*
Leipzig, 1923.
HAMMER (J. DE), *Histoire de l'Empire ottoman depuis son
origine jusqu' à nos jours,* t. IV-VI, Paris, 1836.
IBN IYAS, *Fournal d'un bourgeois du Caire,* trad. Gaston Wi-
et, Paris, Bibliothéque générale d l'Ecole pratique des ha-
utes études VIe section, 1955-1960, 2 vol.
JANSKY (H.), "Die Eroberung Syriens durch Sultan Selim
I.", in *Mitteilungen zur osmanischen Geschichte,* II/3-4,
1926, pp. 173-241.
JENKINS (H. D.), *Ibrahim Pasha. Grand Vizir of Suleiman
the Magnificent,* New York, 1911.
NASUH (M.), *Beyân-i menâzil-i sefer-i 'Irâkeyn-i Sultân Sü-
leymân Hân,* éd. Hüseyin G. Yurdaydın, Ankara, Editions
du Türk Tarih Kurumu, Seri I, Sa. 3, 1976.
SHAW (S. J.), *History of the Ottoman Empire and Modern
Turkey, I. Empire of the Gazis. The Rise and decline of teh
Ottoman Empire (1280-1808),* Cambridge University Press,
Londres, New York, Melbourne, 1976.
SOHRWEIDE (H.), "Der Sieg der Safaviden in Persien und
seine Rückwirkungen auf die Schiiten Anatoliens im 16.
Jahrhundert", dans *Der Islam,* LX, 1965, pp. 95-223.
SPEISER (M. T.), *Das Selimname des Sa'dî b. 'Abd-ül-mü-
te'âl,* Zurih, 1946.

STRIPLING (G. W. F.), "The Ottoman Turks and the Arabs, 1511-1574", dans *Illinois Studies in Social Sciences,* XXVI, n° 4, Urbana, 1942.

TURAN (S.), *Kanunî'nin oğlu Şehzade Bayezid vak'ası.* Ankara, 1961.

UZUNÇARŞILI (I. H.), *Osmanlı Tarihi,* II, Ankara, Türk Tarih Kurumu Yayınları, 1975.

ZINKEISEN (J. W.), *Geschichte des osmanischen reiches in Europa,* II, Gotha, 1854.

VI. Büyüklüğü içinde imparatorluk (XVI. yüzyıl)

AKDAĞ (M.), *Celali İsyanları,* 1550-1603, Ankara, 1963.

–, *Türkiye'nin İktisadi ve İçtimaî Tarihi,* II, 1543-1559, İstanbul, 1974.

ALBÉRI (E.), *Le Relazioni degli ambasciatori veneziani al Senato durante il secolo decimosesto,* 3e série, I, Florence, 1840; II, 1844; III, 1855; appendice, 1863.

BACQUÉ-GRAMMONT (J.-L.) et DUMONT (P.) éd., *Contributions à l'histoire économique et sociale de l'Empire ottoman,* Paris, 1983.

BARKAN (Ö. L.), *XV. ve XVI. asırlarda Osmanlı İmparatorluğunda ziraî ekonominin hukukî ve malî esasları, I, Kanunlar,* İstanbul, 1943.

–, "Essai sur les données statiques des registres de recensement dans l'Empire ottoman", *Fournal of the Economic and Social History of teh Orient,* I, 1958, pp. 9-36.

–, "H. 933-934 (M. 1527-1528) Malî Yılına ait bir bütçe Örneği", *İstanbul Üniversitesi İktisat Fakültesi Mecmuası,* 15, 1-4, 1954, s. 251-329.

–, "954-955 (1547-1548) malî yılına ait bir Osmanlı bütçesi", *İstanbul Üniversitesi İktisat Fakültesi Mecmuası,* 19, 1-4, 1958, s. 219-276.

–, "H. 974-975 (M. 1567-1568) malî yılına ait bir Osmanlı bütçesi", *İstanbul Üniversitesi İktisat Fakültesi Mecmuası,* 19, 1-4, 1957-1958, s. 277-322.

–, *Süleymaniye cami ve imareti inşaatı,* 1550-1557, I, Ankara, 1972; II, *İnşaata ait emir ve fermanlar,* Ankara, 1979 (aperçu en français dans Ö. L. BARKAN, "L'organisation du travail dans le chantier d'une grande mosquée à Istanbul au XVIe siècle", *Annales,* A. S. C., XVII, 6, nov.-déc. 1962, pp. 1093-1106).

–, "The price revolution of the sixteenth centruy; a turning point in the economic history of the Near East", International *Journal of Middle-East Studies,* VI, 1975, pp. 3-28.

–, "İstanbul saraylarına ait muhasebe defterleri", *Belgeler,* IX, 13, Ankara, 1979, s. 1-380.

BELDICEANU (N.) et BELDICEANU-STEINHERR (I.), "Règlement ottoman concernant le recensement (première moitié du XVIe siècle)", *Südost-Forschungen,* t. XXXVII, 1978, pp. 1-40.

BELON DU MANS (P.), *Les obervations de plusieurs singularités et choses mémorables trouvés en Grèce, asie, Fudée, Egypte, Arabie et autres pays,* Paris, 1588.

BENNIGSEN (A.) et LEMERCIER-QUELQUEJAY (Ch.), "Les marchands de la Cour ottomane et le commerce des fourrures moscovites dans la seconde moitié du XVIe siècle", *Cahiers du monde russe et soviétique,* XI, 3, 1979, pp. 363-390.

BERINDEI (M.) et VEINSTEIN (G.), "La présence ottomane au sud de la Crimée et en mer d'Azov dans la première moitié du XVIe siècle", *Chaiers du monde russe et soviétique,* XX, 3-4 juil.-déc. 1979, pp. 389-465.

–, "Règlements fiscaux et fiscalité de la province de Bender-Aqkerman (1570)", *Chaiers du monde russe et soviétique,* XXII, 2-3 avr.-sept. 1982, pp. 251-328.

–, *L'Empire ottoman et les pays roumains, 1544-1545,* Paris, 1987.

BRAUDE (B.), "International competition and domestic cloth in the Ottoman Empire, 1500-1650", *Review,* II, 3, 1979, pp. 437-454.

– et LEWIS (B.), *Christians and Fews in the Ottoman Empire,* 2 vol., New York, Londres, 1982.

BRAUDEL (F.), *La Méditerranée et le monde méditerranéen à l'époque de Philippe II,* 2 vol., 2e éd., Paris, 1966.

–, *Civilisation matérielle, économie et capitalisme, XVe-XVIIIe siècle, III, Le Temps du monde,* Paris, 1979.

BUSBECQ (O. Ghislain de), *The Turkish Letters of Ogier Ghiselin de Busbecq, Imperial Ambassador at Constantinople,* 1554-1562, trad. par E. S. Forster, Oxford, 1927; reprint, 1968.

CHARRIÈRE (E.), *Négociations de la France dans le Levant,* 4 vol., Paris, 1840-1860.

CHESNEAU (J.), *Le Voyage de Monsieur d'Aramon, ambassadeur pour le Roy en Levant,* éd. par Ch. Schefer, Paris, 1887.

ÇIZAKÇA (M.), "Price history and the Bursa silk industry; a study in Ottoman industrial decline, 1550-1560", *The Fournal of Economic History,* XL. 3, 1980, pp. 533-550.

CLOT (A.), *Soliman le Magnifique,* Paris, 1983.

COHEN (A.) et LEWIS (B.), *Population and Revenue in the Towns of Plastine in the Sixteenth Century,* Princeton, 1978.

COOK (M. A.), *Population Pressure in Rural Anatolia, 1450-1600,* Londres, 1972.

CVETKOVA (B. A.), "Les celep et leur rôle dans la vie économique des Balkans à l'époque ottomane, XVe-XVIIIe siècles", dans *Studies in the Economic and Social History of the Middle East from the Rise of Islam to the Present Day,* éd. par M. A. Cook, Londres, New York, Toronto, 1970, pp. 172-192.

FAROQHI (S.), "The early history of the Balkan fairs", *Südost-Forschungen,* XXXVII, 1978, pp. 50-68.

–, *Towns and Townsmen of Ottoman Anatolia. Trade, Crafts and Food Production in an Urban Setting, 1520-1650,* Cambridge, 1984.

FEKETE (L.), "Buda and Pest under Turkish rule", dans *Studia Turco-Hungarica,* éd par Gy. Kåaldy-Ngy, III, Budapest, 1976.

GÜÇER (L.), *XVI-XVII asırlarda Osmanlı imparatorluğunda hububat meselesi ve hububattan alınan vergiler,* İstanbul, 1964.

HEYD (U.), *Studies in Old Ottoman Criminal Law,* éd. par V. L. Ménage, Oxford, 1973.

IMBER (C. H.), The navy of Süleymân the Magnificent", *Archivum Ottomanicum,* VI, 1980, pp. 211-282.

INALCIK (H.), "Capital formation in the Ottoman Empire", *The Journal of Economic History,* XXIX, 1969, pp. 97-140.

–, *The Ottoman Empire. The Classical Age, 1300-1600,* trad. par N. Itzkowitz et C. Imber, Londres, 1973.

JENNINGS (R.), "Urban population in Anatolia in the sixteenth century: a study of Kayseri, Karaman, Amasya, Trabzon and Erzurum", *International Fournal of Middle East Studies,* VII, 1, 1976, pp. 21-57.

KÁLDY-NAGY (Gy.), "The first centuries of the Ottoman military organization", *Acta orientalia,* XXXI, 2, 1977, pp. 147-183.

KUNT (I. M.), *The Sultan's Servants, The Transformation of Ottoman Provincial Goverment,* 1550-1650, New York, 1983.

435

LUCINGE (R. de), *De la naissance, durée et chute des Estats,* éd. par M. J. Heath, Genève, 1984.

MATUZ (J.), *Das Kanzleiwesen Sultan Süleymans des Prächtigen,* Wiesbaden, 1974.

MCGOWAN (B.), *Economic Life in Ottoman Europe, Taxation, Trade and the Struggle for Land, 1600-1800,* Cambridge, Paris, 1981.

POSTEL (G.), *De La République des Turcs,* Poitiers, 1560.

REPP (R. C.), *The Müfti of Istanbul,* Oxford, 1986.

SERTOĞLU (M.), *Osmanlı tarih lûgatı,* İstanbul, 1986.

SKILLITER (S.), *William Harborne and the Trade with Turkey, 1578-1582,* Oxford, 1977.

SPANDOUYN [Spandugino] CANTACASIN (Th.), *Petit tra-- icté de l'origine de Turcqz,* éd. par Ch. Schefer, Paris, 1896.

URSU (I.), *La Politique orientale de François 1er*, Paris, 1908.

UZUNÇARŞILI (I. H.), *Osmanlı devletinin teşkilâtından Kapukulu ocakları,* 2 vol., Ankara, 1943-1944.

–, *Osmanlı devletinin merkez ve bahriye teşkilâtı,* Ankara, 1948.

–. *Osmanlı devletinin Ilmiye teşkilâtı,* 2e éd., Ankara, 1984.

VEINSTEIN (G.), "Les préparatifs de la campagne navale franco-turque de 1552 à travers les ordres du divan ottoman", *Revue de l'Occident musulman et de la Méditerranée,* 39, 1, 1985, pp. 35-67.

–, "Some views on provisioning in the Hungarian campaigns of Suleyman the Magnificent", dans *Osmanistische Studien zur Wirtschafts-und Sozialgeschichte in memoriam Vanco Bòsko,* éd. par H. G. Majer, Wiesbaden, 1986, pp. 177-185.

–, "Une communauté ottomane, les Juifs d'Avlonya (Valona) dans la deuxièmé moitié du XVIe siècle" *dans Gli Ebrei e Venezia, secoli XIV-XVIII,* éd. par G. Cozzi, Milan, 1987, pp. 781-838.

VII ve VIII. XVII ve XVIII. yüzyıllarda Osmanlı Devleti

BARKER (T. M.), *Double Eagle and Crescent: Vienna's Second Turkish Siege and its Historical Setting,* New York, 1967.

BENEDIKT (H.), *Der Pascha-Graf Alexander von Bonneval, 1675-1747,* Graz-Cologne, 1758.

CVETKOVA (B.), "L'évolution du régime féodal turc de la

fin du XVIe jusqu'au milieu du XVIIIe siècle", *Etudes historiques,* Sofia, 1960, pp. 171-206.

HAMMER-PURGSTALL (J. von), *Des osmanischen Reichs Staatsverfassung und Staatsverwaltung,* 2 vol., Vienne, 1815.

KREUTEL (R. F.), *Kara Mustafa vor Wien,* Vienne, 1955.

LEWIS (B.), *Istanbul and the Civilization of the Ottoman Empire,* Norman, 1963.

MANTRAN (R.), *Istanbul dans la seconde moitié du XVIIe siècle, Essai d'histoire institutionnelle, économique et sociale,* Paris, 1962.

MASSON (P.), *Histoire du commerce français dans le Levant au XVIIe siècle,* Paris, 1896.

–, *Histoire du commerce français dans le Levant au XVIIIe siècle,* Paris, 1911.

MEHMED EFENDI, *Le Paradis des Infidèles. Un ambassadeur ottoman sous la Régence,* éd. par G. Veinstein, Paris, 1981.

MOURADGEA D'OHSSON, *Tableau général de l'Empire ottoman,* Paris, 1695.

RAYMOND (A.), *Artisans et commerçants au Caire au XVIIIe siècle,* 2 vol., Damas, 1973.

RYCAUT (Sir Paul), *The History of the Turkish Empire from the Year 1623 to the Year 1677,* Londres, 1680.

SHAY (M. L.), *The Ottoman Empire from 1720 to 1734 as revealed in the Despatches of the Venetian Baili,* Urbana, 1744.

SUCESKA (A.), "Die Entwicklung der Besteuerung durch die 'avâriz-i divâniye und die tekâlif-i 'örfiye im osmanischen Reich während des 17. und 18. Jahrhunderts", *Südost-Forschungen,* XXVII, Munich, 1968, pp. 89-130.

SUMNER (B. H.), *Peter the Great and the Ottoman Empire,* Oxford, 1949.

THOMSON, *Catherine the Great and the Expansion of Russia,* New York, 1950.

TOTT (baron de), *Mémoires sur les Turcs et les Tartares,* 3 vol., Amsterdam, 1784.

TODOROV (N.), *La Ville balkanique, XVe-XIXe siècles,* Sofia, 1970.

UZUNÇARŞILI (I. H.), *Osmanlı Tarihi,* III/1, *II. Selim'in tahta çıkışından 1699 Karlofça andlaşmasına kadar,* Ankara, 1951.

–, *Osmanlı Tarihi,* III/2, *XVI. yüzyıl ortalarından XVII. yüzyıl sonuna kadar,* Ankara, 1954.

–, *Osmanlı Tarihi,* IV/1, *Karlofça andlaşmasından XVIII. yüzyıl sonlarına kadar,* Ankara, 1956.

–, *Osmanlı Tarihi,* IV/2, *XVIII. yüzyıl,* Ankara, 1959.

WOLF (J. B.), *The Emergence of the Great Powers,* 1685-1715, New York, 1951.

IX. Balkan eyaletleri (1606-1774)

BAYERLE (G.), "The compromise at Zsitvatorok", *Archivum Ottomanicum,* VI, 1980, pp. 5-53.

BIEGMANN (N. H), *The Turco-Ragusan relationship according to the Firmans of Murad III (1575-1595) extant in the State Archives of Dubrovnik,* La Haye-Paris, 1967.

BRAUDE (B.), et LEWIS (B.), *Christians and Jews in the Ottoman Empire,* 2 vol., New York-Londres, 1982.

BUSCH-ZANTNER (R.), *Agrarverfassung, Gesellschaft und Siedlung in Südost-europa unter besonderer Berücksichtigung der Türkenzeit,* Leipzig, 1938.

CÂNDEA (V.), "Les intellectuels du Sud-Est européen au XVIIᵉ siècle", *Revue des études sud-est europénnes,* VIII, 2, pp. 181-230, et 4, pp. 623-668, Bucarest, 1970.

CARTER (F. W.), *Dubrovnik (Ragusa). A Classic City-State,* Londres-New York, 1972.

CVETKOVA (B.), "Mouvements anti-féodaux dans les terres bulgares sous domination ottomane du XVIᵉ au XVIIIᵉ siècle", *Études historiques,* II, Sofia, 1965, pp. 149-168.

–, "Quelques problèms du féodalisme ottoman à l'époque du XVIᵉ siècle au XVIIIᵉ siècle" *Actes du premier congrès international d'études balkaniques et sud-est européennes,* III, Sofia, 1969, pp. 709-720.

DUTU (A.) et CERNOVODEANU (P.), *Dimitrie Cantemir, Historian of South East European and Oriental Civilizations,* Association internationale d'études du Sud-Est européen, Bucarest, 1973.

FAURIEL (C.), *Chants popularies de la Grèce moderne,* 2 vol., Paris, 1824-1825.

GANDEV (C.), "L'apparition des rapports capitalistes dans l'économie rurale de la Bulgarie du Nord-Ouest au cours du XVIIIᵉ siècle", *Études historiques,* Sofia, 1960, pp. 207-220.

GEORGESCU (AV.), *Mémoires et projets de réforme dans les principautés roumaines, 1769-1830,* Bucarest, 1970.

–, "The Romanian Boyars in the eighteenth century: their political ideology", *East European Quarterly*, VII, 1, 1973, pp. 31-40.

HADROVICS (L.), *Le Peuple serbe et son Eglise sous la domination turque*, Paris, 1947.

HADZIJAHIC (M.), "Die privilegierten Städte zur Zeit des osmanischen Feudalismus, Mit besonderer Berücksichtigung der Privelegien der Stadt Sarajevo", *Stüdost-Forschungen*, XXI. Munich, 1961, pp. 130-158.

HOBSBAWM (E. J.), Bandits, Londres, 1969, texte français: *Les Bandits*, trad. J. P. Rospars, Paris, 1972.

INALCIK (H.), "L'Empire ottoman" dans *Les Peuples d l'Europe du Sud-Est et leur rôle dans l'histoire (XVe-XXe ss.)*. *Actes du premier congrès international des études balkaniques et sud-est européennes*, Sofia, 1966, pp. 7-48. Réimpression dans Inalcık, H., *Studies in Ottoman Social and Economic History*, Londres, 1985.

–, "Centralization and decentralization in ottoman administrain" in *Studies in Eighteenth Century Islamic History*, éd. Th. Naff et R. Owen, Carbondale, II., 1977, pp. 27-52 et 362-369.

–, Military and fiscal transformation in the Ottoman Empire, 1600-1700", *Archivum Ottomanicum*, VI, 1980, pp. 283-337.

–, "The emergence of big farms, *çiftliks*: State, landrlors and tenants", dans *Contributions à l'histoire économique et sociale de l'Empire ottoman*, éd. par J.-L. Bacqué-Grammont et P. Dumont, Paris-Louvain, 1983, pp. 105-126.

JELAVICH (B.), *History of the balkans. Eighteenth and Nineteenth Centuries*, I, Cambridge, 1983.

KABRDA (J.), *Le Système fiscal de l'Eglise orthodoxe dans l'Empire ottoman d'après les documents turcs*, Brno, 1969.

KRESEVLJAOVIC (H.), *Kapentanije i kapetani u Bosni i Hercegovini* (les capitanats et les capitaines en Bosnie et en Herzégovine), Sarajevo, 1954.

MAKKAI (L.), *Histoire de la Transylvanie*, Paris, 1946.

McGOWAN (B.), *Economic Life in Ottoman Europe. Taxation, Trade and the Struggle for Land (1600-1800)*, Cambridge-Paris, 1981.

MIHORDEA (V.), *Maîtres du sol et paysans dans les principautès roumaines au XVIIIe siècle*, Bucarest, 1971.

NAGATA (Y.), *Muhzinzâde Mehmed Paşa ve Âyânlık Müessesesi*, Tokyo, 1976.

NOLDE (B.), *La Formation de l'Empire russe. Etudes, notes et documents,* 2 vol., Paris, 1952-1953.

NORADOUNGHIAN (G.), *Recueil d'actes internationaux de l'Empire ottoman,* I, *1300-1789,* Paris, 1897.

NOYES (G. R.) et BACON (L.), *Heroic Ballads of Servia,* Boston, 1913.

PANTAZOPOULOS (N. J.), *Church and Law in the Balkan Peninsula during the Ottoman Rule,* Salonique, 1967.

1453-1953, *Le cinq-centième anniversaire de la prise de Constantinople, L'Hellénisme contemporain,* 2e s., 7e année, fasc. hors série, Athènes, 1953.

PANZAC (D.), *La Peste dans l'Empire ottoman,* 1700-1850, Paris-Louvain, 1985.

PERÉNYI (J.), "Trois villes hongroises sous la domination ottomane au XVIIe siècle", dans *Actes du premier congrès international d'études balkaniques es sud-est europénnes,* IV, Sofia, 1969, pp. 581-591.

ROSEN (G.), *Die Balkan Haiduken im Beitrag zu innern Geschichte des Slawenthums,* Leipzig, 1878.

ROTHENBERG (G. E.), *The Austrian Military Border in Croatia,* 1522-1747, Urbana, 1960.

–, *The Military Border in Croatia, 1740-1881,* Chicago-Londres, 1966.

RUNCIMAN (S.), *The Great Church in Capitivity,* Cambridge, 1968.

SAKELLARIOU (M. B.), *He Peloponnesos kata ten deuteran Tourkokratian, 1715-1821* (Le Péloponnèse sous la seconde domination turque, 1715-1821), Athènes, 1939.

STAVRIANOS (L. S.), *The Balkans since 1453,* New York, 1958.

STOIANOVICH (T.), "Land tenure and related sectors of the Balkan economy", *The Fournal of Economic History,* 13, 1953, pp. 398-411.

–, "The conquering Balkan Orthodox Merchants", *Fournal of Economic History,* XX, 2, juin 1960, pp, 234-313.

Structure sociale et développement culturel des villes sud-est europénnes et adriatiques aux XVIIe-XVIIIe siècles, Association internationale d'etudes du Sud-Est européen, Bucarest, 1975.

SUCESKA (A.), *Ajani, prilog i zucavanju loklane vlasti u nasim zemljama za vrijeme turaka* (Les *ayân.* Apport à l'étude des autorités locales dans les pays yougoslaves sous l'occupation turque), Sarajevo, 1965 (résumé en allemand, pp. 237-254).

SUGAR (P. F.), *Southeastern Europe under Ottoman Rule, 1354-1804,* Seattle-Londres, 1977.
SUMNER (B. H.), *Peter the Great and the Ottoman Empire,* Oxford, 1949.
SVORONOS (N. G), *Histoire de la Grèce moderne,* Paris, 1953.
–, *Le Commerce de Lasonique au XVIIIe siècle,* Paris, 1956.
TODOROV (N.), "La ville balkanique aux XVe-XIVe siècles. Développement socio-économique et démographique", *Bulletin de l'Association internationale d'Etudes du Sud-Est européen,* XV-XVI, Bucarest, 1977-1978, pp. 3-495.
VEINSTEIN (G.), "Le patrimoine foncier de Panayote Bénakis, *kocabaşi* de Kalamata", dans *Raiyyet Rüsûmu. Essays presented to Halil Inalcık, Journal of Turkish Studies,* 11, 1987, pp. 211-231.
"La Ville balkanique, XVe-XIXe siècles", *Studia Balcanica,* 3, Sofia, 1970.
WALLERSTEIN (I.), "The Ottoman Empire and the capitalist world economy: some questions for research,", *Review,* II, 3, 1979, pp. 389-400.

X. Arap eyaletleri (XVI.-XVIII. yüzyıllar)

ABD AL-LATÎF (L.), *al Idâra fî Misr fî l-'Asr al-'Uthmânî,* Le Caire, 1978.
ABD AL-RAHÎM (A.), *al-Rîf al-Misrî fî l-garn al-thâmin 'achar,* Le Caire, 1974.
ABDEL NOUR (A.), *Introduction à l'histoire urbaine de la Syrie ottomane (XVIe-XVIIIe siècles),* Beyrouth, 1982.
ABDESSELEM (A.) *Les Histoirens tunisiens des XVIIe, XVIIIe et XIXe siècles. Essai d'histoire culturelle,* Paris, 1973.
ABU HUSAYN (A.), *Provincial Leaderships in Syria, 1575-1650,* Beyrouth, 1985.
BACHROUCH (T.), *Formation sociale barbaresque et pouvoir à Tunis au XVIIe siècle,* Tunis, 1977.
BAER (G.), *Fellah and Townsman in the Middle East,* Londres, 1982.
BAKHIT (M. A.), *The Ottoman Province of Damascus in the sixteenth century,* Beyrouth, 1982.
BARBIR (K.), *Ottoman Rule in Damascus 1708-1758,* Princeton, 1980.
BELDICEANU (I. et N.), "Règlement ottoman concernant le recensement", *Sudöst Forschungen,* 27 (1978).

BERGNA (P.), *Tripoli dal 1510 al 1850,* Tripoli, 1925.

BODMAN (H. L.), *Political Factions in Aleppo 1760-1826,* Chapel Hill, 1963.

BOYER (P.), *La Vie quotidenne à Alger à la veille de l'intervention française,* Paris, 1963.

BRAUDE (B.) et LEWIS (B.) éd., *Christians and Jews in the Ottoman Empire. II. The Arabic-speaking Lands,* New York, 1982.

BROWN (L. C.), *The Tunisia of Ahmad Bey 1837-1855,* Princeton, 1974.

CHERIF (M. H.), *Pouvoir et Société dans la Tunisie de H'usayn Bin 'Alî (1750-1740),* 2 vol., Tunis, 1984-1986.

CHEVALLIER (D.), *La Société du Mont Liban à l'épaque de la Revolution industrielle en Europe,* Paris, 1971.

COHEN (A.), *Palestine in the 18th Century. Patterns of Goverment and Administration,* Jérusalem, 1973.

–, et LEWIS (B.), *Population and Revenue in the Towns of Palestine in the Sixteenth Century,* Princeton, 1978.

COLOMBE (M.), "Algérie turque", dans *Introduction à l'Algérie,* Paris, 1957.

–, "Contribution à l'étude du recrutement de l'Odjaq d'Alger", *Revue africain,* 87, 1943.

CRECELIUS (D.), *The Roots of Modern Egypt,* Minneapolis, 1981.

DEHÉRAIN (H.), *L'Egypte turque, dans Histoire de la nation égyptienne,* t. V, Paris, 1931.

DENY (Jean), "Les registers de solde des Janissaires, *Revue africaine,* 61, 1920.

EL-NAHAAL (G. H.), *The Fidicial Administration of Ottoman Egypt in the Seventeenth Century,* Minneapolis, 1979.

FÉRAUD (L. C.) *Annales tripolitaines,* éd. par A. Bernard, Paris-Nuis, 1927.

GABARTİ (A. al-), *'Agâ'ib al-âthâr,* Bûlâq, 1879.

GHAZZİ (K.), *Nahr al-Dhahab,* Alep, 1926.

GIBB (H. A. R.) et BOWEN (H.), *Islamic Society and the West,* vol. I, *Islamic Society in the Eighteenth Century,* 2 parties, Oxford, 1950-1957.

GRAMMONT (H. DE), *Histoire d'Alger sous la domination turque (1515-1830),* Angers, 1887.

HAUTECOEUR (L.) et WIET (G.), *Les Mosquées du Caire,* 2 vol., Paris, 1932.

HANNA (N.), *An Urban History of Bûlâq in the Mamluk and Ottoman Periods,* Le Caire, 1983.

HENIA (A.), *Le Grîd*, Tunis, 1980.

HOLT (P. M.), *Egypt and the Fertile Crescent 1516-1922*, Cornell, 1966.

–, *Studies in the History of the Near East*, Londres, 1973.

HOURANI (A. H.), "The changing face of the Fertile Crescent", *Studia Islamica*, 8, 1957.

HÜTTEROTH (W. D.) et ABDULFATTAH (K.), *Historical geography of Palestine, Transjordan and Southern Syria in the Late 16th Century*, Erlangen, 1977.

INALCIK (H.), *The Ottoman Empire, Londres*, 1973.

ISSAWI (C.), *An Economic History of the Middle East and North Africa*, Columbia, 1982.

JULIEN (C.-A.), *Histoire de l'Afrique du Nord de la conquête arabe à 1830*, 2e éd. revue et mise à jour par Roger Le Tourneau, Paris, 1956.

KEMP (P.), *Mosul and Mosuli Historians of the Falîlî Era (1726-1834)*, thèse, Oxford, 1979, ex. dact.

KUNT (I. M.), *The Sultan's Servants. The Transformation of Ottoman Provincial Goverment, 1550-1650*, New York, 1983.

LONGRIGG (S. H.), *Four Centuries of Modern Iraq*, Oxford, 1925.

MANTRAN (R.), "North Africa in the sixteenth and seventeenth centuries", dans *The Cambridge History of Islam*, vol. 2, Cambridge, 1970.

MARCEL (J.-J.), *Histoire de l'Egypte depuis la conquête des Arabes jusqu'à l'Expédition française*, dans *l'Univers*, Paris, 1848.

MARCUS (Abraham), "Privacy in Eighteenth Century Aleppo", *IFMES*, 18, 1986.

MASTERS (Bruce), *The Origins of Western Economic Dominance in the Middle East*, New York, 1986.

MICACCHI (R.), *La Tripolitania sotto il dominio dei Caramanli*, Rome, 1926.

NIEUWENHUIS (T.), *Politics and Society in Early Modern Iraq*, La Haye, 1982.

OWEN (R.), *The Middle East in the World Economy 1800-1914*, Londres, 1981.

PANZAC (D.), *La Peste dans l'Empire ottoman, 1700-1850*, Louvain, 1985.

–, "Affréteurs ottomans et capitaines français à Alexandrie", *ROMM*, 34 (1982-2).

PASCUAL (J.-P.), *Damas à la fin du XVIe siècle*, Damas, 1983.

PIGNON (Jean), "La Tunisie turque et husseinite", dans *Initiation à la Tunisie,* Paris, 1950.

PITCHER (D. E.), *An historical Geography of the Ottoman Empire,* Londres, 1968.

RAFEQ (A.), *The Province of Damascus 1723-1783,* Beyrouth, 1966.

RAOUF (I.), *Mosul during the Ottoman Era. The Preiod of Local Government 1726-1834,* Najaf, 1975.

RAYMOND (A.), *Arisans et commerçants aur Caire au XVIIIᵉ siècle,* 2 vol., Damas, 1973-1974.

–, *Grandes villes arabes à l'épque ottomane,* Paris, 1985.

–, "North Africa in the Pre-colonial Perido", dans *The Cambridge History of Islam,* vol. 2, Cambridge, 1970.

–, *The Great Arab Cities in the 16th-18th Centuries. An Introduction,* New York, 1984.

RAYMOND (A.), ROGERS (M.), WAHBA (M.) éd., *Colloque international sur l'histoire du Caire,* D.D.R., n.d.

ROSSI (E.), *Storia di Tripoli e della Tripolitania dalla conquista araba al 1911,* Rome, 1968.

SAUVAGET (J.), *Alep. Essai sur le développement d'une grande ville syrienne, des origines au milieu du XIXᵉ siècle,* 2 vol., Paris, 1941.

–, "Esquisse d'une histoire de la ville de Damas", *Revue des études islamiiques,* 4 (1934), p. 421-480.

SERRES (Jean), *La Politique turque en Afrique du Nord,* Paris, 1925.

SHAW (S. J.), *History of the Ottoman Empire and Modern Turkey,* 2 vol., I, *Empire of the Gazis. The Rise and Decline of the Ottoman Empire, 1280-1808,* Cambridge, 1976.

–, *Ottoman Egypt in the Age of the French Revolution,* Harvard, 1964.

–, *The Financial and Administrative Organization and Development of Ottoman Egypt, 1517-1798,* Princeton, 1958.

TABBAKH (M. Râghib al-), *A'lâm al-Nubalâ,* Alep, 1923.

TEMINI (A.), *Le Beylik de Constantine et Hâdj Ahmed Bey,* Tunis, 1978.

–, éd., *Les Provinces arabes à l'époque ottomane,* Zaghouan, 1987.

THIECK (J.-P.), "D´´centralisation ottomane et affirmation urbaine à Alep à la fin du XVIIIᵉ siècle", dans *Mouvements communautaires et Espaces urbains au Machreq,* Beyrouth, 1985, pp. 117-168.

VALENSI (L.), *Le Maghreb avant la prise d'Alger (1790-1830),* Paris, 1969.
–, *Fellahs tunisiens. L'économie rurale et la vie des campagnes aux XVIIIe et XIXe siècles,* Paris, 1977.
WALZ (T.), *Trade between Egypt and Bilâd as-Sûdân,* Le Caire, 1978.

XI. *"Şark Meselesi"nin başlangıçları (1774-1839)*

ANDERSON (M. S.), *The Eastern Question, 1774-1923,* Londres-New York, 1966.
BAILEY (F. E.), *British Policy and the Turkish Reform Movement: A Study in Anglo-Turkish Relations, 1826-1853,* Cambridge, 1942.
DE LEONE (E.), *L'Impero ottomano nel primo periodo delle riforme (Tanzîmât) secondo fonti italiane,* Milan, 1967.
EDMONS (E. M.), *The Greek War of Independance, 1821-1833,* Chicago, 1968.
–, *L'Egypte au XIXe siècle,* Groupe de recherches et d'études sur le Proche-Orient, Paris, 1982.
FINDLEY (C. V.), *Bureaucratic Reform in the Ottoman Empire. The Sublime Porte, 1789-1822,* Princeton, 1980.
HAJJAR (J.), *L'Europe et les destinées du Proche-Orient, 1815-1848,* Paris, 1970.
HEYD (U.), "The Ottoman Ulema and westernization in the time of Selim III and Mahmut II", *Studies in Islamic History and Civilization, Scripta Hierosolymitana,* 9, 1961, pp. 63-96.
JELAVICH (C. et B.), *The Establishment of the Balkan National States, 1804-1920,* Seattle-Londres, 1977.
JUCHEREAU DE ST. DENYS, *Histoire de l'Empire ottoman depuis 1792 jusqu'en 1844,* 4 vol., Paris, 1844.
KARAL (E. Z.), *Osmanlı Tarihi,* cilt V, *Nizam-ı cedit ve Tanzimat devirleri, 1789-1856,* Ankara, 1947.
KAYNAR (R.), *Mustafa Reşid Paşa ve Tanzimat,* Ankara, 1954.
LEWIS (B.), "The impact of the french revolution on Turkey", *Journal of World History,* I, 1953, pp. 105-125.
–, *The emergence of Modern Turkey,* Londres-New York, 2e éd., 1968, trad. fr., *Islam et laïcité. La Naissance de la Turquie moderne,* Paris, 1988.
MILLER (A. F.), *Mustapha Pacha Bairaktar,* trad. fr., Bucarest, 1975.

REMERAND (G.), *Ali de Tébélen, Pacha de Janina, 1744-1822*, Paris, 1928.

SABRY (M.), *L'Empire égyptien sous Mohamed Ali et la Question d'Orient, 1811-1849*, Paris, 1930.

SHAW (S. J.), *ottoman Egypt in the Eighteenth Century*, Cambridge (Mass.), 1962.

–, *Ottoman Egypt in the Age of the French Revolution*, Cambridge (Mass.), 1964.

–, *Between Old and New: The Ottoman Empire under Selim III, 1789-1807*, Cambridge (Mass.), 1971.

SVORONOS (N. G.), *Histoire de la Grèce moderne*, Paris, 1953.

–, *Le Commerce de Salonique au XVIIIᵉ siècle*, Paris, 1956.

XII. Tanzimat dönemi (1839-1878)

ANCEL (J.), *Manuel historique de la Question d'Orient*, Paris, 1923.

BACQUÉ-GRAMMONT (J.-L.) et DUMONT (P.), *Economie et sociétés dans l'Empire ottoman (fin du XVIIIᵉ-début du XXᵉ siècle)*, Paris, 1983.

BATU (H.) et BACQUÉ-GRAMMONT (J.-L.), *L'Empire ottoman, la République de Turquie et la France*, Istanbul, 1986.

BERKES (N.), *The Development of Secularism in Turkey*, Montréal, 1964.

BRAUDE (B.) et LEWIS (B.), *Christians and Jews in the Ottoman Empire*, 2 vol., New York, 1982.

ÇELIK (Z.), *The Remaking of Istanbul; Portrait of an Ottoman City in the Nineteenth Century*, Seattle et Londres, 1982.

DAVISON (R. F.), *Reform in the Ottoman Empire, 1856-1876*, New York, 1973.

FINDLEY (C. V.), *Bureaucratic Reform in the Ottoman Empire. The sublime Porte, 1789-1922*, Princeton, 1980.

ISSAWI (C.), *The Economic History of the Middle East, 1800-1914*, Chicago, 1966.

–, *The Economic History of Turkey, 1800-1914*, Chicago, 1980.

KARAL (E. Z.), *Osmanlı Tarihi. Nizam-ı Cedit ve Tanzimat Devirleri, 1789-1856*, 3. bası, Ankara, 1970.

–, *Osmanlı Tarihi, Islahat Fermanı Devri, 1856-1861*, Ankara, 1954.

–, *Osmanlı Tarihi. Birinci Meşrutiyet ve İstibdat Devirleri, 1876-1907,* Ankara, 1962.
KARPAT (K. H.), *Ottoman Population, 1830-1914, Demographic and Social Characteristics,* Madison, 1985.
LEWIS (B.), *The Emergence of Modern Turkey,* 2ᵉ éd., Oxford, 1968, trad. franç., *Islam et laïcité, La Naissance de la Turquie moderne,* Paris, 1988.
MARDIN (S.), *The Genesis of Young Ottoman Thought,* Princeton, 1962.
SHAW (S. J.) et SHAW (E. K.), *History of the Ottoman Empire and Modern Turkey, vol. II, The Rise of Modern Turkey,* Cambridge, 1977.
Tanzimat'tan Cumhuriyet'e Türkiye Ansiklopedisi, 6 cilt, İstanbul 1984-1985.

XIII. Son canlanış (1878-1908)

BERKES (N.), *The Development of Secularism in Turkey,* Montréal, 1964.
ÇELIK (L.), *The Remaking of İstanbul, Portrait of an Ottoman City in the Nineteenth Century,* Seattle et Londres, 1986.
ISSAWI (C.), *The Economic History of Turkey, 1800-1914,* Chicago, 1980.
KARAL (E. Z.), *Osmanlı Tarihi, Birinci Meşrutiyet ve İstibdat Devirleri, 1876-1907,* Ankara, 1962.
KARPAT (K. H.), *Ottoman Population, 1830-1914, demographic and Social Characteristics,* Madison, 1985.
KOLOĞLU (O.), *Abdülhamid'in Gerçeği,* İstanbul, 1987.
KUSHNER (D.), *The Rise of Turkish Nationalism, 1876-1908,* Londres, 1977.
LEWIS (B.), *The Emergence of Modern Turkey,* 2ᵉ éd., Oxford, 1968.
MCCARTHY (j. M.), *Muslims and Minorities, The Population of Ottoman Anatolia and the End of the Empire,* New York, 1983.
ORTAYLI (İ.), *İkinci Abdülhamid Döneminde Osmanlı İmparatorluğunda Alman Nüfuzu,* Ankara, 1981.
PAMUK (Ş.), *The Ottoman Empire and European Capitalism, 1820-1913,* Cambridge, 1987.
QUATAERT (D.), *Social Disintegration and Popular Resistance in the Ottoman Empire, 1881-1908, Reactions to European Economic Penetration,* New York, 1983.

447

RAMSAUR (E. E.), *The Young Turks, Prelude to the Revolu-tion of 1908,* réimpr. Beyrouth, 1965.
SHAW (S. J.) et SHAW (E. K.), *History of the Ottoman Em-pire and Modern Turkey, II, The Rise of Modern Turkey (1808-1975),* Cambridge, 1977.
–, *Tanzimât'tan Cumhuriyet'e Türkiye ansiklopedisi,* 6 cilt, İstanbul, 1984-1985.
THOBIE (J.), *Intérêts et impérialisme français dans l'Empire ottoman (1895-1914),* Paris, 1977.

XIV. Bir imparatorluğun ölümü (1908-1923)

AHMAD (F.), *The Young Turks. The Commitee of Union and Progress in Turkish Politics,* 1908-1914, Oxford, 1969.
AKŞIN (S.), *Jön Türkler ve İttihat ve Terakki,* İstanbul, 1987.
ATATÜRK (M. K.), *Discours du Ghazi Mustapha Kemal Pacha, président de la République turque,* Leipzig, 1929.
BAYUR (Y. H.), *Türk İnkılabı Tarihi,* 10 cilt, Ankara, 1940-1967.
DUMONT (P.), *Mustafa Kemal invente la Turquie moderne,* Bruxelles, 1983.
MCCARTHY (J.), *Muslims and Minorities. The Population of Ottoman Anatolia and the End of the Empire,* New York, 1983.
GEORGEON (F.), *Aux Origines du nationalisme turc,* Yusuf Akçura, Paris, 1980.
GÖKALP (Z.), *Turkish Nationalism and Western Civilization,* éd. par Niyazi Berkes, New York, 1959.
GUNTER (M.), *Pursuing the Fust Cause of Their People. A Study of Contemporary Armenian Terrorism,* New York, 1986.
GÜRÜN (K.), *Le Dossier arménien,* Paris, 1983.
HELLER (J.), *British Policy towards the Ottoman Empire, 1908-1914,* Londres, 1983.
HUREWITZ (J. C.), *Diplomacy in the Near and Middle East,* II, rééd., New York, 1972.
RENOUVIN (P.), *La Crise européenne et la Première Guerre mondiale,* 5e éd., Paris, 1969.
SHAW (S. J.) et SHAW (E. K.), *History of the Ottoman Em-pire and Modern Turkey, II: Reform, Revolution and Re-public. The Rise of Modern Turkey, 1808-1975,* Cambridge, 1977.

TERNON (Y.), *Les Arméniens. Histoire d'un génocide,* Paris, 1977.

TOPRAK (Z.), *Türkiye'de "Milli İktisat" 1908-1918,* İstanbul, 1982.

TUNAYA (T. Z.), *Türkiye'de Siyasal Partiler, I, İkinci Meşrutiyet Dönemi,* İstanbul, 1984.

XV. Osmanlı sanatı

ARSEVEN (C. E.), *Les Arts décoratifs turcs,* Istanbul, 1952.

ASLANAPA (D.), *Turkish Art and Architecture,* Londres, 1971.

–, *Turkish Arts: Seljuk and Ottoman Carpets, Tiles and Miniature Paintings,* Istanbul, 1961.

DAVIS (F.), *The Palace of Topkapi in Istanbul,* New York, 1970.

ELDEM (S. H.), *Türk mimari eserleri,* İstanbul, (tarihsiz).

–, *Rölöve,* 2 cilt, İstanbul, 1968, 1977.

ESIN (E.), *Turkish Miniature Painting,* Tokyo, 1960.

ETTINGHAUSEN (R.), *Miniatures turques* (Unesco), Paris, 1965.

–, *Turkish miniatures from the Thirteenth to the Eighteenth Century,* New York, 1965.

–, İPŞİROĞLU et EYUBOĞLU, *Turquie. Miniatures anciennes* (Unesco), New York, 1961.

GABRIEL (A.), *Châteaux turcs du Bosphore,* Paris, 1943.

–, *Monuments turcs d'Anatolie,* 2 vol., Paris, 1931-1934.

–, *Une Capitale turque. Brousse,* 2 vol., Paris, 1958.

–, *Voyage archéologique dans la Turquie orientale,* 2 vol., Paris, 1940.

GOODWIN (G.), *A History of Ottoman Architecture,* Londres, 1974.

HOAG (J. D.), *Architecture islamique,* Paris, 1982.

LANE (A.), *Later Islamic Pottery (Persia, Syria, Egypt, Turkey),* Londres, 1957.

ÖZ (T.), *Turkish Ceramics,* Ankara, 1957.

–, *Türk kumaş ve kadifeleri,* İstanbul, 1951.

PAPADOPOULO (A.), *L'Islam et l'art musulman,* Paris, 1976.

ÜNSAL (B.), *Turkish Islamic Architecture in Seljuk and Ottoman Times,* 1071-1923, Londres, 1959.

–, *Mosquées,* Lausanne, 1975.

–, *Turquie ottomane,* Fribourg, 1965.

VOGT-GÖKNIL (U.), *Les Mosquées turques,* Zurich, 1953.

–, *Living Architecture: Ottoman,* Londres-Fribourg, 1966.

YETKIN (S. K.), *L'Ancienne Peinture turque du XIIe au XVIIIe siècles,* Paris, 1970.

–, *L'Architecture turque en Turquie,* Paris, 1962.

XVI. Fikir ve kültür yaşamı

ADNAN (A.), *La Science chez les Turcs ottomans,* Paris, 1939.

BABINGER (F.), *Die Geschichtsschreiber der Osmanen und ihre Werke,* Leipzig, 1927.

BAZIN (L.) et DUMONT (P.), "Littérature turque" dans *Encyclopédie de la Pléiade, Histoire des littératures,* t. I, Paris, 1967.

BOMBACI (A.), *Histoire de la littérature turque,* trad. franç. par I. Mélikoff, Paris, 1968.

DINO (G.), "Littérature turque", dans *Encyclopaedia Universalis,* vol. 16, Paris, 1973.

GIBB (E. J.), *A History of Ottoman Poetry,* 6 vol., Londres, 1900-1909.

KÖPRÜLÜ (F.), "Littérature turque 'othmanli", dans *Encyclopédie de l'Islam,* t. IV, Paris, 1931.

RESCHER (O.), *Ein Gesamtüberblick über die türkische Literatur,* Istanbul, 1941.

DEYİMLER SÖZLÜĞÜ

Acemi oğlanı: Devşirme sistemi gereği toplanmış gençler.

Ağa: Yüksek mevkideki kişilere, özellikle yeniçerilerin başında ya da Saray'da hadımların başında bulunanlara verilen unvan.

Ahi: Korporasyonlara yakın bir dinsel tarikatın üyesi.

Akıncı: Sınırdaki birliklerin ya da hafif süvari birliklerinin askeri.

Akçe: Küçük para birimi.

Alevî: Özellikle Türkmen aşiretler arasında bulunan ve Ali'yi yücelten –hak-mezhep dışı– bir dinsel tarikatın üyesi; başlarda, Alevî deyimi Kızılbaş adını taşıyordu.

Alim: Bkz. Ulema.

Amil: Vergi kiralayan; vergi toplayan.

Avarız-ı divaniye: Özellikle savaş zamanı toplanan olağanüstü vergiler.

Ayan: Taşrada önde gelenler, eşraf.

Azab: Düzensiz piyade askeri; deniz birliklerinde asker.

Bedesten: Kapalıçarşı'nın temel bölümü.

Bektaşi: Oldukça yumuşak kurallara sahip ve yeniçerilere pek bağlı bir tarikatın üyesi.

Berat: Unvan, uzluk belgesi.

Bey: Bir askerî şefe, bir aşiretin başına verilen unvan.

Beylerbeyi (Beglerbeği): Bir eyaletin yöneticisi.

Birûn: Dış; Saray'ın dış hizmetleri.

Bölük: Yeniçeri birliği.

Cihat: Kutsal savaş.

Cizye: Müslüman olmayanlardan, koruma amacıyla alınan baş vergisi; *haraç*'la eşanlamlı.

Çavuş: Saray'ın güvenliğini sağlayan ve sultana eşlik eden asker; kimi zaman haber ulaştırır.

Çiftlik: Özel kişilere ait büyük taşınmaz mülk.

Dayı: Cezayir Ocağı'nın başına, rastlantıya bağlı olarak da, Tunus ve Trablus ocaklarının başlarına verilen unvanlar.

451

Defterdar: Maliye örgütünün başı.

Derebeyi: Toprak sahibi.

Devşirme: Çoğu kez Balkan kökenliler arasından yapılan ve ordu ya da Saray ya da idare hizmetlerinde kullanılmak üzere, genç erkeklerin askere alınma sistemi.

Dirhem: 3,207 gramlık bir ağırlık ölçüsü.

Emin: Yönetim görevlisi; müfettiş; malların ve kiralanan gelirlerin yönetimini denetleme ile görevli kişi.

Emir: Askerî şef; Türk *Bey*'le eşanlamlı.

Enderûn: Harem'in de bağlı olduğu, Saray'ın iç hizmetleri.

Esnaf: Korporasyon.

Evkaf: Vakıf'ın çoğulu; hayır kuruluşu.

Eyalet: İllerden daha geniş yönetim parçası.

Fakih: Müslüman hukuk anlamına, *fıkh* uzmanı.

Fetva: Dinsel danışma; şeyhülislamın ya da müftünün bu nitelikteki kararı.

Gazi: Savaşı inanmazların topraklarına taşıma çabasındaki bir tarikatın üyesi.

Guruş: Akçe'nin iki katı olan bir para çeşidi.

Habu: Magrip'te bir hayır kurumu; *vakıf*'la eşanlamlı.

Hac: Mekke'yi dinsel amaçla ziyaret.

Han: Kervansaray.

Haraç: Müslüman olmayanlardan alınan vergi; *cizye*'nin eşanlamlısı.

Hutbe; Sultana adanan resmî dua.

Haram: Bir camiyi çevreleyen toprak parçası.

Haremlik: Bir evin, özellikle de Saray'ın, kadınlara ayrılmış bölümü.

Has: Sultana bağlı olan şey; sultanın yakınlarına ya da pek yüksek görevlilere tanınmış, çok büyük gelirli tımar (100.000 akçeden fazla).

Himaye: Koruma.

İhtisap ağası: Özellikle pazarların asayişiyle ilgili görevli; *muhtesip*'le eşanlamlı.

İlhan: XIII.-XIV. yüzyıllarda İran'ı yöneten ve Doğu Anadolu'yu da koruması altına almış olan bir Moğol hanedanının başı.

İltizam: Vergileri ya da Hazine gelirlerini kiralama sistemi.

İspençe: Hıristiyan köylülerin ödedikleri vergi.
İç oğlan: Saray görevlisi.

Kadı: Yargıç, bir kazadaki adalet görevlisi.
Kadıasker/Kazasker: Ordu yargıcı.
Kanunname: Organik düzenleme.
Kapıcı: Saray kapılarının koruyucusu.
Kapıkulları: Asker ya da sivil, sultana hizmet edenler.
Kapudan: Bir gemiyi yöneten.
Kapudanpaşa, Kapudan-ı derya: Amiral.
Kaymakam: Veziriazamın yardımcısı.
Kaza: Bir *kadının* görev çevresi.
Kethüda: Kimi yüksek görevlilerin yardımcısı; bir loncanın sorumlusu.
Kul: Köle; sultanın hizmetindeki kişi.
Külliye: Dinsel yapılardan oluşan bütün.
Kuloğlu: Magrip'te, bir Türk babayla bir yerli ana arasındaki karma evlilikten doğan oğul ve torunlar.

Malikâne: Yaşam boyu kira ki, daha sonra toprak mülkiyetine dönüştü.
Medrese: Hukuksal-dinsel öğretim kurumu.
Mescit: Küçük cami.
Mihrap: Bir camide, Mekke yönünü gösteren mahal.
Millet: Rum, Yahudi ya da Ermeni olmak üzere, özellikle bir etnik ya da dinsel cemaati belirleyen terim.
Mirî: Devlet Hazinesine ait olan.
Müderris: Bir *medrese*nin yöneticisi.
Müfti: Fetva verme yetkisine sahip yüksek görevli Müslüman din adamı.
Muhtesip: Pazarlara göz kulak olan, bir kentin iktisadî yaşamını denetleyen kişi *(ihtisap ağası* ile eşanlamda).
Mukata'a: Kesenek, kiraya verme.
Mülk: Tam mülkiyetli taşınmaz.
Mültezim: Kesenekçi, bir *iltizam* yüklenen kişi.

Na'ib: Kadı yardımcısı.
Nişan: Sultan şifresi.
Nişancı: Sultanın şifresini koymakla görevli kişi; daha sonra mühürdarlık dairesinin başı.

Ocak: Yeniçeri ordu birliği.
*Orta: Ocak'*ın katlarından biri.

Ortakçı: Kimi bağışıklıklardan yararlanan köylü.

Örf: Sultanın, Kuran'da olmayan konularda kanun koyma ve veri salma yetkisi.

Penciyek (pencik): Sultana düşen beşte bir ganimet.
Piyade: Piyade asker.

Reaya: Özellikle vergiye tabi olmak üzere, sultanın sivil uyrukları, üreticiler (köylüler, zanaatçılar; tekili *ra'ya).*
Reis: Korsanların başı.
Reisülküttap: Divan kâtiplerinin başı, daha sonraları dışişlerinden sorumlu olan görevli.

Sadrazam: Başvezir.
Sancak: Eyaletin alt bölümü.
*Sancakbeyi: Sancak'*ın başı.
Sebil: Çeşme.
Selamlık: Bir evin (ya da Saray'ın) erkeklere ayrılmış bölümü.
Serasker: Ordu başkomutanı.
Sikke: Para.
Silahtar: Sultanın çevresinden bir görevli, kılıç taşıyan.
Sipahi: Süvari.
*Subaşı: Sancak'*ın alt bölümü, genel olarak bir kazanın sorumlu yöneticisi.

Şeriat: Kuran'dan çıkarılan yasa.
Şehzade: Mirasçı prens.
Şerif: Hazreti Muhammed'in soyundan gelen.
Şeyhülislam: Müslüman dinindeki hukuksal-dinsel yetkililerin başı.

Tahrir: Kayda geçme, sayım.
Taifa: Birlik, daha da özellikle bir korsan gemisinin tayfa birliği.
Tekâlif-i örfiyye: Keyfî vergiler.
Tekke/tekiyye: Müslüman dervişlerin derneği.
Timar: Geliri, asker ya da sivil yönetici olmak üzere, bir tımar sahibine ayrılmış toprak.
Topçi: Topçu.
Tuğra: Sultanın imzası ya da şifresi.
Türbe: Anıt-kabir.

Uç: Selçuklu devletinin sınırındaki toprak; XIII. yüzyılda genellikle bir Türkmen aşiretine ayrılmıştı ve *uçbeyi*'nce yönetilirdi.

Ulema: Kuran üstüne uzman kişiler (tekili *alim*).

Vakıf (çoğulu *evkaf*): Hayır amacıyla kurulmuş tesis.
Vali: Eyaletin yöneticisi.
Valide: Sultanın annesi.
Veziriazam: Başvezir.

Yasakçı: Eyaletlerde, yasalara uyulmasını görüp gözetlemek ve yolsuzlukları cezalandırmak amacıyla, sultanın takdir yetkisiyle donattığı, merkezî yönetim görevlisi.
Yaya: Piyade askeri.
Yeniçeri: Osmanlı ordusunun temel gücü olan ve belli bir yönteme göre alınıp yetiştirilen asker.
Yerliyye: Suriye'de yerel güçler.
Yürük: Göçebe.

Zaviye: Bir Müslüman dinsel kuruluşu.
Zeamet: En az 20.000 akçe tutarında gelir getiren bir tımar biçimi.
Zımmî: Hıristiyan ya da Yahudi korunmuş uyruk.

KİŞİ ADLARI DİZİNİ*

A

Abaza (Kara) Hasan Paşa (Anadolu ayaklanmacısı): 291, 308.

Abaza (Mehmet) Paşa (Erzurum valisi): 281, 284-285, 295.

Abbas (İran şahı): 193, 280, 472.

Abd al-'Aziz İbn Sa'ûd (Necid emiri): 282.

Abd al-Calil (Calîlîlerin kurucusu): 475.

Abdâl Murât (derviş): 39.

Abdâl Mûsâ (derviş): 39.

Abdal al-Rahmân Paşa (Halep valisi): 458.

Abdi, Kûr (Cezayir dayısı): 495.

Abdi Paşa (Halep valisi): 458.

Abdullah Cevdet (Jöntürk aydını): *234, 252.*

Abdullah Buharî (ressam): *358.*

Abdullah Efendi, Yenişehirli: 332.

Abdülaziz (sultan, 1861-1876): 30, *59, 93-94, 104, 132, 408, 409.*

Abdülhamit I (sultan, 1774-1789): 329, *8-13.*

Abdülhamit II (sultan, 1876-1909): *59, 133, 151-157, 226, 256, 408, 409, 414.*

Abdülmecit (sultan, 1839-1861): 54, 59, 104, 406.

Abdülvahap Efendi, Seyyid (şeyhülislam): *38.*

Abdurrahmân Şeref (tarihçi): *407.*

Aclan Beg (Karasi beyi): 25.

Adıvar: Bkz. Halide Edip.

Agop Zariﬁ Bey: *152.*

Ahmad Bey, Hacı (Konstantin beyi): 500.

Ahmad Karamanlı (Trablus beyi): 507.

Ahmad Paşa (Halep valisi): 458.

Ahmad Paşa (Bağdat valisi): 478-479.

Ahmad Paşa (Mısır valisi): 425.

Ahmad Paşa, Cazzâr (Sayda valisi): 462-465.

Ahmad Paşa, Kûr (Mısır valisi): 425.

Ahmet I (sultan, 1603-1617): 193, 279-280, 282-283.

Ahmet II (sultan, 1691-1695): 303.

Ahmet III (sultan, 1703-1730): 330-338, *392.*

Ahmet (II. Bayezit'in oğlu): 141, 173.

Ahmet Ağaoğlu (Azerbaycan kökenli aydın): *252.*

Ahmet Celâlettin Paşa (polis şefi): *155, 207.*

Ahmet Cevdet Paşa (tarihçi, hukukçu): *84, 97, 407.*

Ahmed Fakîh (derviş): *381.*

Ahmed Fevzî Paşa (Kaptanıderya): *114.*

Ahmet Haşim (şair): *413.*

Ahmet İhsân (yazar): *409.*

* Kelimeler karşısındaki düz rakamlar ilk ciltteki, italikler ise ikinci ciltteki sayfa numaralarını işaret etmektedir.

Ahmed Lûtfî (tarihçi): *407.*

Ahmet Mithat (yazar): *190, 411-412.*

Ahmet Muhtar Paşa, Gazi (general, sonra da sadrazam): *130, 138, 225, 251, 253, 257.*

Ahmet Paşa (Kanuni'nin ikinci veziriazamı): 181.

Ahmet Paşa (şair): *389-390.*

Ahmet Paşa, Gedik (veziriazam): 125-126, 129, 130, 131.

Ahmet Paşa, Melek (veziriazam): 290, *401.*

Ahmet Paşa, Tarhuncu (veziriazam): 290.

Ahmet İzzet Paşa (sadrazam): *295.*

Ahmet Rıza (Jöntürk aydını): 206-207, 209-210, 213, 223, 225, 239, 244.

Ahmet Tevfik Paşa (sadrazam): *225.*

Ahmet Vefik Paşa (siyaset adamı ve yazar): *101, 407.*

Ahmedi (şair): *384.*

Akif Paşa (ilk Hariciye Nazırı): *48.*

Aktimur (Osman'ın yeğeni): 18, 31.

Alâeddîn (I. Osman'ın oğlu, Orhan'ın kardeşi): 23, 31, 37.

Alâeddin (Karaman beyi): 50, 52, 55-56, 63.

Alâeddin Keykubâd I (Selçuk sultanı): 32.

Alâüddevle (Dulkadiroğulları beyi): 135.

Alexandre I (Rus çarı): *23, 32.*

Alexandre II (Rus çarı): *134.*

Alexandre VI Borgia (papa): 133.

Ali Bey, Evrensoğlu, 88.

Ali Bey al-Kabîr (Mısır emiri): 487.

Ali Biçnin: Bkz. Piccinine.

Ali Bulgur (Trablus valisi): 507.

Ali Şah, fetih (İran şahı): *34.*

Ali Şir (Kütahya beyi): 33.

Ali Canip (yazar): *236.*

Ali Cenani (Osmanlı Parlamentosunda mebus): *240.*

Ali Efendi, Seyyîd (elçi): *16.*

Ali Kör (hoca): 223.

Ali Paşa (Mısır valisi): 424.

Ali Paşa (Halep valisi): 458.

Ali Paşa, Çandarlı (veziriazam): 52, 67.

Ali Paşa, Hadım (veziriazam): 135.

Ali Paşa, Hekimoğlu (veziriazam ve Bosna paşası): 405.

Âli Paşa, Mehmet Emin (reformcu sadrazam): *49, 64-65, 169.*

Ali Paşa, Müezzinzade (Kaptanıderya): 192.

Ali Paşa, Silahdar (veziriazam): 325.

Ali Paşa, Seyit (Mustafa Reşit Paşa'nın dayısı): *63.*

Ali Paşa, Çorlulu (veziriazam): 332.

Ali Paşa, Tepedelenli (Yanya valisi): 404, *17, 35.*

Ali Suavi (Genç Osmanlı yazarı): *71, 149.*

Allenby (İngiliz generali): *294, 297.*

Alfonso (Napoli kralı): 96.

Amarios (bey): 21.

Amcazade Hüseyin Paşa: bkz. Hüseyin Paşa, Amcadaze.

Amédée de Savoie (1364'teki Türk karşıtı Haçlı seferinin komutanı): 30, 44.

Amiable, Louis (Fransız avukat): *74.*

Amin Paşa Calilî (Musul valisi): 476-477.

Anastos (Hıristiyan tımar sahibi): 35.

Andrassy, Kon (Avusturya-Macaristan İmparatorluğu nazırı): *130.*

Andronikos II Palaiologos (Bi-

458

zans imparatoru): 21, 22, 39.
Andronikos III Palaiologos (Bizans imparatoru: 24, 26, 33, 39.
Andronikos IV Palaiologos (Bizans imparatoru: 49, 50, 51, 56.
Anquetil-Duperron (Fransız doğubilimcisi): 208.
Anne de Savoie (Ioannis V. Palaiologos'un annesi): 26.
Anthémius, Trallesli (Bizanslı mimar): *334.*
Argun (Moğol hanı): 20.
As'ad Paşa, Azm (Şam valisi): 468.
Aşık Paşa (şair): *383.*
Aşıkpaşazade (Osmanlı tarihçi: 17, 20, 21, 26, 31, 34, 35, 38, 39, 40, *398.*
Attar (İranlı mistik): *383.*
Aubert (Fransız teknisyeni): *10.*
Aubusson, Pierre d' (Rodos Şövalyelerinin başı): 125.
Aydoğdu (Gündüz'ün oğlu): 31.
Ayyûb Paşa (Mısır valisi): 424.
Aziz Ali Misri (Arap milliyetçisi): *269.*
Azmlar: 465-471.

B

Babanzade İsmail Hakkı: Bkz. İsmail Hakkı, Babanzade.
Bahaettin Şakir (İttihatçı yönetici): *220.*
Bahrâm Paşa (Halep valisi): *361.*
Bakî (şair): *390.*
Bâkir Paşa (Mısır valisi): 425.
Bakr (Bağdat subaşısı): 473.
Balfour, Lord: *277.*
Baltacı Mehmet Paşa: Bkz. Mehmet Paşa, Baltacı.
Barak, Evrensoğlu: 83.
Barbaros: Bkz. Hayrettin Paşa.
Barkan, Ö. L. (Tarihçi): 10.

Battal Gazi: *397.*
Bayezit I. Yıldırım (sultan, 1389-1402): 50, 54-68.
Bayezit II. Velî (sultan, 1481-1512): 129-143, *333-336, 336-337.*
Bayezit (Kanuni'nin oğlu): 190.
Bayezit Paşa (Mehmet Çelebi'nin vasisi, sonra da veziriazam): 72, 81.
Bay Hoca (Saru Yatı'nın oğlu): 18, 30.
Bedreddin (başkaldıran şeyh): 28, 77-79.
Bektaş Veli, Hacı (mistik): 237.
Bellini, Gentile (İtalyan ressam): *331, 387.*
Bertrandon de la Broquière (Fransız gezgini): 80.
Bethlen Gabor (Erdel voyvodası): 279.
Bismarck (Alman Başbakanı): *130, 200.*
Bıyıklı Mehmet Paşa: Bkz. Mehmet Paşa, Bıyıklı.
Blunt, Wilfrid Scaven (İngiliz şair ve ajanı): 160.
Bocskay, István (Macaristan ve Erdel prensi): 279.
Bonaparte: Bkz. Napoléon I.
Bonneval, kont, öteki adıyla Bonneval Paşa (asker ve mühendis): 338-340, *10.*
Boris (Bulgar veliahtı): *255.*
Börklüce Mustafa: Bkz. Mustafa, Börklüce.
Boşnak Hüsrev Paşa: Bkz. Hüsrev Paşa, Boşnak.
Boulanger, Louis (Fransız ressam): *189.*
Brankoviç, Georg: (Sırp despotu): 87-88, 100.
Bryce, lord (İngiliz diplomatı): *280.*
Burhanettin, Kadı (Sivas beyi): 55-56, 58, 63.

459

C

Cahen, Claude (tarihçi): 11.
Calîlîler: 475-478.
Calixtus III (papa): 112.
Calthorpe (İngiliz amirali): 295, 297.
Camî (İran şairi): 404.
Campbell (İskoçyalı mühendis): 10.
Canım Huca: 504.
Cazzâr Ahmet Paşa: Bkz. Ahmad Paşa, Cazzâr.
Celal Nuri (yazar): 252.
Celal al-din Paşa (Halep valisi): 459.
Cavit Bey: Bkz. Mehmet Cavit.
Celalettin Rumî, Mevlânâ (Mevlevîliğin kurucusu): 379, 381.
Celalzade Mustafa: Bkz. Mustafa, Celâlzade.
Cem (Fatih'in oğlu): 129.
Cemalettin Afganî (Müslüman aydın): 163, 233.
Cemal Paşa (İttihatçı, Bahriye Nazırı): 270, 273, 277, 283, 295.
Cenap Şahabettin (yazar): 411.
Cevdet Paşa: Bkz. Ahmet Cevdet Paşa.
Cezayirli Gazi Hasan Paşa: Bkz. Hasan Paşa, Cezayirli Gazi.
Cihangir (Kanuni'nin oğlu): 190.
Cinci Hoca: Bkz. Hüseyin Efendi.
Cüneyt (İzmir beyi): 75-77, 85.
Charles VIII (Fransa kralı): 63, 133, 137.
Charles d'Anjou (duc): 44-45.
Clemenceau, Georges (Başbakan): 299.
Clot-Bey (Mısır'da Fransız hekimi): 44.
Costenzo di Ferrare (İtalyan ressam): 331.
Couza, Alexandre (Eflak-Boğdan eyaletlerinin ilk başkanı olan Rumen albay): 126.
Cyrille V (İstanbul patriği): 410.

Ç

Çernaief (Rus subayı): 134.
Çoban (I. Osman'ın oğlu): 23.
Çoban Bey (Moğol beyi): 33.

D

Dadaloğlu (şair): 396.
Damat Ferit Paşa: Bkz. Ferit Paşa, Damat.
Dan II (Eflak taht davacısı): 86.
Danilo (Karadağ piskopos-prensi), XIX. yüzyıl: 127.
David (Trabzon yöneticisi): 116.
Davud, Kayserili (İznik medresesinin ilk yöneticisi): 37, 384.
Davut Paşa (Fatih'in veziriazamı): 129, 135.
Davut Paşa (Mısır valisi): 425.
Defoe, Daniel (İngiliz yazar): 67.
Demetrios Palaiologos (Mora despotu): 104, 115.
Demir Han (Balıkesir beyi): 26.
Demolins (Fransız sosyolog): 209.
Deval (Fransız konsolosu): 46.
Dimaşk Hoca (Çoban'ın kardeşi): 33.
Dimitri Kantakuzenos: 374.
Disraeli (İngiliz başbakanı): 135.
Donizetti, Giuseppe (İtalyan müzikçi): 54.
Doria, Andrea (Cenevizli amiral): 188.
Dukas (Bizanslı tarihçi): 81.
Doyle, Conan (İngiliz yazar): 153.
Drakula: Bkz. Vlad Drakul III.
Dufferin, lord (İngiliz elçisi): 170.
Dumas, Alexandre (baba ve oğul, Fransız yazarlar): 412.

Dunsterville, L. C. (İngiliz generali): *294.*
Dündâr (I. Osman'ın amcası): 31.
Durest (Fransız mühendis): *10.*
Durkheim, Émile (Fransız sosyolog): *412.*
Dursun (Karesi beyi): 25.
Dursun Bey (tarihçi): *398.*
Duruy, Victor (Fransız Milli Eğitim Bakanı): *85.*

E

Ebu Sa'id (Moğol hanı): 33.
Ebülhûda (şeyh): *155.*
Ebussuut Efendi: 230.
Ebu Müslim: *397.*
Edebali (şeyh, I. Osman'ın kayınpederi): 37.
Édouard VII (Büyük Britanya imparatoru): *214.*
Elkas Mirza: 189.
Enverî (tarihçi): *398.*
Enver Paşa (Jöntürk yönetici, Harbiye Nazırı): *217, 239, 249, 258, 270, 273, 275, 276, 293, 299, 305.*
Ermez Baba (derviş): 38.
Ertuğrul (I. Osman'ın babası): 17, 18, 21.
Esmâhân Sultan (Sokullu Mehmet Paşa'nın eşi): 191.
Eşref Şah: 326.
Eşref (Eşref beyliğinin beyi): 33.
Eugenius IV (papa): 91.
Evliyâ Çelebi (tarihçi: 319, *401.*
Evrenos Bey (Rumeli beyi): 44-46, 49, 51, 59.
Exmouth, Lord (İngiliz amirali): 498-499.

F

Falkenhayn, von (Alman generali): *276, 283.*

Fattallâh Efendi al-Falâqinsî (Fathî al-Daftari) (Şam eşrafından): 468, *361.*
Fâtih: Bkz. Mehmet II.
Fathî al-Daftari: Bkz. Fathallâh Efendi al-Falâqinsî.
Fatma (I. Osman'ın kızı), 23.
Faysal (Hicaz emiri): *282.*
Fazıl Ahmet Paşa (veziriazam): 296-297.
Fazıl Mustafa Paşa (veziriazam): 303.
Fazlullâh Paşa (birinci vezir): 97.
Fehim Paşa (zaptiye nazırı): *155.*
Felekeddin Dündâr (Hamid beyi): 33.
Fénelon (Fransız yazar): *67, 68.*
Ferdinand I, Habsburg hanedanından (Avusturyalı arşidük): 182-184, 188.
Ferdinand (Bulgarların çarı): *255.*
Ferit Paşa, Damat (sadrazam): *250, 259.*
Ferrante (Napoli kralı): 126.
Fetih Ali Şah: Bkz. Ali Şah, fetih.
Feyzullah Efendi (veziriazam): 331.
Firûz Bey (Rumeli beylerbeyi): 58, 67.
Fitzmaurice (İngiliz diplomatı): *224.*
Fontenelle (Fransız filozofu): *68.*
Foscari, Francesco (Venedik doju): 84.
Franchet d'Esperey (Fransız generali): *298.*
Fransız-Josef (Avusturya imparatoru): *134.*
Fuat Paşa: Bkz. Mehmet Fuat Paşa.
Fuzûli (şair): *390-391.*

G

Galip Dede, Şeyh (şair): *394.*
Galip Paşa: Bkz. Mehmet Sait

461

Galip Paşa.

Galland Ántoine (Fransız doğubilimci): *400.*

Gamble (İngiliz amirali): *245.*

Gasprinski, İsmail (Tatar aydını): *235.*

Gattilusio, Domenico (Losbos beyi): 109-110.

Gazan (Moğol hanı): 22.

Gedik Ahmet Paşa: Bkz. Ahmet Paşa, Gedik.

Gennadios: Bkz. Skholarios, Georgios.

Germanos (Patras patriği): *35.*

Gérôme (Fransız ressam): *189.*

Geyikli Baba: Bkz. Baba İlyas.

Giustiniani (Cenevizli, Konstantinopolis'in savunucusu): 105-106.

Gladstone (İngiliz başbakanı): *197.*

Goltz, Colmar von der (Alman subayı): *245, 276, 201.*

Gorcakof (Rus başbakanı): 130.

Grégorie XV (papa): 387.

Gritti, Andrea (Venedik balyozu): 181.

Gueşof (Bulgar Başbakanı): 255.

Guillaume II (Alman imparatoru): *198-200.*

Gülşehri (şair): *383.*

Güllü Agop (Osmanlı tiyatrosunun babası): *414.*

Gündoğdu (Ertuğrul'un kardeşi): 17.

Gündüz (Osman'ın kardeşi): 31.

H

Hacı Bayram: 78.

Hacı Halife: Bkz. Kâtip Çelebi.

Hacı Hamza: 37.

Hacı İlbey (Türk beyi): 28, 44, 46, 49.

Hacı Öz Bey: Bkz. Öz Bey, Hacı.

Hacı Paşa (hekim): *385.*

Halil Paşa, Hacı (veziriazam): 332.

Halet Efendi: Bkz. Mehmet Sa'id Halet Efendi.

Halide Edip, (Türk romancısı ve denemecisi): *228, 241, 285, 287, 413, 414.*

Halil Menteşe: *238, 240.*

Halil Hamit Paşa (sadrazam): *11.*

Halil (Orhan'ın oğlu): 29, 43, 44.

Hamdullah Suphi (aydın): *252.*

Hamid (I. Osman'ın oğlu): 23.

Hamida (Hafsîlerin hükümdarı): 501.

Halit Ziya (yazar): *411.*

Hamdullah, Şeyh (hattat): *319.*

Hammer-Purgstall, Joseph von (tarihçi): 9.

Hamza Bey (Anadolu beylerbeyi): 85.

Hamza Paşa (II. Mehmet'in kaptanıderyası): 110.

Hamza Paşa (Mısır valisi): 425.

Hamza Paşa, Silahdar Mahir (veziriazam): 327.

Hasan (Ahî, Şeyh Edebali'nin yeğeni): 37.

Hasan Fehmi Efendi (şeyhülislam): *131.*

Hasan Fehmi Paşa (nafia nazırı): *169.*

Hasan Paşa (Halep valisi): 340.

Hasan Paşa (Bağdat paşası): 478-479.

Hasan Paşa, Hacı (Mısır valisi): 425.

Hasan Paşa, Cezayirli Gazi (Kaptanıderya): 490, *10, 11, 12.*

Hatice (Orhan'ın kızı): 38.

Hatice, Turhan (valide sultan): 289.

Halil Paşa, Çandarlı (veziriazam): 54, 93-94, 106, 108-109.

Hayrettin (mimar): *333, 349.*

Hayrettin Paşa, Barbaros (Kap-

tanıderya, Cezayir beylerbe-
yi): 178, 186, 187, 417, *399*.
Hélène (Rusya büyük düşesi):
113.
Helphand, Alexander İsrail, öte-
ki adıyla Parvus (sosyal de-
mokrat yazar): *232, 285*.
Herzl, Thédor (Siyonizmin kuru-
cusu Macar Yahudisi): *176*.
Hilmi Paşa: Bkz. Hüseyin Hilmi
Paşa.
Hızır (İsfendiyar'ın oğlu): 80.
Hugo, Victor (Fransız yazar): *67,
410*.
Huguenin (Alman işadamı): *231*.
Homeros (eski Yunan şairi): *379*.
Humbaracı Ahmet Paşa: 339.
Hunyadi, Yanoş (Erdel voyvoda-
sı): 91, 95, 112.
Hurrem Sultan (Roxolana, Ka-
nuni'nin eşi): 186, 217.
Hurşid Paşa (Halep valisi): 459.
Husayn Dey (Cezayir dayısı):
497, *410*.
Husayn Calilî Paşa (Musul vali-
si): 475-476.
Husayn bin Ali: 503-505.
Hüseyin (Mekke şerifi): *281-282*.
Hüseyin Avni Paşa (Harbiye Na-
zırı: *131-132*.
Hüseyin Cahit (gazeteci): *241,
247, 271*.
Hüseyin Efendi, öteki adıyla Cin-
ci Hoca: 288.
Hüseyin Hezârfen (tarihçi): 319,
399-400.
Hüseyin Hilmi Paşa (sadrazam):
217, 223, 237, 246.
Hüseyin Paşa, Ağa (yeniçeri ağa-
sı, sonra da vezir): 37.
Hüseyin Paşa, Amcazade (veziri-
azam): 304, 330-332.
Hüseyin Paşa, Mere (veziri-
azam): 284.
Hüseyin Paşa, Küçük (Kaptanı-
derya): *15*.

Hüseyin Rahmi, öteki adıyla
Gürpınar (yazar): *412*.
Hüseyin Rauf Bey (Bahriye Na-
zırı): *296, 302*.
Hüsrev (Mehmet) Paşa: Bkz.
Mehmet, Hüsrev Paşa.
Hüsrev Paşa, Boşnak (Yeniçeri
ağası): 294.
Hüsrev Paşa, Hüsrû: Bkz. Hüsrû
(Hüsrev) Paşa.
Hüsrû (Hüsrev) Paşa: *360*.

İ

İbn Ardeşir (tarihçi): 58.
İbn Battûta (Arap gezgini): 23,
24, 25, 30, 36, 37, 39.
İbn Bibi (Selçuk tarihçisi): 33.
İbni Haldun: 227.
İbnülemin Mahmûd Kemal İnal
(tarihçi): *407*.
İbrahim I, Deli (sultan, 1640-
1648): 288-289.
İbrahim (Orhan'ın oğlu): 43.
İbrahim Ağa, Kattar Ağası (Ha-
lep Ağası): 458.
İbrahim Azm (Azmların atası):
468.
İbrahim Baba (Cezayir dayısı):
495.
İbrahim Bey (Karaman beyi): 89,
92, 102, 116.
İbrahim Şarkan (Cezayir'e ata-
nan paşa): 495.
İbrahim Şinasi (Genç Osmanlı
yazarı): *68, 408*.
İbrahim Efendi (elçi): *16*.
İbrahim Hakkı Paşa (sadrazam):
237-238, 250.
İbrahim Müteferrika (ilk Türk
basımevinin kurucusu): *402*.
İbrahim Paşa (Kanuni'nin veziri-
azamı): 181-187.
İbrahim Paşa (Mehmet Ali'nin
oğlu, Mısır ordusunun komu-
tanı): *42-43, 114*.

İbrahim Paşa (Mısır valisi, 1661-1664): 484.

İbrahim Paşa, (Trablusgarp valisi): 248.

İbrahim Paşa, Candarlı (veziriazam): 82.

İbrahim Paşa, Kara (kaymakam): 301.

İbrahim Paşa, Nevşehirli Damat (veziriazam): 326, 332-334, 392.

İbrahim Peçevî (tarihçi): 399-400.

İbrahim Temo (Arnavut, Jöntürk kuruculardan biri): 239, 249.

İdris Bitlisi (tarihçi): 176, 398.

İgnatief (Rus elçisi): 131, 134.

İlyas, Menteşeoğlu (Menteşe beyliği davacısı): 102.

İoannis V Palaiologos (Bizans imparatoru), 26, 28, 29, 35, 44-45, 46, 48, 50, 51, 57.

İoannis VII Palaiologos (Bizans imparatoru): 56-57, 71.

İoannis VIII Palaiologos (Bizans imparatoru): 83-84, 90, 100.

İpşir Paşa (Halep valisi): 454.

İsa Çelebi (I. Bayezit'in oğlu): 68-69.

İsfendiyar, Çandaroğlu (Çandar beyi): 78, 82, 84.

İshak Paşa (veziriazam): 108, 121, 129, 130.

İsidorios, Kiefli: 150.

İsidorios, Miletoslu (Bizanslı mimar): 334.

İskender, Büyük (Makedonya kralı):

İskender Bey, Georgi Kastrioti (Arnavut ayaklanmacısı): 92, 95-96.

İskender Çelebi (defterdar): 185.

İsmail (İran şahı): 140-141, 174-175.

İsmail Azm (Şam valisi): 468.

İsmail Ferruh (elçi): 16.

İsmail Hakkı, Babanzade (Jöntürk yazar): 267.

İsmail Hammamizâde, Dede (besteci): 415.

İsmail Kemal (Arnavut mebus): 249.

İsmail Paşa, Tirsanikli (Bulgar ayaklanmacı): 20.

İsmet (general): 308-309.

İsmyridès, Alexandre (Yunan taciri): 74.

İvan, Alexandır (Bulgar çarı): 44.

İvan Ugbyeşa (Sırp prensi): 46.

İzzeddin Keykâvus II, başka deyişle Melek Mansur (Selçuklu sultanı): 20.

İzzet Mehmet Paşa, Topal (kaptanıderya): 39.

İzzet Paşa, Arap (II. Abdülhamit'in danışmanı): 161.

J

Jan Adalbert (Polonya kralı): 137.

Jean Sobieski (Polonya kralı): 301.

Jumel (Fransız mühendis): 44.

Justinianus I. (Bizans imparatoru): 335.

K

Kabakçı Mustafa: Bkz. Mustafa, Kabakçı.

Kadı Burhânettin: Bkz. Burhanettin, Kadı.

Kadizâde (astronom): 384.

Kalanoz (Karacahisar tekfurunun kardeşi): 18,31.

Kâmil Paşa (sadrazam): 154-155, 221, 223, 226, 237, 250, 258.

Kansu Gavri (Memlûk sultanı): 176-178.

Kantemir, Dimitri (tarihçi): 400.

464

Kanuni: Bkz. Süleyman I.
Kantakuzenos, İoannis: 26, 27, 29, 35, 36, 40.
Kapodistriatis, İoyani: *34*.
Karaca Bey, Dayı (Rumeli beylerbeyi): 104.
Karacaoğlan (şair): *396*.
Kara Georges: Bkz. Pétrovitch, Georges.
Karagöz (Karaman Beylerbeyi): 135.
Kara Kemal (İttihatçı, İstanbul mebusu): *271*.
Karasu, Emmanuel (ittihatçı): *271*.
Karatodori Paşa (II. Abdülhamit'in danışmanı: *155*.
Karl XII (İsveç kralı): 325.
Karlos V (Alman imparatoru): 189, 501.
Kasım (Candaroğlu İsfendiyar'ın oğlu): 80.
Kasım Bey (Karamanoğlu): 130-131.
Katerina II (Rus çariçesi): 327-329, *12*.
Kâtip Çelebi ya da Hacı Halife (tarihçi): 319, *399-400, 402*.
Kaygusuz Abdal (şair): *395*.
Kâzım Karabekir (general): *301, 305, 307*.
Kemal Paşazade (tarihçi): *399*.
Kerimeddin Mahmud (Selçuk tarihçisi): 33.
Khusru (Hüsrev) Paşa (Kahire ve Halep valisi): 454.
Kırımyan, Mıgırdıç (Ermeni patriği): *111*.
Kléber (Fransız generali): *18*.
Koca (Mehmet) Ragıp Paşa (veziriazam): 327, 340-343.
Koca Nişancı: Bkz. Celalzade Mustafa.
Koçi Bey (tarihçi): 286, 319.
Kolokotronis, Theodoros (Yunan bağımsızlık şefi): *36*.

Konstantinos Brincoveanu (Eflak voyvodası): 375.
Konstantinos Kantakuzenos: 374.
Konstantinos XI Palaiologos (Bizans imparatoru: 92, 94, 100, 106.
Konstantinos (Yunan kralı): *307*.
Korais, Adamatios (Yunan yazarı): 409.
Korkut Çelebi (II. Bayezit'in oğlu): 130, 141.
Kornaros, Vitzentzos (Yunan şairi): 412.
Köroğlu (şair): *396-397*.
Kösem Sultan, bir başka adla Mahpeyker (valide sultan): 280, 289.
Köse Mihal: 18, 22, 35.
Kutzimpaxis (Nikomedia yöresinin başı): 21.
Kress von Kressenstein, Freidrich (Alman subayı): *281*.
Kul Mesud *(Kelile ve Dimne'*nin Kitabı'nın çevirmeni): *382*.

L

Ladislas (Polonya ve Macaristan kralı): 91-92, 95.
La Forêt, Jean de (Fransız elçisi): 187.
Lajos, Büyük (Macar kralı): 45.
Lajos II, (Macar kralı): 180, 182.
Lala Şahin Paşa: Bkz. Şahin Paşa, Lala.
Lâmi'î, öteki adıyla Mahmut Çelebi (şair): *404*.
Lawrence, Thomas Edward (İngiliz Albay): *282*.
Lazar (Sırp prensi): 52.
Lazareviç, İstvan (Sırp prensi): 56, 61, 68, 71, 86.
Le Play (Fransız sosyolog): *209*.
Le Roi (Fransız mühendis): *10*.
Levnî (ressam): *357-358*.

Liman von Sanders (Alman subayı): *276*.
Linant de Bellefonds (Fransız mühendis): *44*.
List, Friedrich (Alman iktisatçısı): *289*.
Lloyd, George (İngiliz başbakanı): *299*.
Louis XIV (Fransa kralı): 387, 494.
Louis XV (Fransa kralı): *401*.
Louis XVI (Fransa kralı): *14, 16*.
Lülüfer (Nilüfer) (Orhan'ın eşi): 20, 37.
Lütfi Paşa (veziriazam): 206, *399*.
Lütfullah (Damat Mahmut Paşa'nın oğlu): *208*.

M

McMahon, sir Henry (İngiliz diplomatı): *281-282*.
Mahmut (sultan, 1730-1754); 327, 335, 340.
Mahmut II (sultan, 1808-1839): 459, *24, 27-39, 39-47, 47-57, 59, 85, 406*.
Mahmut (II. Murat'ın kardeşi): 81.
Mahmut Han (Afgan hükümdarı): 472.
Mahmut Paşa (veziriazam): 112.
Mahmut Şevket Paşa (sadrazam): *226, 238, 259, 260*.
Mahmud Paşa, Damat (II. Abdülhamit'in eniştesi): *203, 208*.
Makyavelli (İtalyan filozofu): 208.
Malhatun (I. Osman'ın eşi): 23.
Mamonas (Monemvasie beyi): 59.
Manuel II Palaiologos (Bizans imparatoru): 48, 50, 51, 56, 57, 59-60, 61, 63, 85.
Mari (Mısırlı tarihçi): 440.

Maria-Terezia (Avusturya imparatoriçesi): 345.
Marchall von Bieberstein (Alman elçisi): *202*.
Marshall (İngiliz generali): *297*.
Marsigli, kont (Avusturya elçisi: 442, *400*.
Martinus IV (papa): 45.
Matli Basarab: 373.
Matyas Korvinus: 125, 133, 136.
Matteò di Pasti (İtalyan ressam): *331*.
Matheos (İoannis VI Kantakuzenos'un oğlu): 28, 29.
Mavrokordatos, Aleksandros (Yunan devletinin ilk başı): *35-36*.
Mavrocordato, Constantin (Eflak ve Boğdan hospodarı): 376, 379.
Maximilien II (Alman imparatoru): 190, 191.
Mehmet I (sultan, 1413-1421): 72-73, 74-80.
Mehmet II (Fatih sultan, 1444-1445 ve 1451-1481): 35, 93, 96, 99-129, 361, 411, *330-332, 387*.
Mehmet III (sultan, 1595-1603): 192, 282.
Mehmet IV (sultan, 1648-1687): 290, 302.
Mehmet V (sultan, 1909-1918): *226, 273, 275*.
Mehmet VI, Vahideddin (sultan, 1918-1922): *295, 299*.
Mehmet (fils de Süleyman): 178.
Mehmet Ağa (mimar): *344*.
Mehmet Akif (yazar): *233*.
Mehmet Ali (Muhammad Ali) (Mısır valisi): 464, *18, 31-32, 37, 41-44, 114-115*.
Mehmet Bey (Karaman beyi): 75-76, *381*.
Mehmet Bey, Mihaloğlu (uçbeyi): 82.

Mehmet Cavit (Maliye Nazırı): *238, 240, 244, 247, 251, 271.*

Mehmet Efendi Yirmisekiz (elçi, tarihçi): 333, *401.*

Mehmet Emin (yazar): *190, 252, 285, 412.*

Mehmet, Eretnaoğlu (Sivas beyi): 44.

Mehmet Fuat Paşa (reformcu sadrazam, Hariciye Nazırı): *49, 64-65, 92.*

Mehmet, Hüsrev Paşa (kapudan paşa, sonradan sadrazam): *30-31, 37, 38, 39.*

Mehmet Köprülü (veziriazam): 294-296.

Mehmet Paşa, Baltacı (veziriazam): 332.

Mehmet Nuri Paşa (tarihçi): *407.*

Mehmet Paşa, Bıyıklı (vali): 176.

Mehmet Paşa, Elmas (veziriazam): 304.

Mehmet Paşa, Karamanî (veziriazam): 128, 129.

Mehmet Paşa, Kukavica (Bosna paşası): 405.

Mehmet Paşa, Muhsinzade (veziriazam): 404.

Mehmet Paşa, Pirî (veziriazam): 179, 181.

Mehmet Paşa, Rum (veziriazam): 127.

Mehmet Paşa (Sokullu, veziriazam): 186, 190.

Mehmet Paşa, Tabanıyassı (veziriazam): 286.

Mehmet Râmî Paşa (veziriazam): 331.

Mehmet Said Galip Paşa (sadrazam): *31.*

Mehmet Said Halet Efendi (elçi): *30-31, 37.*

Mehmet Said Pertev Paşa (reisülküttab): *48.*

Mehmet Siyâh Kalem: *330.*

Mehmet Süreyya (tarihçi): *407.*

Mehmet Çelebi (I. Bayezit'in oğlu): Bkz. Mehmet I.

Melek (I. Osman'ın oğlu): 23.

Melek Ahmet Paşa: Bkz. Ahmet Paşa, Melek.

Melik Danişment: *397.*

Menşikof (I. Nikola'nın başyaveri): *121.*

Mengli Giray (Kırım hanı): 142.

Menou (Fransız generali): *18.*

Mesih Paşa (veziriazam): 125.

Mesud III (Selçuk sultanı): 32, 35.

Mevlânâ Celalettin Rumî: Bkz. Celalettin Rumî.

Mezit Paşa (Rumeli beylerbeyi): 91.

Mikhael VIII Palaiologos (Bizans imparatoru: 20-21, 44.

Mikhail IX Palaiologos (Bizans imparatoru): 25.

Mihaly (Boğdan prensi): 279.

Mithat Şükrü (İttihatçı yönetici): *271.*

Mihrî Hatun (şair): *403.*

Milan (Sırbistan prensi): *133.*

Mimar Sinan: Bkz. Sinan, Mimar.

Mirçe (Eflak voyvodası): 59, 76-77.

Mithat Paşa (reformcu sadrazam): *65-66, 131, 149.*

Mithat Şükrü: *213, 239.*

Moiz Cohen, öteki adıyla Tekin Alp (milliyetçi yazar): *264, 289.*

Moltke, Helmuth von (Prusyalı mareşal): 102, 199.

Montesquieu (Fransız filozofu): 208.

Morgenthau, Henry (Birleşik Amerika elçisi): 279.

Muhammad Ağa Hoca (Halep eşrafından): 459.

Muhammed Ali: Bkz. Mehmet Ali.

Muhammad Azlan Paşa (Cezayir valisi): 495.

Muhammad Bey, Abû Zahab (Mısır emiri): 489.
Muhammad bin Mustafa "Bin Fatîma" (Tunus tahtının davacısı): 504.
Muhammed bin Uthmân Dey (Cezayir dayısı): 495-496.
Muhammad Çarkas Bey (Mısır emiri): 485.
Muhammad Calîlî Paşa (Musul valisi): 476.
Muhammad Dukakinzade Paşa (Halep valisi): 424, 454.
Muhammad Paşa (Halep valisi, 1555): 360.
Muhammad Paşa (Mısır valisi): 425.
Muhammad Paşa, Hacı (Mısır valisi): 425.
Muhammad, Sakızlı (Trablus dayısı): 506.
Muhammet Abduh (yazar): 233.
Münif Paşa (yazar): 68.
Murat I (sultan, 1362-1389), 28, 30, 34, 43-54.
Murat II (sultan, 1421-1451): 80-97.
Murat III (sultan, 1574-1595): 192.
Murat IV (sultan, 1623-1640): 281-281, 285-288, 472.
Murat V (sultan, 1876): 59, 133.
Murat Bey (Tunus beyi): 502.
Murat bey II (Tunus beyi): 503.
Murat Bey III (Tunus beyi): 503.
Murat Bey, Mizancı (Jöntürk aydını): 206-207, 223.
Murat Paşa (Yeniçeri ağası): 67.
Murat, Usta (Tunus dayısı): 502.
Murâdeddin Hamza (Kaviya beyi): 24.
Murtaza Paşa (Şam valisi): 430.
Musa Çelebi (I. Bayezit'in oğlu): 73-74.
Mustafa I (sultan, 1617-1618 ve 1622-1623): 280.

Mustafa II (sultan, 1695-1703): 303.
Mustafa III (sultan, 1757-1774): 327, 340.
Mustafa IV (sultan, 1807-1808) 22-24.
Mustafa (II. Murat'ın kardeşi): 81, 83.
Mustafa (Kanuni'nin oğlu): 189.
Mustafa (Düzmece): 76-77, 82, 83.
Mustafa (Ahî, Osman İbn Yusuf'un oğlu): 38.
Mustafa Alî (tarihçi): 400.
Mustafa Asım (şeyhülislam): 38.
Mustafa, Börklüce (ayaklanmacı): 78.
Mustafa Celalzade (Kanuni'nin nişancısı): 231.
Mustafa Efendi, Selanikli: 398.
Mustafa Fazıl (Genç Osmanlı Mısır prensi): 71.
Mustafa, Kabakçı (Yeniçerilerin başı): 24.
Mustafa Kemal, Atatürk (general, Türkiye Cumhuriyeti'nin kurucusu): 300-310, 415.
Mustafa Hayri Bey, Ürgüplü (şeyhülislam): 270.
Mustafa, Kûsâ (Halep valisi): 458.
Mustafa Paşa, Alemdar (sadrazam): 21-22, 23-30.
Mustafa Paşa Daltaban (veziriazam): 331.
Mustafa Paşa, İbşir (veziriazam): 291.
Mustafa Paşa, Kemankeş Kara (veziriazam): 288-289.
Mustafa Paşa, Lala (Kıbrıs fatihi): 192.
Mustafa Paşa, Merzifonlu Kara (veziriazam): 300-301.
Mustafa Paşa, Çelebi (sadrazam): 24.
Mustafa Reşit Paşa (elçi, nazır, sadrazam): 28, 48-49, 63, 91.

468

Mustafa Sabri (şeyhülislam): *234.*
Muzalon: 22.

N

Nâbî (şair): *392.*
Nâdir Şah (İran şahı): 326-327, 474-473.
Nadir Tahmasp: Bkz. Nadir Şah.
Naci Ahmed Efendi (mebus): *139.*
Naima (tarihçi): 319, *400-401.*
Nakkaş Osman (minyatürcü): 356.
Nakkaş Sinan Bey (ressam): *331, 354.*
Namık Kemal (Genç Osmanlı yazarı): *69-71, 148, 149, 410.*
Napoléon I, Bonaparte (Fransız imparatoru): 464, *18, 23, 33.*
Napoléon III (Fransız imparatoru): *85, 120, 129, 409.*
Nasrettin Hoca (Türk mizahçısı): *404.*
Nazım, Doktor (İttihatçı yönetici): *220.*
Nedim (şair): *393.*
Nedim Paşa (sadrazam): *131.*
Nef'î (şair): *392.*
Nerio II Acciaiuoli (Atina Latin dükü): 51.
Nerval, Gérard de (Fransız yazarı): *101.*
Neşrî (tarihçi): 31, 35, 40.
Nikola I (Rus çarı): *39-40, 113, 120.*
Nikola II (Rus çarı): *214.*
Nigâr Hanım (şair): *413.*
Nigârî, öteki adıyla Reis Haydar (ressam): *355-356.*
Nilüfer: Bkz. Lülüfer.
Niyâzî Bey (Jöntürk Devrimi'nin kahramanı): *215, 217, 239.*
Nointel, Marquis de (Fransız elçisi): 400.

Notaras, Lukas (Bizans eşrafından): 107.
Nuri Paşa (Enver Paşa'nın kardeşi): *294.*

O-Ö

Obradoviç, Dositej (Sırp yazarı): 409.
Obrenoviç, Mikhael (Sırp prensi): *126.*
Obrenoviç, Miloş (Sırp prensi): *33.*
Oğuz (Cem'in oğlu): 131.
Olema Takalu (Azerbaycan'daki Safevî yönetici): 185.
Olivera (I. Bayezit'in eşi): 87.
Ömer Bey, Turahanoğlu (Turahan Bey'in oğlu): 110.
Ömer Lütfi Paşa (Bosna valisi): *127.*
Ömer Naci (İttihatçı yönetici): *239.*
Orhan (Osmanlı hanedanının kurucusu I. Osman'ın oğlu): 17, 20, 23-30, 31, 33, 34, 35.
Orhan (Süleyman Çelebi'nin oğlu): 93.
Orhan (Osmanlı taht davacısı): 100, 102, 107.
Orlo, Alexis (Rus amirali): 328, 386.
Oruç, Baba (Türk korsan): 361, 406.
Osman I (Osmanlı hanedanının kurucusu): 17, 18-23, 31, 34, 35.
Osman II (sultan, 1618-1622): 280-281, 284-286.
Osman III (sultan, 1754-1757): 327, 340.
Osman Hamdi (ressam, arkeolog): *189.*
Osman Paşa, Topal (Bosna valisi): *127.*
Osman Paşa (general): *138.*

Osman Paşa, Topal (veziriazam): 339.
Ömer Seyfettin (yazar): *236, 285, 413.*
Öz Bey, Hacı (Osmanlı eşrafından): 37.
Özdemir Paşa (Yemen fatihi): 417.

P

Paşa Yiğit (uçbeyi): 58.
Paganino Doria (amiral): 41.
Pakhimeris (Bizanslı tarihçi): 17, 20, 21, 39, 40.
Palamas, Gregorios (Selanik metropoliti): 36, 39.
Parvus: Bkz. Halphand, Alexander İsrael.
Patrona Halil (yeniçeri ayaklanmasının başı): 335.
Pavel I (Rus çarı): *16.*
Pazarlu (I. Osman'ın oğlu): 23-24, 31.
Pazvantoğlu, Osman (Vidin paşası): 404, *17.*
Péleran (Fransız konsolosu): 486.
Pertuis, Edmond de (Fransız işadamı): *107.*
Petro I, Büyük (Rus çarı): 325, *61.*
Pétrovich, Georges, başka adla Kara Georges (Sırp ayaklanmasının şefi): *32-33.*
Petroviç, Nikola (Karadağ piskopos-prensi): *127.*
Petru Rareş (Boğdan voyvodası): 188.
Peysonnel (Fransız diplomatı ve yazar): 208.
Piccinino, öteki adıyla Ali Biçnin (Cezayir reislerinin başı): 492.
Picot, Georges (Fransız diplomat): *283.*
Pîrî Reis (kaptanıderya): *402.*
Pir Sultan Abdal (şair): *395.*

Piyale Paşa (kaptanıderya): 190.
Porter, James (İngiliz elçisi): 341.
Postel, Guillaume (Fransız doğubilimcisi): 200.
Promontorio de Campis, Iacopo de (Cenevizli tarihçi): 150.

R

Racap Paşa (Musul valisi): 477.
Radu (III. Drakul'un kardeşi): 117.
Radu (Eflak prensi): 86.
Ragıp Paşa: Bkz. Koca (Mehmet) Ragıp Paşa.
Ramadan (Tunus kaidi): 501.
Râmî (Mehmet) Muhammed Paşa: Bkz. Mehmet Râmî Paşa.
Rauf Paşa, Mehmet Emin (sadrazam): *48.*
Recaizade Ekrem (yazar): *409.*
Reşit Mehmet Paşa (sadrazam): *48.*
Resmî Ahmet (elçi, tarihçi): *401.*
Rigas, Konstantin (Yunan şairi): 409, *17, 34.*
Rıza Tevfik (filozof): *241.*
Rodolphe II de Habsbourg (Alman imparatoru): 193.
Rodbertus (Alman iktisatçısı): *199.*
Roscher (Alman iktisatçısı): *199.*
Rousseau, Jean-Jacques (Fransız filozofu): *75.*
Roxelane: Bkz. Hurrem Sultan.
Rufin (Fransız diplomat ve yazar): 208.
Rüstem Paşa (veziriazam): 299, 251.
Rüştü Paşa (sadrazam): *131.*

S

Sabahattin Bey (Damat Mahmut Paşa'nın oğlu, Jöntürk aydını): *208-209, 213, 226, 250, 260.*

Sabbatai Zevi (Dönmeler tarikatının kurucusu): 297, 409.

Sadeddin Efendi, Şeyhülislam (tarihçi): *399.*

Saffet Paşa (Hariciye Nazırı): *135.*

Safi I (İran şahı): 281.

Safiye Sultan (valide sultan): 282.

Sahib Ata (Selçuk veziri): 33.

Sait Halim Paşa (sadrazam): *261, 268, 273.*

Sait Mehmet Efendi (tarihçi): 334, *401.*

Sait Paşa (sadrazam): *154-155, 203, 218, 221, 250.*

Salih Paşa (Sultan II. Abdülhamit'in yeğeni): *260.*

Samsa Çavuş (Sakarya yöresi Türk beyi): 20, 24.

Sarı Görez (şeyhülislam): 176.

Sarı Saltuk (derviş): *397.*

Saru Baba (derviş): 38.

Saruca Paşa (veziriazam): 89.

Saru Yatı (Ertuğrul'un oğlu): 18, 31.

Savcı (I. Murat'ın oğlu): 48.

Scalieri, Cléanthi (Giritli tacir): *74.*

Schiller (Alman şair): *67.*

Seeckt, von (Alman subayı): *276.*

Selim I, Yavuz (sultan, 1512-1520): 142, 171-178, 417, *337.*

Selim II (sultan, 1566-1574): 191-192.

Selim III (sultan, 1789-1807): *13-22, 23-27, 59.*

Selim Melhame (Marunî nazır): *162.*

Sève, öteki adıyla Süleyman Paşa (Fransız albay): *44.*

Seymour, Hamilton (İngiliz elçisi): *113.*

Seyyit Ali (kaptanıderya): *402.*

Seyyid Ali Efendi: Bkz. Ali Efendi, Seyyid.

Seyyit Tâlib Bey: Bkz. Tâlib Bey, Seyyit.

Sguros (Bizanslı komutan): 22.

Shaw, Stanford J. (tarihçi): 10.

Siemens, von (Deutsche Bank müdürü): *199.*

Sigismond (Macar kralı): 61, 82, 85-87.

Silahdar Mahir Hamza Paşa: Bkz. Hamza Paşa, Silahdar Mahir.

Sinan (Rumeli beylerbeyi): 87.

Sinan, Mimar: *337-338, 338-345, 349, 350.*

Sinan Paşa (Anadolu beylerbeyi): 129.

Sinan Paşa (Tunus fatihi): 501.

Sixtus IV (Papa): 126.

Skholarios, Georgios (İstanbul patriği): 107, 361, 411.

Souchon (amiral): *275.*

Spandugino (siyaset adamı ve yazar): 35.

Sphrantzes (Bizanslı tarihçi): 105.

Spon, Jacob (Fransız gezgin): 412.

Sracimir (Bulgar komutanı): 61.

Stefan, Büyük (Moldavya voyvodası): 134.

Stéphan Duşan: 44.

Strabon (Yunan coğrafyacı): 25.

Stratsimiroviç (Arnavut beyi): 58.

Sulaymân Ağa Abû Layla (Bağdat valisi): 479-481.

Sulaymân, Azm (Şam valisi): 468.

Sulaymân Küçük Paşa (Bağdat valisi): 481.

Sulaymân Paşa (Mısır valisi, 1525-1583): 425, *360.*

Sulaymân Paşa, Büyük (Bağdat valisi): 481.

Sungur Tekin (Ertuğrul'un kardeşi): 17.

Sülemiş (Samsa Çavuş'un kardeşi): 20.

471

Süleyman I, Kanuni (sultan, 1520-1566): 179-191, *360.*
Süleyman II (sultan, 1687-1691): 302.
Süleyman (Orhan'ın oğlu, I. Murat'ın kardeşi): 24, 27, 28, 29, 30, 37.
Süleyman (Kastamonu beyi): 56-57.
Süleyman (Karesi beyi): 26.
Süleyman Çelebi (I. Bayezit'in oğlu): 71-72.
Süleyman Ağa (elçi): 299.
Süleyman Paşa (Paflagonya beyi): 21.
Süleyman Paşa (general, Bulgaristan komutanı): *138.*
Süleyman Paşa, Hadım (veziriazam): 186.
Süleyman Şah (Ertuğrul'un babası): 17.
Süleyman Çelebi *(Mevlût* yazarı): *384.*
Sultan Veled (derviş): *381.*
Sykes, sir Mark (İngiliz diplomatı): *283.*

Ş

Şahabettin el-umari: Bkz. Umari (el-) Şahabettin.
Şah Abbas: Bkz. Abbas.
Şah Budak (Dulkadiroğulları tahtına davacı): 136.
Şah İsmail: Bkz. İsmail.
Şah Kulu (ayaklanmacı): 142, 183.
Şah Veli (ayaklanmacı): 183.
Şahin Paşa, Lala (I. Murat'ın eğitimcisi, ilk Rumeli beylerbeyi): 37, 44, 49, 58.
Şahruh (Moğol hanı): 82, 87, 89-90.
Şehabettin Paşa (Rumeli beylerbeyi): 90-91, 107.
Şehinşah (II. Bayezit'in oğlu): 141.

Şemsettin Sami (yazar): *190.*
Şerban Kantakuzenos: 373.
Şeref Bey (Bitlis yöneticisi): 185.
Şişman (Bulgar çarı): 45, 59-60.
Şinasi: Bkz. İbrahim Şinasi.
Şükrullah: *398.*

T

Tahir Ağa (mimar): *345.*
Tahir Hayrettin (Hürriyet ve İtilafçı mebus): *250.*
Tahir Paşa (Babıâli'nin Cezayir'e yolladığı temsilcisi): 499-500.
Tahirten (Erzincan beyi): 63.
Tahmasp (İran şahı, 1524-1577): 184-185, 189-190, 193.
Tahmasp (İran şahı, 1722-1731): 334.
Tahsin Paşa (II. Abdülhamit'in özel kâtibi): *155.*
Talat Paşa (sadrazam): *212, 238, 239, 270, 273, 294, 295, 297, 305.*
Tâlib Bey, Seyyit (Iraklı reformcu): *269.*
Talleyrand (Fransız Dışişleri Bakanı): *16.*
Tapduk Baba (derviş): *381.*
Tavernier, Jean-Baptiste (Fransız gezgini): 474.
Tekip Alp: Bkz. Moiz Cohen.
Tevfik Fikret (şair): *207, 409, 411.*
Theodora (İoannis V Kantakuzenos'un kızı, Orhan'ın eşi): 27.
Theodoros (Mora despotu): 51, 59-60, 71.
Thomas Palaiologos (Mora despotu): 104, 113, 114-115.
Timur (Gurhan, Moğol hanı): 61, 63, 67-68.
Timurtaş (Moğol yönetici): 28, 33.
Timurtaş: 62.
Tocco, Carlo: 60.

Torlak Hu Kemal (ayaklanmacı): 78.

Tott, baron de (mühendis): 341, 10.

Townshend (İngiliz general): 295.

Toynbee, Arnold (İngiliz tarihçi): 280.

Turahan Bey (uçbeyi): 84, 95, 104.

Turca (ahi): 38.

Turgut Reis (Osmanlı kaptanı): 190.

Tvrtko (Bosna kralı): 52, 88.

U

Ubicini (Fransız gezgin): 105.

Uluç Ali: 501.

Umari (al-), Şahabeddin (tarihçi): 24.

Umur Bey (Aydın beyi): 27, 46.

Uluğ Beg (Maveraünnehir hükümdarı): 384.

Urbain (top dökücü usta): 162.

Uthmân Ağa Dâr al-Sa'âda (mimar): 361.

Uthmân Bey (Trablus dayısı): 566.

Uthmân Dayı (ilk Tunus dayısı): 502.

Uthmân al-Dûrakî Paşa (Halep valisi): 361.

Uzunçarşılı, İ. H. (tarihçi): 10.

Uzun Hasan (Akkoyunlu beyi): 116, 120-122.

V

Vahdeti: 224.

Varjabedian, Nerses (Ermeni patriği): 111.

Vasil Lupu (Boğdan voyvodası): 374.

Vataztès (Bizans imparatoru): 26.

Velestinlis, Rhigas (Yunan yazarı): Bkz. Rigas.

Vénizélos, Eleuthérios (Yunan başbakanı): 255.

Vergennes (Fransız elçisi): 341, 10.

Verne, Jules (Fransız yazar): 412.

Villiers de l'Isle-Adam (Rodos Şövalyelerinin üstad-ı azamı): 181.

Vlad Drakul I (Eflak voyvodası): 88.

Vlad Drakul II (Eflak voyvodası): 95.

Vlad Drakul III (Eflak voyvodası): 117.

Voltaire (Fransız filozofu): 67, 68, 75.

Vukaşin (Sırp kralı): 46.

Vretos, Jean (Yunan gazetecisi): 74.

Vuk (Sırp prensi): 58.

W

Wangenheim, von (Alman elçisi): 273, 275.

Wilson (Birleşik Devletler başkanı): 299.

Y

Yahya Paşa (Mısır valisi): 424.

Yahşi (Bergama beyi): 26.

Yakup Bey (Germiyan beyi): 55, 96.

Yakup Paşa (Kayseri valisi): 135.

Yakup Paşa: 62.

Yazıcızade (Osmanlı tarihçisi): 33, 34, 35, 397.

Yörgüç Paşa (Amasya yöneticisi): 96.

Ypsilantis, Aleksandros (Çar I. Aleksandr'ın yaveri): 34-35.

Yunus Emre (şair): 381-383.

Yusuf (II. Murat'ın kardeşi): 81.

Yusuf Ağa Efendi (elçi): 16.

Yusuf Akçura (Tatar aydını):

152, 264.
Yusuf Dayı (Tunus dayısı): 502.
Yusuf, Kara (Karakoyunlu beyi): 63-64.
Yusuf Paşa, Koca (sadrazam): 12.
Yusuf Sâhib al-Tâbi (Tunuslu nazır): 505.
Yuvakim (Ermeni patriği): 127.

Z

Zağanos Paşa (veziriazam): 106-107, 109.

Zahir, şeyh: 460-462.
Zapolya, Yanoş (Macar kralı): 182-184, 188, 353.
Zapolya, Yanoş Sigismond (Erdel kralı): 188.
Zekeriya Baba (derviş): 38.
Ziya Gökalp (milliyetçi aydın): *236, 252, 264, 271, 285, 287, 289, 412-413.*
Ziya Paşa (gazeteci): 68, 71.
Zübeyde Fıtnat Hanım (şair): *403.*

TEMALAR DİZİNİ*

A

Abdal: 39.
Abdal Murat tekkesi: 39.
Abdal Musa tekkesi: 39.
Acemi oğlanı: 211.
Adaletname: 208.
Adet-i agnam: 259.
Ağa bölükleri: 235.
Ağa: 431.
Agnam: *92, 177.*
Ahali Fırkası: *238.*
Ahidname: 26, 270, 356.
Ahrar Fırkası: *243.*
Ak ağa: 217.
Ak ağa kapısı: 216.
Ahi: 37-38.
Ahmedî: 318.
Aile kararnamesi: *287*
Akıncı: 161, 193, 247.
Akçe (aspre): 273.
Alaylı: *226.*
Alim (çoğulu ulema): 53.
Altun (filori, florin): 273-274.
Amele-i Osmanî Cemiyeti: *182.*
American Board of Commission-
neers for Foreign missions:
167.
Amil: 151, 263.
Amir al-hac: 483.
Antlaşmalar:
- Akkerman: *40.*
- Ankara: *307.*
- Edirne (1713): *325.*
- Edirne (1829): *40.*
- Aynalı Kavak: *12.*
- Berlin antlaşması (1878): *141-
142, 145–151.*
- Berlin Barış Kongresi: *141.*
- Brest-Litovsk: *284, 292, 293.*
- Bükreş: *23, 33.*
- Bükreş (1913): *262.*
- Hünkâr İskelesi: *42, 115.*
- Karlofça: 325.
- Kasr-ı Şirin: 327.
- Küçük Kaynarca: 327-330,
348, 7.
- Londra (1913): *260.*
- Lozan: *7, 305-310.*
- Paris antlaşması (1856): *124-
125.*
- Paris Kongresi (1856): *123-125.*
- Ouchy: *253.*
- San Stefano: *140.*
- Sevr: *305-310.*
- Şvişov: *13.*
- Türk-Bulgar: *262.*
- Tilsit: *23.*
- Yaş: *32, 13.*
- Zitvatorok: *365.*
Arazi Kanunnamesi: *81, 98.*
Arhont: 401
Armenakan: *195.*
Arpalik: 404.
Arz odası: 216.
Asâkir-i mansûre-i muhammedi-
ye: *37.*

* Kelimeler karşısındaki düz rakamlar ilk ciltteki, italikler ise ikinci ciltteki
sayfa numaralarını işaret etmektedir.

Asâkir-i muntazama: *51*.
Aspre: Bkz. Akçe.
Atçeken: 262.
Atmacacılar: 223.
Atmacacıbaşı: 225.
Avâriz: 275.
Avâriz-i divâniyye: 259-260, 400.
Avâmir sultâniyya: 419-420, 422.
Ayan: 285, 308, 316, 401.
Azap, azaplar: 248, 250.
Azap: 161.

B

Babıâli (Sublime Porte): 145, *77-80*.
Bâb-i hümâyûn: 216.
Bab üs-salam: 216.
Bab üs-saade: 216, 217.
Baba: 38.
Başdefterdar: 149, 152.
Bahşiş: 250.
Baltacı: 224.
Bankalar: *107-108*.
 - Avusturya-Osmanlı Bankası: *107*.
 - Avusturya-Türk Bankası: *107*.
 - Banco di Roma: *248*.
 - İtibar-ı Milli Bankası: *290*.
 - Deutsche Bank: *165, 230*.
 - İstanbul Bankası: *107*.
 - Osmanlı Bankası: *108, 165*.
 - Osmanlı İmparatorluğu Umu-mî Şirketi: *107*.
 - Osmanlı Umumi Kredisi: *107*.
 - Umumi Şirket, Osmanlı Mü-badele ve Kıymetler Şirketi Şubesi: *107*.
 - Ziraat Bankası: *290*.
Barranî: 435.
Başdefterdar: 232, 233.
Başıbozuk: *130*.
Baş kadın: 219.

Başvekil: *49*.
Bayrak: 357.
Bayraktar: 357.
Bazdaran: 223.
Bedel: *90, 92, 93, 171*.
Bedesten: 265, *326*.
Bektaşî: 318, *213*.
Berât: 206, 346.
Beyan-ül Hak: 234.
Beylerbeyi, beylerbeyilik: 54, 148, 252.
Bidat: 369.
Birûn: 216, 220, 234.
Bostancı: 223.
Bostancıbaşı: 223.
Bölük: 224, 235.
Bulgari: 272.

C

Cami: *313-314, 321-330*.
Capitation: Bkz. Cizye.
Cariye: 218, 218.
Celebkeşan: 270, 307.
Cemaat: 235.
Cemiyetler kanunu: *231, 243*.
Cemiyet-i ilmiye-i Osmaniye: *68*.
Ceza kanunnamesi: *50, 81*.
Cebelu: 245.
Celalî: 193, 275, 280, 295.
Chester tasarısı: *245*.
Cihat: 492.
Cizye: 259, 275, 401, *92*.
Cülusu hümayun bahşişi: 100, 131, 205.

Ç

Çakırcılar: 223.
Çakırcıbaşı: 225.
Çarakisa: 433.
Çavuş: 147, 224.
Çavuşbaşı: 224, 225, 226.

Çeribaşı: 247.
Çeşnegör: 222.
Çeşnicibaşı: 225.
Çıkma: 220.
Çift: 157, 258.
Çiftlik: 393-398.
Çiftbozan resmi: 260.
Çorbacı: 235, 237, 401.
Çubuk ovası: 67.
Çuhadar: 217.

D

Daşnak: *195, 213, 243.*
Dahi: 405.
Daire: *102.*
Dar-ı Şura-yı Babıâli: *50.*
Daftar, defter (defterdâr, daftar-
   dâr): 148, 232, 426, 483.
Darülfünun: *86.*
Dar üs-saade ağası (kızlar ağası):
   220.
Derbendci: 269, 359.
Defterhane: 232.
Defter emini: 232.
Deli: 247.
Delatiyya: 432.
Demiryolları: *266.*
   - Anadolu Demiryolları Kum-
      panyası: *182.*
   - Bağdat demiryolu: *198-204, 245.*
   - Doğu Demiryollarını İşletme
      Kumpanyası: *107.*
   - İzmir-Aydın demiryolu: *107.*
   - İzmir'i Kasaba'ya bağlayan
      demiryolu: *107.*
   - Ottoman Railway: *107.*
Devşirme: 54, 65, 193, 210, 212-
   213.
Dirhemlik: 273.
Divan-Akhâm-ı Adliye: *77.*
Dizdar: 248.
Divan: 148, 426.

"Şark Meselesi": *7-57.*
Dönme: 409.
Dülbent oğlanı: 217.
Düyun-u Umumiye: *164-165, 168.*

E

Edebiyat-ı Cedide: *190.*
Ehl-i kalem: 234.
Ehl-i hiref: 222.
Emin: 151, 221, 233, 263.
Emir-i alem: 225.
Emir ül-ümera: 49.
Empython savaşı: 28.
Enderûn: 216, 217, 234.
Encümen-i Daniş: *407.*
Eski Saray: 217.
Eretna, Eretnaoğulları: 23, 27, 28.
Etnike Hetairia: *191.*
Evlâd-i fatihan: *38.*
Eşkinciyan: *36.*
Eyalet: 252, 424-437.

F

Fakih: 37.
Fetret yılları: 68-74.
Fetihname: *399.*
Fetva: 230.
Fransız Devrimi: *13, 15.*

G

Gazeteler ve dergiler: *53-54.*
   - l'Action Française: *266.*
   - Bulletin des nouvelles: *53.*
   - Ceride-i havadis: *53, 68.*
   - Courrier de Smyrne: *53.*
   - Courrier d'Egypte: *53.*
   - Décade égyptienne: *53.*
   - Demet: *229.*
   - Fecr-i Ati: *413.*
   - Gazette française de Constan-

477

tinople: 53.
- Genç kalemler: 236, 412-412.
- Halka Doğru: 264.
- I,Humanité: 266.
- Hürriyet: 69.
- İbret: 70.
- İçtihat: 252.
- İkdam: 188, 227.
- İllustration: 188.
- Journal de Constantinople: 100.
- Kadın Mecmuası: 229.
- Levant Herald: 224.
- Malûmat: 184, 188.
- Mehasin: 229.
- Mercure Oriental: 53.
- Mecmua-ı fünun: 68.
- Millet Gazetesi: 229.
- Mizan: 223.
- Moniteur egyptien: 53.
- Moniteur Ottoman: 53, 214.
- Osmanlı: 208.
- Sabah: 188, 227, 244.
- Serbestî: 224.
- Servet-i Fünûn: 156, 190, 409, 410, 411.
- Sırat-ı Müstakim: 251.
- Smyrneen: 53.
- Spectator oriental: 53.
- Stamboul: 163.
- Takvim-i vekayi: 53.
- Tanin: 225, 241, 247, 267.
- Tasvir-i Efkâr: 69, 408, 409, 410.
- Terakki: 209.
- Tercüman: 235.
- Türk Yurdu: 252.
- Vekayi-i Mısriyye: 53.
- Volkan: 224.
- Yeni Türkiye: 244.
Gaza, gazi: 35, 36, 43, 52, 53, 66.
Gâvur: 158.
Gedik: 265.

Gedikli: 219.
Gılman-ı enderunî: 211.
Gözde: 219.
Gureba: 240.
Gülbank: 237.
Guruş: 274.
Gülhane Hatt-ı Hümayûnu ya da Hatt-ı şerifi: 28, 54-55, 59, 109.

H

Habsburg: 187.
Hac: 449-452.
Hafsîler: 500-501.
Hajduk: 410.
Hamam: 347-348.
Hamidiye Alayları: 214.
Han: 265.
Hanefî: 82.
Haraç: Bkz. Cizye.
Hayyatin-i hassa: 222.
Hayyatin-i hilat: 222.
Halaskâr Zabitân: 251.
Halvetî: 129.
Haraç: 202.
Harem: 216.
Hareket Ordusu: 226, 238.
Hassa taciri: 271.
Has oda: 212, 217.
Haseki odaları: 236.
Has odabaşı: 212.
Has odalık: 219.
"Hasta adam": 113-142.
Hazine: 216.
Helvahane: 221.
Helvacıbaşı: 222.
Hekimbaşı: 220.
Hençak: 195, 198.
Hendesehane: 339, 10.
Hetman: 368.
Hizm-i cedit: 238.
Hoca: 217.

478

Humbaracı: 239.
Hurufi: 94.
Hümâyûn: 206.
Hürriyet ve İtilaf Fırkası: *250,*
297.

I

Islahat Fermanı: 109.

İ

İbtidaiye: *85.*
İdadi: *85.*
İçtihat: *234.*
İç oğlanı: 211, 216.
İcmal defteri: 243.
İhtisap, ihtisap ağası: 152, *51.*
İhtiyarriya: 430.
İhtiyar Heyeti: *83.*
İlmiye: *25, 50.*
İltizam: *92*
İmam: 221.
İmaret: *316.*
İmdad-ı hazariye: 401.
İmdad-ı seferiye: 302, 400, 401.
İmrahor: 225.
İspençe: 157, 168, 259.
İstabl-ı amire: 223.
İstanbul Konferansı: *135.*
İştirak: *232.*
İttihat-ı anasır: *241.*
İttihat ve Terakki Komitesi: *213,*
217-218, 263-272, 297.
İttihat-ı Muhammedi Cemiyeti:
224.

J

Jöntürkler: *198, 204-210, 212,*
227-237, 237-247, 310.
Jurnal, jurnalcı: *156.*

K

Kadı: 230, 426.
Kadıasker, kadiaskar: 149, 230,
427.
Kafes: 31, 204.
Kâhya kadın: 219.
Kaime: *93-94.*
Kâlemiye: *50.*
Kalenderî: 318.
Kânûn: 207.
Kânûnnâme: 128, 243, 259, 283,
400, 420-421.
Kapı ağası: 217.
Kapı kethudaları: 423.
Kapıcı: 147.
Kapıcı başı: 224, 225.
Kapıkulu, kapıkulları: 65, 107,
127, 131, 210, 234-240, 430,
469.
Kapitülasyonlar: 299, 305, 310,
343-345, 387, *169-170, 244,*
251, 265.
Kapudan-i derya, kapudan paşa:
148, 162, 226, 402, 424.
Karbonari: *205.*
Karagöz: *404, 414.*
Kâşif: 421.
Kâtiban-ı Hazine-i Amire: 232.
Kâtip: 232.
Kaymakam: 305, *91.*
Kaza: *83, 91.*
Kefil: 151.
Kervansaray: 265, *315, 348.*
Kethüda, kathuda, kethüda bey,
kethüdayeri: 236, 248, 265,
429.
Kızılbaşlar: 139-141, 174-167.
Kızlar ağası: 289.
Kiler: 216.
Kleftis: 410.
Kocabaşı: 401, 402.
Kolonileştirme: 52.

Kuloğlu: 431, 494.
Kuşûfiyuz: 435.
Külliye: 268, *323*.
Kürekçilik: 260.
Kürt Terakki ve Teavün Cemiye-
ti: *242*.

L

Lağımcı: 239.
Lâlâ: 203.
Lâle Devri: 332.
Levant Company: 271.
Levent: 432.
Lynch Denizcilik Kumpanyası: *246*.
Lyon Konsili: 45.

M

Maghâzî: *398*.
Mahalla: 426, 433.
Mahalla aghasi: 408.
Malikhâne: 276, 331.
Masonluk, Masonlar: *213*.
Matbah-ı amire: 221.
Mecelle: *82*.
Meclis-i Alî-i Tanzimat: *64, 79*.
Meclis-i hass-ı vükelâ: *50*.
Meclis-i Meşayih: *288*.
Meclis-i nafıa: *49*.
Meclis-i Vala-i Ahkâm-ı Adliye: *79*.
Meclis-i Umum-u Vilâyet: *92*.
Meclis-i vükelâ: *50*.
Meclis-i ziraat ve ticaret: *49*.
Medrese, madrasa: *315, 380*.
Meghali idea: *284*.
Mehter: 225.
Mehteran-ı alem: 225.
Mehteran-ı hayme: 225.
Melâmi: *213*.
Memur: *50*.

Menâkib-i evliya: *398*.
Menâkibnâme: *397*.
Merkez-i umumi: *220, 239*.
Meşveret: *70*.
Mevcudatçı: 234.
Mevkufatçı: 233.
Mevlevî: 318.
Millet: 362, 402, *109-113, 241, 242*.
Milletbaşı: 411
Mısır Memlûkleri: 176-178, 478-482, 482-491.
Millî Misak: *308*.
Mimarbaşı: 223.
Miralem: Bkz. Emir-i alem.
Mîrî: 258.
Mirza: 254.
Molla: 427.
Mu'allim: 21, 220.
Mudaraba: 270.
Mufassal defter: 243.
Muhacir: *97, 98, 100, 173-175, 202*.
Muhacirîn Komisyonu: *97, 174*.
Muhassil: 454, *50*.
Muhtesib: 151-152, 265, 270, 306, 307, *51*.
Muhazırağa: 236.
Mukabeleci: 233.
Mukataa (mukataacı): 233, 256.
Mukata'at hazinesi: *38*.
Mustahfız: *90*.
Mutasarrıf: *91*.
Müdafaa-i Hukuk-ı Nisvan Cemi-
yeti: *229*.
Müdafaa-i Milliye Cemiye: *264*.
Müderris: 230, 231.
Müdür: *91*.
Müezzin: 220.
Müfettiş: 151.
Müfti: 230.
Müfti: 207.
Mülk: 131, 156, 259.

Müneccim: 220.
Müstahfizan: 429.
Müsteşar: 78.
Müteferrika, mutafarrika: 225, 429, 433.
Mütesellim, multazim: 460, 462.

N

Nafaka: 237.
Nahiye: 83, 91.
Naib: 482.
Nakib al-aşraf: 428.
Nakkaş: 222.
Naklbendan: 222.
Nazır: 78.
Nevruz: 234.
Nezaret-i adliye: 49, 78.
Nezaret-i deavi: 49.
Nezaret-i evkaf: 38.
Nezaret-i ticaret: 49.
Nezaret-i umûr-u maliye: 49.
Nişancı: 148, 231.
Nizam-ı Cedit: 14-16, 29.
Nizamiye: 89.
Nüfus tezkeresi: 93.

O

Obstima (komün): 357.
  - Mekteb-i Şahane-i Tıbbiye: 52.
  - Mekteb-i Ulum-u Harbiye: 52, 89.
  - Sanayi-i Nefise Mektebi: 189.
  - Tıbhane-i Amire: 52.
  - Mekteb-i Tıbbiye-i Askeriye: 52, 205.
  - Mekteb-i Tıbbiye: 86, 87.
  - Robert Kolej: 87.
Oniki imam: 175.
Orta: 235, 429.
Orta kapı: 216.
Orta oyunu: 414.

Ortakçı: 157.
Ortodokslar: 361.
Osmanlı Ahrar Fırkası: 222.
Otuz bir mart vakası: 224.
Osmanlı Liberal Partisi: Bkz. Osmanlı Ahrar Fırkası.
Osmanlı Sosyalist Partisi: 232.
Osmanlıcılık: 158.

Ö

Örf, örfî hukuk: 146, 207.
Öşür: 259, 92.

P

Padişah: 201.
Panislamizm: 158-163.
Papa, papalık: 26, 44, 104-105, 387.
Patriklik (Ortodoks Grek): 363.
Pençyek, pençik: 210.
Peşkeş: 352.
Philiki Hétairia: 34.
Pirezenan: 217.
Plazza (koloni): 357.
Piyâde: 161.

R

Ra'ya (çoğulu reaya): 146, 157.
Redif: 51, 89, 90.
Reichstadt görüşmeleri: 138.
Régie des tabacs: 165, 179, 183, 230, 247.
Re'is ül-küttâb: 232, 423, 49.
Resm-i çift: 259.
Robert College: 168.
Ruznameci: 233.
Rüsumat-ı cihadiye: 38.
Rüştiye: 52, 85.
Rufaî: 318.

S

Sahibi malikâne: 159.
Saliyane: 253.
Sadaret kethüdası: *49*
Sadrazam: 227.
Sâlnâme: *171.*
Sancak, Sancakbeyi: 65, 149, 252, *83, 91.*
Saray: *351-352.*
Saray-ı cedit (Yeni saray): 215.
Sefevîler: 139-141, 173-176, 472-473.
Sakkayan-ı divan-ı ali: 222.
Samsoncubaşı: 236.
Sahib-i arz: 259.
Sarıca: 275, 400.
Savaşlar:
- Ankara: 67-68.
- Bapheus: 17, 22.
- Çaldıran: 175.
- Kırım: *119-125.*
- Kosmidion: 73.
- Kösedağ: 22, 32.
- Pelekanon: 24, 31, 36.
- Rovina: 60.
- Sazlıdere: 82.
- Taraklı Borlu: 84.
Sarvaşi: 447.
Sebil: *347.*
Sefer bahşişi: 238.
Selanik Komitesi: *213.*
Seferli oda: 217.
Sir kâtibi: 217.
Sekban, seymen: 235, 275, 400.
Selçuklular: 18-22, *314, 316.*
Semaniyye: 255.
Seymen-i Cedid: *29-30.*
Selamlık: 216.
Sened-i İttifak: *29.*
Serasker, ser'asker: *37.*
Seyfiye: *50.*
Silahtar: 217, 239, 240.

Skup (tacirler meclisi): 357.
Sipahi: 147, 193, 213, 239, 240, 357.
Sırat-ı Müstakim: *233-234.*
Sofa: *346.*
Softa: *131, 132.*
Solak: 237.
Sovyetler: *306.*
Sosyalist İşçi Federasyonu: *231.*
Subaşı, subaşılık: 31, 149, 236, 247.
Sultan: 205-207.
Sunusîler: *249.*
Sürat topçuları: *10.*
Süsleme: *316-318.*

Ş

Şadırvan: *347.*
Şahinciler: 223.
Şahincibaşı: 225.
Şahname: 222.
Şakird: 219.
Şakirt: 223.
Şehadet Camisi (Bursa): 35.
Şehnameci: *398, 399.*
Şehremini: *102.*
Şehzade: 203.
Şeriat (İslam hukuku): 147, 169, 201.
Şeyh: 221, 265.
Şura-yı Devlet: *80.*

T

Tanzimat: *59-143, 310, 406.*
Tanzimat Fermanı (1856) *123-124.*
Tarih-i Osmanî Encümeni: *408.*
Tahrir defteri: 17, 21, 23, 420.
Tasarruf: 258.
Tatil-i Eşgal Kanunu: *231.*
Tahtacı: 252.

482

Takvim: 221.
Teşkilat-ı mahsusa: *271-276.*
Teşebbüs-i Şahsi ve Adem-i Merkeziyet Cemiyeti: *209.*
Teali-i Nisvan Cemiyeti: *228.*
Teberderan: Bkz. Baltacı.
Tekke, tekye, tekiyye: 31.
Tensikat: *226.*
Tercüme Odası: *50, 65, 78.*
Teslimatçı: 234.
Teşrifatçı: 234.
Tevki'î: Bkz. Nişancı.
Tekâlif-i şakka: 400.
Tımar, Tımarlı: 53, 158, 240-242, 316, 357.
Topçular: 238.
Tuğra: 206, 231.
Tulû'ât: *414.*
Turan: *292.*
Turnacıbaşı: 236.
Tüfenk: 237.
Türbe: *315, 349-351.*
Türk derneği: *235.*
Türk Gücü: *264.*
Türk Ocağı: *252.*
Türk Yurdu, Türk Yurdu Cemiyeti: *252.*
Türkiye Büyük Millet Meclisi: *304.*

U

Uç, uçbeyi, uçbeyleri: 49.
Umûr-u mülkiye nâziri: *49.*
Ulufeci: 249.
Umur-u mühimme: 226.
Uskok: 193.
Usta: 219.

V

Vakayi hayriye: *37.*
Vakıf, vakf, evkaf: 131, 159, 209.

Vali: 424-426, *91.*
Valide, valide sultan: 192, 219.
Varidatçı: 234.
Vekâlet-i adliye: *49.*
Vekâlet-i hariciye: *49.*
Vekâlet-i mâliye: *49.*
Vekil: *49.*
Veziriazam: 54, 148, 227.
Vilâyet: *91.*
Vladika: 357.
Voynuk: 247.

W

Weltpolitik: *199.*

Y

Yahudiler: 297
Yarlıg: 32.
Yaya: 235, 247.
Yayabaşı: 236.
Yeniçeri: 54, 161, 182, 234-240, 426.
Yeniçeri ağası: 148.
Yeniçeri efendisi: 236.
Yenisaray: 217.
Yerli, yerliyya: 429, 466, 469.
Yiğitbaşı: 265.
Yürük, yörük: 247.

Z

Zağarcıbaşı: 236.
Zâviye, zâwiya: 31.
Zeamet: 245.
Zevvakin: 222.
Zımmî: 201, 255, 259, 469.
Zîna: 443.
Zorab: 469.

COĞRAFİ VE ETNİK ADLAR*

A

Akşehir: 50, 56.
Akhisar: 134, 153.
Akkâ: 23
Akkerman (Cetatea Alba): 134, 153
Aksaray: 56.
Alaşehir (Filadelfiya): 50, 56.
Alessio: 58
Almanya, Almanlar: *198-204, 245, 246*
Amastris (Amasra): 115.
Amasya: 67, 129
Amerika, Amerikalılar: *169-170, 179, 245, 248*
Amid: 185.
Anadolu Hisarı: Bkz. İstanbul.
Anadolu: 17, 18, 20, 21, 22, 28, 35, 50, 52, 55-56, 57-58, 63-64, 67-68, *195*.
Anagurdes: 22.
Andrinopolis (Edirne): 44-46, 49, *257-259*.
Ankara: 23, 27, 28, 44, 63, *304*
Apros: 25.
Arabistan, Araplar: 415-510, *266-269, 358-373*.
Ardahan (Ardalan): *138, 304*.
Argos: 52, 59, 117.
Arnavutluk, Arnavutlar: 58, 62, 75, 88-89, 95, 357, *242, 249-250, 223*.
Arta: 125.

Astakos körfezi: 29.
Avusturya, Avusturyalılar: 187-191, 303, 312, *12, 131, 241*.
Avusturya-Macaristan: *130, 221*.
Avlonya (Valona, Vlöre): 130, 221.
Ayasoluk: Bkz. Efes.
Aydın, Aydıneli: 22, 32, 56.
Aynegöl (İnegöl): 18, 20, 31.
Azak (Azov): 326.
Azerbaycan, Azerîler: 281, *293, 294*.

B

Babailer: 38-39.
Baba Sultan: 38.
Bağdat: 478-482, *268*.
Bakû: *292, 294*.
Balat: 32.
Balıkesir: 25, 32.
Balkanlar (Balkan ülkeleri): 44, 52, 62, *253-263*.
Basra (Bassora): 345, *268*.
Bassora: Bkz. Basra.
Batum: *304, 306*.
Bayezit: *138*.
Belçika: *104*.
Belekomis: 22.
Belgrad: 90-91, 180.
Bergama: 25, 26, 32.

* Kelimeler karşısındaki düz rakamlar ilk ciltteki, italikler ise ikinci ciltteki sayfa numaralarını işaret etmektedir.

485

Berlin: *275, 276, 401.*
Besarabya: 131.
Beyşehir: 50, 56.
Beyoğlu: Bkz. İstanbul.
Bilecik: 18-20.
Birgi: 32.
Bithynia: 23, 39.
Bizans, Bizanslılar: 21, 22, 25, 26, 35, 39, 40, 49, 60.
Bodrum (Halikarnassos): 131.
Boğdan, Boğdanlılar: 123-124, 133-134, 352.
Bolayır: 30.
Bosna, Bosnalı: 52, 118.
Bosna-Hersek: *356, 363, 127-128, 130, 221, 241, 253.*
Buda: 61.
Budin: 182.
Bulgaristan, Bulgarlar: 28, 52, 59, 62, *253, 257, 262, 295.*
Burgonya: 61.
Bursa (Brousse): 23, 24, 32, 39, 56, 68, 108, *101, 106.*
Büyükçekmece (Kaloneyro): 45.

C

Ceneviz, Cenevizliler: 27, 49, 50, 63, 68, 104, 109.
Cerbe: 501.
Cetatea Alba: Bkz. Akkerman.
Cezayir, Cezayirliler: 493-500, *45-48.*

Ç

Çanakkale: 25, 26, 27, 35, *277.*
Çarşamba: 56.
Çatalca: *257-258.*
Çerkezistan, Çerkesler: 482, *140.*
Çimbi (Tzympe): 28.

Çorlu: 44.
Çorumlu (zaferi): 58.

D

Dağistan: *294*
Danimarka, Danimarkalılar: *104.*
Derbent: *294.*
Didymotique (Didymotichon, Dimetoka): 44.
Dinboz: 23, 31.
Diyarbakır: 176, 177.
Dobruca: 59-60.
Doğu Anadolu: *40.*
Dolmabahçe: Bkz. İstanbul.
Domaniç: 18.
Drivasto: 59.
Dürzîler: *116-117.*
Dulkadiroğulları: 89, 176, 177.
Durazzo: 59, 139.

E

Efes (Ayasoluk): 56.
Eflak, Eflaklılar: 59-60, 84, 352.
Ege (deniz): 23, 25.
Eğri (Erlau): 193.
Eğrigöz: 50.
Enneakossia (Küçükçekmece): 45.
Epeiros: 181, *257.*
Erdel: 182, 353, 370-372.
Ereğli (Kappadokya'da Heraklia): 18.
Ermenak: 32.
Ermeni Beli: 18.
Ermenistan, Ermeniler: 181, 313, *25, 67, 100-111, 140, 172, 185, 191-198, 243, 278-281, 293,* 298, 306, 307, 414.
Erzincan: 64
Erzurum: *40, 214, 302.*

Eskişehir: 20, 23.
Eşref: 32.
Euboia (Negrepont): 75, 120, 302.

F

Fao: *277*.
Fener, Fenerli: 108, 376, 410, 412, *16*.
Filistin: *176*.
Floransa, Floransalılar: 138.
Foça (Phocée): 29, 63.
Fransa, Fransızlar: 61, 310, *12, 104, 245, 246, 307-308*.

G

Galata: Bkz. İstanbul
Galata Saray: Bkz. İstanbul
Galiçya: *275*.
Gelibolu (Gallipoli): 25, 26, 28, 44, 45, 76.
Germiyan: 18, 22, 23, 32, 50, 56, 96.
Geyve (Kaviya): 23, 24, 37.
Girit, Giritliler: 289, 297-298, 367, 369-370, *12, 116, 128-129, 191-192, 241, 253, 257*.
Göynük: 18, 24.
Graz: 184.
Gurgurum: 32.
Gürcistan: *12, 293, 306*.

H

Halep: 453-459.
Hamid (Burglu) 32.
Hamitoğulları: 50-85.
Hamideli: 50, 56.
Hankarlızadeler: 456.
Harmankaya: 18.
Herakleia (Marmara Ereğlisi): 50.

Herakleia (Karadeniz Ereğlisi): 21
Hersek: 133-134.
Hexamilion: 84.
Hicaz: *282*.
Hindistan: 186, 309, 313, 345, *246*.
Hollanda, Hollandalılar: 309, *104*.
Hotin: 281.
Hüdavendigâr: 35.

İ

İnebahtı: 192.
İngiltere, İngilizler: 309, *104, 245, 246, 308*.
İnönü: 23, 31, *308*.
Irak: 185-186, 471-472.
İran, İranlılar: 313, *211*.
İsfendiyar: 32.
İskenderun: *308*.
İspanya: 187-191, *104*.
İstanbul:
- Anadolu Hisarı: 104.
- Ayasofya: 108, *333-336*.
- Beyoğlu: *100, 102, 103, 168*.
- Boğaz: 27
- Galata: 49, 105, 109, *100, 102*.
- Galata Saray: 170, *409*.
- Haydarpaşa Garı: *231*.
- Mısır Çarşısı: 319.
- Mavi Cami (ya da Sultan Ahmet Camisi): 318, *343-344*.
- Péra: 27, 50.
- Rumeli Hisarı: 104.
- Sirkeci Garı: *170*.
- Süleymaniye: *340-341*.
- Topkapı Sarayı: *352-354*.
- Yedikule: 108.
- Yıldız Sarayı: *153, 155, 189*.
İtalya, İtalyanlar: 122-123, *241, 249, 253*.
İşkodra: *257, 259*.

487

İzmir: 27, *103, 307*.
İzmit (Nikomedeia): 22, 24.
İznik (Nikaia): 22, 24, 32.

J

Japonya: *211*

K

Kahire: 55, 177-178, *358, 359*.
Kaçarlar: *34*.
Kaloneyro: Bkz. Büyükçekme-
ce.
Kara Biga (Pegae): 29, 36.
Karacahisar: 18, 20.
Karaçepüş: 23.
Karadeniz: 27, 115-116, 134,
381-382.
Karaman, Karamanoğulları: 32,
50, 63, 69, 88-89, 120-122.
Karesi: 22-26, 28, 32.
Karlofça barışı: 304.
Kars: *40, 138, 304*.
Kastamonu: 32, 57.
Katalonya, Katalonyalı asker-
ler: 23, 25, 26, 28, 35, 106.
Katoikia (Kite?): 22.
Kayı: 34.
Kayrevan: 501.
Kefe: 142.
Kerkük: 472.
Kestel: 23.
Kıbrıs: 26, 191-192, *12*.
Kırım: 381-382, *12*.
Kilia (Kili): 153.
Kırşehir: 56.
Kirmasti (Mustafa Kemal Pa-
şa): 37.
Kite: 23.
Kızıldeniz: 176.
Kilikya: *96-97, 180, 305, 307, 308*.
Koletta: 501.

Komotini: 49.
Konstantinopolis: 21, 29, 39, 44,
45, 46, 49, 50, 51, 60, 83, 84,
102-108.
Konya (İconium): 21, 32, 56, 63.
Kosova: 52, 95, *249*.
Krulla: Bkz. Gürle.
Kürdistan, Kürtler: 280, 285,
327, 478, *26, 140, 194, 197,
242, 298, 307*.
Kutsal Yerler: 177, *119, 199*.
Kütahya: 32, 50.

L

Lapseki (Lampsakos): 36.
Larende: 32.
Larissa: 51.
Latinler: 27
Leblebicihisar: 23.
Lefke (Nicosie): 23.
Lemberg: 153.
Lepanto: 137-139.
Lesbos (Midilli): 51.
Lübnan, Lübnanlılar: 42-43,
114-119, 158-164.
Libya: *269*.
Livorno: 345.
Lopadion: Bkz. Ulubat.
Lübnan: *116-118*.
Lüleburgaz: 44.
Lycus: 106.

M

Magosa: 192.
Magrip, Magripliler: 491-510.
Macaristan, Macarlar: 59-60,
75, 85-88, 88-89, 89-92, 95,
111-112, 123-124, 181-183,
353-355, 370-372.
Makedonya: *191-192, 211, 240,
243-244, 262*.

488

Manastır: *249*.
Malkara: 49.
Malta: 190.
Manganoslar manastırı: 29.
Manisa: 179.
Maritza: 46.
Marmara (deniz), 25, 51.
Marunîler: *116-117*.
Meandros: 22.
Mekke ve Medine: 64, 467.
Mekece: 23, 31.
Melangeia: 22.
Menteşe: 22, 32, 56, 85.
Mercidabık: 178.
Mezothenia: 24.
Mısır: 135-136, 182, 482-491, *12,*
41-44, 114-119, 246, 277.
Milet (Balat, Palatia): 56.
Misinli: 44.
Mısır Çarşısı: Bkz. İstanbul
Mohaç: 182.
Monemvasie (Monemvasia):
59-60.
Moğolistan, Moğollar: 20-21,
32, 40.
Mondros: *296, 304, 308*.
Montenegro: Bkz. Karadağ.
Mora: 59, 62, 94, 113, 369-370,
12.
Moskova, Moskovalılar: 133.
Musul: 475-478, *277, 295, 308*.
Mudanya: *308*.
Mudurnu: 24.

N

Napoli, Napolililer: 126.
Navarin: 386, *39*.
Négrepont: Bkz. Euboia.
Nikaia: Bkz. İznik.
Nikomedeia: Bkz. İzmit.
Niğbolu (Nikopolis): 61-62.
Niğde: 56.

Nisibin (Nusaybin, Nizib): *43*.
Niş: 51.
Nizib: Bkz. Nisibin.
Norveç: *104*.
Novi Bazar, Novipazar: *257*.
Novo Brdo: 90.
Novorossisk: *275*

O

Odessa: *275, 297*.
Oğuz: 34, *376-379*.
Olympos (Uludağ): 23.
Oniki Ada (Dodekanisos): 181,
249.
Osmancık: 30.
Otranto: 126.

P

Panidos: 50.
Paflagonya: 21.
Peç (Sırp Patrikliği) 363, 411.
Pera: Bkz. İstanbul.
Pergame: Bkz. Bergama.
Philokrenes: 24.
Platanea: 22.
Plevne: *138*.
Ploşnik: 52.
Podolya: 368-369.
Polanya, Polonyalılar: 280, 312,
12.
Portekiz, Portekizliler: 176, 186.
Preveze: 188.
Prusya: *12, 104*.

R

Ragu (Dubrovnik), Raguzalı-
lar: 96, 100.
Rahova: 61.
Rakka: 465.
Reval: *214*.

Rhaedestos: 50
Rodos, Rodos Şövalyeleri: 26, 61, 71, 109, 125, 130, 180-181.
Romanya, Rumenler: 372-381, *112, 118-119, 126.*
Rumeli: 44-49, 58-60.
Rum, Rumlar: *111-112, 185.*
Rumeli Hisarı: Bkz. İstanbul.
Rusya, Ruslar: 312, *12, 131, 245, 246.*

S

Sakarya: 18, 20, 21, 23, 24.
Sakız adası: 190.
Salona (amphissa): 59, 71, 345.
Samsun: *301.*
Sangarios: Bkz. Sakarya.
Sardunya: *104.*
Sarıkamış: *276.*
Saruhan: 28, 32, 56.
Sasun: *191.*
Saydâ (Sidon): 460-465.
Scutari: Bkz. Üsküdar.
Selanik: 51, 60, 83, 84, *103, 212, 213, 226, 231, 412.*
Selymbria (Silivri): 50.
Sırbistan, Sırplar: 28, 44, 111, 114-115, *126-127, 255.*
Serez: 49, 59, 79.
Seydişehir: 50.
Silistre: 59.
Silivri: Bkz. Selymbria.
Simav (Simavna): 50.
Sinap: 58, 115-116.
Sivas: 63-64, *214, 303.*
Sivastopol: *123, 275.*
Smyrne (İzmir) 345.
Sofya: 51.
Söğüt: 17, 18.
Styria: 75.
Süveyş (kanal): 345, *44.*

Süleymaniye (camisi): Bkz. İstanbul
Sultanöyüğü: 23.
Suriye: *12, 277, 282.*

Ş

Şam: 465-471.
Şehbenderzadeler: 456.
Şipka: *138.*

T

Tahazadeler: 455.
Taraklı Yenicesi: 18, 24.
Tavşanlı: 50.
Teke: 32, 50.
Tenedos (Bozcaada): 28, 49.
Tesalya: 49, 59.
Thessalonique: Bkz. Selanik.
Tirnova: 59.
Torul: 125.
Toscana, Toskanalılar: 345, *104.*
Trablusgarp: 506-508, *241, 247-249.*
Trakya: 26, 27, 28, 44, *262, 307.*
Trabzon: 109, 115, 116.
Triglia: 39.
Trablusgarp: 500, 501.
Truva: 26.
Tuna: 59-60, 110.
Tunus, Tunuslular: 186, 192, 500-506.
Turahanlar: 49.
Türkmenler: 20, 21, 32, 33, 38.

U

Ulubat (Lopadion): 23, 24.
Ukrayna: 30, 368.
Uzakdoğu: 309.
Uygur: *377.*
Üsküdar (Scutari): 24.

490

V

Valona: Bkz. Avlonya.
Van: 189, *279.*
Venedik, Venedikliler: 26, 27, 28, 46, 49, 50, 56, 61, 63, 68, 75, 76, 85-88, 100, 104, 109, 118-120, 130, 136-137, 137-139, *12.*
Vidin: 59, 61-62.
Viyana: 183-184, *401.*

Y

Yafa: 465.
Yahudiler: *11, 175-177, 185.*
Yalvaç: 50

Yanya: *259.*
Yarhisar: 20
Yaş: 381.
Yemen: *282.*
Yenice Vardar: 49.
Yunanistan, Yunanlılar: *39-41, 299, 307.*

Z

Zaydanîler: 460.
Zenta: 304.
Zeytun: *193, 197.*
Zigetvar: 190
Zitvatorok: 193, 279.

HARİTALAR LİSTESİ

Osmanlı İmparatorluğu ... 4-5
Osmanlı İmparatorluğu'nun başlangıçları ... 19
I. Murat ve I. Bayezit zamanında Osmanlılar ... 47
Timur'un geçişinden sonra Anadolu ve Rumeli ... 70
Konstantinopolis'in alınmasının eşiğinde
    Osmanlı İmparatorluğu ... 101
1453'te Konstantinopolis ... 103
II. Mehmet ve III. Bayezit döneminde imparatorluk ... 132
XVI. yüzyılda Osmanlı İmparatorluğu ... 172
XVII. ve XVIII. yüzyıllarda İstanbul ... 315
Osmanlı İmparatorluğu (XVII. ve XVIII. yüzyıllar) ... 324
Osmanlı İmparatorluğu'nun Avrupa eyaletleri ... 351
Osmanlı İmparatorluğu'nun Arap eyaletleri ... 416
Osmanlı İmparatorluğu'nun parçalanışı
    (XIX. yüzyılın sonları) (cilt 2) ... 147
Osmanlı İmparatorluğu'nun parçalanışı
    (XX. yüzyılın başları) (cilt 2) ... 254
Osmanlı İstanbul'u ... (2. cilt sonunda)
Topkapı Sarayı ... (2. cilt sonunda)

İÇİNDEKİLER

Bölüm XI

"ŞARK MESELESİ"NİN BAŞLANGIÇLARI
(1774-1839)
(Robert Mantran)

I. ABDÜLHAMİT (1774-1789)   8
İçerdeki durum   9
Askerî reformlar, mülki reformlar   10
Rusya'nın baskısı   12

III. SELİM (1789-1807)   13
Reformlar: Nizam-ı Cedit (1789-1802)   14
İçerdeki güçlükler, dış baskılar   17
Taşradaki başkaldırılar   18
III. Selim'in düşüşü   21

TEPKİ-KARŞI TEPKİ   23

II. MAHMUT VE İKTİDARDAKİ
KARARSIZLIKLAR (1890-1821)   27
Siyasal sistemin baskıları   28
Mısır'da Muhammad (Mehmet) Ali: İzlenecek
bir örnek mi?   31
Uyuşmazlıklar mı reformlar mı?   32

REFORMLAR (1830-1839)   47
Oyuncular   48
Yenilikler   49

UYUŞMAZLIKLAR (1821-1839)   39
  Yunanistan: Başkaldırıdan bağımsızlığa   39
  Mısır'la savaş   41
  Uluslarararası baskı: Cezayir'in alınışı   45
  Basın ve toplum   53
  Gülhane Hatt-ı Şerifi   54

Bölüm XII

TANZİMAT DÖNEMİ
(1839-1878)
(Paul Dumont)

REFORMCULAR   60
  Sultanlar ve paşalar   60
  Edebiyatçılar ve ideologlar   66
  Reformun adsızları   73

REFORMLAR   77
  Babıâli   77
  Hukukun Birleştirilmesine doğru   81
  Eğitimde çağdaşlaşma   84
  Yeni ordu   88
  Taşra idaresi ve maliye   90

İKTİSADÎ VE SOSYAL GELİŞME   95
  Kırsal kesimdeki hareketleniş   95
  Kentlerin yeni çehresi   99
  İktisadî gelişme   103
  Milletlerin yeniden doğuşu   109

HASTA ADAM   113
  Bunalım içindeki Doğu   114
  Kırım Savaşı   119
  Barışın yıkılışı   125
  Balkan bunalımı   133

Bölüm XIII

SON CANLANIŞ
(1878-1908)
(François Georgeon)

BERLİN ANTLAŞMASINDAN SONRA
OSMANLI DEVLETİ 145
    Bunalımın sonuçları 145
    Abdülhamitçi devlet 152
    Hükümdarlığın büyük düşüncesi 158
    Batı'nın etkisi 164

YÜZYILIN DÖNEMECİNDE
OSMANLI TOPLUMU 172
    İnsanların sayısı ve hareketi 172
    Dışardan Yahudi göçü 176
    Köylerde ve kentlerde değişmeler 178
    İstanbul ve Osmanlı kültürü 186

TEHLİKE TEHLİKE ÜSTÜNE 192
    Ulusal hareketler, Ermeni sorunu 192
    Almanya sahneye çıkıyor: Bağdat demiryolu 199
    Bir muhalefetin doğuşu: Jöntürkler 205
    Devrime doğru 211

Bölüm XIV

BİR İMPARATORLUĞUN ÖLÜMÜ
(1908-1923)
(Paul Dumont ve François Georgeon)

UMUTLAR VE DÜŞ KIRIKLIKLARI (1908-1912) 217
    Devrim ve tepki 217
    Sosyal ve fikrî coşku 226
    Jöntürkler iş başında 237
    İlk yenilgiler: Trablusgarp, Arnavutluk 247

İMPARATORLUK SAVAŞTA (1912-1918)   253
   Balkan savaşları   253
   Bir savaştan ötekine; İttihat ve Terakki
      Komitesi'nin eylemi   263
   Birinci Dünya Savaşı: Olayların çarkı   272
   Yakılıp yıkılış yılları   278
   Ülkedeki seferberlik   284

BİR DÜNYANIN SONU (1918-1923)   292
   Batış   296
   Bir devrimden ötekine   300
   Sevr antlaşmasından Lozan antlaşmasına:
      Türkiye'nin ölüşü ve yeniden dirilişi   305

Bölüm XV

OSMANLI SANATI

TÜRK ÜLKELERİNDE OSMANLI SANATI
(Jean-Paul Roux)

İSLAM SANATI VE OSMANLI SANATI   311
   Cami   313
   Selçuklu sanatı ve Osmanlı sanatı   314
   Süsleme   316
   İşlenmiş nesneler   318
   Halılar   320

OSMANLI CAMİSİ   321
   Tek kubbeli cami   321
   Kubbeler altına yerleştirilmiş cami   324
   Bursa Okulu'nun medresesi   327
   Ters döndürülmüş T planlı denen camiler   328

BÜYÜK DEVRE GİRİŞ
   Fatih Sultan Mehmet döneminde sanat   330
   II. Bayezit'in camileri   333

Ayasofya'nın etkisi   333
İstanbul'daki II. Bayezit ve I. Selim camileri   336
Sinan   337
Şehzade Camisi   338
Süleymaniye Camisi   340
Edirne'deki Selimiye   341
Sinan'ın mirası   343

ÖTEKİ SANAT BİÇİMLERİ   346
Osmanlı evi   346
Sivil mimarlık   347
Türbe sanatı   349
Saray   351
Topkapı   352
Elyazmalarındaki resim   354

OSMANLI DEVRİNDE ARAP ÜLKELERİNDE
MİMARLIK
(André Raymond)

İMPARATORLUK SANATI   360

YEREL SANAT GELENEKLERİNİN
SÜREKLİLİĞİ   365

YENİLİKLER   369

Bölüm XVI

OSMANLI İMPARATORLUĞU'NDA
FİKİR VE KÜLTÜR YAŞAMI
(Louis Bazin)

İSLAM ÖNCESİ TÜRK KÜLTÜRÜNÜN
BİLEŞTİRENLERİ   376

BİR İSLAM KÜLTÜRÜNÜN
TÜRKLEŞTİRİLMESİ   379
Türk dilinin yayılışı   379

Mistik edebiyat 381
İlk nesir eserleri. Kültürün genişlemesi 383

OSMANLI KLASİĞİ 385
 Bir Türk kültürünün sürekliliği 385
 Bir imparatorluk kültür yaşamının başlangıçları 387
 Osmanlı şairleri. Bâkî ve Fuzûlî 388
 Edebiyatın gençleşmesi 392
 Halk şiiri 394
 Tarih yazarlığı 397
 Öteki edebi türler 401

YENİLİĞE DOĞRU 405
 Batı etkisi 405
 Basının doğuşu. Okullar ve edebiyat dergileri 408
 XIX. yüzyılda kültürel yaşamın öteki biçimleri 414

EKLENTİLER

KARŞILAŞTIRMALI BAŞLICA TARİHLER 419

OSMANLI SULTANLARININ LİSTESİ 425

KAYNAKÇA 427

DEYİMLER SÖZLÜĞÜ 451

KİŞİ ADLARI DİZİNİ 457

TEMALAR DİZİNİ 475

COĞRAFİ VE ETNİK ADLAR 485

HARİTALAR LİSTESİ 493